Hubertus Halbfas

Religionsunterricht in der Grundschule
Lehrerhandbuch 2

Hubertus Halbfas

Religionsunterricht in der Grundschule

Lehrerhandbuch 2

Patmos

Zugelassen durch die Lehrbuchkommission der Deutschen Bischofskonferenz als Lehrerkommentar zu dem genehmigten »Religionsbuch für das 2. Schuljahr« von Hubertus Halbfas.

 7. Auflage 1999
Umschlaggestaltung: Ursula Maria Kahrl,
unter Verwendung einer Nachzeichnung der Sonnenkreise
an der Jakobuskirche in Tübingen von Josef Schelbert
Gesamtherstellung: Bercker GmbH, Kevelaer
ISBN 3-491-78226-0 Patmos

Inhalt

Schöpfung: Mensch und Tier 151

Gott: Das Licht der Welt 197

Vorwort

Seit Erscheinen des Religionsbuches für das erste Schuljahr und des Lehrerhandbuches 1 »Religionsunterricht in der Grundschule« hat dieses Unterrichtswerk manche Aufmerksamkeit gefunden: Zustimmung und hochgespannte Erwartung an seine Fortsetzung; Überraschung und Unsicherheit wegen ungewohnter Herausforderungen; Vorbehalte und Kritik aus redlichen und unredlichen Motiven. Nunmehr liegt in Jahresfolge die Fortsetzung des Werkes vor. Ich habe mir die Aufgabe nicht leicht gemacht und bitte alle, die diese Bücher in die Hand nehmen – Kritiker und Lehrer –, es sich auch nicht leicht zu machen, sondern genau und aus dem Gesamtverständnis des Werkes zu lesen.

Der Lehrer findet in diesem Handbuch ein breites Materialangebot. Leider mußte dafür eine kleinere Typografie gewählt werden, damit Umfang und Preis in Grenzen bleiben. Insgesamt richtet sich der didaktische Anspruch des Werkes an den Lehrer: an dessen Niveau und dessen Fragestellung. Es werden keine unterrichtlichen Fertigwaren geboten, die nur noch wiederzugeben wären. Was nicht zuerst der eigenen Person gilt, gewinnt in seiner vorschnellen Verzweckung zu wenig menschliches Gewicht, als daß es Kindern diente.

Es wird in diesem Handbuch auch weiter ausgeholt, als für die jeweilige Stundenthematik notwendig erscheint. Mehr zu wissen und tiefer zu verstehen, als wir im Unterricht sagen, ist grundsätzlich erstrebenswert. Je tiefer unser Verständnis dringt, um so knapper können wir gegenüber Kindern in der Sprache bleiben.

Die Ausrichtung auf den Lehrer gibt dem Handbuch eine Brauchbarkeit, die über Schuljahr und Schulstufe hinausweist. Die nun mit Band 2 vorgelegte strukturelle Konzeption wird in den Bänden 3 und 4 beibehalten. – Mit dem Werk verbindet sich der Wunsch, daß es neue Impulse gibt, einen erzieherischen und didaktischen Gewinn, der Lehrern und Schülern mehr Freude an der Schule bringt.

Hubertus Halbfas

Einführung in die Arbeit mit dem Religionsbuch für das zweite Schuljahr

»Es ist klar, daß der Glaube ohne Erfahrung zu einer leeren Formelsprache verfallen müßte. Es ist umgekehrt offenkundig, daß die Reduktion des Glaubens auf Erfahrung ihn seines Kerns berauben würde, da er uns doch ins Land des Unerfahrenen führen und uns so – wie der Psalm sagt – ins Weite stellen möchte, in dem erst das eigentliche Leben aufgeht.«[1]

Die Aufgabe, »ins Land des Unerfahrenen zu führen«, umgreift auch das Paradoxon des Religionsunterrichts: Wie kann hier gesagt werden, was unsagbar ist? Gezeigt werden, was keinem Zugriff verfügbar wird? Von einem Menschen gelehrt werden, was dieser selbst fragen möchte? Gut ist, wenn alle, die sich zu diesem Dienst bestellt sehen, die paradoxale Spannung ihres Auftrags kennen, also nicht machen wollen, was unverfügbar ist; nicht können wollen, was der Gnade anheimsteht; nicht herbeireden wollen, was dem Schweigen angehört. So weit hier geführt werden kann, möchten Religionsbuch und Lehrerhandbuch einen Weg weisen; soweit sich aber dieses »Land des Unerfahrenen« aller Methodik entzieht, wollen wir das Schweigen und die Stille achten.

Konzeptuelle Linien des Religionsbuches

Die Andersartigkeit unseres Religionsbuches möchte nicht oberflächlich, etwa bei neuen Bildern oder in einigen selten beachteten Themen, gesucht werden. Sie liegt kaum bei den Inhalten »an sich«, auch nicht primär beim Modus ihrer Präsentation, sondern in einem konzeptuellen Gesamtgefüge, das grundlegende schulpädagogische und religionsdidaktische Linien miteinander vereint.

Es hat nach Erscheinen des Religionsbuches für das erste Schuljahr vereinzelt Stimmen der Verwunderung, auch der Verständnislosigkeit gegeben, daß diese Fibel so breiten Raum dem »Leben und Lernen« in der Schule widme. Wer das Buch für das zweite Schuljahr und die nachfolgenden Bände anschaut, mag sich in seiner Frage bekräftigt sehen, zumal dieses Lehrerhandbuch den schulpädagogischen Akzent nochmals verstärkt. Die Gründe dafür liegen in der Überzeugung, daß es letztlich keine schulunterrichtsbezogene Fachdidaktik geben kann, die nicht – immer im Blick auf die Kinder – über ihre Sache hinaus das gesamte Leben in der Schule mitreflektiert und mitverantwortet. Bedauerlicherweise geschieht dies so gut wie nie. Germanisten machen Lesebücher und schreiben Sprachlehren, ohne zu fragen, in welchen Räumen die Schüler sitzen und welche Grundformen der Kommunikation und Kooperation sie erwerben können, obwohl deren mündlicher und schriftlicher Sprachgebrauch davon nicht abzuheben ist. Didaktiker der Sachkunde machen Bücher, die etwa vom Brot handeln, aber nur von dessen Nährwerten, ohne die soziale,

[1] *Joseph Kardinal Ratzinger*, Die Krise der Katechese und ihre Überwindung. Rede in Frankreich, Einsiedeln 1983, 22.

die religiöse und die ethische Dimension des Brotes zu erschließen und erst recht, ohne die Kinder zum eigenen Mahlen, Backen und gemeinsamen Essen anzuregen; sie reduzieren ihre »Sachen« auf die Pragmata, aber fragen nicht nach grundlegenden Unterrichtsansätzen, in denen die Vorentscheidungen über allen Umgang mit den Sachen liegen. Mathematiker konstruieren ihre Lernsequenzen und Übungsstoffe, aber denken erst recht nicht daran, über Anforderung und Wohlbefinden der Schüler im Ablauf eines Schuljahres *als* Didaktiker der Mathematik zu reflektieren. So konstruieren wir eine Schule, für die im Kopf von Lehrern, Eltern und Schülern Fachgebiete – durch Pausenzeichen säuberlich gegeneinander getrennt – das Terrain definieren, letztlich Derivate aus wissenschaftlichen Monokulturen, die für ein wirklich schulpädagogisches Denken nur Randzonen des Schullebens übriglassen. Dies alles macht auch den Lehrer nicht glücklich, denn ihm fiele die Arbeit leichter, wenn er – die Fachdidaktiken übergreifend – aus einer schulpädagogischen Gesamtkonzeption unterrichten könnte, die ihn existentiell befriedigt. Hier liegt der wichtigste Vorsprung der sogenannten alternativen Schulprogramme, mögen sie nun Peter Petersen, Maria Montessori, Rudolf Steiner, Célestin Freinet oder wem auch sonst in verwandtem Geiste folgen. Deren Denken beherrscht ein pädagogischer Sensus, der in allem, was Schule ausmacht, von der Gemeinsamkeit des Lebens, den Formen der Kooperation, der Aktivität der Schüler, der Arbeit mit Kopf *und* Hand ausgeht. Die Ganzheitlichkeit dieses Ansatzes führt zu einem schulischen Leben und Lernen, in dem auch die Erziehlichkeit des Unterrichts eingeschlossen ist.

Wir folgen mit unserem Religionsbuch nicht einem speziellen Programm. Wir können auch nicht eine komplette Schulpädagogik entwickeln. Aber wir können unser Fach so genuin aus dem Gesamthorizont einer kinderfreundlichen Schule Gestalt werden lassen, unbeschadet seiner eigenen Quellen und Aufträge, daß der Benutzer dieses Handbuches in allem, was er hier gewinnt, zugleich immer auch für seinen allgemein-pädagogischen Auftrag als Lehrer gewinnt. Aus diesem Grund fügen wir in diesem Handbuch der Erschließung des Religionsbuches einen Abschnitt vorauf, der natürlich einem besseren, lebendigen Religionsunterricht dienen will, der aber zugleich auch die Einstellung des Lehrers zu seinem Beruf, zum Kind und zum Unterricht insgesamt beeinflussen möchte.

So beschäftigt uns hier *vor* den Einzelinhalten die Frage nach dem Lehrer selbst: wie er sich sieht, welches Verhältnis er zu den Kindern hat, ob er es liebt, ihnen zu erzählen und mit ihnen zu spielen.

Das schulpädagogische Interesse, wie es unser Religionsbuch mitverfolgt, findet im künftigen Lehrplan für die Grundschule in Nordrhein-Westfalen[1] eine gleichgerichtete Erwartung. Dort wird eine Schule entworfen, die das »*Leben* in der Schule« und die »Einheit von Erziehung und Unterricht« wieder anstrebt und darum »die Grundschule als Schule des Kindes« proklamiert, zu der alle Fächer ihren Beitrag leisten. Selbst wenn Lehrpläne anderer Bundesländer solche Akzente nicht setzen, dürfte dieses Programm ihren Grunderwartungen doch entgegenkommen.

[1] Richtlinien und Lehrpläne für die Grundschule in Nordrhein-Westfalen, Entwurf Herbst 1983.

Die religionspädagogische Konzeption

Mit religionspädagogischer Konzeption sind hier nicht jene Zielvorgaben und Rahmenbedingungen gemeint, wie sie in »Catechesi tradendae« und im Synodenpapier über den katholischen Religionsunterricht beschrieben werden. Jene Kriterien gelten grundsätzlich und für alle zugelassenen Bücher. Im folgenden sollen vielmehr unterhalb dieser Ebene Akzente und Linien aufgezeigt werden, die unser Unterrichtswerk im besonderen charakterisieren.

Als erstes sei auf die *Stille-Übungen* hingewiesen, die für alle vier Grundschuljahre immer neu angeknüpft und zugleich vertieft werden. Damit ist mehr als ein isoliertes Praxisfeld gemeint, nämlich eine Unterrichtsdimension, die für den gesamten Religionsunterricht fundamental ist, wenn er die notwendig leisen Worte und die nur in innerer Sammlung vernehmbaren Dinge vermitteln will. Ein Religionsunterricht, der diese Wege der Stille zu keiner Zeit gangbar findet, wird um seine eigentlich fruchtbaren Momente gebracht. Es sei zwar zugestanden, daß nicht jeder Lehrer mit anfänglichen Übungsversuchen spontanen Erfolg erntet – möglicherweise kann die Reaktion der Klasse ihn auch sehr entmutigen –, aber trotzdem bleibt es wichtig, hier nicht aufzugeben und so lange der Stille nachzugehen, bis sie für die Klasse wie für uns selbst zur Selbstverständlichkeit geworden ist. Aus diesem Grund entwickelt dieses Handbuch eine »Didaktik der Stille-Übung«, die wir in den Folgebänden noch weiter vertiefen und differenzieren werden, so daß mit dem vollständigen Handbuch der Entwurf zu einer schulspezifischen Spiritualität Kontur gewinnen kann.

Allerdings nutzt keinerlei Stille-Übung, wenn sie unter sonstige Aktivitäten auf gleicher Ebene eingereiht bleibt oder gar nur die Intention verfolgte, Unterricht »in den Griff« zu bekommen. In unserer Religionspädagogik ist die Stille-Übung nicht Methode, sondern Haltung. Darum sind auch unsere Bücher in Text und Bild auf Besinnung ausgerichtet. Der Umgang mit ihnen, einerlei um welchen Inhalt es geht, soll helfen, die Oberfläche zu durchstoßen und den eindringlichen, aber leisen Anspruch der Dinge zu vernehmen. Damit berührt sich die zweite Linie unserer religionspädagogischen Konzeption. Daß unsere Religionsbücher *zum symbolischen Ausdruck*, zur Sprache der Bibel und des Glaubens *erziehen* wollen, also mit dem »dritten Auge«, einem Sinn für den Sinn, begaben möchten, wurde im Lehrerhandbuch 1 bereits betont. Im Religionsbuch für das zweite Schuljahr wird diese symboldidaktische Linie weiter ausgezogen. Zwar findet sie im Kapitel »Symbolverständnis« mit »Sonne«, »Brot« und »Wasser« eine besondere Thematisierung, doch würde das noch kein religionspädagogisches Profil schaffen, wenn nicht implizit auch das gesamte Buch dieser Zielsetzung entspräche. Darum führen *alle* Themen des Religionsbuches, selbst jene über schulische Aktivitäten, zu einem Verstehen symbolischen Ausdrucks, so daß nahezu jeder Umgang mit Text und Bild das vordergründige Benennen der Dinge übersteigt und für ein differenziertes, religiöses Wirklichkeitsverständnis disponiert.

Der dritte religionspädagogische Akzent liegt in der Art, wie unser Religionsbuch *»Korrelation«* realisiert. Die fundamentale korrelative Beziehung, die jede punktuelle Thematik übergreift, liegt hier in der Wechselbeziehung zwischen Religionsunterricht und gesamtschulischem Leben. Die großen Worte des christlichen Glaubens wie Brüderlichkeit, Freiheit und Liebe sollen in der

Art, wie unsere Kinder die Grundschule erleben, ihre Konkretisierung und Beglaubigung erfahren; gleichzeitig soll die Schule durch die Bindungen, die sie zu Lehrern und Mitschülern stiftet, durch die Art und Weise, in der Hilfsbedürftigkeit erkannt und Unterstützung gewährt wird, in den Symbolen, Liedern, Feiern und Aktivitäten des Religionsunterrichts ihre christliche Deutung gewinnen.

Dem korrelativen Konzept dient auch die Verzahnung fachlicher Themen mit dem Gesamtunterricht. Das Religionsbuch und dieses Lehrerhandbuch beschreiben mehr Möglichkeiten, als ein zweistündiges Fach realisieren kann. Sie möchten anregen, die Themen des Religionsunterrichts im übrigen Schulalltag auf anderen Ebenen fortzusetzen. Unsere Foto-Reportagen über Tiere und Pflanzen im Klassenzimmer, Brotbacken und Feste in der Schule erweitern eine genuin theologische Thematik und geben damit dem zeitlich begrenzten Religionsunterricht einen wesentlich erweiterten Bezugsrahmen, der auch dann sinnvoll ist, wenn sich zum Religionsunterricht die Klasse teilt. Korrelation bedeutet deshalb notwendig auch Kooperation zwischen Religionslehrer und Fachlehrer. Unser Versuch, mit einem »Brief an den Klassenlehrer« (S. 25) diese Zusammenarbeit zu fördern, möchte ein zusätzlicher Schritt sein, den fachlichen Terminus »Korrelation« über Fachengen hinaus zu buchstabieren.

Die religionsdidaktische Konzeption

Die bisher genannten Kennzeichen unseres Religionsbuches qualifizieren natürlich auch seine didaktische Eigenart. Die noch zu behandelnde inhaltliche Anlage des Buches und das Verhältnis von Religionsbuch und Lehrplan sind gleichermaßen didaktischer Natur. Deshalb soll zunächst auf Einzelaspekte hingewiesen werden, die als Details zum didaktischen Profil des Gesamtwerkes gehören.

Allgemein zielt die Intention auf innovatorische Impulse. Viele Aufgaben eines Religionsbuches sind in der Vergangenheit nach intuitivem Ermessen gelöst worden. Dabei haben sich Lösungsschemata eingespielt, die manchmal in der gesamten katholischen wie evangelischen Lehrbuchszenerie begegnen. Das führte dazu, daß man heute in »neuen« Büchern zwar variierte Beispiele und Illustrationen findet, aber stets gleiche didaktische Strukturmuster, so daß man als Lehrer gleich weiß, welche Ansprüche solche Schulbuchseiten stellen, vielleicht aber auch versucht ist, in reichlich ausgefahrenen Bahnen sich den Annehmlichkeiten der Routine zu überlassen.

Solche Sicherheit bestätigen unsere Bücher nicht. Hier kann eher das Gegenteil eintreten; eine Irritation des Lehrers, denn das ungewohnte, hier und da auch verrätselte Buch wird jemanden, der das Unbekannte scheut, abschrecken. Jedoch muß dieser Effekt hingenommen werden, denn es soll Neuland beschritten werden, um mit diesen Religionsbüchern einen gemeinsamen Lernprozeß anzutreten, der die gesamte Religionsdidaktik weiterbringt.

An dieser Stelle ist es unmöglich, alle einzelnen Positionen zu schildern, an denen wir vor didaktischen Ersterprobungen standen. Einige Hinweise mögen als Beispiele genügen.

Grundlegend ist die Neuerung, das Unterrichtswerk für die gesamte Primarstufe in einem curricularen Zusammenhang zu sehen. Damit verbietet sich die

Praxis, überall anfangen und aufhören zu können, »Depot«-Religionsbücher zu konzipieren, die keinen Anspruch auf didaktische Folgerichtigkeit erheben. Allerdings erwächst daraus das Problem der Ungeduld: Gar manch einer will gleich im ersten Band alles, vermißt nun dies oder das, urteilt und verurteilt nach dem, was er nicht – oder *noch nicht* – findet und zieht den Schluß, hier werde ein Minimalprogramm entwickelt. Wenn dann noch der Blick auf den derzeit geltenden regionalen Lehrplan ungeduldig macht, scheinen gute Gründe an der Hand, dieses Religionsbuch zurückzuweisen – obwohl sich doch angesichts der langen Zeit, die ein innovatorisches Werk braucht, um sich durchzusetzen, das Ziel stellt, auch noch für die nächste Lehrplanrevision diskutabel zu sein.

Unsere Religionsbücher gehen also nicht mehr von punktuellen Themen aus, die insgesamt das Muster eines bunten Flickenteppichs ergeben, sondern von Lernbereichen (Lernfeldern), die sich über die Schuljahre hindurch zu Lernfeldsträngen aufbauen. Zentrale Lernbereiche heißen beispielsweise »Gott« oder »Jesus« oder »Gebet«. In diesem Konzept ist es nicht mehr möglich, mit einem eventuell sehr schönen, auch kindgemäßen und theologisch bedeutsamen Inhalt zu beginnen, wenn dieser Inhalt didaktisch keine tragende Funktion für den weiteren Aufbau (Konsekutivität) des Lernfeldes besitzt. Und nicht nur der erste Schritt muß stimmen, auch der zweite muß sich vom ersten her begründen und zugleich Voraussetzung für die dann folgenden werden können. Das heißt: unsere Kapitel bzw. Lernfelder zwingen nun zu einer durchgehenden didaktischen Folgerichtigkeit, so daß die Aufgabe nicht mehr heißt, auf einigen Religionsbuchseiten das »Thema Gott« zu gestalten, sondern auf der Basis einer umfassenden didaktischen Analyse eine Gotteslehre für den Primarbereich zu entwickeln, die jedoch nur dann fundierend und somit auch fundiert ist, wenn ihre Fortsetzung in der Sekundarstufe ebenfalls mitbedacht bleibt. Diese Aufgabe gilt unter systematischen und biblischen Aspekten, nicht zuletzt auch für die bildliche und sprachliche Ebene. Darum darf der Benutzer dieses Unterrichtswerkes darauf vertrauen, daß mit jedem Folgeband eine Kontinuität angestrebt ist, die ihn nicht immer wieder »von vorne« anzufangen zwingt, sondern inhaltlich wie formal eine solide Aufbauarbeit gestattet.

Analog gelten diese Kriterien für alle übrigen Lernfelder. Jedes Kapitel findet einleitend in diesem Handbuch eine didaktische Erschließung, die dem Benutzer hilft, den theoretischen Hintergrund des Religionsbuches auszumessen und damit eigene Urteils- und Handlungskompetenz für seinen Unterricht zu gewinnen.

Eine besondere didaktische Aufgabe stellt sich mit dem Lernfeld »Religion(en)«, die wir am Ort näherhin begründen. Es soll versucht werden, nicht über Merkmalsbeschreibungen komplexer Religionen, sondern über Strukturformen ein inneres Verständnis für das Religiöse anzubahnen. Diese Linie wird freilich erst mit dem vierten Band voll einsichtig.

Vor neue didaktische Aufgaben stellten uns noch viele andere Positionen des Religionsbuches, so etwa die Lernfeldstränge »Symbolverständnis« und »Sprachverständnis«. Der Lernbereich »Bibelverständnis« ist durch die historische Forschung gut erschlossen, doch ergaben sich vor allem für die bilddidaktische Veranschaulichung ganz neue Ansprüche, wie sie in diesem Band besonders am Beispiel »Synagoge« greifbar werden.

Auf das Konzept der Seiten »Leben und Lernen in der Schule«, deren fotografische Realebene eine von Band zu Band wechselnde, vertiefende und sinndeutende Metaebene findet, sei nur am Rande hingewiesen.

Aufbau und inhaltliche Konzeption

Im Vergleich zum Religionsbuch für das erste Schuljahr fällt die veränderte inhaltliche Struktur des zweiten Bandes auf. Für das Hauptstück des ersten Buches war das Kirchenjahr mit seinen Festen und Zeiten maßgeblich. In diesen Ansatz miteingebunden, so hatten wir gesagt, sei eine gewisse »Totalität« der Lerninhalte, weil jedes einzelne Fest immer »das Ganze« des Christentums vertritt. In diesem Verständnis ist der Kirchenjahrsteil auch Matrix für die thematische Differenzierung des vorliegenden und der weiteren Bände. Über Gott und Jesus, Kirche, Fest und Gebet war *implizit* schon im ersten Schuljahr immerfort die Rede – jedenfalls für alle, die um die Ganzheitlichkeit eines kirchlichen Festes grundsätzlich wissen! –, so daß die Schüler mit einem Anschauungsschatz christlichen Glaubens und kirchlichen Lebens ins zweite Schuljahr kommen, der voller Geschichten, Bilder, Erlebnisse und innerer Eindrücke ist. Dort wird nun das in der Linse des Kirchenjahres gebündelte Licht in seine einzelnen Spektralfarben zerlegt. Die damit im Religionsbuch für das zweite Schuljahr sich ergebende thematische Gliederung in Kapitel (=Lernfelder) bleibt auch für die folgenden Bände der Grundschule konstant, so daß sich innerhalb des gesamten Unterrichtswerkes eine auch schon Kindern leicht faßliche Übersichtlichkeit ergibt. Kontinuitäten und Zusammenhänge werden ihnen schnell durchschaubar. In der Zusammenschau aller Bände entsteht bei aller Lebendigkeit in Sprache und Bild insgesamt eine der Kinderstufe angemessene Systematik des Glaubens, die Kopf und Herz, das Wissen und das Tun in Anspruch nimmt.

Wer sich die Lernfelder des Werkes ansieht, mag auf den ersten Blick denken, unsere Bücher fielen auf die Lehrpläne der sechziger Jahre zurück, da es nirgendwo anthropologische und gesellschaftsbezogene Themen zu geben scheint. Dies hängt einerseits damit zusammen, daß wir das Unterrichtswerk bewußt auf unabdingbare Kernthemen des Religionsunterrichts beschränken und keiner modischen oder ideologischen Aktualität nachgehen (insofern auch manche zweitrangige Themenbereiche noch gültiger Lehrpläne nicht abdekken). Andererseits aber muß beachtet werden, daß wir bewußt eine Unverbundenheit theologischer und anthropologischer Inhalte vermeiden wollen; bei genauem Hinsehen mag sich zeigen, daß sich in allen Lernfeldern »Gott und die Welt« treffen.

Beibehalten blieb ansonsten das Grundgerüst des Religionsbuches 1. Weiterhin rahmt das Kapitel »Leben und Lernen in der Schule« den übrigen Inhalt; ebenfalls weitergeführt finden sich die Lehrbereiche »Sprachverständnis«, »Symbolverständnis« und »Bibelverständnis«. Eine Einführung in die Intentionen dieser Lernfeldstränge findet sich deswegen schon im Lehrerhandbuch 1.

Das Religionsbuch und der Lehrplan

Neue Religionsbücher, die in diesen Jahren erscheinen, sitzen leicht zwischen allen Stühlen, denn es sind Jahre der Wende, auch im Rahmen aller derzeitigen Lehrplanrevisionen. Der generelle »Zielfelderplan« steht bereits seit geraumer Zeit zur Disposition. In welcher Weise er fortgeschrieben oder ersetzt wird, ist heute noch nicht zugänglich. In den meisten Bundesländern arbeiten regionale Kommissionen ebenfalls an neuen Lehrplänen. Soweit hier Einblick möglich ist, zeigt sich ein wenig ermutigendes Bild: Ein vermittelnder inhaltlicher wie struktureller Orientierungskanon scheint aufgegeben, so daß divergierende, auch im didaktischen Niveau völlig ungleichgewichtige Resultate zu befürchten sind. Angesichts dieser eher desorientierenden Situation halten wir uns großenteils an den nordrhein-westfälischen Lehrplan, jedoch nicht so, daß dadurch ein regional ausgerichtetes Lehrbuch entstünde. Vielmehr möchte diese Lehrbuchreihe auch mit jedem anderen Religionslehrplan kommensurabel sein. Solche Kommensurabilität setzt freilich voraus, daß der benutzende Lehrer nicht bei Begriffskonkordanzen stehenbleibt, als liege nur dort Übereinstimmung vor, wo Lehrplan und Religionsbuch die gleichen Einteilungen und Themenbezeichnungen verwenden. Sobald die neuen Lehrpläne in Kraft sind, werden wir zu unseren Religionsbüchern eine Synopse aufstellen, der die Zuordnungen von Lehrbuch und regionalem Lehrplan entnommen werden können.

Soweit es sich heute beobachten läßt, werden die von mir 1982 vorgeschlagenen »Prinzipien zur Lehrplanentwicklung«[1] vorzugsweise im Bereich ihrer Längsschnitt-Systematik von mehreren neuen Plänen berücksichtigt. Damit entsteht eine strukturelle Annäherung zwischen Lehrplänen und unserem Religionsbuch für die Grundschule. Zwar decken sich nicht immer die Lernfelder (auch Rahmenthemen genannt); manchmal sind sie weiter, manchmal enger gefaßt, aber durchweg ist das jeweilige Themenspektrum unseres Buches vielfältiger angelegt. Öfter kommt es vor, daß Lehrpläne Einzelthemen früher ansetzten, als es in unserem Unterrichtswerk geschieht, doch gewähren hier die Lehrpläne selbst eine großzügige Bewegungsfreiheit, wie zum Beispiel der »Zielfelderplan« und der »Lehrplanentwurf Katholische Religionslehre« in Nordrhein-Westfalen: »Aus der Bedingungsanalyse für die Unterrichtsplanung können Änderungen innerhalb eines Lernfeldes notwendig werden, die zur begründeten Abwahl oder Umformulierung von einzelnen Unterrichtseinheiten führen. Entsprechend ist auch die Umstellung von Lernfeldern innerhalb der Jahrgangsblöcke 1/2 und 3/4 möglich.«

Bilder

Die Bilder des Religionsbuches für das zweite Schuljahr sowie der folgenden Bände sind unterschiedlicher Herkunft. Ihr größter Teil sind Werke bekannter Maler, von Giotto bis zu Klee und Chagall. Wir setzen damit unser Prinzip fort, an das bildliche und textliche Material der Religionsbücher höchste Ansprüche zu stellen. Was hier den Kindern vorgelegt wird, muß nicht auf

[1] *Hubertus Halbfas,* Prinzipien zur Lehrplanentwicklung, in: ders., Das dritte Auge. Religionsdidaktische Anstöße, Düsseldorf 1982, 39–50.

Anhieb verständlich sein, es muß auch nicht in einem volkstümlichen Sinn »gefallen« und darf erst recht nicht »gefällig« sein, aber es muß dem Gang der Zeit standhalten, so daß spätere Wiederbegegnungen zu einer vertieften Auseinandersetzung führen können.

Die Kritik am Religionsbuch für das erste Schuljahr hat gezeigt, mit welch unterschiedlichen und oft unreflektierten Kriterien Bilder der Zustimmung oder Ablehnung unterliegen. Manch einer scheint sich unbewußt von der Frage leiten zu lassen, ob er jedes Bild auch in der eigenen Wohnung ertragen möchte. Wäre das der Maßstab, gäbe es nur noch Bilder der Bestätigung im Religionsbuch. Man möchte gerne wissen, was Kierkegaard zu einer derart passablen Ansicht des Christentums sagen würde?

Die beiden gewichtigsten Kapitel des Buches tragen eine geschlossene künstlerische Handschrift: Das Gottes-Kapitel zeigt eine Radierungsfolge aus der berühmten Bibelillustration Marc Chagalls; das Jesus-Kapitel wurde einheitlich mit einem Bilderzyklus Relindis Agethens ausgestattet. Chagall ist weltweit renommierter Maler, Agethen eine nur regional bekannte Künstlerin. Ist das ein Gesichtspunkt für die Bewertung ihrer Bilder? Würde man die Namen mit den Werken vertauschen können, hätten es möglicherweise die Chagall-Bilder schwer, sich bei Religionslehrern durchzusetzen. Da sich aber manch einer an den Bildern Relindis Agethens gestoßen hat, soll im Hinblick auf solche Werke, die dem subjektiven Urteil des Betrachters fremd oder unzumutbar erscheinen, etwas Grundsätzliches gesagt werden.

Wer Bilder beurteilt, die noch keine allgemeine gesellschaftliche Akzeptanz gefunden haben, muß sich darüber klar sein, daß *jede* neue Bildersprache zunächst Abwehr auslöst. Das ist in der kunstgeschichtlichen Entwicklung der letzten zwei Jahrhunderte vielmals zu beobachten gewesen. Geradezu ein Empörungssturm brach aus, als zum erstenmal in Europa schwarzafrikanische Kunst gezeigt wude (Paris 1900). Psychologisch ist das verständlich, denn der Mensch möchte Vertrautem wiederbegegnen und im Wiedererkennen sich der Welt und seiner selbst vergewissern. Darum bedarf es bei neuen Bildern, die ja zugleich auch neue Sehweisen darstellen, stets geraumer Zeit und meistens auch geduldiger Vermittlungsbemühungen, um die zunächst massiven inneren Sperren gegen die anfänglich irritierenden »Weltansichten« zu beheben. Solange dieser Lernprozeß nicht zum Ziel kommt, sieht man nur das Ungewohnte als das Nichtzumutbare. Deshalb konnte Vincent van Gogh zu Lebzeiten nur ein einziges Bild verkaufen und Paula Modersohn-Becker nicht einmal eins. Inzwischen hat eine breite Öffentlichkeit die neue Sehweise, die solcherlei Kunst verlangt, erlernen können. Längst ist diese Sehweise in die Gesamtkultur unserer Zeit eingegangen, so daß van Goghs und Modersohn-Beckers Bilder bereits wieder als »klassisch« empfunden werden. Die gegenwärtige künstlerische Provokation findet sich heute beispielsweise in Joseph Beuys verkörpert.

Schulbücher halten sich nun meistens an einen schon erzielten öffentlichen Konsens, fordern deshalb also kaum zu einem neuen Sehen und Verstehen des Glaubens heraus. Im Vergleich zur heutigen Kunstszene ist unser Religionsbuch konventionell; es stützt sich auf eine schon eingeübte Bildsprache. Aber angesichts der bisher in Religionsbüchern üblichen Bebilderung und der von hierher entwickelten Erwartung scheint unser Buch doch für einige Erwachsene eine Herausforderung zu sein. Die Sache selbst hat Vorgänger: Mit dem »Glaubensbuch für das 3. und 4. Schuljahr« von 1963 wurden für dessen biblischen Teil Farbholzschnitte von Thomas Zacharias geschaffen, die in den Jahren nach Erscheinen allerwege als »zu schwer«, »nicht kindgemäß«, »unterrichtlich nicht zumutbar«, »für den größten Teil der Lehrerschaft zu fremd und irritierend« usw. kritisiert wurden. Erst ein Prozeß des unterrichtlichen Umgangs mit den Bildern, unterstützt von Interpretationshilfen, hat dann bald die erste Ablehnung aufgehoben, zumal die praktische Erfahrung zeigte, daß es sich hier weniger um Probleme der Kinder als um jene der Lehrer handelte. Heute weiß man, daß die Zacharias-Bilder das Buch, für das sie geschaffen wurden, überdauert haben.

Auf einen spezifischen Einwand müssen wir noch gesondert eingehen. Den Agethen-Bildern wurde vorgeworfen, daß ihre Tiefenwirkung traumatische Angstempfindungen auslösen könne. Diese Bilder belasteten insgesamt unsere Kinder mit ihren Atompilzen, Behinderten, Ausgestoßenen sowie den mehrfachen Symbolgestalten einer unbefreiten Welt in einer unzumutbaren Weise. Unbeachtet bleibt solcher Kritik, daß man mit den gleichen Argumentationsfiguren auch eine Abschaffung des Kruzifixes fordern kann und gefordert hat. Sodann wäre zu bedenken, daß eben diese Argumentation bereits eine Generationendebatte zum Thema »Grausamkeit im Märchen« bestreiten half. Die gegen das Märchen vorgebrachten Gründe sind mit guten psychologischen Erkenntnissen widerlegt worden, die auch für uns gelten. Vor allem aber gilt, daß unsere Kinder nicht mehr in einer abgeschirmten Welt leben. Die meisten sind – zum Beispiel – dem Fersehprogramm voll ausgeliefert. Die Tagesnachrichten sehen sie oft von frühesten Jahren an. Ähnlich geht es ihnen mit Katastrophenreportagen in Illustrierten. Die jahraus, jahrein in den Medien gezeigte *Realität* des Grauens ist bedrückender als deren *symbolische Verarbeitung* in Agethens Bildern oder Grimms Märchen. Diese Bilder sollen vielmehr die von vielen Eltern ignorierten Eindrücke einer leidvollen Welt in ein verantwortetes und verarbeitendes Gespräch nehmen. Früheren Religionsbüchern gilt ja mit Recht der Vorwurf, daß sie eine abgehobene, wirklichkeitsferne Sonderwelt zeigen. Unser Buch will den Kindern nicht verhehlen, wieviel Leid es in der Welt gibt – und eine Kirche, die den gekreuzigten Christus als realistisches Bild in die Welt stellt, kann dies auch nicht wollen! –, aber es möchte anleiten, dem Leid menschlich und christlich zu begegnen und als Erlöste auch selbst erlösend zu wirken.

Verhältnisbestimmungen

Weder dieses noch sonst ein Religionsbuch sollte zum »Nabel des Religionsunterrichts« werden. Religionsbücher haben Hilfsfunktion. Sie sind um so entbehrlicher, je mehr der Unterricht die Schüler selbst aktiviert. Und natürlich sind sie nicht wichtiger als der Lehrer. Darum muß ein Religionsbuch auch nicht »vollständig« sein, was immmer das sein mag. Man vermißte im Buch für das erste Schuljahr etwa die christlichen Grundgebete, suchte nach einer größeren Zahl biblischer Texte; fragte nach der Vorstellung der Kirche am Ort ... Zu allen diesen Gegebenheiten steht das Religionsbuch natürlich in einem Verhältnis; aber wie dieses Verhältnis aussehen kann, verdient eine Überlegung.

Die erste Beziehung ist die des Religionslehrers zum Religionsbuch. Es ist keine vom Buch bestimmte Beziehung, sondern eine, die jeder Lehrer selbst definiert. Er bestimmt, welcher Stellenwert dem Lehrbuch im Unterricht zukommt, welche Inhalte Vorrang haben, welche zurückgestellt oder übergangen werden. Gleichzeitig wird das Verhältnis des Lehrers zum Religionsbuch auch entscheidend für die Effizienz des Buches. Je besser er die Buchkonzeption kennt, die Inhalte überschaut, mit der eigenen Existenz daran partizipiert, um so wirksamer kann er diese Inhalte den Schülern vermitteln. Aber das Buch ersetzt trotz aller wichtigen Hilfestellung niemals den Lehrer in seinem persönlichen Glauben. Das Profil dieses Glaubens ist notwendig individuell und darf in seiner Eigenart dem gesamten Unterricht den Charakter geben. So verfügt kein Lehrplan, ob und wann im Religionsunterricht gebetet wird – und Lehrbücher haben Anteil an dieser Zurückhaltung –, aber es liegt beim Lehrer und seinem Verhältnis zu den Schülern, diese Frage zu beantworten.

Ein Religionsbuch ist ein didaktisches Instrumentarium. Es behandelt bevorzugt solche Inhalte, die einer besonders distinguierten didaktischen Vermittlung bedürfen. Darum ist die Auswahl biblischer Texte, die in einem Religionsbuch Aufnahme finden, kein Votum über ein biblisches Curriculum, vielmehr wählt das Lehrbuch primär jene Texte aus, die hier eine exemplarische Interpretation erfahren sollen. Im Anschluß daran können noch weitere Sequenzen aus der Schulbibel im Unterricht gelesen werden, ohne daß dafür das Religionsbuch Richtschnur sein will. Es wäre ein törichtes Mißverständnis zu meinen, das Religionsbuch wolle oder könne die Bibel ersetzen. (Im übrigen wird nach erreichter größerer Lesefähigkeit im Religionsbuch für das dritte Schuljahr die Bibel besonders thematisiert.)

Das bisher Gesagte gilt analog auch für die Kirche und Gemeinde am Ort. Man hat eine der üblichen Schemazeichnungen, welche eine standardisierte Kirche von außen und innen zeigen, vermißt. Solche Abbilder möchten wir nie bringen. Was sollen auch schon derartige Illustrationen, allenfalls befriedigen sie Klischee-Erwartungen. Aber keineswegs überflüssig ist ein Lerngang in die Kirche. Auch wenn allen Kindern die heimatliche Kirche vertraut ist, Lehrer und Pfarrer können sie doch neu sehen lehren, vermitteln eine Nähe, die kein Unterricht im Klassenraum erreichen kann. Von den konkreten lokalen Möglichkeiten einer Gemeinde kann das Religionsbuch nichts wissen. Es kennt nicht die heimatlichen Bräuche und Feste, weiß nichts aus der Geschichte der Gemeinde, ist taubstumm gegenüber ihren Glocken und Liedern, kann nicht auf Gemeindefeste, Taufen, Hochzeiten und Beerdigungen verweisen, die zur Umwelt der Schüler gehören. Diese Beziehungen müssen zum Religionsbuch aus den konkreten lokalen Verhältnissen heraus *hinzu*kommen.

Das Lehrerhandbuch

Für den Umgang mit dem Religionsbuch will dieses Lehrerhandbuch ein verläßlicher Führer sein – und mehr als das: Es möchte zugleich eine Didaktik des Religionsunterrichts einschließen, so daß der regelmäßige Gebrauch des vierbändigen Werkes nicht nur solide Kenntnisse vermittelt, sondern auch ein didaktisches Denken anleitet, aus dem die gesamte Schularbeit Gewinn ziehen kann. Allerdings wird an den Benutzer ein nicht geringer Anspruch gerichtet. Dieses Handbuch mit dem umfassenden Titel »Religionsunterricht in der

Grundschule« verlangt in seiner Lektüre ein wenig Sammlung und die Bereitschaft, die bereitgestellten Informationen und Anregungen eigenständig zu bedenken und zu verarbeiten, so daß die konkrete Stundenvorbereitung als ein Prozeß der inneren Sammlung und Verarbeitung vom Lehrer selbst geleistet werden muß. Wir verzichten hier bewußt auf die üblichen Entwurfschemata, die alle methodischen Schritte und medialen Zutaten, manchmal sogar mit Minutenangaben, gleich einem Backrezept skizzieren. Entschieden sind wir aus prinzipiellen Gründen auch gegen Kopiervorlagen und die übliche Form von Schülerarbeitsheften. Diese Dinge fördern die didaktische Hilflosigkeit des Lehrers, zugleich damit ein Konsumverhalten, das immer mehr zum Unterrichten mit Fertigvorlagen führt, insgesamt aber kein schulpädagogisches und nicht einmal ein angemessen fachdidaktisches Niveau entstehen läßt. In Band 3 dieses Handbuches wird ausführlich das positive unterrichtliche Gegenbild dieses defizienten Modus beschrieben.

Mit dieser Einstellung hängt zusammen, daß die Kommentierung der Religionsbücher nicht auf die Schüler, sondern auf den Lehrer hin erfolgt. Bevor etwas für Kinder gelten soll, muß es zunächst den Erzieher selbst betreffen. Das ist unabdingbar. Wie sollten ein Bibeltext oder ein Bild unseren Schülern bedeutsam werden, wenn Text oder Bild nicht grundlegend und ohne verzwekkenden Seitenblick zuvor für uns selbst Bedeutung gewonnen haben? Aus diesem Grund beschränkt sich unser Handbuch nirgendwo auf jenes begrenzte Informationsquantum, das für Kinder im Grundschulalter in Frage kommt, sondern entwirft stets einen weiteren Horizont, aus dem heraus der Lehrer nach Maßgabe seines eigenen Verständnisses nun mit einer gewissen Souveränität seinen Unterricht entwickeln kann. Damit ist zugleich gesagt, daß wir eher ein hohes als ein bescheidenes Niveau anstreben. Es mag sein, daß sich nicht jeder Lehrer davon fordern lassen will, vielleicht sprechen auch die hohen Auflagezahlen anspruchsloser Unterrichtsvorlagen für eine gewisse Hilflosigkeit, insgesamt aber würde man mit einer solch niederen Einschätzung der Erwartung niemandem gerecht: weder Lehrern, die letztlich nur ein guter Unterricht befriedigt, noch Schülern, die es langfristig spüren, aus welcher Substanz ihr Lehrer lebt und unterrichtet.

Zur Orientierung in diesem Handbuch ist zu beachten, daß die grundlegenden Ausführungen sich über alle vier Bände erstrecken. Was Schule und Unterricht allgemein berührt, findet sich mit unterschiedlichen Schwerpunkten auf das ganze Werk verteilt. Auch theologische und religionspädagogische Inhalte finden bisweilen ihren thematischen Schwerpunkt nur an *einem* Ort, so daß der Benutzer des Lehrerhandbuches 1, wenn er beispielsweise über die Menschwerdung oder Auferstehung Jesu *theologisch* informiert werden will, zum Handbuch 4 greifen muß, während Lehrer des dritten oder vierten Schuljahres bestimmte Grundlagen der Stille-Übungen nur im vorliegenden Band finden. Es empfiehlt sich, wenn man mit diesem Unterrichtswerk zu arbeiten beginnt, einen Überblick über die Gesamtanlage des Schüler- wie des Lehrerbuches zu suchen. Die Register am Ende des Handbuches 4 geben weitere Hilfen an die Hand.

Abschließend sei empfohlen, dieses Lehrerhandbuch nicht erst zur gezielten Unterrichtsvorbereitung aufzuschlagen. Die einzelne Stunde gelingt besser, wenn sie aus dem Gesamtverständnis des Religionsbuches und seines Kommentars möglich wird. Darum ist es sinnvoll, die grundlegenden Teile, aber auch zentrale Kapitel vorweg zu lesen. Man kann übrigens mit der Lektüre vorne, hinten oder irgendwo in der Mitte beginnen. Zwar ist die Systematik des Buches nicht zufällig, aber sie ist auch nicht zwingend. Für den Unterricht empfiehlt sich allerdings die Ordnung des Buches aus inneren didaktischen Gründen. Vielleicht verleiten manche Kapitel auch aus der Faszination der Thematik zum Weiterlesen. Noch schöner wäre es, wenn mit Hilfe dieses Werkes der Religionsunterricht Lehrern wie Schülern neuen Auftrieb gäbe.

Brief an den Klassenlehrer

Liebe Kollegin, lieber Kollege, daß Sie nicht alle Fächer in Ihrer Klasse unterrichten, sondern einige Stunden an Fachlehrer abtreten, ist der Anlaß dieser Zeilen. Als Autor eines Religionsbuches, mit dem an Ihrer Schule gearbeitet wird, suche ich mit Ihnen eine Verständigung, den Religionsunterricht aus der Isolation des Fachunterrichts zu befreien und ihn in eine Wechselbeziehung zum übrigen Schulleben zu holen. Deshalb bitte ich Sie, sich unser Religionsbuch anzuschauen und insbesondere jene Teile zu studieren, welche den Religionsunterricht mit dem »Leben und Lernen in der Schule« verbinden. Was wir dort zur Einrichtung im Klassenzimmer sagen, zu Fest und Feier, zum Umgang mit der Natur oder zur Eigenaktivität der Schüler vorschlagen, auch zur Praxis der Stille-Übung, – im dritten und vierten Schuljahr zur freien Arbeit, zum Musizieren und zum Schulgarten, – dies alles muß und kann ja nicht ausschließlich im Religionsunterricht stattfinden. Vieles gehört in den Gesamtunterricht, macht die Schule zur Kinderschule und bereitet auch den Lehrern Freude.

Bitten möchte ich Sie ferner, sich das vorliegende Lehrerhandbuch anzusehen, zumal jene Seiten, die sich über eine Verbindung von Religionsunterricht und Schulleben äußern. Vielleicht sprechen Sie hin und wieder über solche Dinge im Kollegium, wenngleich eine tiefere Erörterung nicht leicht zustande kommt. Denkbar wäre aber, daß mit Hilfe dieses Handbuches ein Konsens über Unterricht und Schulleben und sogar eine konkrete Kooperation entstünde, die allen Beteiligten Gewinn brächte: jedem Kollegen in seinem Bereich und den Kindern insgesamt. Vielleicht entdecken Sie aber auch bei näherer Einsicht in das Lehrerhandbuch Inhalte und Unterrichtsideen, die Ihnen für Ihre Arbeit insgesamt wichtig erscheinen, und über die eine Absprache mit dem Religionslehrer möglich ist.

In dem Verständnis von Religionsunterricht, das dieses Handbuch entwickelt, gerät die ganze Schule mit in den Blick. Unser Wunsch ist, daß ein Religionsunterricht, der »Gott« sagt, auch »alles« meint, sich also im Einsatz für ein vielseitiges Schulleben beglaubigt. Darum lade ich Sie ein, sich mit dem hier entworfenen Bild von Schule und Religionsunterricht zu befassen, um auf dieser Basis Formen eines gemeinsamen Gesprächs und einer kollegialen Kooperation zu entwickeln.

Hubertus Halbfas

Ich bin Lehrer –
Bin ich ein Lehrer?

Wenn ich pädagogische Klassiker lese, ist mir manchmal, als hörte ich Traumtänzern zu: »Die Mühseligkeit der gewöhnlichen Schulstimmung verschwand wie ein Gespenst aus meinen Stuben«, schreibt Pestalozzi über seine Arbeit in Stanz; »die Kinder wollten – konnten – harrten aus – vollendeten und lachten; ihre Stimmung war nicht die Stimmung der Lernenden, es war die Stimmung aus dem Schlaf erweckter, unbekannter Kräfte.« Ganz ähnlich schwärmt Maria Montessori: »Die Kinder sind es, die uns eine bessere Menschheit als die unsere erleben lassen, eine Menschheit voller Ursprünglichkeit, Kraft und Schönheit. Wenn wir die Kinder nicht in unsere Formen pressen, sehen wir, daß sie Tugenden besitzen, die wir ihrem frühen Lebensalter kaum zutrauen: unermüdlichen Tätigkeitstrieb, Nächstenliebe, innere Disziplin. Die Kinder also haben dieses Erziehungswerk, das ich vor Ihnen entwickeln will, hervorgebracht . . . Werke von Männern und Frauen haben wir schon viel gesehen; nun, dies ist das Werk des Kindes.« Auch bei Célestin Freinet finden sich immer wieder solch euphorische Urteile mit Seitenhieben auf eine Schule, wie wir sie alle kennen: „Das Kind schien von Natur aus ein Nichtsnutz und Betrüger, ein Lügner und Faulpelz zu sein. Um die geforderten Lernziele zu erreichen, mußte man es der Reihe nach zwingen, belohnen, strafen und durch Spiele, Neuheiten und trügerische Bilder motivieren – alles Vorgehensweisen, die ihre Ohnmacht gegenüber den verwickelten Problemen des Lerninteresses längst bewiesen haben. Dies sind die neuen Erkenntnisse: Das Kind ist hungrig nach Leben und Aktivität. Diesen Drang nutzen wir, indem wir dem Kind die ›Instrumente‹ der Unterweisung und der Erziehung selbst in die Hand geben, und indem wir die materiellen und sozialen Voraussetzungen schaffen, die es dem Kind erlauben, diesem Drang nachzugehen.«

Hat solche pädagogische Hochgemutheit nicht auch etwas Bedrückendes für uns Lehrer? Man weiß, daß die Kinder Pestalozzis, Montessoris oder Freinets so durchschnittlich waren wie unsere Schüler auch, allenfalls, daß sie aus besonders armen, bedrückten Milieus kamen. Doch selbst wenn es ganz anders gewesen wäre, hätten Pestalozzi, Montessori oder Freinet über die Schüler meiner Klasse ebenso begeistert geschrieben. Bin ich nun so mäßig, und waren sie so gut, daß der Graben zwischen uns unüberwindlich bleibt? Man tröstet sich gerne mit solchen Gedanken, stellt den Meister-Pädagogen auf einen unerreichbar hohen Sockel der Verehrung und befreit sich so von allen Gewissensbissen. Wer bin ich eigentlich als Lehrer? Das ist eine schwierige Frage. Wie ich bin, haben mir mehrfach akademische Prüfer und Schulräte attestiert; aber was heißt das schon? Diese Noten dienen vorab der eigenen Irreführung. Ich müßte herausbekommen, *wer* ich als Lehrer bin!

Lehrer und Kind – Das Kindsein des Lehrers

Hechte

Jemand, der die Verhältnisse kennt, behauptet, daß die Schulverwaltung Leute »mit ungewöhnlicher Denkungsart und mit unbequemen Ideen« ebenso wenig wünsche, wie Fischzüchter einen Hecht im Karpfenteich mögen. Wer aber ein wirklicher Hecht sei, meide seinerseits alles, was mit Bürokratie zusammenhänge. Wenn es nun trotz aller sortierenden Ausbildungsmechanismen und sonstiger Kontrollmaßnahmen – also gegen alle Wahrscheinlichkeit – dennoch passiere, daß ein Hecht tatsächlich in den Karpfenteich gerate, so stehe folgendes zu vermuten:

erstens: die Karpfen sind so in der Überzahl, daß sie es dem Hecht schon zeigen werden;

zweitens: der Hecht wird observiert, in ein Winkelrevier verbannt und nicht befördert, weil er die Karpfen in Aufruhr bringt;

drittens: der Hecht verwandelt sich allmählich in einen Karpfen, behauptet zu Hause aber nach wie vor, ein Hecht zu sein.

viertens: nachdem der Hecht zum Karpfen geworden ist, wird er befördert. Von da an sagt er: Schaut her, ich bin ein Hecht und trotzdem wurde ich befördert.

Beförderte Hechte sind durch ihren Angelhaken im Maul fast schon nichts mehr wert. Pestalozzi ist gewiß an keine Angel gegangen; Montessori emigrierte lieber nach Indien, als der faschistischen Bürokratie gefällig zu werden; Freinet war ein Dorfschullehrer, der sich die Freiheit *nahm*, die niemand anbot.

Beamte

Was sind wir nun als Lehrer – Karpfen oder Hechte? Es mag sein, daß die Jugendlichkeit mancher Kollegen hier und da an Hechte denken läßt. Die Metamorphose zum Karpfen ist heute jedoch durch den Beamtenstatus des Lehrers institutionell gesichert. Wie wird man ein typischer Beamter? In der Frankfurter Rundschau war zu lesen, dies sei ein spezifisches Sozialisationsschicksal. Beamter sei jemand, der sein individuelles Verhalten der Natur des institutionellen Daseins angepaßt habe. Und das haben wir Lehrer doch, oder? Natürlich ist dies der Pfad der Tugend, wie die Definition des fertigen Beamten zeigt: »Er praktiziert Regeltreue, Vorsicht, Pünktlichkeit, Kollegialität. Das Leben im Verband macht den einzelnen zum Teilhaber, der aus der Vorhersehbarkeit des zu erwartenden Verhaltens anderer die eigene Sicherheit schöpft, auch wenn er sich in der Rolle des Rebellen sehen sollte.«[1]

Diese Betrachtung erhellt eigentlich viele Vorgänge in unseren Schulkonferenzen, noch mehr wahrscheinlich auch das, was gar nicht geht. Sie zeigt nämlich, wieso ein Lehrer nach wenigen Jahren verdruckster Gegenwehr es lernt, sich den Dingen »wie sie nun einmal sind« zu fügen, so daß er unter der Hand zum unbegeisterten Verteidiger der bestehenden Verhältnisse wird, allein schon deshalb, weil er sich nicht (mehr) ändern kann.

[1] *Frieder Lauxmann,* Wie wird man ein typischer Beamter? Der Sozialisierungsprozeß in der Verwaltungsmaschinerie. Beobachtungen eines Beteiligten, in: Frankfurter Rundschau, Nr. 165, 1974, S. III.

Vielleicht sind dies die Hechte, die nach ihrer Bekehrung zum Karpfen befördert werden; vielleicht sind sie aber auch gebürtige Karpfen und aus dieser Disposition heraus Lehrer geworden. Solche Kollegen wissen alles über Pestalozzi, weil das für ihre Prüfung wichtig ist, aber sie können sich ihre pädagogische Leblosigkeit nicht eingestehen, weil es das projizierte Selbstverständnis stört. So kommt es zu Verdrängungsstaus, die sich in verschiedene Richtungen entladen können:

erstens gegenüber den Schülern: früher der Regelfall, erscheint diese Richtung der Abreaktion heute eingeschränkt, zumal in Grundschulen; manchmal kaschiert aber auch nur eine formale Höflichkeit die innere Frustration;

zweitens gegenüber Vorgesetzten und Kollegen: ein selten beschrittener Weg, weil ihn die erwähnten Gruppenreaktionen verleiden;

drittens gegenüber der Familie: eine denkbare und gar nicht seltene, aber völlig zwecklose Entladung;

viertens gegenüber der Unterrichtsarbeit: die häufigste Reaktion, beispielsweise durch resignative »Erfahrung«: man findet nichts mehr lohnend, engagiert sich nicht innerlich, sondern läßt die Routine laufen. Mit Schulschluß sind auch die Schüler aus dem eigenen Leben verdrängt. Die Unterrichtsvorbereitung geschieht pflichtbewußt aber lustlos und bleibt deshalb in einfallsloser Konventionalität stecken.

Schul-Meister

Friedrich Nietzsche hat sich über diese Mittelmäßigkeit der Schulen eigene Gedanken gemacht und darüber Anfang 1872 öffentlich Vorträge in Basel gehalten. Er meinte, es fehle an erfinderischen Begabungen und wahrhaft praktischen Menschen, das heißt an solchen, »welche gute und neue Einfälle haben und welche wissen, daß die rechte Genialität und die rechte Praxis sich notwendig im gleichen Individuum begegnen müssen«. Falls das stimmt, können wir uns alles Kopfzerbrechen sparen: Die »rechte Genialität« läßt sich nicht einklagen. Eher bleibt zu fragen, wie sich verhindern läßt, ein pädagogischer Beamter zu sein, will sagen, als Lehrer seine Schüler zu langweilen. Wenn wir die wahren Schul-Meister fragen, sagen sie übereinstimmend dasselbe. Pestalozzi: Unterricht ist »nichts anderes als die Kunst, dem Haschen der Natur nach ihrer eigenen Entwicklung Handbietung zu leisten«. Montessori: »Wenn der Lehrer wirklich fördern will, muß er sein eigenes Handeln, sein Vorgehen vom Kinde abhängig machen, nicht umgekehrt.« Freinet: »Man hat den Lehrern, die ihre überzeugenden Erfahrungen mit Beispielen belegten, gern vorgehalten, ein solches Interesse (der Kinder) an der Schule könne nur von der besonderen Ausstrahlung des Erziehers herrühren. Nun sind aber die Ergebnisse, die wir andeuten, in *allen* mit der Druckerei arbeitenden Schulen erzielt worden, unabhängig von den persönlichen Fähigkeiten der Lehrer. Es hat genügt, daß diese so viel Bescheidenheit und Menschlichkeit aufbrachten, von ihrem Katheder herabzusteigen, den theatralischen und pseudowissenschaftlichen Schwätzerstil abzulegen und sich ganz in den Dienst der Kinder zu stellen.« Demnach liegt das Geheimnis, ein guter Lehrer zu sein, gar nicht primär bei den eigenen Begabungen, als bei der unbedingten Bereitschaft, die Kinder zu verstehen und von ihren Interessen und Fähigkeiten auszugehen.

Wie aber das?

Treppen

Wer gibt denn als Lehrer zu, Kinder nicht zu verstehen, deren Interessen zu mißachten, ihre Fähigkeiten zu blockieren? Bei anderen beobachte ich solche Schwächen durchaus und halte mich deshalb für sensibel genug, mich mit den kindlichen Neigungen verbünden zu können. Doch ob das stimmt? Vielleicht bin ich nur lieb zu den Kindern und meine, die gute Absicht mache den guten Unterricht. Aber dann würden unsere Schulen gewiß anders aussehen als sie aussehen. Nach wie vor sind die allermeisten Klassenzimmer je leere, langweilige Räume, in denen Kinder nichts aus sich selbst heraus tun können. Ist das nicht der Maßstab, an dem sich unsere Kinderliebe messen lassen muß?

Man kann es oft beobachten, daß manche Lehrer, wie man so sagt, pädagogisch sehr beschlagen sind und sich von der Sozialisationsforschung bis zu den Identitätstheorien belesen zeigen. Das alles hilft ihnen aber nichts im Umgang mit Kindern. Da sind sie steif wie Bohnenstangen und reden eine so unsinnliche Sprache, daß einem die Kinder leid tun müssen. Woran liegt das? Die »Erziehungswissenschaften« führen offenbar nicht geradewegs zu den Kindern, sondern möglicherweise auch von ihnen fort. Was aber sonst kann dem Lehrer helfen, seine Schüler zu verstehen?

Es gibt nur eine Antwort: das Kind im Lehrer selbst.

Erich Kästner hat eine »Ansprache zum Schulbeginn« geschrieben, die er den Sechsjährigen widmet, die nun fort »vom Baum des Lebens in die Konservenfabrik der Zivilisation« gewiesen werden. Aber wahrscheinlich hat Kästner die Kinder nur genannt und die Lehrer gemeint, jedenfalls kann sich jeder, der in der Schule sein Geld verdient, diese Rede zur Selbsterforschung vorlegen:

»Damit wären wir beim wichtigsten Rat angelangt, den ihr euch einprägen und einhämmern solltet wie den Spruch einer uralten Gedenktafel:

Laßt euch die Kindheit nicht austreiben! Schaut, die meisten Menschen legen ihre Kindheit ab wie einen alten Hut. Sie vergessen sie wie eine Telefonnummer, die nicht mehr gilt. Ihr Leben kommt ihnen vor wie eine Dauerwurst, die sie allmählich aufessen, und was gegessen worden ist, existiert nicht mehr. Man nötigt euch in der Schule eifrig von der Unter- über die Mittel- zur Oberstufe. Wenn ihr schließlich droben steht und balanciert, sägt man die ›überflüssig‹ gewordenen Stufen hinter euch ab, und nun könnt ihr nicht mehr zurück! Aber müßte man nicht in seinem Leben wie in einem Haus treppauf und treppab gehen können? Was soll die schönste erste Etage ohne den Keller mit den duftenden Obstborten und ohne das Erdgeschoß mit der knarrenden Haustür und der scheppernden Klingel? Nun – die meisten leben so! Sie stehen auf der obersten Stufe, ohne Treppe und ohne Haus, und machen sich wichtig. Früher waren sie Kinder, dann wurden sie Erwachsene, aber was sind sie nun? Nur wer erwachsen wird und Kind bleibt, ist ein Mensch!

Wer weiß, ob ihr mich verstanden habt. Die einfachen Dinge sind so schwer begreiflich zu machen!«[1]

Ich meine, ich könnte eine stattliche Namenliste mit Kollegen aufstellen, die auf der obersten Stufe stehen, ohne Treppe und ohne Haus. Aber wer weiß, ob ich nicht auch von anderen einer solchen Liste zugerechnet werde?

[1] *Erich Kästner,* ». . . was nicht in euren Lesebüchern steht«. Frankfurt a. M. 1968, 53 f. (erstmals in: Erich Kästner, Die kleine Freiheit, 1949/1952).

Jesus

Die Juden nennen den Lehrer Rabbi. Das ist auch der Titel, mit dem Jesus angesprochen wurde. Allem Anschein nach haben seine Zeitgenossen in ihm vor allem den Lehrer gesehen. Nun wollte man eines Tages Kinder zu ihm bringen, »damit er sie berühre«. Matthäus erläutert, er habe ihnen die Hände auflegen sollen. Ein solcher Segen ist in Israel oft begehrt worden. Kinder erbitten ihn von ihren Eltern, Schüler von ihren Lehrern. Es war auch Brauch, vor der Abendmahlzeit am Sabbat die Kinder durch die Handauflegung des Vaters zu segnen. Offen bleibt, wer die Kinder hier brachte; betont wird, daß diese Leute von Jesu Jüngern barsch angefahren werden. Aber: »Jesus sah es, ward unwillig und sprach zu ihnen: Laßt die Kinder zu mir kommen! Hindert sie nicht! Denn ihresgleichen ist das Reich Gottes. Amen, ich sage euch: Wer das Gottesreich nicht annimmt wie ein Kind, kommt nicht hinein! Dann umarmte er sie, und, die Hände auf sie legend, sprach er Segen ihnen zu.« (Mt 10,13–16).

Das Verhalten der Männer um Jesus läßt ihre Einstellung zu Kindern erkennen. Sie ist nichts Ungewöhnliches und zeugt darum nicht von Hartherzigkeit. In der gesamten Antike herrschte Kindern gegenüber eine abdrängende Haltung, die wenig Einfühlungsvermögen und kaum Gefühlsempfinden ihnen gegenüber zeigte. Die Einstellung dieser Jünger ist also eher »normal«, doch reagiert Jesus *unwillig.* Seine Einstellung zu Kindern ist anders. Er läßt sie nicht verjagen, wehrt jeder Hinderung und ruft sie zurück. Er begründet sein Verhalten mit einem Satz, der den Kindern das Reich Gottes zuspricht. Dieses Urteil führt zu dem grundsätzlichen Wort, das die Kindschaft als Urbild dessen zeigt, der dem Reich Gottes angehört. Dann umarmt er sie – was in diesem Kontext wohl auch nicht der Konvention entspricht – und legt ihnen seine Hände auf.

Wer sich so verhielt und sprach, war fähig zu einem sehr ursprünglichen Sehen und Denken. Ganz ungewöhnlich ist diese Achtung des Kindseins in der Antike; sie hat sich in der Christentumsgeschichte gegenüber einer zähen Tradition nur mühsam und mit wenig Einfühlungsvermögen durchsetzen können. Die heutige Schwäche gegenüber Kindern (und Jugendlichen) ist nichts anderes als die Kehrseite der ehemaligen Härte. Wer Kindern wie Jesus Aufmerksamkeit und Wohlwollen entgegenbringt, muß eine nicht erstorbene, innere Beziehung spüren. Nur wenn das Kind im Erwachsenen nicht erstorben ist, können Kinder seine Seele zum Mitschwingen bringen. Es ist anzunehmen, daß Jesus »in seinem Leben wie in einem Hause treppauf und treppab gehen« konnte.

Lehrer

Wenn man auch erst von der »Entdeckung des Kindes« im 20. Jahrhundert spricht, so war eine Bewahrung oder Erneuerung seelischer Kindschaft doch mit das Größte, was stimmige Religion den Menschen zu allen Zeiten vermitteln wollte. Als die Schüler des Lau Dan sich einmal über den rechten Weg uneins waren, antwortete der Lehrer zur Erläuterung der wahren »Kindschaft«, wie der Pfad dorthin beschaffen sei: »Also ein Mittel zur Wahrung des Lebens willst du?« fragte er. »Kannst du die Einheit festhalten? Kannst du dich freihalten von ihrem Verlust? Kannst du ohne Orakel und Wahrsagung Heil und Unheil erkennen? Kannst du haltmachen, kannst du aufhören? Kannst du die anderen in Ruhe lassen und den Frieden nur in dir selber suchen? Kannst du dich freihalten? Kannst du einfältig sein? Ein Kind geht und weiß nicht wohin, es bleibt stehen und weiß nicht, was es tut; es ist allen Dingen gegenüber frei, obwohl es bei allem mitmacht. Das sind die Mittel, sein Leben zu wahren.«[1]

Ob die Lehrer in der Schule ihr Leben wahren? Oder ob sie es mit den Jahren immer mehr verlieren, weil das Reglement immer mehr auch in ihre Seele eindringt? Und weil sie es nicht vermögen, die Kinder in ihrer eigenen Natur zu erkennen und deswegen immer deutlicher auf eine Gegenseite geraten, von der aus sie sich nun gegen die Kinder verteidigen? Die Geschichte der Schule ist seit dem Altertum eigentlich in einer erschütternden Weise das, was George Bernhard Shaw »die organisierte Selbstverteidigung der Erwachsenen« nannte. Augustinus berichtet in seinen »Bekenntnissen«, wie er sich als Kind bei der Anrufung Gottes beinahe die Zunge abbrach, wenn er darum flehte, in der Schule nicht geschlagen zu werden. Qualen litt er, wenn seine Eltern über die Prügel lachten, die er von seinen Lehrern erduldete. Der Sechzigjährige wird die Erinnerung daran nicht los: »Wer würde nicht vor Entsetzen lieber den Tod wählen, wenn man ihn vor die Wahl stellte, wieder Kind zu sein oder zu sterben.«

Bis in jüngste Anthologien hinein zieht sich das Klagelied über kinderverachtende Lehrer, die möglicherweise kenntnisreich und »gerecht« waren, aber in ihrer erwachsenen Seele der eigenen Kindheit und allen Kindern entfremdet. Heute gibt es zwar keine Prügel mehr; die Mittel, Kinder »in den Griff« zu bekommen, sind subtiler geworden, aber immer noch gewalttätig, selbst wenn der sich selbst verteidigende Pädagoge glaubt, mit seinen »Maßnahmen« irgendwelchen »Erfordernissen« zu dienen.

Engel

Bei Mt 18,1 ff wird erzählt, Jesu Jünger hätten sich über Rangordnungen gestritten und sich nicht einigen können. Darum hätten sie ihren Rabbi gefragt: »Wer ist wohl der größte im Himmelreich?« Darauf rief Jesus ein Kind herbei, stellte es unter all die konkurrierenden Männer und sagte: »Amen, ich sage euch: Wenn ihr euch nicht umwendet und werdet wie die Kinder, werdet ihr nicht in das Himmelreich eingehen!« Dieser Szene ist in V 10 ein Logion angefügt, in dem Jesus die Partei des wehrlosen Kindes ergreift: »Seht zu, daß ihr keins von diesen Kleinen verachtet! Denn ich sage euch: Ihre Engel in den Himmeln schauen allezeit das Angesicht meines Vaters in den Himmeln.« Das ist eine der wenigen Stellen, wo die Bibel vom schützenden Engel spricht, der dem Menschen zugeordnet sei, damit er das Heilige in ihm hüte. Von diesem Engel erzählt Israel, daß er durch alle Feueröfen der Geschichte, durch Irrsal, Leid und Tod hindurch beschütze. Nun aber sagt Jesus: Hütet euch, die Kinder zu verachten! Hinter dem Kinde steht der Engel, und der schaut Gott. Das heißt: hinter dem Kinde ist Gott offen. Wenn du ihm zu nahe trittst, tastest du etwas an, das unmittelbar ins Verborgene Gottes führt. Dann bekommst du es mit einem furchtbaren Gegner zu tun. Wohl schweigt er. Es scheint nichts zu geschehen. Aber einst wirst du innewerden, was in Wahrheit geschah, als du dich zu seinem Gegner machtest und darin mit dir selbst uneins wurdest.

[1] *Dschuang Dsi,* Das wahre Buch vom südlichen Blütenland. Aus dem Chinesischen übersetzt von Richard Wilhelm (1912). Köln/Düsseldorf 1972, 243 f.

Wege

Dem Rat des Lau Dan aus dem alten China, wie der Pfad zur wahren Kindheit beschaffen sei, stellt Antoine de Saint-Exupéry ein Lehrstück von heute gegenüber. Auch dies ist ein Spiegel, der mir sagt, ob ich ein wirklicher Lehrer bin. Jene, die sich in der Geschichte erkennen, mögen den Weg zu den Kindern finden. Für die anderen bleibt der Spiegel sowieso blind:

> »Guten Tag«, sagte der kleine Prinz.
> »Guten Tag«, sagte der Weichensteller.
> »Was machst du da?« sagte der kleine Prinz.
> »Ich sortiere die Reisenden nach Tausenderpaketen«, sagte der Weichensteller. »Ich schicke die Züge, die sie fortbringen, bald nach rechts, bald nach links.«
> Und ein lichterfunkelnder Schnellzug, grollend wie der Donner, machte das Weichenstellerhäuschen erzittern.
> »Sie haben es sehr eilig«, sagte der kleine Prinz. »Wohin wollen sie?«
> »Der Mann von der Lokomotive weiß es selbst nicht«, sagte der Weichensteller.
> Und ein zweiter blitzender Schnellzug donnerte vorbei, in entgegengesetzter Richtung.
> »Sie kommen schon zurück?« fragte der kleine Prinz . . .
> »Das sind nicht die gleichen«, sagte der Weichensteller. »Das wechselt.«
> »Waren sie nicht zufrieden dort, wo sie waren?«
> »Man ist nie zufrieden dort, wo man ist«, sagte der Weichensteller.
> Und es rollte der Donner eines dritten funkelnden Schnellzuges vorbei.
> »Verfolgen diese die ersten Reisenden?« fragte der kleine Prinz.
> »Sie verfolgen gar nichts«, sagte der Weichensteller. »Sie schlafen da drinnen oder sie gähnen auch. Nur die Kinder drücken ihre Nasen gegen die Fensterscheiben.«
> »Nur die Kinder wissen, wohin sie wollen«, sagte der kleine Prinz. »Sie wenden ihre Zeit an eine Puppe aus Stoff-Fetzen, und die Puppe wird ihnen sehr wertvoll, und wenn man sie ihnen wegnimmt, weinen sie . . .«
> »Sie haben es gut«, sagte der Weichensteller.[1]

[1] *Antoine de Saint-Exupéry,* Der kleine Prinz. (1943) Düsseldorf 1954, 72.

Magister ludens oder Der Lehrer als Mitspieler

Puppen

In Goethes Roman »Wilhelm Meisters Wanderjahre« wird von dem Handwerker Wilhelm erzählt, wie dieser Fremde auf seinen Hof führte, ihnen seine Werkzeuge zeigte und den Vorrat an allem erdenklichen Gerät und Zubehör. »Man tadelt mich oft«, sagte er dabei, »daß ich hierin ein wenig zu weit gehe; allein, ich kann mich deswegen nicht schelten. Glücklich ist der, dem sein Geschäft auch zur Puppe wird, der mit demselbigen spielt und sich an dem ergötzt, was ihm sein Zustand zur Pflicht macht.«[1]

Mit seinem Beruf spielerisch umgehen und sich daran »ergötzen« können, enthebt die Arbeit ihrer fremdgerichteten Zweckhaftigkeit und macht sie zur »Puppe«. Dann trägt sie ihren Wert in sich, nicht im Hinblick auf anderes. Spiel ist ja das Nicht-Kalkulierte, allem Profitdenken Jenseitige, sich selbst Genügende. Zwar gibt es Berufe, die nie zur Puppe werden können. Die alten Griechen haben dafür den Begriff der Banausie geprägt. Gewiß heißt *banausos* zunächst Handwerker, doch ist mit dieser Übersetzung das Wort nicht gedeutet. Daß Hellas in der körperlichen Arbeit nur entehrenden Schimpf gesehen hätte und im Müßiggang das Ideal des freien Mannes, ist eine operettenhafte Klischeevorstellung. Hesiod, den sein nichtsnutziger Bruder Perses mit Faulenzen um das väterliche Erbe zu bringen suchte, lehrt in seinem Gedicht »Werke und Tage« die Arbeit zu achten, die niemanden schände. »Vor die Tüchtigkeit setzen den Schweiß die unsterblichen Götter«, sagt er und mahnt: »Hin zur Arbeit und sorge ums Brot, so wie ich dir's sage.« Ebenso, Jahrhunderte später, Perikles: »Nicht arm zu sein, gilt bei uns als schimpflich, sondern sich nicht durch eigene Arbeit emporzuarbeiten.« Einer solchen Wertung liegt aber keineswegs eine Trennung zwischen körperlicher und geistiger Arbeit zugrunde, sondern die Unterscheidung von entfremdender und erfüllender Arbeit. Einen typischen heutigen Hochschullehrer im Geschirr der üblichen »Selbst«verwaltungs- und Ausbildungssysteme hätten die Griechen als banausisch gescholten – denn das ist banausisch, was man machen *muß*, was deformiert, was übermäßig anstrengt, was man des Geldes wegen tut, was man wegen abgespaltener Zwecksetzungen verfolgt. Im alten Wortsinn sind Banausen also Menschen, die in ihrer Arbeit wie in einer Zwangsjacke stecken, ohne sich daraus befreien zu können.

Keiner von uns wird sagen können, dieser Aspekt sei der Schule fern. Manchmal kann er sehr dominant werden und drückend. Dann geht es ums Überleben der Lehrer, damit uns in der Schule »die Puppe« nicht völlig abhanden kommt. Entscheidend ist, daß die Freude an den Kindern nicht erstirbt, daß die lebendige Beziehung zu ihnen nicht der Banausie ringsum zum Opfer fällt. »Die Kraft geht von den Kindern aus« sagt Iris Mann. Wenn Kinder geliebt und in ihren Kräften freigesetzt werden, ermutigen sie mit ihrer Freude, mit ihrer Zustimmung und mit ihrer Zärtlichkeit den Lehrer von Tag zu Tag neu. Der Beruf wird ihm nicht zur erdrückenden Last, sondern bewahrt eine Dimension des »Ergötzens«, die bereichert und befriedigt.

[1] *Johann Wolfgang von Goethe,* Wilhelm Meisters Wanderjahre (1821/1829), I. Buch, 11. Kapitel.

Angst

Wie sollten Lehrer gerne mit Kindern spielen, wenn sie Kinder nicht lieben? Lehrer, die ihre Schüler in der Schule spielen lassen, die dieses Spiel beaufsichtigen, vielleicht sogar anregen, sind über die Jahrhunderte hin fast unbekannt. Und wie erst kann ein erwachsener Mensch mit Kindern spielen – aus eigenen Stücken und mit Freude am Tun – der ständig auf Abstand und Autorität bedacht ist? »Die meisten Abbildungen, die einen Lehrer zeigen, etwa der – wahrscheinlich in der Schweiz beheimatete – ›Schulmeister von Esslingen‹ der Manessischen Liederhandschrift (zwischen 1300 und 1340), geben ihm sein Attribut in die Hand, die kräftig auslangende Rute. Sie ist sein Standessymbol. In der Vita des Anselm von Canterbury (1033–1109) beginnt der Dialog zwischen Anselm und einem Abt mit dessen Geständnis, sie verprügelten die Kinder im Kloster ›Tag und Nacht‹. Weil der Abt diesem Geständnis die mokante Erfahrung anfügt, ›und sie werden immer noch schlimmer‹, entspinnt sich ein langes Gespräch über die wahre und die falsche Erziehungsmethode. Indessen scheint die Regel der Aufklärung, ›laeti magistri, laeta schola‹ (frohe Lehrer, eine frohe Schule) noch ganz unentdeckt: beim Schreiben lernen, bei Verstößen im Singen und so weiter setzt es Prügel.«[1]

Die Strafarbeiten, der Notendruck, das bis in die Vorschulerziehung verinnerlichte Leistungsdenken haben den Verzicht auf die Prügelstrafe ausgeglichen. Wir stehen unseren Schülern auch nicht mehr von hohen Kathedern herab gegenüber. Aber ein oft bewußtes und dann immer angestrengtes Gegenüber ist es weithin geblieben. Sich so sehr auf die Seite der Kinder zu stellen, daß man autoritätsvergessen mit ihnen spielen könnte, fällt nach wie vor schwer. Wahrscheinlich liegt es daran, daß sich der erwachsene Mensch immer mit fremden Augen beobachtet und aus einer unüberwindlichen Unsicherheit heraus sich hinter Autoritätsgebärden versteckt. So bleibt natürlich der *homo ludens* in Selbstverkrampfungen verstrickt: möglicherweise zeitlebens unfrei, das Einfachste und Selbstverständlichste zu tun, was man unter Kindern tun kann: mit ihnen gemeinsam zu spielen.

Was dagegen steht, ist die Angst: Wohin mag das führen? Werden mir die Kinder nicht auf dem Kopf herumtanzen? Leidet meine Autorität darunter? Was werden die Kollegen sagen? Kann ich meiner Aufsichtspflicht noch nachkommen, wenn ich selbst im Spiel aufgehe? Vermöchten wir alle außengerichteten Absichten zu dispensieren, jede Eitelkeit abzustreifen, »ohne Eigenschaft«, wie Meister Eckehart sagen würde, zu sehen und nur für den Augenblick dazusein, dann würde das Kind neu in uns geboren und gäbe uns die Freiheit, ein *Magister ludens* zu sein.

Spiel

Spiel trägt seinen Wert in sich, nicht im Hinblick auf anderes. Spiele, die man veranstaltet, um außerhalb des Spiels liegende Ziele zu erreichen, bleiben nicht Spiele. Zwar können »Lernspiele« von Lehrern arrangiert, um ausgedachte Ziele einzuholen, wirklich gespielt werden – mit Lust und Hingabe, in Aufhebung von Zeit und Umwelt – doch immer nur dann, wenn die dem Spiel imputierte Lernzielbestimmung das Kind nicht kümmert und es dieses Spiel tat-

[1] *Otto Borst,* Alltagsleben im Mittelalter. Frankfurt a. M. 1983, 522 f.

sächlich *spielt,* ohne Nebenblick und Effektivitätsbesorgnis. Sofern aber die an das Spiel gebundenen Trainingsfunktionen und Zwecksetzungen nicht ignoriert werden können und das »Geschäft« die »Puppe« verschlingt, enträt die pädagogische Überfremdung des Spiels, trickreich wie sie ist, schwerlich dem Anschein der Gaunerei.

Die Umfunktionierung der Spiele zu Lernprozessen, ihre Determination durch curriculare Ziele, alles knauserig minutiöse Einpassen in spielfremde Unterrichtsschritte zerstört das unbekümmerte Verhältnis der Schüler zum Spiel und bereitet zugleich dem spielerisch faszinierten Umgang des Lehrers mit seinen Lehrgebieten ein Ende. Streng determinierende Curricula pervertieren das Spiel zum »Geschäft« und sperren in ihrem Zugriff Schülern wie Lehrern den letzten Atem für Spontaneität und Eigenständigkeit ab.

Aber kann es dem Spiel überhaupt anders ergehen, sobald sich die Schule seiner bemächtigt? Schule versteht sich ja meist als reglementiertes System, auf Leistung und Konkurrenzverhalten gegründet, definierten Arbeitsprogrammen und Lernzielen verpflichtet und auf allen ihren Ebenen regelmäßiger Kontrolle unterstellt, die die Einhaltung des Lehrplans garantieren soll. Sobald in einer solchen Schule nun Spiele »eingesetzt« werden, unterliegen sie dem Diktat der Determination, es sei denn, es gelänge den Kindern, die didaktische Zwecksetzung der Spiele zu übersehen, selbstverloren zu spielen und nichts Programmiertes zu lernen, um so sich und das Spiel zu gewinnen.

Diese Möglichkeit ist nicht im Schulsystem und dessen Verwaltungsreglement angelegt, sondern allein von der Persönlichkeit des Lehrers abhängig. Nicht alle können geködert werden; nicht bei jedem gelingt die Umerziehung zum Karpfen. Es gibt – trotz allem – immer wieder Pädagogen, die mit dem Wunsch auch die Wege finden, in ihren Schülern die Freude nicht absterben zu lassen, weil sie als Erwachsene noch spielen können und Vergnügen am Umgang mit der Wirklichkeit finden, auf die sich einzulassen sie um der Dinge willen reizt.

Phantasie

Wenn wir nun als Lehrer Kinder in unserem Unterricht auffordern wollen zu spielen, also die Determinationen des Lehrplans wenigstens dann und wann aufzuheben, um das Geschäft gegen die Puppe einzutauschen, sind wir dann dazu disponiert? Gewiß nicht dadurch, daß wir »Spielcurricula« wie Rezeptbücher benutzen und unsere Schüler spielen »lassen«, sowie man Hunde laufen läßt, ohne selbst zu laufen. Es wird uns wohl nur gelingen, wenn wir als Erwachsene unsere Kindheit wiederfinden und trotz Beamtenstatus unser individuelles Eigenleben nicht gegen die Phantasielosigkeit des Schulreglements eintauschen.

Phantasie haben heißt mitnichten, sich etwas Phantastisches auszudenken, sondern die Wirklichkeit als belangvoll und die eigenen Möglichkeiten betreffend erleben können; das Alltägliche entdecken als das Unbekannte; das Starre und Formelhafte umsetzen in Bewegung; das Langweilige wiederbeleben durch Erfahrung. Der eigene Unterricht ist wohl immer auch ein Indikator, ob das Spiel eine persönliche Fähigkeit geblieben ist.

So könnte ich beispielsweise hin und wieder mit einer Handpuppe unterrichten, Dispute mit ihr wechseln und so schwer zugängliche Probleme eröffnen.

Oder ich könnte, statt routinierter Hausarbeiten, Erkundungsaufgaben stellen, ausgefallene und übliche, die Neugier wecken und auf den Weg eigener Auseinandersetzung bringen. Oder mit Ton, Knete, Sand, Holz und Papier immer wieder neue Dinge erproben, die, lustvoll getan, ein riesiges Spektrum manueller Beschäftigungen erfahren lassen.

Ob ein Lehrer, der solche Wege geht, sein Geschäft wohl zur Puppe macht, um »mit demselbigen zu spielen und sich daran zu ergötzen« und also ein wirklicher Magister ludens wird?

Gefährten

Oder sind die genannten Wege noch zu einsam? Man kann ja ganz alleine *vor* seinen Schülern mit Handpuppen spielen, oder läßt sie ohne eigene Beteiligung Erkundungen machen und mit schönen Materialien werken. Genügt das schon? Normalerweise können Kinder aus sich heraus spielen, sagt man, seien sie erfinderisch, aus dem blanken Nichts ein Spiel zu entwickeln. Aber richtig ist auch, daß viele Spielbereiche der Anleitung bedürfen und das heute zunehmend mehr, weil die Kinder von früh auf mit automatischem Spielzeug, das nur »bedient« werden will, Umgang haben und so immer passiver und abhängiger von Unterhaltungsangeboten werden.

Doch auch grundsätzlich gilt: Zum Spielen gehört ein Gefährte, der innerlich beteiligt ist und darum seine Spielfreude auf andere überträgt; den man fragen, um Hilfe bitten und in wechselnde Spiele immer wieder neu einbeziehen kann. Ein Lehrer, der zum Spiel anregen will, darf sich nicht mit Anweisungen und Kontrollen begnügen, sondern muß selbst Spielkamerad sein. Manche nur verbal vermittelte Spielidee verläuft sich in Lustlosigkeit oder gelangweiltem Unfug, weil sich die Kinder im Spiel allein gelassen sehen und es nicht schaffen, aus sich selbst zu sich selbst zu finden.

Als Spielgefährte spielt der Lehrer nicht »methodischer Vernunft« wegen mit. Sein Dabeisein ist kein »Tun als ob«, sondern Partnerschaft, die auf der Ebene des Spiels für alle die gleichen Regeln und für niemanden Sonderrechte kennt. Also können die Schüler dem Lehrer auch an Geschicklichkeit und Witz überlegen sein, dürfen ihn korrigieren und kritisieren, – wie dies ja auch in der Familie geschieht – ohne daß sie damit die Autorität des Lehrers beeinträchtigen.

Um im Spiel Partner sein zu können, müssen wir den Kindern Sympathie und Vertrauen entgegenbringen, die eigene Zentralstellung aufgeben können, Verantwortung delegieren und neue Zuständigkeiten begrüßen. Das schließt ein, möglichst keine Schiedsrichterrolle für sich zu beanspruchen und – falls um der Hilfestellung wegen anfangs auch Anweisungen und Erklärungen nötig sein sollten – so schnell wie möglich immer wieder in die Spielrolle zurückzuwechseln.

Mehr noch: man kann versuchen, in Gemeinsamkeit alles zu regeln, auch über das zweckfreie Spiel hinaus: zum Beispiel Selbstverwaltungsformen zu entwickeln und sich als Lehrer deren Verfahrungsweisen unterzuordnen; bei Diskussionen Schülern den Vorrang zu lassen und die jeweiligen Sachzwänge, Leistungsanforderungen und Beurteilungskriterien im Für und Wider offen zu erörtern. Magister ludens heißt nicht der Spiel*leiter,* sondern der *Gefährte* und *Partner* auf Wegen, die Lehrer und Schüler zusammenbringen und so einen jeden zu sich selbst.

Magister narrans oder Der Lehrer als Erzähler

Fehlanzeigen

Wohin führt die Frage nach meinem Selbstverständnis als Lehrer noch? Daß ich zunächst die Verbindung nach unten, in den Wurzelbereich der Kindheit wiederherstellen soll, ist vermutlich die schwerste Aufgabe. Vielleicht ergeben sich alle anderen Fähigkeiten von selbst, wenn ich diesen Weg meistere. Wie aber komme ich auf den Boden meiner eigenen Kindheit zurück oder gar noch tiefer, in die Kellergewölbe meiner vorbewußten Geschichte, wenn die Treppe nach unten Stufe um Stufe abgesägt wurde? Ob es dann nicht auch anders herum geht, etwa indem ich mich in Dingen, die die Kinder lieben, ganz auf sie einlasse? Also mit ihnen spiele, sie selbst und mich schrittweise zum Spiel befreie; mit ihnen singe – welch neuen Ton brächte das in unsere Klasse! – mit ihnen tanze? Wenn ich dazu nicht schon zu verknöchert bin. Über Musizieren und Tanzen müssen wir ein anderes Mal nachdenken. Zuvor gibt es noch einen Bereich, der ebenfalls mit den Kindern verbindet, aber – soweit ich sehe – den Lehrern fremd geworden ist, wahrscheinlich sogar immer fremd war.

Stimmt das? Ist unsere Schule nie eine Stätte des Erzählens gewesen? Hat sich der Lehrer nie als Erzähler verstanden? Doch, Pestalozzi war ein Erzähler; er hat seine Pädagogik erzählend entwickelt. Man braucht nur die Titel seiner Hauptwerke zu hören, dann weiß man, wie narrativ diese Erziehungslehre ist: »Lienhard und Gertrud« oder »Wie Gertrud ihre Kinder lehrt«. Aber die Dottoressa Montessori oder den Schuldrucker Freinet kann man sich kaum als Erzähler vorstellen. Auch bei den übrigen Namen von Rang fällt es schwer, den Schulmann mit dem Erzähler zu verbinden: Herbart? Man sagt, er habe mit seinem Prinzip des »darstellenden Unterrichts« die Grundlage geschaffen, aber bei ihm wie bei allen Herbartianern bleibt es in der steifen Sachbeschreibung stecken. Hugo Gaudig? Er schlug der Selbsttätigkeit der Schüler eine erste Bresche. Georg Kerschensteiner? Sein Unterricht ist primär sachlich normiert. Peter Petersen? Tatsächlich geht es hier um das Schulganze; Schulgemeinde und Kleingruppe sind bestimmende Ideen. Hermann Lietz, Paul Geheeb, Kurt Hahn – die Landerziehungsheime? Großartige »freie Schulgemeinden«, aber das Stichwort »Erzählen« charakterisiert sie nicht. Die einzigen Namen, die sich in der Geschichte der deutschen Schule mit dem Erzählen verbinden, sind die Bremer Heinrich Scharrelmann und Fritz Gansberg. Nur hier findet man eine »Technik des Schilderns und Erzählens« und eine jahrzehntelange Erzählpraxis aus dem Selbstverständnis des Lehrers.

Doch Skepsis bleibt geboten. So wie die Schule in ihrer Zweckrationalität dem Wesen des Spiels im Wege steht, so stellt sie auch das Erzählen in Frage. Scharrelmann verlangt in seiner Erzählmethodik, daß der Lehrer alle Wirkungen seiner Geschichte genau vorplanen müsse. Dabei werden die Gestaltungsmittel der Erzählung zu Motivations- und Disziplinierungsmitteln. »Wenn das Interesse am Stoff gänzlich erlahmen sollte, so muß sofort einsetzende Handlung die Peitsche spielen.« Und Gansberg: »Je gespannter das Minenspiel, um so stärker ist die Klasse innerlich gepackt und marschiert mit. Daß diese äußerlichen Zeichen auch täuschen können, merkt der Praktiker bald. Um einen sicheren Maßstab für die Mitarbeit der Kinder zu gewinnen, habe ich mir seit vielen Jahren schon angewöhnt, in längeren Darstellungen Ruhepunkte einzuschieben, trotzdem ich den Genuß der Darstellung dadurch unterbreche; aber ich schildere und erzähle ja nicht, um die Kinder zu unterhalten.«

Quod erat demonstrandum! In der Schule regieren Lernziele auch das Erzählen, verzwecken es nach curricularer Raison und bringen es so um die eigene Natur. Wenn es so ist, muß es – nur – so sein?

Geschichten

In dem Buch »Erzählen. Die Wiederentdeckung einer vergessenen Kunst« schreibt der Herausgeber Johannes Merkel unter der Überschrift ›Kein Lehrer kann erzählen‹:

»Wir haben darauf verzichtet, den Lehrern Erzählen ›auf erzähltheoretischer Grundlage‹ als neuesten didaktischen Schrei zu verkaufen. Erzählen gehörte einmal zum ›Rüstzeug‹ des Volksschullehrers und bedeutete dort, Lernziele in kleine Stories zu verpacken und damit die bittere Pille zu versüßen. Die Unterrichtseinheiten, die neuerdings gedrechselt und angepriesen werden, versuchen theoretisch zu definieren, was Erzählen zu sein hat (Beispiel: ›Schüler und Lehrer sollen Einsicht bekommen in die kommunikativen und strukturellen Erfordernisse von Erzählen‹). Also auf gut Deutsch: Den Schülern wird das Erzählen abgekauft.« Merkels Resumée stellt den Lehrer völlig ins Abseits, letztlich wohl, weil er den »Lehrer als Erzähler« als einen Widerspruch in sich betrachtet: »Erzählen in der Schule kann man allenfalls, wie es nach Freinet gemacht wird: Die Schüler erzählen, nicht der Lehrer, und sie erzählen nicht, wann der Stundenplan es vorsieht, sondern wenn sie Erzählenswertes erlebt haben und das Bedürfnis zu erzählen verspüren.«

Soll es so sein? Nein, so soll es nicht sein! Unser pädagogischer Instinkt muß sich dagegen sträuben, das Kind im Lehrer, das Bedürfnis und die Freude, Kinder als Zuhörer zu haben, zu unterdrücken. Wer sagt denn, daß ich das Erzählen den curricularen Rädern unterwerfen muß? Auch ich möchte erzählen, wenn ich Erzählenswertes erlebt habe, möchte erzählen, wie sich mir hinter Sachen Geschichten auftun, wie sich in Geschichten Geschichte eröffnet, möchte »erzählen und bezeugen«, was ich von der Welt weiß. Ich kann mir nicht vorstellen, wie ich Lehrer sein könnte, ohne aus mir heraus, aus eigenem Bedürfnis, immerfort zu erzählen. Erzählend bin ich Lehrer. Erzählend wird mir das »Geschäft« zur »Puppe«.

Als der Philosoph Protagoras Schülern seine Lehre entwickeln wollte, fragte er vorweg, ob sie lieber einen Mythos hören oder rationaler Gedankendarlegung folgen wollten – Protagoras entschied sich seinerseits für den Mythos: der sei angenehmer zu hören. »Unterricht« wird hier für Lehrer und Schüler, besser gesagt: für den Erzähler und seine Zuhörer noch als lustbetonte Erfahrung verstanden. Erst der Siegeszug des Logos verbannte diese Sinnlichkeit und Lust aus der Lehrtradition der Wissenschaft.

Die Kindheit und Jugendzeit aller Völker kennt »Lehre« nur als implizites Moment der Erzählung. In Geschichten teilten sie ihre Erfahrungen mit; in Geschichten überlieferten sie Wissen und Weisheit, in Geschichten wurzelt die Kraft und Beständigkeit ihrer Traditionen und ihres Glaubens. Eine im Erzählen mündende Erfahrung bleibt niemals privat, sondern weitet sich ins Soziale und Geschichtliche. Das hat wenigstens zwei Gründe: »Wenn einer eine wirkliche Geschichte weiß, glauben Sie, das kann verborgen bleiben? Bewahre, das spricht sich herum«, sagt Rilke. Der zweite Grund liegt im Erzählvorgang selbst; Martin Buber nennt ihn, um die nahezu sakramental verstandene Wirkung der chassidischen Erzählung zu beschreiben, eine Spiegelung: »die heilige Essenz, die in ihr bezeugt wird, lebt in ihr fort. Wunder, das man erzählt, wird von neuem mächtig. Kraft, die einst wirkte, pflanzt im lebendigen Wort sich fort und wirkt noch nach Generationen.«

Ein Beispiel für diese Mächtigkeit der Erzählung ist die Geschichte des Rabbi, der vom Hüpfen und Tanzen seines Lehrers nicht erzählen konnte, ohne selbst hüpfend und tanzend zu zeigen, wie der Heilige es gemacht hatte, und darüber seine eigene Lähmung vergißt und verliert. Doch gibt es wohl keine schönere Geschichte über das unzerstörbare Leben in narrativen Überlieferungen als jene, die Gershom Sholem von dem großen hebräischen Erzähler Agnon gehört hat:

»Wenn der Baalschem etwas Schwieriges zu erledigen hatte, irgendein geheimes Werk zum Nutzen der Geschöpfe, so ging er an eine bestimmte Stelle im Walde, zündete ein Feuer an und sprach, in mystische Meditationen versunken, Gebete – und alles geschah, wie er es sich vorgenommen hatte. Wenn eine Generation später der Maggid von Meseritz dasselbe zu tun hatte, ging er an jene Stelle im Walde und sagte: ›Das Feuer können wir nicht mehr machen, aber die Gebete können wir sprechen‹ – und alles ging nach seinem Willen. Wieder eine Generation später sollte Rabbi Mosche Leib aus Sassow jene Tat vollbringen. Auch er ging in den Wald und sagte: ›Wir können kein Feuer mehr anzünden, und wir kennen auch die geheimen Meditationen nicht mehr, die das Gebet beleben; aber wir kennen den Ort im Walde, wo all das hingehört, und das muß genügen.‹ – Und es genügte. Als aber wieder eine Generation später Rabbi Israel von Rischin jene Tat zu vollbringen hatte, da setzte er sich in seinem Schloß auf einen goldenen Stuhl und sagte: ›Wir können kein Feuer machen, wir können keine Gebete sprechen, wir kennen auch den Ort nicht mehr, aber wir können die Geschichte davon erzählen.‹ Und – so fügt der Erzähler hinzu – seine Erzählung allein hatte dieselbe Wirkung wie die Taten der drei anderen.«[1]

Wenn man will, meint Gershom Sholem, könne man sagen, daß diese tiefsinnige Geschichte den Verfall einer großen Bewegung beschreibe. Man könne aber auch sagen, daß sie die Verwandlung aller Werte in dieser Bewegung darstelle, so daß vom Mysterium schließlich nur noch die Geschichte übrigbleibe. Das ist die Situation, in der wir uns heute der biblischen Offenbarung gegenüber befinden. Aber, so interpretiert der jüdische Religionswissenschaftler, die Geschichten sind noch nicht tot, »das geheime Leben kann heute oder morgen bei dir oder bei mir wieder zum Vorschein kommen«.

Erzähler

Diese Geschichte vom Baalschem, dem Begründer des ostjüdischen Chassidismus, muß ich immer wieder bedenken. In gewisser Weise beschreibt sie den geschichtlichen Ort, den der Religionslehrer heute einnimmt – aber auch die Größe und Bedeutung, die seiner Aufgabe zukommt. Die Erzählung allein – so wird hier gesagt – hatte dieselbe Wirkung wie die Taten der drei anderen! So kommt es also darauf an, daß es Erzähler gibt, daß eine Generation sich an der anderen entzündet. Es genügen hier nicht die Bücher. Die Eskimo sagen, daß sie ihre Worte nicht in Strichen verstecken könnten. Das ist noch aus einer in-

[1] *Gershom Sholem,* Die jüdische Mystik in ihren Hauptströmungen. (Zürich 1957), Frankfurt a. M. 1967, 330.

takten mündlichen Überlieferung heraus gesprochen. Bei uns ist das Wort hinter den Buchstaben zurückgewichen, und unser Tun als Lehrer besteht hauptsächlich im Buchstabieren. Aber das Zeugnis verbindet sich nicht mit dem Lesen, sondern mit dem Erzählen. Wenn uns die Geschichten nichts mehr sagen und verstummen lassen, wäre das Ende einer lebendigen Überlieferung gekommen.

Jesus von Nazaret war weder Philosoph noch Schriftsteller, sondern Erzähler. Erzählend verkündete er seine Botschaft vom Reiche Gottes: konkret, anschaulich, lebendig. Er fesselte seine Zuhörer mit Gleichnissen, Parabeln und Beispielgeschichten »wie einer der Macht hat«. Darum dürfen wir hier mit gleichem oder größerem Recht sagen, daß der Rabbi Jesus ein Lehrer als Erzähler war und daß es eine Freude gewesen sein muß, ihm zuzuhören, wie immer, wenn einer in Geschichten die Welt auslegt.

Das Wissen von dem Erzähler Jesus ist uns freilich nur gegeben, weil seine Geschichte weitererzählt wurde. So tritt uns Jesus vornehmlich als erzählte Person, häufig auch als erzählter Erzähler entgegen, und die Jünger erscheinen als Zuhörer, die ihrerseits die gehörten Erzählungen weiter- und nacherzählen. Die Wirklichkeit, von der die Erzählung Kunde gibt, ersteht beim Erzählen in all ihrem Ernst neu. Darum war der Modus des Erzählens auch niemals den Erzählern frei verfügbar. Solange die mündlichen Erzähltraditionen intakt waren, mußten die Geschichten grundsätzlich wortgetreu wiedergegeben werden – also keineswegs nur »dem Sinne nach« – und ebenso wie der Inhalt war auch peinlich genau die Form zu bewahren.

Diese Erinnerung löst Fragen und Zweifel aus: Kann ich als Lehrer tatsächlich noch Erzähler sein, wenn ich solch strenge Formauflagen beachten muß? War nicht in der Welt traditioneller Gesellschaften der Erzähler eine besondere Gestalt, die nur Talent und Übung legitimierten? Ist das Erzählen heute nicht zu einer Unterhaltungssache geworden, so daß die Verantwortung für Kontinuität und Überlieferungstreue nicht mehr beim Erzähler liegt? Wie also muß ich mich verstehen, wenn ich als Lehrer auch Erzähler sein möchte?

Einübung

Beim Blick in die Werkstatt überrascht zunächst, wie die meisten Erzähler heute ihr Tun ernst nehmen. »Geschichten erzählen ist ja immer die Kunst, sie weiter zu erzählen, und die verliert sich, wenn die Geschichten nicht mehr behalten werden« überlegt Walter Benjamin. »Sie verliert sich, weil nicht mehr gewebt und gesponnen wird, während man ihnen lauscht. Je selbstvergessener der Lauschende, desto tiefer prägt sich ihm das Gehörte ein.«[1] Sinnt Benjamin so noch dem Erzählen vergangener Zeiten nach, löst ein zeitgenössischer Erzähler seine Aufgabe neu: »Meine eigenen Geschichten muß ich lernen, wenn ich sie richtig erzählen soll. Von den hundertfünfzig Kurzgeschichten in meinen achtzehn veröffentlichten Büchern kann ich tatsächlich etwa fünfzig erzählen. Sie sind (für mich) leichter zu lernen als Geschichten von anderen Leuten. Normalerweise nehme ich sie auf Cassette auf und spiele sie mir dann im Auto vor, wenn ich irgendwohin unterwegs bin, um Geschichten zu erzählen. Man kann

[1] *Walter Benjamin,* Der Erzähler. Betrachtungen zum Werk Nikolai Lesskows, in: ders., Gesammelte Schriften, Bd. 2, Frankfurt a. M. 1977, 446.

natürlich eine Geschichte verschieden gut kennen.«[1] Aus der Erzählpraxis der englischen Kinderbibliotheken erzählt Janet Hill: »Die meisten von uns brauchen viel Zeit zum Lernen, aber noch länger dauert es, sich durch endlose Sammlungen hindurchzulesen, bis man Geschichten gefunden hat, die dem Erzähler zusagen und die überhaupt erzählbar sind. Jeder aus dem Team lernt etwa sechs Geschichten für das Sommerprogramm. Insgesamt betrachtet sind die Geschichten so verschieden wie die Persönlichkeit der Erzähler.«[2]

Man muß also sein Geschichtenrepertoire langsam aufbauen. Wer hätte gedacht, daß es nicht damit getan ist, die Erzählung zwei- oder dreimal zu lesen. Ehedem ging jedem Erzählen jahrelanges Hören voraus. Man erbte gewissermaßen einen Geschichtenbestand aus dem persönlichen Verhältnis zu einem Erzähler. Mit jeder Wendung der Geschichte verband sich sein Bild: Stimme, Mimik und Gebärde. Diese Plastizität ist aus einem Buch ungleich schwieriger zu erheben. Darum gehört heute mehr bewußte Konzentration und methodische Einübung dazu, als es früher der Fall war.

Wer schon Erzählern zugehört hat, ist manchmal irritiert von der eindrucksvollen Weise, in der jemand seine Geschichten vorträgt. Oft entmutigt eine solche Erfahrung geradezu. Darum ist es sehr wichtig, was der englische Erzähler Todd erfuhr: »Vor vielen Jahren hat mir eine Studentin, im ersten Semester an einer Pädagogischen Hochschule, eine sehr wirkungsvolle Lektion erteilt. Wenn ich diesen Studenten etwas beibringe, dann lasse ich mir normalerweise für die erste Stunde meines Vortrags eine Klasse von Kindern im Grundschulalter kommen, denen ich dann unter Beobachtung der Studenten Geschichten erzähle, so wie in ihrem Klassenzimmer. Wenn dann die Kinder in ihre Schule zurückkehren, rede ich mit den Studenten über die Art und Weise des Erzählens. Nach dieser einen Unterrichtsstunde also kam ein sehr nettes Mädchen zu mir hoch und sagte: ›Mr. Todd, ich war hingerissen und die Kinder waren gefesselt, aber ich selbst könnte mich nicht dazu bringen, mich vor einer Klasse so aufzuführen, wie Sie es taten. Ich könnte es einfach nicht.‹ Da merkte ich, daß ich etwas in meinen Erklärungen nach dem Geschichtenerzählen vergessen hatte. Nicht mein ›Expertentum‹ hatte sie verschreckt, sondern die Tatsache, daß ich mich hemmungslos in Szene setzte. Das habe ich mein ganzes Leben lang gemacht, und ich habe auch fest vor, es so weiterzumachen. Meine Geschichten sind extra für diese Art des Erzählens geschrieben. Sie zeigen meine Persönlichkeit. Aber das ist nicht die einzige Art, eine Geschichte zu erzählen. Also, stell dir nicht vor, daß du ein extrovertierter Typ sein mußt, um eine Geschichte gut zu erzählen. Du wirst auf keinen Fall Spaß dran haben, wenn du dich zwingst, es auf eine ›schauspielerische‹ Art zu machen. Erzähl sie auf deine Weise – aber unter allen Umständen: Wenn du so ein ›Schau-Mensch‹ bist wie ich, dann laß die Zügel schießen!«[3]

Tatsächlich begleitet die Sprache mancher Erzähler eine lebhafte Gestik, die sich bis zur Dramatisierung des Erzählten steigern kann. Daneben gibt es ande-

[1] *H. E. Todd,* Storytelling, in: Children's Literature in Education, London, 12/1973. Dt.: Wie ich Geschichten erzähle, in: *J. Merkel/M. Nagel,* Erzählen, Die Wiederentdeckung einer vergessenen Kunst. Reinbek bei Hamburg 1982, 311.

[2] *Janet Hill,* Das Erzählerteam unterwegs. Ferienaktion in einem Londoner Stadtteil, in: Merkel/Nagel, a.a.O., 319.

[3] *H. E. Todd,* a.a.O., 312 f.

re, die nahezu ohne Gesichts- und Körperausdruck erzählen und ohne stimmliche Effekte – und doch stets gebannt lauschende Zuhörer haben. Natürlich muß der Erzähler auch ein Ohr für die Sprache seiner Geschichten haben. Gerade die ruhigen und hintergründigen Geschichten verlangen eine sichere, bedächtige Sprache. Man wird entdecken, daß ein langsamer Gang und Momente der Stille die Zuhörer anziehen kann, statt sie unaufmerksam zu machen. »Während ich fieberhaft überlegte, was als nächstes kommen sollte, schwieg ich. Dabei habe ich, so glaube ich, die Ruhe kennengelernt. Im Nicht-Sprechen steckt mehr Kraft als im Sprechen, sofern das Schweigen seinen richtigen Ort findet.«

Ratschläge

Erzählen ist mehr eine Sache der Persönlichkeit als eine Sache der Methode. Natürlich muß man wissen, daß für wirkliches Erzählen ein bewußtes Training und harte Arbeit unerläßlich sind. Im Blick auf eine Erzählkultur muß der Erzähler eher künstlerisch motiviert sein und nicht durch das Bedürfnis, nur in einem oberflächlichen Sinn zu unterhalten, zu belehren oder moralisch einzuwirken. Die Schwierigkeit, die dieses Ziel weniger leicht als früher erreichbar macht, liegt darin, daß wir Geschichten und Erzählstile nicht mehr als kulturelles Erbe von früh auf kennen lernen, sondern die abstrakte, unpersönliche Buchseite als Quelle nehmen müssen. In Tinizong an der Julierstraße, auf halbem Weg zwischen Chur und St. Moritz, war die Erzählgemeinschaft länger intakt als anderswo in Mitteleuropa. »Als ich mich bei Barba Plasch, der als letzter Erzähler im Tal der Julia zu gelten hat und der mir die Märchen, die er von seinem Vater ererbt hatte, anvertraute, nach der Geschichte erkundigte, antwortete er: ›Die Geschichte von Farivant erzählte Peder, und ich habe nur die Märchen meines Vaters, sozusagen als sein Nachfolger, erzählt.‹ Der kinderlose, anfangs der zwanziger Jahre verstorbene Peder Wazzo aber erlebte, wie Barba Plasch, die Auflösung der Erzählgemeinschaft und fand keinen Erben.«[1]

Man kann resignierend sagen, so sei also die Erzähltradition zerstört und nichts geblieben als bedrucktes Papier. Wenn aber die Geschichte Agnons von der allein verbliebenen Erzählung nicht umsonst erzählt wurde, so muß auch die Geschichte von den alten Geschichtenerzählern erneut das Erzählen wekken können. Ha! wird da der Lehrer nicht wieder lebendig? Aus einem langweiligen Unterrichtsbürokraten, der nach Einheitsmustern »geplantes Lehrerverhalten und erwartetes Schülerverhalten« in sterile Schemata preßt, entwickelt sich ein Mensch aus Fleisch und Blut, dem die Kinder zuhören mögen, mit dem sie in einem inneren Dialog stehen, den sie fragen und bestürmen: Wann erzählst du uns wieder?

Warum soll uns als Lehrer nicht die gleiche Erzählfreude überkommen wie jenen Mr. Todd, der zeigt, wie man heute sogar als Handelsvertreter Erzähler sein kann:

[1] *Leza Uffer*, Von den letzten Erzählgemeinschaften in Mitteleuropa, in: Märchenerzähler – Erzählgemeinschaft. Im Auftrag der Europäischen Märchengesellschaft hrsg. v. Rainer Wehse. Kassel 1983, 28.

»Bis vor drei Jahren war ich Geschäftsmann. Vierzig Jahre meines Lebens habe ich im Handel zugebracht, indem ich in ganz Großbritannien Unmengen von Damenschuhen an hartgesottene Geschäftspartner verkaufte. Während dieser Zeit war das Schreiben und Erzählen von Geschichten für Kinder mein großes Hobby, und ich war froh, es mit meinem Beruf als Händler in Einklang bringen zu können. Meine Verkaufsfahrten führten mich durch das ganze Land, und an vielen Orten konnte ich Geschichten in Schulen, Bibliotheken, gelegentlich auch im Radio oder Fernsehen erzählen, wenn ich gerade nicht mit dem Verkauf von Schuhen beschäftigt war. Die Leute pflegten zu sagen: ›Was für eine merkwürdige Zusammenstellung.‹ Tatsächlich aber ist es gar keine. Es gibt drei goldene Regeln für beide Tätigkeiten: Zuerst einmal mußt du dein Produkt gut genug kennen. Je entspannter du beim Erzählen wirkst, desto mehr Arbeit steckt in ihrer Vorbereitung. Das wäre also die erste Grundregel: Kenne deine Geschichte!

Zweitens mußt du meinen, daß sie gut ist. Die Geschichte, die du erzählst, muß nach Inhalt und Länge für die Kinder passen, denen sie erzählt wird. Meine Erfahrungen sind sehr umfassend, sie schließen viele Länder, Konfessionen und Rassen ein, und sie sagen nur, daß Kinder auf der ganzen Welt gleich sind. Für sie ist eine Geschichte eine Geschichte. Allerdings berücksichtige ich Alter und Umgebung.

Aber die Geschichte muß nicht nur für den Zuhörer gut sein, sie muß auch gut sein für den Erzähler. Folge nicht blind der Meinung eines Experten, daß eine Geschichte gut zu erzählen sei. Vergewissere dich zuerst, ob sie dir selbst gefällt. Vielleicht ist es für andere eine gute Geschichte zum Erzählen, aber nicht für dich. Denn, siehst du, die dritte und wichtigste Regel von allen ist, daß du dabei Spaß haben mußt. Ich habe ungeheuere Freude daran, Geschichten zu erzählen, und wenn eine Geschichte gut erzählt wird, so gibt der Erzähler nicht nur die Geschichte selbst weiter, sondern auch sein eigenes Vergnügen bei ihrer Erzählung. Und hierdurch entsteht dieser Fluß von Anteilnahme in zwei Richtungen, der kostbar ist und einzigartig.«[1]

Ermutigung

Zu denken gibt mir allerdings der Einwand eines jungen Kollegen: »Ich kann den Erzählton nicht finden. Ich spreche immer noch wie in der Studentenzeit, im Tonfall der Diskussionen, ziemlich verkopft. In dieser Sprache gelingt kein Erzählen.« Mit ähnlichen Bedenken sah sich auch eine kanadische Wissenschaftlerin belastet: »Ich hatte nicht einmal die zwingende Stimme eines guten Erzählers, aber ich hatte Geschichten« sagt sie. Sie überwand den Zweifel an ihren Fähigkeiten zunächst durch ihre »immer tiefere Liebe zu traditionellen Geschichten, die auch meine stärkste Motivation ist«. Fast zufällig kam sie eines Tages in eine Schulklasse Zehnjähriger, weil die Lehrerin sie gebeten hatte, den Kindern einige Geschichten zu erzählen. »Aus Neugier sagte ich zu und stand dann eine Woche später einer unruhigen Gruppe gegenüber. Mein erster Impuls war, mich dramatisch zu geben, die Stimme und den Körper einzusetzen, um sie ruhig zu halten. Aber das paßte nicht zu mir. Ich entschloß mich, die Geschichten ohne jegliche Verzierung zu erzählen. Da überraschten mich sowohl diese Kinder als auch ihre Lehrerin dadurch, daß sie in hypnotisiertem Schweigen dasaßen, während ich ruhig meine drei traditionellen Geschichten erzählte. Auf ihre begeisterte Einladung hin kam ich in der nächsten Woche wieder, und ich glaube, daß ich damals eine Erzählerin wurde. Seit diesem Tag habe ich in Schulen, Krankenhäusern, anderen Institutionen und auf Festivals Geschichten erzählt. Immer noch überrascht es mich, daß die Leute

[1] *H. E. Todd*, a.a.O., 311 f (gekürzt).

überall bereit sind, Geschichten zuzuhören, deren Anfänge in einer Zeit liegen, die man sich kaum vorstellen kann.«[1]

Widerlegt dieses Beispiel den jungen Kollegen, der den Erzählton nicht finden kann? Es widerlegt ihn wohl nicht, aber es kann ihn ermutigen, dennoch zu erzählen im Vertrauen auf die Geschichten, die er hat. Damit also fängt es an, daß ich eine Geschichte habe und diese Geschichte nahezu auswendig lerne, um sie erzählen zu können. »Das ist einfacher als ich dachte«, berichtet eine Studentin im Seminar. »Anfangs habe ich ziemlich frei nacherzählt, aber dann wurde die Sprache schnell banal; die wertvollsten Wendungen, die der Geschichte ihre Hintergründigkeit gaben, fielen fort. Darum habe ich sie mir nach ihrem ursprünglichen Wortlaut eingeprägt. Es ging trotz ihrer Länge besser als ich dachte.«

Wenn ich mir meiner Geschichte sicher bin, kommt fast alles übrige durch die Zuhörer hinzu. Erzählen ist ja kein selbstbezogenes Tun, sondern ein dialogischer Vorgang. Erzählen und Zuhören bedingen einander. Wahrscheinlich darf man sagen, daß es immer die Zuhörer waren, die den Erzähler ermutigt haben, ein zweites Mal zu erzählen und immer wieder. Der Zuhörer erzählt mit durch sein Minenspiel, durch Fragen und Zwischenrufe, durch seine Sitzhaltung, um eine äußere und innere Ruhe zu finden; vor allem aber trägt den Erzähler die Gemeinschaft, die sich in der Ruhe entwickelt, und natürlich die Freude und der Dank, mit der alle ihm antworten.

Theuth und Thamus

»Die Religion sollte Saatfeld und Brutstätte von Geschichten sein. Aber die Religion erfüllt ihre geschichtserzählende Rolle heute nicht mehr. Gleich der Gesellschaft, in der sie lebt, ist sie kopflastig geworden mit Signalen und Systemen. Inzwischen verblassen die Geschichten, ohne deren Existenz nichts da wäre, was man systematisieren kann. Dies gilt auf der individuellen wie auf der kooperativen Ebene. Es ist Zeit, daß nicht nur das Zeugnis, sondern auch die Volksreligion wiedergeboren wird.«[2] Was aber soll geschehen, wenn ein Religionslehrer zwar die synoptische Frage kennt und nicht die synoptischen Geschichten? Wenn seine theologischen Lehrer erst dann ihre Wissenschaft zum Ziel gekommen sehen, wenn sie aus jeder Geschichte eine Nicht-Geschichte gemacht haben, ein begriffliches System? Wenn er zwar weiß, was Formkritik ist, Grimms »Kinder- und Hausmärchen« aber nur in bruchstückhafter Erinnerung hat, ganz davon zu schweigen, daß weitere Geschichtensammlungen erst recht in seiner Handbibliothek fehlen?

In einem Lande, in dem dies alles geschieht, weil dort die Menschen ihre Sprache hinter Buchstaben verstecken, gab der Minister eines Tages den Befehl, damit die Köpfe der Kinder nicht größer würden als deren Bäuche, dürften nur solche Menschen Lehrer bleiben, die wenigstens drei Geschichten erzählen könnten. Die Kinder aber sollten entscheiden, ob die Geschichten gut seien und sie weiter in die Schule gehen wollten, um den Lehrern ihren Arbeitsplatz zu erhalten.

Da entstand eine große Aufregung im Lande. Alle Lehrerinnen und Lehrer durchsuchten ihre Bücher, dann liefen sie in die Bibliotheken, um Bücher zu finden, in denen

1 *Kay Stone,* Der goldene Schlüssel. Geschichten erzählen in Kanada und den USA, in : Merkel/Nagel, a.a.O., 335.

2 *Harvey Cox,* Verführung des Geistes, Stuttgart 1974, 10 f.

Geschichten stehen, die sie erzählen könnten. Wenn sie aber drei Geschichten gelesen hatten, wußten sie nach der letzten schon nicht mehr, wie die erste Geschichte ausging. Sie wurden ganz nervös und schimpften auf den Minister und sagten, sie seien doch schließlich Lehrer und hätten an einer Akademie studiert und nicht am Lagerfeuer gesessen.

Auch der kleine Lehrer, von dem ich gehört habe, hatte sich durch alle Geschichtenbücher der Bibliothek hindurchgelesen. Es ging ihm nicht besser als allen anderen Lehrern, die nichts behalten konnten. So verzweifelte er jeden Tag mehr und schimpfte in seiner Schule, der Minister solle gefälligst selber Geschichten erzählen, ein Lehrer müsse das nicht können, sondern nur schreiben und rechnen lehren. Aber obwohl er so wütend war und am liebsten kein Lehrer mehr gewesen wäre, ging er doch täglich weiter in die Bibliothek und las in Büchern, die schon hundert Jahre lang kein Mensch mehr aufgeschlagen hatte und fand eines Tages hinter den alten Büchern noch ältere Bücher und eins mit tausend Seiten und darunter versteckt eine seltsame Geschichte. Die las er einmal, dann wieder, dann noch einmal und sann und grübelte.

Am nächsten Tag ging er in die Schule. Als alle Lehrer ganz verzweifelt waren, weil sie nicht wußten, wie sie vor ihren Kindern die Geschichtenprüfung bestehen sollten, sagte der kleine Lehrer zu allen anderen Lehrern: »Ich muß euch erzählen, was ich gestern entdeckt habe. Da soll nämlich in Ägypten einmal ein Gott gewesen sein, der die Zahl und das Rechnen erfunden hat, auch die Geometrie und die Astronomie, vor allem aber die Schrift. Der Name dieses Gottes sei Theuth gewesen. Des weiteren habe damals über ganz Ägypten ein kluger König regiert, Thamus geheißen. Zu diesem sei Theuth gekommen und habe ihm seine Künste vorgeführt. Zu jeder dieser Künste habe Thamus dem Theuth manches dafür und manches dagegen gesagt. Als nun aber die Reihe an den Buchstaben war, sagte Theuth: ›Diese Kenntnis, o König, wird die Ägypter weiser und ihr Gedächtnis besser machen, denn als ein Heilmittel für das Gedächtnis und für die Weisheit habe ich sie erfunden.‹

Der König erwiderte: ›Kunstvollster Theuth, der eine hat die Fähigkeit, kunstvolle Dinge zu erfinden, der andere hat die Gabe, zu beurteilen, welches Maß von Schaden oder Nutzen sie denen bringen, die sie anwenden wollen. Du, der Vater der Buchstaben, sagtest nun aus Voreingenommenheit gerade das Gegenteil von dem, was sie bewirken. Denn diese Erfindung wird die Lernenden in ihrer Seele vergeßlich machen, weil sie dann das Gedächtnis nicht mehr üben; denn im Vertrauen auf die Schrift suchen sie sich durch fremde Zeichen außerhalb und nicht durch eigene Kraft in ihrem Innern zu erinnern. Also nicht ein Heilmittel für das Gedächtnis, sondern eines für das Wiedererinnern hast du erfunden. Deinen Schülern verleihst du aber nur den Schein der Weisheit, nicht die Weisheit selbst. Sie bekommen nun vieles zu hören, ohne eigentliche Belehrung und meinen nun, vielwissend geworden zu sein, während sie doch meistens unwissend sind und zudem schwierig zu behandeln, weil sie sich für weise halten, statt weise zu sein.‹

»Hat dieser König nicht recht behalten?« fragte der kleine Lehrer alle anderen Lehrer um sich her. Die Lehrer hatten seiner Geschichte mit immer größerem Erstaunen zugehört. Jetzt schauten sie sich stumm an; zum erstenmal hörten sie auf, über den Minister zu schimpfen. Sie steckten ihre Notenbücher fort und gingen nachdenklich nach Hause. Dort schlossen sie die Tür hinter sich zu.

Was dann geschah, wird nirgendwo berichtet, doch sagt man, wenig später sei in ihrer Schule ein seltsamer Brauch entstanden: plötzlich konnte man während des Unterrichts alle Kinder klatschen hören – laut in die Hände klatschen vor Freude und Begeisterung. Auch seien die Lehrer nach dem Unterricht nur noch lachend in ihr Zimmer gegangen und die Kinder hüpfend und springend nach Hause. So groß sei die Macht des Erzählens geworden, daß die Lehrer wieder Freude an ihrem Beruf und die Kinder Spaß an der Schule bekommen hätten . . .

Wer es nicht glauben will, kann es selbst versuchen.

Leben und Lernen in der Schule

Es gibt Religionslehrer, die sich darüber wundern, mit welcher Großzügigkeit unser Grundschulwerk dem Kapitel »Leben und Lernen in der Schule« Raum gewährt. Im Religionsbuch für das zweite Schuljahr sind es allein sechzehn Seiten. Angesichts des begrenzten Umfangs und zahlreicher Themenwünsche, die nicht berücksichtigt werden können, ist das ein beachtlicher Anteil, der vielen um so weniger selbstverständlich erscheint, als sie meinen, die dargebotenen Impulse seien ebensogut dem Sachunterricht zuzuschlagen. Dabei ist die Reihe der Kritiker und Argumente, die unser Rahmenkapitel mit Fragezeichen bedenken, vorerst gewiß noch nicht abgeschlossen. Also sei – in Weiterführung der pädagogischen Begründung des Lehrerhandbuches 1 – die Frage hier erneut aufgenommen.

Wir sagten, wer von »Gott« spreche, müsse auch »alles« meinen: die Gemeinsamkeit des Schullebens, die Intensität der Kooperation, die Qualität der Lernvollzüge, das Spiel, die Besinnung, die Selbstfindung. Gleichzeitig geht unser Grundschulwerk davon aus, daß die allgemeine Schulkultur auch die Bedingungen des Religionsunterrichts festlegt. Je kindgemäßer eine Schule lebt, je wohler sich die Kinder darin fühlen, je mehr ihr Lernen durch selbständiges Handeln geschieht, um so befriedigender kann der Religionsunterricht für Schüler und Lehrer gelingen. Leider ist es so, daß die sogenannten Fachdidaktiken immer nur von ihren »Fächern« her denken: also von Sachen und Sachstrukturen her. Dementsprechend dreht sich der Unterricht dann um Kenntnisse und Fertigkeiten, geht es in Fachbüchern um die immer bessere Präsentation und methodische Vermittlung von Sachen. Aber welche Augen und Ohren der Lehrer für seine Kinder hat, ob der Unterricht die Kinder frei macht und zueinander führt, ob er Ängste abbaut oder gar fördert, eigene Fähigkeiten entdekken läßt, eine Atmosphäre des Vertrauens und Wohlbefindens schafft . . . nach all dem fragt sonst kein Schulbuch und leider auch nur höchst selten und lediglich nebenher eine Fachdidaktik. Man darf annehmen, daß niemand diese Situation gut findet und daß alle, die den Religionsunterricht nicht auf Formeln festlegen, vor allen übrigen Fächern dem Religionsunterricht die Sorge übertragen, daß die Schule eine frohe, phantasievolle Kinderschule werde.

Es besteht heute ein Konsens, daß Glaube und Leben korrelieren müssen. Dieser didaktische Grundsatz wird meistens in dem Sinn praktiziert, daß man auf allgemeine, vielen Kindern vertraute Erfahrungen hin den Glauben auslegt. Unser Unterrichtswerk möchte die Verschränkung aus ihrer Allgemeinheit, die verbal bleibt, herausholen und schulisch konkret buchstabieren. Schule ist der Ort, an dem unsere Kinder hier und heute leben. *Hier* sind sie entweder glücklich oder unglücklich, spontan oder gehemmt, betroffen oder gelangweilt, und alles, was sie über Gott und die Welt erfahren, gewinnt *hier* seine Bestätigung in eigener Erfahrung – oder seine Infragestellung, sofern die guten Wörter von Liebe, Versöhnung und Bruderschaft ungedeckt bleiben.

Aus diesem Grund bleibt die Schöpfungsthematik nicht auf sich selbst beschränkt, sondern wird in vielfältige kindliche Aktivitäten im Umgang mit Pflanze und Tier verlängert. Eigenes Tun und inwendige Deutung sollen zu einer ganzheitlichen Erfahrung zusammenkommen. Aus demselben Grund soll das Brot nicht allein in Texten und Bildern begegnen, sondern in vielfältigen eigenen Arbeitsgängen vom Mahlen bis zum Backen und gemeinsamen Essen ein eindrückliches Erlebnis werden. Und aus wiederum demselben Grund verquikken sich Besinnungen auf das Fest mit mancherlei Klassenfesten, deren Vorbereitung und Feier den Kindern soziale Erfahrungen erschließen.

Hier liegt auch der Grund dafür, daß unsere Religionsbücher ethische Themen nicht in der gewohnten verbalen Explikation entfalten. Über Gemeinsamkeit und Kooperation, Streit und Versöhnung ist es wichtig mit Kindern zu sprechen. Der beste Ort hierfür ist die originäre Situation selbst. Wenn es darum geht, einen Kanarienvogel verantwortlich zu pflegen, und wenn die Schüler sich entweder darum streiten oder aber ihre Aufgaben versäumen, findet die ethische Thematik ihren konkreten Ansatz. So entstehen im Rahmen der vielen Schülerarbeiten, die das Schulleben bringt, täglich neue Konflikte und Anlässe, die sorgfältig besprochen und aufgearbeitet werden müssen. Im Zusammenhang mit der Bußerziehung, die das Religionsbuch 3 thematisiert, werden wir ausführlich hierüber handeln.

Unser Rahmenkapitel »Leben und Lernen in der Schule« dient also der Einbindung des Religionsunterrichts in den gesamtschulischen Kontext. Manches von dem, was hier angeregt wird, muß nicht Inhalt der Religionsstunde, sondern kann eine Aktivität des Gesamtunterrichts sein. Sofern Religionslehrer und Klassenlehrer dieselben sind, sind die Bedingungen hierfür optimal. Aber auch in jenem wohl mindestens ebenso häufigen Fall, daß der Religionsunterricht von einem Fachlehrer gegeben wird, eröffnet unser Buch neue Möglichkeiten. Zusammen mit dem Lehrerhandbuch bietet es eine Kooperationsbasis mit dem Kollegen, der Kollegin, welche die Klasse regulär unterrichten. In diesem Fall ist es sinnvoll, ihm/ihr das Schüler- und Lehrerbuch zu geben, damit eine Orientierung über die Grundintentionen unseres Curriculums möglich wird und eine zeitlich abgestimmte Kooperation vereinbart werden kann. Um diese Kooperation zu erleichtern, bietet dieses Handbuch einen »Brief an den Klassenlehrer«, der ihm erlaubt, die Zielsetzungen des Religionsunterrichts wahrzunehmen, einige handlungsbezogene Anstöße aufzugreifen und zur Unterstützung der eigenen Schularbeit zu übernehmen. Die Fruchtbarkeit solcher Kooperation liegt auf der Hand. Die Bände 3 und 4 werden sie noch deutlicher aufzeigen, gleichzeitig aber auch demonstrieren, daß mit solcher Kooperation nicht der Klassenlehrer dem Religionskollegen einen Gefallen tut, sondern daß beide eine Intensivierung ihrer Arbeit erfahren können.

Es wäre zu »Leben und Lernen in der Schule« aber nicht alles gesagt, wenn der Verfasser nicht eingestehen würde, daß dieses Kapitel auch ganz wesentlich die schulpädagogische Palette des Lehrers erweitern möchte – mit jedem neuen Grundschuljahr konsequenter. Unsere Lehrerbildung in ihrer verwissenschaftlichten Form amputiert ja allzu oft die Sinne für einen handelnden und die emotionellen Bedürfnisse respektierenden Unterricht. Viele Lehrer wissen nicht, wie sie aus einem »Thema« eine gemeinsame Erfahrung machen sollen. Der durchschnittliche Religionsunterricht bleibt deswegen ohne verändernde Kraft für das grundlegende Verständnis des Lehrers von Unterricht und Schule. Eben dies aber möchten wir nicht. Unser Programm will über die Religionsdidaktik hinaus eine schulpädagogische Landschaft erschließen, in welcher der Lehrer zusammen mit seinen Schülern eine neue – befreiende! – Selbsterfahrung macht. Der Unterricht soll aus verbalen Darbietungszwängen herauswachsen und durch schrittweise Selbsttätigkeit und Kooperation der Schüler zu einem neuen Verständnis von Schule führen. Die hier in der Abfolge von vier Bänden entwickelten Anregungen sind jedoch nicht in dem Sinn jahrgangsbezogen zu verstehen wie die übrige Unterrichtsthematik, sondern möchten letztlich zusammengesehen und aus ihrem Gesamtkonzept heraus praktiziert werden – einerlei, in welchem Schuljahr gerade gearbeitet wird.

Genau genommen kann sich eine schulische Religionspädagogik in ihrem Selbstanspruch auch nicht mit weniger zufriedengeben. Es geht ja, wenn Religion und Glaube verhandelt werden, niemals nur um ein Was, sondern zugleich damit auch um ein Wie. Erst das rechte Wie macht den Inhalt erfahrbar. Das »Wie« ist aber nicht bloß handhabbare Methode, sondern eine moralische Qualität, ein Wie des Umgangs miteinander, letztlich das Wie der Schule selbst. Ein Desinteresse der Religionspädagogik an einer kindgemäßen, von Langeweile und Ängsten erlösenden Schulpädagogik ist nicht hinzunehmen.

Während das Religionsbuch für das erste Schuljahr das Kapitel »Leben und Lernen« primär auf den Anfangsunterricht bezieht und die realistische (Foto-) Ebene durch eine Metaebene mit den Fabeltierchen kommentiert, ist die didaktische Konzeption des Kapitels diesmal anders ausgerichtet. Konstant bleiben die Grundkategorien »Lernen als Handeln«, »Lernen als Kooperation«, »Lernen als Weg in die Stille«. Aber die Metaebene, die den meist fotografisch vorgestellten Aktivitäten ihren vertiefenden und deutenden Hintergrund gibt, bilden diesmal Märchenmotive. Beide Ebenen spiegeln einander: Die Fotos von modellhaften Unterrichtsszenen finden in den kolorierten Zeichnungen von Annemarie Schelbert und den Textauszügen aus verschiedenen Märchen eine neue Sinnbeziehung, die das Tun der Schüler in symbolischen Szenen verdichtet; die Märchenmotive werden auf reale Vorgänge bezogen und gewinnen so eine aktuelle Lebendigkeit, die ihnen sonst vielleicht nie zuwachsen würde. Insgesamt sind diese Seiten mit ihren drei Elementen Foto, Zeichnung und Text eine Einheit, die das Außen und das Innen, den Vorgang und den Sinn, das Reale und das die Realität Transzendierende darstellen. So sehr sie je eine »Ganzheit« bilden, bleiben sie im Buch allein aber doch nur die eine Hälfte, denn sie sind angelegt auf aktiven Nachvollzug: Die Kinder sollen beraten, welches kreatürliche Leben sie in ihr Klassenzimmer holen können, wie sie Arbeit und Verantwortung dafür untereinander teilen; sie sollen selbst den Arbeitsweg vom Weizenkorn zum Brot nachvollziehen, sollen ihre eigenen Feste vorbereiten und weitere Stille-Übungen praktizieren ... Dann bildet sich für sie eine neue Konstellation: Das Religionsbuch gibt Ideen und Anstöße und deutet letztlich mit seinen symbolischen Potentialen die gewonnene Erfahrung.

Der goldene Schlüssel S. 5

A. Das letzte Märchen in der Grimmschen Sammlung (KHM 200) erzählt eine kleine Geschichte, die man besser den Anfang einer Geschichte nennen würde, denn den Fortgang der Handlung muß sich der Leser oder Hörer selbst zusammenreimen, während der Junge mit dem glücklich gefundenen Schlüsselchen den Kasten aufschließt: »Da drehte er einmal herum, und nun müssen wir warten, bis er vollends aufgeschlossen und den Deckel aufgemacht hat, dann werden wir erfahren, was für wunderbare Sachen in dem Kästchen lagen.«

Diese kleine Geschichte steht am Ende der »Kinder- und Hausmärchen«, um zu sagen, daß diese Sammlung mit dem Ende des Buches keineswegs abgeschlossen ist, sondern daß der Leser umsichtig und behutsam bleiben muß – wie der Junge, der unter dem Schnee den »goldenen Schlüssel« fand. Vielleicht haben die Märchen der Brüder Grimm den goldenen Schlüssel bereits entdecken lassen, aber nun liegt es am Leser, ob er sich seiner bedienen kann, um die noch verborgenen Schätze ans Licht zu holen.

B. Im Gegensatz zu Grimms »Kinder- und Hausmärchen« *eröffnet* »Der goldene Schlüssel« das Religionsbuch für das zweite Schuljahr, wenngleich mit einer ähnlichen Bedeutung: Mit diesem Buch, will die Geschichte sagen, habt ihr einen noch verschlossenen Schatz in der Hand. Nun müßt ihr selbst zusehen, wie ihr ihn öffnen könnt und welche Überraschung er enthält . . .

Der zum Text abgebildete schöne goldene Schlüssel ist ein französischer Spätrenaissance-Schlüssel, aus einem Stück geschmiedet, im Original 14 cm lang. Im Schlüsselbart wird die Kreuzform aufgenommen; der Schaft ist reich profiliert, das üppige, aus der ornamentalen Kugel des Gesenkes aufsteigende Blattwerk in feinstem Stahlschnitt ausgearbeitet.[1]

C. Das Märchen vom goldenen Schlüssel kann gewählt werden, wenn wir mit den Schülern erstmals das neue Religionsbuch anschauen. Dann erzählen wir die Geschichte und geben den Kindern anstelle des »Kästchens« das Religionsbuch in die Hände. Wir sehen es uns von außen an, blättern es einmal langsam durch, sehen dies und das, finden manches rätselhaft und noch verschlossen und sehen uns zurückverwiesen auf die Suche nach einem Schlüssel.

Der goldene Schlüssel, den wir auf Seite 5 anschauen können, verweist auf tieferen Sinn. Wer ihn in die Hand nimmt, ergreift einen Lebensbaum, dessen Krone sich golden entfaltet. So soll auch der Schlüssel sein, mit dem wir die Seiten unseres Religionsbuches aufschließen: ein Schlüssel zum Leben, das grünt und wächst, keiner, der in muffige, verstaubte Räume führt, in denen man nicht frei atmen kann, Kinder am wenigsten.

D. So etwa läßt sich das Märchen weiter entfalten: Habt ihr schon einmal vor verschlossenen Türen gestanden und konntet nicht eintreten? Oder erlebt, daß eure Eltern einen Schlüssel verloren hatten, und nun standen sie vor der Wohnung, oder konnten einen Schrank nicht mehr öffnen, oder das Auto . . .?

[1] Vgl. *Heinrich Pankofer,* Schlüssel und Schloß. Schönheit, Form und Technik im Wandel der Zeiten aufgezeigt an der Sammlung Heinrich Pankofer. (Callwey), München 1973.

Wertvolle Dinge, die behütet werden sollen, schließen wir ab: unsere Wohnungen, aber auch Schränke, Schubladen, Kisten und Kasten, das Auto, die Fahrräder ... Die Schlüssel sehen immer anders aus. In alte Kirchen oder Schlösser kommt man nur mit einem großen Schlüssel, der oft kunstvoll in vergangener Zeit geschmiedet wurde, mit dem schon Generationen auf- und zugeschlossen haben und der so sperrig ist, daß man ihn nicht in eine Tasche stecken kann. Moderne Schlüssel sind kleiner und ganz flach. Ganz winzig können Schlüssel für Koffer, Aktentaschen oder Tagebücher sein ...

Aber es gibt auch Schlüssel, die man nicht in die Hand nehmen kann, die man nur im Kopf haben muß. Kennt ihr derartige Schlüssel? Es sind zum Beispiel solche mit Zahlenkombinationen. Man muß also die Zahl kennen und diese Zahl auf dem Schloß einstellen, um hier aufschließen zu können. Einfache Zahlenschlösser gibt es für Fahrräder, hoch komplizierte für die Geldschränke der Sparkasse.

Manchmal möchten die Leute auch nicht, daß jedermann lesen kann, was sie aufschreiben. Dann entwickeln sie eine Geheimschrift, die man nur sehr schwer *entschlüsseln* kann, wenn uns der Schlüssel nicht mitgeteilt wird. Auch dieser Schlüssel besteht nicht aus Metall. Vielleicht kann man ihn ebenfalls im Kopf haben, vielleicht ist er aber auch so schwierig, daß man ihn aufschreiben muß.

Doch nicht allein Häuser, Schätze und Geheimnisse werden verschlossen, auch Bücher, Bilder, Geschichten sind manchmal gut verschlossen, und man braucht ebenfalls einen Schlüssel, um sie für sich aufzuschließen und zu verstehen. Schlüssel für Geschichten und Bilder sind natürlich ebenfalls keine Werkzeuge aus Metall. Es genügt manchmal nicht einmal, diese Schlüssel »im Kopf« zu haben. Kennt ihr noch den schönen Vers aus dem Religionsbuch für das erste Schuljahr: »... du bist beslozzen / in mînem herzen: / verlorn ist daz slüzzelîn: / du muost immer drinne sîn.«

Was mag das wohl für ein Schlüssel sein? Bestimmt keiner aus der Fabrik, aber »golden« wird er vermutlich doch sein.

Nicht jeden Schlüssel kann man durch eigene Klugheit finden. Es ist ohnehin die Frage, ob alles Suchen uns immer hilft, den Schlüssel zum Verständnis dieses Religionsbuches zu finden. Gewiß werden wir nicht nur mit dem Kopf, sondern auch mit dem Herzen suchen müssen, aber auch das führt nicht immer zum richtigen Schlüssel, der in das tiefste Geheimnis mancher Dinge einläßt. Oft wird der Lehrer helfen müssen, den Schlüssel zu finden, und manchmal hilft dessen Klugheit auch nichts. Dann müssen wir alle stille werden und schweigen und warten, ob uns nicht der goldene Schlüssel *geschenkt* wird.

Der wichtigste Schlüssel zum Leben und zur Welt ist manchmal *ein anderer Mensch.* Für viele Räume, die wir bisher aufschließen und entdecken konnten, waren es Mutter und Vater. Vielleicht kann ich es auch sein, euer Lehrer, der euch viele Schätze zugänglich macht. Der wichtigste Schlüssel aber zu uns selbst – ja sicher: Wir sind auch verschlossene Kästchen, zu denen oft der Schlüssel fehlt! –, zu unseren Mitmenschen und zur ganzen Welt, kann der sein, von dem in diesem Buch viel erzählt wird: Jesus der Christus. Wenn wir hören, wie er Blinden, Tauben, Lahmen und Aussätzigen die Welt neu erschlossen hat, werden wir verstehen, warum er auch für uns »der goldene Schlüssel« ist.

Mit Kindern die Natur erleben S. 6–9

Der folgende Abschnitt steht in Zusammenhang mit dem Kapitel »Schöpfung: Mensch und Tier«. Eine anthropologische und theologische Grundlegung findet sich dort. An dieser Stelle geht es bevorzugt um das Naturverhältnis der Kinder und um erfahrungsbezogene gemeinsame Aktivitäten.

Ein unmittelbares Verhältnis zur Natur ist den Menschen unseres Kulturraumes mehr und mehr verlorengegangen. Wer die ursprüngliche Einheit wieder erahnen lernen möchte, darf sich nicht den nur-wissenschaftlichen Biologen anvertrauen, sondern muß zu den Indianern Nordamerikas gehen. Es gibt keine größeren Lehrmeister für die Rückbindung des Menschen an die Natur. Dabei weiß die indianische Welt noch um den Wechselbezug zwischen Naturerfahrung und Selbsterfahrung, wie ihn Häuptling Luther Standing Bear (geb. 1868) in einem Rückblick auf das Leben der Lakota-(Sioux-)Indianer schildert:

»Der Lakota-Indianer war ein echter Sohn der Natur, er liebte sie, die Erde und alles, was auf ihr lebte. Diese Zuneigung steigerte sich im Alter. Alte Leute verehrten den Boden geradezu, und in dem Gefühl, einer mütterlichen Macht nahe zu sein, saßen oder lagen sie auf der Erde, so oft sie konnten. Es tat der Haut gut, die Erde zu berühren, und die alten Leute gingen gern mit bloßen Füßen über den heiligen Erdboden. Sie errichteten ihre Zelte auf der Erde und bauten ihre Altäre aus Lehm. Die Vögel, die durch die Luft flogen, ließen sich auf der Erde nieder; sie war der letzte Ruheplatz aller Lebewesen, der Menschen, Tiere und Pflanzen. Die Erde beruhigte und stärkte, reinigte und heilte.

Aus diesem Grunde sitzt auch der alte Indianer immer noch auf der Erde, anstatt sich irgendwo höher zu betten, getrennt von den Leben spendenden Kräften. Auf der Erde zu sitzen oder zu liegen bedeutet für ihn, schärfer denken zu können und tiefer zu fühlen; dort kann er die Geheimnisse des Lebens klarer deuten und empfindet nahe Verwandtschaft mit den anderen Lebewesen um sich her ...

Verwandtschaft mit allen Lebewesen der Erde, des Himmels und des Wassers zu fühlen, war ein aufrichtiger und wichtiger Grundsatz im Leben der Lakotas. Sie achteten Tiere und Vögel wie Brüder und Schwestern und begegneten ihnen ohne jede Furcht. Manche Lakotas fühlten sich ihren gefiederten und pelztragenden Nachbarn so nahe, daß sie die Sprache der wilden Geschöpfe verstehen konnten.

Der alte Lakota war weise. Er wußte, daß fern von der Natur das Herz des Menschen verhärtet, und er wußte: wer Pflanzen und Tiere nicht achtet, wird auch bald seine Achtung vor den Menschen verlieren. Deshalb sah er darauf, daß die jungen Leute sich dem besänftigenden Einfluß der lebendigen Natur nicht entzogen.«[1]

Ein Wissen, »daß fern von der Natur das Herz des Menschen verhärtet«, ist unserer Pädagogik fremd geworden. Angestrebt werden durchweg verwertbare Sachkenntnisse, abgehobene »wissenschaftsorientierte« Daten, in denen wir mit unseren Gefühlen nicht vorkommen. Darum mögen sich noch so viele Informationen über Pflanzen oder Tiere anhäufen, es bleibt ein objektiviertes

[1] *T. C. McLuhan*, ... wie der Hauch eines Büffels im Winter. Indianische Selbstzeugnisse, Hamburg 1979, 12. Weitere Zeugnisse: *Hubertus Halbfas*, Das Welthaus. Ein religionsgeschichtliches Lesebuch. Düsseldorf/Stuttgart 1983 (^{2}1984), Nr. 96–102.

Wissen, das keine Distanz und keine Beziehungslosigkeit aufhebt. Die Naturentfremdung ist nicht allein für städtische Lebensverhältnisse kennzeichnend, auch das Landvolk lebt längst in gebrochenen Beziehungen. Zwar mag es sein, daß Landkinder – wenn es gut kommt – noch Roggen, Weizen und Gerste unterscheiden können, während Stadtkinder möglicherweise glauben, Milch würde in Getränkefabriken gemacht, aber diese Differenz berührt nur äußere Kenntnisse, nicht das innere Lebensgefühl. Sachkenntnisse hindern ja auch nicht den Landwirt, Tiere in industrieller Intensivhaltung als seelenlose Maschinen zu mißachten oder einen schönen alten Baum umzulegen, wenn er irgendeinem Arbeitsvorgang hinderlich erscheint. Kinder, die im ländlichen Raum aufwachsen, können gegenüber Sträuchern und Bäumen, Fröschen und Vögeln oft gefühlloser und rüder sein als Stadtkinder. Ihr Verhältnis zur Natur ist keine zwangsläufige Funktion des Lebensraumes und der Sachkenntnisse, sondern eine Frage der Gefühlsbindungen und der Liebe.

Was aber empfiehlt die von landwirtschaftlichen Interessenverbänden herausgegebene Schrift »Landwirtschaft im Unterricht«?: »Auf keinen Fall darf man den Unterricht auf der ›Liebe zur Natur‹ aufbauen. Im Gegenteil muß zunächst einmal versucht werden, sie zu überwinden. Erst dann wird eine sachgerechte Behandlung der Landwirtschaft mit ihren wirtschaftlichen und technischen Problemen möglich.« Sachgerecht heißt hier eine Einstellung, die jede mitkreatürliche Verbundenheit aufgegeben hat – Verwandtschaft mit allen Lebewesen sagte der Indianer –, um unbehindert von inneren Bindungen ein rücksichtsloses Wirtschaftsdenken praktizieren zu können. Ist zu erwarten, daß solches Profitdenken vor den Menschen haltmacht, wenn es gegenüber den Tieren anerzogen wurde?

Die Versöhnung zwischen Mensch und Natur wird noch für viele Generationen eine Aufgabe bleiben, der gegenüber die Religionspädagogik nicht unbeteiligte Distanz halten darf. Als Lehrer müssen wir helfen, daß unsere Kinder, die eine unmittelbare Naturbeziehung in unserer Welt nicht mehr erfahren, in den frühen Grundschuljahren, wenn dazu noch Möglichkeiten bestehen, diese Verbundenheit mit Pflanze und Tier wiederfinden. Seitens der Kinder gibt es noch Offenheit. Sie freuen sich, wenn sie Tiere kennenlernen können, sie haben auch den Ekel vor Mäusen, Spinnen oder Würmern noch nicht in jenem – oft krankhaften – Maße erlernt wie die Erwachsenen unserer Gesellschaft. Sie sind leicht motivierbar für alles, was im Wasser, im Wald oder im Garten wächst. Und sie sind fähig, aus ihren Naturerfahrungen auch ihr Verhältnis zur eigenen Leiblichkeit gesunden zu lassen.

Der letzte Gedanke verdient näheres Bedenken. Es geht um die Einsicht, daß eine Entfremdung von der Natur auch eine Entfremdung von uns selbst bedeutet. Im »Lied des Menschen« von James Krüss heißt es:

> »Ich bin ein Mensch und doch in jedem Tier,
> In Laus und Adler, Raupe, Pfau und Schnecke.
> Sie sind die fernsten Ahnen, und ich stecke
> In jedem Tier, und jedes steckt in mir.«[1]

[1] James Tierleben, Annette Betz Verlag, München 1965. Ebenfalls in: *Hubertus und Ursula Halbfas*, Das Menschenhaus, Düsseldorf/Stuttgart 1972 ([9]1981), 6.

Noch tiefer geht das Vor-Bewußtsein von einer letzten Einheit des Menschen mit den Elementen der Erde – »Ob Stein, ob Blatt, ob Tier« – im Traumgesang eines Ottawa-Indianers:

»Ich bin es, der in den Winden wandert,
Ich bin es, der in der Binse flüstert,
Ich schüttle die Bäume,
Ich schüttle die Erde,
Ich wühle allenthalben die Wasser auf.«[1]

Hier äußert sich ein vor-rationales Wissen um die Einbindung des Menschen in den Kosmos. Mineral und Wasser, Blatt und Baum, Einzeller und Säugetier sind im Menschen lebendig, und noch bevor der Mensch war, war er in alledem. Wenn der Mensch nun seine Verwandtschaft mit allen Lebewesen – und letztlich die eigene Leiblichkeit – verdrängt, verdrängt er auch seine Kreatürlichkeit und zugleich seine Endlichkeit. Er verliert jene fromme Demut, die ihn solidarisch macht mit dem Schicksal von Pflanze und Tier. Zumal mit dem Schicksal jenes Lebens, das beendet wird, damit er leben kann. »Zum Beispiel erlegten wir heute eine kleine Schlange«, erklärte ein Yaqui-Indianer seinem weißen Freund. »Ich mußte sie um Verzeihung bitten, weil ich ihr Leben so plötzlich und endgültig beendete; was ich tat, tat ich im Wissen, daß auch mein eigenes Leben eines Tages auf ganz ähnliche Weise, plötzlich und endgültig, beendet werden wird. Wir und die Schlangen sind also, alles in allem, gleich. Eine von ihnen hat uns heute ernährt.«[2]

Für viele Menschen ist die handelsübliche Zubereitung und Verpackung geschlachteter Tiere wesentliche Voraussetzung dafür, deren Fleisch genießen zu können. Zuvor muß es zur neutralisierten Sache werden. Gegenüber einem erkennbaren, vielleicht noch nicht ausgenommenen und zerteilten Tier würde unsere Abwehr mit Ekel einsetzen. Insgesamt ist diese Ekelschranke irrational groß geworden. Ängste und Urängste werden meist nicht mehr befreit, sondern einfach zugeschüttet, und unsere Kinder übernehmen alle angstvollen Beziehungslosigkeiten. In einem faszinierenden Fotobericht über die Naturerfahrungen der Kinder zeigt demgegenüber die Lehrerin Nancy Hoenisch, wie bedeutsam es ist, »daß die Kinder liebevoll mit Würmern, Spinnen, Schlangen, Gewitter, Blut und Schleimhäuten umgehen können: So werden sie alles, was natürlich ist, auch ihren eigenen Körper, voll annehmen.«[3]

Die Beschäftigung mit der Natur ist ein Weg, Fremdheiten und Hemmungen vor unserer eigenen Körperlichkeit zu überwinden und zugleich Verantwortung für andere und für uns selbst zu lernen. Der Abbau von Angst, von Ekel und Vorurteilen und die Fähigkeit zur Selbstannahme, zur Liebe und Hingabe hängen aneinander. Die folgenden Anregungen wollen helfen, einige Schritte in diese Richtung zu tun. Was die Kinder hier in ihren Klassen im Umgang mit Pflanzen und Tieren lernen, wirkt sich in ihrem Verhältnis zur ge-

[1] *Werner Müller,* Geliebte Erde. Naturfrömmigkeit und Naturhaß im indianischen und europäischen Nordamerika. Bonn 1972, 13.

[2] *Carlos Castaneda,* Reise nach Ixtlan. Die Lehre des Don Juan (= Fischer TB 1809), Frankfurt 1976, 63.

[3] *Nancy Hoenisch/Elisabeth Niggemeyer,* Komm liebe Spinne. Kinder machen Naturerfahrungen mit Tieren, Pflanzen und mit dem eigenen Körper, Ravensburg 1982, 5.

plünderten und geschändeten Erde aus, in ihrem Verhältnis zu jeder Art körperlicher Realität und insbesondere in ihrem Umgang mit den Mitmenschen.

Wie man Kinder für die Natur begeistert

Bevor wir mit Kindern in die Natur gehen oder Pflanzen und Tiere ins Klassenzimmer holen, müssen wir über unsere Vermittlungsmöglichkeiten als Lehrer nachdenken. Unseren Ratschlägen, auf die alle Kinder mit Sicherheit positiv reagieren, liegen zwei Grundhaltungen zugrunde: Achtung vor den Kindern und Verehrung für die Natur.

Erstens: Lehre weniger Sachwissen und teile mehr von deinen Gefühlen mit.

Der Intellekt kommt deswegen nicht zu kurz, und auch die Kenntnisse der Kinder gewinnen ausreichende Breite, aber entscheidend ist zunächst der Lehrer als selbst empfindender Mensch. Seine Liebe zur Natur ist für die Lernfähigkeit der Kinder wichtiger als Bücher, Laborutensilien und die Anzahl der Schulstunden. »Lehren heißt: Liebe ausdrücken, obwohl das Wort Liebe in den Schulbüchern vermieden wird, als sei es etwas Anstößiges. Und doch – die kleinste Pflanze kann unter den schlechtesten Bedingungen gedeihen, wenn man sie mit Liebe umhegt. Man kann ihr nicht befehlen: Jetzt wachs' mal schön! Sie verkümmert, wenn man ihr nicht gut will. Ebenso unsere Kinder.«[1]

Eines der Bücher von Nancy Hoenisch über Naturerfahrungen mit Kindern heißt: »Heute streicheln wir den Baum«. In diesem Titel liegt zugleich alle Weisheit, auf die es ankommt. Der Baum bleibt nicht Objekt, eine Sache, die wir »durchnehmen«, sondern es geschieht eine Begegnung mit dem Baum, die bei Lehrern und Schülern Gefühle der Zärtlichkeit und Zuwendung weckt:

> »Gleich zu Beginn des Schuljahres haben wir uns im Park bei der Schule einen Baum ausgesucht, der draußen *unser* Baum sein soll und den wir das Jahr hindurch beobachten wollen. Wir haben ihn ein Jahr lang geliebt, ohne zu lernen, daß er eine Buche ist. (Das sollte die Lehrer ermutigen, die wegen mangelnder Biologiekenntnisse Angst vor Naturerlebnissen haben) . . .
>
> Unser Baum . . . soll in einer Umgebung stehen, die wir gerne hätten und die uns auch gefallen würde, wenn wir ein Baum wären . . . Wir legen uns um den Baumstamm und sprechen über die Ähnlichkeit zwischen Bäumen und Menschen und über die verschiedenen Baumbewohner . . . Wir sammeln seine Blätter und machen Reibdrucke, auch von seiner Rinde . . . Wir spielen, daß wir Tiere sind, die ihr Haus suchen . . . Wir wollen unseren Baum lieben, hegen und das ganze Jahr hindurch beobachten . . . Es ist Winter. Alistair sagt: ›Unser Baum bibbert richtig, so kalt ist ihm.‹ Wir tanzen, singen und umarmen unseren Baum, damit er sich freut. Nancy hängt eine halbe Kokosnuß für die Vögel auf.«[2]

Zweitens: Nimm alle Empfindungen der Kinder positiv auf.

Dazu gehört, für die Kinder sehr wache Augen und Ohren zu haben und ihre Reaktionen wahrzunehmen. »Wir besuchen ein Exotarium. Da es im ersten Stock auch Schlangen zu sehen gibt, möchte ich diese Tiere den Kindern zei-

[1] Ebd., 6.

[2] *Nancy Hoenisch/Elisabeth Niggemeyer,* Heute streicheln wir den Baum. Kinder machen Naturerfahrungen mit Pflanzen, Tieren, dem Wetter und der Erde, Ravensburg 1981, 11–25.

gen. Ich bin schon ganz aufgeregt, als Matthias, der begeistert die Fische angeschaut hat, sich plötzlich am Treppengeländer festhält. Er weigert sich, auch nur eine Stufe weiter hochzusteigen. Ich merke, daß er Angst hat, und lasse ihn mit einer Mutter unten. Diese Reaktion zeigt mir, daß auch wir Schlangen näher kennenlernen sollten. Ich beschließe, mit den Kindern in die zoologische Abteilung der Pädagogischen Hochschule zu gehen, da es dort gute Möglichkeiten gibt, Schlangen kennenzulernen. Vielleicht können die Kinder sogar welche anfassen.

Unser Besuch dort wird wirklich ein Höhepunkt. Matthias traut sich, mit einem Finger eine Blindschleiche zu berühren. Shanta läßt sich sogar eine Blindschleiche um ihren Hals legen . . . Wir sitzen im Kreis und lassen die Blindschleiche von Schoß zu Schoß gleiten. Ein bißchen unheimlich ist es doch, wenn sie so kalt über den Arm kriecht, und ich wundere mich, daß die Kinder schnell Ekel und Angst verloren haben.«[1]

Wer die Blicke, die Stimmungen und Gefühle der Kinder erfaßt, auch ihre Unmutssignale, findet unaufhörlich Angebote zur Kommunikation. Die Kinder sind glücklich, gesehen zu werden. Sie fühlen sich verstanden und respektiert und vertrauen sich ganz der Führung des Lehrers an. Ihre Fragen, jeder Kommentar und jeder Ruf des Erstaunens sind ein Interesseangebot, das dem Lehrer seinen Unterricht zu einem freien Diskurs mit den Kindern werden läßt.

Drittens: Vorrangig ist es, zu sehen, zu fühlen, zu riechen . . . und dann erst darüber zu sprechen.

»Machen wir einen Entdeckungsspaziergang! Es soll kein gewöhnlicher Spaziergang sein, sondern ein lang herbeigesehntes Abenteuer, auf das wir uns vorbereiten. Die Kinder lernen, alle ihre Sinne zu benutzen. Wir üben, uns auf den Boden zu legen, die Augen zu schließen, die Ohren nach innen zu richten und ganz still zu liegen . . . Mit immer noch geschlossenen Augen fühlen wir einen Kiefernzweig, Moos, etwas Sand, Rinde und einen Stein: ›Wißt ihr, was ihr fühlt?‹, und dann machen wir die Augen auf, um uns alle diese Dinge anzusehen . . .

Ich verstaue alle möglichen notwendigen Utensilien in meinen Taschen: ein Messer, ein Vergrößerungsglas, eine kleine Schaufel, ein Pilzbuch, Papiertaschentücher, Pflaster. Wir verabreden, daß wir keine Zweige abbrechen oder zuviel von einer Sorte sammeln wollen. *Ein* Pilz muß uns genügen . . .

Wir wandern durch die modernden Blätter und freuen uns an ihrem Geruch. Wir fassen die feuchte Erde an, die aus den zerfallenen Blättern entstanden ist. Unter einem Stein finden wir kleine Käfer, Kugelasseln und Kellerasseln . . .«[2]

Als Religionslehrer – nein, als Lehrer überhaupt – müssen wir nicht unsicher werden, wenn wir irgendwelche Namen von Tieren oder Pflanzen nicht kennen. Wichtiger als die Namen sind die Wahrnehmung der Natur, Neugier und Interesse, Staunen und Ehrfurcht.

[1] Ebd., 120.
[2] *Nancy Hoenisch/Elisabeth Niggemeyer,* Komm liebe Spinne, a.a.O., 11.

Viertens: Wichtiger als das Ergebnis ist der Prozeß.

Viele Lehrer bekommen ein schlechtes Gewissen, wenn sie kein greifbares Ergebnis festhalten können. Sie möchten gerne für jede einzelne Stunde ein Resultat, das sie in Sätze fassen und vielleicht sogar aufschreiben können. Wenn überhaupt etwas geschieht, besteht kein Zweifel, daß jede Stunde auch ein »Ergebnis« hat, aber das eigentliche Ergebnis, auf das es uns ankommen muß, ist der Prozeß selbst. Selbst, wenn es mißlingt, aus Samen eine Pflanze zu ziehen oder einen kranken Vogel gesund zu pflegen, trägt alle aufgewandte Mühe bereits den Lohn in sich.

Das gilt auch für alle Anstrengungen der Kinder, die um ihrer selbst willen wichtig sind, nicht um der Note willen, die sie dafür bekommen sollen: »Keine Katze weint oder bekommt Schuldgefühle, wenn ihr eine Maus durch die Lappen geht. Sie versucht es wieder und wieder, bis sie es geschafft hat, denn sie hat Hunger . . . Fiele es uns ein, einem Hund beim Bellen zuzuhören, um ihm dann die Note befriedigend zu geben, weil wir finden, er hätte ja noch besser bellen können? Wie also sollen Kinder fröhlich singen, spontan eine Geschichte erzählen oder ein Bild malen können, wenn es Noten dafür gibt und sie deshalb Angst haben zu versagen.«[1]

Fünftens: Aller Umgang mit Pflanzen und Tieren soll von Freude geprägt sein.

Unsere eigene Begeisterung für etwas ist das wichtigste Vermögen, das uns als Lehrer motiviert und die Kinder weiterbringt. Es muß weder laute noch spontane Begeisterung sein; ruhige Aufmerksamkeit und echtes Interesse sind nicht minder Ausdruck unserer Freude, die sich auf die Kinder überträgt. Und Kinder lernen wie von selbst, wenn sie von einer Sache fasziniert sind.

Tiere, Pflanzen und Kinder[2]

Liebevolle Hinwendung zu allen Lebewesen, Mitleid und Hilfsbereitschaft für alles, was lebt, die Freude am Umgang mit Tieren und Pflanzen entspringen dem Gemüt. Je mehr ein Kind gefühlsmäßig ansprechbar, einfühlsam und empfänglich für harmonische Erscheinungsformen ist, desto mehr Voraussetzungen bringt es mit, Geheimnis und Schönheit der lebendigen Welt zu erleben und den liebevollen Umgang mit Tier und Pflanze zu lernen, ein Erwachsener zu werden, dessen Güte nicht bei seinesgleichen haltmacht, sondern Tier und Pflanze einschließt.

In jedem Kind ist angelegt, sich anderen Lebewesen verbunden zu fühlen und vertraut mit ihnen umzugehen. Diese Anlage kann aber, wie jede andere, entwickelt und gefördert oder beschnitten und zerstört werden. Für die Verbundenheit mit Tier und Pflanze spielt das Elternhaus eine prägende Rolle.

Meine Geschwister und ich lernten schon als kleine Kinder, im Wald still zu sein, damit die Tiere sich uns zeigen. Wir lernten, ihre Stimmen zu unterscheiden und ihre Lebensgewohnheiten kennen. Es war etwas Festliches und Besonderes, wenn wir mit unserem Vater gingen, um den Teppich aus Buschwindröschen unter den kahlen Buchen im Stadtholz anzusehen oder im September die roten Beerendolden der Ebereschen am

[1] Ebd., 6.
[2] Dieser Abschnitt stammt von *Brigitta Brockmann*, Lehrerin in Paderborn.

Burgweg. Der träge Feuersalamander und die beutegierigen Gelbrandkäfer, die Stichlinge mit den rotleuchtenden Bäuchen und die blauen Libellen waren unsere Bekannten aus der grüngoldenen Welt des Tümpels, dessen Unterwasserleben man nur sah, wenn man regungslos und ohne zu sprechen zuschauen konnte.

»Die Sprache der Tiere zu verstehen«, ist deshalb für uns nie bloß poetische Metapher gewesen. Wenn heute eine herrenlose Katze, die scheu und wild den Menschen als Feind flieht, zu mir kommt und sich widerstandslos einfangen läßt, wenn ein kranker Turmfalke mir furchtlos Fleischstückchen aus der Hand nimmt, ein Rotkehlchen meine Wege im Garten begleitet und mir ins Haus nachfliegt, wenn eine Fledermaus sich arglos an meinen Zeigefinger hängt und die Igel sich in meiner Hand entrollen, ist für Momente die Vertreibung aus dem Paradies aufgehoben.

Trotzdem bringt der bloße Tatbestand, mit Tieren und Pflanzen aufzuwachsen, nicht zwangsläufig Menschen hervor, die sich anderen Lebewesen liebevoll verbunden fühlen.

Für die Kinder eines benachbarten Landwirts war jedes Tier ein »Stück Vieh«, das etwas nützen oder einbringen sollte. Die Unnützen waren gleichgültig, die »Schädlichen« wurden verfolgt. Auch der Hund, der am ehesten persönliche Gefühle wecken konnte, »taugte« bloß oder »taugte nicht«. Wenn er nichts taugte, wurde er »weggegeben«, getötet. Das war wie ein Naturgesetz; die Kinder, die mit dem Hund am vertrautesten umgingen, wären gar nicht auf den Gedanken gekommen, sich dagegen aufzulehnen. Sie pflegten ihre Kaninchen, die sie später als Schlachtvieh verkauften, sie freuten sich über die jungen Hunde, die zweimal im Jahr geboren wurden, gaben ihnen Namen, spielten mit ihnen und verkauften sie später für ein Taschengeld auf dem Hobbymarkt, nicht selten an üble Händler.

Trotzdem wird auch zuweilen bei solchen Kindern diese jahrtausendealte bäuerliche Haltung, in die sie notgedrungen hineinwachsen müssen, schmerzhaft erschüttert, wenn unvermittelt eine persönliche Beziehung zu einem Tier entsteht.

Noch heute vermeiden sie es, von Heidi zu sprechen, einem Fohlen, das die Kinder mit der Flasche aufzogen, weil seine Mutter bei der Geburt starb. Von Menschen getränkt, gewärmt und gepflegt, hielt es sich wohl für einen Menschen. Es wollte von Pferden nie etwas wissen und folgte seinen Menschen, wohin sie auch gingen, bis seine Spiele und Liebkosungen zu ungestüm für die Kinder wurden und es auf die Weide kam. Die Kinder bewahrten ihrem Pferd die Anhänglichkeit und Fürsorge, aber eines Tages standen sie verstört vor unserer Tür, um uns zu sagen, daß Heidi nun geschlachtet würde. Sie hatten dem Vater vergeblich ihre Ersparnisse angeboten, um ihm Heidi abzukaufen. Noch während wir uns den Kopf zermarterten, wie sie zu retten sei, wurde Heidi zum Schlachten abgeholt. Das Kilo brachte 1,90 DM.

Wenn solche Kinder ein liebevolles, zweckfreies Verhältnis zu einem Tier entwicklen, geraten sie in Konflikte, die sie manchmal in der Familie einsam machen.

Helmut, der jüngste Sohn des Bauern, war 13, als er seine rote Katze überfahren fand. Er ging nicht in die Schule, begrub sie weinend und versteckte sich den ganzen Tag im Stall. Am Abend hatte er Fieber und Erbrechen. Weil niemand ihn verstand und mitfühlte, suchte er Trost und Anteilnahme in der Krankheit.

Viele Kinder, die im Elternhaus mit einem Tier leben, dem die Familienmitglieder liebevoll zugetan sind, dessen Eigenart und Rechte respektiert werden, lernen zwanglos, im Tier das Mitgeschöpf zu achten und zu lieben.

Geradeso häufig lernen Kinder im Elternhaus, die Rechte des Tieres zu mißachten, es zu benützen und fortzuschieben. Denn auch das Heimtier ist häufig nichts anderes als Zweck- und Nutztier. Es ist Spielzeug der Kinder oder pädagogisches Requisit, »angeschafft«, damit die Kinder »Verantwortung lernen« oder modischer Schnörkel um eine grüne Ideologie, mit der sich progressive Ehepaare gern schmücken.

Den Kindern ist es dann genauso selbstverständlich wie ihren Eltern, den bewegungshungrigen Goldhamster in einem kleinen Käfig zu halten, wo er die Nächte seines kurzen Lebens damit verbringt, ein Laufrad zu bewegen, Vögel, die fliegen wollen, in ein enges Vogelbauer zu sperren und das kontaktbedürftige Meerschweinchen in seiner Plastikwanne zu isolieren.

Das Unwesen der Heimtierhaltung mit all seiner Gedanken- und Gefühllosigkeit verstellt bei Kindern öfter die persönliche, einfühlsame Beziehung zum Tier als daß es sie fördert.

Gleichwohl sind der Goldhamster, das Meerschweinchen, der Wellensittich oder der Hund für viele Kinder die einzige Möglichkeit, einem Stückchen Natur hautnah zu begegnen, sein Wesen und seine Liebenswürdigkeit zu entdekken.

Das Kind erlebt bei Tieren, die ihm anvertraut sind, Abhängigkeit und Schwäche des Lebewesens. Da es selbst gegenüber Erwachsenen diese Position einnimmt, identifiziert es sich leicht mit dem Tier in seiner Wehrlosigkeit, erfährt sich aber zugleich in der Rolle des Überlegenen und Starken. Entsprechend ambivalent sind auch die Gefühlsregungen, die es im Umgang mit dem Tier auslebt. Das Tier fordert die pflegerischen und beschützenden Instinkte heraus, aber auch die der Machtausübung und der sadistischen Aggression, mit der Kinder »Überlegenheit im Wehtun« beweisen wollen. Vieles freilich, was wie Sadismus wirkt, ist einfach Blindheit gegenüber den Gefühlen und Bedürfnissen des anderen Geschöpfes, Gedankenlosigkeit und Mangel an Phantasie, die zu rohen und brutalen Verhaltensweisen führen. Es ist oft überraschend, wie nah bei Kindern Mitleid und Unempfindlichkeit gegenüber den Leiden von Tieren beeinanderliegen.

Sandra (11) erzählt emotional bewegt, wie ein Junge, den sie kennt, eine kleine Katze angeleint mit auf den Spielplatz bringt und das Tier, das jämmerlich schreit und verzweifelt widerstrebt, an der Leine die Rutsche herunterzieht. Die Klassenkameraden sind betroffen und empört.

Ilkay (11) berichtet feixend in derselben Unterrichtsstunde, wie er und sein kleiner Bruder eine Katze und ihre Jungen vom Balkon geworfen haben. Die Oma wollte ihn verhauen, weil die Mutterkatze ein Bein gebrochen hatte und eines der Jungen tot war. Ilkay schob die Schuld auf den kleinen Bruder und kam ungestraft davon. Die Mitschüler lachen, keiner zeigt Anteilnahme für die Katzen, nur Sandra ruft aufgebracht: »Findet ihr das zum Lachen?«

Umso wichtiger ist es, daß Kinder schon sehr früh Verhaltensweisen verinnerlichen, die fremdes Leben respektieren, sei es noch so gering. Wenn der Vater den Käfer, der auf seinem Ärmel krabbelt, nicht einfach totschlägt, sondern beiseitesetzt, wenn die Mutter eine Frühjahrsprimel, eine von den vielen hunderttausend Wegwerfpflanzen, die jedes Jahr in den Gärtnereien verkauft werden, nach dem Verblühen nicht fortwirft, sondern weiterpflegt, damit sie leben und neu blühen kann, wenn der Lehrer der dicken Fliege, die sich ins Klassenzimmer verirrt hat, das Fenster öffnet, damit sie hinausfindet, dann lehren sie das Kind »Ehrfurcht vor dem Leben«, ohne auch nur einmal davon sprechen zu müssen. Kinder assimilieren diese Haltung, sofern sie mehr ist als pädagogische Attitüde, und ahmen sie wie selbstverständlich nach. Ich habe Schülern meiner

Klassen nie eigens sagen müssen, daß unsere Pflanzen im Klassenzimmer Lebewesen sind und tabu für spielerisch-aggressive Übergriffe. Sie schonten die Pflanzen. Fremde Schüler, auch wenn ihnen der belebte Klassenraum gefiel, bemalten die Blätter der Pflanzen, schütteten Wasserfarbe auf die Blumenerde, bespickten die Pflanzen mit Kaugummiresten und benutzten die Blumentöpfe als Ablage für Papierkügelchen oder Apfelsinenschalen.

Das Beispiel von Personen, die dem Kind Normen verkörpern und deren Anerkennung oder Tadel dem Kind ein Bewußtsein von Recht und Unrecht im Umgang mit anderen Lebewesen vermitteln, kann ein Leben lang fortwirken.

Als dreijähriges Kind brachte ich einmal beglückt und stolz in einer Streichholzschachtel einen Junikäfer, eine Motte und einen Kohlweißling mit heim. Ich hatte erwartet, daß mein Vater sich darüber freute, aber er befahl mir ernst und streng, die Tiere freizulassen. Was er dazu sagte, weiß ich nicht mehr, aber ich erinnere mich sehr intensiv, wie mich Schrecken und Entsetzen überfielen: Ich hatte die Tiere von ihrem Strauch, aus der Sonne fortgenommen und in eine enge Schachtel gesperrt, in der sie sich mit Angst und Atemnot quälten. Der Schmetterling flog nicht erlöst in die Freiheit, er taumelte davon, weil die feine Staubschicht auf seinen Flügeln zerstört war. Die Scham, die ich empfand, war so vernichtend, daß ich glaubte, mein Vater könne mich nie wieder gernhaben.

Der Drang, sich dessen zu bemächtigen, was Entzücken und Faszination auslöst, es zu besitzen und für sich zu haben, ist so mächtig, daß Kinder nur sehr schwer lernen, auf das Haben-Wollen zu verzichten.

Ich sperrte zwar keine Tiere mehr in kleine Schachteln, aber der Wunsch, Lebewesen, die ich draußen entdeckte, mit heimzunehmen und zu behalten, setzte sich immer wieder durch. Ich fing eine Blutlaus, die in der Sandkastenmauer wohnte, und trug sie behutsam auf dem Finger ins Haus. Das stecknadelkopfgroße Insekt fiel auf den melierten Steinfußboden in der Küche und blieb unauffindbar. In diesem Augenblick war ich die Blutlaus: so verloren auf den kalten Steinen der unermeßlich großen, dunklen Küche. Ich erlebte in meiner aufgeregten Phantasie, wie sie herumirrte, nichts zu essen finden, verhungern, von meinen eigenen Füßen zertreten würde. Ich weinte und schrie so verzweifelt, daß schließlich meine Mutter und ein Besucher auf den Knien nach der verschollenen Blutlaus suchten. Meine Mutter schimpfte, wie ich mich um solch ein winziges Tier, von dem es Hunderttausende gebe, »so anstellen« könne. Mein Vater, dem ich abends weinend berichtete, was geschehen war, belächelte das Unglück mit der Blutlaus nicht, er relativierte es auch nicht, ich mußte es so aushalten, wie ich es empfand.

Wenn das Erlebnis, einem Geschöpf geschadet zu haben, schuld zu sein an seinem Leiden oder Tod, das Kind schmerzhaft ergreift und sich tief in sein Gemüt eingräbt, lernt es, daß man sich nicht alles, was man liebt, aneignen und verfügbar machen darf, will man es nicht schädigen oder zerstören. Im Umgang mit anderen Lebewesen kann das Kind erfahren, daß »Lieben heißt, Loslassen können«, indem man ihnen ihre Freiheit und das Recht auf ungestörtes Dasein läßt.

Ganz sinnenfällig erlebbar wird Kindern der tödliche Zusammenhang zwischen Gefallen und Besitzergreifen beim Blumenpflücken. Löwenzahn, Buschwindröschen, Wiesenschaumkraut, Kuckuckslichtnelken und Klatschmohn verwelken in den Händen und erholen sich in der Vase, wenn überhaupt, nur kurz und kümmerlich. Das Kind, das voller Freude einen Strauß Klatschmohn gepflückt hat, erlebt – in der Hand die schlaffen Stengel mit den baumelnden

Knospen und den zerknitterten Blüten, deren Rot jetzt matt und tot ist – daß es etwas Schönes sinnlos vernichtet hat.
Schuld, Mitschuld, Scham und Trauer zu empfinden angesichts der Leiden, die Menschen in ihrer maßlosen Egozentrik, ihrer Habgier, Herrschsucht und Dummheit anderen Lebewesen zufügen, ist den meisten Erwachsenen fremd oder verlorengegangen, vielleicht, weil persönliche Schuld einem Mitgeschöpf gegenüber sie nie erschüttert hat.

Die Klasse 6 plante für das Schulfest ein Mäuserennen und ein Meerschweinchenroulett. Meine Kollegin, die ich bat, diese Spiele von der Liste der Vergnügungen zu streichen, wollte ihren Schülern »den Spaß nicht verderben«. Vergeblich versuchte ich, den Kindern begreiflich zu machen, daß diese Veranstaltung für die Mäuse und Meerschweinchen Angst, Streß und Qual bedeuten könne, wenn sie sich schutzlos in einer unbekannten Umgebung zwischen vielen lauten Menschen vorfinden, daß sie die Angst des Tieres und sein Bestreben, einen sicheren Schlupfwinkel zu finden, für ihr Spiel ausnützen. Die Schüler wollten auf dieses Spiel nicht verzichten. Beim Mäuserennen starb eine von Stefans zwei Mäusen, noch ehe es recht begonnen hatte. Stefan, ein robuster Junge, war außer sich. Weinen und Schluchzen schüttelten ihn. Die Klassenlehrerin brachte ihn ins Lehrerzimmer, und wir versuchten, ihn zu beruhigen. »Ich bin schuld! Ich bin schuld!« wiederholte er weinend immer wieder. Und als er schließlich mit der lebendigen und der toten Maus heimging, sagte er zu mir, immer noch weinend: »Ich tue es nie, nie wieder, ich verspreche es: nie, nie wieder.«

Für die anderen Kinder war der Tod der Maus kein Grund, die Meerschweinchen zu schonen. Mittags erlitt ein Meerschweinchen einen Kreislaufkollaps.

Wenn Kinder ein Tier erleben, dessen Elend ihnen nahegeht, wollen sie normalerweise spontan helfen. Sie suchen Wege dazu, häufig gegen die Gleichgültigkeit und den Widerstand Erwachsener. Zwischen Wahrnehmung und Handeln steht noch nicht die Trägheit des Herzens.

Tagelang hielt sich eine erbärmliche kleine Katze auf dem Bürgersteig in einer Siedlung auf. Sie bettelte die Vorübergehenden an, hängte sich kläglich miauend an ihre Beine und lief ihnen nach, bis sie verscheucht wurde. Niemand mochte sich ihrer annehmen, weil sie Durchfall hatte und ihr Fell kotverklebt war. Man argwöhnte, sie könne ansteckend krank sein, vielleicht gar tollwütig. Zwei kleine Kinder, denen die Mutter verboten hatte, das Tier anzufassen, konnten des Abends nicht mehr einschlafen, sie dachten nur noch an die Katze, sprachen von nichts anderem, und weil sie keine Ruhe gaben, veranlaßte schließlich die Mutter, Hilfe für das Kätzchen zu holen. Sie entschuldigte sich vielmals dafür, sie habe wirklich nur dem Drängen der Kinder nachgegeben.

Phylax, der Hund eines Bauern, war von Räude fast aufgefressen. Er hatte nur noch auf dem Rücken Haare, die Haut war schwarz verfärbt und hing in dicken, entzündeten Falten an seinem abgemagerten Körper. Er kratzte sich monatelang Tag und Nacht. Es war ein zwölfjähriges Mädchen, das als erstes versuchte, ihm zu helfen, ihn mitnahm zum Tierarzt und die Behandlung von seinem Taschengeld bezahlte. Jetzt, nachdem der Hund, von seinem qualvollen Juckreiz befreit, leben und sich freuen kann, ist es wiederum ein Kind, das ohne Abscheu seine zerschundene Haut täglich mit heilendem Öl einreibt und massiert.

Die Zwölfjährige, befragt, ob sie besonders tierlieb sei, sagte: »Darüber habe ich nie nachgedacht, ich glaube nicht; er tat mir nur so leid«. –

Ursprünglich erlebt das Kind Tier und Pflanze als beseelt. Es versteht intuitiv, daß sie dem Menschen verwandt sind, daß sie leben wollen und Schmerz und Freude, Angst und Trauer empfinden. Es versteht, daß die Ameisen in großer Bedrängnis und Not sind, wenn ein grober Fuß in ihren Bau tritt, daß die Pflanze leidet, wenn eine achtlose Hand ihre Blätter abreißt, und der Hund, den sein Herr fortgegeben hat, vor Heimweh krank ist.

Erst später lernt es, daß wir nicht wissen, was die Tiere fühlen und ob sie überhaupt empfinden wie Menschen. Es lernt alle Entlastungs- und Entschuldigungsformeln, von Menschen erdacht, umd die Leiden der Tiere, die Menschen ihnen bereiten, zu bagatellisieren, um den hemmungslosen Verbrauch der Tiere und Pflanzen für menschliche Zwecke und menschliches Wohlergehen zu rechtfertigen.

So zerstört auch der Biologieunterricht an den Schulen eher die Fähigkeit, sich in Tier und Pflanze einzufühlen, indem er anstelle emotionaler Verbundenheit und subjektiven Erlebens die objektivierende Betrachtung anstrebt. Das Kind lernt, eine distanzierte Haltung einzunehmen, Tier und Pflanze als Sachen zu sehen und zu behandeln, mit denen man experimentieren kann. In »bsv biologie 1« vom Bayerischen Schulbuchverlag, das an unserer Hauptschule eingeführt ist, heißt es bei den »Hinweisen zum Gebrauch des Buches« bezeichnenderweise als erstes: So führe ich einen Versuch durch. Das Verständnis für andere Lebewesen, von dem das Vorwort auch spricht, ist umschrieben als experimentierend gewonnenes Sachwissen. Auch die Verantwortung des Menschen für das Tier, die Verpflichtung, Pflanzen und Tiere zu schützen, erscheinen hier lediglich als Aspekte eines zweckmäßigen Verhaltens gegenüber einem Objekt.

Dieser Tendenz, die letztlich in die Laboratorien führt, wo Wissenschaftler sich nicht mehr schämen, einen Affenkopf zu verpflanzen, können nur solche Lehrer begegnen, die ernstnehmen, was Reinhold Schneider formulierte: »Wie Kain nach seinem Bruder Abel gefragt wurde, so werden wir nach unserem Bruder, dem Tier gefragt werden«, ob wir »den Mund auftun für die Stummen und die Rede derer führen, die verlassen sind«. (Franz von Assisi).

Brigitta Brockmann

Umgang mit Tieren und Pflanzen: Hinweise zum Material des Religionsbuches S. 6–9

Im Rahmen der didaktischen Konzeption des Kapitels »Leben und Lernen in der Schule« bietet dessen erster Themenbereich eine fotografische Realebene und eine sinndeutende Metaebene. Es kann keine bindende Regel genannt werden, auf welcher Ebene sich der Unterricht zunächst bewegen sollte. Möglicherweise sind es die Kinder, die mit ihrem spontanen Interesse hier den Ausschlag geben. Entsprechend unserem Ratschlag, die verbale Belehrung dem eigenen Tun unterzuordnen, kann es aber wichtig sein, zunächst miteinander die Fotos auf den Seiten 6 bis 9 genau anzuschauen. Es sind Bilder aus gleichalterigen Klassen, die sowohl mit der Atmosphäre der Klassenräume – auch und gerade mit den unbeabsichtigt ins Bild kommenden Details – als auch durch die dokumentierten Vorgänge Anregung zu ähnlichem Tun geben wollen. Es muß nichts kopiert werden. Aber natürlich sollen die Fotos stimulieren. Es ist ganz natürlich, daß Schüler, die diese Bilder anschauen, spontan wünschen, ähnlichen Umgang mit Tieren und Pflanzen in der Schule haben zu können.

Soll ich die Befürchtung unterschlagen, daß dieser Kinderwunsch manchen Lehrern eher ungelegen ist und vielleicht sogar der Anschaffung dieses Religionsbuches im Wege steht, weil es unbequeme und eher störende Interessen in Gang setzt? Erstens – könnte man sagen – habe man selbst kein Verhältnis zu Tieren und in der Schule würden sie doch nur stören; zweitens sei dergleichen im ganzen Hause unüblich und den Kollegen gegenüber herausfordernd; drittens und vor allen Dingen aber würden Hausmeister und Putzreglement solche störenden Dinge nicht zulassen. Dagegen stehen natürlich die Praxis zahlloser anderer Schulen und – jedem Putzritual übergeordnet – das Recht der Kinder. Ich kann mich darum als Autor nur mit jenen Lehrern verbünden, welche die sterile Langeweile unserer Schulen überwinden und ein Klima der Kooperation, der Mitverantwortung und der emotionalen Wärme schaffen wollen. Für die Verwirklichung einzelner Ideen, die unsere Fotos vorstellen, bieten die nachstehenden Beiträge von Konrad Lorenz und die weiter-orientierende Literatur erste Hilfestellung an.

Die bisher beschriebenen Momente des Religionsbuches sind fachübergreifende Impulsgeber. Sie fordern in erster Linie den Klassenlehrer heraus. Daß die Anregung vom Religionsunterricht ausgeht, sollte dessen Selbstverständnis nur bestätigen, andere mag es verwundern und zu einem weiteren Zusehen und Gespräch einladen. Soweit der Religionslehrer freilich nur zu zwei wöchentlichen Unterrichtsstunden die Klasse betritt, ist er dennoch nicht auf Abstinenz verwiesen. Er kann mit dem Klassenlehrer kooperieren, und wenn es selbstlos und mit der Bereitschaft geschieht, kleine Irritationen zu ertragen, wird auf die Dauer ein Erfolg sicher sein.

Unsere bisherigen Überlegungen sahen wir auf der Realebene angesiedelt. Was wir als Metaebene bezeichneten, berührt die ethische und sinndeutende Dimension, die auf der Doppelseite 6 und 7 mit dem Märchen »Die Bienenkönigin« in Text und Zeichnung einbezogen wird. Der Textauszug erzählt vom Eintreten des Dummlings für die Tiere. Die Zeichnungen von Annemarie Schelbert erzählen den zweiten Teil des Märchens: wie die Tiere dem Dummling zu Hilfe kommen. Mit ihnen korrespondieren die Fotos, die in Entsprechung zum Märchen Tiere des Wassers, der Erde und der Luft vorstellen.

Umgang mit Tieren: Tiere im Klassenzimmer S. 6–8

Die Frage, welche Tiere sich für ein Klassenzimmer eignen, muß sorgfältig geprüft werden. Manche Tiere, die unsere Fotos zeigen, waren nur Tagesgäste oder Besucher für eine absehbare Zeit. Anders wird es sein, wenn wir ein Aquarium einrichten, ein Terrarium oder eine Vogelvolière. Bis auf die Ferienzeiten, für die sich eine Pflegefamilie leicht finden läßt, sind diese Einrichtungen stationär in der Klasse. Insgesamt sind sie unproblematisch und den Möglichkeiten der Kinder entsprechend, zumal dann, wenn die Erfahrungen von Konrad Lorenz bedacht und die Ratschläge der empfohlenen weiterführenden Literatur berücksichtigt werden.

Konrad Lorenz, Welche Tiere sind richtig für euch?

Die wenigsten Leute wissen, welche Tiere geeignete und dankbare Pflegeobjekte sind. Immer wieder versuchen naturliebende Menschen Tiere als Hausgenossen zu halten, und immer wieder scheitert dieser Versuch an der Untauglichkeit der Mittel und an der mißlungenen Wahl des Tieres. Leider verstehen es auch die meisten unserer Tierhändler nicht, den Käufer richtig zu beurteilen und ihm anzuraten, was er eigentlich sucht.

Über diese Frage müßte man sich vor allem selbst klar werden. Der Wunsch, ein Tier zu halten, entspringt meist dem uralten Grundmotiv, das auch Kipling veranlaßte, seine Dschungelbücher zu schreiben, nämlich der Sehnsucht des Kulturmenschen nach dem verlorenen Paradiese der freien Natur. Jedes Tier ist ein Stückchen Natur, aber nicht jedes ist geeignet, als Repräsentant dieser Natur in deinem Hause zu wohnen. Die Tiere, die du dir *nicht* anschaffen sollst, kann man in zwei große Gruppen einteilen: in solche, die es mit und bei *dir* nicht aushalten, und solche, mit und bei denen *du* es nicht aushältst. Zur ersten Gruppe gehören alle empfindlichen Tiere, die man schwer pflegen und gesund erhalten kann, zur zweiten die allermeisten anderen, von denen ich einige im Kapitel ›Ärger mit Tieren‹ geschildert habe. Ein erheblicher Teil dessen, was man in unseren Tierhandlungen zu kaufen bekommt, gehört in eine der beiden Gruppen. Und von dem Rest, der weder allzu empfindlich ist noch die Nerven zu sehr belastet, ist der überwiegende Teil so langweilig, daß die Kosten der Anschaffung und die Mühe der Pflege sich nicht lohnen. Gerade die üblichen Zimmer- und Kindertiere wie Goldfische, griechische Landschildkröten, Kanarienvögel, Meerschweinchen, Käfig-Papageien, Angorakatzen, Schoßhündchen usw. sind ausgesprochen fade Viecher, die nur sehr wenig von dem bieten, worauf diese Zeilen aufmerksam machen möchten. Welches Tier man anschaffen soll, hängt von verschiedenen Faktoren ab; zunächst davon, was man selbst von dem Tiere will und erwartet. Ferner aber davon, welche tägliche Mühewaltung man aufzubringen gewillt ist, wie gut oder schlecht die Nerven hinsichtlich Lärmempfindlichkeit sind, wann und wie lange man von zu Hause abwesend ist und dergleichen mehr.

Also was willst du?

Möchtest du ein kleines Vögelchen haben, das bei noch geringeren Ansprüchen an Raum, Zeit und Mühewaltung dein Bedürfnis nach »persönlicher Ansprache« befriedigt, dann laß dir einen Zeisig raten. Als einziger unter den mir bekannten Kleinvögeln wird er auch als alt gefangener Vogel nicht nur zahm, sondern wirklich persönlich anhänglich. Gewiß, auch andere Kleinvögel werden völlig »zahm« in dem Sinne, daß sie sich vor dem Pfleger nicht fürchten, sich ihm auf Kopf und Schultern setzen und Leckerbissen furchtlos aus seiner Hand nehmen. Bei einem Rotkehlchen kann man das in kürzester Zeit erreichen. Hat man aber gelernt, tiefer in die Tierseele zu blicken, und hat man sich abgewöhnt, die eigenen Gefühle in das Tier zu projizieren, im Glauben, es müsse den Pfleger lieben, weil er es liebt, dann sieht man schließlich in den dunklen Märchenaugen des Rotkehlchens nur die eine, sicherlich wenig gemütstiefe Frage: »Kriege ich nun endlich meinen Mehlwurm, oder nicht?« Der Zeisig ist dagegen ein Pflanzenfresser, der den ganzen Tag frißt, niemals wirklich hungrig wird und in dessen Interessenkreis die Nahrungsaufnahme daher eine viel geringere Rolle spielt als in dem des Insektenjägers. Der Mehlwurm in der Hand ist für das Rotkehlchen ein bedeutend stärkeres Lockmittel als es das Hanfkorn für den Zeisig ist. Deshalb frißt das frisch gefangene und gekaufte Rotkehlchen eher aus der Hand als ein ebensolcher Zeisig; es ist auch eher dazu zu bringen, sich freiwillig dem Pfleger zu nähern. Tut das hingegen der Zeisig, was meist erst nach einigen Monaten der Fall sein wird, dann tut er es nicht um des Futters, sondern um deiner Gesellschaft willen. Eine solche »Geselligkeitszahmheit« spricht das menschliche Gemüt viel nachhaltiger an als die höchst »materialistische« Futterzahmheit des Rotkehlchens. Der Zeisig ist als gesellschaftlich lebendes Tier eines persönlichen Anschlusses an den Pfleger fähig, wofür dem Rotkehlchen als ungeselligem Vogel einfach das Organ fehlt. Natürlich gibt es noch sehr viele andere, gesellschaftlich lebende Vögel, die ihre gesellschaftlichen Triebe auf den Menschen übertragen und die, jung aufgezogen, einen engen sozialen Kontakt mit dem Menschen aufnehmen. Star, Gimpel und Zeisig entwickeln eine reizende Anhänglichkeit, die großen Rabenvögel, Papageien, Gänse und Kraniche wetteifern darin mit dem Hunde. Aber sie alle muß man sehr jung aus dem Neste nehmen, will man an ihnen zahme und freundliche Hausgenossen gewinnen. Warum gerade der Zeisig eine Ausnahme macht und auch noch als alter Wildfang den sozialen Anschluß an den Menschen zu finden vermag, wissen wir nicht.

Von den vielen dankbaren Pflegeobjekten nannte ich deshalb Aquarium, Gimpel, Star und Zeisig zuerst, da ihre Betreuung wenig Aufwand erfordert. Will man mehr Zeit aufwenden, findet man Dutzende ebenso dankbare Tiere. Doch einen guten Rat laß dir geben: Beschränke deine ersten Haltungsversuche auf Organismen, die *leicht* zu halten sind, die keine großen Ansprüche an die Pflege stellen, um in Gefangenschaft gesund zu bleiben.

(. . .) Eben während ich diese Zeilen schreibe, führt ein Sextett von drei Wochen alten, geradezu übertrieben süßen Goldhamsterkindern in einer großen Kiste neben meinem Schreibtisch die putzigsten Ringkämpfe auf, bei denen sich die knapp mausgroßen, wuzerlfetten Burschen überkugeln, unter lautem Gequietsche so tun, als würden sie einander gefährlich beißen, und einander in wilden Hopsern durch die ganze Kiste verfolgen, wobei sie immer wieder umfallen, so täppisch und ungeschickt sind sie noch. Ich kenne kein einziges Nagetier, das in so »intelligenter« Weise, ganz nach Hunde- oder Katzenart, spielt wie der Goldhamster. Es ist herzerfreuend, jemand bei sich im Zimmer zu haben, der so ausgelassen lustig ist und dies so drollig und graziös auszudrücken versteht, wie diese kleinen Kerlchen.

Ich glaube, der liebe Gott hat den Goldhamster just für die armen Tierfreunde in der Großstadt konstruiert. Zumindest hat er in diesem kleinen Kabinettstück alle Eigenschaften vereinigt, die an einem Zimmertier angenehm sind, und alle störenden sorgfältig vermieden. Der Goldhamster beißt nicht, jedenfalls weniger als ein Meerschweinchen oder ein Hauskaninchen. Nur die Mütter sehr kleiner Hamsterkinder sind mit einiger Vorsicht zu behandeln, aber auch nur in nächster Nähe ihrer Brut; einen Meter vom Neste entfernt darf man sie unbesorgt angreifen. Wie erfreulich wäre als Zimmertier das Eichhörnchen, wollte es nicht überall hinaufklettern und alles nur irgend Benagbare mit den Spuren seiner Zähne zeichnen. Der Goldhamster klettert nicht und nagt so wenig, daß man ihn ruhig frei im Zimmer herumlaufen lassen kann; er beschädigt nichts.

Dazu ist der Goldhamster rein äußerlich das niedlichste Männlein, mit seinem dicken Kopf, den großen, so klug in die Welt blickenden Augen, die ihn viel klüger scheinen lassen, als er wirklich ist, und der wunderbar geschmackvoll und doch farbenfrohen Fellzeichnung in Gold, Schwarz und Weiß. Vor allem aber sind seine Bewegungsweisen so drollig und nett, daß er immer wieder zu freundlichem Lächeln Anlaß gibt, wenn er gar eilig auf seinen kurzen Beinchen dahergeschoben kommt oder wenn er plötzlich aufrecht wie ein kleiner, in den Boden getriebener Pflock dasteht, um mit steil aufgerichteten Ohren und nunmehr noch größeren Augen nach einer eingebildeten Gefahr zu forschen.[1]

Konrad Lorenz, Etwas, das keinen Schaden macht: das Aquarium

Es kostet fast gar nichts und ist doch wundervoll: Bedecke den Boden eines Glases mit einer Handvoll reinem Sand, steck in diesen Bodengrund ein paar Zweiglein gewöhnlicher Wasserpflanzen, gieße vorsichtig einige Liter Leitungswasser ein und stelle das Ganze auf ein sonniges Fensterbrett. Sobald sich das Wasser geklärt hat und die Pflanzen zu wachsen begonnen haben, setze ein paar kleine Fische hinein, oder, noch besser, geh mit Einsiedeglas und kleinem Käscher hinaus an den nächsten Tümpel – einige Netzzüge, und du hast eine Fülle Organismen. (. . .)

[1] *Konrad Lorenz,* Er redete mit dem Vieh, den Vögeln und den Fischen, München 1964. 96; 99 f; 102.

Du streifst also mit dem Käscher über die Wasserpflanzen des nächsten Tümpels hin, wobei du meistens Wasser und Schlamm in die Schuhe bekommst. Hast du den Ort richtig gewählt und einen Tümpel gefunden, in dem »etwas los ist«, wimmelt der Grund des Netzes von glasig durchsichtigen, kribbelnden, sich windenden Wesen. Du stülpst die Spitze des Netzbeutels von unten her um und spülst ihn im Einsiedeglas aus, das du schon vorher mit Wasser gefüllt hast. Daheim angekommen, leerst du den Fang vorsichtig in dein Aquarium und betrachtest die kleine Welt, die du nun vor Augen und Händen hast. Das Aquarium *ist* Welt. Denn wie in einem natürlichen Tümpel oder See, ja wie schließlich überhaupt auf unserem ganzen Planeten, leben auch im Aquarium tierische und pflanzliche Wesen im nämlichen biologischen Gleichgewicht: Die Pflanze verbraucht die Kohlensäure, die das Tier ausatmet, und scheidet ihrerseits Sauerstoff aus. Es ist unrichtig zu sagen, die Pflanze atmet nicht wie das Tier, sondern »umgekehrt«. Sie atmet genau so wie dieses Sauerstoff ein und Kohlesäure aus; doch außerdem und unabhängig davon nimmt die wachsende Pflanze Kohlensäure auf, das heißt, sie verbraucht den Kohlenstoff für den Aufbau ihres eigenen Körpers und scheidet dabei Sauerstoff aus, und zwar mehr, als sie selbst für die Atmung benötigt. Und von diesem Sauerstoffüberschuß atmen Tiere und Menschen. Schließlich vermag die Pflanze auch die Ausscheidungsprodukte und Leichen anderer Lebewesen zu verwerten und dem großen Kreislauf der Stoffe wieder zuzuführen.

Jede Störung dieses Kreislaufs der Stoffe, des Gleichgewichts im Zusammenleben tierischer und pflanzlicher Wesen, zeitigt schlimme Folgen. Schon manchen, gleichviel ob Kind oder Erwachsenen, kam die Versuchung an, nur noch diesen einen schönen Fisch in den Behälter gleiten lassen, der ohnehin schon bis an die Grenzen der Leistungsfähigkeit seiner grünen Pflanzen mit Tieren besetzt war. Und gerade an diesem einen Fisch kann die so sorgsam gehütete und geliebte Welt des Aquariums zugrunde gehen. Denn sind zuviel Tiere darin, entsteht Sauerstoffmangel. Dem erliegt bald irgendein Organismus, dessen Sterben man vielleicht gar nicht bemerkt. Die faulende Leiche verursacht eine ungeheure Vermehrung der Bakterien im Aquarium, das Wasser wird trüb, sein Sauerstoffgehalt nimmt dadurch weiter stark ab, daran sterben weitere Tiere, und in lawinenartigem Anschwellen greift die Vernichtung um sich, schließlich fault auch die Vegetation – und was man vor wenigen Tagen als reizenden klaren See mit üppig wuchernden Pflanzen und munteren Tieren verlassen hatte, findet man als häßliche, stinkende Brühe wieder.

Der fortgeschrittene Aquarienliebhaber begegnet solchen Gefahren durch künstliche Durchlüftung des Wassers. Diese technischen Hilfsmittel jedoch mindern eigentlich schon den Reiz des Aquariums, der ja gerade darin besteht, daß sich die kleine Wasserwelt selbst zu erhalten vermag und außer der Tierfütterung und der Reinigung der Vorderscheibe des Behälters keine biologische Pflegehilfe braucht. Herrscht nämlich das richtige Gleichgewicht, bedarf das Aquarium keiner Reinhaltung! Verzichtet man auf größere Fische, vor allem auf solche, die im Bodengrund wühlen, so schadet es gar nichts, daß aus den Exkrementen der Tiere und aus absterbenden Pflanzenteilen allmählich eine Schlammschicht entsteht. Die ist sogar erwünscht, weil sie den Boden, der doch ursprünglich steril war, durchdringt und fruchtbar macht. Trotz Schlamm bleibt das Wasser selbst so kristallklar und geruchlos wie in irgendeinem unserer Alpenseen.

Biologisch sinnvoll und auch am schönsten richtet man ein Aquarium im Frühling ein und besetzt es mit nur wenigen Pflanzensprößlingen. Denn nur die so gewachsenen Pflanzen passen sich den besonderen Bedingungen gerade dieses Beckens an und dauern; hingegen verlieren alle Vegetationsteile, die man schon sozusagen fertig ins Aquarium setzt, viel von ihrer Schönheit. Zwei auch nur spannenweit voneinander entfernt aufgestellte Aquarien sind nämlich ebenso scharf charakterisierte Individualitäten wie zwei Seen, die viele Wegstunden trennen. Gerade das ist ja das Wunderbare an einem neuen Aquarium, daß man bei seiner Einrichtung gar nicht weiß, wie es sich entwickeln und wie es aussehen wird, hat es erst einmal sein eigenes, individuelles Gleichgewicht erreicht.

Es bedarf eines gewissen Taktgefühls und der Selbstbeherrschung, einem Aquarium »seinen Willen zu lassen«; sogar wohlgemeinte Eingriffe des Pflegers können da viel vernichten. Natürlich läßt sich auch ein »schönes« Becken einrichten, mit künstlichem Nährboden und willkürlich verteilten Pflanzen; ein Filter wird jede Schlammbildung verhindern und künstliche Durchlüftung erlaubt es, mehr Fische zu halten, als es ohne solche Hilfen möglich wäre. Die Pflanzen sind dann eben nur Zierat, da die Tiere ihrer gar nicht bedürften, sie hätten an der künstlichen Sauerstoffzufuhr genügend, um leben zu können.

Über den Geschmack läßt sich streiten. Ich jedenfalls verstehe unter einem Aquarium eine Lebensgemeinschaft, die sich *selbst* im biologischen Gleichgewicht erhält. Das andere ist ein »Stall«, nämlich ein künstlich gereinigter, hygienisch einwandfreier Behälter, der nicht Selbstzweck ist, sondern nur Mittel zur Haltung bestimmter Tiere.

Viel Erfahrung und biologisches Fingerspitzengefühl ermöglichen es jedoch schon bis zu einem gewissen Grade den allgemeinen Charakter der Lebewelt zu bestimmen, die sich in einem Aquarium entwickeln soll, sofern man nämlich Bodengrund, Standort des Beckens, Wärme- und Lichtverhältnisse und schließlich die tierische Bewohnerschaft klug wählt. Das ist die höchste Kunst der Aquarienpflege.

(. . .) Der kleine Tropentümpel, dessen Wasser Jahr für Jahr gleichmäßig warm und stark besonnt ist, läßt sich mit einem billigen elektrischen Heizgerät an jedem Südfenster leicht »kopieren«, jedenfalls leichter als irgendein Typus unserer heimischen Gewässer. Deshalb, und nur deshalb, sind Fische unserer Seen und Bäche unvergleichlich schwieriger zu halten und zu züchten als viele Tropenfische. Man wird jetzt auch verstehen, warum ich riet, fürs erste Tiere mit dem beschriebenen rituellen Käscher aus dem nächsten Tümpel zu holen. Ich habe hunderte Aquarien gepflegt, aber das gewöhnlichste, billigste und sozusagen banalste Tümpel-Aquarium hat immer meine Liebe in besonderem Maße besessen, da seine Wände die natürlichste und vollkommenste Lebensgemeinschaft umschließen. Und man kann stundenlang davor sitzen und sich in Gedanken verlieren, in krausen und klugen, wie man den Flammen des Kaminfeuers nachsinnt oder dem eilenden Wasser eines Baches. Und man lernt sogar dabei. Würfe ich in die eine Schale einer Waage alles, was mir in solchen Stunden der Meditation vor dem Aquarium an Einsicht zuwuchs, und in die andere, was ich aus Büchern gewann – wie hoch schnellte diese empor![1]

Literaturhinweise

Adams, Richard / Hooper, Max, Die Jahreszeiten in der Natur. Atlantis Verlag. Freiburg 1976.

Adrian, Christine, Welches Haustier paßt zu mir? Vorschläge für Eltern und Kinder. Rowohlt TB 7467. Reinbek 1982.

Adrian, Christine / Jonas, Dieter, Ravensburger Haustierbuch für Kinder. Otto Maier Verlag. Ravensburg 1980.

Bechtel, Helmut, Bunte Welt der Stubenvögel. Franckh'sche Verlagshandlung. Stuttgart 1971.

Becker, Antoinette / Niggemeyer, Elisabeth, Ich sorge für ein Tier. Otto Maier Verlag. Ravensburg 1973. [4]1980.

Chinery, Michael, Kosmos-Familienbuch der Natur. Sehen – Sammeln – Selbermachen. Franckh'sche Verlagshandlung. Stuttgart 1979. [4]1981.

Cooke, John, Die Spinne und ihr Netz. Arena Verlag. Würzburg 1977.

Cornell, Joseph, Mit Kindern die Natur erleben. Ahorn Verlag. Soyen-Weidgarten o. J. (1981).

Dolder, Willi und Ursula, Tiereltern und Tierkinder. Wolfgang Krüger Verlag. Frankfurt a. M. 1978.

[1] *Konrad Lorenz,* a.a.O., 19–23.

Duflos, Solange / Brandicourt, René, Streifzüge durch die Natur. Herder Verlag. Freiburg 1977 ff:
- Die Wiese lebt. Streifzüge durch die Natur.
- Der Wald lebt. Streifzüge durch die Natur.
- Der Strand lebt. Streifzüge an der Küste.
- Der Teich lebt. Streifzüge durch Sumpf, Moor, Schilf und Ried.
- Der Berg lebt. Von Gunter Steinbach.
- Der Fluß lebt. Von S. Duflos und J.-L. Graille.

Flanagan, Geraldine / Morris, Sean, Nest am Fenster. Carlsen Verlag. Reinbek 1978.
Goodden, Robert, Schmetterlinge. Emil Vollmer Verlag, Wiesbaden 1976.
Haën, Wolfgang de / Moisl, Franz, Wir entdecken Tiere. So leben Tiere in unserer Umgebung. Otto Maier Verlag. Ravensburg 1977. ²1980.
Harrison, Ruth, Tiermaschinen. Die neuen landwirtschaftlichen Fabrikbetriebe. dtv 510. München 1968.
Hoenisch, Nancy / Niggemeyer, Elisabeth, Heute streicheln wir den Baum. Kinder machen Naturerfahrungen mit Pflanzen, Tieren, dem Wetter und der Erde. Otto Maier Verlag. Ravensburg 1981.
Hoenisch, Nancy / Niggemeyer, Elisabeth, Komm liebe Spinne. Kinder machen Naturerfahrungen mit Tieren, Pflanzen und mit ihrem eigenen Körper. Otto Maier Verlag. Ravensburg 1982.
Kilpatrick, Cathy / Allen, Graham, Vom Leben der Vögel. Carlsen Verlag. Reinbek 1977.
König, Karl, Bruder Tier. Mensch und Tier in Mythos und Evolution. (Perspektiven der Anthroposophie). Fischer Taschenbuch Verlag 5530. Frankfurt a. M. 1983.
Löhrl, Hans, Vögel am Futterplatz. Vogelverhalten – im Winter beobachtet. Franckh'sche Verlagshandlung. Stuttgart ²1982.
Nickelsburg, Janet, Die Natur erforschen. Otto Maier Verlag. Ravensburg 1981.
Parks, Peter, Das Leben unter Wasser. Tessloff Verlag. Hamburg 1978.
Press, Hans Jürgen, Der Natur auf der Spur. Beschäftigung mit Tier und Pflanze. Otto Maier Verlag. Ravensburg 1972, ⁷1978.
Rowland-Entwistle, A. Theodore, Tierverhalten. Tessloff Verlag. Hamburg 1979.
Stettler, Paul Heinrich, Handbuch der Terrariumkunde. Terrariumtypen, Tiere, Pflanzen, Futter. Franckh'sche Verlagshandlung. Stuttgart 1978.

Die Bienenkönigin

A. »Die Bienenkönigin« gehört in der Sammlung der Brüder Grimm zu den weniger bekannten Märchen. Im ersten Band der Urfassung von 1812 wird »Die Bienenkönigin« zusammengefaßt mit »Die weiße Taube«, »Die drei Federn« und »Die goldene Gans« und unter den Sammeltitel »Von dem Dummling« gestellt. Die späteren Ausgaben verzichten auf diese Gruppierung; sie lassen »Die weiße Taube« aus, führen aber »Die Bienenkönigin«, »Die drei Federn« und »Die goldene Gans« weiterhin hintereinander auf (Nr. 62–64). Gewiß ist für diese Märchen die Figur des Dummlings besonders kennzeichnend, aber keineswegs singulär. Allein in der gewohnten Dreizahl der Söhne, denen eine Aufgabe gestellt wird oder die sich nacheinander auf den Lebensweg begeben, ist das Motiv des verkannten und mißachteten Jüngsten in immer neuer Variation anzutreffen.

In seinem tieferen Wesen ist »Die Bienenkönigin« kein Kindermärchen. Es erzählt eine Weisheit, die vielschichtig und welthaltig ist und den Hintergrund allen menschlichen Lebens berührt. Dennoch sind bereits jüngere Kinder fähig, die symbolische Dimension des Märchens zu verstehen, so daß ihre Beschäftigung damit zu einem spirituellen Gewinn führt.

B. Die zwei Königssöhne, die hier ausziehen, könnten genausogut Nichtsnutze und Tagdiebe genannt werden. Natürlich sind sie Königssöhne, wie wir alle – einerlei welcher gesellschaftlichen Herkunft – Königssöhne und Königstöchter sind, ohne es zu wissen und ohne fähig zu sein, diesem Königtum zu entsprechen. Wenn Märchen von Königen erzählen, meinen sie ja nicht eine politische Herrschaft, vielmehr ist der Königstitel stets symbolischer Ausdruck für jene, die ihren aufgabenhaften Lebensweg soweit gemeistert haben, daß sie nun über den Dingen stehen. »Königssöhne« sind also in Wahrheit erst die jungen Menschen, die alle Triebhaftigkeit und Trägheit gemeistert und in eine mit sich selbst identische Persönlichkeit integriert haben.

Zwei solch junge Burschen, die noch nicht wissen, wer sie sind, gingen also einmal auf Abenteuer und gerieten in ein wildes, wüstes Leben, das sie derart um ihre eigene Mitte brachte, daß sie nicht wieder nach Hause kamen. Beide hatten aber einen jüngeren Bruder, den sie nicht für voll nahmen, weil er, gemessen an ihren Lebensvorstellungen, nirgendwo mithalten konnte. Während jedoch die älteren den jüngeren – wohl eher verächtlich – von sich abhängen, bricht der Jüngste, den nicht allein seine Brüder den Dummling nennen, aus der Heimat auf, seine weltläufigen Geschwister zu suchen. Die Treue wird ihm nicht gelohnt. Nachdem der Dummling seine Brüder gefunden hat, wird er mit Spott und Ironie überhäuft: als könne so einer in dieser Welt bestehen, wo doch schon ihr eigener Witz nicht reiche, sich durchzuschlagen.

Die folgende, dreifach gegliederte Szene ist als Schlüsselszene des Märchens in unser Religionsbuch übernommen worden. Sie repräsentiert in Ameise, Ente und Biene alles, was da lebt, »zu Lande, zu Wasser und in der Luft«, so daß sich auch in der Begegnung mit den drei Tieren eine Begegnung mit der Natur insgesamt ereignet.

Zunächst wird allerdings erzählt, daß die beiden älteren Brüder den ihrerseits verspotteten Dummling – nachdem er schon da ist – mit auf die Reise nehmen. Sie tun es wohl weniger aus Edelmut als aus der Genugtuung, die der (vermeintlich) Schwächere immer den Stärkeren bereitet. Jedoch zeigt die Handlung in ihrem Fortgang, daß der sogenannte Dummling viel einflußreicher ist und mehr Macht über seine Brüder besitzt, als alle sich einzugestehen bereit sind. Sooft nämlich die älteren Brüder aus dummer Lust und kurzsichtiger Selbstsucht geneigt sind, in den Lebensraum der Tiere zerstörerisch einzubrechen, interveniert der Jüngste energisch: »Laßt die Tiere in Frieden, ich leid's nicht, daß ihr sie stört.« Daß die Brüder diesem Protest nachgeben, liegt wohl an der tieferen Einsicht, die vielleicht immer bestand, aber nicht zugelassen wurde, weil ihre Absicht gegenüber den Tieren eher gemein als gut war.

Der Einspruch des Jüngsten hat also Erfolg, die Tiere bleiben unbehelligt, und die Geschwister ziehen weiter, ohne des Vorfalls länger zu gedenken. Schließlich kommen sie in ein Schloß. Das wird mit größter Selbstverständlichkeit erzählt, obwohl es ja keineswegs alltäglich ist, daß unsere Wege in ein Schloß führen. Dieses Schloß ist freilich auch nicht real, sondern symbolisch gemeint, gleichsam als räumliches Abbild des eigenen Selbst, in dem sich nun entscheiden soll, ob der Durchbruch zur Identitätsfindung gelingt oder nicht.

Zunächst entsteht ein lähmender Eindruck: Alles ist leer und tot, niemand ist zu sehen, die Pferde in den Ställen sind versteinert. Es ist hier also nicht mit rechten Dingen zugegangen: Die Menschenleere und die versteinerten Tiere zeigen an, daß manche Entwicklung stagniert, so daß leblose Starre herrscht, wo Bewegung und Austausch zu erwarten wäre. Zwar möchte man meinen, den abenteuersüchtigen Brüdern, die auf ein wildes Leben erpicht waren, seien die »Pferde« eher durchgegangen, doch zeigt sich hier, daß solch veräußerlichter Lebensdrang statt in die Freiheit in die Lähmung führt. Sie durchschreiten nun alle Säle, neugierig und wohl auch erstaunt, und gelangen schließlich »vor eine Tür ganz am Ende, davor hingen drei Schlösser«. Dies ist der innerste Bereich, der sich dem alltäglichen Bewußtsein entzieht und der durch seine dreifachen Schlösser so gesichert erscheint, daß es aussichtslos ist, hier jemals Eingang zu finden. Vielleicht ist dies jener aller willentlichen Bewußtheit entzogene Bereich, den zu erschließen keiner Anstrengung gelingt. Sie schaffen es auch nicht aus sich heraus, die dreifache Sicherung zu brechen, vielmehr bietet die Tür selbst ein Guckloch, »Lädlein« oder »Kläppchen« genannt, »dadurch man konnte in die Stube sehen«. Sie erspähen hierdurch »ein graues Männchen«, das nicht auf den ersten Anruf hört, sondern »dreimal« genötigt werden will, dann aber aufsteht und gar die dreifach verriegelte Tür öffnet. Nicht eines jeden Menschen Weg führt bis in solch verborgene Zonen, und gewiß hätten die zwei älteren Brüder das verwunschene Schloß und seine tief verborgene Lebenskammer nie entdeckt, wäre nicht der »Dummling« ihr Gefährte geworden. Es ist nämlich ungewöhnlich, daß Menschen so weit in ihr eigenes Selbst gelangen und dessen Weisung vernehmen lernen. Das »graue Männchen«, das von weither zu stammen scheint und das nicht mit Worten zu den Brüdern spricht, führt zunächst zu »einem reichbesetzten Tisch«, an dem sie neue Kraft gewinnen, schließlich aber, nach einem belebenden Schlag, an eine steinerne Tafel, »darauf standen drei Aufgaben geschrieben, wodurch das Schloß erlöst werden könnte«. Diese Aufgaben sind der Prüfstein, der alles entscheidet: ob der Durchbruch zum eigenen Selbst gelingt oder ob dieses Leben an seine Vorderseite gefesselt bleibt, möglicherweise kurzweilig, aber gewiß auch oberflächlich und seiner eigenen Mitte entfremdet.

Die Aufgaben, die das Märchen beschreibt, gehören ganz der Erzählebene an: Es geht darum, kostbare Perlen, tausend an der Zahl, aus moosigen Verstecken zusammenzulesen; den Schlüssel zur Schlafkammer der Königstochter aus dem See zu holen; und schließlich die Honigsüße, die aus dem Mund der jüngsten und schönsten Prinzessin strömt, bei Nacht zu finden. Es sind Aufgaben, die weder mit Eifer noch mit Begabung gelöst werden können. Erst recht versagt hier alle weltläufige Cleverness. Ihnen gegenüber erweist sich der Mensch in dem, was er wirklich ist. So verwundert es nicht, daß der älteste und der zweite Bruder in ihrem tieferen Unvermögen offenbar werden, denn es zeigt sich, daß sie nur können, was man mit den Kräften des Bewußtseins und der Willensanstrengung kann, daß ihnen aber alle Intuition mangelt, die sie mit den Mächten der Natur und ihrer eigenen Tiefe verbinden könnte. So wird offenbar, was längst ihr innerer Zustand ist: Sie werden zu Stein.

Damit kommt nun die Reihe an den Dummling. Solange er in der Weise seiner Brüder verfährt, mit emsiger Geschäftigkeit die Aufgaben zu lösen, gelingt ihm nicht mehr als diesen. Doch während die Brüder sich ohne Besinnung und

Unterlaß um so heftiger mühen, je langsamer ihre Arbeit fortschreitet, nimmt der Jüngste Abstand: Er »setzte sich auf einen Stein und versann sich«. Anders als seine Brüder weiß er, daß die tieferen Dinge des Lebens sich mit Willen und Aktivität nicht zwingen lassen. Nicht alles untersteht dem eigenen Zugriff, sondern gewährt sich allein als Geschenk. In diesem Fall kommt jedoch hinzu, daß aus dem Hintergrund seines bisherigen Lebens ihm Kräfte entgegenkommen, mit denen er freundschaftlich verbunden ist. Er hat an diese Hilfe nicht gedacht, hat sie nicht gerufen und keinen Verfügungsanspruch an sie gerichtet. Es sind jene Kräfte, in die alles Leben eingebunden ist und die in geheimnisvoller Weise gerade dann tragen, wenn wir die Grenze des Machbaren erreichen.

Hier werden diese Kräfte durch Ameisenkönig, Enten und Bienenkönigin repräsentiert. Sie vertreten den kosmischen Gesamtzusammenhang, aus dem der Mensch lebt und ohne den er selbst zum Mineral versteinert, wenn er ihn mutwillig zerstört. Die Wahrheit dieses Märchens, solange sie schon unterwegs ist, scheint uns erst heute mit ihrem ganzen Ernst einzuholen, nachdem wir – wie die beiden unweisen Brüder – in einer zerstörerischen Weise Erde, Wasser und Luft vergiftet, zahllose Tiere endgültig ausgerottet, andere auf den Tod hin verletzt oder verdrängt haben. Es bleibt für unsere Generation die Frage, ob uns noch soviel innere Gesundheit erhalten ist, daß wir uns zunächst einmal »versinnen« können, um die zerstörerische Art der älteren Brüder (in denen sich die eigene Geschichte spiegelt) aufzugeben und den Weg des vermeintlichen Dummlings zu gehen. Es ist der einzige Weg, das »Schloß« zu erlösen und allem Versteinerten die menschliche Gestalt wiederzugeben.

C. Die Wirkung des Märchens auf Kinder ist nachhaltig und kann sich für sie zu einer ethischen Orientierung vertiefen, die ein Leben lang nachhält. Damit dies geschieht, sollen einige didaktische Aspekte durchdacht werden.

Das Märchen entstammt einer Zeit, in der die Begegnung mit Ameisenhaufen, Enten und Bienennestern noch für jedermann Erfahrung war. Zumindest sind die großen Ameisenburgen und wilde Bienennester für viele Stadtkinder – aber auch manche Dorfbewohner – heute keine eigene Anschauung mehr. Es ging natürlich für etwas draufgängerische Burschen immer ein verlockender Reiz davon aus, in einem Ameisenbau zu stochern, um für wenige Augenblicke dem aufgeregten Gekrabbel der gestörten Tierchen mit spöttischer Genugtuung zuzuschauen. Es ist die Genugtuung, die viele empfinden, wenn sie schwächeres Leben in ihre Hand gegeben sehen. Bei jüngeren Kindern kommen tierquälerische Neigungen nicht minder vor, doch sind es da eher Neugiermotive, etwas genau untersuchen und wissen zu wollen, auch spielerische Ideen und sogar vermeintlich tierliebe Regungen, die dennoch den Tieren zur Qual oder auch zum Tode werden, weil die Kinder ihre naiv-menschliche Sicht auf sie übertragen. Die beiden älteren Brüder sollten also nicht oberflächlich als Kontrastfiguren zu den eigenen Verhaltensmöglichkeiten gesehen werden, so daß ihre zerstörerische Einstellung zur Kreatur abgehoben bleibt von dem, was Kinder im besonderen und unsere Gesellschaft im allgemeinen an Schuld der Natur gegenüber auf sich laden.

Wenn wir den zwei Interpretationsweisen Carl Gustav Jungs folgen, der zwischen einer Auslegung auf der Objektstufe und einer anderen auf der Subjektstufe unterscheidet, dann können wir – auf der Subjektstufe – die drei Brüder als Verkörperungen verschiedener Geisteskräfte in ein und demselben Mensch verstehen: Jeder von uns ist dann alle drei Brüder in einem; die gedankenlos außengerichtete alltägliche Existenz, ganz von Kopf und Wille bestimmt, verdichtet sich im Verhalten der älteren Jungen, während der »Dummling« für jenes Vermögen unserer Seele steht, dem wir für ein Vorankommen in unserer Welt kaum Achtung entgegenbringen und Bedeutung beimessen. Das aber ist der ethische Anspruch des Märchens, die »wilde und wüste« Lebensart zugunsten einer innerlichen Haltung aufzugeben, die in der intakten Verbundenheit mit allem Lebendigen wurzelt.

Vor allem aber lehrt dieses Märchen, daß es eine geheime Beziehung zwischen Mensch und Tier gibt, die ohne Schaden für den Menschen nicht gestört werden darf. In seiner symbolischen Verdichtung bietet die Geschichte einen vollkommenen erzählerischen Ausdruck für die ökologische Situation, in der Mensch und Natur schicksalhaft – und tiefer in unsere Seele eingreifend, als wir es wahrhaben wollen – aufeinander bezogen sind.

Schließlich vermittelt unser Märchen eine Ahnung, die deutlicher in »Die drei Federn« (vgl. Seite 96) entfaltet wird: daß es nämlich Lebenssituationen gibt, die man nicht durch Aktivismus bewältigt, sondern dadurch löst, daß man sich »auf einen Stein setzt und sich versinnt«. Dann kommt die Hilfe aus Bereichen, an die man im ununterbrochenen Gang der Dinge nicht heranreicht.

Und noch ein Letztes: Die Ameisen, Enten, Bienen . . . sie haben keine Sprache, mit der sie den zerstörerischen Gelüsten des Menschen Einhalt gebieten können. Die kleinen Tiere haben nicht einmal Sprache, um Menschen ihren Schmerz zu zeigen. Vielleicht sieht sich dieser Schmerz für oberflächliche Gemüter gar nur »lustig« an. Die beiden großen Brüder sind zu derb und grobschlächtig, als daß sie die Tiere »verstehen« könnten. Ähnlich wie jener Vater, der seinen Sohn »in die Welt schickte, damit er etwas Tüchtiges lerne«, halten sie den Gewinn der Tiersprache für Zeitvergeudung (vgl. Religionsbuch 1, Seite 95). Sie haben kein Sensorium für das, was lautlos spricht, für das, was aus dem Rhythmus des Lebens und der Ordnung der Dinge seinen Anspruch an den Menschen richtet.

D. Unser Buch stellt das Märchen mit einem Textauszug und einer Zeichnung vor. Text und Zeichnung repräsentieren die beiden Pole der Handlung: den Protest des Dummlings »Laßt die Tiere in Frieden, ich leid's nicht, daß ihr sie stört« und die aus dieser Sym-pathie (sym-pathein bedeutet Mit-Leiden in einem doppelten Sinn: Wahrnehmungsfähigkeit für das Leid, das anderen zugefügt wird, und die daraus erwachsende Kraft, dem Unrecht aktiv entgegenzutreten) erworbene Hilfe der Tiere. Wie bei den weiteren Themen des Kapitels »Leben und Lernen in der Schule« wird im Normalfall empfohlen, das vollständige Märchen den Kindern zu erzählen. Der jeweils abgedruckte Textausschnitt gewinnt für den Themenzusammenhang der Seite, Zeichnung und Fotos einbeziehend, symbolische Bedeutung und kann wiederholt von den Kindern selbst gelesen werden. Die darin erfolgende Memorierübung darf bewußt angestrebt und intensiviert werden; sie sichert den Gewinn, den dieses Märchen den Kindern bringt, für eine lange Zeit.

Die Zeichnung stellt die Symbole Perle und Ring eigens heraus. Man kann darüber hinwegsehen, weil es unmöglich ist, immer alle Aspekte einer Erzählung oder eines Bildes aufzuarbeiten. Als zusätzliche Hintergrundinformation für den Lehrer seien folgende Hinweise gegeben:

Die Perle

Die Perle habe mehr vom Himmel als vom Meere, das ist eine Wertung, die seit der Antike bis ins 18. Jahrhundert immer wieder neu entfaltet worden ist. Plinius d. Ä. (23–79 n. Chr.) berichtet in seiner »Naturgeschichte«, daß der bei günstiger Stunde vom Himmel fallende Tautropfen von einer auf dem Meer schwimmenden Muschel, die sich für ihn öffnet, aufgenommen und auf den Meeresgrund gebracht wird, wo sich dann der Tau in eine Perle verwandle. Den Ursprung der vollkommenen Perle aus der Muschel am Meeresgrund haben die Völker nahezu zweitausend Jahre lang ohne Beteiligung des Himmels nicht denken mögen: Die Perle galt ihnen als Frucht der Hochzeit zwischen Himmel und Erde; sie legt – in der Muschel empfangen und gebildet – Zeugnis ab vom Ursprung des Vollkommenen aus der Vereinigung von Höhe und Tiefe.

Neben der reichen Tradition von Tau und Perle steht eine zweite, weniger bekannte, ebenfalls von der Antike bis zum Barock bezeugt, die von der Geburt der Perle aus dem Blitz erzählt. Beide Mythen deuten die Perle durch einen zeugenden Einfall von oben, sei es nun Tau oder Blitz, sehen ihren Ursprung also gleichermaßen in der Heiligen Hochzeit zwischen Himmel und Erde.

Die christliche Theologie hat diesen Mythos schon früh aufgenommen und christologisch gedeutet. Der wichtigste christliche Perlentext wird (wohl fälschlich) Ephräm dem Syrer zugeschrieben und entstammt vielleicht dem 5./6. Jahrhundert. Wir zitieren hier einige Passagen, weil sie für die betrachtende Deutung der Perle sehr schön sind:

»Die Perle ist ein Stein aus Fleisch geworden, denn aus dem Schaltier kommt sie hervor. Wer kann da länger der Tatsache Glauben versagen, daß auch Gott aus einem Leibe Mensch geboren worden? Jene entstehen nicht durch Begattung der Schnecken, sondern durch eine Mischung des Blitzes und des Wassers . . . Dieser Edelstein hat an zwei Naturen teil, um auf Christus zu weisen, der als Wort Gottes aus Maria als Mensch geboren wurde . . . Das eine ist die Gewähr des anderen. Wenn der Blitzstrahl ins Meer schlägt, dringt die Mischung von Feuer und Wasser in die Muschel ein; diese schließt die geöffneten Schalen, und in dem Schaltier entwickelt sich allmählich die Perle zu Schönheit und Wert; sie löst sich von dem Tiere ab, ohne dessen Wesen irgendwie zu verändern oder zu schädigen . . .

Bedenke den Dienst des unvollkommenen Fleisches an der Perle, und du wirst wahrlich glauben, daß Christus aus dem Weib geboren wurde . . .

Ich bewundere die Perle, weil sie erzählend mir von Christus spricht. Ich griff zum Gleichnis, weil es mir eine zweifache Erkenntnis brachte. Ich erkannte in ihm die Mischung der Natur und die Kraft der Gottheit. Ich erkannte die Übereinstimmung des Entgegengesetzten und die Verwandlung des Gegebenen der Natur. Ich sehe den Himmel und die Erde verbunden.«[1]

Wie in diesem Text feiern in ähnlicher Form andere antike und christliche Autoren den Ursprung der Seele, um das Wunderbare und einzigartig Voll-

[1] Zit.n. *Friedrich Ohly,* Die Geburt der Perle aus dem Blitz, in: ders., Schriften zur mittelalterlichen Bedeutungsforschung, Darmstadt 1977, 298–301.

kommene glaubhaft zu machen. Die Perle dient als Symbol für das rational Unbegreifliche, zugleich verweist sie auf das Geheimnis des Glaubens, daß Göttliches sich im Menschlichen inkarniert. Nachdem der antike und mittelalterliche Sinn für diese Symbolik mit dem Ende des Barock endgültig versiegt war, erwachte er noch einmal bei Paul Claudel, jedoch jetzt angesichts unseres heutigen Wissens, das die Perle als Frucht einer Verwundung kennt, als »Das Sinnbild jener Verletzung, die den Wunsch nach Vollendung in sich hervorruft«. In einem Lobgesang auf die Perle vom Jahre 1938 heißt es, nachdem Claudel zuvor »Die Mystik der Edelsteine« auf die Mitwirkung der menschlichen Hand angewiesen sah:

»Im Grunde sind sie etwas Verfertigtes. Die Perle aber auf dem Meeresgrund wächst ganz von selbst aus dem lebendigen Fleisch hervor: rein und rund löst sich die Unsterbliche von dem Eintagswesen, das sie erzeugt hat. Sie ist das Sinnbild jener Verletzung, die den Wunsch nach Vollendung in uns hervorruft . . . eine Verdichtung des Bewußtseins, die bis zum Lichte gediehene Abstraktion aller Farben, eine unbefleckte Empfängnis. Die verwundete und befruchtete Seele besitzt auf ihrem Grunde eine Vorrichtung, dank der sie die Zeit zur Ewigkeit zu verdichten vermag . . . Sie hat etwas Liebenswürdiges, Mildes, Salbichtes, Zärtliches, fast hätte ich gesagt, etwas Menschliches; sie ist ein Anruf an unser Fleisch, der von einem göttlichen und unzerstörbaren Fleisch ausgeht! Es spricht daraus weniger Ewigkeit als Beharrlichkeit, etwas, was der Zeit zu verdanken ist und aus der Zeitdauer herauslöst. Der niedrige Mollusk ist tot, aber das, was er innerlich hervorgebracht hat, ohne es zu sehen, dieses Wesen ohnegleichen, lebt weiter.«[1]

Etwas von diesem Wissen, das die Einzigartigkeit der Perle neu wahrnehmen läßt, können auch unsere Kinder schon aufnehmen, damit die Perle nicht einfach für irgendwelche Kostbarkeit steht, sondern als Inbild einer in der Tiefe geborenen Ganzheit erscheint, die vergänglichen Schmerz in unvergängliche Schönheit gewandelt hat, die keine Kunst zu Höherem steigern kann.[2]

Der Ring

Der Ring, von dem hier die Rede ist, kommt im Märchen gar nicht vor. Die zweite Aufgabe nämlich war, den Schlüssel zu der Schlafkammer aus der See zu holen. Die Zeichnerin Annemarie Schelbert hat statt dessen der großen Ente einen Ring in den Schnabel gegeben. Sie bleibt damit im Bedeutungsspektrum des Märchens und verdichtet es auf jene Besonderheit, um die es in der Erzählhandlung letztlich geht.

Die Symbolkraft des Ringes liegt in seiner runden Form. Er ist ohne Anfang und Ende, ruht in sich selbst und verweist auf Dauer. Im Ägyptischen ist der

[1] Ganz anders wird das gleiche Wissen bei *Bertolt Brecht* verarbeitet, hier ohne das christliche Wissen, daß Verletzung und Leid der Durchgang zum Vollkommenen sein können. Im gleichen Jahr wie Paul Claudel sagt Brechts Galilei zum kleinen Mönch: »Und kommen Sie mir nicht mit der Schönheit von Phänomenen, die das Alter vergoldet hat! Wissen Sie, wie die Auster Margaritifera ihre Perle produziert? Indem sie in lebensgefährlicher Krankheit einen unerträglichen Fremdkörper, zum Beispiel ein Sandkorn, in eine Schleimkugel einschließt. Sie geht nahezu drauf bei dem Prozeß. Zum Teufel mit der Perle, ich ziehe die gesunde Auster vor. Tugenden sind nicht an Elend geknüpft, mein Lieber. Wären Ihre Leute wohlhabend und glücklich, könnten sie die Tugenden der Wohlhabenden und des Glücks entwickeln. Jetzt stammen diese Tugenden Erschöpfter von erschöpften Äckern, und ich lehne sie ab.«

[2] Vgl. zum ganzen *Friedrich Ohly,* Die Geburt der Perle aus dem Blitz, a.a.O.; ders., Tau und Perle, ebd., 274–292.

Ring das Zeichen für Ewigkeit, und auch der Freundschafts- und Ehering soll die Unverbrüchlichkeit des Bündnisses darstellen, das nicht von der Zeit, sondern erst von der Aufhebung der Zeit im Tode angetastet werden möge.

Zugleich ist der Ehering Symbol der Einheit von Mann und Frau. In ihm ist nichts zusammengesetzt. So soll auch die Umarmung der Eheleute einen Kreis begründen, der Frieden und Liebe bringt und in dem Kinder ihre Heimat finden. Der im christlichen Trauritus angesiedelte Brauch des gegenseitigen Ringwechsels geht auf römische Tradition zurück. Goldringe sollen in der Republik zwar nur Gesandten in der Öffentlichkeit (Nobiles), später auch Rittern, gestattet gewesen sein, sonst aber waren Eisenringe üblich. Trugen die Etrusker noch mehrere Ringe an einer Hand, so galt das in der römischen Republik als ungehörig (entartete jedoch erneut in der Kaiserzeit). Römische Ringe mit der Darstellung zweier sich gegenseitig fassender Hände gelten im allgemeinen als Verlobungs- und Eheringe.

Neben dem Liebesring war im ganzen Altertum der Siegelring von größter Bedeutung. Er war Zeichen der Vollmacht und Verfügungsgewalt: »Pharao sprach zu Josef: Sieh, ich gebe dich über alles Land Ägypten. Pharao streifte seinen Siegelring von seiner Hand und gab ihn an die Hand Josefs, er kleidete ihn in Linnengewänder und legte die goldene Kette um seinen Hals, er ließ ihn fahren in seinem Zweitgefährt und vor ihn ausrufen: ›Abrek‹, Achtung! – er gab ihn über alles Land Ägypten.« (Gen 41,41 f). Ebenso der Perserkönig Xerxes, als er alle Vollmacht auf Haman übertrug und dies dadurch bestätigte, daß er seinen Siegelring von der Hand zog und ihn dem Agagiter Haman gab und dazu sprach: »Dir sei das Silber überlassen und ebenso das Volk.« (Est 3,10)

Im Neuen Testament wird der Ring besonders als Würdezeichen verstanden: Der heimkehrende Sohn wird erneut in seine Sohnesrechte eingesetzt durch Überreichen des Ringes (Lk 15,22). Der Jakobusbrief kennt den goldenen Ring, an dem man den reichen Mann erkennt (Jak 2,2). Im mittelalterlichen Krönungsritual ist der Ring Symbol für die Verbundenheit des Königs mit seinem Land. Auch die Ordensfrau trägt einen Ring als Sinnbild ihrer »Vermählung mit dem himmlischen Bräutigam«. Der Bischofsring ist (wohl als Siegelring) schon in altchristlicher Zeit üblich, seit dem 9./10. Jahrhundert allgemein verbreitet. Er ist Signaculum fidei und – in älterer Anschauung – Hinweis darauf, daß sein Träger Bräutigam der Kirche ist.

In der volkstümlichen Tradition spielt der Ring eine besonders große und vielseitige Rolle, vor allem als Zauber- und Wunschring. Ursprünglich mag der Ring hier »der sichtbar gewordene Zauberkreis (sein), der als Bindung zu dienen hat«. Gleichzeitig bleibt der Ring ein Symbol der Ganzheit, welches auch die Kraft verleiht, die Fülle des wünschbaren Glücks zu gewinnen, wenngleich viele Märchen zugleich erzählen, daß die Menschen, die einen solchen Ring geschenkt bekommen, mit ihm nicht umzugehen wissen, sei es, weil andere ihnen den Wunschring neiden, sei es, weil sie sich und die Welt nur so wenig kennen, daß sie lauter dumme Sachen begehren, die ihnen statt des wahren Glücks nur Verdruß und Leid bescheren. Letztendlich aber darf man – recht verstanden – sagen, daß alle Ringe, welche die Menschen tragen, immer auch Wunschringe sind: die Liebes-, Freundschafts- und Eheringe ebenso wie Schmuckringe und ehedem Siegelringe. Der Ring bleibt – sooft ihn auch Geltungsbedürfnis überlagert – ein Schutz-, ein Bindungs- und Treuezeichen und in alledem ein

Wunsch, selbst in die Wahrheit zu gelangen, die der Ring als Symbol zum Ausdruck bringt und ganz mit ihr eins zu werden.

Unseren Kindern ist der Ring in allen genannten Bedeutungen nicht fremd: Sie sehen ihn an den Händen der Eltern, erfahren, daß er manchmal mehr dem gewünschten Ideal als der erreichten Wirklichkeit entspricht, freuen sich oft selbst über kleine billige Ringe aus Wundertüten oder Warenhausbeständen und sind erst recht bereit, so wie Geschichten von Wunschringen sie faszinieren, auch der Bedeutung des Ringes nachzusinnen, den die große, farbige Ente für den Dummling aus dem Wasser geholt hat.

Hinweis:
Weitere Überlegungen und Materialien zum Naturverhältnis finden sich im Kapitel »Schöpfung: Mensch und Tier«, S. 151–195.

Mit Kindern die Stille erleben

Es ist heute üblich geworden, alles, was den gewohnten oberflächlichen Umgang mit den Dingen – und sei es auch nur andeutungsweise – unterbricht, »Meditation« zu nennen. Aufforderungen, sich für eine halbe Minute in Ruhe ein Bild anzuschauen oder einen Text zu bedenken, werden bereits Meditation genannt; man spielt eine Musik vor, der jeder besinnlich zuhören soll, und nennt es Musik-Meditation; man inszeniert Spiele, um zu Geduld oder einer persönlichen Erfahrung zu führen, regt zu einem friedlichen Gedankenaustausch an, läßt die Schüler auf dem Fußboden Platz nehmen und unterstellt alle diese Verfahren dem Meditationsbegriff. So gut es ist, daß ein Wissen um die Bedeutung innerer Stille und Sammlung wieder zunimmt, so bedauerlich ist zugleich der verwischende, inflationäre Umgang mit dem Wort Meditation. Meditation setzt im Regelfall erfahrene Anleitung, beständiges Üben und tiefen Ernst voraus. Die unterschiedlichen weltanschaulich-spirituellen Voraussetzungen und die noch weniger übersichtlichen Schulen und Methoden, zumal jene östlicher Herkunft, werden von den meisten, die sich über Meditation verbreiten, wahrscheinlich nicht einmal erahnt. Darum wollen wir, um keine Mißverständnisse zu fördern, das Wort Meditation mit unserem regulären schulischen Tun nicht vermischen. Was wir im Unterricht betreiben können, ist niemals Meditation im eigentlichen Sinn des Begriffs, wohl aber Sammlung, Einkehr, Stille. Als Lehrer sind wir im Normalfall keine Meister meditativer Erfahrungswege, sowenig uns die Schule in ihrem Selbstverständnis, ihrem Reglement und ihrem Lehrplan dazu je Gelegenheit bietet, wohl aber sind wir als Lehrer berufen und auch befähigt, unsere Schüler neben den Wegen des Wissens und der Außenwelterfahrung auch Wege der Muße und inneren Ruhe zu führen. Leider bemerkt kaum jemand noch, daß Muße griechisch Scholä heißt, lateinisch Schola und deutsch Schule. Angesichts einer Entwicklung, die das Schulwesen immer strammer auf Arbeit und Leistung ausgerichtet hat, kann eine solche Etymologie eher ironisch wirken, denn daß Schule eben nicht »Schule«, wie sie heute jedermann versteht, sondern in ihrem (hoffentlich mitlaufenden) Anfang »Muße« bedeutet, gibt ohne Zweifel zu Spott, aber noch mehr zur Besinnung Anlaß.

Der erste Band dieses Unterrichtswerkes hat sich bereits mit dem »Lernen als Weg in die Stille« beschäftigt. (vgl. I, 43–55) Das Religionsbuch 1 bietet daneben dem Schüler eine Doppelseite zum »Stille werden«. In Weiterentwicklung einiger Ansätze der Montessori-Pädagogik wurden Stille-Übungen vorgeschlagen, die keineswegs nur Schulanfängern und auch nicht nur Grundschülern angemessen sind. Wir setzen an dieser Stelle – und in den Folgebänden – unsere Anregungen fort. Dabei bleiben wir beim (Montessori-)Begriff der Stille-Übung, um deutlich zu machen, daß hier eine genuin schulische Möglichkeit der inneren Sammlung entwickelt werden soll und daß vom Lehrer keinerlei Meditationsschule gefordert ist, um diese Wege in die Stille zu führen. Es sei zugleich betont, daß die folgenden Entwürfe nicht in jedem Aspekt auf ein

2. Schuljahr (und oft nicht einmal auf die Grundschule allein) begrenzt werden wollen. Sie haben einen eher grundlegend-didaktischen Zuschnitt und können darum auf vielerlei schulische Ebenen übertragen werden.

Kleine Didaktik der Stille-Übung

Ich habe bereits die gleichen Stille-Übungen in einer dritten Grundschulklasse, in einer Sonderschulklasse für geistigbehinderte Schüler (9–13 Jahre alt), in einer Einführungsklasse für verhaltensgestörte Kinder (6–12 Jahre alt) und in einer siebten Klasse einer Montessori-Gesamtschule durchgeführt. Dabei habe ich nur die verbalen Anweisungen abgewandelt. Bei den geistigbehinderten Schülern reichte die mündliche Beschreibung nicht aus, doch indem ich die Übung vormachte, verstanden die Schüler auch ohne Worte, worum es ging. Ebenso wählte ich bei den verschiedenen Schulformen und Begabungsniveaus je eigene Formen der Einstimmung. Während ich bei den jüngeren Schülern mit Phantasiebildern oder Märchenmotiven in das eigentliche Üben einführte, beschränkte ich mich bei den höheren Klassen auf direkte Anweisungen. In jedem Fall aber sollte den Schülern einsichtig werden, warum sie diese Übungen machen. So unterschiedlich die Schularten und Kinder also auch waren, alle Schüler erlebten die Übungen in gleicher Weise: Sie nahmen ein großes Maß an Stille wahr, und dieses ihnen meist fremde Erlebnis ließ sie erstaunen. Dabei überraschte mich oft das Verhalten einzelner Schüler. Da war zum Beispiel Daniel, ein verhaltensgestörter Junge in der Sonderschule. Er war der auffälligste seiner Klasse, der oft störte, doch gerade er verwandelte sich während des Übens: Es war anrührend, wie Daniel diese Stille genoß, ja, er wollte, daß solche Übungen kein Ende nähmen. Für andere Schüler gerade der lernbehinderten Klasse gilt dies auch. Ihre bisherige Lebensgeschichte ist ja oft ein Leidensweg von Enttäuschungen und seelischen Konflikten. Sie sind deswegen auch dringlicher auf Hilfe angewiesen, um innerliche Ruhe zu finden.

Alle Schüler haben die Stille als etwas Schönes erlebt. Viele verglichen die Erfahrung mit der des Schlafens, einige schliefen auch tatsächlich ein. Doch dürfen Schüler wie Lehrer bei diesen Erfahrungen nicht stehenbleiben. Wachheit und neue Aufmerksamkeit sollen ja aus ihrem Erlebnis der Stille in die alltäglichen Lebensbereiche strömen und ihr Tun verändern.

Die Klasse

Die entscheidende Voraussetzung, um mit einer ganzen Schulklasse Stille-Übungen absolvieren zu können, ist das freiwillige Einverständnis eines jeden Schülers zum gemeinsamen Üben. Darum muß es jedem freigestellt sein, ob er mitmacht oder nicht. Wer nicht zum Üben bereit ist, kann sich mit einer anderen Arbeit befassen, ohne die Mitschüler zu stören.

Bei der ersten Einführung von Stille-Übungen mag es vorkommen, daß einzelne Schüler diese geistige Anforderung von vornherein ablehnen, denn das Erleben von Stille bedeutet immer auch Fremdheit und Ungewißheit. Der Lehrer kann solchen Schülern Verständnis entgegenbringen und zugleich das gemeinsame Tun unterstreichen: »Für einige von uns ist es sehr schwer, still zu sein. Es ist aber wichtig, daß wir es dennoch gemeinsam versuchen. Wir wollen darum die gleiche Übung noch einmal versuchen. Vielleicht gelingt es uns diesmal . . .« Kann sich ein Schüler auch dann nicht für die Stille-Übung entscheiden, sollte man ihn nicht zum Mittun zwingen.

Es kann aber auch geschehen, daß eine ganze Klasse den Stille-Übungen Unlust entgegenbringt. Leistungsdruck, das Wetter, Rivalitäten, Probleme zu Beginn oder zum Ende eines Schuljahres können dafür Ursachen sein. Beim regelmäßigen Üben entwickelt der Lehrer mit der Zeit ein Gespür dafür, ob die Klasse innerlich bereit ist oder nicht.

Grundlegend ist die Geduld, in der sich der Lehrer zusammen mit seinen Schülern übt. Mit jedem Üben erfahren er und seine Schüler stets genauer, wie es weitergehen muß, um das Maß der Stille zu erhöhen. Auch die Schüler lernen hinzu, wie sie sich bereitmachen können, um die Stille intensiv zu erleben. Erforderlich ist allemale Zeit, denn hier läßt sich nichts erzwingen.

Der Lehrer

Auf die Frage, welche Voraussetzungen ein Lehrer erfüllen muß, um die Stille erfahrbar zu machen, sagte ein Lehrer einer Montessori-Schule: »Die Stille bei den Schülern beginnt mit der Stille des Lehrers«, und ergänzte, daß eine innere Unruhe beim Lehrer dann entstehe, wenn er glaube, daß er für alle Unterrichtsvorgänge unentbehrlich sei, daß er alles wissen und überall einspringen müsse. Das Streben nach Leistung, das Bedürfnis, sich Geltung zu schaffen, der Wille, sich überall nach vorne zu drängen, die daraus resultierende Angst vor Mißerfolgen – dies alles kann dazu beitragen, daß ein Lehrer innerlich nicht zur Ruhe kommt.

Für den Erfolg der Stille-Übungen ist aber entscheidend, daß der Lehrer sich immer mehr von dieser Denkweise freimachen kann und dadurch eine entspannte und ruhige innere Haltung einübt. Rudolf Steiner richtet diese Erwartung an jeden Lehrer: »Diese eigentümliche Art von innerster Bescheidenheit, dieses Gefühl des eigenen Werdens – das ist etwas, was den Lehrer tragen muß; denn aus diesem Gefühl geht mehr hervor als aus irgendwelchen abstrakten Grundsätzen. Stehen wir in unserer Schulklasse so drinnen, daß wir uns bewußt sind: Es ist gut, daß wir alles unvollkommen machen, denn dadurch lebt es – dann werden wir gut unterrichten. Stehen wir dagegen so in der Klasse, daß wir uns fortwährend vor Zufriedenheit die Finger ablecken vor unserer eigenen pädagogischen Vollkommenheit, dann werden wir ganz gewiß schlecht unterrichten.«[1]

Ähnlich urteilt Iris Mann: »Es ist der pausenlose Zwang, Ruhe in der Klasse halten zu müssen, der uns so nervt. Wenn es uns Lehrern gelingt, im Unterricht zur inneren Ruhe zu kommen, hören wir den Kindern zu, achten wir auf den Inhalt dessen, was sie sagen, weniger auf die Lautstärke; erkennen wir, was ihre Augen, ihr Mund, ihre Hände, ihre Körperhaltung zum Ausdruck bringen. Achten wir darauf, was sie fühlen, wenn sie uns an die Hand fassen, sich auf unseren Schoß setzen und uns einhaken.«[2]

[1] *Rudolf Steiner,* Erziehung und Unterricht aus Menschenkenntnis, Dornach 1972, 20.

[2] *Iris Mann,* Die Kraft geht von den Kindern aus. Die stufenweise Befreiung von der Lehrerrolle, Lollar 1978, Frankfurt [5]1982, 115 f.

Ein Lehrer, der sich um die innere Ruhe bemüht, beginnt anders zu sehen und neu zu hören. Er wird offen für das Wesentliche. Zugleich wird er aber auch empfindsamer für sich selbst. Er lernt, auf seine eigene Stimme zu hören, denn sie soll nicht von Hast erfüllt sein, weder laut noch schrill klingen. Zugleich wird es ihm wichtig, das, was er lehrt, klar und ohne Wortschwall auszudrücken, denn je sparsamer und überlegter die Worte sind, um so größer ist ihre Tragweite.

Eine weitere Aufmerksamkeit richtet sich für den Lehrer darauf, unruhige Bewegungen bei sich selbst zu überwinden. Er achtet auf seine Hände und Beine, versucht jedes nervöse und oft zappelige Schnippen und Wippen abzulegen und gewinnt damit auch die Voraussetzung dafür, seine Schüler genauer zu sehen und besser zur Ruhe anzuleiten. Durch die beständige Übung im eigenen Alltag erreicht der Lehrer eine immer größere Stille, die sich auf die Schüler überträgt. Entscheidend in alledem ist, ob der Lehrer die Stille wirklich will und sie ganz ernst nimmt.

Die Wirkung einer Stille-Übung ist natürlich in entscheidendem Maße von einem guten Vertrauensverhältnis zwischen Lehrer und Schüler abhängig. Darum sollten Stille-Übungen erst gemeinsam unternommen werden, wenn Lehrer und Schüler einander näher kennengelernt haben. Erst dann kann der Lehrer auch das Maß der Stille, zu dem die Klasse fähig ist, erspüren und zugleich ermessen, zu welchen Zeiten des Unterrichts eine Übung angebracht ist.

Eine weitere Bedingung für das Gelingen einer Stille-Übung liegt in der Vorbereitung des Lehrers. Es ist nicht entscheidend, ob der Lehrer eine eigene Meditationsausbildung erfahren hat, wohl aber, daß er die Übung, die er für seine Klasse ausgewählt hat, in der rechten Weise durchlebt. Gut wäre es, wenn er die vorbereiteten Übungen etwa zweimal intensiv vollziehen könnte. Nur so werden ihm die wichtigen Details und auch Schwierigkeiten bewußt, die er selbst oder aber seine Schüler erfahren können. Kurzum, der Lehrer muß jede Stille-Übung vorweg aufmerksam vollzogen haben und dadurch innerlich einverstanden sein mit den an die Kinder gerichteten Erwartungen.

In die Unterrichtsstunde sollte der Lehrer ganz entspannt kommen, so daß sich seine innere Ruhe auf die Klasse überträgt. In der Regel wird er erfahren, daß die wichtigste aller Voraussetzungen im eigenen Mut liegt, die Stille-Übung gut zu machen. Wenn er fest hinter seinem Entschluß steht, die Stille zu wollen, wird er kaum in seiner Erwartung fehlgehen.

Nach erfolgter Übung ist natürlich ein nachgehendes Reflektieren des Verlaufs unverzichtbar. Bei der Nachbesinnung erinnert sich der Lehrer des Ablaufs der Übung in allen Details, stellt sich auch seine Schüler vor Augen und notiert dann in Stichworten Gedanken und Vorsätze zur Verbesserung der Übung.

Wenn es unruhig in der Klasse ist, soll sich der Lehrer ruhig und offen – das heißt, die Arme nicht vor dem Körper verschränkt, sondern seitlich hängend – vor die Klasse stellen. Dabei steht er mit beiden Füßen fest, aber ohne Druck auf dem Boden, jedoch seines sicheren Standes bewußt. Seine Haltung sollte nicht steif aufrecht sein, sondern entspannt und locker. Und nun: einfach nur warten.

Eine weitere Übung ist die bewußte Atembeobachtung. Bevor der Lehrer die Stunde beginnt (oder vor anderen, neuen Abschnitten), steht er ruhig da und nimmt für einige Sekunden (die in dieser Situation sehr lange erscheinen werden) seinen Atem wahr. Er konzentriert sich auf das Einatmen und das Ausatmen. Dabei folgt er seinem Atemfluß, ohne ihn beeinflussen zu wollen. Er läßt ihn ganz zu.

Bewußte Wahrnehmung ist eine andere mögliche Stille-Übung für Lehrer. Dabei stellt er sich darauf ein, einen Schüler ganz bewußt zu sehen: Gesichtsausdruck, Körperhaltung und Gestik. Bewußte Wahrnehmung gilt auch für die eigene Unterrichtshaltung und die eigene Sprache: Hören und fühlen, bevor das Denken die Oberhand gewinnt.

Die Übung

Üben meint zum einen, etwas zu leisten. Üben bedeutet dann, eine Technik zu erlernen und sich darin ausdrücken zu können. Üben kann aber auch auf das ständige Wiederholen des bereits Gekonnten zielen. Dabei geht es nicht um Leistung, sondern um eine innerliche Disposition: das Tun des Selbstverständlichen.

»Jede Handlung kannst du üben«, sagte mir eine erfahrene Lehrerin. »Das Wichtigste ist, daß sie einfach zu lernen ist oder daß jeder sie bereits ›kann‹; und dann ist es sehr wichtig, daß du Zeit läßt. Zeit gewähren ist sehr wichtig.«

Jedes schlichte Tun, jede einfache Handlung kann zu einer Übung, zur Vorbereitung auf ein inneres Schweigen werden. In diesem Sinn sind unsere Stille-Übungen alle einfach und wiederholbar. Das Normale und Selbstverständliche wird geübt. Atmen beispielsweise kann zur Übung werden, oder das Stehen, das Sitzen, das Gehen . . .

Nicht die Übung, sondern der Übende wird geübt. Immer behutsamer, immer reiner und genauer soll das werden, was der Mensch in der Übung ausdrücken will.

Für den Lehrer, der Stille-Übungen auswählt, bedeutet dies, daß er keine Übung aussucht, die eine bestimmte Leistung verlangt. Alles Raten und jeder Wettbewerb sind ausgeschlossen. Man braucht keine Phantasie, um entlegene Möglichkeiten für Stille-Übungen zu finden. Eine erfahrene Lehrerin meinte, ihre Schüler und sie selbst hätten immer die erstaunliche Erfahrung gemacht, daß die Handlung, die nach außen hin ganz einfach erscheint, im Grunde anspruchsvoll und schwierig einzuüben ist.

Die Zeit für eine Übung

Grundsätzlich ist vor allem die Regelmäßigkeit des Übens wichtig. Zu Beginn einer Unterrichtsstunde kann eine (regelmäßig wiederholte) Stille-Übung helfen, sich nach der Unruhe der Pause wieder neu zu sammeln. Die Übung am Anfang der Stunde kann außerdem bewirken, daß Lehrer und Schüler den Unterricht ganz bewußt beginnen.

Aber auch während der Stunde kann Gelegenheit sein, die Stille erneut aufzusuchen. Wenn ein anspruchsvolles Bild betrachtet werden soll, ein wichtiger Text zum Bedenken vorgestellt wird, kann die Übung alle bereitmachen, sich ganz zu öffnen und aufmerksam zu hören.

Ich habe auch schon erlebt, daß einzelne Schüler ihren Lehrer baten, vor einer Klassenarbeit eine Übung durchführen zu dürfen, um gelassen und ruhig an die geforderte Prüfung herangehen zu können.

Dies ist das ferne Ziel, durch ein häufiges, gemeinsames Praktizieren zu erreichen, daß die Schüler selbst entscheiden, wann sie eine Übung wollen. Bevor es jedoch soweit ist, bleibt eine regelmäßige Übungszeit wichtig. Der Lehrer wählt dann vielleicht zweimal wöchentlich einige Minuten für diese Übung aus.

Andererseits darf die Einteilung in bestimmte Übungszeiten weder Zwang noch Routine werden. Wichtiger als jede Gewöhnung bleibt die freie Zustimmung, sich jetzt Zeit für die Stille nehmen zu wollen. Mit zunehmender Erfahrung gelingt es zugleich dem Lehrer, den rechten Augenblick für solche Minuten der Sammlung zu finden.

Sobald der Lehrer sich aber für eine Stille-Übung entschieden hat, sollte er allen genügend Zeit lassen, um die Übung wirklich gründlich und ruhig ausführen zu können. Genügend Zeit meint, nichts vorweg festzulegen und nicht während der Übung mit der Zeit zu kalkulieren. Jeder Schüler muß »seine Zeit« finden können. Anmerkung: Dieses Gefühl, jetzt habe ich mich entschieden, mich ganz der Stille zu überlassen; jetzt gebe ich ihr meine ganze Zeit, ja, jetzt habe ich unendlich viel Zeit, diese Übung zu erleben, wie ich sie erleben will . . . dieses Gefühl sollte der Lehrer wahrnehmen lernen, damit er es auf die Schüler übertragen kann. Durch dieses innere Erlebnis der Zeit wird die ›äußere‹ Zeit, die ablesbare Zeit, um ein Vieles gedehnt. Da kann dann eine reale Zeitspanne von einer Viertelstunde zu einem Zeitgefühl von mehreren Stunden führen.

Der Ort für die Übung

Der Raum, in dem die Stille-Übung stattfindet, ist im Regelfall das eigene Klassenzimmer. Es ist zwar so, wie es halt eingerichtet ist, doch gelten für die Übung selbst einige Erfahrungen, die zu beachten sich lohnt.

Räumliche Ruhe strahlt der Klassenraum etwa dann aus, wenn das Licht gedämpft wird. »Es genügt, das Licht zu verringern«, sagt die Montessori-Schülerin Lubienska de Lenval, »um zu sehen, wie sich die Muskeln entspannen, die Augen weiter öffnen und der Ausdruck der Gesichter heiterer und aufmerksamer wird. Die Furcht vor der Meinung der Mitmenschen schwindet, und ein jeder wird er selbst.«

Bei manchen Übungen lohnt es sich, Tische und Stühle an die Wände zu rücken, damit freier Raum in der Mitte des Klassenzimmers entsteht. Ist das Klassenzimmer mit Teppichboden ausgelegt, können geeignete Übungen liegend ausgeführt werden. Andernfalls ist ein Kreis oder Halbkreis mit Stühlen möglich, ich meine jedoch, daß die Wirkung einer Übung sich durch die Nähe zum Boden steigern läßt. Besonders bei ersten Versuchen gibt der Boden – doch nur, wenn er warm genug ist – den Schülern Sicherheit, und dieses Empfinden trägt bei, innere Spannungen zu lösen.

Wir vereinbaren stille Zeichen

Es gibt eine Zen-Geschichte, die von Schülern erzählt, die sieben Tage lang Schweigen bewahren sollten.

Am ersten Tag waren sie alle still. Ihre Meditation hatte glückverheißend begonnen, aber als die Nacht kam und die Öllampen trübe wurden, konnte sich ein Schüler nicht zurückhalten, einem Diener zuzurufen: »Sieh nach den Lampen!« Der zweite Schüler war überrascht, den ersten reden zu hören:

»Wir sollten doch kein Wort sprechen«, sagte er.
»Ihr seid beide dumm. Warum redet ihr?« fragte der dritte.
»Ich bin der einzige, der nicht gesprochen hat«, stellte der vierte Schüler fest.[1]

Damit es uns nicht fortwährend immer wieder so ergeht, ist es nützlich, einige stumme Zeichen miteinander zu vereinbaren.

a) Optische Zeichen

Die optischen Zeichen sind vorwiegend gestische Hilfsmittel, die die Schüler auffordern, leise zu sein. Sie haben ihren Ort eigentlich weniger bei Stille-Übungen als in solchen Phasen des Unterrichts, die sich von lauteren Arbeitsformen durch ihre Ruhe abheben sollen:

– Der Lehrer legt den Zeigefinger auf den Mund.
– Der Lehrer hält die Hand vor den Mund.
– Der Lehrer erhebt die rechte Hand nach oben.
– Der Lehrer schreibt – ohne weitere Erklärung – an die Tafel: »Stille sein für fünf Minuten«.
– Der Lehrer zeichnet einen Rahmen an die Tafel, in den er »Stille« einträgt. Er legt den Zeigefinger auf den Mund, um sein Signal zu verstärken. Solange dieses Zeichen gilt, arbeiten die Schüler an ihren Aufgaben. Hat ein Schüler eine Frage, stellt er sie jetzt nicht vor der Klasse, sondern geht leise zum Lehrer.
– Variante: An der Tafel steht: »Nur flüstern«.
– Variante: Man vereinbart, die nächsten zehn Minuten nicht zu sprechen. Wer glaubt, dennoch Mitschülern oder dem Lehrer etwas mitteilen zu müssen, schreibt dies auf ein Blatt Papier, das zu diesem Zweck vorher (!) bereitliegt. Die Antwort erfolgt natürlich ebenfalls nur schriftlich.

b) Akustische Zeichen

In Montessori-Schulen gibt es in jeder Klasse ein kleines zartes Glöckchen, das der Lehrer leicht anschlägt, wenn das Arbeitsgemurmel im Raum zu laut wird. Er erspart sich auf diese Weise den Verschleiß verbaler Mahnungen.

– Das Glockenzeichen kann aber auch Beginn und Ende einer Übung oder einer bestimmten Arbeitsphase anzeigen.
– Schön ist auch eine lautlose Sanduhr; während sie abläuft, gelten die Regeln der stillen Arbeit.
– Oder: Lehrer und Schüler wählen gemeinsam ein stilles Bild aus (z. B. den Flötenspieler von Ernst Barlach oder den »Dummling«, der sich versinnt . . .). Es wird dann als Erkennungszeichen für eine stille Zeit eingesetzt.

Damit diese Zeichen ihren Sinn auch erfüllen, muß der Lehrer dabei selbst ruhig und entspannt sein. Er spricht leise, langsam und ruhig und gibt nur knappe, sparsame, immer aber klare Anweisungen.

Die Ordnung des Leibes

Bevor man zur Stille-Übung schreitet, gilt es, sich körperlich bereitzumachen. Zunächst suchen die Schüler einen Platz, den sie während der Übung nicht verlassen. Oder aber der Lehrer führt jeden Schüler an einen ausgewähl-

[1] Zit.n. *Hubertus Halbfas,* Das Welthaus, a.a.O., Nr. 204 a.

ten Platz. Im Anfangsstadium der Grundschule ist die zweite Möglichkeit zu empfehlen.

Sich körperlich zu bereiten meint dann, alle störenden und beengenden Gegenstände zu entfernen. Die Schüler empfinden nach einer gewissen Weile selbst, wie sich der Körper durch zu enge Schuhe, unbequeme Kleidung, durch einen zu eng geschnallten Gürtel nicht entspannen kann. Auch gefüllte Hosentaschen belasten, ebenso wie ein außen getragener Schlüsselbund in der Stille irritiert. Damit innere Stille eintreten kann, muß der Lehrer darauf achten, daß alles, was auf den Leib drückt, abgelegt wird.

Manchmal muß der Lehrer seine Schüler auf diese Dinge aufmerksam machen. Beispielsweise läßt er sie bewußt den Unterschied empfinden, mit Schuhen auf dem Boden zu stehen oder ohne Schuhe den veränderten Kontakt zur Erde wahrzunehmen. Meistens lernen die Schüler aber von allein, auf diese Hindernisse zu achten. In einer Klasse verhaltensgestörter Kinder drückte mir ein Schüler seine Brille in die Hand und sagte: »Heben Sie mir meine Brille bitte bis nachher auf, ohne geht es besser.«

Der nächste Schritt betrifft die Körperhaltung selbst. Möglich ist das *Liegen am Boden.* Wir liegen auf dem Rücken, die Hände am Körper, die Handflächen leicht geöffnet mit der Innenhand nach oben. Die Beine berühren sich bei dieser Haltung nicht, die Füße zeigen etwas nach außen.

Beim *Sitzen auf dem Boden* ist ein nicht zu weiches Kissen hilfreich. Immer sollten die Knie tiefer als das Becken sein, so daß die Atemfreiheit nicht eingeschränkt wird. Für die rechte Haltung der Wirbelsäule kann die Vorstellung hilfreich sein, jemand ziehe uns am Hinterkopf an einem Faden leicht nach oben. Der Schneidersitz ist eine geeignete und nicht zu schwere Haltung.

Die Übungen können selbstverständlich auch *auf einem Stuhl sitzend* durchgeführt werden. Die Füße stehen dann in natürlichem Abstand parallel zueinander mit der ganzen Sohle auf dem Boden. Es wird darauf geachtet, daß der Körper sich in aufrechter Haltung befindet. Die Hände liegen entspannt auf den Oberschenkeln.

Entspannt und geöffnet zu *stehen,* ist wahrscheinlich die schwierigste Körperhaltung. Die Hände hängen gerade herab, die Handflächen zeigen etwas nach außen. Die Füße werden voll aufgesetzt, man versucht, mit dem ganzen Fuß – also Zehen, Ferse, Ballen – »den Boden zu halten« und dann in den Boden einzudringen, jedoch stets ohne Kraftanstrengung. Der Kopf schaut nicht nach unten, sondern geradeaus. Auch hier versuchen wir, die rechte Haltung zu erspüren, eine Haltung, in der wir entspannt und ohne Anstrengung »stundenlang« stehen könnten.

Zu beachten bleibt aber, daß es nicht darauf ankommt, zuerst eine spezifische Haltung einzuüben. Unter Anleitung des Lehrers lernen die Schüler allmählich die angemessenen Körperhaltungen aus einem inneren Empfinden heraus.

Die Ordnung der Seele

Ängste, unbewältigte Probleme, Schuldgefühle, verdrängte Gemütsbewegungen in Zuneigung und Abneigung – innere Spannungen sorgen dafür, daß die Seele unruhig bleibt. Diese innere Unruhe gilt es abzubauen. Einige Wege seien hier genannt:

Der Lehrer beschreibt die Schwierigkeiten und leitet die Schüler an, ein Gefühl der Gelassenheit zu entwickeln.

Beispiele:

– Der Lehrer bittet alle, sich ruhig auf ihren Platz zu setzen. Er läßt zunächst Ruhe einkehren. Dann beschreibt er, wie er die unruhige Atmosphäre empfindet, etwa: »Ich habe bemerkt, daß heute einige von euch sehr unruhig sind. Es ist manchmal nicht einfach, ruhig zu sein. Aber ihr alle könnt es, wenn ihr wollt: Du und Du und Du . . . Wir alle können ruhig sein, wenn wir es wirklich wollen.

– Oder: »Wir wollen jetzt nur sitzen. Sitzen, – nichts als sitzen. Wir haben Zeit, sehr viel Zeit. Jeder hat Zeit, so viel er will.«

Durch dieses beruhigende Reden des Lehrers wird die innere Unruhe der Schüler zur Sprache gebracht, und dadurch kann sie sich aufheben. Die Verwendung dieser suggestiven Hilfsmittel ermöglicht ein großes Maß an Stille.

Selbst innere Probleme der Schüler können indirekt angesprochen werden, zumal solcher Schüler, die aus Unsicherheit und Hemmungen innerhalb der Klassengemeinschaft nicht ruhig werden. Manche etwa brauchen eine Gelegenheit, sich zurückzuziehen, damit sie die Stille ohne Ängste genießen können. Vielleicht hilft man ihnen dadurch, daß man ihnen ein paar Decken gibt, sich zuzudecken. Eine breite Rolle Packpapier kann ihnen ermöglichen, eine Abschirmung, ein Schneckenhaus zu bauen, damit man ruhig – ohne sich beobachtet zu fühlen – sich ganz der Stille überlassen kann. Sobald das Vertrauen der Schüler zum Lehrer und untereinander genügend erstarkt ist, werden sie diese Rückzugsmöglichkeiten gewiß nicht mehr brauchen.

Ein anderer Weg, innere Ordnung zu finden, kann symbolisch als ein Weggehen von hier gedeutet werden: Wir stellen uns vor, wir gehen in eine andere Wirklichkeit, ins Anderland, wo wir ganz ohne Nöte sein können. Hier fallen alle störenden Gedanken ab, die uns aus der Ruhe bringen. Die nachstehenden Übungen bieten Beispiele für diese Praxis.

Stille-Übungen

Als Medium der Stille-Übungen für das zweite Schuljahr werden hier Märchenmotive entfaltet. Es sind Motive, die den Weg in die Tiefe darstellen, also die Entscheidung fordern, von der horizontalen, äußeren Welt zu lassen und das Jenseits des Diesseits zu suchen. Zweimal handelt es sich um das Brunnensymbol, die dritte Version erzählt von einer Falltür, unter der man ins Erdinnere herabsteigen kann.

Hinter dem Märchen »Frau Holle« (KHM 24) steht – älter als die heutige Märchenform – ein mythisches Weltbild, das mit der Goldmarie die Sonne, mit der Pechmarie den Mond verbindet. In diesem Mythos befindet sich der Brunnen, in dessen dunkle Nachtzone die Sonne allabendlich herabsteigen muß, am Ende der Welt. Aber indem sie diesen Weg durch die Unterwelt nimmt und darin der oberen Welt stirbt, wird sie wiedergeboren zu einem »goldenen« Leben für einen neuen Tag.

Der Abschnitt »Kleine Didaktik der Stille-Übung« (S. 82–89) entstammt einer Examensarbeit für das Lehramt an Sonderschulen von *Elisabeth Buggle,* Reutlingen 1983.

In der Urfassung der Grimm'schen Kinder- und Hausmärchen von 1812 heißt es: »Einmal war das Mädchen hingegangen, Wasser zu holen, und wie es sich bückte, den Eimer aus dem Brunnen zu ziehen, bückte es sich zu tief und fiel hinein.« In der revidierten Gesamtausgabe von 1819 aber wird erzählt: »Das arme Mädchen mußte sich täglich auf die große Straße bei einem Brunnen setzen und mußte so viel spinnen, daß ihm das Blut aus den Fingern sprang. Nun trug es sich zu, daß die Spule einmal ganz blutig war; da bückte es sich in den Brunnen und wollte sie abwaschen, sie sprang ihm aber aus der Hand und fiel hinab. Es weinte, lief zur Stiefmutter und erzählte ihr das Unglück. Sie schalt es aber so heftig und war so unbarmherzig, daß sie sprach: ›Hast du die Spule hinunterfallen lassen, so hol sie auch wieder herauf.‹ Da ging das Mädchen zu dem Brunnen zurück und wußte nicht, was es anfangen sollte, und in seiner Herzensangst sprang es in den Brunnen hinein, um die Spule zu holen.«

Während die Urfassung also von einem absichtslosen Fall in den Brunnen erzählt, weiß die spätere Ausgabe von einem Sprung in den Brunnen, zu dem die ausweglose Not das Mädchen treibt. Es sieht in der Welt seiner Stiefmutter keine Lösung und Hilfe mehr und sucht deshalb in der Tiefe Rettung. Zwar könnte man einwenden, es stürze sich ja nur deshalb in den Brunnen, um die Spindel zurückzuholen, doch ist dies allenfalls der äußere Anlaß. Mehr als die verlorene Spule drängt sie ihre Heimatlosigkeit, da gerade ihrem guten Herzen nicht zugestanden wird, in dieser Welt zu Hause zu sein. Der Sprung in den Brunnen ist der Weg in eine andere Welt. Was von außen als Untergang und Tod erscheint, gibt dem Mädchen eine neue Existenz, denn »als es erwachte und wieder zu sich selber kam, war es auf einer schönen Wiese, so die Sonne schien und viele tausend Blumen standen«. Hier erst kommt das Mädchen »zu sich selber«. Sein bisheriges Leben bestand ja nur aus Leistungsdruck und Angst. Erst ganz unten, im Brunnengrund, ist alles abgetan, was bisher daran hinderte, ganz sie selbst zu sein. Doch war der Preis dieser Wiedergeburt der notvolle Sprung in den Brunnen; der dunkle Brunnenschacht mit seinem unergründlichen Wasser mußte bestanden werden, damit die alte Welt enden und das neue Leben beginnen konnte.

Nicht anders ist es bei jenem zweiten Brunnen, von dem es ausdrücklich heißt, daß man in ihm die Wahrheit über sich selbst erfahren könne:

»Da ging eines Tages der Knabe zu seinen Brüdern. Er sagte zu ihnen: ›Gebt acht! Ich will, daß wir zusammen einen merkwürdigen Ort aufsuchen.‹ – ›Wohin willst du uns denn führen?‹ fragten die Brüder. ›Ich will euch dahin führen, wo ihr die Wahrheit über euch selbst erfahren sollt.‹

Die Brüder baten ihn: ›Laß es doch sein, es lohnt sich nicht. Danke, wozu sollen wir schon wieder ausziehen?‹ Sie wollten nicht gehen. Der Jünste aber bestand darauf: ›Entweder kommt ihr mit, oder ich bringe mich um!‹ So zwang er sie, mit ihm zu gehen.

Sie gingen lange, und noch am selben Tag kamen sie zu jenem Brunnen. Der Jüngste sagte zum Ältesten: ›Ich will dich anbinden und in den Brunnen hinunterlassen. Schau dir an, was es dort im Brunnen gibt.‹ Der Älteste fing zu weinen an. ›Warum willst du mich in den Brunnen hinunterlassen?‹ Er hatte Angst, in den Brunnen zu gehen. Er bat um Gnade. Der Jüngste sagte zu ihm: ›Bitte nicht um Gnade, wir müssen dorthin!‹ Er band ihm den Strick um und ließ ihn hinunter. Aber kaum war der Bruder ein paar Klafter tief, fing er zu schreien und zu weinen an – noch ein bißchen, und die Angst zerreißt ihn: ›Ich sterbe!‹ Er war noch nicht einmal ein Viertel des Brunnens hinunter. Der Knabe zog ihn heraus, denn er sah, was für ein Mensch das war.

Dann kam der zweite. Der Knabe band auch ihn und ließ ihn hinunter. Kaum war er bis zur Hälfte des Brunnens gekommen, da begann auch er zu schreien vor lauter Angst: ›Ich sterbe, ich sterbe!‹ Der Knabe zog ihn heraus.

Jetzt kam die Reihe an ihn. Er sagte: ›Hört zu! Wieviel ich auch schreien und weinen werde, zieht mich nicht hoch. Laßt mich hinunter, bis ihr fühlt, daß der Strick leicht geworden ist.‹ Die Brüder fingen ihn zu bitten an: ›Du bist unser Jüngster! Warum willst du von uns gehen?‹ Sie baten, er möge sie doch nicht verlassen, aber er wollte nicht auf sie hören. Da banden sie ihn und ließen ihn hinunter.«

Auch hier führt der Brunnen in eine unbekannte Wirklichkeit: Es ist unser Jenseits im Diesseits. Je weiter ein Mensch in die Welt ausschweift, um so entfernter ist er ihr. Sucht er aber bei sich selbst, schaut er über seinen Rand, denn der Brunnen ist kein Außerhalb und kein Anderswo, sondern die – meist unbekannte, manchmal versperrte, immer erschreckende – eigene Tiefe. Man mag fragen, warum der Abstieg in diesen Brunnen solche Ängste auslösen soll; was in einem selbst sei, müsse man doch nicht fürchten ... Doch nichts ist den Menschen unbekannter und erschreckender als die eigene Seele. Die meisten Erwachsenen haben Todesängste, in das Brunnenloch zu steigen und den Abstieg zum unbekannten Seelengrund zu wagen. Sie leben nur außen, von allem gefesselt, was zur Schau gestellt wird, werden aber schon verwirrt, wenn sie nur einen Blick über den Brunnenrand werfen sollen. Ihre Sicherheit liegt im Geläufigen der äußeren Welt. Der Tiefe ihres eigenen Wesens aber entgehen sie meistens durch unaufhörliche Geschäftigkeit.

Von dieser Erfahrung spricht auch das Märchen »Die drei Federn« (vgl. Seite 96). Hier sind die beiden ältesten Söhne ebenfalls dem Tagestreiben angepaßt. Sie ziehen aus in die Welt, aber so weit sie auch kommen, kommen sie doch niemals weit, denn alles, was ihnen begegnet und zufällt, ist das überall Geläufige, wenn nicht gar das Banale. Der Dummling aber, dessen Weg schon beendet schien, noch bevor er begonnen hatte, sieht sich aller cleveren Mobilität beraubt. Darum läßt er von einer unrastigen Aktivität, »setzte sich nieder und war traurig und versann sich«. Durch diese Umkehr seiner Aufmerksamkeit von der Außenseite zur Innenseite des Geistes wendet sich auch sein Schicksal. Was von allen, die stets in die Ferne streben, ungesehen bleibt, nimmt er nun wahr: daß nämlich neben seiner Feder eine Falltür liegt. »Er hob sie in die Höhe, fand eine Treppe und stieg hinab ...«

Auch hier geht es um einen Abstieg in die Tiefe. Ähnlich wie die Brunnentiefe zu einem neuen Erwachen führt, findet der Dummling in den Dunkelzonen der Erde sein Glück: Wer immer zu sich selbst kommen will, muß innehalten, sich »versinnen« und den Weg in die andere Wirklichkeit jenseits der Alltagsgeschäftigkeit suchen.

In ihrer Symbolik interpretieren sich diese Märchenmotive gegenseitig. Den Kindern sind sie intuitiv verständlich. Es bedarf also keiner verbalen Umschreibung, um zu sagen, was »gemeint« ist. Wenn wir die jeweilige Szene in freier Weise entfalten, so daß die Kinder mit ihrer Phantasie mitschwingen können, ermöglichen wir ihnen zugleich einen Abstieg aus aller Unruhe und äußeren Belastung in die Stille, in der sie zu sich selbst kommen können.

Es geht aber lediglich um die hier gedeuteten Motive, nicht um den geschlossenen Erzählzusammenhang der Märchen. Im Rahmen der Stille-Übungen erwähnen wir deshalb keine Märchentitel und keine sonstwie konkreten Namen, die geeignet wären, von eigenem Tun auf eine schon bekannte und objektivierte Sache zu verweisen. Wir sprechen nicht einmal davon, daß wir Stille-Übungen mit Märchen machen, denn es sind *unsere* Geschichten, in deren Symbolen wir unsere eigenen Erfahrungen fassen. Deswegen gelten hier auch nicht die Erzählregeln der Texttreue. Die Intentionen der Stille-Übung sind übergeordnet und dürfen die Handlung bestimmen. Aus diesem Grund nimmt die Erzählung an entscheidenden Stellen immer wieder Bezug auf emotionale Befindlichkeiten der Kinder: Wir lassen sie im Gang der Erzählhandlung ihre eigene Leiblichkeit erfahren; sie sollen sich schwer, warm, gelöst und entspannt erleben, Herz und Atem sind ruhig; jenseits des Brunnenschachtes erfolgt eine Ablösung von allen Ängsten und Sorgen, die Kinder finden eine innere Ruhe und darin sich selbst.

Natürlich handelt es sich bei den nachfolgenden Vorschlägen nicht um Stille-Übungen, die zwingend dem zweiten Schuljahr vorbehalten sind. Sie können bereits im ersten und ebenso noch im vierten Schuljahr aufgenommen werden (wie dies entsprechend für die Übungsreihen der folgenden Bände gilt). Ein Hintergrundverständnis kann jedoch vermittelt werden durch Betrachtung der Zeichnung im Religionsbuch 2, Seite 10/11, und durch eine mußevolle Beschäftigung mit dem Märchen »Die drei Federn«, wie sie unsere Interpretation (vgl. S. 96–99) nahelegt.

Der Sonnen-Brunnen

Wir sitzen (liegen) ganz entspannt. Nichts drückt uns. Wir fühlen unseren Körper schwer und warm, warm und schwer. Wir schließen unsere Augen und schauen innerlich, was geschieht.

Über uns ist der blaue Himmel. Die Stadt ist weit entfernt. Nur von weitem hören wir ihre Geräusche, aber sie gehen uns nichts an. Um uns her ist weites Land ... und vor uns ein geheimnisvoller Brunnen. Wenn wir uns über seinen Rand beugen, blickt uns aus dem Wasserspiegel unser eigenes Bild entgegen. Aber nie ist das Wasser unbewegt; der Spiegel zittert und läßt uns das eigene Gesicht nur verzerrt wahrnehmen. Wir werden noch ruhiger, atmen ganz gleichmäßig ein – und aus – ein – und aus, um unser Bild klar und rein im stillen Wasserspiegel festzuhalten. Aber es sind nicht nur unsere eigenen Bewegungen, die den Silberspiegel zittern machen, auch die ferne Stadt, die Autos, der Lärm in der Luft ... halten das Wasser unruhig, so daß es uns nicht zeigen kann, wie wir wirklich aussehen.

Ob wir wie die Goldmarie uns in den Brunnen stürzen sollen? Tief unten auf seinem Grund ist gewiß eine Stille, die kein äußerer Lärm mehr erreicht. Es wäre ein Weg in unbekanntes Land, das uns aber doch nicht fremd ist, weil es tief in uns selbst zu uns gehört. Wir wollen es wagen.

Der Weg ist dunkel. Jetzt ist es ganz still um uns geworden. Ein tiefes Schweigen. Wir sinken immer tiefer. Wie wohlig das ist. So sanft und schön! Wir fühlen uns ganz gelöst, ganz entspannt. Wir sind schwer, schwer wie ein dicker Stein. Wir sinken immer tiefer in die Ruhe.

Jetzt wird es hell und warm um uns. Wir liegen auf einer schönen Wiese. Die Sonne scheint, viele tausend Blumen blühen. Wie gut das tut: Alle Glieder sind warm und locker, unser Herz schlägt ruhig und gleichmäßig, unser Atem geht tief und leicht, leicht und gleichmäßig hebt er den Bauch – auf und ab, auf und ab. Hier ist gutsein . . . nur ruhen . . . nur Stille . . . die Stille einatmen . . . die Stille genießen . . . wie gut . . . wie schön . . .

Nun müssen wir zurück. Wir gehen über die Blumenwiese. Die Dinge sprechen zu uns. Wir sind so ruhig und still, daß wir alles verstehen. Da steht ein Baum, der ist voller Äpfel. »Ach, schüttel mich, schüttel mich, wir Äpfel sind alle miteinander reif.« Wir schütteln den Baum, daß die Äpfel fallen. Dann gehen wir weiter. Endlich kommen wir in ein Haus, in dem viel Arbeit wartet. Wir sehen alles, und alles geht uns leicht von der Hand. Wir sind ja so ruhig und gelassen. Durch ein goldenes Tor gehen wir zurück in unseren Schultag, die Stille *in* uns, ganz leicht und froh. Wir öffnen unsere Augen, recken uns und wissen nun tief in uns, wie wir von Baum zu Baum, von Aufgabe zu Aufgabe bestehen.

Der Adler-Brunnen

Wir suchen eine Haltung, in der wir ganz entspannt sind. Unsere Arme liegen locker auf den Oberschenkeln (bei sitzender Haltung); neben dem Körper (wenn wir ausgestreckt auf dem Rücken liegen). Wir schließen unsere Augen und gehen auf die Reise zu einem verborgenen Ort, an dem wir uns selbst finden können.

Wir sind in der Schule, aber es ist anders als sonst. Wir haben unsere Bücher, Hefte und Schreibsachen weggeräumt, damit nichts stört. Unbelastet wollen wir alles loslassen, was uns sonst beschwert. Unsere Gedanken werden frei, unsere Augenlider schwer, wir spüren den Boden, wie er uns trägt.

Um uns herum versinkt die Schule. Der Lärm von draußen verebbt, nichts stört, nichts hält uns fest. Da kommt ein Junge auf uns zu. Er trägt fremde Kleider, wie sie heute niemand mehr kennt. Er hat lange Haare und ein stilles, gutes Gesicht. Er schaut mich an, ganz ruhig und ausdauernd. Ich sehe in seine Augen. Ich weiß, daß er mich ansprechen wird, aber ich sage nichts. Ich kann warten . . . Ich habe Geduld und Zeit, viel Zeit. Ich habe so viel Zeit, wie ich nur will . . . Es ist schön, Zeit zu haben ohne Ungeduld. Ich bin ruhig und zufrieden.

»Willst du mit mir kommen?« fragt der Junge. »Ich zeige dir einen Ort, an dem du die tiefe Stille erfahren kannst.« Soll ich mitgehen? Wo die tiefe Stille herrscht, gibt es keine Ablenkung. Nur Menschen, die Angst vor der Stille haben, suchen die Ablenkung. Aber ich will mich nicht zer-streuen, ich will mich sammeln.

Wir kommen zu einem Brunnen. Der Junge hat nichts weiter zu uns gesagt. Jetzt spricht er leise, aber für alle verständlich: »Wer die tiefe Stille erleben will, muß in den Brunnen steigen. Wer möchte beginnen?« Niemand antwortet. Ich trete näher an den Brunnen heran und schaue in die Tiefe. Im oberen Bereich kann ich das Mauerwerk noch sehen, dann verschwimmt der Schacht im Halbdunkel, und weiter unten ist alles finster. Es ist ein unheimliches, tiefes Loch.

Jetzt hat ein älterer Junge sich bereit erklärt, in den Brunnen zu steigen. Er trägt ein Seil um die Brust, damit man ihn wieder hochziehen kann. Langsam klettert er über den Brunnenrand, dann ist er verschwunden. Aber nach wenigen Augenblicken taucht er bereits wieder auf. Er hat die große Stille und die Einsamkeit nicht ausgehalten . . . Dem nächsten Jungen ergeht es ebenso . . . Da trete ich wortlos vor. Man seilt mich an und läßt mich in den Brunnenschacht. Die Welt versinkt, kein Haus, kein Baum, kein Mensch ist mehr da. Ich schließe die Augen und spüre, wie allein ich bin. Aber ich habe keine Angst. Die Dunkelheit ist warm. Sie trägt mich, und ich fühle mich froh. Ich bin nicht einsam. Ich spüre mich selbst. Ich bin ganz warm. Ich bin schwer und sinke langsam immer tiefer. Die Reise zum Brunnengrund dauert lange . . . Allmählich lichtet sich die Finsternis . . . es kommt eine Dämmerzone . . . und plötzlich helles, goldenes Licht, das mich ganz umfließt und zart streichelt. Ich fühle mich wohlig. Ich bin ganz ruhig. Die Stille ist jetzt *in* mir. Da ist es egal, was außerhalb geschieht. Nun bin ich in mir selbst. Das ist das Glück. Ich will nichts anderes, nur hier sein, Zeit haben, die Stille genießen, zu mir selbst kommen . . . Mein Herz schlägt ruhig, mein Atem geht gleichmäßig und tief . . . ich bin ganz bei mir, ich bin zu Hause . . .

Ich weiß, oben, weit über mir, ist die Welt: Da wohne ich mit Eltern und Geschwistern, da ist unsere Schule. Nicht immer kann ich im Brunnengrund bleiben. Ich werde zurückerwartet, aber ich kann die Stille in mir mitnehmen.

Ein Adler senkt sich vor mir nieder. »Ich will dich durch den Brunnen hochtragen, in deine Welt«, sagt er. »Setz dich auf meinen Rücken, schmieg dich in meine Federn.« Ich klammere mich an dem großen Vogel fest. Er breitet seine Flügel aus, und lautlos geht die Reise los. Das warme, goldene Sonnenland verschwindet unter mir, aber die wohlige Wärme in mir bleibt; die nehme ich mit. Weit über mir leuchtet ein blauer Punkt, der langsam größer wird. Bald bin ich oben. Der Adler schwebt sanft und lautlos neben dem Brunnenmund nieder. Ich gleite von ihm, recke meine Glieder, schlage die Augen auf, sehe alles um mich her . . . Ich bin wieder in der Schule, aber die Stille aus dem Brunnen bleibt bei mir.

Die Falltür

Der alte König hat unsere Federn in die Luft geblasen. Sie wirbeln hoch; die meisten treiben dann weit ab, in alle Himmelsrichtungen. Sofort läuft ein jeder dahinter her, über Straßen voller Trubel und in Orte angefüllt mit Lärm. Nur wir allein sind zurückgeblieben. Unsere Feder wollte nicht in die Weite. Sie senkte sich gleich wieder zur Erde, und nun stehen wir da, ein paar Schritte von der Haustür entfernt, und wissen nicht, was wir tun sollen. Sollen wir unsere Feder selbst noch einmal hochblasen? Damit sie in die Ferne fliegt, wo auch die anderen »hingelaufen« sind?

Es ist besser, wir halten zunächst inne. Wir setzen (legen) uns hin, suchen eine bequeme Haltung, in der uns nichts stört. Wir wollen uns besinnen. Da soll unser Leib entspannt sein: Die Beine stehen (liegen) bequem und locker nebeneinander, die Arme liegen ruhig und frei, die Hände mit Daumen nach außen und den Handflächen nach oben. So fühlen wir uns ganz wohl und schwer.

Eigentlich ist es seltsam: Wir sollten in die Welt hinaus, und nun sind wir dort, wo wir schon immer waren. Hier kennen wir jeden Winkel, jedes Versteck. Darum gibt es hier auch nichts Neues. Menschen, die Neues erleben wollen, fahren immer in die weite, unbekannte Welt.

Halt! So kann ich mich nicht besinnen. Ich muß meine Gedanken abstellen. Solange ich fremden Straßen nachträume, bin ich nicht da, wo ich bin. Ich will aber bei mir sein; nur bei mir. Ich werde ganz ruhig. Ich fühle meinen rechten Arm, wie schwer er ist . . . ganz schwer . . .; meinen linken Arm, wie schwer er ist . . . ganz schwer . . .; mein rechtes Bein, mein linkes Bein . . . so schwer und so entspannt.

Auch meine Augen sind müde und schließen sich. Jetzt beginnt meine Zeit. Nichts anderes ist wichtig. Ich habe viel Zeit, Zeit, soviel ich will.

Seltsam ist das: Ich bin, seitdem ich laufen kann, immer hier ein- und ausgegangen, aber noch nie habe ich diese Fugen im Boden gesehen. Jetzt erkenne ich sie deutlich. Es ist eine Falltür. Hätte ich mich nicht hier niedergelassen, um mich zu besinnen, hätte ich wohl nie entdeckt, daß hier – zu Hause – der Eingang in die Tiefe ist.

Ich brauche nur die Falltür hochzuheben, dann kann ich ins Innere der Erde schauen. Ich will es versuchen. Die Türklappe öffnet sich ganz leicht, aber ich kann nicht in die Tiefe schauen: Dort ist es dunkel und warm. Eine Treppe führt nach unten. Ich steige Stufe um Stufe hinab. Ich tauche in das warme Dunkel ein. Das Tageslicht bleibt über mir. Hier ist es ganz still. Kein Geräusch, kein Ton. Wenn ich tiefer steige, bin ich noch weiter von aller Unruhe entfernt. Ich gleite nach unten. Jetzt bin ich ganz bei mir. Alles, was mich drückte, habe ich oben gelassen. Wie schön die Stille ist! So sanft, so wohltuend!

Nun bin ich im Bauch der Erde. Ich lege mich hin. Ich fühle, wie die Erde mich trägt, wie sie meinen Körper stützt: den Rumpf, die Arme, die Beine, den Kopf. Ich versinke in der Ruhe. Sie ist mollig und tut mir gut. Ich empfinde in meinem ganzen Körper Wärme, als ginge eine innere Sonne auf. Mein Herz schlägt gleichmäßig, mein Atem geht auf und ab, auf und ab. Mein Bauch ist strömend warm. So kann ich liegenbleiben . . .

Aus dem warmen Dunkel dringt die Stille in mich ein . . . Ich atme sie ein, ich nehmen sie in meinen Leib. Sie macht mich ruhig, die Hände sind gelassen und ruhig, Ruhe erfüllt mich von innen her. Wenn ich nun in meine Welt zurückkehre, bin ich reich mit Stille beschenkt. Sie wird in mir bleiben bei allem, was ich tue.

Ich steige zurück in meinen Alltag. Stufe um Stufe komme ich höher. Es fällt mir leicht, die Rückreise anzutreten. Bald umflutet mich Tageslicht. Ich öffne die Augen und lege die Falltür wieder auf den Einstieg in die Tiefe. Dann reckte ich meine Glieder . . . die Arme . . . die Beine . . . immer noch schweigend und leise. Was ich nun tun werde, ist von der Stille in mir umflossen.

Durchführungshinweis

Die voranstehenden Beispiele verstehen sich als Vorschläge. Sie können nach eigenem Ermessen ausgewählt werden. Für die Stille-Übungen ist es gut, wenn der Lehrer frei sprechen kann, die Vorlage also nicht wörtlich kopiert. Notfalls mag es aber auch angehen, mit Hilfe der Textvorlage die Stille-Übung zu führen. Große Bedeutung kommt dabei dem stimmlichen Ausdruck, dem ruhigen Sprachfluß, den Pausen, der besänftigenden Wirkung der Sprachhaltung zu. Es empfiehlt sich, vorher zu Hause in die innere Welt dieser Stille-Geschichten sich einzuüben.

A. Das Märchen »Die drei Federn« (KHM 63) ist mit dem Märchen »Die Bienenkönigin« (vgl. S. 72) verwandt: Beide Male wird von einem »Dummling« erzählt, den die älteren Brüder nicht für voll nehmen und der doch allein jene Weisheit erwirbt, daß er »König« sein kann; beide Male ist es dieser Dummling, der sich in einer schwierigen Situation, in der das übliche Können versagt, niedersetzt und sich »versinnt«. Dieses Motiv des Verweilens, ohne das der Weg in die rettende Tiefe niemals gefunden worden wäre, ist zugleich das Thema unserer Stille-Seite im Religionsbuch 2 und Schlüssel-Symbol für alle Stille-Übungen.

B. Zahllose Märchen beginnen mit einer Viererkonstellation: Da ist ein König, inzwischen gealtert oder krank, der drei Söhne hat. Wenn wir auf der Subjektstufe interpretieren, die Figuren des Märchens also nicht als je einzelne, objektive Individuen nehmen, sondern als symbolische Verkörperungen einzelner Kräfte der menschlichen Psyche, dann steht der König für einen Bereich der psychischen Wirklichkeit, der bislang mit dem, was diese Kraft bewältigte, regierbar war. Nunmehr zeigt sich aber, daß dieser »König« alt geworden ist: Er hat nicht mehr genug äußeres wie inneres Vermögen, sein Reich zu lenken. Seine Grenze ist ihm selbst bewußt geworden, so daß er sich gezwungen sieht, die »Söhne« sich näherhin anzuschauen.

Vielleicht kann man einen solchen König als jemanden begreifen, der sich in seinem Leben, sowohl im Umgang mit sich selbst wie im Verhältnis zu anderen Menschen, als selbstbewußter »Macher« vorgekommen ist. Was immer er mit Hirn und Hand anging, gehorchte seinem Willen. Es schien, als gäbe es nichts anderes als diese eine Wirklichkeit, die völlig dem Intellekt und dem Willen unterworfen werden könne. Ein solcher Mensch kann sich die Welt nicht anders als machbar vorstellen; er kennt die Mechanik, den Markt, die Regeln des Erfolgs, ist von der eigenen Tüchtigkeit überzeugt – und muß nun doch, nachdem dies alles lange Zeit problemlos zu funktionieren schien, entdecken, daß sein Vermögen nicht ausreicht, in der gewohnten Weise »König« zu bleiben: Jetzt ist er »alt« oder »krank«, wobei ihm Alter und Krankheit in erster Linie das Ende des Selbstbetrugs bedeuten. Er muß anerkennen, daß es so nicht weitergeht, und sich auf seine »Söhne« besinnen. Psychologisch bedeutet diese Einbeziehung und Erprobung der Söhne, herauszufinden, welche Seelenkraft vonnöten ist, um wieder zu gesunden und das »Reich« weiterhin leiten zu können.

Der Märchenleser weiß eigentlich schon vorweg, daß es den beiden ältesten Söhnen nicht gelingt, »das Wasser des Lebens« oder den feinsten »Teppich«, den kostbaren Ring und die schönste Frau heimzubringen. Allemale sind diese zu plump und taktlos, viel zu selbstbezogen und draufgängerisch, um die Kostbarkeit zu finden, die dem Vater fehlt. Sie sind dem Vater in ihrem Streben, stets »oben« sein zu wollen, viel zu ähnlich, als daß von ihnen Rettung kommen könnte. Im Gegenteil: Ihr Leistungsdenken, ihre Geltungssucht und habgierige Eigennützigkeit machen die Lage erst recht hoffnungslos und sind zugleich der eigentliche Hinderungsgrund, den jüngsten »Bruder« in seiner wahren Natur zu sehen. Sie müssen ihn wegen ihrer eigenen kranken Mentalität verkennen, als dümmlich, einfältig und weltuntüchtig mißachten, so daß der

Spott, mit dem sie über den »Jüngsten« herfallen, der Ausdruck ihres eigenen Elends ist.

Dennoch geht stets von diesem Dummling die Rettung aus. Er verkörpert jene psychischen Kräfte, die unter Menschen von Welt nichts gelten. Intellekt, Wille, Machtinstinkt – das sind die Qualitäten der Erstgeborenen, aber Gefühl, Demut, Mitmenschlichkeit und Sympathie für jegliche Kreatur, das wird jenen lächelnd überlassen, die ohnehin den letzten Part in der Gesellschaft übernehmen müssen. Wenn es diesem stets übersehenen Dummling nicht gelingt, und sei es nach mühsamen Wegen, die Anerkennung des »Vaters« zu finden, ist »das Reich« am Ende: Dann bleibt dem menschlichen Leben nur ein seelischer Zusammenbruch, aus dem es kein Auferstehen gibt.

Wir haben also die wohlbekannte Märchenkonstellation vor uns, in »Die drei Federn« noch dadurch verdeutlicht, daß der Jüngste schlechthin als Dummling vorgeführt wird. Allen drei Söhnen wird befohlen, aus dem väterlichen Schlosse auszuziehen. Das ist in vielen Märchen ein ebenso vertrautes Motiv: Ohne Exodus aus dem Elternhaus ist es unmöglich, seiner selbst wie des wartenden Erbes habhaft zu werden. Doch muß es keineswegs immer ein Weg in die äußere Ferne sein. Gerade hier wird – ähnlich wie im Tao-Tê-King des Laotse – betont, daß eine innere Tiefe viel fremder und verborgener sein kann, so daß sie den weltläufigen Menschen zeitlebens unbekannt bleibt:

Geht man nicht aus der Tür,
  kennt man die Welt.
Blickt man nicht aus dem Fenster,
  sieht man des Himmels Weg.
Je weiter man ausgeht,
  desto weniger kennt man. (XLVII)

Unser Märchen veranschaulicht diesen taoistischen Vers an den drei Brüdern. Die beiden ältesten laufen wie gewohnt in die Welt, und alles, was sie heimbringen, ist dieser Welt wohlfeil und angepaßt. Zwar mag man einwenden, es seien ja ihre Federn gewesen, die nach Osten und Westen flogen und denen sie nicht anders als folgen konnten, doch sind die Federn ja wohl symbolischer Ausdruck ihrer inneren Anlage und Geneigtheit. Will man die Federn in ihrer Leichtigkeit verstehen, in der sie jeder Windhauch bewegt, so muß man zugleich ihres Ursprungs gedenken; wie der Vogel zeigt auch die Feder etwas Geistiges an, in diesem Fall jene innere Gerichtetheit, der ein jeder in seinem Streben folgt.

Die Falltür, die sich dem Jüngsten zeigt, als er sich »versinnt«, ist der Eingang zur Innenwelt. Wer sich selbst nicht davon läuft, findet diese Falltür auf dem Boden jeder stillen Stunde. Freilich muß man dann immer noch gewillt sein, sie aufzuheben und Stufe für Stufe in die Tiefe zu steigen. Unser Märchen erzählt von den Erfahrungen dieses Abstiegs nichts[1], sondern weiß nur vom Geschehen tief unten. Da kommt der Jüngste erneut vor eine Tür, die er aber nicht einfach von sich aus öffnet, vielmehr klopft er an, um zu hören, was von innen verlautet. Die Tür öffnet sich von selbst und läßt ihn in eine Erdhöhle treten, in der eine große, dicke Itsche sitzt, umgeben von vielen kleinen Itschen. Die Kröte ist ein erdverbundenes Tier, dessen feuchte Gestalt viele Men-

[1] Siehe hierzu: *Hubertus Halbfas,* Der Sprung in den Brunnen, Düsseldorf 1981 (^{4}1983).

schen abstößt und von dem niemand etwas Kultivertes erwartet, wohl am wenigsten »den schönsten und feinsten Teppich«.

Unter Teppich ist hier keine orientalische Knüpfarbeit zu verstehen, sondern – wie es das Märchen wenig später selbst erwähnt – ein Gewebe. Die germanische Mythologie kennt solche Webstoffe, die die Nornen aus den Schicksalsfäden der Menschen fügen, so daß die Erwartung des Königs, der »feinste Teppich«, den man ihm bringt, solle über seine Nachfolge entscheiden, in ihrem tiefsten Kern auf Schicksal und Berufung setzt, die sich während dieser Wanderschaft offenbaren. Während freilich die älteren Brüder in jenem Oberflächenbereich, worin jedermann sein Glück zu machen gedenkt, herumlaufen, geht der Dummling ins Dunkel der Unterwelt zu den Kröten. Er läßt sich auf seine unbewußten Tiefen ein, von denen er reichlich beschenkt wird, denn »so schön und fein, wie oben auf der Erde kein Teppich konnte gewebt werden«, ist hier sein Lohn. Die beiden anderen dagegen, die in ihrer äußerlichen Gesinnung und Grobschlächtigkeit gar nicht anders konnten, als sich überlegen zu dünken, hatten »dem ersten besten Schäfersweib, das ihnen begegnete, die groben Tücher vom Leib genommen« und heimgetragen. Der offenkundige Qualitätsunterschied ihrer Gewebe macht den alten König staunen, denn er hatte wohl alles von seinen fixen Söhnen, nichts von dem Dummling erwartet. »Wenn es dem Recht nach gehen soll«, schränkt er ein, »so gehört dem jüngsten das Königreich.« Sein Urteil läßt freilich erkennen, daß er auf Einwände gefaßt ist, ja, sich selbst noch nicht auf den Erweis des feinsinnigen »Gewebes« einlassen will. Darum stellt er eine neue Aufgabe. Diesmal soll es um den schönsten Ring gehen, der als Symbol königlicher Würde verstanden werden darf (vgl. S. 78). Da sie – unverändert wie sie sind – in der gleichen Weise wie bisher den Erfolg suchen und keinen höheren Anspruch an sich selbst richten, kann auch ihr Gewinn über ordinäre Beliebigkeit nicht hinauskommen: Sie geben sich mit einem schmiedeeisernen Rad zufrieden, während der Jüngste aus seiner mißachteten und unverstandenen Tiefe einen Ring mitbringt, »der glänzte von Edelsteinen und war so schön, daß ihn kein Goldschmied auf der Erde hätte machen können«. Diesmal sagt der Vater: »Ihm gehört das Reich«, doch willigt er schließlich noch in eine dritte Bedingung ein.

Für die älteren Brüder ergibt sich nichts Neues. Ihre Federn fliegen »wie die vorigen Male«, das heißt, sie sind in ihrer oberflächlichen Art lernunfähig. Ohne Rückbindung an ihre eigene Tiefe sind sie zwar clever, in der Erfindung immer neuer Bedingungen und Klauseln nie verlegen, aber außerstande, ihre eigene Erfahrung zu reflektieren – wie es ja leider vielen Menschen ergeht –, so daß sie letztlich bleiben, was sie schon immer waren.

Als der Dummling dieses Mal zu der Kröte kommt und ohne Umschweife sagt: »Ich soll die schönste Frau heimbringen«, erlebt er eine Irritation. »Ei«, antwortete die Itsche, »die schönste Frau! Die ist nicht gleich zur Hand, aber du sollst sie doch haben.« Allerdings gab sie dem Jungen »eine ausgehöhlte gelbe Rübe, mit sechs Mäusen bespannt«, was den Dummling ganz traurig machte. »Was soll ich damit anfangen?« fragte er, aber anstatt zu räsonieren, tat er, was die Itsche ihm sagte. Die beiden Male zuvor hatte er bloß in die Tiefe zu steigen brauchen, um reich beschenkt heimzukehren, denn es ist allemale bereichernd, die eigene Tiefe zu erfahren, statt an der Oberfläche zu bleiben. Letztlich aber genügt die Versenkung allein nicht. Wer »die schönste Frau«, die volle Erfüllung seines Lebens, finden will, muß vertrauen und lieben können. Darum wird dem Dummling beim letzten Mal geheißen, selbst eine der kleinen Itschen auszuwählen. Anstatt sich nun zu zieren, Zweifel, innere Not oder gar Abscheu hochkommen zu lassen, »griff er aufs Geratewohl eine aus dem Kreis und setzte sie in die gelbe Kutsche«. Die Handlung ist das symbolische Pendant zu den vielen Erlösungstaten, von denen viele Märchen erzählen: daß großmütige Annahme, also letztlich allein die Liebe, das Häßliche und Abstoßende in Schönheit und Wonne verwandeln kann[1]. Die märchenhafte Umschreibung des allgemein Verachteten und Abgelehnten sind hier Rübe, Mäuse und Kröten – also Dinge, die einerseits nichts gelten, andererseits mit Ekel und Widerwillen zur Kenntnis genommen werden. Wer aber diese Wirklichkeit ohne Abscheu gelten läßt und sie »in die Hand nimmt«, der erfährt die befreiende Kraft seines Handelns, denn kaum saß die »Itsche« in der Rübe, »so ward sie zu einem wunderschönen Fräulein, die Rübe zur Kutsche und die sechs Mäuse zu Pferden«.

Während sonst im Märchen eine dreifache Prüfung bestanden werden muß, finden sich hier die beiden Brüder nicht einmal mit dem dritten Erweis des Dummlings ab. Der blanke Intellekt wehrt sich selbst über seine erwiesenen Grenzen hinaus, die vertraute Herrschaft an andere Seelenkräfte abzugeben: »Wir können's nicht zugeben, daß der Dummling König wird«, so soll »dessen Frau« nun noch durch einen Ring springen, weil sie dachten, »das zarte Fräulein springt sich tot«. Es ist sinnvoll, das schöne Mädchen, das so behende dann durch den Ring springt, während sich die groben Bauernweiber die Knochen brechen, als einen weiteren Aspekt (ein Anima-Symbol) des Jüngsten zu verstehen: Er kann auch in der »oberweltigen« Konkurrenz mit seinen Brüdern (deren psychische Plumpheit die derben Bauernweiber andeuten) durch größere Geschicklichkeit und Eleganz überzeugen. Leichtigkeit und Anmut sind der äußere Ausdruck des inneren Gewinns, den er durch seine Vertrautheit mit der Tiefe erworben hat, während jene, die an der Oberfläche ihr Leben zubringen, die Krone menschlicher Identität und hilfreicher Weisheit nie erlangen.

C. Die Interpretation dieses Märchens betont besonders das Moment der Tiefe, die Schätze, die dort verborgen sind, und den inneren Reichtum, den solch ein Abstieg in die Tiefe vermittelt. Dieses Motivs wegen wurde »Die drei Federn« als bildhafte Veranschaulichung dessen, was unsere Stille-Übungen intendieren, ausgewählt. »Diese Bewegung nach unten, die einem Hinabsteigen ins eigene Innen gleichkommt, halte ich in der gegenwärtigen Situation, in der unsere Kinder so stark außengeleitet werden, für besonders wichtig«, sagt Felicitas Betz in ihrer Interpretation des Märchens. »Bedeutungsvoll ist es auch, den Aufstieg des sogenannten Dümmlings zu erleben. Wie viele Kinder gelten als dumm, weil sie anders begabt sind als heute honoriert wird. Sie haben Anlagen, die ein reiches Innenleben begünstigen, können sie aber nicht entfalten, weil sie nicht oder viel zu wenig daraufhin angesprochen werden. Also können sie nicht zeigen, welche Kräfte in ihnen stecken. Sie werden für schwachbegabt

[1] Dieses Motiv findet sich als Befreiung der Hexe im Lehrerhandbuch 1, 182 f, dargestellt. In besonders eindrucksvoller Weise wird es auch in dem französischen Märchen »Die Schöne und das Tier« geschildert.

gehalten, erleben immer wieder, daß sie zu langsam und verträumt sind, um mit der ›Aufgewecktheit‹ anders begabter Kinder (vielleicht sind es sogar Geschwister) konkurrieren zu können, und ergeben sich in ihr Los, für ›Dümmlinge‹ gehalten zu werden, bzw. entwickeln sich zu Verhaltensgestörten. Dieses Märchen bestätigt solche Kinder und stärkt ihr Selbstvertrauen: Warte ab, irgendwann wird es an den Tag kommen, was in deiner Tiefe steckt.«[1]

D. Das Märchen kann zunächst unabhängig vom Religionsbuch erzählt und den Kindern erschlossen werden. Die voranstehende Deutung ist natürlich primär für den Lehrer geschrieben, aber je mehr er sie sich angeeignet hat, um so leichter fällt es ihm, eine elementarisierte Interpretation in seinem Unterricht zu leisten. Dabei sollen die Kinder besonders spüren, daß es unter der Falltür – unterhalb der Ebene, auf der wir uns durchweg bewegen – ungeahnte Tiefen und Schätze gibt, und daß es sich lohnt, diesen Bereich zu entdecken. Im 2. Schuljahr verstehen manche Kinder bereits die Wahrheit dieser Geschichte, andere befinden sich in einer Ambivalenz, die sie einerseits ganz der Märchenhandlung ausliefert, ohne daß sie deren Symbole reflektieren können, andererseits ihnen aber doch ermöglicht, in den Bildern des Märchens eigene Stille-Erfahrungen unterzubringen.

Die erste Vermittlung des Märchens sollte unabhängig von Stille-Übungen geschehen. Erst nachdem man die Geschichte in Ruhe gemeinsam bedacht hat, ist es ratsam, in einer weiteren Schulstunde das Religionsbuch aufzuschlagen, das Bild darin zu betrachten und den Textausschnitt zu lesen. Dies sollte wiederholt geschehen und kann als Vorübung zu den Stille-Erfahrungen gewählt werden, zu denen die voranstehenden Gestaltungsbeispiele anleiten.

[1] *Felicitas Betz,* Märchen als Schlüssel zur Welt. Eine Auswahl für Kinder im Vorschulalter. Handreichung für Erzieher, Lahr/München 1977, 91.

Mit Kindern gemeinsam handeln

»Trotzdem alle Universitäten der Welt ihren Studienbeitrag geleistet haben, blieb der Zustand der Schule fast unverändert. Der einzige Unterschied, der in die Klassen getragen wurde, war, die Schülerzahl zu verringern, weil die Lehrerin, die jedes Individuum einzeln studieren muß, nicht mehr als eine äußerst begrenzte Schülerzahl unter sich haben kann. Die Methode bleibt aber die alte, passive Methode, die ein neues Kleid anhat.

Die Erwachsenen glaubten nicht, daß ein Wesen zu seiner natürlichen Bestimmung gelangen könne. Sie dachten nicht darüber nach, daß es eine einzige Möglichkeit dazu geben würde: diesem Wesen die Mittel geben ... und die Freiheit, damit das Kind von sich aus dahin gelange, wohin die Natur es führen will.

Diese Mittel gibt unsere Methode den Kindern, ohne daß es notwendig ist, ihre Anzahl in den Klassen zu begrenzen, ohne daß sie eine enorme Quantität von Material benutzen und vergeuden und ohne daß sie sich an über ihnen stehende Personen zu wenden haben, die hoch und wissenschaftlich vorbereitet sind. Bei uns beschäftigt sich jedes Kindchen mit einer verschiedenen Übung und kann darum eine individuelle Erziehung erhalten, auch wenn es den Teil einer Klasse von mindestens vierzig Kindern bildet ... Bei uns hat die Lehrerin keine andere wissenschaftliche Vorbereitung nötig, als die, auf die Seite zu gehen und die Kunst anzuwenden, sich selber auszuschalten und somit nicht das Wachstum des Kindes in seinen verschiedenen Tätigkeiten zu hemmen.«[1]

Diese hochgemuten Sätze stammen von Maria Montessori, sind in ihrer Intention aber ebenso bei vielen Schulmännern der Reformpädagogik oder bei Célestin Freinet zu finden. Wer immer sich in diesem Jahrhundert mit Schulkritik und Schulreform kreativ befaßt hat, die Grundtendenz aller alternativen Konzepte geht auf freie Schüleraktivität und ein Lernen durch Handeln. Der Revisionsvorschlag lautet jedoch nicht, statt der Kopfarbeit auch manuelle Tätigkeiten zu beachten, oder – einen Schritt weiter – statt individueller Aktivitäten kooperativ in Gruppen zu lernen, sondern geht auf einen inneren Zusammenhang mehrerer Prinzipien, die für die jeweilige pädagogische Alternative konstitutiv sind.

Für die Montessori-Pädagogik gelten folgende Essentials, die sich gegenseitig stützen und bedingen:

- Unterricht in vorbereiteter Umgebung; das Materialangebot.
- Tägliche freie Arbeit nach Wahl des einzelnen Schülers.
- Freie Kooperation der Schüler untereinander, beratende Hilfe durch den Lehrer.
- Selbstbestimmung als Ziel und Weg.

[1] *Maria Montessori,* Die Umgebung, in: Die neue Erziehung, (Monatsschrift des Bundes Entschiedener Schulreformer), XII, 1930, 86 ff.

Man kann diese Prinzipien nur in ihrem Zusammenhang praktizieren, ohne auf eines von ihnen zu verzichten. Sie korrespondieren untereinander und begründen in ihrem Wechselbezug erst die Fruchtbarkeit dieser Schulpädagogik.

Ganz ähnlich ist es mit der Freinet-Pädagogik. Als die wesentlichen Konstitutive dieser Konzeption lassen sich nennen:

- Selbstverwaltung der Klasse.
- Selbsttätigkeit bei der Arbeit.
- Kooperation der Schüler.
- Entdeckendes Lernen in einer anregenden Lernumwelt.
- Freier Ausdruck der Kinder im weitesten Sinne.

Auch hier ist der Zusammenklang dieser Kriterien mehr als die Summe der einzelnen Teile. Es versteht sich von selbst, daß eine solche Pädagogik niemals auf Einzelstunden bezogen werden kann und darum nicht als spezielle Fachdidaktik hier zur Sprache kommt. Unser Plädoyer für einen selbsttätigen und kooperativen Lernprozeß der Schüler hat deshalb sowenig allein den Religionsunterricht im Blick, wie unterstellt wird, über den Religionslehrer als Fachlehrer ließe sich eine derartige Schulpädagogik einführen. Wir gehen allerdings davon aus, daß der Religionslehrer normalerweise Grundschullehrer ist, also meistens nicht von außen kommt, sondern neben seinen Fachstunden auch eine eigene Klasse führt, in der er den Kernunterricht erteilt, und daß er zumindest in dieser Klasse Ziele realisieren kann, denen in den Fachstunden Grenzen gesteckt sind. Dabei wird sich zeigen, daß die Konzeption, die in der eigenen Klasse praktiziert wird, in abgestufter Form bald auch die Fachstunden beeinflußt, so daß hier dann manches möglich wird, was zunächst undenkbar erscheint.

Es gibt nicht zweierlei Existenz als Lehrer. Als Religionslehrer bin ich so gut oder schlecht, wie ich es als Lehrer insgesamt bin. Darum kann auch dieses Handbuch und die didaktische Konzeption des Religionsbuches für die Schüler nicht davon absehen, daß der Religionsunterricht ordentliches Schulfach ist und in seinem pädagogischen Niveau vom Niveau des gesamten Schullebens, dessen Teil er ist, abhängt. Gleichzeitig müssen wir uns klar machen, daß alles »Gott sagen« in einer abgehobenen Formelhaftigkeit schrumpft, wenn es nicht in eine kinderfreundliche, kreative und freiheitliche Unterrichtskonzeption eingepflanzt bleibt, so daß es auch theologisch niemals gleichgültig ist, in welcher pädagogischen Qualität sich der Religionsunterricht realisiert.

Wahrscheinlich gibt es nur wenige Lehrer, die die Gültigkeit dieser Auffassung grundsätzlich bestreiten, aber wer die übliche Ausbildung erfahren hat mit Sozialisationswissen, Curriculumtheorie und schematischer Unterrichtsplanung, doch ohne Anschauungsunterricht in guten Schulen, der für die beste Handlungspädagogik grundlegend ist, der bleibt leicht in den Zwangsordnungen der eigenen tristen Schulerfahrung hängen und betrachtet unsere Ausführungen als idealistische Theorie, für die in normalen Grundschulen keine Chance bestehe. Diese resignative Einschätzung und das mangelnde Selbstvertrauen verhindern dann mehr, als die tatsächlich auftretenden Schwierigkeiten es können.

Ohne Umschweife: Möchten Sie wirklich über den eigenen Schatten springen, können Sie so anfangen:

Es beginnt mit dem Klassenzimmer

Schauen Sie sich um! Unterscheidet sich Ihr Klassenzimmer von den Nachbarklassen, oder ist es den anderen zum Verwechseln ähnlich? Haben Sie den Prozeß »Lernen als räumliche Erfahrung« (Lehrerhandbuch 1, S. 30–39, insbesondere 32 ff) mit Ihrer Klasse absolviert oder diese Anregungen als nebensächlich abgetan? Gibt es in Ihrer Klasse eine Gliederung in funktionsverschiedene Zonen und wurde begonnen, Materialien zur Selbsttätigkeit der Schüler im Klassenraum unterzubringen? Wenn nicht, so bedarf es weder einer Genehmigung von oben noch einer Konferenzermutigung, um jetzt in der eigenen Klasse damit anzufangen.

Sofern wir uns einig sind, daß Kinder handelnd sich am wenigsten langweilen und am intensivsten lernen, müssen wir uns um Material kümmern, das jederzeit zugänglich ist. Ohne Material können wir nicht arbeiten. Natürlich sind keine Fertigwaren gemeint. Das übliche Angebot der Verlage und vor allem sogenannte »Arbeitshefte«, Kopiervorlagen oder gar Konturzeichnungen zum Ausmalen sind strikt abzulehnen. Von solcherart Medien geht eher Verödung aus, (so sehr es natürlich stimmt, daß sich ein Lehrer im ständigen Streß des Frontalunterrichts davon entlastet sieht; aber dann sollte ihn wenigstens noch ein Qualitätsanspruch hindern, hier zuzugreifen). Natürlich bietet uns der Schuletat auch keine Hilfe, zu Arbeitsmaterial zu kommen, und aus eigenen Kräften alles alleine zu sammeln, überfordert schnell. Aber wir können die Eltern ansprechen. Mit ihrer Unterstützung gelingt es immer, zu den jeweils wichtigen Sachen zu kommen. Was brauchen wir?

1. Dinge, die ständig verbraucht werden: Papiere aller Formate, Pappen, Kartons, Stifte, Farben, Klebstoffe und Leim, Bänder und Bindfäden . . . Manche Dinge sind Abfallprodukte, die in jedem Haushalt gesammelt werden können. Große und kleine Papierbögen sind oft sehr preiswert, manchmal sogar gratis in Druckereien zu haben. Zeitungsdruckereien geben für wenig Geld ihre Restrollen ab; bei Malereibetrieben und im Fachhandel kann man Restposten alter Tapetenrollen bekommen.
2. Dinge, die ständig gebraucht, aber nicht verbraucht werden: Tassen und Teller, Messer und Löffel, Kochplatten, eine Kaffee-(Tee-)maschine, Töpfe;
   Scheren, Hammer, Schraubenzieher;
   Schreibmaschinen und alle Dinge, die zum Vervielfältigen von Texten gebraucht werden (→ Lehrerhandbuch 3).
   Eine Kiste mit Stoffen und Lappen, auch allerhand Textilien zum Rollenspiel: Hüte, Schals, Umhänge, Requisiten;
   Puppenstube oder Puppenhaus mit Erwachsenen- und Kinderpuppen, männlichen und weiblichen Puppen, sowie sonstigem Inventar.
3. Tiere und Pflanzen, sowie Gerätschaften zur Tier- und Pflanzenpflege.
4. Lesestoff: Bücher und Zeitschriften.
   Es sollte hier nicht vielerlei angestrebt werden, sondern erstens Material zur individuellen und selbständigen Informationsbeschaffung wie allgemeine und fachliche Lexika, Sachbücher, Kartenwerke; zweitens Begleitmaterial zu epochal dominierenden Themen, die evtl. auch aus Bibliotheken für wenige Wochen entliehen werden können; drittens einige Periodika, Kinderzeitschriften, die allen Schülern gute Alternativen zum minderwertigen Kioskangebot zeigen.

In dem Maße, wie der Unterricht regelmäßige Freiarbeit einführt (→ Lehrerhandbuch 3), sind auch möglichst viele Materialien zur Einzelbeschäftigung oder stillen Partnerarbeit wichtig. Dazu gehören Zuordnungsspiele, Karteikarten mit konkreten Arbeitsvorschlägen und Übungsstoffen, Bilder- und Kinderbücher. Über die Erarbeitung der Voraussetzungen und Grundlagen der freien Arbeit (mit Einschluß des Religionsunterrichts) wird der 3. Band dieses Handbuchs eingehend beraten.

Man wird einen solchen Materialpool natürlich nicht zuerst anlegen, um erst dann damit zu arbeiten, vielmehr ist diese Sammlung der Unterrichtsprozeß selbst. Anfangs sind vielleicht nur die persönlichen Materialien der Kinder da (Papier, Stifte, Farben, Schere, Klebstoff . . .), dann kommt von Woche zu Woche anderes hinzu, gleichzeitig gliedert sich der Klassenraum zwangsläufig in Funktionszonen und schon entsteht jene anregende, die eigene Aktivität stimulierende Atmosphäre, die uns als Lehrer so sehr entlastet und die Kinder frei und glücklich in der Schule sein läßt.

Das Material stiftet den Prozeß

In dem, was bisher getan wurde, liegt eine gewisse Selbstgängigkeit. Wenn Sie Kochplatten und Töpfe in die Klasse stellen, wollen die Kinder auch damit umgehen, und schon entsteht eine Mahlzeit, die geplant und vorbereitet, angerichtet und serviert und schließlich auch in gemeinsamer Haltung gegessen werden muß. Haben Sie Blumen, ein Tier, so stellen sich damit andere Aufgaben und Verantwortlichkeiten. Bieten Sie den Kindern Schreibmaschine(n) und Umdrucker, beginnt nahezu von selbst die Arbeit an Mitteilungsblättern, Aufrufen, einer Klassenzeitung . . . und alle diese Aktivitäten schaffen eigene Strukturen der Selbstverwaltung und Kooperation.

Der geläufige Einwand gegen diese Form von Schülertätigkeit in der Schule – oft freilich mehr eine Schutzbehauptung aus Angst vor dem Ungewohnten – verweist auf den Lehrplan und die mangelnde Zeit für solche Freiräume, da man ja schon so nur mühsam sein Pensum erfülle. Es mag sein, daß anfänglich etwas mehr Zeit vonnöten ist, um dies und das zu organisieren und alle Kinder zur individuellen Arbeit anzuleiten, aber dieser Aufwand wird bald ausgeglichen sein, während die anstehenden Lernziele mit größerer Motivation und Nachhaltigkeit erreicht werden. Es darf freilich nicht unterschlagen werden, daß ein Lehrer mit jeder »Dienst-nach-Vorschrift-Moral« scheitern muß. Lebendiges eigenes Interesse und Einsatz über die letzte Stunde hinaus sind schon nötig, um die Schüler optimal am Unterricht zu beteiligen. Aber wie in allen sonstigen Hinsichten gehen unser Religionsbuch und der Lehrerkommentar davon aus, daß wir uns damit nur an jene wenden, die mit Leib und Seele bei der Sache sind.

Handlungsansätze und -impulse im Religionsbuch

Bezüglich der freien Schülerarbeit, über die im Folgeband ausführlich gesprochen wird, ist im Blick auf den Religionsunterricht allerdings eine Einschränkung angebracht: hier fehlt mehr als in den Sachfächern und im naturwissenschaftlichen Bereich das Material, das den Schülern sinnvolle Erfahrung erschließt und das zugleich über ein bescheidenes Zuordnen und Merken hinausführt. Die Montessori-Pädagogik hat derzeit an diesem Punkt ihre eigenen Defizite und es sind zugleich die der Religionspädagogik.[1] Dabei ist dies kein Anliegen nebengeordneter Bedeutung, denn wenn man bedenkt, wie oft gerade in Diaspora-Situationen die jeweilige konfessionelle Minderheit aus mehreren Klassen und Jahrgängen zusammengefaßt wird, mitunter gar in unzumutbaren Kombinationen, dann wird die Bedeutung der Freiarbeit offenkundig. Nur durch sie ist eine Differenzierung in Lerngruppen möglich, also eine altersgemäße Förderung der jeweiligen Schüler, die im heutigen Frontalunterricht in ihren Interessen und Kenntnissen meist kläglich ignoriert werden.

Abgesehen von diesem Sonderproblem, erlaubt der Religionsunterricht jedoch eine breite Palette kooperativer Aktivitäten. Damit ein Durchblick durch unser Religionsbuch leichter gelingt, sollen zunächst die wichtigsten Möglichkeiten genannt werden.

Wie immer ist das Rahmenkapitel »Leben und Lernen in der Schule« vorrangig auf die Selbsttätigkeit und Zusammenarbeit der Schüler ausgerichtet. Die Themen »Umgang mit Tieren und Pflanzen«, »Brotbacken« und »Feste feiern« enthalten exemplarische Beispiele für gemeinsame Aktivitäten, aber auch die Stille-Übungen erfordern Selbsttätigkeit, wie in anderer Weise die Reflexion zum Schüler-Lehrer-Verhältnis die Rückseite desselben Themas darstellt.

Innerhalb des Religionscurriculums bietet das Kapitel »Mit der Kirche feiern« den kräftigsten Anstoß zu gemeinsamen Tun. Hier werden keine Vorlagen für verbale Unterrichtsvorgänge, sondern Spiel- und Handlungsmuster geboten: Das Weihnachtsspiel lockt zu umfassenden Aktivitäten. Man kann einen Spielrahmen entwerfen und planen, Lieder und Musik hinzuentwickeln, Kleidung und Utensilien besorgen, Einladungen schreiben, über Begrüßung, Schmuck des Klassenzimmers, Abschluß der Aufführung beraten und natürlich das darstellende Spiel selbst üben, um spielend das Weihnachtsmysterium zu erfahren. Ähnlich stimuliert das Hungertuch in den Wochen der Fastenzeit. Die Kinder müssen Materialien besorgen, Konturen zeichnen, ausschneiden und aufkleben, Deutungen und aktuelle »Kontexte« erarbeiten – und auf diese Weise die schulische Infrastruktur für manuelle Arbeiten gleichzeitig ausbauen. Auch die Aufgabe, ein Weizenkorn auszusäen und dessen Wachstum zu verfolgen, bietet viele Möglichkeiten zur Selbstbetätigung, wie sie unser Handbuch am entsprechenden Ort entwickelt. Da ein Schulbuch jedoch stets nur Beispiele bieten kann, ist mit diesen drei handlungsorientierten Entwürfen zum gemeinsamen Begehen des Kirchenjahres in der Schule auf eine Weiterführung zu anderen Festzeiten oder Anlässen verwiesen. Der Rückbezug des Religionsunterrichts auf Festzeiten und Bräuche des Kirchenjahres erlaubt gerade in der Grundschule eine maximale Selbsttätigkeit der Kinder.

Einen ersten Impuls hierzu bietet unser Fest-Kapitel im Religionsbuch, zumal mit seinen mehrfachen Vorschlägen für ein Märchenfest, ein Bücherfest oder die Gestaltung von Geburts- und Namenstagen. Nimmt man zu diesen Anstößen den erweiterten Anregungsrahmen des nachfolgenden Festkalenders (→ S. 125) hinzu, ergibt sich ein breites Spektrum handlungsorientierter Aktivi-

[1] Vgl. *Hubertus Halbfas,* Montessori-Pädagogik und Religionspädagogik, in: ders., Das dritte Auge. Religionsdidaktische Anstöße. Düsseldorf 1981.

täten, die den Religionsunterricht sicher davor bewahren können, in einer nur verbalen Belehrung zu vertrocknen.

Brot backen S. 12–14

»Was hat der Mensch von all seinem Wissen, wenn er nicht weiß, wo das Brot herkommt«, hat Johann Heinrich Pestalozzi (1746–1827) gesagt. Das war zu einer Zeit, als Bauern selbst noch in Städten wohnten, Kinder die Kornsäcke auf Handkarren zur Mühle brachten und die Backöfen noch in allen Dörfern standen. Für viele, die nur in Großmärkten kaufen, kommt das Brot aus der Brotfabrik, und Pestalozzi konnte gar nicht ahnen, wie sehr die Menschheit einmal von ihren Ursprüngen abgeschnitten würde, so daß der Gang zu den Quellen den meisten verwehrt ist.

Brot ist nicht ein Nahrungsmittel unter vielen – Brot steht für unsere Ernährung schlechthin. Ob es nun heißt: »Im Schweiße deines Angesichts sollst du dein Brot essen« oder ob wir beten: »Unser tägliches Brot gib uns heute«, immer ist das Brot der Inbegriff für alles, was unser Leben trägt. Angelus Silesius hat gesungen: »Was dich im Brote speist, ist Leben und ist Geist . . .«

Bevor wir uns anschicken, mit unseren Kindern Brot zu backen, soll der Blick zurückgehen in eine Zeit, in der das Brot noch nicht vom Bäcker, sondern von den Hausfrauen gebacken wurde. (Dabei beschränken wir uns auf den Arbeitsvorgang. Alles weitere zum Brot S. 474).

In einer großen irdenen Schüssel wurde zunächst der vorbereitete Sauerteig mit Mehl und Wasser vermengt, und zwar so, daß er in der Mitte in einer Vertiefung ruhte und mit der umgebenden Mehlmenge abschloß. Das geschah am Vorabend des Backtages in der aufgeräumten und sauber geputzten Küche. Über Nacht konnte dann der Sauerteig wirken. Am nächsten Morgen kam die benötigte Menge Mehl in einen hölzernen Trog, in dem der eigentliche Brotteig geknetet wurde. Jetzt wurde von der Hausfrau Schwerstarbeit verlangt, denn schönes lockeres Brot gibt es nur, wenn der Teig zuvor gut und lange genug geknetet wird. Das kostet Ausdauer und Kraft, denn immer war es eine große Teigmenge, die mit den Händen durchwalkt werden mußte; meist wurde nur alle zwei Wochen gebacken und so lange mußte das Brot reichen. Es war aber auch der Stolz einer jeden Hausfrau, ein gutes Brot zu backen, das allen am Tisch schmeckte und das die Besucher lobten.

War der Teig geknetet, mußte er »gehen«, die Gärung also ihre richtige Reife erreichen. Dann wurden die Laibe geformt. Danach blieben sie wieder eine kleine Weile stehen, damit die Gärgase Zeit hatten, den Teig nochmals wachsen zu lassen. Nun legte man die geformten Laibe auf ein Brett in einem Schubkarren oder auch auf eine hölzerne Trage, wobei meist die Kinder halfen, und brachte alles zum Backhaus; da standen bereits andere Frauen und warteten. Längst vorher war der Ofen angeheizt worden, doch mußte man so lange nachfeuern, bis die richtige Hitze erreicht war. Solange die Steinwände des Ofens nicht rötlich schimmerten, war die Temperatur nicht ausreichend, erst wenn sie weiß glühten, wurde die Feuersglut aus dem Ofen geholt und die Laibe in die heiße Höhlung geschoben. Öfen, in denen Feuerraum und Backraum getrennt waren, sind erst in jüngerer Zeit entwickelt worden.

Für die Frauen begann nun eine kleine Mußestunde, dann war es soweit, die eiserne Tür des Ofens wurde geöffnet und die heißen Brotlaibe herausgeholt. Zunächst wurden sie mit Wasser abgepinselt, damit die Kruste schön glänzte, dann fuhr jede Frau mit ihren Broten nach Hause.

Brotbacken mit Sauerteig ist eine Kunst, die der frühen Menschheit nicht geschenkt war. Möglicherweise war es eine ägyptische Hausfrau, der in ihrem Tontopf eher zufällig die große Erfindung gelang. Es muß eine sparsame Frau gewesen sein, sonst hätte sie den Brei, der ihr sauer geworden war, weggeschüttet. So aber wollte sie ihn noch weiter verwenden und entdeckte die spontane Sauerteiggärung, die das sonst sehr dichte Brot lockert und aromatisch macht. »Alle Menschen haben Furcht vor dem Faulen von Speisen, die Ägypter aber stellen den Brotteig auf, daß er faulen muß«, berichtet voller Staunen noch der Grieche Herodot (484 – ca. 430 v. Chr.). Dennoch muß die Sauerteiggärung schon viel früher, wenn nicht in ihrer Ursache, so doch in ihrer Wirkung erkannt worden sein, denn jeder Mehlteig, den man sich selbst überläßt, gerät in Gärung und »sauert«. Nach Funden im östlichen Mittelmeerraum hat es eine saure Vergärung von Brotteig bereits um 1800 v. Chr. gegeben. Verbreitete Anwendung fand der Brotteig aber erst tausend Jahre später. Ex 12, 15 befiehlt den aus Ägypten flüchtenden Israeliten, mit ungesäuertem Brot sieben Tage lang fürlieb zu nehmen (siehe auch das Gleichnis vom Sauerteig, Mt 13,33; sowie 1 Kor 5,6). Um 800 v. Chr. lernten die Griechen von den Ägyptern die Herstellung von Sauerteig, nördlich der Alpen war das gesäuerte Brot seit Ende der Bronzezeit bekannt. Allgemeingut der gesamten Alten Welt ist das gesäuerte Brot seit 100 v. Chr. Im Mittelalter war der Bäcker schlechthin ein »Sauer-Bäcker«. Dies änderte sich, als man lernte, Bierhefe, ein Nebenprodukt der Brauerei, zum Backen zu nutzen. In Deutschland geschah dies im 15. und 16. Jahrhundert. Später entwickelte sich daraus die Herstellung einer speziellen Backhefe, die seitdem bei Weizenmehl-Backwaren vorwiegend verwendet wird.

Daß die Frauen ihr Brot selbst gebacken haben, war bis ins 12. Jahrhundert allgemeine Ordnung. Darum unterhielten die Städte und alle Dörfer gemeinsame Backhäuser. Weil viele Frauen hier ihr Brot zu einem Backgang zusammenlegten, kennzeichnete jede ihre Laibe mit einem Brotstempel aus Holz. Diese Stempel wurden später oft zu Hauszeichen. Sie sind häufig mit christlichen Symbolen geschmückt, die das Brot als eine heilige Gabe achten lehren.

Elementare Freude hatten die Menschen aller Zeiten stets an Gebildebroten. Der hier entwickelte Einfallsreichtum ist ungewöhnlich groß. Oft verband sich mit den einzelnen Brotformen auch eine magische Bedeutung. In Apulien gibt es Brot in der Form eines Hahns, in Oberitalien das Passe d'Uva, ein duftendes Rosinenbrot, gesalzene Michette und süße Veneziana gibt es in Venedig. Einzelne Feiertage haben besondere Gebildebrote, fast zu schön, sie zu essen. Dennoch sind in normalen Zeiten diese Brote nie vertrocknet. Kinder beißen den Harlekinen die Köpfe, den Drachen die Schwänze ab. In Deutschland ist das am meisten verbreitete Gebildebrot der »Stutenkerl« oder »Weckmann« (süddeutsch auch »Klôsemännle« genannt) zu Sankt Martin und Nikolaus. In manchen Gegenden gibt es zu Allerseelen Zopfgebäcke (Allerseelenstriezel, Seelenwecken), teils ehemalige Speiseopfer, teils Fruchtbarkeitssymbole. Für andere Gebildebrote gaben die Julgebäcke das Muster, wieder andere gehen auf antike Bräuche zurück (etwa im Totenkult) oder wurden, wie manche Fastengebäcke, durch klösterliche Traditionen überliefert.

Bevor wir nun Backanleitungen und schulische Erfahrungsberichte geben, soll noch etwas über das Mehl gesagt werden, weil mit der modernen Technik auch ernährungsphysiologische Veränderungen einhergehen. »Ich habe die Schriften der Hildegard von Bingen gelesen, und ihre Lehre von der Natur hat mich dazu bewegt, das Mehl anders zu mahlen als die modernen Großmühlen«, erklärte der Müller der Staudernheimer Klostermühle im Nahetal. »Dem Mehl entziehen diese Mühlen den Keimling, um möglichst helles und backleichtes Mehl zu erhalten. Der Keimling aber ist der vitamin- und mineralreichste Teil des Kornes. Für eine gesunde Ernährung braucht ein Mensch diese Vitamine und Mineralien. Deshalb entfernen wir vor dem Mahlvorgang den Keimling nicht, sondern mahlen ihn mit. Außerdem verwenden die Großmühlen sogenannte Hammerwalzen, die zwar sehr schnell arbeiten, aber das Getreide zerdonnern. Backschrot zum Beispiel mahlen wir auf zwei alten Mühlsteinen. Das einzelne Korn wird nicht zerdonnert, sondern ausgemahlen und ist darum viel gesünder. Außerdem behält das gemahlene Getreide seinen Geruch.«

Roggen- und Weizenmehl dürfen nur in festgesetzten Typen gehandelt werden, d. h. der prozentuale Ascheanteil dieser Mehle muß zwischen bestimmten Mindest- und Höchstgrenzen liegen. Ascheanteil nennt man die nicht verbrennbaren Mineralstoffe (Natrium-, Calcium-, Kalium-Phosphor- und Eisenverbindungen) im Mehl. Fein ausgemahlene Mehle haben einen geringen Ascheanteil, gröber gemahlene Mehle einen entsprechend höheren Anteil. Mehle mit hohem Mineralgehalt sind für die menschliche Ernährung besonders wertvoll.[1]

Schließlich noch ein Wort zum Sauerteig. Von den Eigenschaften des Sauerteigs und der durch ihn bewirkten Säuerung hängen Charakter und Qualität des Brotes weitgehend ab. Je nach Art des Sauerteigansatzes und seiner Führung fallen die Beschaffenheit des Teiges, sein Trieb, die Säuerung des Brotes, die Porenbildung, die Farbe der Rinde, die Elastizität, die Schnittfestigkeit der Krume sowie Geschmack und Frischhaltung des Brotes unterschiedlich aus. Bei normalen Roggenmehlqualitäten ist bei einer Versäuerung von 35 bis 45 Prozent der Mehlmenge in der Regel eine einwandfreie technische Qualität des Brotes zu erwarten. Mit stärkerer Säuerung wird die Krume elastischer und saftiger. Eine gute Krumenstruktur ist Kennzeichen der Schneidbarkeit und eines längeren Frischbleibens des Brotes. Mit zunehmender Säuerung wird auch die Bräunung der Kruste verstärkt.

Roggenmehl erfordert immer eine andere Verarbeitungsweise als Weizenmehl. Ein *un*gesäuertes Roggenbrot fällt im Volumen deutlich ab, die Krume zeigt einen Ansatz zum Wasserstreifen und ist in ihrer Elastizität stark beeinträchtigt; die Kruste ist abgebacken, der Brotgeschmack kleistrig-fade. Richtig gesäuerte Brote zeigen dagegen keine backtechnischen Mängel und sind auch in ihrem aromatischen Geschmack einwandfrei. Die höheren Roggenmehltypen (dunklere Mehle) fordern auch höhere Sauerteiganteile.

[1] Die Weizenmehltypen sind: 405; 550; 630; 812; 1050; 1200; 1600; 1700 (Backschrot); Die Roggenmehltypen: 610; 815; 997; 1150; 1370; 1590; 1740; 1800 (Backschrot). Die niedrigen Typenzahlen haben den geringeren Ascheanteil. Frühstücksgebäck und Weißbrote sind durchweg mit Weizenmehl Typ 550 gebacken.

Um einen Sauerteig anzusetzen, können wir der alten Tradition folgen (»Spontansauer«). Hierzu wird zunächst das Roggenmehl mit Wasser angeteigt und bei nicht zu kühler Temperatur aufgestellt (empfehlenswert: 25–28° C). Nach drei bis vier Tagen treten Veränderungen auf, die alle Merkmale der Gärung zeigen. Es entwickelt sich Gas, das Teigvolumen nimmt zu, es entsteht ein angenehm säuerlicher Geruch. Durch ein mehrfaches, weiteres Anfrischen, d. h. je erneuten Zusatz von Mehl und Wasser in bestimmten Zeitabständen, bildet sich schließlich ein Sauerteig, der für das Roggenbrotbacken gut geeignet ist. Eine Heranführung des »Spontansauers« mit feinem Roggenschrot begünstigt die Geschmacksbildung des Brotes. Statt den Sauerteig selbst anzusetzen, kann man auch einen handelsüblichen »Sauerteigstarter« verwenden. Der Fachhandel (Reformhaus) bietet auch Sauerteig-Extrakt und Fertig-Sauerteig an.

Die wohl am ehesten praktizierte Art, den Sauerteig selbst herzustellen, greift auf Hefe zurück. Für 500 g Roggenmehl benötigen wir 10–20 g Zucker und ebenso viel Hefe. Beides wird in einem Liter handwarmen Wassers aufgelöst. Das Ganze läßt man zugedeckt zwei Tage lang stehen, dann ist der Sauerteig fertig. (Im Kühlschrank hält er sich über eine Woche.)

Wir dreschen, mahlen und backen

Im ersten Schuljahr haben wir bereits eine Ordnung des einfachen Lebens kennenlernen können. Der gezeichnete Bilderzyklus »Israel – Land und Leute« hat den Kindern das Jahr des Bauern mit allen Arbeitsschritten vom Pflügen und Säen bis zum Ernten, Dreschen, Worfeln und Sieben vorgestellt (→ I, 74/75); die Vorgänge im Haushof (→ I, 82/83) haben das Mahlen mit der Handmühle, die Teigbereitung, das Backen und das täglich frische Fladenbrot gezeigt (siehe dazu im Lehrerhandbuch I, S. 336–340; 354–356). An diese Erfahrungen knüpfen wir jetzt an. Wir betrachten noch einmal die Bilder im Religionsbuch, sprechen über den langen Arbeitsweg vom Korn zum Brot und beschließen dann, diese Arbeiten nun selbst zu erproben.

Sinnvoll ist es, hierfür eine Zeit zu wählen, in der ein Bund ungedroschenen Getreides (sowohl Roggen als auch Weizen) erreichbar ist, bzw. sich einen solchen Bund für die spätere Arbeit zurückzulegen. Wenn es dann soweit ist, bekommt jedes Kind eine Handvoll Ähren zum Dreschen. Man kann mit einer Holzrolle darüber fahren oder mit Stöcken darauf schlagen, notfalls sogar mit den Fingern die Ähre leeren. Das Resultat sind Körner und Spreu auf dem Boden. Wie sollen wir dieses Gemisch trennen? Es hochwerfen und dann in die fallenden Körner pusten, will nicht recht gelingen. Besser ist es, sanft über den Boden zu pusten, so daß nur die Spreu wegfliegt, die Körner aber liegenbleiben. Wenn wir genügend Korn für unsere Brote selbst dreschen wollen, wird die einmalige Anstrengung dazu nicht hinreichen. Wir müssen jeden Tag weiterdreschen, bis es für alle reicht. Anderenfalls können wir Roggen- und Weizenkörner im Reformhaus kaufen. Wir vergleichen Weizen- und Roggenkorn und hängen Ähren bzw. Bilder von Ähren auf.

Die Körner zu mahlen ist eine mühsame Sache. Zunächst mag es jeder mit zwei Steinen versuchen (S. 14, Foto links oben). Wie das ermüdet! Kostbar würde ein Butterbrot, müßten wir uns immer so anstrengen. Doch gibt es ja auch Handmühlen, die wir eifrig und im Wechsel der Kräfte drehen. Wenn wir

Unsere Weckmänner

Das St. Martinsfest ist für uns seit jeher ein großer Tag. Die Weckmänner, die in unserer Gegend (auf jeden Fall) dazu gehören, wurden jedes Jahr beim Bäcker bestellt und an alle Schulkinder verteilt. Wir, die 24 Kinder der Klasse 3b und unsere Lehrerin, Frau Vecqueray haben uns überlegt: Wir müßten die Weckmänner selber backen können! Was wir nicht wußten: Frau Vecqueray hatte uns schon längst zur Besichtigung der Bäckerei und Konditorei Hardt in der Frankfurter-Straße angemeldet. An einem Vormittag fuhren wir mit dem Linienbus hin. Wir wollten viele Fragen stellen.

Der Bäckermeister empfing uns freundlich und führte uns in die Backstube, wo es köstlich duftete. Ein Bäckergeselle holte gerade die Brote aus dem Backofen. Wie Brötchen geformt und gebacken werden, konnten wir leider nicht sehen. Der Bäcker erklärte uns, daß die Brötchen schon ganz früh morgens gebacken werden.

Dann schauten wir uns die Knetmaschine an, die Mehl, Wasser und andere Zutaten zu einem Teig verrührt. Der Hefeteig für die Weckmänner war schon fertig. Jetzt zeigte man uns wie Weckmänner geformt werden, und wir durften mithelfen.

Und dann gab es etwas zu lachen. Der Mantel unserer Lehrerin war nicht mehr blau sondern weiß.
Schließlich besichtigten wir die Konditorei. Dort wurden aus Schokolade kleine Häuser hergestellt. Wir durften alle etwas probieren.

Zum Abschied bekam jedes Kind einen noch heißen Weckmann geschenkt.
Am nächsten Tag schrieben wir das Rezept für die Weckmänner auf:

Rezept

500 gr. Mehl	1/8 – 1/4 l warme Milch
30 gr. Hefe	80 gr. Butter
60–80 gr. Zucker	1 Ei

1 Brise Salz

Am Morgen des St. Martintages stellten die Lehrerin und einige Mütter mit uns den Hefeteig her. Von einer langen, dicken Rolle schnitten wir gleich große Scheiben ab und jedes Kind fing an seinen Weckmann zu formen.

Aber nicht nur in unserer Klasse wurde an diesem Morgen geknetet und geformt, sondern die anderen Klassen hatten das Rezept übernommen und auch hier waren die Kinder mit Eifer dabei, Weckmänner zu formen. So sind zum guten Schluß fast 300 Weckmänner entstanden.

War das nicht toll?

eine elektrische Mühle (Kaffeemühle) benutzen, können wir spüren, wie schnell sie warm wird. Die Hitze im Innern – wie sie alle modernen Mühlen erzeugen – schadet den Vitaminen im Mehl und macht es um einmal mehr wertloser, darum wollen wir uns lieber anstrengen und alles Korn von Hand mahlen. Schließlich haben wir genügend Mehl gewonnen, um unser Brot zu bakken.

Inzwischen ist unser Sauerteigstarter, den wir zu Beginn der Arbeiten angesetzt haben, wundersam gewachsen. Nun kann das Werk beginnen. Zu viert stehen die Kinder an ihren Arbeitstischen. Zuerst füllen sie Mehl in ihre Schüssel und machen dann eine Kuhle in den Mehlberg, in die sie den Sauerteig füllen. Nun beginnt der schwierige Teil der Arbeit. Der Sauerteig muß zerbröselt, im Wasser verrührt und mit dem Mehl vermengt werden. Wer den Hefebrei nicht gut mit Mehl bestreut hatte, dem kleben nun bald die Hände voller Teig. In trockenem Mehl gerieben, werden sie wieder arbeitsfähig. Schließlich hat jedes Kind sein Teigstück vor sich, das nun tüchtig geknetet und gerollt werden will. Das ist eine Arbeit, die allen Freude macht. Manche mögen gar nicht aufhören, aber das ist gut so, denn je besser der Teig durchgeknetet wird, um so besser wird das Brot. Vielleicht wird der Batzen, den jeder bearbeitet, vom tüchtigen Walken rissig, dann muß erneut eine kleine Höhlung gebildet und vorsichtig etwas Wasser nachgegossen werden. Klebt der Teig an den Fingern, ist der Mehlanteil zu gering. Man muß so lange kneten, bis der Teig glatt und trocken ist. Jetzt braucht der Teig – bei den meisten Rezepturen – eine Ruhezeit. »Er muß gehen«, sagt der Bäcker dazu. Was mag das für eine seltsame Ruhe sein, die zugleich ein Gehen ist? Jedes Kind deckt ein mitgebrachtes Küchentuch über den »Ruhebedürftigen«, hütet ihn auch vor Zugluft und Kälte, denn der Teig liebt es möglichst warm – und rätselt, was jetzt nun unter den Tüchern vor sich gehen mag. Sobald dann die Tücher gelupft werden, ist das Erstaunen groß über die wunderbare Vergrößerung. Noch einmal wird nun geknetet, dann formt jedes Kind seinen Laib, oder wir arbeiten die kleineren Teigstücke ineinander und bilden einen großen Laib. Vielleicht drücken wir Kerben hinein oder schmücken den Rücken des Brotlaibes mit einem Kreuz. Noch einmal bekommt der Teig eine kleine Ruhezeit, dann werden die Laibe in den vorgeheizten Backofen geschoben. Hier dürfen sie einander nicht zu nahekommen, da sie möglicherweise, je nach der Art des Brotes, noch weiter »gehen«. Auf das Ende der Backzeit warten alle Kinder gespannt. Doch schließlich ist es soweit, und wie im Märchen rufen die Brote: »Ach, zieh mich raus, zieh mich raus, sonst verbrenn ich!« Es ist ein Erlebnis, wenn alle Kinder ihr Brot entgegennehmen, und ohne Zweifel werden sie es am gemeinsamen Tisch mit großer Andacht essen (→ S. 124).

Der Platz der Freundlichkeit

Die Geschichte vom Brot, das der hungernde Fischer am »Platz der Freundlichkeit« findet, gibt dem Brotbacken der Kinder einen sinndeutenden Hintergrund. Ähnlich wie die übrigen Märchenauszüge und Zeichnungen will sie die vorgestellten Kinderaktivitäten auf einer symbolischen Ebene vertiefen.

A. Der Originaltitel der Erzählung heißt »Der Feenbrotlaib«.[1] Es handelt sich um eine keltisch-irische Tradition, in der Feengeschichten und Feenglaube wie nirgendwo sonst in Europa eine große Rolle spielen. Zwar unterliegt dieser Volksglaube inzwischen auch dem allgemeinen rationalistischen Bewußtsein, doch begegnen in entlegenen, menschenleeren Landschaften noch immer Zeugnisse fester Überzeugung von der Wirksamkeit des »kleinen Volkes«. Eine solche Region ist beispielsweise der Südwesten von Donegal. »Wir sind in einer Landschaft von Gebirgen und Mooren. Landeinwärts liegen Seen. Aber vor allem wird das Bild bestimmt von einer zerklüfteten Küstenlinie und dem weiten wilden Meer. Die Gebirge brechen abrupt in den Atlantik ab. Die Klippen des Stieve Leagne erheben sich senkrecht in unmittelbarer Nähe des Wassers und der Brandung siebenhundert Meter über dem Meeresspiegel. Landeinwärts in einer über weite Strecken grandios bis erschreckend einsamen Gegend, ist der Boden felsig zerklüftet oder sumpfig. Ackerbau ist schwierig. Man züchtet Rinder und Schafe . . . Die See spielt eine wichtige Rolle im Erwerbsleben, aber landeinwärts stehen wie Riegel lange Gebirgsketten . . .«[2]

Die meisten Feengeschichten erzählen von einem Mangel. Das hat zu der Theorie geführt, daß mit dem Feenglauben stets ein Mangel kompensiert werde. Diese Ansicht muß nicht falsch sein, um dennoch unzureichend zu bleiben, denn sicherlich ist das Bedeutungsgefüge der Feengeschichten komplexer, um ausschließlich auf eine psychologische Erklärung reduziert zu werden.

In der bearbeiteten Fassung des Textes im Religionsbuch fehlt der Originaltitel und ebenso der letzte Passus der Erzählung: »Er fuhr dann mit seinem Boot aus, und kein Leid geschah ihm von unten oder oben, weil er das Brot mitgenommen hatte. Man weiß freilich nicht genau, wer das Brot dorthin gelegt hat, aber der arme Mann war ganz sicher, daß es das Feenvolk gewesen sein müsse.« Es scheint mir für unsere Arbeit angemessener zu sein, die Einbindung der Erzählung in den irischen Feenglauben fallen zu lassen und die Geschichte ganz auf die Kostbarkeit des Brotes zu konzentrieren. So bleibt zwar gänzlich offen, welcher Freundlichkeit der Fischer das Brotgeschenk verdankt, doch gewinnt der Vorgang damit letztlich an allgemeingültiger Symbolik.

B. Die Geschichte berichtet aus »alten Zeiten« im Westen Irlands. Damals lebten hier die Menschen von Schafzucht, Fischfang, Spinnen und Sockenstrikken in Heimarbeit, alle mehr schlecht als recht. Durchweg hatte jeder Haushalt einen kleinen Acker und ein paar Stück ärmliches Vieh. Unser Mann aber war noch viel ärmer als die Armen. Weder besaß er einen Acker, noch irgendein vierbeiniges Vieh. Seine einzige Erwerbsgrundlage war ein Boot, wahrscheinlich nach Art der sogenannten *bádai deiridh* (»Sternboote«), eine altertümliche Bootsform zum Fischfang, die erst um die Jahrhundertwende durch Jollen und größere Fischboote schottischer Bauart ersetzt wurden.

Von der zerklüfteten Küstenlinie, dem jäh abfallenden Gebirge, dem steinig-felsigen Land war bereits die Rede. Unsere Zeichnung führt die Kargheit

[1] *Frederik Hetmann*, Die Reise in die Anderswelt. Feengeschichten und Feenglaube in Irland. Düsseldorf/Köln 1981, 167 f. Die Fassung des Textes im Religionsbuch wurde sprachlich bearbeitet und in Details verändert.

[2] *Frederik Hetmann*, a.a.O., 146 f.

der Landschaft vor Augen. Da ist es gut vorstellbar, daß dieses Land nur ein paar Schafen Nahrung bietet, kaum irgendwo Ackerboden, und wenn überhaupt, so immer zu wenig, um Brot für alle, die hungrig sind, zu garantieren. Für die Allerärmsten bleibt als Nahrungsgrundlage nur, was das Meer täglich hergibt. Brot muß solchen Leuten als eine Gabe des Schlaraffenlandes erscheinen, als große Köstlichkeit. Darum ist der Fischer auf seinem frühmorgendlichen Weg zur Küste sowohl irritiert wie zutiefst erregt. Die einfache Erzählung gibt seine Gemütslage gut wieder: »Er hielt inne, schaute hin, einmal, zweimal, hatte aber nicht den Mut, das Brot anzurühren. Er fürchtete, jemand könne es hingelegt haben, um ihn zu narren.« So unglaublich erscheint ihm diese Gabe, daß er sich eher genarrt fürchtet, als daß ihm tatsächlich ein solches Geschenk zuteil werden könnte. Warum gerade diese Stelle »Platz der Freundlichkeit« genannt wird, berichtet die Erzählung nicht, daß aber in einem tiefen Sinn jeder Tisch, auf dem Menschen ihr täglich Brot finden, ein »Platz der Freundlichkeit« ist, wird jedem einsichtig sein, dem die guten Gaben des Lebens – Gesundheit, Nahrung, Wohnung, Frieden – nie selbstverständlich sind, sondern ein immerwährender Grund bewußter Dankbarkeit.

C. Die Geschichte »von der heiligen Gabe des Brotes« steht in einem Zusammenhang mit dem Thema Brot im Kapitel »Symbolverständnis«. Was dort über die Bedeutung des Brotes für das menschliche Leben gesagt wird, sollte der Lehrer mitsehen. Gewiß wird das gemeinsame Brotbacken auch nicht losgelöst von allen sonstigen Brotgeschichten und Brotsymbolen erfolgen. Wie die auf S. 478 ergänzend abgedruckten Brotsagen, will auch diese Erzählung der Ehrfurcht vor dem Brote dienen. Die eigene Mühe beim (Ernten), Dreschen, Mahlen und Backen soll ihre Vertiefung in Sagen finden, welche die Brotfrömmigkeit unserer Vorfahren bewahren. Daß sich daraus Überlegungen zum eigenen Umgang mit dem Brote nahelegen, ist selbstverständlich.

D. Es muß der jeweiligen Unterrichtsplanung überlassen bleiben, an welcher Stelle Erzählung und Zeichnung vom »Platz der Freundlichkeit« aufgenommen werden. Weniger sinnvoll dürfte es sein, dies zu Beginn der Unterrichtseinheit zu tun. Angemessener ist ein Zeitpunkt, zu dem die Kinder bereits eigene Mühe um das Brot erfahren haben. Die Geschichte kann auch als Anstoß zu einer Stille-Übung genutzt werden, so daß sie – etwa vor dem eigenen gemeinsamen Mahl – als Medium der Besinnung und der Einübung in eine tiefere Brotfrömmigkeit dient.

Zu beachten ist, daß Text und Bild einander ergänzen. Die dargestellte Landschaft zeigt die Kargheit des Bodens; die ehrfürchtige Haltung aber, mit welcher der Mann den Brotlaib in seinen Händen hält und betrachtet, läßt die Heiligkeit und Größe der Gabe für hungrige Menschen erahnen. Darum sollte insbesondere diese Zeichnung zur Verinnerlichung der Erzählung betrachtet und miteinander besprochen werden. Die Geschichten auf S. 73–75 des Religionsbuches stehen dazu in enger Beziehung.

Wir verlassen das Thema »Mit Kindern gemeinsam handeln« nicht, sondern geben ihm nur einen neuen Akzent, wenn wir nun vom gemeinsamen Feiern sprechen. Dabei stehen hier die konkreten Anregungen im Vordergrund (eine thematische Vertiefung zu Fest und Feier erfolgt einleitend zum Kapitel »Fest«, S. 361 ff). Nachfolgend finden sich zunächst allgemeine Aspekte zu einer Didaktik des Festes in der Grundschule, ergänzt durch einen beispielhaften Bericht über die Vorbereitung und Durchführung eines Schulfestes. Anschließend folgt ein »Kalender für Feste und Bräuche im Schuljahr«, der nicht einzelne Altersjahrgänge beachtet, sondern ein Spektrum der Möglichkeiten für die gesamte Schulzeit vorstellt. Welche Feste und Bräuche ausgewählt werden, ist dem Lehrer überlassen. Es sei aber empfohlen, in jedem Schuljahr mal dieses, mal jenes Fest zu beachten, so daß der Festreigen innerhalb der Grundschulzeit ein vielgestaltiges Ganzes wird.

Aspekte zu einer Didaktik des Festes in der Grundschule

Fest und allgemeine Unterrichtskultur

Nicht nur lernen, sondern auch leben soll das Kind in der Schule – eine bekannte und wichtige Forderung! Dennoch drohen Leben und Lernen insgesamt auseinanderzubrechen. Weitgehend muß erst wieder zusammenfinden, was naturgemäß eine Einheit bildet.

Die allgemeine Schulpflicht zwingt die Kinder dazu, das Klassenzimmer als ihren Lebensraum zu betrachten. Es ist darum eine große Verantwortung, ihnen wirkliches Leben hier zu ermöglichen. Konzentrierte Arbeit soll im Klassenzimmer alle Voraussetzungen finden, aber auch vitales Spiel ebenso wie Stille: der Alltag und das Fest.

Damit Kinder sich in einem nüchternen Schulzimmer einhausen können, müssen unterschiedliche Lebensvollzüge darin ihren Platz finden. Die Einrichtung des persönlichen Arbeitsbereichs, die eigene Pflanze auf dem Fensterbrett, die Versorgung von Klassentieren, das selbstbedruckte Frühstücksdeckchen können zur Identifizierung mit dem Raum beitragen. Wichtig ist auch ein morgendliches Begrüßungsritual, Regeln für gemeinsame Gespräche und nicht zuletzt die Form der Geburtstagsfeier oder eines Klassenfestes. Wer schon erlebt hat, wie Kinder mit bewußter Sorgfalt und Ideenreichtum ihre Tische festlich decken oder die Wände schmücken, wie sie eifrig für Darbietungen üben und Freude am Backen haben, der spürt etwas von der »Gabe des Festes«, die dem nüchternen Schulalltag Glanz verleihen kann.

Will Schule ein Spiegel des Lebens sein, dann gehört auch die Entwicklung einer eigenen Festkultur dazu. Viele Familien wissen heute kaum mehr ein Fest zu gestalten. Selten lernen die Kinder noch die Bräuche und die Atmosphäre traditioneller Feste kennen.

Wenige Eltern finden in ihrem Alltag noch Zeit für ein abendliches Laternenlaufen oder für adventliches Singen und Erzählen. Zu einem kirchlichen Brauchtumsfest wie Erntedank fehlt ihnen jeder Bezug, und Ostern oder Weihnachten gehen in Geschenkbergen unter. Sogar den Geburtstagsfeiern wird in manchen Familien kaum Beachtung geschenkt, viele Kinder wissen nicht einmal von einem Geburtstagskuchen zu berichten, und so leidet auch dieses Fest unter Zeitmangel und Einfallslosigkeit. Um so mehr ist die Schule gefordert, den Kindern wieder einen Sinn für Festlichkeit zu vermitteln, ihnen die wesentlichen Elemente des Festes – Blumenschmuck und Kerzen, Lied und Gratulation, Spiel und Tanz, Musik und gemeinsames Essen – erlebbar zu machen.

Kinder leben auf ein Fest zu und zehren oft lange von seinen Erfahrungen. Ein Fest erfordert Vorbereitung; viele Tätigkeiten sind sinnvoll daraufhin ausgerichtet. Geistige und körperliche Arbeit gehören dazu und bilden im Hinblick auf das gemeinsame Ziel eine Einheit. Das Entwerfen und Herstellen einer Einladungskarte, das Einstudieren eines Theaterstücks, Kuchenbacken und Tischdecken, alles läßt sich in einen großen Zusammenhang einordnen.

Jedes Kind erfährt sich als Teil des Ganzen, weiß, daß es einen eigenen Beitrag zum Gelingen des Festes leisten muß. Trägt dies nicht wesentlich dazu bei, die Sinndefizite in unserer Schule abzubauen?

Eine Feier in der Klasse führt die Kinder zusammen, läßt sie ein Stück gemeinsamen Lebens erfahren und macht aus den vielen Individuen eine Gruppe. ›Unser Fest‹ steht als Ereignis im Mittelpunkt und jeder findet sich angesprochen, sieht sich als Glied einer Kette.

Klassenfeste mit Eltern schaffen Verbindungen zwischen Schule und Elternhaus. Sie helfen, Fremdheit und Angst der Eltern gegenüber der Institution Schule abzubauen und ermöglichen zwanglose Begegnungen mit dem Lehrer.

Auch Kinder genießen es sehr, Gästen »ihre« Schule zu zeigen, sie zu bewirten und in Vorführungen etwas aus dem Schulleben zu vermitteln.

Nicht nur große Feste, auch kleine Anlässe geben dem Klassenzimmer und den Menschen darin ein festliches Gepräge. Es ist schön für Kinder, sich selbst, den Lehrer und den Arbeitsplatz abgehoben vom Alltag zu erleben, und wenn auch nur für die Dauer einer halben Stunde oder eines Nachmittags. Feste unterbrechen und verzaubern die alltägliche Routine.

Sie machen den Alltag transparent auf eine tiefere Wirklichkeit hin und sind daher religiöse Ereignisse. Sie führen weg aus einer oberflächlich-sterilen Schulhausatmosphäre und tragen entscheidend zur Gestaltung eines lebendigen Schulalltags bei.

Die Festlichkeit des Schulalltags

Jede Schulwoche bietet vielfältige Festanlässe, die zu kleinen viertel- oder halbstündigen Feiern werden können. Neben den traditionellen Brauchtumsfesten prägt es die Klassengemeinschaft besonders, wenn eigenes Brauchtum in der Klasse entwickelt wird. Öffnen wir uns der Festlichkeit spontaner Anlässe, entdecken die Kinder bald unzählige Möglichkeiten einer festlichen Gestaltung ihres Alltags. Mit Musik, Liedern und einem Gedicht kann ein Besuch empfangen und mit einer Tasse Tee bewirtet werden.

Ein warmer Sommertag lädt dazu ein, den Unterricht ins Freie zu verlegen, sich gegenseitig Blumen oder schöne Steine zu schenken und zum Schluß ein paar Flaschen Saft zu verteilen.

Auch zum Selbstverständnis des Religionsunterrichts gehört es, den Kindern das Geheimnis unserer Feste zu offenbaren. Eine Nikolauslegende, gespielt als Klanggeschichte mit Orff-Instrumenten, eine adventliche Lichterfeier mit Lied und Tanz, ein dämonisches Spiel zu Fastnacht oder das Gestalten eines Osterstraußes sind in seinem Rahmen möglich und können von Kindern und Lehrer in eigener Tiefe erlebt werden.

Wichtig ist, daß die Klasse über ein Repertoire einfacher festlicher Elemente verfügt, daß Kerzen und Instrumente bereitliegen, passende Lieder eingeübt und Geschichten bekannt sind, daß Tischdeckchen und Geschirr zum Essen geholt werden können.

Aufwendige Repräsentation geht hier ebenso fehl wie ein hoher Kostenaufwand. Vieles können Kinder von zu Hause mitbringen (Tassen und Teller, Blumenvasen), einiges kann in der Schule hergestellt werden (Kerzenhalter, Deckchen). Mit diesem Fundus gelingen rasch kleine Feiern und mit ihnen entwikkelt sich festliches Schulleben.

Die Formen des täglichen Umgangs in der Schule bedürfen einer sorgfältigen und überlegten Entwicklung und Einübung.

Die Art und Weise, wie begrüßt und verabschiedet wird, wie Glückwünsche überbracht und Tische gedeckt werden, dies alles bedarf einer eingehenden Absprache mit den Kindern. Oftmals genügt hier kein einmaliges Besprechen. Schnell können gefundene Formen wieder verkommen, werden sie nicht mit der nötigen Disziplin eingehalten. Dies kostet den Lehrer Kraft und Mühe, erfordert viel erzieherische Arbeit und gelingt nicht alle Tage gleich. Doch mit der Zeit entsteht bei den Kindern eine große Ernsthaftigkeit und Verantwortungsbereitschaft für die alltäglichen Lebensvollzüge. Sie lernen, auch diese bescheidene Festlichkeit in gesitteter Form zu leben. Schließlich machen wir es nicht nur für Gäste, sondern auch »für uns selbst« schön!

Auch in improvisierten Situationen ist auf eine grundsätzliche Ästhetik Wert zu legen. In einem Sitzkreis geht die Erfahrung der zentrierten Mitte verloren, wenn die Stühle unachtsam gestellt sind. Das gemeinsame Essen wird zur Abspeisung, wenn die Eröffnung der Mahlzeit durch ein Lied, ein Gebet, einen Segenswunsch fehlt.

Wer schon für seine Klasse in viel Eigenarbeit Feste vorbereitet hat, in der Meinung, durch den eigenen Aufwand Kinder und Unterricht zu entlasten, weiß um die Enttäuschung, die solche Feste mit sich bringen können. Planen und gestalten die Kinder ihre Feste nicht entscheidend selbst mit, werden Identifikation und Verantwortungsbereitschaft bei ihnen verhindert. Sie empfinden sich als Gäste ihres eigenen Festes, achten dann wenig auf Einhaltung äußerer Formen und konsumieren Dargebotenes in hastiger Weise.

Wurden jedoch Tische sorgfältig vorbereitet, Wände mit viel Mühe geschmückt und Kuchen selbst gebacken, so ergibt sich daraus eine eigene Achtsamkeit. Die Kinder haben so eine Beziehung zu den festlichen Elementen entwickelt und genießen sie in bewußter Weise.

Wenigstens die Schule sollte den Kindern authentische Festerlebnisse ermöglichen. Keine Schallplatte ersetzt das selbstgesungene Lied, keine Kekstüte die selbstgebackenen Plätzchen, kein Geschenkpaket den selbstgebastelten Stern! Der schulische Adventskalender enthält darum auch keine Schokolade, sondern ein kleines Briefchen für jeden Tag. Am Martinstag gibt es kein großes

Essen, sondern einen Kuchen, den wir in viele kleine Stücke schneiden, ein sehr eindrucksvolles Symbol des Teilens.

Statt aufwendiger Kostümierungen an Fastnacht wäre ein Spiel mit selbstgebauten Papiermasken möglich.

Die Kinder erfahren so die Freude gemeinsamen Tuns und werden sensibel für die tief liegenden Wahrheiten festlicher Bräuche.

Praktische Anregungen

Das Thema des Festes – ein Ergebnis unterrichtlicher Arbeit

Fest und Feier sollten die tägliche Arbeit, die Atmosphäre in der Klasse widerspiegeln. Haben sich die Kinder längere Zeit mit Tieren beschäftigt, ist ein Zirkusfest denkbar. Stand das Thema »Schöpfung« im Mittelpunkt, wäre es schön, dies mit einem sommerlichen Fest abzuschließen, an dem beispielsweise in einem Bewegungsspiel die lebensspendenden Kräfte von Sonne und Erde dargestellt werden. Bunt gedeckte Tische mit Sommerfrüchten könnten den Rahmen bilden. Durch die Anregungen der Kinder und die Vorstellungen des Lehrers kann jede Klasse ihre eigenen Wege finden.

Das Fest der Kinder und die Rolle des Lehrers

Damit ein Fest zum Fest der Kinder wird, müssen Aufgaben und Verantwortungsbereiche rechtzeitig besprochen und verteilt werden.

Wer übernimmt das Basteln des Zimmerschmucks, das Besorgen von Blumen oder Tannenzweigen, das Lernen von Gedichten oder das Herstellen von Einladungskarten?

Auch die Miteinbeziehung der Eltern kann gute Dienste leisten. Häufig sind sie bereit, für Getränke zu sorgen, beim Backen zu helfen oder das Basteln der Kinder zu überwachen.

In der Regel übernehmen die Kinder ihre Verpflichtungen gerne. Immer wieder können sich aber im Lauf der Vorbereitung Schwierigkeiten ergeben, zum Beispiel, wenn sich das Einüben von Rollen oder das Herstellen des Raumschmucks als sehr mühsam herausstellt. Dann muß der Lehrer zum Durchhalten ermutigen und an das gemeinsame Ziel erinnern.

Den gesamten Festverlauf sollte der Lehrer mit den Kindern genau klären, entsprechende Hilfen geben und Zeichen absprechen, um sich am Tag des Festes möglichst im Hintergrund halten zu können.

Schon kleinere Grundschüler vermögen selbst die Gäste zu begrüßen, ihre Vorführungen eigenständig in die Hand zu nehmen und für Bewirtung zu sorgen, wenn der Lehrer nicht übereifrig und mit falschem Anspruch darüber wacht.

Der Ort zum Feiern – das Klassenzimmer

Der tägliche Lebensraum der Kinder ist in der Schule das Klassenzimmer. Hier sind sie zu Hause, hier arbeiten und lernen sie. Feste als Teil des Lebens gehören deshalb in diesen Raum.

›Ihr‹ Zimmer wollen die Kinder festlich gestalten und den Gästen zeigen. An ihren Tischen wollen sie miteinander essen und spielen. Hier fühlen sie sich sicher und orientieren sich an den gewohnten Regeln des Zusammenlebens. Es mag Anlässe geben, wo sich größere Räume oder auch eine Wiese besser eignen, doch sollte dies die Ausnahme bleiben. Es gilt, den täglichen Lebensraum festlich zu durchdringen.

Inhaltliche Elemente der Festgestaltung

Eine Rezeptküche für Feste gibt es nicht. Ihr Gelingen hängt weniger vom Übernehmen eines bestimmten Gestaltungskanons als vielmehr von der kreativen Fähigkeit des Lehrers ab, die Kinder für eigene Wege sensibel zu machen.

Ein eher formales Grundgerüst kann aber vielleicht Anregungen für die eigene Praxis geben.

Einladungskarten sind schöne Vorboten für größere Feste mit Eltern und Geschwistern. Sie sollten von den Kindern entwickelt und gestaltet werden. Wo keine Schuldruckerei zur Verfügung steht, lassen sie sich mit einem einfachen Umdrucker vervielfältigen. Natürlich kann man sie auch einzeln gestalten lassen, was jedes Kind für seine Eltern mit Hingabe macht.

Raum- und Tischschmuck sind wichtig, denn sie lassen die Einheit von Form und Inhalt empfinden. Hier spielen thematische und jahreszeitliche Bezüge und Symbole eine Rolle, auch die Wahl des Materials (Papier, Naturmaterialien wie Blumen und Blätter, Kerzen) ist auf die Festthematik abzustimmen.

Die Tischordnung muß überlegt werden. Die zu erwartende Personenzahl und das Spiel-Vorhaben spielen dabei eine Rolle. Immer sollten die Tische so gestellt werden, daß Kommunikation möglich ist und Tischgemeinschaft erfahren werden kann.

Essen und möglichst auch *Getränke* sollten die Kinder selbst zubereiten dürfen. Plätzchen oder Kuchen lassen sich immer backen, belegte Brote können die Kinder ebenfalls selbst machen. Tee läßt sich mit einer Kaffeemaschine kochen oder wird fertig mitgebracht. Durch Einsammeln eines kleinen Betrags lassen sich Unkosten begleichen.

Ein *Festprogramm* gehört dazu, muß aber nicht eingeübt sein, sondern kann aus spontanem Spiel, einer Erzählung oder der Darstellung einer Geschichte mit Bewegung und Instrumenten bestehen. Lieder können dem Repertoire der Klasse oder dem Liederbuch entnommen werden. Sind es volkstümliche Lieder, können auch Gäste mitsingen.

Bei Theaterstücken, Spielen und Tänzen führen die Kinder durch's Programm. Entsprechende Texte kann der Lehrer vorher mit ihnen ausarbeiten, sollten aber am Tag selbst im Hintergrund bleiben.

Kleine, selbstgebastelte Geschenke sind besonders dann wichtig, wenn Kinderbesuch erwartet wird (z. B. Kindergarten), aber auch schön für die Kinder der eigenen Klasse. So kann eine greifbare Erinnerung mit nach Hause genommen werden.

Spiel- und Bastelangebote sollten immer vorbereitet sein, da Kinder nach dem gemeinsamen Essen beschäftigt sein wollen, Erwachsene andererseits gerne noch Zeit zum Gespräch haben. Finden sich Kinder mit diesen Angeboten zurecht oder werden sie von Eltern überwacht, trägt dies sehr zum ruhigen Verlauf des Festes bei und der Lehrer ist frei für Begegnungen an diesem Tag.

Das Aufräumen muß so organisiert werden, daß sich möglichst viele Kinder (gegebenenfalls auch Eltern!) daran beteiligen.

Besen und Putzlappen benutzen die Kinder selbst, Erwachsene unterstützen sie beim Zurechtrücken der Tische. Dadurch erfahren die Kinder das Aufräumen als wichtigen Teil des Festes und können es bewußt mit diesem letzten Akt beschließen.[1]

Wie es sein könnte: Wir feiern Erntedank.

Es ist Anfang September, das neue Schuljahr beginnt. Die vielen warmen Sonnentage des Spätsommers lassen es oft zu, den Unterricht nach draußen zu verlegen. Das stimmt alle gut auf das neue Monatsthema ein: Ernte im Herbst. Über die Sommerferien haben die Kinder Ähren gesammelt und hin und wieder einem Bauern bei der Ernte zugesehen. Nach den großen Ferien können wir die Getreideernte nicht mehr miterleben und sind auf die Berichte einzelner Kinder angewiesen.

Ein großer Ährenstrauß schmückt unser Klassenzimmer. Ich rege die Kinder dazu an, geerntete Früchte aus dem Garten mitzubringen, um so unseren Erntetisch mit Gaben zu bereichern. Fast täglich tragen die Kinder nun in Körben und Tüten »Überraschungen« her, die im morgendlichen Kreis Beachtung finden. Äpfel, Mirabellen, Birnen, sogar Quitten werden da ausgebreitet, ein Säckchen Kartoffeln sowie eine sorgfältig ausgegrabene Kartoffelstaude finden aufmerksame Betrachter

Dabei achte ich darauf, daß dies nicht in distanzierter »Sachunterrichtsmanier« geschieht. Jede Frucht hat ihre Geschichte; das Kind berichtet seine Beobachtungen mit innerer Beteiligung. Von Thomas erfahren wir etwas über den Mirabellenbaum in Opas Garten, hören, wie schwer die Mirabellen es hatten, bei Wind und Wetter durchzuhalten, bis sie schließlich reif waren und die gefährlich hohe Leiter erklommen werden mußte, um die schönsten Früchte zu erreichen.

Sorgfältig nehmen die Kinder die einzelnen Früchte in die Hand und erspüren mit Farbe, Form und Duft die Kraft des Sommers. Am nächsten Tag bringt Gunnar den »größten« Apfel aus dem Garten mit, »so groß, daß ich allen Kindern ein Stück geben kann«. Es reicht tatsächlich und Peter meint: »Das ist ja ein Apfelfest!« So feiern wir in dieser Zeit viele kleine Feste: Marmeladen-, Apfelmus-, Saftfeste.

Kartoffellesen mit anschließendem Kartoffelfeuer und ein Besuch in der Mosterei sind Erfahrungen, die für meine Stadtkinder zu einem großen Erlebnis werden.

Einen Höhepunkt bildet nach drei Wochen das gemeinsame Brotbacken. Zum Nachmittagsunterricht bringen die Kinder Kornmühlen, handgetriebene und elektrische Kaffeemühlen sowie Mörser mit. Ich habe Mahlsteine besorgt. Im Wechsel reihum kann jedes Kind die verschiedenen Mahlweisen ausprobieren, den Kraftaufwand dabei kennenlernen und schließlich das Mehl als Ergebnis harter, gemeinsamer Arbeit in den großen Teigtopf füllen.

Nach annähernd zwei Stunden haben wir eine Schüssel Mehl hergestellt, die – sorgfältig abgedeckt – auf die Teigbereitung am nächsten Tag wartet.

Im Kreis rühren wir am anderen Morgen den Teig an. Jedes Kind darf dabei spüren, wieviel Kraft es kostet, das Mehl mit Wasser, Salz und Hefe zu verrühren. Schließlich haben wir es geschafft. An ihren Tischen kneten die Kinder ihre Teigbatzen durch und formen sie zu kleinen Broten. Zwei Mütter nehmen die Brötchen mit nach Hause, um sie dort auszubacken. Als sie nach einer Stunde wiederkommen, empfangen wir sie mit Liedern und einem Applaus. Mit großem Appetit beißen wir in unsere Brote, und Sandra meint: »So gut hat uns's Brot noch nie geschmeckt. Das kommt bestimmt daher, daß ich soviel dafür g'schafft hab'!«

Die Festidee entsteht. Ende September sprechen wir über frühere Erntebräuche und auch darüber, wie die Menschen ihre Freude über die Ernte in einem Dankfest zum Ausdruck brachten. Ivonne berichtet, daß ihre Schwester im Kindergarten an einem Spiel für

[1] Dieser Bericht (S. 115–120) stammt von *Eva-Maria Bauer.*

das Erntedankfest in der Kirche übt. »Und meine Mama bringt Gemüse für den Erntedankaltar mit.« – »Wir könnten doch auch in der Schule ein Erntedankfest feiern. Wir haben soviel gearbeitet«, sagt Frank. Sein Vorschlag findet sofort Beifall.

Obwohl mir dieser Gedanke nicht ganz fern liegt, ist mir zunächst nicht wohl dabei. Soll ich gleich in den ersten Wochen des neuen Schuljahres ein solches Vorhaben angehen? Kann ich uns ein Fest zumuten, das viel Arbeit macht und eigentlich außerhalb des quasi-verpflichtenden Festkanons liegt? Aber die Kinder sind schon nicht mehr zu bremsen. Gleich entwickeln sie Ideen für die Gestaltung des Festes. Ihre Vorschläge versuchen wir zu ordnen und überlegen, ob sie durchführbar sind. Die Eltern sollen etwas zu sehen bekommen; Lieder und Gedichtideen werden bis morgen gesammelt; »Auf alle Fälle müssen wir etwas backen!« meint Tanja. »Das können wir ja jetzt; vielleicht Brötchen.« »Oder Apfelkuchen«, schlägt Markus vor. »Meine Mama mag Apfelkuchen so gerne.« – »Mein Papa ist Bäcker, der kann uns helfen«, sagt Nicole.

Bevor die Planung nun allzusehr ins Detail geht, schlage ich vor, daß sich jeder von uns bis zum nächsten Tag Gedanken darüber macht, wie ein Erntedankfest in der Schule gefeiert werden kann.

Nachmittags wird mir klar, daß sich bei diesem Vorhaben unser Monatsthema zu einem Zwei-Monats-Thema dehnen würde. Aber muß ich nicht andererseits dem Wunsch der Kinder, die Thematik mit einem Fest abzuschließen, nachkommen? Bleibt der zeitliche Aufwand vertretbar? Wenn ich die Stunden für Deutsch, Sachunterricht und Musik zusammennehme, könnten wir wohl die nächsten zweieinhalb Wochen an diesem schönen Vorhaben arbeiten. Der Elternabend in der kommenden Woche böte Gelegenheit, deren Mitarbeit anzuregen. So plane ich also den Festtermin für die Woche vor den Herbstferien, Mitte Oktober. Das bedeutet, den Kindern für ihre Vorbereitung Zeit zu lassen und den Unterricht auf dieses Ziel auszurichten.

Die Vorbereitungen beginnen. Im Morgenkreis steht heute zum erstenmal die Planung unseres Festes an. Aus dem Liederheft wählen wir das Lied »In einem kleinen Apfel« aus; wir wollen es auf Ayguts Wunsch hin mit Instrumenten einüben. Die Jungen bestehen darauf, ihr Lieblingslied »Heijo, spann den Wagen an . . .« als Kanon singen zu dürfen. Im Lesebuch hat Giuseppe ein Gedicht von einem schlafenden Apfel gefunden. »Wenn jedes Kind eine Strophe lernt, schaffen wir's«, meint er. »Jeder könnte zu seinem Vers ein großes Bild malen und es dazu zeigen«, schlage ich vor. »Es sind aber nur zehn Strophen, was machen da die anderen?« fragt Peter. Natürlich ist es sehr wichtig, daß jedes Kind eine Aufgabe bekommt. »Ich habe mir ebenfalls Gedanken gemacht und mich an die Frederik-Geschichte erinnert«, sage ich. Diese Erzählung kennen die Kinder schon aus der ersten Klasse: Eine Mäusefamilie erfährt in sehr eindrucksvoller Weise, daß zum Leben mehr als ein gefüllter Bauch gehört. Frederik öffnet den Blick für das »Brot des Lebens«, das den Mäusen beim Anlegen des Wintervorrats keinen Gedanken wert erschien. »Der Mensch lebt nicht vom Brot allein« zeigt diese Erzählung; sie vermag der Erntethematik eine eigene Transzendenz zu verleihen. Wir spielten die Geschichte damals in improvisierten Kurzszenen. Nun wollen wir sie texttreu einüben mit Erzähler und Darstellern. Die Mäuserollen sind schnell gefunden; nach einiger Zeit kann sich Frank für die Rolle des Frederik entscheiden. Alexander will den Erzähler spielen. Ich verspreche, die Texte zu kopieren und die einzelnen Rollen zu kennzeichnen.

Für die dritte Gruppe habe ich ein Tanzlied mitgebracht und erzähle den Kindern vom Brauch des Erntereigens. Einen Tanz gemeinsam einzuüben, scheint auch jenen Kindern vorstellbar zu sein, die sich bisher noch zu keiner Aufgabe melden konnten. Für Schüchterne und sprachlich gehemmte Kinder ist diese Gruppenaufführung eine gute Möglichkeit, ohne Angst einem Publikum gegenüberzutreten.

Am nächsten Tag übt zunächst die Gedichtgruppe ihren Vortrag. Einigen Kindern fällt es leicht, ihren Vers vor dem Klassenpublikum zu sprechen. Schon jetzt achten wir auf die Betonung. Steve hat noch große Schwierigkeiten. Er scheint seine Aufgabe vergessen zu haben, verspricht aber, alles nachzuholen. Danach üben wir unsere Lieder auf dem Orff-Instrumentarium. Der Taktschlag klappt noch nicht so richtig. Wir müssen uns morgen nochmals Zeit dafür nehmen. Während dann ein Teil der Klasse an die gesamte Arbeit geht, proben wir den Erntetanz. Die Kinder singen das Lied und halten dabei Kornähren in ihren Händen. Gemeinsam finden wir Bewegungsformen dazu. Am Abend sind die Eltern eingeladen.

»Nicole kann euch heute etwas besonderes berichten«, beginne ich am nächsten Morgen. Mit roten Backen erzählt Nicole, daß ihr Papa, der ja Bäcker ist, mit uns allen große Apfelkuchen backen wird. Das ist ein Resultat des Elternabends, doch ist es wichtig, daß Nicole selbst, nicht ich, dies der Klasse mitteilt. Es herrscht große Freude darüber, die sich noch steigert, als Steve erzählt, sein Papa würde beim Bauern Steckrüben holen, um mit uns Rübengeister zu schnitzen. So wird unser Fest noch einen leuchtenden Höhepunkt bekommen.

Mit seinen zusammenhängenden Unterrichtsstunden ist der Samstag immer ein wichtiger, fruchtbringender Tag in der Woche. Heute haben wir die nötige Zeit, das Festprogramm einmal vor der Klasse durchzuproben. Erstaunlich, daß sowohl den Agierenden als auch den Zuschauern trotz mehrmaliger Wiederholungen die Geduld nicht ausgeht. Die Kinder nehmen die Verantwortung für ihr Fest sehr ernst. Nur mit der Frederik-Rolle gibt es noch Schwierigkeiten. Frank beherrscht seinen Text nicht, zum Teil gewiß aus Aufregung. Hier gilt es, die Klasse zu sensibilisieren für Franks Schwierigkeiten, denn ein Bloßstellen und ungeduldiges Nörgeln kann schnell mutlos machen. Frank will übers Wochenende noch einmal fest üben.

Als nächstes entwerfen wir die Einladungskarten. Wenn sie noch heute in Druck gehen, können sie bis Mitte nächster Woche ausgeteilt werden. Wir sprechen über das Bildmotiv für die Karte, das in Linol geschnitten werden soll. Da die Kinder in Druckverfahren geübt sind, können die Aufgaben gleich verteilt werden. Am Ende des Vormittags ist der Textdruckstock fertig. Am Montag können die Karten gedruckt werden.

HERZLICHE EINLADUNG

Wir feiern in der Schule ein

ERNTEDANKFEST

und laden Euch alle dazu ein

Das Fest beginnt am
Mittwoch,den 19. Oktober
um 16. 30 Uhr

Es gibt:
Etwas zum Sehen und Hören
Selbstgebackenen Apfelkuchen
mit Süßmost
Gemeinsames Basteln
mit Eltern und Kindern;
Rübengeister, Kastanienmännchen, Kartoffeltheater

Wir freuen uns auf Euch!

Erst am folgenden Samstag erlaubt der wöchentliche Arbeitsplan eine Generalprobe. Wir gehen zum erstenmal in den Musiksaal, da das Klassenzimmer zu eng sein wird. Die veränderte Umgebung löst Probleme aus: die Kinder müssen sich erst in dem großen Raum mit der erhöhten Bühne und der veränderten Akustik zurechtfinden. Es kostet mich viel Kraft, die nötige Konzentration in der Klasse herzustellen. Ob wir nicht doch besser im Klassenzimmer bleiben? Aber dann müßten wir die Besucherzahl beschränken, obwohl wir doch diesmal sogar die Großeltern einladen wollten. So bleibt es also im Musiksaal, aber das gemeinsame Essen soll im Klassenzimmer stattfinden.

Als nächstes muß der Tisch- und Raumschmuck überlegt werden. Ich rege das Basteln von Körnerbildern an, die wir im Zimmer verteilt aufhängen können. Natürlich richten wir auch einen Erntedanktisch her. Thomas will hierfür ein schönes Plakat gestalten.

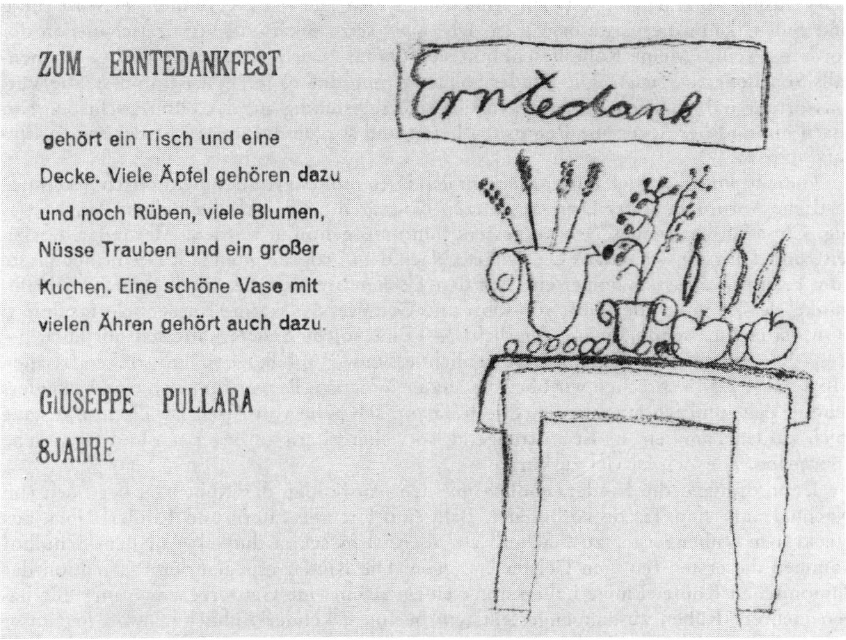

Die Gedichtsprecher dürfen jetzt ihre Bilder zu den Versen auf große Papierbögen malen. Die »Mäuse« der Frederik-Geschichte basteln ihre Requisiten: große Mäuseohren aus Karton, aus Zeitungs- und Packpapier eine »Steinmauer«, Blumen und die Sonne werden aus Buntpapier gemacht. Das ist ein buntes Leben im Klassenzimmer, alle freien Flächen sind in Anspruch genommen. Mit einer Kleingruppe entwerfen und formulieren wir die Ansagetexte für unser Programm.

Am letzten Tag vor unserem Fest dient der Nachmittagsunterricht ausschließlich dem Apfelkuchenbacken. Einige Mütter sind dazugekommen, Nicoles Vater kommt sogar mit Bäckermütze. Die kompletten Zutaten und große Kuchenbleche hat er aus seiner Bäckerei mitgebracht. Einige kleinere Geschwister sind ebenfalls mitgekommen. Nachdem sich die erste Aufregung gelegt hat, kann unser Bäckermeister mit seinen Anleitungen beginnen. Jede Tischgruppe darf nacheinander mit ihm die Zutaten auswiegen, während die übrigen Kinder Äpfel schneiden. Nach zwei Stunden stehen wir stolz vor unsrem Werk. Sechs große Apfelkuchen sind backfertig. Nun kann das Fest kommen!

Der folgende Vormittag bringt noch eine letzte Probe; dann wird das Klassenzimmer umgeräumt und geschmückt. Mit bunten Servietten, Herbststräußchen, Blättern und Apfellichtern sehen die Tische festlich aus. Ehrfürchtig gehen die Kinder von jetzt ab durch die Reihen, rücken noch einiges zurecht und fegen den Boden. Dann ist es soweit.

Es ist soweit

Die ersten Kinder stehen am Nachmittag viel zu früh vor der Tür, ganz aufgeregt. Dann kommen die Eltern, Großeltern und Geschwister. Die Kinder geleiten sie mit feierlicher Miene in den Musiksaal. Ich freue mich vor allem über die ausländischen Eltern. Ich gehe auf alle zu und begrüße sie. Tanja hat ihre Oma mitgebracht, aber »Mama und Papa sind krank, ich kann mich gar nicht freuen«.

Einige Familien verspäten sich und lassen die Kinder lange warten, so daß sie beginnen, Unsinn zu machen . . . Doch schließlich haben alle Platz gefunden, es wird ruhig und Bülent kann die Gäste begrüßen. Ich selbst setze mich unter die Zuschauer in der vorderen Reihe. Meine Rolle beschränkt sich darauf, Zeichen zu geben und gegebenenfalls Souffleur zu spielen. Die Kinder sollen spüren, daß es ihr Fest ist, und sie die Verantwortung dafür tragen. Sie bewegen sich sehr selbständig auf der Bühne, schieben Kulissen hin und her, legen die Requisiten bereit und sorgen dafür, daß keiner seinen Einsatz verpaßt.

Ganz bewußt habe ich mir vorgenommen, mich und die Kinder nicht durch perfektionistische Ansprüche unter Druck zu setzen. So stören mich auch die kleinen Pannen wenig. Christian hat seinen Text vergessen, ihm muß geholfen werden. Alexander liest zu leise und Thorsten »tanzt aus der Reihe«. Nach dem Programmteil lädt Nicole alle Gäste zum Feiern im Klassenzimmer ein. Auf den Tischen brennen die Apfellichter. Das Halbdunkel des Zimmers, der Duft von Obst und Gemüse, das warme Kerzenlicht fasziniert. »Oh, ist es hier schön, richtig feierlich!« – »Eine solche Schule hätte ich mir auch gewünscht«, sagte Tanjas Oma. Bei Kerzenlicht essen wir Apfelkuchen und trinken frischen Most dazu. Dann sprechen wir über die letzten Wochen. Es war für mich eine besonders schöne Zeit, und ich erzähle den Eltern davon. Ich gehe von Tisch zu Tisch und setze mich zu den Familien. Es ist anstrengend, so vielen Eltern zu begegnen und Gespräche anzuregen. Die Zeit ist viel zu kurz.

Dann drängen die Kinder, endlich mit dem Aushöhlen der Rüben zu beginnen. Im Nachbarraum sind Tische vorbereitet. Bald sind fast alle Eltern und Kinder dabei, aus Steckrüben Rübengeister zu machen. Draußen ist es schon dunkel. Auf dem Schulhof kommen die ersten feurigen Geister entgegen. Die Kinder erliegen der Faszination der dämonischen Köpfe. Einige halten unter einem Baum eine Geisterbeschwörung. Sie haben mehrere Rüben zusammengestellt; ein beeindruckender Anblick. Gewiß hat unser Fest damit einen letzten Höhepunkt erreicht.

Schließlich gilt es aufzuräumen. Einige Eltern helfen beim Abräumen der Tische und beim Reinigen des Bodens. Schließlich wollen wir mit dem Hausmeister keine Schwierigkeiten bekommen. Für die Kinder ist es zudem wichtig, das Aufräumen als dazugehörig zu erfahren. Herzlich verabschieden wir uns, einige Eltern danken noch für das schöne Fest.

Am nächsten Tag nehmen wir uns Zeit, über alles zu sprechen. Es ist schön, von den Kindern kleine Erlebnisse zu hören, die für mich im großen Trubel nicht wahrnehmbar waren. Das Fest hat uns alle einander näher gebracht.

Eva-Maria Bauer

Ein Kalender für Feste und Bräuche im Schuljahr

September

Der erste Schultag

Lehrer, die jedes Jahr neu Kinder in die Schule kommen sehen, ahnen oft nicht, mit welchen Gefühlen das Kind und seine Eltern diesem Tag entgegen gegangen sind. Für die Eltern ist es ein großer Einschnitt in ihrer Beziehung zum Kind. Sie müssen von nun ab lernen, es mehr als bisher loszulassen. Das Kind aber erfährt ganz neue Weisen sozialer Beschlagnahme, die teils unterschwellig ängstigt, teils mit vielen Lernimpulsen beflügelt.

Fast überall in Deutschland hat sich wohl inzwischen die spitze Schultüte für die Anfänger eingebürgert. Durchweg verdient der Schreibwarenhandel daran, obwohl es ein leichtes wäre, wenn in jeder Familie eine solche Tüte gebastelt würde. Aber dann müßte mit dem Vorausgruß der Schule dazu genaue Anregung gegeben werden. Sie ist auch viel zu groß, um nur mit schädlichen Süßigkeiten statt mit sinnvollen Dingen und schulbezogenen Utensilien gefüllt zu werden. Viele Eltern haben keine kreativen Ideen und bedürfen der Hilfe des Lehrers, der ihre Kinder nun bald unterrichten wird.

In vielen Gemeinden wird der erste Schultag mit einer Segnung der Kinder in der Kirche begonnen. Wo man dergleichen tut, sollte man es nicht bei den üblichen freundlichen Worten belassen, sondern *erzählend* die Kinder ansprechen. Das Motiv vom Jüngsten, der sich nach den voraufgegangenen Brüdern von zu Hause verabschiedet, um etwas tüchtiges zu lernen (→ S. 96), könnte dazu eine Anregung sein.

Viele Schulen laden auch mit einem Willkommensbrief des neuen Klassenlehrers und der Schulleitung zum ersten Schultag ein. Darin stellt sich der Lehrer vor, gibt Hinweise für angemessene und unangemessene Anschaffungen und orientiert die Eltern in einer Form, die erste persönliche Beziehungen und Kontakte ermutigt. Schön ist es auch, wenn die Schulanfänger mit kleinen Spielvorführungen, Liedern und gemeinsamem Musizieren der älteren Grundschulklassen begrüßt werden. Dann muß man freilich schon vor den großen Sommerferien alles dazu vorbereiten.

Erntedank

Es gibt Schulen, die den Erntedank als ihr größtes Fest im Jahreskreis feiern. Es ist eine Zeit, in der sich noch keine Pflichten und Termine drängen. Die Sonne ist noch warm und erlaubt nicht selten, auch außerhalb von Klassenzimmer und Schulgebäude zu feiern.

Natürlich gehört zum Erntedankfest zunächst ein Erntekranz, ein großer Erntestrauß, eine Erntekrone oder ein Erntebaum. Außerdem legen wir Wert auf duftendes frisches Brot. Vielleicht läßt sich gerade mit dem Erntefest die wichtige Erfahrung verbinden, dieses Brot selbst zu backen (→ S. 106). Das gemeinsame Mahl an schön gedeckten Tischen bildet den Kern des Festes. Man kann auch die Eltern dazu einladen. Dann fassen viele bei der Vorbereitung mit an und manche Familie ist schnell bereit, einen Kuchen oder Gebäck mitzubringen. Natürlich sind, wie bei jedem Fest, Lied, Musik und Spiel weitere unentbehrliche Elemente.

St. Michaelstag

Bei unseren Vorfahren war es der Tag des Herbstthings, der Herbstgerichtstag. In der gleichen Tradition wählte man später in England zu Michaelis die Bürgermeister. Wer auf »feste Bräuche« Wert legt, kann zu Michael die Wahl der Klassenämter durchführen und alle damit verbundenen Spielregeln neu besprechen, korrigieren und bekräftigen.

Oktober

Tag des heiligen Franz von Assisi und Welttierschutztag

In Assisi bringen die Kinder ihre Tiere zur Kirche, damit sie dort gesegnet werden. Können in dieser Woche unsere Schüler ihre Tiere mit zur Schule bringen, damit wir dort über Tierpflege und Tierschutz sprechen? Eine ganze Woche lang befaßt sich der Unterricht dann mit Tiergeschichten, Tierliedern, und vielen Sachproblemen, deren Kenntnis wichtig ist, damit wir den Tieren gerecht werden. An die Wandtafel können wir Ratschläge schreiben, welche Tiere zu uns passen und welche Anforderungen sie an unsere Pflege stellen. Wir bilden Fachgruppen für den Umgang mit Hunden, Katzen, Vögeln, Fischen ...

Lukastag

Zum Lukastag am 18. Oktober zündete man gerne ein Herbstfeuer an und verbrannte das welke Kartoffelkraut. Man kann auch ein Kartoffelfest feiern. Dazu wird zunächst ein gehöriges Holzfeuer gemacht, in dessen heiße Asche dann Kartoffeln, in Silberfolie eingepackt, gelegt werden. Nach einer knappen Stunde sind die Kartoffeln gar. Mit etwas Salz schmecken sie wunderbar.

Windvogelspiele

Nicht jede Aktivität gehört in den Unterricht. Oft genügt es, den Kindern Anregungen für ihre freien Nachmittage zu geben, damit sie sich vielseitig betätigen lernen. Vielleicht kann der Kunst- und Werkunterricht damit beginnen, Bauanleitungen für unterschiedliche Drachen zu geben. Ein Vorstellen der einzelnen Arbeiten in der Schule ist fast für jedes Kind ein Ansporn. Auf den abgeernteten Feldern können die Papierdrachen stundenlang am Himmel stehen.

Rübenlaternen

Im Oktober werden die Tage kürzer. Sobald die Sommerzeit mit ihrer zusätzlichen Stunde vorbei ist, bricht abends früh die Dunkelheit an. Da gehen die Kinder wieder gerne mit Laternenlichtern durch die Straßen. Man kann sie an einem Herbstabend gemeinsam mit ihren Vätern einladen, Laternen aus Steckrüben zu machen. Meistens kümmern sich ja die Mütter um die Schuldinge ihrer Kinder, die Rübenlaterne aber wäre ein Anlaß, bewußt einmal nur die Väter zum gemeinsamen Werken einzuladen (→ I, 271 f).

November

Allerheiligen – Allerseelen

In den deutschen Landschaften werden diese Feste mit vielen unterschiedlichen Bräuchen begangen. Gemeinsam ist der Schmuck der Gräber, der Gang zum Friedhof, das Gedächtnis aller Heiligen der Christenheit und aller verstorbenen Freunde und Verwandten. In manchen Gegenden werden immer noch Seelenbrote gebacken, ehedem reiche Gebildebrote als Opfergebäck für die Armen Seelen. Im Bayerischen gibt es den Allerseelenzopf aus dreifach geflochtenem Hefeteig.

Bei einem Gang über den Friedhof schauen wir uns Grabsteine an, die Inschriften und Symbole, und sprechen darüber, welche Einstellungen zum Tod sie belegen. Nicht immer muß der Weg zum entfernten Gräberfeld führen. Oft sind Grab- und Denksteine vergangener Generationen in Parks oder an Kirchenmauern aufbewahrt geblieben. Einen einzigen dieser Steine in Schrift und Symbolik zu entziffern, kann manchmal mehr bringen, als ein Gang an tausend Gräbern vorbei. Das erneute Betrachten der Allerseelen-Seite aus dem Religionsbuch für das erste Schuljahr sollte nicht unterbleiben. Nur so führt diese eindrucksvolle Bildmeditation über die Schule hinaus zu einer Sichtweise, die vielleicht ein Leben lang trägt und zum Vertrauen ermutigt.

Martinstag

Das Brauchtum zum Martinstag ist ungewöhnlich reichhaltig, großenteils aber auch vergessen, weil es an vergangene Wirtschaftsordnungen gebunden war. Zu Martini endeten mit dem bäuerlichen Jahr die Arbeitsverträge der Dienstboten, der neue Pachtzins wurde fällig und es begann das Weihnachtsfasten, woran der Karnevalsauftakt heute noch orientiert ist.

Am Vorabend des Martinstags wird mancherorts zur Freude aller Kinder der Martinszug begangen, zu dem die Kinder Laternen tragen und immer wieder singen: »Sankt Martin ritt durch Schnee und Wind, sein Roß, das trug ihn fort geschwind . . .« Sorge der Schule kann es sein, daß dieser Zug sich nicht irgendwie verläuft, sondern in einem gestalteten Spiel oder wenigstens gemeinsamen Schlußlied sein würdiges Ende findet.

Verbunden mit dem Martinsbrauch ist heute der Versuch, durch eine eigene Gabe für arme Zeitgenossen das Beispiel des Heiligen aufzunehmen.

Eine lange Tradition haben auch die mannigfachen Gebäckbräuche zu Martini. Der Martinsweck oder Martinsring aus Hefeteig »dingt das Neujahr an«. Sie waren früher die Geschenke junger Burschen an ihre Mädchen. Als Ringe symbolisierten sie die Liebe, vielleicht auch die sich rundende Zeit und ebenso können sie Zeichen der Verbundenheit und Solidarität sein, in der alle Menschen, arm und reich, Christen wie Nichtchristen in Nord und Süd, Ost und West zusammengehören. Hier ist das Rezept für die Martinsringe:

> 1 kg Weizenmehl, 2 Würfel Hefe, ¼ l lauwarme Milch, 3–4 Eier, etwas Salz, 2 Eßlöffel Zucker, 200 g weiche Butter, abgeriebene Schale einer Zitrone, 50 g grobgemahlene Mandeln, 125 g gewaschene Rosinen, 100 g Korinthen.
>
> Aus den Zutaten wird zunächst der Hefeteig bereitet, dann mit einem Rührlöffel geschlagen, bis er Blasen wirft, und auf dem mehlbestäubten Backblech zu einem Ring geformt. Jetzt muß der Teig zunächst aufgehen, dann wird er mit Butter bestrichen, mit Zucker und Zimt bestreut und im vorgeheizten Ofen bei 180–200 Grad Celsius gebacken.

In manchen Schulen und Gemeinden werden jedes Jahr vor dem Martinstag Laternen für den Lichterumzug gebastelt. Je nach Alter der Kinder regen wir unterschiedliche Gestaltungsformen an; auch die Symbolik der Laterne wird besprochen und das Licht der Kerze als Hinweis auf den Heiligen gedeutet, in dem die Liebe Gottes brennt.

Martinsspiele:

Bischof Martin (5–9 Jahre), 10 Minuten, H 1179. Das kleine Laternenspiel (7–10 Jahre), 10 Minuten, H 1152. Zündet die Laterne an! (7–11 Jahre), 20 Minuten, SR 460. Herr Martin (8–12 Jahre), 20 Minuten, H 1178

Alle Titel: Deutscher Theaterverlag Weinheim.

Tag der heiligen Elisabeth

Der Elisabethtag regt dazu an, etwas von den eigenen Vorräten an bedürftige Menschen zu geben. Wer in ferne Notgebiete zu Weihnachten Gaben senden will, muß es jetzt tun. Kinder denken an diesem Tag auch an die Tiere und richten ihnen den Winterfutterplatz ein.

Andreaszweige

Nicht nur am Barbaratag, sondern auch am Andreastag werden draußen Zweige geschnitten und ins Wasser gestellt. Da in der Schule einige Tage vor Weihnachten die Ferien beginnen, müssen wir schon am letzten Novembertag die Zweige ins Wasser stellen. Andreasreiser sollen von sieben- oder neunerlei Arten stammen, von Kirsche, Apfel und Birne, Pflaume, Roßkastanie, Holunder, Stachelbeere, Johannesbeere und Himbeere. Man sagt, sie müssen in tiefem Schweigen geschnitten werden. Drei Reiser werden mit einem farbigen Band umschlungen. Sie bedeuten drei Wünsche, die in Erfüllung gehen, wenn gerade diese Zweige zu Weihnachten blühen . . .

Dezember

Advent

Die Adventszeit ist für die Schule immer zu kurz, weil die Vielfalt der Bräuche und Aktivitäten in den gewährten zwei bis drei Wochen nie alle beachtet werden können. Sie ist eine Stille-Zeit, die leider durch viel äußere und innere Arbeitshektik ihre alte Muße verloren hat. In der Schule beginnen wir jeden Morgen bei brennenden Adventskerzen mit einem Lied und einer Geschichte. Das muß nicht lange dauern, gibt aber diesen Wochen einen eigenen Glanz, der oft weit über die Schulzeit hinaus leuchtet – beständiger als alles, was sonst noch der Lehrplan vorsieht.

Singzeit haben im südlichen Deutschland die Adventswochen auch einmal geheißen. Das adventliche und weihnachtliche Singegut liegt heute in zwei schönen Sammlungen vor: Weihnachtssingebuch I und II, Christophorus-Verlag, Freiburg. Wenn unsere Kinder diese Lieder mit Flöten und Schlaginstrumenten begleiten, musizieren sie sich selbst in die Festlichkeit der Weihnachtszeit hinein.

Den Auftakt der Adventszeit bildet das Herrichten des Adventskranzes. Es kann ein großer, schöner Ring sein, der mit vier dicken Kerzen geschmückt ist und an breiten roten Bändern aufgehängt wird. Man kann mit jüngeren Kindern auch einen großen Adventskalender aufhängen, der täglich vollständiger wird und kurze Vorlese-Geschichten illustriert (solche religionspädagogisch angelegten Adventskalender erscheinen im Verlag Ernst Kaufmann, Lahr/Baden).

Ein schönes und zugleich billiges Material für weihnachtliche Bastelarbeiten ist Stroh. Am häufigsten werden Strohsterne daraus gemacht, die den häuslichen Christbaum schmücken. Ältere Kinder können sogar Krippenfiguren aus Stroh herstellen. Ideen und Anleitungen zu diesen Arbeiten gibt es in vielen Büchern und Werkheften, z. B. in der »Brunnen-Reihe« Nr. 6: »Strohsterne«; Nr. 20: »Weihnachtliches aus Goldpapier«; Nr. 26: »Neue Strohsterne und Engel«; Nr. 84: »Bunte Kerzen – selbst gegossen«; Nr. 118: »Advents- und Weihnachtsgestecke«; Nr. 140: »Basteln für Weihnachten«; Nr. 152: »Neue Adventskalender« (Christophorus-Verlag, Freiburg i. Br.).

Barbaratag

Wie der Andreastag für die Schule, ist der Barbaratag der rechte Zeitpunkt für das Haus, um Zweige zu schneiden, die Weihnachten in Blüte stehen. Bevorzugt sind Kirsch- und sonstige Obstzweige oder Forsythien. Man stellt sie in geheizte Räume, das lauwarme Wasser wird öfter erneuert, dann bricht neues Leben aus winterhartem Holz: Zeichen Christi, der in den »alten« Menschen zu neuer Blüte durchbrechen will.

Die Legende des Mädchens Barbara, das seit frühester Zeit in der Kirche als Nothelferin verehrt wird, ist historisch nicht ergründbar. In all ihren Varianten umspielt sie den Kern, daß ein junger Mensch sich seine innere Glaubensüberzeugung durch keine Drohung und Folter nehmen ließ.

Nikolaustag

Ein Tag der Kinder ist dieser 6. Dezember, den keine Grundschule übersehen darf. Im Mittelpunkt steht natürlich die Gestalt des Heiligen, wie wir sie in Bild, Legende und Interpretation im voraufgehenden Band 1 erschlossen haben. Gerade weil der Bischof von Myra heute in zahllosen Varianten kommerziell verzweckt und in vielen Vereinen zu einer eher banalen Figur entwürdigt wird, ist es wichtig, daß die Schule ihn nicht auch noch für ihre Zwecke und Intentionen mißbraucht. Nikolaustag ist ein festliches Spiel. Tritt er selbst auf, so erzählt er seine legendarische Geschichte (→ I, 123 ff; 127 ff); feiern wir ihn lediglich mit Liedern, Erzählungen und einem Stutenmann, sollte die Summe aller Elemente nicht weniger seinem Inbild dienen.

Hier ist das Backrezept für Stutenkerle zum Nikolaustag. (Mengenangaben für Gruppen von 4–6 Schülern):

> 500 g Mehl, 1 Päckchen Trockenhefe, ¼ l Milch, 75 g Butter, 1 Ei, 100 g Zucker, ½ Teelöffel Salz, 200 g Rosinen, 1 Eigelb und 1 Eßlöffel Milch zum Einpinseln.
>
> Die Butter wird in die Milch geflockt und langsam darin erwärmt, bis sie geschmolzen ist, doch soll die Milch nicht mehr als lauwarm werden. Die Trockenhefe und 2 Teelöffel Zucker gibt man in eine Tasse und gießt 10 Eßlöffel der lauwarmen Milch hinzu, rührt alles sorgfältig um und läßt es 15 Minuten stehen. Darauf siebt man die Hälfte des Mehls in eine große Schüssel und macht in der Mitte eine Vertiefung, in die Ei, Salz, der restliche Zucker, Rosinen und die Milch mit der Butter gegeben werden. Wenn die Hefe 15 Minuten lang gequollen ist, wird sie hinzugefügt, mit einem

Holzlöffel alles gut gerührt und nach und nach auch das restliche Mehl hinzugesiebt, bis der Teig glatt ist. Nun wird er 10 Minuten lang geknetet, dann zu einem Batzen geformt, in eine mit Mehl ausgestäubte Schüssel gelegt und mit einem Tuch abgedeckt. Jetzt stellt man die Schüssel an die Heizung oder bei 50° in den Backofen, ohne dessen Tür zu schließen. Nach einer Stunde ist der Teig zu doppelter Größe aufgegangen, man teilt ihn in vier bis sechs gleich große Teile, aus denen man die Stutenkerle formt. Sie sehen so aus, wie Kinder Menschen malen: der Kopf ohne Hals an den Rumpf gesetzt, Arme und Beine. Rosinen bilden die Augen und eine Knopfreihe über den Leib hin. Die fertig geformten Weckmänner legt man auf ein leicht gefettetes Backblech. Zunächst kommt das Blech noch einmal für 15 Minuten auf kleinster Hitzestufe und bei offener Backofentür in den Ofen. Die Weckmänner gehen auf. Dann werden sie mit Eigelb, das mit Milch gemischt wird, bepinselt und nun bei 180–200° in 35 bis 40 Minuten goldbraun gebacken.

Dieser Mann aus süßem Teig soll Nikolaus selber darstellen. Wir essen ihn in uns hinein. Ob dadurch auch ein Quentchen seiner Güte in allen wächst? Die Tonpfeife, die man meistens dem Weckmann einbackt, resultiert aus einem Mißverständnis: Ursprünglich war ein Bischofsstab gemeint, nun macht die Pfeife aus dem Würdenträger eine allgemein-menschliche Gestalt.

Weihnachtskarten

Weihnachtsgrüße wurden nicht immer verschickt, aber nachdem der bürgerliche Brauch erst einmal Fuß gefaßt hatte, wuchs er schnell manch einem über den Kopf. Deswegen ließ sich 1843 ein Londoner Geschäftsmann, Henrik Cole, eine Weihnachtskarte entwerfen, die in tausend Stück gedruckt und handkoloriert wurde. Cole verkaufte die Karten, die er selber nicht brauchte, für gutes Geld. Seitdem verbreitete sich die Sitte – trotz puritanischen Einspruchs – um die ganze Welt. Statt im Schreibwarenhandel kitschige Motive zu kaufen, können wir für den Familienbedarf selbst Weihnachtskarten malen, zeichnen, kleben, drucken, aus Fotos collagieren oder gar als Leporello entwerfen.

Weihnachten

Weihnachten wird in der Familie und in der Gemeinde gefeiert. Die Schule hat Ferien, damit wir zu Hause feiern können. Aber es ist offenkundig, daß zahllose Familien nicht mehr die Fähigkeit zur Gestaltung einer eigenen Weihnachtsfeier haben, in der das Mysterium des Festes begangen wird. Eine wechselseitige »Bescherung« ist hier oft der Kern des Festes, nicht einmal ein Zugehen auf einander und ein Schenken, in dem alle Zuneigung und Liebe zueinander ihren Ausdruck finden.

Junge Eltern haben oft selbst keine gestalteten Weihnachtsfeiern in ihren Familien kennengelernt, oder sie haben sich in ihrer Jugendzeit dagegen gewehrt und finden nun keine neuen Formen, mit ihren Kindern die großen Feste des Jahres zu begehen. Da kann ihnen die Schule helfen, denn jedes Gedicht, das die Kinder lernen und zu Hause vortragen, ist ein Ansatz für einige Minuten Besinnung, und jedes Lied eine Chance, miteinander zu singen, statt alle Stimmungsmache dem Fernsehen zu überlassen. Es ist auch nicht falsch und keineswegs eine Last für Kinder, wenn sie das Weihnachtsevangelium nach Lukas auswendig lernen, damit sie es unterm Christbaum vortragen können, doch sollten die zusätzlich ausgewählten Gedicht- und Liedtexte eine vertiefende Deutung bieten.

Dreikönige

Nach dem Dreikönigstag nimmt die Schule ihren Fortgang. In der Gemeinde erleben die Kinder womöglich das wiedererstandene Sternsingen. In einer anderen Form können wir es auch in der Klasse spielen, etwa nach dem Text von Josef Guggenmos »Wir gehen zur Krippe« (→ I, 159 f).

Krippenbesuche

Ob es nun die eigene Dorfkirche alleine ist, oder ein Rundgang durch Kirchen und Kapellen einer Altstadt, ein gemeinsamer Weg zur Krippe lohnt sich immer. Vielleicht sind einige Mütter dabei, die uns begleiten. Wir nehmen die Instrumente mit, singen die Lieder, die wir gelernt haben und tragen unsere kleinen Gedichte vor. Vorher betrachten wir natürlich die Krippen sehr genau und machen uns gegenseitig auf besondere Beobachtungen aufmerksam.

Februar

Mariä Lichtmeß

Das Wissen um die alten Marien- und Heiligenfeste ist nicht mehr groß. Auch Lehrern fällt es schwer, den Kalendertag für Lichtmeß oder Mariä Heimsuchung zu nennen. Dabei könnte es ein leichtes sein, mit diesen Tagen noch Sinn und Freude zu verbinden, wenn wir ihr Brauchtum erinnern und weiterentwickeln würden.

Das Fest hat seinen Namen von der Lichtfeier, die seit alters her begangen wird. Im Anschluß an Lk 2,32 ist bereits seit dem 5. Jahrhundert in Jerusalem eine Lichterprozession bezeugt. Die noch heute vollzogene Kerzenweihe gibt es in Rom seit dem 11. Jahrhundert. Damit erhält die mit dem Fest des 2. Februar ausklingende Weihnachtsfeier ihren sinnvollen Abschluß, der zugleich die thematische Einheit der weihnachtlichen Festzeit verdeutlicht: Gefeiert wird Christus, das alle Finsternis der Welt besiegende Licht. Jede christliche Lichtfeier umfaßt aber das Ganze der Botschaft, nicht alleine das Aufstrahlen dieses Lichtes in der Geburt Jesu, auch die Sonne des Ostersieges und letztlich das alles erhellende und durchflutende Licht der endzeitlichen Verklärung. Licht überwindet die Finsternis (→ I, 263–291).

Zu Mariä Lichtmeß zünden wir in der Klasse eine Kerze an und sprechen über alle Kerzen, die im Laufe des Jahres in der Kirche und im Haus verwendet werden. (→ Religionsbuch 1, S. 64)

Fastnacht

Die einfachste Art, sein Gesicht zu verändern, ist das Schminken. Man kann seine Haut heller oder dunkler, den Mund größer oder kleiner machen. Es sind auch größere Verwandlungen möglich, etwa sich schnell in einen Erwachsenen oder in ein Tier umzumalen. Auch symbolische Versionen sind schön: wer »der Winter« sein will, malt sich das Gesicht voller Schneekristalle, »der Sommer« erglänzt als strahlende Sonne.

Was die Schminke für das Gesicht ist, ist der Hut für den Kopf. Fast immer kennzeichnet die Kopfbedeckung ihren Träger: die Krone den König, der Federschmuck den Indianer, der steife Hut den Reichen ... Wie Rotkäppchen, ein Meisterdetektiv oder der Räuber Hablitzel aussehen, das weiß jeder. Man kann auch mit Schals, Handtüchern und Stoffresten großartige Kopfbedeckungen entwerfen, die meistens ins Land von Tausendundeine Nacht führen.

Aufwendiger ist es, eine Maske zu fertigen. Während Schminke zwar den Charakter eines Gesichtes verändert, verbirgt es die Maske ganz hinter oft grotesk überhöhten Formen. Einfache Masken lassen sich schon in einer halben Stunde mit wenig Material basteln. Tüten, Bastkörbe, alte Wollmützen, Pappschachteln und selbst Strümpfe lassen sich gut zu Masken verarbeiten. Wie sehr eine Maske verwandelt und selbst massive Hemmungen überwindet, wird uns immer wieder neu erstaunen.

Der Spaß wird noch größer, wenn nicht nur Kopf und Gesicht, sondern gleich der ganze Körper in eine phantasievolle Verkleidung schlüpfen können. Mit Hilfe einer Restekiste ist fast jede Verwandlung möglich. Nützlich sind auch alte Bettücher, Tischdecken, Vorhänge, Pullover und Röcke, Handschuhe und Schuhe. Es lohnt sich auch, Spitzenreste, Bänder und Schleifen aller Art, sowie künstliche Blumen zu sammeln.

Für dieserart Feste ist das »Aktionsbuch« von Beatrice Tanaka: Verkleiden, Maskieren, Schminken (O. Maier, Ravensburg 1982) eine Quelle faszinierender Anregungen. Nicht nur für Fastnacht, sondern auch für Sommerfeste macht es praktikable Vorschläge, selbst Verkleidungen für den Klassenraum werden vorgestellt.

Als eine (unter anderen) Spielideen für ein Fastnachtsfest in der Schule kann auch das »Aktionsbuch« von Norbert Erhard und Wolfgang Zacharias empfohlen werden: Mach mit im Zirkus Pumpernudel. Ravensburg 1980.

Aschermittwoch

Nun beginnt die Fastenzeit. Sie dauert vierzig Tage lang und endet mit dem Karsamstag. Die Zahl vierzig ist wichtig: vierzig Tage und Nächte strömte der Regen der Sintflut, vierzig Jahre lang dauerte die Wüstenwanderung, bis Israel das Gelobte Land betreten durfte; vierzig Tage und Nächte fasteten Mose, Elia und Jesus; vierzig Tage nach Ostern feiert die Kirche Christi Himmelfahrt.

Als im 11. und 12. Jahrhundert das öffentliche Fasten immer mehr aus der Übung kam, wurden Aschenbräuche für alle Gläubigen übernommen. Das Aschenkreuz ist bis heute davon geblieben. Es soll das Vergehen aller irdischen Herrlichkeit vor Augen führen: »Gedenke, Mensch, daß du Staub bist und zum Staube zurückkehrst.« Wir sprechen über das Aschenkreuz, können es uns auch selbst mit Holzkohlenasche auf die Stirn zeichnen und schauen uns Darstellungen des Totentanzes an (→ Religionsbuch 3).

März

Frühlingsanfang

Nun ist Tagundnachtgleiche, die Sonne siegt immer mehr, die Nacht wird von jetzt an kürzer. In vorchristlicher Zeit glaubte man, an diesem Tag der Frühlingsgleiche sei die Welt erschaffen worden. Deshalb begann der älteste römische Kalender das Jahr mit dem Monat März. Daß man den Eröffnungsmonat nach dem wichtigsten Gott Mars, dem Kriegsgott, benannte, ist kennzeichnend für den Gang der Weltgeschichte – und nach zweitausend Jahren Christentum leider immer noch kennzeichnend.

Frühlingsspiele stellen meistens den Sieg der Sonne über Frost und Kälte dar. Aber auch auf dem Schulhof regiert nun ein neues Spielverhalten. Es würde sich lohnen, als Lehrer ein Spieltagebuch zu führen, in das mit jahrelanger Beständigkeit die Zeiten und Wechsel der Spielformen und des Spielverhaltens eingetragen werden. Gleichzeitig vermittelt solche Aufmerksamkeit auch einen Blick für die Kinder und die sich wandelnden Formen ihres Zusammenspiels. Ob die Spielinhalte das Jahr hindurch ausreichen, hinreichend Bewegung bieten, soziale Integrationskraft haben, lauten aber auch leisen Ausdruck gestatten ... sollte gelegentlich Thema einer Lehrerkonferenz sein. Im Anschluß daran wäre zu erörtern, welche Gestaltung der Pausenhof finden muß, damit auch hier ein Spielen und Lernen in *anregender* Umwelt möglich wird. Wer für seine Schule einen Gestaltungsplan und eine Liste der Spielmöglichkeiten entwerfen will, kann auf folgende Literatur zurückgreifen:

Martin Rauch, Schulhofhandbuch. Planung und Veränderung von Freiräumen an Schulen. Vaas Verlag, Ulm 1981.

Peter Kraft (Hrsg.), Neue Schulhöfe. Berichte – Probleme – Anregungen. Westermann Verlag. Braunschweig 1977.

Peter Kraft, Der Schulhof als Ort sozialen Verhaltens. Westermann Verlag, Braunschweig 1977.

Mariä Verkündigung

Ähnlich wie der Johannistag früher die Sommersonnenwende und Weihnachten die Wintersonnenwende begehen ließen, war ehedem am 25. März die Feier des Frühlingsanfangs. Das Mysterium dieses Festes ist über Jahrhunderte der geistliche Kern des Tagzeitengebets gewesen. Wenn es zum »Angelus«, dem »Engel des Herrn« läutete – morgens, mittags, abends – hielten alle inne und beteten:

V: Der Engel des Herrn brachte Maria die frohe Botschaft.
A: Und sie empfing vom Heiligen Geist.
»Gegrüßet seist du, Maria ...«

V: Maria sprach: Siehe, ich bin die Magd des Herrn.
A: Mir geschehe nach deinem Wort.
»Gegrüßet seist du, Maria ...«

V: Und das Wort ist Fleisch geworden.
A: Und hat unter uns gewohnt.
»Gegrüßet seist du Maria ...«

Lasset uns beten: Wir bitten dich, Herr, gieße Deine Gnade in unsere Herzen. Durch die Botschaft des Engels haben wir die Menschwerdung Christi, Deines Sohnes, erkannt. Führe uns durch sein Leiden und Kreuz zur Herrlichkeit der Auferstehung, durch Christus unseren Herrn. Amen.

Palmsonntag

Mit diesem Sonntag beginnt die Karwoche. In den Kirchen werden »Palmen« zur Gedächtnisfeier des Einzugs Jesu in Jerusalem geweiht. Je nach Landschaft werden die Palmen ersetzt durch »Palm«-Kätzchen, Buchsbaum oder Immergrün, Wacholder, Stechpalme mit roten Beeren, Tannen- und Haselzweigen. Der Bund wird mit einem schönen Band geschmückt und zur Palmweihe mit in die Kirche gebracht. Die geweihten Zweige werden als Segenssymbole hinters Kruzifix gesteckt, auch am Spiegel oder an frommen Bildern angebracht, gleicherweise an der Haustür, am Gartentor oder an den vier Ecken von Garten und Feld.

In manchen Gegenden besteht der »richtige« Palmbusch immer aus dreierlei vom Gleichen: drei Buchszweige, drei blühende Palmkätzchen, drei Stechpalmzweige (Ilex), drei Zweige Immergrün, drei Wacholderzweige . . . Wir zeigen in der Schule die einzelnen Zweige, auch wie wir sie schneiden und binden und weisen zugleich auf den Naturschutz hin. Natürlich wird ein Palmbuschen auch ins Klassenzimmer geholt und aufgehängt.

Die Karwoche und Ostern

Die großen Tage der Heiligen Woche und das Osterfest fallen in die Schulferien. Das reiche Brauchtum dieser Feiern liegt kaum noch im Bereich der Schule. Aber einiges kann die Schule pflegen helfen, zumal dann, wenn sie den Kontakt zum ländlichen Umfeld nicht verloren hat; die einzelnen Tage in ihrem Brauchtum den Kindern vorzustellen und ihnen Verstehenshilfen zu bieten, damit sie daran teilhaben können, ist ihre weitere Möglichkeit.

Der Osterbaum:

Der Osterbaum aus immergrünen Zweigen ist Lebensbaum und Weltenbaum zugleich. Seine klassische Form ist ein Kreuz mit drei Querbalken, die sich nach oben verjüngen. Das einfache Holzgerüst wird mit Buchsbaum umwickelt und in einen Blumentopf gestellt, in dem man noch Frühlingsblumen mitpflanzen kann. An jeden Querstab des Osterbaumes werden vier ausgeblasene und bemalte Eier gehängt. Sie verweisen auf die zwölf Apostel oder die zwölf Monate . . . in jedem Fall auf ein Ganzes, das im Osterfest seine Mitte besitzt.

Ein Osterzweig ist leichter aufzustellen. Es kann ein blühender oder auch nur ein schön verästelter Zweig sein, der mit bunt bemalten Eiern oder anderen Lebenssymbolen geschmückt wird.

Das Osterei (→ I, 189). Eierfärben mit Naturfarben: Zwiebelschalen, in Wasser aufgekocht, und Tee machen die Eier braun. Man reibt sie noch heiß mit einer Speckschwarte ein. Efeu- und Brennesselblätter machen die Eier grün. Safran und Kümmel färben gelb, wenn man die Gewürze zunächst im Wasser aufkocht. Rote-Bete-Saft ergibt rote Eier. Alle Eier gewinnen Glanz, wenn man sie mit Speckschwarte einreibt. Getrocknete Zwiebelschalen, in Mulltücher um rohe Eier gewickelt, ergibt marmorierte Eier. Symbolfiguren aus Zwiebelschale geschnitten und auf das Ei gelegt, ergibt braungelben Schmuck.

Das Osterlabyrinth (→ Religionsbuch 3 und Lehrerhandbuch 3) wurde früher in Pommern aus ausgestochenen Rasenstücken gelegt. Man kann den verschlungenen Weg auch mit Steinen markieren. Er symbolisiert einwärts die Todeslinie, mit der Wende im Zentrum die Befreiung zu einem neuen Leben und einer neuen Freiheit. Wer den Weg findet und aus dem Labyrinth wieder aufersteht, bekommt ein rotes Ei geschenkt.

April

Georgstag

Der Drachentöter Georg zählt zu den vierzehn Nothelfern. Er ist einer der meistverehrten Heiligen des Mittelalters, den Griechen ein »Erzpatron«, für England Landespatron. Weil die mythisch tiefe Georgslegende historisch ohne Hintergrund ist, wurde sein Fest in den sechziger Jahren aus dem römischen Kalender gestrichen: als wenn Wahrheit nur als historische Einmaligkeit, nicht als symbolische Allgemeingültigkeit denkbar ist.

Zum Georgstag lesen wir alle Jahre wieder die Georgslegende (Legende, legendum heißt: Das immer wieder zu Lesende), betrachten ein Bild des Drachentöters, deuten den »Drachen« und das »Töten« des Drachen und versuchen auf diesem Wege zum Inbild der Georgsgestalt vorzudringen (→ Lehrerhandbuch 4). Im Rückgriff auf die Drachen im Religionsbuch 1 (S. 28; 38; 68) wird uns eine Deutung leicht gelingen (vgl. dazu Lehrerhandbuch I, 132; 182–185; 308).

Mai

Christi Himmelfahrt

Es gibt Kinder, die bereits nichts mehr von Christi Himmelfahrt erfahren, weil der »Vatertag« den christlichen Charakter des Festes überlagert. Auch wenn der Lehrplan anderes vorsieht, ist es wichtig, immer wieder eine Verstehenshilfe und Hinführung zum Himmelfahrtsfest zu geben. Ausführliche theologische und didaktische Hilfen bietet der Band 4 dieses Handbuchs.

Der Maibaum

In vielen Dörfern und Städten Süddeutschlands wird der Maibaum aufgerichtet, meist eine stattliche hohe Fichte mit glatt geschältem Stamm und einer kleinen Krone, die mit einem Kranz geschmückt ist. Der Maibaum ist natürlich ein Lebens- und Weltenbaum. Wie sehr seine Ausstattung auch von Ort zu Ort verschieden sein mag, immer bedeutet sein Schmuck Fruchtbarkeit, Reichtum und Fülle. Der Maibaum verkörpert den Wunsch der Menschen nach einem Leben in Frieden und Festlichkeit. Mit allen anderen Bäumen des Jahres (Christbaum, Osterbaum, Hochzeitsbaum . . .) entfaltet er die reiche Symbolik des Lebensbaumes (→ Schüler-/Lehrerbuch 4).

Brunnenfest

Maibrunnenfeste sind Reinigungsfeste im Frühjahr. Die Brunnen wurden von allem Unrat und Schmutz gesäubert, mit Blumen geschmückt und Girlanden umwunden. Abends brannten Lichter ringsherum und so begann der Maientanz.

Die vielen schönen, aber auch stillen Brunnen in Dörfern und Städten Deutschlands legen es nah, den Unterricht über Wasser und Taufe für eine Stunde an einen Brunnen zu verlegen; hier erzählen wir Brunnengeschichten (→ S. 92 ff; auch in Band 4), erinnern die Geschichte und Bedeutung des Brunnens in vergangener Zeit und »meditieren« das Brunnensymbol, ähnlich wie es in unseren Stille-Übungen geschieht.

Salatfest

»Wir haben einen Grund zum feiern: Unsere Salatblätter sind groß genug, wir können sie ernten! Wir wollen ein richtiges Salatfest feiern!

Wir brauchen dazu: Salat, Kräuter, Zitrone, Honig, Joghurt, eine große Schüssel, ein Sieb, Salatbesteck, Pappteller und Gabeln für jedes Kind. Mit einem Zettel gehen die Kinder nach Hause und bitten um die notwendigen Zutaten.

Wir ernten zwei große Schüsseln voll Salat. Stolz bringen die Kinder die Ernte in den Klassenraum und setzen sich im Kreis zusammen. Jetzt schreiben wir das Rezept auf und besprechen die verschiedenen Arbeitsgänge. »Wer möchte gerne welche Aufgabe übernehmen?« Ich male die Aufgaben in fünf Kästchen an die Tafel: Wir müssen den Salat waschen; Kräuter und Radieschen schneiden, Zitronen auspressen, Salatsoße und Salat umrühren; Tisch decken. Die Namen der Kinder schreibe ich zu den Aufgaben. Viele wollen nur Kräuter hacken, nur wenige mögen den Salat waschen . . .

Das Fest ist ein so großer Erfolg, daß wir es in der folgenden Woche wiederholen und alle Eltern einladen, unseren Salat zu essen.«[1]

Pfingsten

Pfingsten ist ein Friedensfest. »Der Geist, da ist endlich der Geist Gottes, auf den wir schon so lange warten«, rief man. Und alle sprachen, und alle verstanden sich: So schön! So liebenswürdig! So offen! Alle in ihrer Sprache, aber alle verstanden sich. So etwas hatte man noch nie erlebt.

Im Religionsbuch 2 wird Pfingsten so gedeutet. Warum sollen wir nicht ein Friedensfest feiern? Wir spielen Deutsche und Russen, Amerikaner und Chinesen, Schwarze und Weiße, Christen und Atheisten . . . alle reichen einander die Hände und sitzen an einem Tisch.

Johannistag

Unser Kalender datiert die Sommersonnenwende auf den 21. Juni, doch verbindet der Volksbrauch den Sommerbeginn mit dem Johannistag. Vieles von dem, was heute noch lebt, stammt aus vorchristlicher Zeit. In der Vorstellung der Alten ist der Johannistag mit Zaubermacht erfüllt, größte Macht aber hat der Feuerzauber, der Unheil überwinden und Krankheiten abwehren soll. In der Johannisnacht treten die verborgenen Schätze der Natur zutage, man versteht die Sprache der Tiere, und wer sich liebt, empfängt Segen. Es sind märchenhafte Gaben, die der Volksglaube mit dem Johannistag verbindet, so daß es eigentlich keine schönere Zeit für ein Märchenfest im Grünen geben könnte als zum Johannistag.

Juli

Mariä Heimsuchung

Es ist der Tag, von dem Lk 1,39 ff erzählt, an dem Maria ihre Base Elisabeth besuchte, die Mutter Johannes des Täufers. Die christliche Phantasie verbindet mit diesem Weg eine stille Wanderschaft über die Berge, und manche

[1] *Nancy Hoenisch,* Komm liebe Spinne, a.a.O., 86.

Wallfahrten reihen sich um das Fest, mit stunden- oder gar tagelangen Wegen durch Feld und Wald. (→ Schüler-/ Lehrerbuch 3: »Mit der Kirche gehen«).

Die eindrucksvollste Wallfahrt, an die ich mich erinnern kann, war die Studentenwallfahrt der Pädagogischen Hochschule Paderborn vom Fürstenweg nach Marienloh. Sehr früh im frischen Morgen zogen alle aus, Studenten und Dozenten, vorbei an Fischteichen, Weiden und Dörfern, lange Zeit durch tiefen Sennesand. Es wurde gesungen, gebetet und geschwiegen . . . eine symbolische Erfahrung des Lebensweges mit Auszug und Ankunft, Gefährtenschaft und Einsamkeit. Wer mit Kindern eine solche Wallfahrt machen will, muß sie gut vorbereiten: am Anfang und zwischendurch ist eine Stille-Übung sinnvoll, zu der eine religiöse Thematik gewählt wird, auch auf dem Wege sind kleine Schweigezeiten wichtig. Singen und Gebet in Grenzen und eine lustige Unterhaltung gehören hinzu. Zum Abschluß wird fröhlich gegessen und getrunken.

Christophorustag

Selten nur wird das Schuljahr bis zum 25. Juli dauern, doch können wir den Christophorustag in die letzte Schulwoche vorziehen, denn Christophorus ist der Schutzpatron aller Reisenden auf ihren Wegen durch die Welt. Mit einem Ausblick in die Ferien kann sich die Memoria der Christophorus-Legende verbinden (→ Lehrerhandbuch 4). In einer Zeit, die aus Blindheit für die Wahrheit der Legende das Christophorusfest ebenfalls vom römischen Kalender gestrichen hat, sei daran erinnert, daß Luther trotz damaligen mirakulösen Mißbrauchs die Gestalt des Christophorus als Allegorie des christlichen Lebensweges zu deuten wußte. Nicht die Historie sei wichtig, sagt er in der Tischrede »Von Legenden und Heiligen«, sondern das Gleichnis, das kundtue, »wie ein Christ sein sollte«. Ein Lesen der Christophorusgeschichte zum Ausklang des Schuljahres mag den Kindern einen Menschen zeigen, der die Welt durchwandert hat, um an Güte und Liebe zu wachsen. Die Symbolgestalt des Christophorus schützt nicht magisch vor den Gefahren des Verkehrs, vielmehr birgt sie alle Gefährdungen des Menschlichen in sich und zugleich die Erfüllung des Lebensweges.

Das Hochzeitsgeschenk S. 90

A. Die vorliegende Parabel ist mannigfach im Umlauf. Sie wird in verschiedenen Sprachfassungen überliefert, gilt als eine chinesische Tradition, ist nur in ihrer Quelle bisher nicht nachweisbar geworden.

Als Parabel gehört der Text zur Gattung der Gleichnisse. Parabel nennt man eine fiktive Geschichte, die ein einmaliges Ereignis zu einem lehrhaften Zwecke erzählt. Während manche Parabeln Jesu in ihrer Intention für heutige Menschen verschlüsselt erscheinen, so daß es ihnen oft nicht gelingt, sie ohne exegetische Hilfe zu interpretieren, hat der vorliegende Text eine so offene, deutliche »Moral«, daß auch jüngere Kinder den Sinn dieser Geschichte unmittelbar verstehen. (→ Lehrerhandbuch 3, Kapitel »Gleichnisse«).

B. Die Parabel geht davon aus, daß man arm sein kann und doch nicht auf ein Fest verzichten muß. Um ein Fest zu feiern, bedarf es keines Vermögens, ja, eigentlich sind keinerlei materielle Voraussetzungen erforderlich, wenn es nur einige Menschen gibt, die bereit und fähig sind, die eigene Freude zu teilen. So dachten die Brautleute, und weil sie selbst glücklich waren, schien es ihnen ein leichtes, ihr Glück an andere weiterzugeben. Andererseits wußten sie, daß man selbst die Freude nicht weitergeben kann, wenn der andere nicht will und in seiner alltäglichen Verschlossenheit verharrt. Er muß seinerseits ebenfalls aufbrechen und eine innere Bereitschaft zum Fest mitbringen. Gäste, die nur »erscheinen«, innerlich aber in ihrer alten Welt bleiben, können niemals mitfeiern. Sie verhindern das Fest, anstatt es mitzutragen. Der »Krug Wein«, der von ihnen erwartet wird, ist die Summe all dessen, was von jedem Gast zum Fest beigesteuert werden muß, damit das Fest als Fest gelingt. Gar manches Fest scheitert ja nicht an seinen Gastgebern, sondern an den Gästen, sei es, daß sie nur so tun, als brächten sie was mit, sei es, daß ihre Gaben zwar teuer sind, aber ohne Herz, oder – um im Bilde zu bleiben – nur Wasser und kein Wein sind. Gar manches Mitbringsel mag aufwendig sein, weil es den Status des Gastes repräsentieren soll, aber zugleich ist es auch tot, sofern es nicht Ausdruck einer sich öffnenden Gesinnung ist. Die Psychologie weiß, daß viele Geschenke sogar Herrschafts- und Unterwerfungswillen bekunden, so daß sie in der Gegenbewegung den Drang wecken, sich dafür »revanchieren« zu müssen. Von Geschenken solcher Art kann kein Fest leben; sie ersticken die Gemeinsamkeit und Freude.

So ist es auch in unserer Geschichte. Keiner der Geladenen bleibt aus, alle bringen den erbetenen Krug mit, aber gleichzeitig produzieren sie nur eine Scheinwelt. Niemand ist aufrecht genug zu sagen, warum ihm ein Mitfeiern nicht möglich ist, alle halten sich an die gesellschaftlichen Spielregeln und mimen sogar, Wein in ihren Krügen zu haben. Man sieht, wie sie bei der Begrüßung lächeln, Mitfreude heucheln, konventionell gratulieren. Während nun auf den meisten Festen der Erwachsenen die Maskerade durchgehalten wird, so daß selbst und gerade nach öden Abenden die Beteuerung ausgetauscht wird, wie »schön« es doch gewesen sei, offenbart sich hier die Lüge. Was jedermann als Wein zu schenken vorgibt, ist nichts als Wasser, keiner hat die Lauterkeit, von sich aus etwas zum Feste beizusteuern, so daß nun alle beschämt voreinanderstehen. Die Brautleute müssen sich betrogen fühlen, zugleich hat aber auch ein jeder jeden betrogen – und wohl am schlimmsten sich selbst.

C. Wenn Kinder zum Fest gehen, spielen sie gewiß noch nicht die »Spiele der Erwachsenen«, von denen oben die Rede war, aber die bequeme Neigung zu einem nur konsumptiven Verhalten, der Hang, sich gehen zu lassen und Unlust zu äußern statt Spielbereitschaft aufzubringen, die Fähigkeit, auf nicht mitspielende Kinder zuzugehen und sie in die Runde einzubeziehen . . . das alles fällt Kindern nicht von selbst zu, man muß sie darauf hinweisen und ihnen schrittweise helfen, diese soziale Befähigung zu erlernen.

D. Die Parabel steht im Zusammenhang mit dem Kapitel »Fest«, S. 45–50; sie ist insbesondere ein Gegenstück zu Seite 46, die in positiver Weise entfaltet, was wir vorbereitend tun können, wenn wir zum Feste gehen. Sie sollte darum aus diesem Kontext nicht gelöst werden und ihre Erarbeitung in Auseinandersetzung mit den Inhalten des Fest-Kapitels finden.

Ob die Kinder ihren Lehrer lieben oder nicht, nein, umgekehrt: ob der Lehrer seine Kinder liebt oder nicht, ist für keinen einzigen schulischen Lernprozeß unbedeutend, aber nirgendwo sonst entscheidet dieses Verhältnis so sehr über die Sache als im Religionsunterricht. Die mehr allgemein-pädagogischen Voraussetzungen, die für den Lehrauftrag des Religionslehrers bedeutsam sind, werden an anderer Stelle dieses Handbuchs bedacht (→ S. 29 ff). Die im Verhältnis zu den Kindern sich offenbarende Zuneigung, Geduld und Sensibilität sollen jedoch nachfolgend untersucht werden. Das Studium der Theologie und Religionspädagogik vermittelt ja durchweg nur Sachkenntnisse, aber nur selten eine Vision des Kindes. Es geht auch nicht um »das Wesen« des Kindes, nicht um Kinder im allgemeinen, sondern um die Fähigkeit, all diese Kinder meiner Klasse wahrzunehmen, ihnen zuzuhören, an ihrem Gesichtsausdruck, ihren Augen, Händen, ihrer Körperhaltung abzulesen, welche Gefühle sie bestimmen. Natürlich kann sowenig wie die wissenschaftliche Lehrerbildung ein Lehrerhandbuch dieses Verhältnis zum Kind vermitteln. Aber der Blick, die Einsicht in das Ideal, dem wir nacheifern, können gestiftet werden.

Um hier weiterzuführen, stellen wir nachfolgend Zeugnisse zusammen, die in einer subjektiven und glaubwürdigen Weise vom Umgang mit Schülern berichten. Es handelt sich nicht um Muster für das eigene Verhalten, sondern um eine individuelle Praxis, die deswegen anregend ist, weil sie inspiriert und sensibilisiert. Funktion dieser Texte soll es nicht sein, auf Information hin gelesen zu werden, vielmehr ist eine wiederholte bedächtige Lektüre anzuraten, um von Zeit zu Zeit die eigenen Verhaltensweisen an fremden Haltungen zu überprüfen.

Die Seiten 92 bis 94 im Religionsbuch haben im Unterschied zu allen anderen Themen eine eigenartige Doppelaufgabe. Einerseits wollen sie natürlich den Schülern Anregung geben, ihr eigenes Verhältnis zum Lehrer zu reflektieren (→ S. 146 ff). Andererseits fordern sie aber auch den Lehrer zur Selbstbesinnung heraus: Fühle ich mich unter meinen Schülern wohl? Reicht der Kontakt nur vom Unterrichtsbeginn bis zum Pausenzeichen? Lasse ich mich von den Kindern anfassen, umarmen, streicheln? Wie weit sehe ich jeden einzelnen Schüler, lasse ich mich punktuell ganz auf ihn ein, sehe ich seinen Ausdruck, seine Schwierigkeiten, Ängste und Wünsche . . .?

Die Kraft geht von den Kindern aus

Die nachstehenden Texte stammen von Iris Mann;[1] sie schildern und reflektieren Erfahrungen mit Sonderschülern, die ein allgemeines Urteil als »schwierig« einstuft, während sie uns in den Berichten Iris Manns doch als so empfind-

[1] *Iris Mann,* Die Kraft geht von den Kindern aus. Die stufenweise Befreiung von der Lehrerrolle. Lollar 1978 (extrabuch Verlag, Frankfurt 1982.) 54; 58; 63; 64; 68; 72; 74; 84; 115; 113; 117.

same, zärtliche Kinder entgegentreten, daß jeder Lehrer sich wünscht, ebenfalls soviel Liebe und Ermutigung von seinen Schülern erfahren zu dürfen.

Die Berufsberatung kommt in die Schule.
»Ich möchte Sonderschullehrerin werden«, sage ich.
Mein Klassenlehrer erklärt dies geflissentlich:
»Sie hat selbst Schwierigkeiten.«
Er lacht. »So ist es doch!«
Ich sehe in sein Gesicht. Er hat eine rote Nase, dicke lila-rote Lippen und hellgraue wässrige Augen.
Ich antworte: »Ich kenne einen Jungen, der ist Sonderschüler. Er kommt jeden Nachmittag zu mir. Wir tauschen Briefmarken und kochen uns Essen. Manchmal lese ich eine Geschichte vor. Ich habe oft den Eindruck, daß er den Inhalt der Geschichte gar nicht versteht. Wenn ich dann versuche, ihm mit einfachen Worten die Geschichte zu erklären, dann sagt er immer: ›Lies weiter!‹ Ich habe zu ihm gesagt: ›Verstehst du, was ich dir vorgelesen habe? Die Sätze sind so lang, die Wörter sind so fremd.‹ Er antwortet: ›Das ist doch egal, ich möchte so gerne deine Stimme hören, wenn du liest.‹« Meinem Klassenlehrer hängt der Unterkiefer etwas herunter.
»Das ist interessant, was Sie da erzählen.«
Ich sage: »Er singt mir manchmal Lieder vor, die er sich ausdenkt und spielt dabei auf meinem Akkordeon traurige Melodien. Ich höre seine Lieder gern, obwohl ich sie nicht verstehe.«
Mein Klassenlehrer zuckt mit den Schultern. »So, Sie verstehen die Lieder gar nicht. Interessant . . .« (Dabei habe ich das Gefühl, daß er gar kein Interesse an dem hatte, was ich sagte.)

*

Wenn ich über all die Jahre nachdenke, die Oberschulzeit, das Studium, werden meine Augen trocken und beginnen zu schmerzen.
Ich habe nicht nur meine Zeit verloren.
Ich habe nicht nur nichts gelernt.
Ich habe während meiner Oberschulzeit das Wesentliche verlernt.
Ich habe das Gefühl für die Jahreszeiten verloren.
Ich habe das Gefühl für die Tageszeiten verloren.
Ich ging um fünf Uhr nachmittags schlafen und stand abends um sieben auf und machte bis zwölf Uhr in der Nacht Schularbeiten.
Ich wurde wach, wenn es Abend wurde und war müde, wenn es Tag wurde.
Ich wurde ein Nachtmensch.
Ich wurde ein Lampenmensch.
Ich wurde ein Tagtraummensch.
Ich träumte, wenn ich wach war, und wenn ich träumte, wurde ich wach.

*

Er führt Pausenaufsicht.
Mit gesenktem Kopf und gleichmäßigen Schritten macht er seinen Rundgang auf dem Schulhof.
Die Kinder gehen zu zweit und zu dritt über den Schulhof oder stehen in kleinen Gruppen zusammen.
Heute brüllt er nicht.
Plötzlich kommt mir der Gedanke, wie es sein wird, wenn ich einen Tag vor meiner Pensionierung stehe.
»Geh und nimm Herrn Henke an die Hand. Es ist heute sein letzter Schultag. Er wird morgen pensioniert. Da möchte er bestimmt, daß ihn ein Kind an die Hand nimmt«, sagte ich zu Klaus.

»Ist gut.«

Klaus läuft los.

Er lacht mir noch einmal zu.

Dann nimmt er den alten Lehrer an die Hand. Als es zur Stunde klingelt, bin ich erstaunt, daß Herr Henke und Klaus immer noch Hand in Hand gehen.

Herr Henke geht aufrecht.

Sie kommen den Pausengang hinauf. Er begleitet Klaus bis zum Klassenzimmer. Vor der Klassenzimmertür bleiben sie stehen.

Herr Henke drückt die kleine Hand von Klaus fest.

»Auf Wiedersehen, Kleiner.«

»Dann auf Wiedersehen.«

»Es ist heute mein letzter Tag. Morgen komme ich nicht mehr.«

Während er das sagt, fallen mir die roten Äderchen in Herrn Henkes Augen auf. Tränen kommen in seine Augen.

Wir Lehrer haben eine tägliche Sehnsucht, daß die Kinder uns freiwillig anerkennen.

*

»Gleich kommt der Schulrat, und ich habe mein Lesebuch vergessen«, sage ich zu den Kindern.

»Hier, nehmen Sie schnell meins.«

In dem Augenblick geht die Tür auf. Die Kinder sitzen still auf ihren Plätzen. Ich nehme mit ihnen das Lesestück durch. Plötzlich sagt der Schulrat zu Angela: »Wo hast du dein Buch?«

Angela antwortet: »Ich habe es zu Hause.« Sie lacht mir zu.

Der Schulrat fragt: »Vergißt sie öfter ihre Sachen?«

Ich antworte: »Sie vergißt ihre Sachen nicht.« Als er draußen ist, bedanke ich mich bei Angela.

Ein Kind sagt: »Fräulein, wenn er mal ganz unverhofft kommt, und Sie haben was vergessen, dann brauchen Sie keine Angst zu haben. Sie brauchen nur zu warten, die Sachen kommen.« Sie überlegen, wie sie es am besten anstellen können.

Wir Lehrer streben danach, sagen zu können, daß wir gute Lehrer sind. Viel wichtiger ist es, daß wir danach streben, sagen zu können, daß wir gute Kinder unterrichten.

*

Der Rektor verteilt auf der Lehrerkonferenz ein Schreiben, nach dem die Lehrkräfte angehalten werden, auch alle Unterrichtsstunden *zu geben.* Die Kollegen weisen diese Unterstellung schriftlich zurück.

Daraufhin erklärt der Rektor einer Kollegin insgeheim auf der Treppe, daß ich gemeint bin. Die Kollegin war außer sich und teilte mir dies sofort mit.

Ich erschrak.

Tatsache war, daß ich in den letzten Wochen ständig Überstunden gemacht habe, um die Erzieherin, die für den Tagesheimbetrieb am Nachmittag zuständig war, zu ersetzen.

Dies war dem Rektor bekannt, den Kollegen und dem Erzieherpersonal.

Während der großen Pause reden die Kollegen über diese Unverschämtheit des Rektors. Ich weine, ohne auch nur den geringsten Versuch einer Verteidigung zu unternehmen. Ein Kind aus meiner Klasse schaut ins Lehrerzimmer und verschwindet wieder. Kurz darauf schauen drei Kinder ins Lehrerzimmer und verschwinden wieder.

Plötzlich kommt ein Kind nach dem anderen ins Lehrerzimmer und bleibt stumm stehen.

Ich sehe die Tränen auf dem Lehrertisch und wische sie mit der Hand weg.

Ich blicke auf.

Ich sehe, daß das Lehrerzimmer voller Kinder ist und daß der Rektor neben mir sitzt.

Die Kollegen tuscheln: »Das ist das allerletzte, es ist nicht zu fassen, was man sich hier gefallen läßt.«

Auf einmal spricht ein Junge: »Fräulein, sagen's, wer's war.«

Dann sind die Kinder wieder stumm und schauen mich an.

Ein anderes Kind spricht weiter.

»Fräulein, war's ein Lehrer?«

Ein Mädchen erklärt: »Fräulein kann so lange in der Schule bleiben, wie sie will. Fräulein bleibt bei uns, weil wir keine Erzieherin haben, und wenn sie von morgens bis abends bleibt, dann bleibt sie. So.« Der Rektor versucht, sich zu entschuldigen. »Es war ein Mißverständnis. Warum regen Sie sich auf? Es war nicht so gemeint. Sie haben es falsch verstanden.«

Ein Kind fragt: »Fräulein, war's der?«

Alle Kinder schauen auf ihn.

Der Rektor wird unsicher.

Ein Kind sagt: »Wenn Fräulein geht, dann streiken wir alle. Alle.«

Ein anderes Kind sagt: »Der war's.«

Der Rektor wird rot im Gesicht.

»Es tut mir leid. Sie sind zu empfindlich. Also, ich nehme die Äußerung zurück.«

Ich stehe auf und verlasse das Lehrerzimmer. Die Kinder gehen mit.

Zu Hause fällt mir auf, daß die Kollegen sich heimlich empörten und mich trösteten, während die Kinder handelten.

*

Am nächsten Tag habe ich vor, mit ihnen im Deutschunterricht ein Rezept über den Milchreis als Diktat vorzubereiten und auf einem kleinen Kocher einen großen Topf Reis zu kochen. Ich bitte daher alle Kinder, einen Teller und einen Löffel mitzubringen.

Da ich sicher bin, daß von 25 Kindern höchstens 10 Kinder einen Teller mitbringen, bringe ich auch noch einen Stapel Teller mit.

Auch hatte ich Befürchtungen, daß der Reis überall in der Klasse hängen würde, so wie die didaktischen Lernspiele in der Klasse herumliegen.

Der Reis kochte langsam vor sich hin, und es war still in der Klasse wie nie. Immer wieder ging ein Kind leise nach hinten, um zu schauen, ob der Reis gar ist.

Ein Mädchen setzt sich neben den Reis und beginnt zu rühren.

Nach einer Zeit sagt sie: »Anstellen.« Alle Kinder nehmen schnell ihre Teller. Einige haben zwei Teller mitgebracht, falls der Freund oder die Freundin den Teller vergißt.

Sie stellen sich in einer Schlange auf.

Es bleibt ruhig.

Das Mädchen gibt jedem Kind eine Portion. Daneben steht ein Junge mit Zimt und Zucker und gibt jedem Kind einen Löffel davon. Die Kinder sitzen still auf ihren Plätzen.

»Mmh, der ist gut, locker.«

Der Topf wird ausgekratzt und ausgewaschen. Es liegt nicht ein Reiskorn auf dem Boden, und kein Teller geht kaputt. Ich sitze ganz still und esse langsam Löffel für Löffel. Sie bedanken sich bei mir für das gute Essen. Es ist so gemütlich, daß ich auf die Idee komme, jeden Freitag irgendeine Kleinigkeit zuzubereiten und in den Unterricht einzubauen. Popkorn, Pudding, Torte, Salat, Quarkspeise, Nudelsuppe usw.

Ich erkenne den Zusammenhang von Unterrichtsinhalten und Verhaltensweisen der Kinder.

*

Peters Mutter ruft bei mir an: »Peter hat ein Kind gewürgt, bis es blau war.« Ich frage ihn: »Wie hast du es gemacht?« Er grinst. Seine Finger hält er leicht gebogen. Ich führe seine Hände an meinen Hals. »Streichel meinen Hals.« Er hält die Finger zum Würgegriff verkrampft. »Mach die Hand flach . . ., locker die Finger . . ., fahre mit der flachen Hand über meinen Hals.« Immer wieder verkrampft sich Peter, wenn er meinen Hals berührt. Endlich kann er meinen Hals mit der flachen Hand streicheln. Dann führe ich seine Hand an seinen Hals. Dann streichel ich seinen Hals. Dann streicheln wir uns gegenseitig. Plötzlich lacht er: »Es kitzelt.« Ich kitzel ihn daraufhin stärker. Er lacht. Sein Gesicht entkrampft sich. Er schaut mir in die Augen. Ein Mensch muß Zärtlichkeit handelnd lernen. Seine Mutter konnte ihn nie anfassen, weil die Ärzte ihr nach der Geburt mitgeteilt hatten, daß er mongoloid ist.

Damit Peter eine Beziehung zu sich selbst, zu seiner Umwelt und seinen Mitmenschen bekommt, muß er jeden Samstag bei mir nützliche Tätigkeiten verrichten. So muß er z. B. eine Tür streichen, ein Fenster putzen, einkaufen, einen Kuchen backen, ein Portemonnaie herstellen u. a. Alle Tätigkeiten muß er sprachlich begleiten.

Nur so gelingt es mir, ihn aus seiner gefährlichen entwicklungshemmenden Phantasiewelt zu reißen, in der er die Zerstörung seiner eigenen Person auf andere Personen, Tiere und Gegenstände überträgt. Peter lernt schnell, und er unterhält sich zunehmend sachlich und realitätsgerecht mit mir.

Als meine Schwester mich eines Tages besucht, erlebt sie Peter. Er hat Brötchen geholt, den Kaffee gekocht, den Tisch gedeckt, Zutaten für den Sonntagskuchen zusammengestellt . . . Meine Schwester fragt mich: »Was macht der Kleine hier bei dir?« Ich antworte: »Der kommt jeden Samstagvormittag zur Therapie.« »Zur Therapie?« fragt meine Schwester.

Mir wird in dem Augenblick bewußt, daß Peter inzwischen eine große Hilfe für mich geworden ist.

Der Gedanke, daß *dieses* Kind gesund werden könnte, wäre mir von selbst nicht gekommen, so sehr liebte ich meine Rolle als Therapeutin.

*

Einmal schlug mir ein Kind mit der Faust in den Rücken. Ich nahm daraufhin seine Hand und sagte: »Schau, so mag ich es . . .«, während ich sie behutsam über mein Gesicht führte. Dann legte ich meine Hand auf seinen Kopf, die Stirn, die Nase, so daß ich ihn nur leicht berührte ohne Druck. Er sah mich verlegen an.

Ich sagte zu ihm: »Wenn du eine Faust machst, spüre ich deine Hand kaum; wenn du deine Hand entfaltest, dann kann ich deine ganze Hand fühlen.« Er löste die Finger vorsichtig. Dann versuchte er es noch einmal und fuhr leicht über mein Gesicht. Er ließ seine Hand auf meiner Schulter liegen.

Ich sage: »So hab ich es gern, das macht mich ganz ruhig, wenn deine Hand auf meiner Schulter liegt.« Plötzlich hatten sich viele Kinder um mich versammelt. Alle begannen, mich leicht zu streicheln. Auf dem Kopf, am Rücken. Ein Kind nahm meine Hand, eins setzte sich auf meinen Schoß. »So Fräulein, gell, so ist es schön . . . Fräulein, mach ich es richtig so? . . . Fräulein, ich kann gut streicheln . . .« Ich sagte dann zu ihnen, daß es mir unmöglich ist, daß ich sie alle gleichzeitig streichele. Darum sei es wichtig, daß sie sich untereinander streicheln. Sie mußten zuerst lachen.

Dann setzten wir uns in einem Kreis hin und faßten uns alle an die Hand. Wir schlossen die Augen.

Dann übten wir, ein Gesicht zu streicheln mit der Handfläche, mit dem Handrücken, mit den Fingern. Die Kinder wechselten sich ab. Die Jungen waren viel verlegener als die Mädchen.

Ich erklärte ihnen: »Ihr müßt es lernen!«

»Jeder Mensch will gestreichelt und nicht geschlagen werden: ein Baby, eine Oma, ein Vater und eine Mutter und auch ihr Kinder. Vor allen Dingen, wenn wir traurig sind; oder wir haben Schmerzen, oder wir sind allein.«

Angela hatte ihren Kopf an meinen Arm gelehnt. »Fräulein, so möcht ich den ganzen Tag den Kopf haben. Es ist so schön, ich könnt einschlafen so.«

Plötzlich sagt Karin: »Aber Fräulein, wenn uns einer sieht.« Sie hält sich die Hand vor den Mund und die Augen.

»Ich sehe täglich, wie ich euch schlagt auf dem Schulhof, in der Klasse. Jeder Schlag, den ihr euch zufügt, tut mir weh. Ich hätte es lieber, ihr würdet zärtlich miteinander sein.« »Aber Fräulein, alle tun schlagen ... alle ...«

Die Kinder schlagen sich gegenseitig so lange, wie sie von Erwachsenen dazu angeleitet werden: von den Eltern, den Lehrern, den Nachbarn ...

*

Wenn es ganz still in einer autoritär geführten Klasse ist, bemerke ich, daß die Stille nichts mehr mit Ruhe zu tun hat, sondern ich fühle körperlich die angespannte und aufgestaute Erregung bei den Kindern und bei mir. Einmal gab ich Vertretungsunterricht in einer sogenannten Musterklasse, die von der Konrektorin geführt wurde.

Als ich die Klasse betrat, sprang ein Mädchen in die Höhe: »Im Namen der Klasse, grüß Gott!« rief sie.

Ich fragte sie: »Wie bitte?«

Sie wiederholte: »Im Namen der Klasse, grüß Gott.«

Ich fragte sie: »Warum sagst du das?«

Sie stand wieder auf und antwortete: »Ich bin die Sprecherin.«

Dann sagte ich: »Ich bin es so gewohnt, daß jedes Kind, das mich begrüßen will, mich auch begrüßt. Das geht doch auch.«

Ein anderes Kind sagte: »Sie schreibt auch alle auf. Wen sie aufschreibt, muß nachsitzen.«

Ich sagte zu ihr: »Das ist schlimm für dich. Eines Tages werden dich die Kinder nicht mehr mögen.«

Sie schoß wieder in die Höhe: »Ich kann sie auch wieder auslöschen.«

Dann setzte sie sich wieder hin.

Ich fragte sie: »Wann löschst du jemand aus und wann nicht?«

Sie schoß wieder in die Höhe, ihr Gesicht wurde rot. Sie war verlegen. Ein anderes Kind sprach für sie: »Wenn wir ihr was geben.«

Es war eine unerträgliche Spannung im Raum. Ich begann daher, mit den Kindern ein paar Lieder zu singen.

Danach stellten wir die Stühle im Kreis in der Klasse zusammen, um Pfänderspiele zu machen.

Es ging ein paar Minuten gut, doch plötzlich begannen die Kinder Fangen in der Klasse zu spielen. Dabei stießen sie Tische und Stühle um, beschmissen sich mit Kreide, Schwamm und Lappen, schlugen sich gegenseitig mit dem Zeigestock auf den Kopf und kletterten auf Fensterbänke und auf den Klassenschrank. Plötzlich machte die Konrektorin die Tür auf. Sie war fassungslos. »Was ist hier los? In *dieser* Klasse, was haben Sie gemacht?«

Ich erklärte ihr, ich verstehe es auch nicht. »Eben saßen die Kinder noch mucksmäuschenstill auf ihren Plätzen, und auf einmal ging es los.« Es genügte ein Wort der Rektorin, und in Null Komma nichts saßen sie wieder mit gefalteten Händen auf ihren Plätzen.

Als sie die Klasse verließ, bedankte ich mich bei ihr.

Die Kinder waren wieder still, aber zur Ruhe gekommen waren sie nicht.

*

Wenn ich die Kinder im Hasenbergl im Unterricht aufforderte, über ihre täglichen Erfahrungen zu sprechen, waren sie stumm.

Wenn die Kinder die Möglichkeit bekamen, im Unterricht gemeinsam und nützlich zu handeln, sprachen sie ohne Aufforderung.

Wenn ich die Kinder nicht zwang, daß sie in einer bestimmten Weise und im bestimmten Augenblick sprechen mußten, trat das Problem der Sprachlosigkeit der Kinder in der Weise nicht auf.

Wichtig für uns Lehrer ist, daß wir es lernen, die Inhalte, die die Kinder im Unterricht bringen, anzuerkennen und nicht mit unserem Wertmaßstab zu messen.

Wenn wir nur halbherzig zu dieser Forderung stehen und nur in bestimmten Grenzen den Kindern Rederecht geben, werden wir immer wieder in die Situation kommen, den Kindern die Darstellung von Erfahrungen, die sie gemacht haben, zu verbieten. Z. B. sagte Gerd während eines Schulratsbesuchs zu mir: »Du bist meine Liebi, meine Liebi bist du. Der dahinten, der Glatzkopf soll abhauen.« Sofort unterbrauch ich das Kind und sagte: »Sei leise, so etwas sagt man nicht.«

Ich zwang das Kind, stumm zu sein.

Mein Verhalten spiegelte gleichzeitig die Stummheit, die ich dem Schulrat gegenüber hatte, wider. Ich hätte aus dieser Ermutigung des Kindes lernen sollen und auch beginnen sollen, meine Bedürftigkeit auszudrücken.

Das wäre der Fall gewesen, wenn ich dem Kind erwidert hätte:

»Du bist auch mein Liebling«.

Dann wäre mein Verhalten nicht mehr Ausdruck intersubjektiv gestörter Beziehungen gewesen, sondern ihre Überwindung, ein emanzipatorischer Akt. Aus der sprachlichen Äußerung eines Bedürfnisses wäre eine Handlung geworden, die mich wiederum bewegt hätte, für mich zu sprechen.

Ich hätte das Kind z. B. in den Arm genommen. Und ein sich befreiender Schulrat hätte freundlich sagen können: »Wenn du so alt bist wie ich, hast du vielleicht auch keine Haare mehr. Das ist nun mal so bei Männern. Kannst du mir erklären, warum ich gehen soll?«

*

Hatte ich anfangs beim Korrigieren des Aufsatzes vor allem auf Ausdrucks- und Rechtschreibfehler und unlogische Schlußfolgerungen geachtet, fragte ich mich zunehmend, welche Erfahrung das Kind im Aufsatz zum Ausdruck bringt, welche Wünsche und Ängste. Mir fiel auf, daß ich vorher kaum darauf geachtet hatte, ob die Kinder sich im Unterricht wohl fühlen oder nicht.

Ich hielt fast jede Stunde, in der die Kinder still auf ihren Plätzen saßen, für gelungen. Aber irgendwie hatte ich immer das Gefühl gehabt, daß ein unsichtbarer Kampf zwischen mir und den Kindern stattfindet, und ich war immer auf dem Sprung, im Notfall schnell zuzuschlagen, damit keine Unruhe in der Klasse entsteht.

Es ist der pausenlose Zwang, Ruhe in der Klasse halten zu müssen, der uns Lehrer so nervt. Wenn es uns Lehrern gelingt, im Unterricht zur inneren Ruhe zu kommen, hören wir den Kindern zu, achten wir auf den Inhalt dessen, was sie sagen, weniger auf die Lautstärke; erkennen wir, was ihre Augen, ihr Mund, ihre Hände, ihre Körperhaltung zum Ausdruck bringen. Achten wir darauf, was wir fühlen, wenn sie uns an die Hand fassen, sich auf unseren Schoß setzen und uns einhaken.

Die Gefühle, die wir mit den Kindern entwickeln, bringen wir uns selbst entgegen.

Ich machte die Erfahrung, daß die Kinder uns im Unterricht zuhören, wenn wir das, was wir reden, selbst mit Geduld und Vorstellung begleiten können.

*

Ich begann, mich auf die Schule zu freuen, auf die Kinder, das Unterrichten – selbst auf einige Kollegen.

Die dummen Kinder sah ich als klug an, die aggressiven als kämpferisch, die destruktiven als verzweifelt, die lieben als angepaßt, die frechen als ehrlich, die schweigsamen wurden meine Sorgenkinder. Ich sah sie mit anderen Augen, hörte mit anderen Ohren.

Ich denke, daß sich die Kinder kaum verändert hatten, sondern daß sie meine Wahrnehmung verändert hatten.

So vermittelten sie mir den Prozeß meiner Veränderung – und ermöglichten mir die Erfahrung meines Selbst auf einem höheren gesellschaftlichen Niveau.

Über Däumlinge und Zügel S. 92–94

Im Unterschied zu den übrigen Themen des Kapitels »Leben und Lernen in der Schule«, in deren Entfaltung wir immer ein vollständiges Märchen interpretiert haben, wird für die Seiten 92 bis 94 aus dem Grimmschen Märchen »Daumesdick« (KHM Nr. 37) nur die Figur des Däumlings entlehnt. Die übrige Märchenhandlung von den Abenteuern des Däumlings ist für den Themenkontext »Schüler und Lehrer« nicht bedeutsam und wird hier außer acht gelassen. Es geht nachfolgend also nicht allein um die Erschließung des Märchenmotivs vom Däumling, sondern zugleich um die didaktische Interpretation der Seiten 92/94 für die Schüler.

A. Drei verschiedene Elemente kennzeichnen das Seitenkonzept: den breitesten Raum mit zwei Seiten nimmt die Fotografie ein; sie bildet die »Realebene«, die durch den Textauszug aus »Daumesdick« und durch die schöne Zeichnung des Pferdes mit dem Däumling im Ohr eine »Metaebene« bekommt, von der aus der Schüler einen neuen Blick für seine eigene Position gewinnen kann.

Das ganzseitige Foto S. 92 zeigt eine Lehrerin, die von ihren Schülern stürmisch umringt wird. Auf Seite 94 sehen wir links oben einen Lehrer, der ein Kind auf seinen Schoß genommen hat. Daneben ist eine sprachliche Übung zu sehen: die Lehrerin schaut zu dem Kinde auf, beide sind ganz der Sache hingegeben. Daß es im Foto darunter um den Buchstaben M geht, ist den Beteiligten vom Munde abzulesen. Zugleich erzählt das Bild von einer Gemeinsamkeit des Bemühens, in der sich die Lehrerin durch große Empathie, der Schüler durch gesammelte Aufmerksamkeit auszeichnet.

B. Es gibt Anthologien von Schulgeschichten aus mehreren Generationen, die in ihrer übergroßen Zahl das Verhältnis des Schülers zum Lehrer durch Angst und Distanz kennzeichnen. Der Lehrer verkörpert Ordnung, Autorität und Strenge, nicht selten sogar eine krankhafte Lust an der Strafe, manchmal auch unerbittlichen Gerechtigkeitssinn, vielleicht sogar eine heimliche, aber meist unterdrückte Kinderfreundlichkeit, die nur in außergewöhnlichen Situationen hervorblitzt. Fast gar nicht begegnet in diesen Schulgeschichten eine Lehrergestalt, die den Schülern – durch gemeinsames Handeln verbunden – über die Schule hinaus freundschaftlich vertraut ist. Selbst bis in jüngste Dokumentationen zieht sich als dominierende Schülererfahrung das Gefühl der Angst und Ausgeliefertheit. Ohne mich hier auf gesicherte Untersuchungen stützen zu können, muß ich aus eigener Erfahrung sagen, daß der Angstpegel in der Grundschule wohl am niedrigsten ist und manchmal sogar völlig geschwunden scheint, daß er in den weiterführenden Schulen aber proportional zu deren Leistungsanforderungen steigt.

Selten ist in Publikationen dagegen von der Angst des Lehrers die Rede, obwohl sie überall begegnet und meistens ursächlich für die Angst des Schülers ist. Das dirigistische Verhalten von Schulleitungen, ihr Rückzug auf Erlasse, Bestimmungen, Ordnungen, ihr Versuch, mit Reglementation und Kontrolle Lehrer wie Schüler zu steuern, ist vorrangig Ausdruck von Angst aus einem Empfinden der Schwäche. Wie in Politik und Gesellschaft glaubt man auch in unseren Schulen mehr an die Gewalt als an die Liebe. Es ist stets das gleiche autoritär-punitive Syndrom, das nach noch mehr Waffen wie nach noch mehr Reglement und Strafe verlangt. Wer in einem solchen Korsett steckt, ist leicht geneigt, für die Schule die Einheitsordnung – und sei es die Ordnung des Besens – über pädagogische Kreativität und individuelles Engagement zu setzen. Dann werden Kollegen, die ihre Klassenzimmer abweichend einrichten und ungewöhnliche Ideen verfolgen, schnell mißtrauisch beäugt, und sollten es noch junge, vielleicht sogar etwas isoliert stehende Kollegen sein, die durch ein besonders intensives Verhältnis zu den Schülern auffallen, dann kann es sein, daß man ihnen mit pseudopädagogischen Argumenten das Leben schwer macht.

Die Angst des Lehrers liegt aber keineswegs nur »außen«, sie steckt auch in jedem selbst. Es ist die Angst, den Schülern nicht gewachsen zu sein, die Klasse nicht ruhig halten zu können, in den stofflichen Anforderungen zurückzubleiben, den Elternerwartungen nicht zu entsprechen, mit dem Pensum nicht durchzukommen und so weiter.

»Unser Denken und Fühlen in dieser Gesellschaft ist vom Prinzip von Herrschaft und Unterordnung bestimmt. Daher sind alle unsere mitmenschlichen Beziehungen gestört. Wir Lehrer sprechen nur über gestörte Kinder und selten über gestörte Rektoren, Kollegen und Schulräte.

Das gestörte Verhältnis zu den Kindern versuchen wir täglich mit Gewaltmaßnahmen – dazu gehören auch alle therapeutischen Maßnahmen, von der Verhaltenstherapie bis hin zur Verabreichung von Beruhigungstabletten – abzubauen.

Wenn wir Lehrer aber Kinder mit Gewalt dazu bringen, daß sie sich uns anpassen, dann tun wir uns selbst Gewalt an. Denn in der Tat sehen wir täglich, was wir aus ihnen gemacht haben. Als Produkte unseres Zwangs vergegenständlichen sie unser gewalttätiges wie vergewaltigtes Wesen.

Die Gewalt, die ich den Kindern zufüge und die sie durch ihr Verhalten zum Ausdruck bringen, wird mir in mir täglich bewußt, auch wenn ich es nicht wahrhaben will.

Solange ich die Rolle als Unterdrücker den Kindern gegenüber aufrechterhalte, solange erhalte ich auch die Unterdrückung an mir aufrecht.

Unterdrücker zu sein und unterdrückt zu werden, sind zwei Seiten ein und desselben Tatbestands.

Sie bilden eine didaktische Einheit und gehören daher zusammen. Weil wir unsere eigenen Bedürfnisse abzulehnen gelernt haben, lehnen wir auch die Bedürfnisse der Kinder ab.

Mit jedem Kind, das wir bestrafen, bestrafen wir im Grunde genommen uns selbst.

Als der Junge den alten Lehrer an die Hand nahm, der brüllend über den Schulhof lief, befreite der Junge den Lehrer durch diese Handlung von dessen Rolle.

Der Junge handelte dem Wesen des Lehrers entsprechend, er handelte nicht entsprechend seiner Rolle.

Dieses Erlebnis war eine Erfahrung, die den Lehrer befreite. Daher reagierte er nicht wie sonst mit Gebrüll. Zum Beispiel: »Los, komm, ich will, daß du an meiner Hand bleibst«, sondern er bekam Tränen in die Augen und bedankte sich bei dem Jungen.

In dieser Situation war der Junge der Herr, der Lehrer wurde zum Knecht.

Der Lehrer war der wahrhaft Abhängige, er sehnte sich danach, daß das Kind ihn, ohne daß er es zwingen mußte, anerkannte.[1]

Es ist wichtig, daß jeder Lehrer seine eigenen inneren Bedürfnisse erkennt. Unser steter Wunsch nach Schülern, die uns anerkennen, ohne daß wir sie zwingen, ist legitim. Weil aber viele Angst davor haben, ihr wahres Verhältnis

[1] *Iris Mann,* a.a.O., 109 f.

zu den Kindern unkaschiert wahrzunehmen, wählen sie lieber die bewährten Ordnungsregulative, die zumindest sicherstellen, daß man respektiert wird, wenn schon nicht aus freien Stücken, so wenigstens aus gepflegter Abhängigkeit.

Eine Gestalt, die sich trotz ihrer Winzigkeit im Verhältnis zu allen Mitmenschen jeglicher Abhängigkeit entzieht, ist unser Daumesdick. Von seinen Eltern weiß er sich auch in seiner Winzigkeit angenommen und geliebt. Darum hat er auch genügend Selbstbewußtsein, sich von ihnen zu trennen, um eben dadurch den Eltern hilfreich zu werden. Er ist mit sich selbst eins genug, um sich fremden Situationen gegenüber gewachsen zu zeigen. Wer immer ihn aber auf seinem Weg kaufen und ausnutzen will, Daumesdick läßt sich von niemandem vereinnahmen, nicht mit Lob und nicht mit Furcht und Tadel. So war er – biblisch in diesem Schicksal – »in einem Mauseloch, in einer Kuh Bauch und in eines Wolfes Wanst«, und überstand alle diese Gefährnisse unbeschadet an Leib und Seele.

C. Als Winzling oder Daumesdick können sich Kinder sehr oft verstehen. Zwar gibt es für sie allerhand Einrichtungen, in denen sie gebildet werden sollen, doch traut ihnen keiner zu, daß sie schon selbst die Zügel in die Hand nehmen. »Wie sollte das zugehen, du bist viel zu klein, um das Pferd mit dem Zügel zu leiten.« Wer es jedoch auf einen Versuch ankommen läßt, wie des Däumlings Vater, wird seines Staunens oft nicht Herr, daß es trotz des Winzlings ganz ordentlich zugeht »als wie bei einem Meister« und der Wagen den rechten Weg fährt. Ein ähnliches Staunen über das Kind durchzieht die gesamte reformpädagogische Literatur bei allen Schulleuten, die vertrauend genug waren, ihre Pädagogik auf die Selbsttätigkeit der Kinder zu gründen.

Maria Montessori: »Wenn wir die Kinder nicht in unsere Formen pressen, sehen wir, daß sie Tugenden besitzen, die wir ihrem frühen Lebensalter kaum zutrauen: unermüdlicher Tätigkeitstrieb, Nächstenliebe, innere Disziplin. Die Kinder haben dieses Erziehungswerk hervorgebracht [gemeint ist die Montessori-Pädagogik] . . . Werke von Männern und Frauen haben wir schon viel gesehen; nun, dies ist das Werk der Kinder.«[1]

Célestin Freinet: »Seien wir ehrlich: wenn man es den Pädagogen überlassen würde, den Kindern das Fahrradfahren beizubringen, gäbe es nicht viele Radfahrer.

Bevor man auf ein Fahrrad steigt, muß man es doch kennen, das ist doch grundlegend, man muß die Teile, aus denen es zusammengesetzt ist, einzeln, von oben bis unten, betrachten und mit Erfolg viele Versuche mit den mechanischen Grundlagen der Übersetzung und mit dem Gleichgewicht absolviert haben.

Danach – aber nur danach! – würde dem Kind erlaubt, auf das Fahrrad zu steigen. Oh, keine Angst vor Übereilung, ganz ruhig. Man würde es doch nicht ganz unbedacht auf einer schwierigen Straße loslassen, wo es möglicherweise die Passanten gefährdet. Die Pädagogen hätten selbstverständlich gute Übungsfahrräder entwickelt, die auf einem Stativ befestigt sind, ins Leere drehen, und auf denen die Kinder ohne Risiko lernen können, sich auf dem Sattel zu halten und in die Pedale zu treten.

Aber sicher, erst wenn der Schüler fehlerfrei auf das Fahrrad steigen könnte, dürfte er sich frei dessen Mechanik aussetzen. Glücklicherweise machen die Kinder solchen allzu klugen und allzu methodischen Vorhaben der Pädagogen von vornherein einen Strich durch die Rechnung. In einer Scheune entdecken sie einen alten Bock ohne Reifen und

[1] *Maria Montessori,* Das Werk des Kindes, in: Die Neue Erziehung. VIII. Jg. (1926), 641 ff.

Bremse, und heimlich lernen sie im Nu aufzusteigen, so wie im übrigen alle Kinder lernen: ohne irgendwelche Kenntnis von Regeln oder Grundsätzen grapschen sie sich die Maschine, steuern auf den Abhang zu und . . . landen im Straßengraben. Hartnäckig fangen sie von vorne an und – in einer Rekordzeit können sie Fahrrad fahren. Übung macht den Rest.

Später dann, wenn sie besser fahren wollen, wenn sie einen Reifen reparieren, eine Speiche richten, die Kette wieder an ihren Platz setzen müssen, dann werden sie – durch Freunde, Bücher oder Lehrer – lernen, was ihr ihnen vergeblich einzutrichtern versucht habt.

Am Anfang jeder Eroberung steht nicht das abstrakte Wissen – das kommt normalerweise in dem Maße, wie es im Leben gebraucht wird – sondern die Erfahrung, die Übung und die Arbeit.

Verlaßt zu diesem Jahresanfang die Übungsräume: steigt auf die Fahrräder!«[1]

Bedingung für diese Einsetzung des Kindes in seine eigene Würde ist natürlich ein vorgängiges großes Vertrauen und auch manche Hilfestellung. Daumesdick konnte nicht aus eigenem Vermögen ins Ohr des Pferdes klettern, dahinein mußte ihn die Mutter setzen, doch dann rief der Kleine ganz und gar selbständig, »wie das Pferd gehen sollte: ›Jüh und joh! Hott und har!‹«

D. Kindern fällt es leicht, sich mit Daumesdick zu identifizieren. So keck und lebensfroh, verständig und behend wie er sind sie letztlich alle. Viele wissen es nur nicht, weil sie nicht solche Eltern und Lehrer gleich Daumesdick haben, so daß sie weder sich selbst, noch ihre Mitmenschen und die Welt kennenlernen. Wenn man sie nirgendwo läßt, können sie zwar auch nie in ein Mauseloch, in einer Kuh Bauch und in eines Wolfes Wanst geraten, aber ihre Erzieher sind dann nicht klüger als jener ängstliche Verwalter, der das anvertraute Talent in ein Tuch wickelte und vergrub, statt es zu riskieren (Mt 25,14–30; Lk 19,11–27).

Wenn wir die Seiten 92–94 mit unseren Schülern ansehen, – zunächst lassen wir ihnen freien Spielraum, sich auf Fotos, Däumling-Text und Däumling-Bild einen Reim zu machen – darf sich das Interesse bald dem Märchen zuwenden. Wir erzählen die Geschichte dieses behenden Kindes, »dem alles glückte, was es anfing«. Unsere Interpretation kann von der Zeichnung ausgehen, die den lustigen Winzling im Pferdeohr zeigt. Wie in unserer voranstehenden Deutung sollte die Frage verfolgt werden, was das gewohnte Schicksal der Däumlinge ist und was unsere Schüler von Eltern halten, die dem Kind Pferd und Wagen anvertrauen, damit es alleine damit in den Wald fährt. Das ist eine genügend deutliche Vorlage für die nächste Frage nach den Rechten und Selbständigkeiten der Däumlinge in der Schule. Ihren Platz im Ohr des Pferdes können unsere Kinder einnehmen, wenn ihnen die Selbstverwaltung ihrer Klassenangelegenheiten und Selbsttätigkeit beim Arbeiten und Lernen angeboten wird. Wie dieser Wagen anzuschirren ist, wie unsere Kinder die Zügel in die Hand nehmen und den Wagen leiten lernen, das ist eine prozeßhafte Entwicklung des Schüler-Lehrer-Verhältnisses, über die anschließend und dann immer wieder gesprochen werden muß, damit Däumling und Pferd den Karren auch weiterbringen . . .

[1] *Célestin Freinet,* Pädagogische Texte, Reinbek bei Hamburg 1980, 21.

Schöpfung: Mensch und Tier

Mensch und Tier

»Mensch und Tier gehören zusammen, das ist die ursprüngliche Gewißheit, die sich jedem Kind neu enthüllt und die erst vor dem kritischen Richterstuhl unseres erwachsenen Verstandes fragwürdig wird. Sind wir die Herren, die Tiere die Untertanen? Sind sie eine Botschaft an uns, deren Inhalt wir nicht – oder nicht mehr – verstehen? Sind wir die Täter in dieser Welt und sie die Opfer, sind sie als Heile und Unschuldige ihrem Ursprung näher als wir aus dem Paradies Vertriebenen? Oder sind sie trotz aller biologischen Verwandtschaft zugleich die ganz anderen, in ihrem Innern uns unzugänglich und verborgen unter den Projektionen unseres eigenen Wesens, mit denen wir sie mehr verhüllen als entschleiern?

Die Frage nach den Tieren wird in jeder Generation neu gestellt, sie ist immer ein Teil der großen, letzten Frage nach dem Sinn dieser Welt und zugleich nach Plan, Zufall oder Notwendigkeit unserer eigenen Existenz.«[1] Zu allen Zeiten war die Frage nach dem Verhältnis zwischen Mensch und Tier eine »Sache des religiösen Verbundenseins« (Edgar Dacqué), in der Vorgeschichte wie in der Religionsgeschichte sogar in sehr nachdrücklicher Weise, und sie ist es selbst heute noch, sobald nur der Wissenschaftler sein Faktenwissen zu resümieren versucht. Zwar kann es manchem Zeitgenossen heute scheinen, jeder Frage nach dem Tier enthoben zu sein und zumindest auf der Suche nach dem eigenen Selbstverständnis davon unberührt zu bleiben, doch täuscht die unmittelbare Situation, sofern man meint, es sei allenfalls eine akademische Frage, da man ja selbst ohne Kontakt zu Tieren lebe. Alleine unsere tieferen Schichten zeigen sich noch immer von Tieren berührt, wie es die Schimpfworte belegen, mit denen wir gerade in der Erregung unsere Mitmenschen oder auch uns selbst bezeichnen, jedoch ebenfalls die zärtlichen Kosenamen, mit denen wir Kinder und geliebte Menschen umschwärmen. Hund, Schwein, Schaf, Esel, blöde Kuh, alte Ziege, geiler Bock rutschen da heraus, wir »zeigen den Vogel«, halten diesen für ein Kamel, jenen für eine giftige Schlange . . . Andere hingegen heißen Spatz, Lämmchen, Mausi, Täubchen und Käferchen . . . Auch im Märchen und erst recht in der Fabel scheinen Mensch und Tier aus dem gleichen Stoff gemacht. Im Märchen verwandeln sich Menschen in Tiere wie auch Tiere zu Menschen werden, während die Fabel all ihre Weisheit in Tierallegorien kleidet. Die Zoologie, die sich in solchen Denkformen enthüllt, hat nichts mit den Tieren selbst zu tun, doch enthüllt sie den tiefen Symbolwert einzelner Tierarten für vorbewußte Regungen unserer Seele. Soweit wir der Natur in unseren Lebensumständen auch entfernt sein mögen, die Auslöser-Funktion mancher Tiergestalten für innerpsychische Vorgänge ist eine anthropologische Konstante geblieben. Wie verborgen leben die Tiere in unserer Existenz weiter? Gibt es immer noch wirksame Rückbindungen, die zwar überspielt, aber nie

[1] *Joachim Illies,* Anthropologie des Tieres. Entwurf einer anderen Zoologie. München 1973, 7.

durchschnitten werden können? Oder ist die Verwandtschaft allzu fern, so daß es nicht lohnt, sie noch weiterhin zu bemühen?

Der frühe Mensch und das Tier

Wenn wir zehntausend Jahre in die Geschichte zurückgehen – oder in der Gegenwart die letzten Reste archaischer Naturvölker noch erreichen – begegnen uns Menschen, deren Bewußtseinsstand keine klare Grenze zwischen menschlicher und tierischer Welt zuläßt. Die mythischen Traditionen der Völker erzählen unabhängig voneinander von Tieren, denen der Mensch sein Leben verdankt, die als Kulturbringer, wie der Coyote in indianischen Mythen, die menschliche Ordnung begründeten oder als göttliche Adler die heilige Gabe des Festes stifteten. »Das erste lebende Wesen, von dem wir Kunde haben«, erzählt der Eskimo Apákak vom Noatak-Fluß (Alaska), »nennen wir Tulungersag oder Vater Rabe, denn er gestaltete alles Leben, sowohl auf der Erde wie in den Menschen, und er wurde der Ursprung von allem. Er war kein gewöhnlicher Vogel, sondern eine heilige Lebenskraft, die der Anfang war von allem, was zu jener Welt wurde, in der wir nun leben. Doch auch er begann in Gestalt eines Menschen, und er tastete im Dunkeln, und seine Taten waren zufällige, bis ihm offenbar wurde, wer er war und was er sollte. Er saß zusammengekauert in der Finsternis, als er plötzlich zum Bewußtsein kam und sich selbst entdeckte. Er wußte nicht, wo er war, er wußte auch nicht, wie er geworden war. Aber er atmete und besaß Leben. Er lebte . . . Er ließ die Finger über sich selbst hingleiten, fand sein Angesicht und fühlte, daß er Nase, Augen und Mund, Arme, Beine und Leib hatte. Er war ein Mensch – ein Mann. Über der Stirn fühlte er einen kleinen harten Knochen. Wozu dieser da war, wußte er nicht. Er ahnte nicht, daß er selbst einmal zu einem Raben wurde, und daß der kleine Knochen wachsen und zum Schnabel werden sollte . . .«

In dieser mythischen Welt gibt es keine klare Grenze zwischen Mensch und Tier. Die Übergänge sind fließend; sie führen vom Tier zum Mensch, wie vom Mensch zum Tier, aber Tier ist nicht Tier, sondern zugleich göttliche Macht wie menschengestaltige Möglichkeit. Nachdem in der eskimoischen Mythe aus dem Mann »Vater Rabe« geworden war, der Himmel und Erde ordnete, öffnete sich plötzlich vor diesem die Schote einer Pflanze, »und ein Mensch hüpfte hervor, wohlgestaltet und völlig ausgewachsen. Der Rabe war so verwirrt, daß er seinen Schnabel zurückschlug und selbst wieder zum Menschen wurde . . . Ei, ei, ei! Du bist ein merkwürdiges Geschöpf, deinesgleichen habe ich nie gesehen! Und der Rabe lachte wieder und fügte hinzu: ›Ich habe zwar selbst die Schotenpflanze gesetzt, doch ich ahnte nicht, daß so etwas herauskommen würde!‹«[1]

In vielen solcher Mythen wird die Herkunft des Menschen von tierischen Ahnen abgeleitet, die als Urzeit-Heroen die Ordnung der Welt und die Lebensbedingungen des Menschen sicherten. Dabei lösen sich die Konturen von Mensch und Tier immer wieder auf, gehen ineinander über, erfahren göttliche Überhöhung wie abgründige Erniedrigung.

[1] *Knud Rasmussen,* Der Mythos vom Ursprung des Lebens, in: Die Gabe des Adlers. Frankfurt am Main, o. J. (1947), 35 ff.

Ähnlich wie in den Mythen begegnet die geheimnisvolle Mensch-Tier-Beziehung in der prähistorischen Malerei der großen Höhlen. Das Tier tritt uns hier mit einer Dynamik und Lebendigkeit entgegen, für die es in der Kunstgeschichte keine ebenbürtige Parallele gibt. Die Maler dieser Felsbilder müssen zur Tierwelt in einer tiefen koexistentiellen Beziehung gestanden haben, die wir heutigen Menschen nicht mehr nachvollziehen können. »Für viele ihrer Tierdarstellungen gibt es, was diese Bewegtheit und Tiefe des Ausdrucks betrifft, trotz der vergleichsweise einfachen Technik kein auch nur annähernd heranreichendes Beispiel aus der geschichtlichen Kunst . . . Wie sehr die Phantasie des Eiszeitmenschen von dieser Beziehung ergriffen war, zeigen neben den naturalistischen Darstellungen gelegentlich auch irreale, teils kombinierte, teils nicht identifizierbare Wesen.«[1] Sie erscheinen – etwa in der Höhle von Les Trois Frères – als rätselhafte Mischwesen, in denen sich tierische und menschliche Körperteile vereinen. Selten nur begegnet der Mensch als eindeutiges figurales Motiv. Im Vergleich zu den meisterhaften Tierdarstellungen fallen die anthropomorphen Figurationen deutlich ab. Sie sind im formalen Ausdruck eher unbeholfen, steif gezeichnet und auf so knappe Zeichen reduziert, daß ihre Deutung nur mit spekulativer Ungewißheit möglich ist. Was in einschlägigen Werken hier oft vorgetragen wird, kann nicht befriedigen, weil in die Interpretation durchweg Denkweisen einfließen, die eigengeschichtlichen Bedingungen unterstehen. Will man sich nicht auf die inhaltlichen und formalen Aspekte der Felsbilder selbst beschränken, so gibt neben unseren lückenhaften historischen Kenntnissen nur noch die älteste mythische Tradition Hilfestellung.

Wenn wir unsere Vorgeschichte nicht auf jene 30 000 Jahre beschränken, aus denen Felsbilder bekannt sind, müssen wir die menschliche Urzeit nach Jahrmillionen zählen. Über endloslange Zeiträume dieser Frühdämmerung gab es keine Werkzeuge, die den Menschen den Tieren hätten überlegen machen können. Das Tier war darum mächtiger. Im Kampf gegen die großen Raubtiere erwies sich der Mensch zu schwach, die kleineren Tierarten waren durch ihre Schnelligkeit, die Vögel durch ihren Flug überlegen. Anthropologen vermuten, daß die afrikanischen Frühmenschen der Gattung Australopithecus an den von Raubtieren zurückgelassenen Kadavern allmählich von Vegetariern zu Fleischfressern wurden. In diesem langwährenden Tier-Mensch-Übergangsfeld liegen die Ursprungsgründe des menschlichen Bewußtseins noch in einer Dämmerzone, die Erich Neumann als einen »Frühzustand des völligen Enthaltenseins« – im Symbol des Umschließenden – beschreibt.[2] Die Abgrenzung zum Tier hin kann in diesen Jahrhunderttausenden nicht deutlich gewesen sein. »Das Tier« konnte der Frühmensch nicht einmal denken, weil er noch keine Oberbegriffe kannte, und selbst in historischer Zeit konnten die hochkultivierten Ägypter zwar jede Tierspezies benennen, sie aber immer noch nicht unter einem Allgemeinbegriff zusammenfassen und in kollektiven Gegensatz zum Menschen stellen, wie der Ägyptologe Eric Hornung berichtet.

Das Kräfteverhältnis änderte sich, als erste Werkzeuge entstanden. Das dem Tier in fast allen biologischen Hinsichten unterlegene Mängelwesen Mensch

[1] *Kurt Fassmann,* Art.: Prähistorische Malerei, in: Kindlers Malerei Lexikon, Bd. 14, Zürich–München 1976.

[2] *Erich Neumann,* Ursprungsgeschichte des Bewußtseins. (Olten 1949); Reihe: Geist und Psyche. München 1974, 18–42.

wird nun, ausgerüstet mit Faustkeil, scharfem Holzspeer, Wurfgeschoß – später noch mit Pfeil und Bogen – zum gefährlichsten Gegner des Tieres, der ihm von jetzt an mit Klugheit und stetig verbesserten Waffen nachstellen kann. Der Mensch wird zum Jäger, der den großen Tierherden folgt und mit Umsicht, Mut und Kraft seine Beute macht. Freilich ist er auch jetzt noch nicht schlechthin überlegen. Er bleibt mit seinen Waffen, wendet er sie ohne Vorsicht an, aufs äußerste gefährdet. Dennoch muß er vor dem Raubtier nicht mehr bedingungslos fliehen. Von nun an wird die Tierwelt zur menschlichen Ernährungsgrundlage. Das neue Verhältnis zum Tier, das sich auf dieser Basis entwickelt, artikuliert sich in den Höhlenzeichnungen des Mesolithikums.

Obwohl die Deutung der heute bekannten Tierbilder uns in tieferen Dimensionen verschlossen ist, ist sich die Forschung einig, daß diese Kunst eine kultische Wurzel hat. Man hält die Darstellungen für Vergegenwärtigungen, mit denen sich der prähistorische Jäger für die erlegten Tiere bei einer göttlichen Instanz, »dem Herren der Tiere«, entschuldigt, daß er diese Tiere tötete und zugleich für kommende Taten, von denen er weiß, daß er sie begehen muß, um selbst zu leben.

Im Vergleich mit australischen Völkern und deren Felsmalereien werden die Tierbilder auch als Totemismus gedeutet. Totemtiere bilden ein symbolisches Modell, das den Mitgliedern eines Clans zur Entwicklung ihres Eigenbewußtseins seelische Hilfe bietet und ihnen hilft, sich in Identifikation mit diesem Totem von anderen Clans abzugrenzen. Inzestverbote und soziale Ordnungen werden dadurch gestützt, der innerseelische Zusammenhalt einer Gruppe garantiert. Hier ist also das Tier die mythisch fundierende Ordnung, deren Ausläufer selbst unter uns noch lebendig sind: Beispielsweise in jenem überdimensionalen Bundesadler, vor dem das Parlament diskutiert und entscheidet, der Schriftstücke, Fahnen und Geldnoten kennzeichnet und auf diese Weise stets »das Ganze« des Staates repräsentiert; auch die pfadfinderische Freude, sich Tiernamen für jede Sippe beizulegen, oder die Maskottchen von Fußballvereinen und Truppenteilen, sowie die Einteilung heutiger Politiker in Falken und Tauben sind letzte Reste uralter Erinnerung an totemistische Identifikation menschlicher Gruppen mit bestimmten Tierarten.

Das heilige Tier. Die Gottheit im Tiersymbol

»Die Entstehung des Totemismus ist als eine Religionsstiftung auf der Primitivstufe zu begreifen«, sagt Erich Neumann. Wie bei aller kulturellen Höherentwicklung, wird der Anfang aber nicht vollständig zurückgelassen, sondern in neue Bewußtseinsformen überführt. Darum sind Hochreligionen gewachsene Gebilde, deren Wurzeln immer bis in dunkle archaische Zonen zurückreichen und – auch wenn die Menschen nicht explizit darum wissen – von hierher ihre religiöse Lebenskraft wesentlich mitbeziehen. Wie sehr das Tier jenseits des Totemismus seine bestimmende Symbolqualität als Sinndeuter und Vermittler bewahrt, kann ein Blick auf zahlreiche Volksreligionen der antiken Hochkulturen zeigen.

Das klassische Land der tierköpfigen Götter ist Ägypten. Da war die heilige Kuh, von der Herodot berichtet und deren göttlichen Namen [Hathor] er »nicht nennen darf«; sie war »ganz mit einem purpurfarbenen Kleid bedeckt, nur Kopf und Hals, ganz vergoldet, sind zu sehen. Zwischen den Hörnern steht eine goldene Scheibe, welche die Sonne vorstellt . . .« (II, 124).

Die mütterliche Kuh scheint die früheste ägyptische Göttergestalt überhaupt zu sein, deren Bild überliefert ist. In Memphis wurde der Apis-Stier verehrt; auch er trug die Sonne auf seinen Hörnern über den Himmel und konnte, wie alle anderen ägyptischen Götter auch, in Menschengestalt mit einem Stierkopf dargestellt werden. Daneben kennen wir eine bunte Reihe weiterer tiergestaltiger Götter, die uns heute befremdlicher anmuten als die mythischen Tier-Bilder der prähistorischen Höhlen, so daß uns Lukians (120–180 n. Chr.) beißender Spott an dieser Götterversammlung die eigene Frage vorwegnimmt: »Du hundsköpfiger, in Leinen gehüllter Ägypter, wer bist denn du? Wie kannst du bellender Hund ein Gott sein wollen?[1] Und wozu läßt sich der bunte Stier aus Memphis verehren und gibt Orakel und hat Priester? Von Ibissen und Affen und Böcken will ich lieber gar nicht sprechen und auch nicht von dem anderen lächerlichen Zeug, das irgendwie aus Ägypten in den Himmel eingeschmuggelt ist. Wie könnt ihr Götter es nur mitansehen, daß man diese ebensogut verehrt wie euch oder womöglich noch besser?«[2]

Weniger spöttisch als prophetisch erzürnt hatte Mose zwölfhundert Jahre früher das goldene Kalb zerschlagen, und – obwohl er mit den Gesetzestafeln vom Berge kam, auf denen doch auch »Du sollst nicht töten« geschrieben stand – mit seinen Leviten dreitausend Menschen umbringen lassen; »den Bruder, den Freund und Nächsten« (Ex 32,27). Als aber über dreihundert Jahre später das Reich geteilt wurde, ließ der König Jerobeam gleich zwei Goldene Kälber machen und sprach zum Volke: »Siehe, das sind deine Götter, Israel, die dich aus dem Lande Ägypten herausgeführt haben.« (1 Kön 12,28)! Immerfort blieb der Stierkult eine Versuchung des israelitischen Glaubens, solange die ägyptische und babylonische Naturfrömmigkeit diese Religiosität vor Augen führte, und sie war in der Tat nicht so dumm und albern, wie Lukians aufklärerischer Kopf dachte. Denn das Tier ist Symbol und kein Ägypter glaubte, die Tiergestalt selbst sei die Gottheit. Ob Stier, Löwe, Falke oder Hund, sie alle wurden verstanden als Hinweise auf geheimnisvolle, ebenso bedrohliche wie segenspendende Kräfte der Natur. Noch war das Tier Ausdruck mächtigster Wirkungen auf die Natur, darin dem Menschen weiterhin überlegen. Diese Mächte oder Götter bedurften für das damalige Weltverständnis der Tiergestalt, um wirksam zu werden. Sie sind aber nicht allein in ihrem Kultbild gegenwärtig – was keine Identität einschließt! – sondern auch in jedem Exemplar der betreffenden Tierart, so daß Herodot von zahlreichen Tieren berichtet, die in den einzelnen ägyptischen Bezirken als heilig verehrt wurden: »Obgleich Ägypten an Lybien grenzt, so hat es doch nicht sonderlich viele wilde Tiere; die aber da sind, werden alle für heilige gehalten, und einige bekommen ihren Unterhalt bei den Menschen, einige nicht. Wollte ich sagen, warum sie geheiligt worden sind, so würde ich mich mit meiner Rede in göttliche Dinge einlassen, welche ich zu erzählen nicht gesonnen bin . . . Wegen der Tiere ist diese Gewohnheit eingeführt: Es sind gewisse Männer und Weiber unter den Ägyptern bestellt, für das Futter jeder Art zu sorgen, und der Sohn erlangt diese Ehre vom Vater. Ein je-

[1] Gemeint ist Anubis, der Gott der Toten und der Grabstätten.

[2] *Hubertus Halbfas,* Das Welthaus. Ein religionsgeschichtliches Lesebuch, a.a.O., Nr. 21.

der in den Städten tut ihnen sein Gelübde und ruft den Gott an, dem das Tier geheiligt ist.« (II, 60).

Solche Ordnungen gab es nicht alleine in Ägypten, sondern im gesamten alten Orient, ganz zu schweigen von Asien, dessen religiös fundierte Nähe zu den Tieren bis heute wirksam ist. Natürlich war das heilige Tier dem beliebigen Zugriff des Menschen entzogen. Auf bestimmten Vergehen stand sogar die Todesstrafe, doch darf die gesetzliche Regelung nicht übersehen lassen, daß die meisten Menschen die Tiere in ihre eigene Frömmigkeit einschlossen und aus innerem Antrieb ihnen Achtung entgegenbrachten.

Die jüdisch-christliche Tradition hat den Naturreligionen zu keiner Zeit inneres Verständnis gezollt. Solange die Gefahr bestand, von ihnen übermächtigt zu werden, war dies auch wohl kaum möglich. In den außerjüdischen Religionen des Alten Orients gab es keine heiligen Schriften, welche die göttliche Offenbarung enthielten, vielmehr stellten gewissermaßen die Lebewesen selbst die heiligen Texte dar, die zwischen Menschen und numinosen Mächten vermittelten. »Umgang mit Tieren im Profanen wie im Kultischen ist hier nicht Zoologie, sondern Theologie« (Joachim Illies). Innerhalb dieser Religionswelt war das fromme Verhältnis zu den Tieren in den Glaubensgründen selbst fundiert.

Das biblische Zeugnis

Wenn wir von hier unseren Blick in die jüdisch-christliche Tradition richten, um zu sehen, wie dort Mensch und Tier zueinander stehen, ist zunächst unser Erschrecken groß. Außer der Forderung, dem dreschenden Ochsen nicht das Maul zu verbinden (Dt 25,4), und dem Verbot, Rind und Esel zusammen an den Pflug zu spannen (Dt 22,10) sowie dem Gebot, junge Vögel nicht zusammen mit der Mutter aus dem Nest zu nehmen, sondern die Mutter fliegen zu lassen (Dt 20,6), gibt es keine konkreten Anleitungen zum Schutz der Tiere. Statt dessen finden sich Grausamkeiten, meistens im Gefolge von Kriegsbräuchen, die selbst als Gottes Wille ausgegeben werden. Jos 11,6 befiehlt Jahwe, den Pferden der Feinde die Sehnen durchzuschneiden, und Josua tat, »wie ihm der Herr geboten hatte: ihre Rosse lähmte er und ihre Wagen verbrannte er« (11,9). Ebenso handelt David. Als er den König Hadar-Eser auf dem Zug zum Euphrat geschlagen hatte, »nahm er siebentausend Reiter und 20 000 Mann Fußvolk gefangen, und er lähmte alle Pferde, nur hundert von den Pferden ließ er übrig . . .« (1 Chr 18,4).

Diese Kriegsbrutalität soll aber nicht den Blick trüben. Entscheidender ist die grundsätzliche Sicht auf das Tier, wie sie die Bibel insgesamt lehrt.

Will man die defizitären Positionen zunächst herausstellen, so sind vor allem drei Leitvorstellungen zu nennen, die in ihrer Wirkungsgeschichte weit über Israel hinaus nicht nur das Christentum und die europäisch-amerikanische Welt, sondern auch die islamischen Völker geprägt haben:

Erstens ist es die scharfe Trennung, die zwischen dem Menschen in seiner »Gottebenbildlichkeit« und dem Rest der Schöpfung gezogen wird und die eine Mitgeschöpflichkeit der gesamten Kreatur nie als solidarische Gesinnung bewußt werden ließ.

Zweitens ist es die Herrschaft über die Erde, die dem Menschen übertragen wird. Dieses Untertanmachen der Erde drückt Gen 1,28 mit dem Verb »kabasch« aus; es umschließt »mehrere Bedeutungen, gewalttätige wie ›vergewaltigen‹, ›die Feinde niederwerfen‹ und friedliche wie, ein Landstück in Besitz nehmen, sich aneignen«[1]. Ob die Aneignung eines Landstücks als eher »friedlich« einzustufen ist, darf bezweifelt werden; in jedem Fall aber wurde dieser sogenannte Herrschaftsauftrag über alle Jahrhunderte und bis in die jüngsten theologischen Lehrbücher hinein eher dahin verstanden, die Welt mit allem was sie enthält zum »Schemel unserer Füße« zu machen, als eine pflegerische Verantwortung für Baum und Tier zu entwickeln. Wenn wir jetzt – durch das jüngste ökologische Problembewußtsein aufgeschreckt, lesen können: »Der vorliegende Kontext [zu Gen 1,28] legt letzteren Sinn nahe (d. h. eine friedliche Bedeutung von ›kabasch‹, H. H.), was uns Heutigen erlaubt, den jahrhundertelang von Völkern mit christlichem Kulturerbe betriebenen Raubbau an der Natur und ihren Schätzen als bibelwidrig zu verurteilen«[2] – dann muß zumindest gefragt werden, welche Zustände im jüdisch-christlichen Kontext diesen totalen Raubbau unbehindert durch die Generationen ermöglichten.

Drittens ist es die totale Profanisierung der Natur, die ihres mythischen Mysteriums beraubt wurde, so daß Sonne und Mond nun nichts anderes mehr sind als »Lampen«, denen heute nach erfolgter strategischer Mondfahrt selbst die letzte Romantik genommen wurde. Die Rohstoffe der Erde, Flora und Fauna wurden Arsenale zur rücksichtslosen Verfügung des Menschen: »Furcht und Schrecken vor euch komme über alle Tiere der Erde, über alle Vögel des Himmels, über alles, was auf Erden kriecht und über alle Fische im Meer: in eure Hand sind sie gegeben« (Gen 8,22; 9,1 f). Was dieser Fluch heute bedeutet, wird weiter hinten belegt.

Bevor diese Positionen durch den gesamtbiblischen Kontext ihre exegetische Einschränkung erfahren, muß deutlich gesehen werden, daß sie de facto als internalisierte Leitvorstellungen die westliche Kultur – Humanisten, Atheisten und marxistische Denkweisen eingeschlossen – auf allen ihren Handlungsebenen geprägt haben. Die Parole »Macht die Erde euch untertan« ist der gemeinsame Nenner des christlichen Kulturerbes. Nach einem Jahrtausend der Ausbeutung fremder Völker, der Ausrottung vieler Pflanzen- und Tierarten, der Zerstörung ökologischer Systeme, ist das Resümee des »Berichts zur Lage der Menschheit« von Aurelio Peccei nüchterne Diagnose: »Wir gehen einer explosiven Interaktion aller unserer Sünden entgegen: der Sünden, die wir gegen unser geistiges und materielles Erbe begangen haben. Nach unseren Berechnungen geht es mit der Welt vor dem Jahre 2100 rapide abwärts. Tod und Entbehrungen werden auch bei uns Millionen Menschen erfassen.«

Der exegetische Einwand gegen die bisherige Interpretation des biblischen Herrschaftsauftrags lautet, daß Herrschaft ja keineswegs ein Synonym für Ausbeutung ist, sondern wesentlich mehr auf Fürsorge und Verantwortung verweist, so daß es richtiger ist, den herrschenden Menschen als den »Hirt der Natur« zu verstehen.[3]

Dennoch ist die biblische Schöpfungstheologie und das Verhältnis des Menschen zur Natur entschieden zu korrigieren, wenn wir die jahwistische Urge-

[1] *Alexandre Ganoczy*, Schöpfungslehre (Leitfaden Theologie 10). Düsseldorf 1983, 30.
[2] Ebd.
[3] *Alexandre Ganoczy*, a.a.O., 31.

schichte (J) einbeziehen. Die oben genannten Leitmotive unseres Geschichtsraumes sind primär priesterschriftlichen Ursprungs, d. h. sie entstammen einer Quelle (P), die während des Babylonischen Exils Mitte des 6. Jahrhunderts entstand. Der Autor der jahwistischen Darstellung steht demgegenüber an den Anfängen einer eigenen hebräischen Geschichtsschreibung. Er greift auf Überlieferungen zurück, deren Motive zum Mythenschatz fast aller archaischen Kulturen gehören. Zwar stellt auch er den Menschen in die Mitte der Schöpfung, doch betont er keinerlei Herrschaftsauftrag, sondern die Bestellung des Menschen, den »Garten« zu bebauen und zu bewahren. Das behütende und verantwortliche Moment wird also hervorgehoben. Nicht indem sich der Mensch die Schöpfung unterwirft, als sei gegen sie Krieg zu führen wie gegen einen Feind, sondern indem er in ihren Dienst tritt als der Erste der Schöpfung, um sie so zugleich genießen zu können.

An dieser Stelle der Erzählung greift der Jahwist nun auf das weltweit verbreitete Mythem von der Gemeinschaft zwischen Mensch und Tier zurück, über das wir S. 171 noch genauer sprechen. Er realisiert dieses Motiv sehr eindrucksvoll: Gott selbst führt Adam die Tiere zu, damit er erfahre, wie weit sie ihm Partner sein können und damit er sie benenne. Eugen Drewermann hält diesen Zug der Schöpfungsgeschichte für »deutlich unhebräisch«, weil er Urzeiterinnerungen spiegele, die in der Bibel sonst eher bewußt übergangen erscheinen. »So ist also selbst in der Bibel die Kunde von einem Menschsein nicht verschollen, für das die Tiere Partner eines Dialogs waren, von einer Zeit, als Mensch und Tier miteinander redeten! . . . Für den Menschen dieser Urzeiterinnerungen wie für den Jahwisten war die Welt noch keine ›Wildnis‹, noch keine Erde voller Dornensträucher und *wilder* Tiere, sie war vielmehr seine Mutter, aus deren Staub er selbst kam. Erst wenn der Mensch sich von seinem Schöpfer aus Angst immer weiter entfernt, meint der Jahwist, vedirbt dem Menschen die Erde unter den Füßen, sie verweigert ihm die Nahrung, und entsetzt schreit sie über das Blut, das der Mensch vergießt; es ist nach dem Jahwisten schließlich der entwurzelte, denaturierte Mensch, der die Stadtkultur ›erfindet‹ und die Erde in der Sintfluterzählung nahezu gänzlich in den Untergang reißt. Ja, es ist für den Jahwisten ein und dieselbe Entwicklung, daß die Menschen aufhören, mit den Tieren zu reden, daß Gott aufhört, mit den Menschen zu reden und daß am Ende die Menschen einander selbst nicht mehr verstehen, so daß ihr Machwerk an der eigenen Seelenverwirrung zusammenbricht . . . Gemessen an dieser Ansicht, die freilich bereits im Judentum so gut wie einzig dasteht, ist es mithin nicht ein Wesensauftrag, sondern ein Symptom des Gottesabfalls, die Natur sich ›untertan zu machen‹, statt sie zu ›bedienen‹, sich von ihr immer mehr zu unterscheiden, statt sich in sie einzufügen, ihr zu befehlen, statt auf sie zu horchen.«[1]

Die Mißachtung des Tieres in der Christentumsgeschichte

In Auswirkung der priesterschriftlichen Traditionen hält Eugen Drewermann den christlichen Anthropozentrismus für die entscheidende Ursache un-

[1] *Eugen Drewermann,* Der tödliche Fortschritt. Von der Zerstörung der Erde im Erbe des Christentums. Regensburg 1981, 104–106.

seres zerstörerischen Verhältnisses zur Erde. Doch ist die Zahl der wissenschaftlichen Analysen keineswegs klein, die aus unterschiedlichen Blickrichtungen diese Diagnose stützen, so z. B. die Beobachtung von Joachim Illies, daß nach Aristoteles' Auftakt einer ersten systematischen Tierbeobachtung diese frühe Zoologie nicht lange durchhielt: »Sie verfiel nach ihrem ersten Höhepunkt bald in einen mehr als tausendjährigen Schlaf, aus dem sie erst die Renaissance wiedererweckte. Die Natur trat immer mehr in den Hintergrund des Interesses, die zoologische Beobachtung wurde ungenau, geradezu flüchtig, aber der Mensch und seine geistige Bestimmung wurden immer zentraleres Thema jener Wissenschaft. Nicht was eine Schlange, ein Vogel, ein Insekt ›an sich‹ sind oder worin sie sich voneinander unterscheiden, war wichtig, sondern allein, was sie für uns und im Zusammenhang mit uns bedeuten.«[1]

Dieser Wandel im Naturverhältnis läßt sich an dem in Antike und Mittelalter weit verbreiteten christlichen Volksbuch, dem »Physiologus« ablesen (vgl. I. 327). Es handelt sich um ein im 2. Jahrhundert n. Chr. entstandenes Werk, das seine Angaben über Art und Verhalten eines Tieres (Baumes, Steines) mit dem Satz einleitet: »Der Naturforscher (ὁ φυσιόλογος) hat gesagt«. Aussagen, die auf Beobachtungen beruhen, und seien es auch nur Beobachtungen nach Augenschein, werden dort nicht gemacht, vielmehr dienen die Tiere als allegorisch gedeutete Projektionsträger menschlicher Verhaltensweisen, wie zum Beispiel im 29. Kapitel, das vom Frosch handelt:

> »Es gibt einen Landfrosch und einen Wasserfrosch. Der Physiologus sprach vom Landfrosch, daß er den Brand der Sonne und ihre flammende Glut erträgt. Aber wenn ein heftiger Regen ihn trifft, dann stirbt er. Der Wasserfrosch dagegen, wenn er aus dem Wasser kommt und die Sonne ihn faßt, taucht er wieder ins Wasser ein. Gleich sind die wackeren Glieder der Gemeinde dem Landfrosch; denn sie ertragen den Brand der Versuchungen, wenn sie jedoch der heftige Regen erfaßt, nämlich die Verfolgung um der Gerechtigkeit willen, dann sterben sie. Die Weltkinder aber sind die Wasserfrösche; denn wenn auch nur ein bißchen von der Wärme der Versuchung und Begierde sie packt, dann halten sie dieser nicht stand, sondern tauchen wieder hinein in die Geilheit der Sinnenwollust. Wohlgesprochen hat also der Physiologus über den Frosch.«[2]

Die Tierkunde wird in diesem Jahrtausend zu einer Projektion der dämonischen, »tierhaften« Seelenteile des mittelalterlichen Menschen. Sie entfaltet um so skurilere Formen in der Phantasie, je mehr das Tagesbewußtsein die Zensur strenger Tabus erfährt. So entwickelt sich denn eine kuriose Zoologie, der es kaum noch um Tiere zugänglicher Erfahrung geht, sondern um sensationelle Merkwürdigkeiten: um Monster jeder Art, Sirenen, Mißgeburten und Abarten wie Einäugige, Mundlose, Einbeinige und sogar Kopflose, die es alle in irgendwelchen fernen Ländern, Wüsten und Wäldern geben soll. Aber auch in den heimischen Wäldern glaubt man Fabeltiere wie Lindwurm, Einhorn und den geheimnisvollen Onocentaurus zu finden. Allesamt sind es Wesen, die unter symbolischem und tiefenpsychologischem Aspekt von faszinierendem Interesse sein können, jedoch haben sie mit der realen Tierwelt fast nichts mehr gemein. Selbst eine so bedeutsame Frau wie Hildegard von Bingen korrigiert dieses Bild

[1] *Joachim Illies*, a.a.O., 17.
[2] Der Physiologus, übertragen und erläutert von Otto Seel. Artemis, Zürich 1967. – Der Physiologus, hrsg. v. Ursula Treu. Dausien, Hanau 1981.

in ihrem »Mystischen Tierbuch und Artzeneyenkunde« (1160) nicht. Was sie vom Frosch berichtet, ist freilich anderer Natur als das Wissen des Physiologus:

»Wer an Gicht leidet, erwürge einen Frosch auf einem Blatte oder einem anderen Kraute, breite ein warmes Tuch über das schmerzende Glied, und lege den verendenden Frosch eine kleine Stunde darüber, und die Gicht wird auf ein oder ein halbes Jahr weichen.«

Stellvertretend für eine Wolke anderer Zeugnisse können solche Zitate nur darauf hindeuten, welcher Art der Blick in die Natur war. So wenig das Leben hier aus den eigenen Strukturen heraus gedeutet wurde, so sehr waren Mineral, Pflanze und Tier doch wenigstens Hinweise auf ein höheres Sinnganzes, das sich im konkreten physischen Detail wie in Bild und Gleichnis barg, und darum auch die Dinge wie Lebewesen insgesamt als Spuren Gottes achten lehrte.

Das deutlichste Symptom für den Wandel der Dinge, der zu Beginn der Neuzeit eintritt, ist René Descartes. In seinem »Discours de la méthode« (1637) vertritt er die ungeheuerliche Automatentheorie, die alle Tiere für Maschinen erklärt – 400 Jahre bevor Ruth Harrison ihr alarmierendes Buch »Tiermaschinen« schrieb. Sollte es Maschinen geben, welche die Organe und Gestalt eines Tieres besäßen, so wären Tiere in nichts von diesen Maschinen zu unterscheiden. Descartes gibt zugleich vor, aus dogmatischen Gründen den Tieren jede Art von Seele absprechen zu müssen, damit schwache Gemüter nicht in die Versuchung geraten, die menschliche und die tierische Seele zu verwechseln oder gar zu folgern, es bleibe über den Tod hinaus nicht mehr zu hoffen als auch für Fliegen und Ameisen.

Wie das Verhältnis von Mensch und Tier gesehen werden soll, arbeitete der Philosoph Johann Gottlieb Fichte in seiner Naturrechtslehre von 1796 dann in präziser Deutlichkeit heraus. Demnach hat der Mensch gegenüber Tieren alle Rechte, die sich allein durch Nutzen und Gebrauch der Tiere unterscheiden, während die vernunftlosen Tiere »nur Eigentum« sind und keine eigenen Rechte haben. Die wilden Tiere gelten allerdings als Gemeingut, und wer immer will, kann sie sich nach Belieben aneignen. »Es ist . . . jedem vernunftmäßigen Staat anzumuten, daß er das Wild zunächst gar nicht ansehe als etwas Nutzbares, sondern als etwas Schädliches, nicht als ein Emolument [Vorteil], sondern als einen Feind.«[1]

Welch brutale Konsequenzen in Fichtes Theorien liegen, demonstriert heute in erschütternder Weise die totale Auslieferung der Tiere an den Kommerz. Ob es nun Hühner, Kälber und Schweine oder Robben, Schildkröten und Nerze sind, stets geht es um erbarmungslose Ausbeutung, deren Richtschnur nur noch der materielle Ertrag ist. Fichte ist nicht der geistige Urheber der heutigen Tierverachtung, sondern Indikator einer Tradition, die von weither kommt und nun zu ihrer letzten Konsequenz gelangt.

Als Ausnahme unter allen abendländischen Denkern ist bis ins 19. Jahrhundert alleine Arthur Schopenhauer zu rühmen. Seine geistige Orientierung jedoch ging nach Indien und so lehrte er die Einheit allen Lebens und die Güte zu allen Lebewesen, zumal »man zuversichtlich behaupten darf, wer gegen

[1] *Johann Gottlieb Fichte,* Grundlage des Naturrechts nach Prinzipien der Wissenschaftslehre. (Philosophische Bibliothek, Bd. 256), Hamburg 1960, 223; zit.n. Drewermann, a.a.O., 97.

Thiere grausam ist, könne kein guter Mensch seyn«. In seiner Tradition lehrte Albert Schweitzer dann »die Ehrfurcht vor dem Leben«. Die Solidarität gegenüber Pflanzen und Tier und die Achtsamkeit selbst vor der Mücke, wie er sie vertritt, findet sich in dieser Form sonst nur noch unter Buddhisten und Hindus. Jemand, dem jedes Leben heilig ist, schreibt Schweitzer,

> »reißt kein Blatt vom Baum, bricht keine Blume und hat acht, daß er kein Insekt zertritt. Wenn er im Sommer nachts bei der Lampe arbeitet, hält er lieber das Fenster geschlossen und atmet dumpfe Luft als daß er Insekt um Insekt mit versengten Flügeln auf seinen Tisch fallen sieht. Geht er nach dem Regen auf die Straße und erblickt den Regenwurm, der sich darauf verirrt hat, so bedenkt er, daß er in der Sonne vertrocknen muß, wenn er nicht rechtzeitig auf die Erde kommt, in der er sich verkriechen kann, und befördert ihn von dem totbringenden Steinigen hinunter ins Gras. Kommt er an einem Insekt vorbei, das in einen Tümpel gefallen ist, so nimmt er sich die Zeit, ihm ein Blatt oder einen Halm zur Rettung hinzuhalten.«[1]

Mit diesem bemerkenswerten Aufruf Albert Schweitzers wird unser Blick zunächst über den eigenen Geschichtsraum hinaus gelenkt in einen Bereich, der jenseits der großen monotheistischen Religionen liegt.

Naturfrömmigkeit und Tierliebe in indianischen und östlichen Zeugnissen

Die am tiefsten beeindruckende, ja rührende Form ursprünglicher Naturfrömmigkeit begegnet bei den Indianervölkern Nordamerikas. Ist die jüdisch-christlich-islamische Religiosität der Natur am weitesten entfremdet, so ist ihr keine andere näher als die indianische. Im deutschen Sprachraum hat niemand diese indianische Welterfahrung mit mehr Kenntnis und Liebe vermittelt als der Tübinger Bibliotheksrat Werner Müller, dessen Lebensarbeit der indianischen Geschichte und Kultur gilt und der, längst bevor es ein Allgemeinthema war, die indianische Naturfrömmigkeit dem Naturhaß der Weißen in Nordamerika gegenüberstellte.[2]

In seinen großen Werken zeigt Werner Müller aus immer wieder neuen Perspektiven, wie der indianische Frommsinn *in* der Welt bleibt, Göttliches *innerhalb* der Welterscheinungen erblickt und sich so als eine »Weltfrömmigkeit strengsten Stils« äußert, die als Pantheismus nur schwach verstanden werden kann. »Es handelt sich um ein Einschwingen des Menschen in das All, um ein Ineinander von Mikro- und Makrokosmos.«[3]

Kern der indianischen Frömmigkeit ist der Glaube an den geschwisterlichen Verband aller Lebewesen im Schoß der einen Mutter Erde. Ihre Rituale predigen das immer wieder: »Du gehörst *in* das Welthaus; du lebst in brüderlicher Gemeinschaft mit Wildrose, Schmetterling, Wolke und Morgenröte; du bist

[1] *Albert Schweitzer,* Kultur und Ethik. München 1960, 221; zit.n. Drewermann, 102.

[2] *Werner Müller,* Geliebte Erde. Naturfrömmigkeit und Naturhaß im indianischen und europäischen Nordamerika. Bonn ³1979. *Ders.,* Indianische Welterfahrung. Stuttgart 1976. Beide Schriften führen den Laien eindrucksvoll in eine archaische Kultur ein. Einem Lehrer, der aus erweitertem Horizont unterrichten will, seien sie empfohlen.

[3] *Werner Müller,* Welterfahrung, a.a.O., 40.

selbst ein Stück Schöpfung, das außerhalb dieser Schöpfung noch atmen kann.«[1]

Daß diese geliebte Erde ihrer Zerstörung entgegenging, nachdem der Weiße Mann den amerikanischen Kontinent betrat, ist Gegenstand seines Kampfes, seiner Not und seiner tödlichen Trauer gewesen. Es gibt zahllose Zeugnisse tiefster Betroffenheit, die jeden, der sie heute auch nur liest, anrühren. Am berühmtesten ist wohl die Rede des Häuptlings Seattle,[2] doch rissen seit dem großen Tecumseh bis heute die Klagen nicht ab. Eine Stimme für viele muß an dieser Stelle genügen. Es ist die Trauerrede des Saukhäuptlings Kenekuk um die Mitte des vergangenen Jahrhunderts:

»Die Weißen verderben unser Land, sie machen die ganze Natur seufzen. Sie schneiden die Kräuter mit langen Messern, sie verderben die Kräuter, und die Kräuter weinen. Sie töten die Bäume mit mörderischen Eisen, sie tun den Bäumen Unrecht, und die Bäume weinen. Sie reißen die Eingeweide der Erde auf, sie tun der Erde weh, und die Erde weint. Sie vergiften das Wasser unserer klaren Flüsse und machen es trübe, die Fische sterben, und die Fische und die Flüsse weinen. So seht ihr: die Fische und Flüsse weinen, die Bäume weinen, die Erde weint, die Wiesenkräuter weinen – ja, die ganze Natur machen die Weißen seufzen. Oh, die Undankbaren! Auch sie wird Strafe ereilen!«[3]

Natürlich waren die Prärie-Indianer, die so klagen, ein Jägervolk, das wesentlich von seiner Jagdbeute lebte. Kaum aber wurde ein Tier erlegt, ohne daß sich der Jäger seiner Tat bewußt und sie angesichts auch der eigenen Kreatürlichkeit zu verantworten bereit war. So belehrte noch 1961 ein Yaqui-Indianer einen weißen Freund:

»Um ein Jäger zu sein, muß man in völligem Gleichgewicht mit allem anderen sein, sonst wird das Jagen zu einer sinnlosen Pflicht. Zum Beispiel erlegten wir heute eine kleine Schlange. Ich mußte sie um Verzeihung bitten, weil ich ihr das Leben so plötzlich und endgültig beendete; was ich tat, tat ich im Wissen, daß auch mein eigenes Leben eines Tages auf ganz ähnliche Weise, plötzlich und endgültig, beendet werden wird.«[4]

In seiner Liebe zur Erde und jeder Kreatur steht dieser indianische Frömmigkeitstyp dem chinesischen Universismus sehr nahe, aber auch Hinduismus und Buddhismus mit ihren Grundgedanken universaler Einheit zeigen in ihrer Ehrfurcht vor allen Lebewesen eine innere Güte, die in ihren tausendfachen Alltagserweisen zutiefst anrührt. Nicht zu verkennen ist freilich, daß die östliche Tierliebe andere religiöse Fundamente hat als die indianische Naturfrömmigkeit.

Eine exemplarische Gestalt für die östliche Einstellung ist der indische Imperator Ashoka (ca. 290–232 v. Chr.). Bevor er Buddhas milde Lehre annahm, war er einer der üblichen Despoten. Sobald er aber den Dharma (Lehre, Gesetz, Ordnung) für sich übernommen hatte, wurde er der »Kaiser des großen Friedens« und eines Weltreiches der Toleranz und Menschlichkeit. In seinem

[1] Ebd. 43.
[2] Wir sind ein Teil der Erde. Die Rede des Häuptlings Seattle vor dem Präsidenten der Vereinigten Staaten von Amerika im Jahre 1855. Olten 1982. Auszugsweise auch in H. Halbfas, Das Welthaus, a.a.O., Nr. 101.
[3] *Werner Müller,* Welterfahrung, a.a.O., 45. Vgl. H. Halbfas, Das Welthaus, a.a.O., Nr. 100.
[4] *Werner Müller,* Welterfahrung, a.a.O., 45.

II. Felsenedikt erklärte er, »zwei Formen der Heilbehandlung« eingeführt zu haben:

»Heilbehandlungen für Menschen und Heilbehandlungen für Tiere. Für Menschen und Tiere sind nützliche Kräuter, wo immer sie fehlten, auf seine Veranlassung beschafft und angepflanzt worden. Ebenso wurden Wurzeln und Früchte, auf des Königs Befehl, wo immer sie fehlten, beschafft und angepflanzt. An den Straßen sind auf seine Weisung Bäume angepflanzt und Brunnen gegraben worden zum Nutzen von Mensch und Tier.«[1]

Ashoka verbot das Tieropfer gänzlich; er selbst gab zunächst die Jagd, dann den Fleischgenuß auf. Er gründete Krankenhäuser für Menschen und für Tiere. Seine Politik der Gewaltlosigkeit, des Wohlwollens und der Toleranz galt jeder Kreatur und – obwohl er selbst als Jünger Buddhas lebte, besser gesagt, gerade *weil* er als Jünger Buddhas lebte – allen Religionen in gleicher Weise.[2]

Als Herrscher ist Ashoka eine singuläre Gestalt, aber die von ihm geförderte Tierliebe kennzeichnet die buddhistische Alltagsfrömmigkeit. Heinrich Harrer, der von 1943 bis 1951 in Tibet lebte, berichtet aus dieser Zeit:

»Schon nach kurzem Aufenthalt war es mir nicht mehr möglich, gedankenlos eine Fliege zu töten. Und in Gesellschaft eines Tibeters hätte ich nie gewagt, nach einem Insekt zu schlagen, nur weil es mir lästig war . . .

Ein Erlebnis dieser Art mit einem Freund, dem Mönchsbeamten Wangdüla, werde ich nie vergessen. Wir gingen zusammen in das einzige chinesische Restaurant Lhasas und sahen dort im Hofe eine Gans umherrennen, die sichtlich für den Kochtopf bestimmt war. Plötzlich zog Wangdüla eine hohe Banknote heraus, kaufte dem Chinesen die Gans ab und ließ sie von seinem Diener heimtragen. In seinem Haus sah ich sie noch viele Jahre herumwatscheln und ein friedliches Alter genießen. Typisch für diese Einstellung zu allem Lebendigen war auch der Erlaß, daß während der dreijährigen Meditationszeit des jungen Dalai Lama die Bautätigkeit in ganz Tibet eingestellt werden mußte. Eilboten wurden in alle Richtungen ausgeschickt; in jeden Winkel des Landes, bis zum letzten Bauernhof mußte das Gebot dringen. Denn bei Erdarbeiten ist es unvermeidlich, daß Würmer und Insekten getötet wurden, so sehr auch die Leute dies zu vermeiden trachten. Später, als ich selber Erdarbeiten leitete, konnte ich mit eigenen Augen sehen, wie die Kulis immer wieder ihr Werkzeug hinwarfen und aus jeder Schaufel Erde alle Lebewesen herausklaubten, um sie zu retten.«[3]

Erfahrungen und Geschichten von unüberbietbarer Tierliebe aus dem Bereich der östlichen Religionen sind zahllos und nicht überschaubar. Hingewiesen sei hier lediglich noch auf das große indische Epos »Mahabharata«, das in seiner letzten Geschichte von König Yudhisthira erzählt, der nach langen Mühen beschließt, die Reise aus dieser Welt heraus anzutreten. Von den Verwandten und Freunden, die ihn begleiten, stirbt einer nach dem anderen. Schließlich läuft nur noch ein Hund hinter ihm her. Als ihm am Ende der Reise der große Gott Indra erscheint, um ihn in seinem Strahlenwagen ins himmlische Reich zu geleiten, ihm aber gebietet den »unreinen Hund« zurückzulassen, beharrt Yudhisthira: »Nein, nicht für alle Schätze des Himmels will ich diesen Hund zurücklassen« und bleibt unbewegt. Lieber wolle er auf den Himmel verzichten. Er habe Weib und Brüder hinter sich gelassen, weil sie unterwegs gestorben

[1] *Hubertus Halbfas,* Das Welthaus, a.a.O., Nr. 216.

[2] Mehr über Ashoka in: *Hubertus Halbfas,* Religion (Themen der Theologie) Stuttgart 1976, 124–130.

[3] *Heinrich Harrer,* Sieben Jahre in Tibet. Mein Leben am Hofe des Dalai Lama. Berlin 1966, 164 f. (Auch als Ullstein-TB). Ebenfalls in: H. Halbfas, Das Welthaus, Nr. 108.

seien, und er habe nichts für sie tun können. Der Hund aber sei bei ihm ... Mit dieser Weigerung aber besteht Yudhisthira seine letzte Prüfung: »Ja, du bist wahrhaftig edelgesinnt. Keiner im Himmel gleicht dir. Du bist willkommen in seinem Glanz und seinen Freuden.«[1]

Die Entwürdigung des Tieres: Tiermaschinen und Massentierhaltung

Kein Übergang kann krasser sein als der Schritt vom östlichen Denken und Handeln zur Realität der Tierhaltung in der westlichen Zivilisation, zumal wenn wir die konsequenteste Ausformung des jüdisch-christlich-islamischen Herrschafts(miß)verständnisses in Augenschein nehmen, wie sie sich in der heutigen Massentierhaltung und Vivisektionspraxis zeigt.

Es war eine das öffentliche Bewußtsein in Mitteleuropa erstmals treffende Erschütterung, als die Engländerin Ruth Harrison 1964 ihr Buch »Tiermaschinen« veröffentlichte.[2] Erstmals wurde damit in größerer Breite bekannt, wieweit das industrielle Denken in die Landwirtschaft eingebrochen ist. Das natürliche Verhältnis zwischen Landwirten und Haustieren wurde damit zerstört. Der neue Maßstab heißt: Produktion mit geringen Unkosten bei maximaler Ausbeute. Unberücksichtigt in dieser Rechnung bleibt, daß es sich hier nicht um tote Materie, sondern um Lebewesen handelt. Die Kurzformel für die neue landwirtschaftliche Raison lautet:

> »Schneller Wechsel und hohe Dichte des Tierbestandes, ein hohes Maß an Mechanisierung, geringer Bedarf an Arbeitskräften und nutzbringende Umwandlung von Futter in verkäufliche Erzeugnisse sind die fünf Hauptbedingungen, damit man ein Verfahren zur Produktion von Tieren als intensiv bezeichnen kann.«[3]

Das heißt mit anderen Worten: man holt die Tiere aus dem Freiland, in dem sie bisher viel Abwechslung und Bewegungsspielraum hatten, heraus. Die bisherigen Ställe werden durch rationelle eintönige Industriehallen ersetzt. Um den Raum maximal zu nutzen, wird eine »hohe Dichte des Tierbestandes« erstrebt, die den Tieren jede Bewegungsfreiheit nimmt. Rinder, manchmal auch Schweine, stehen in Boxen, in denen sie sich nicht mehr umdrehen, sondern nur noch aufstehen und niederlegen können. Hühner haben in ihren engen Drahtkäfigen lediglich die knappe Größe eines Briefbogenblattes Grundfläche, außerdem sind sie in ihren »Legebatterien« in Stockwerken übereinander geschichtet. Die Fütterung der Tiere erfolgt automatisch, ebenso die Säuberung der Ställe. Die Arbeit in diesen fabrikmäßig betriebenen Produktionsstätten dreht sich ausschließlich um den Profit. Zu den Tieren wird ein Verhältnis, das ehedem allen Vierbeinern im Stall Namen gab, nicht mehr aufgenommen; das gilt als sentimental und störend (→ S. 173). Die Tiere werden allein nach ihrer Eignung bewertet, Futter in Verkaufsware umzusetzen. Daß dieses alles ein Symptom mangelnder Religiosität und Frömmigkeit ist, erhellt Robert Spaemanns Reflexion, die keineswegs nur für Klosterbetriebe gilt:

[1] *Hubertus Halbfas,* Das Welthaus, Nr. 110.

[2] *Ruth Harrison,* Animal Machines. London 1964. Dt.: Tiermaschinen. Die neuen landwirtschaftlichen Fabrikbetriebe. München 1965. (auch im dtv, Nr. 510)

[3] Farmer and Stockbreeder, 19. 12. 1961, zit.n. *Ruth Harrison,* a.a.O., 13.

»Ich habe in einem sterbenden Benediktinerkloster die Hühnerfarm gesehen, eine moderne Hühnerfarm, das heißt eine solche, die seinen Kindern zu zeigen man sich schämt. Und ich habe Kälber gesehen, die, damit sie weißes Fleisch bekommen, so ernährt werden, daß sie nicht auf ihren Beinen stehen können. Übrigens ein landwirtschaftlich preisgekrönter Betrieb. Aber ich verstehe, daß das Kloster, das ich liebe, stirbt. Man kann nicht Kälber und Hühner so halten und ihnen vom Kirchenchor aus ›Benedicite Dominum‹ zurufen.«[1]

Den Produkten, die wir heute im Supermarkt kaufen, sieht man es nicht an, mit welchem Schicksal der Tiere sie sich verbinden. Damit uns keine störenden Gedanken kommen, gaukelt die Werbung weiterhin Bilder einer traditionellen Bauernhof-Idylle vor, mit dem Vieh auf grünen Weiden, Hühnern im Hof und auf der Stange, Schweinen unter schattigen Bäumen, denn man weiß genau, welche Kaufhemmung zwangsläufig eintreten würde, verbände sich mit der Eierpackung das Bild eines Huhnes, das statt auf breiten Sitzstangen immerfort auf dünnem Draht stehen muß, im späteren »Alter« die Federn verliert oder gar den Schnabel beschnitten bekommt, um das Ausreißen der Federn zu verhindern. Auch das Bild der Mastkälber in völliger Dunkelheit, eingezwängt in hölzerne Pferche und durch 37 ° C Luftwärme zum mästenden Dauerdurst gezwungen, würde den Verkauf des weißen Kalbfleisches nicht weiter fördern . . . doch wünschen weder Produzenten noch Verbraucher die Stimme ihres Gewissens zu hören, weil sie das Gefüge heutigen Wirtschaftskalküls »unzulässig« stört.

»Wie weit geht unser Recht«, so lautet die entscheidende Frage Ruth Harrisons, »die Herrschaft über die Tierwelt auszuüben? Haben wir das Recht, sie aller Freude am Dasein zu berauben, nur um mehr Geld mit ihrem Schlachtkörper zu verdienen? Haben wir das Recht, lebendige Geschöpfe ausschließlich als Maschinen, die Futter umsetzen, zu behandeln? An welchem Punkt beginnt anerkanntermaßen die Tierquälerei?«

Die Entwürdigung des Tieres in der Wissenschaft: Vivisektion

Dieselbe Frage, wo die Tierquälerei beginne, stellt sich im Blick auf die Vivisektion kaum noch. Was hier heute geschieht, ist mit Worten gar nicht mehr zu beschreibende Grausamkeit. Tagtäglich nämlich werden in sogenannten wissenschaftlichen Instituten Millionen Tiere – größtenteils sind es Mäuse, Ratten, Meerschweinchen, Hamster, Hunde, Katzen, Kaninchen, Affen, Schweine, Schildkröten, aber auch Pferde, Esel, Ziegen, Vögel und Fische – allen nur denkbaren und öfter noch undenkbaren Versuchen unterworfen. Man blendet sie langsam mit Säuren, die von Automaten in die Tieraugen gespritzt werden, setzt sie unter elektrischen Schock, taucht sie in irgendwelche Substanzen, spritzt Gifte, injiziert Krankheitserreger, schlitzt sie auf, friert sie ein, taut sie wieder auf und friert sie erneut ein, liefert sie dem Hunger- oder Dursttod aus, oft, nachdem man ihnen Drüsen ganz oder teilweise entfernt hat oder das Rükkenmark durchgetrennt.

Dabei werden die Reaktionen der Opfer notiert – außer an den Wochenenden, wo die Tiere sich und ihrem Leid überlassen bleiben – und es kann Wo-

[1] *Robert Spaemann* auf einer Tagung der Katholischen Akademie in Bayern. Zit. nach: Zur Debatte. Themen der Katholischen Akademie in Bayern. München 1974.

chen, Monate, Jahre dauern, bis der Tod sie erlöst. Wirksame Betäubungsmittel, den Schmerz zu ertragen, gibt es für die meisten Tiere nicht. Erst der Tod beendet die Qual. Es wurde beobachtet, daß Hunde, von irrsinnigen Schmerzen getrieben, ihre eigenen Pfoten fraßen; Krämpfe schleuderten Katzen an ihre Käfigwände, bis sie zusammenbrachen; Affen zernagten sich gegenseitig und den eigenen Körper oder töten die Käfiggenossen . . . Dieses alles, summarisch berichtet und in seiner Fürchterlichkeit erst wahrnehmbar, wenn es an jedem einzelnen Tier erlebt wird, ist nicht Phantasieprodukt, sondern Wiedergabe von einschlägigen »Forschungsberichten« in der Fachliteratur.[1] In den Laboratorien aller mit Tieren experimentierenden Länder werden täglich 400 000 Tiere geopfert.

Es ist unmöglich, auch nur in Beispielen die täglichen Verbrechen gegen das Tier zu beschreiben. Böte sich hier der Platz dazu an, so möchte doch kaum einer diese Berichte lesen. Darum wird die Vivisektion in aller Welt hinter verschlossenen Türen praktiziert, denn sie ist nur solange möglich, als sie geheimgehalten wird – kennzeichnend genug für eine Wissenschaft, die das Licht der Öffentlichkeit scheuen muß, weil selbst die eingelullten Gewissen aufschrekken, wenn sie erfahren, was hier mit der unbeweinten Kreatur geschieht. Zum anderen ist sie möglich, weil durchweg mit falschen Argumenten gespielt wird: »Entweder ein Hund oder dein Kind.« Daß es in den allermeisten Fällen überhaupt nicht um notwendige Forschung geht, sondern um die Produktion müßiger pharmazeutischer und kosmetischer Chemie, deren der Markt bereits übervoll ist, in anderen Fällen um eine sogenannte wissenschaftliche Neugier, die zu nichts nutzt und letztlich um das kontrovers diskutierte, von den Vivisektionsgegnern leidenschaftlich bestrittene Dogma, an Tieren gewonnene Erkenntnisse seien auf den Menschen übertragbar, wird kaum in die öffentliche Meinungsbildung gebracht. Noch ist das öffentliche Bewußtsein nicht hinreichend informiert, um die Vorhersage des verstorbenen Physiologen der Harvard-Universität, Henry J. Bigelow, in nächster Zeit zu erwarten:

»Der Tag wird kommen, an dem man die heutige Vivisektion im Namen der Wissenschaft so betrachtet, wie wir heute die Hexenverfolgungen im Namen der Religion betrachten.« Dazu müßte unser Maßstab für Menschlichkeit zuvor eine universale mitkreatürliche Dimension gewinnen. Fest steht jedenfalls, daß eine Wissenschaft, die in ihrer sogenannten Grundlagenforschung die Grundlagen des Ethos in Frage stellt und mißachtet, letztlich auch dem Menschen nicht dient.

Kind und Tier

Nach unserem so weiten Rundblick über das Verhältnis von Mensch und Tier bleibt abschließend die Frage nach den besonderen Beziehungen des Kin-

[1] Das materialreichste Buch über die Praxis der Tierversuche im internationalen Forschungsbetrieb ist das Werk von *Hans Ruesch,* Nackte Herrscherin. Entkleidung der medizinischen Wissenschaft (Edition Hirthammer) München 1978. Es handelt sich um eine gut dokumentierte Anklageschrift, die zeigen will, daß die von Pharma-Konzernen dirigierte medizinische Wissenschaft der Menschlichkeit mit Unmenschlichkeit niemals dienen kann. Eine kleine Einführung in die Fragwürdigkeit der Vivisektion bieten auch: *Herbert und Margot Stiller,* Tierversuch und Tierexperimentator. (Hirthammer) München 1977.

des zum Tier zu fragen. Eine bedeutsame Beobachtung zu diesem Thema steuerte Sigmund Freud bei: »Das Verhältnis des Kindes zum Tiere hat viel Ähnlichkeit mit dem des Primitiven zum Tier. Das Kind zeigt noch keine Spur von jenem Hochmut, welcher dann den erwachsenen Kulturmenschen bewegt, seine eigene Natur durch eine scharfe Grenzlinie von allem anderen Animalischen abzusetzen. Es gesteht dem Tiere ohne Bedenken die volle Ebenbürtigkeit zu; im ungehemmten Bekennen zu seinen Bedürfnissen fühlt es sich dem Tiere verwandter als dem ihm wahrscheinlich rätselhaften Erwachsenen.«[1] Tatsächlich ist die kindliche Nähe zum Tier unübersehbar, die sich in seiner Unbekümmertheit und in der immerwährenden ursprünglichen Freude am Spiel mit Tieren äußert. Das dokumentiert sich in zahlreichen Facettierungen: in Kinderporträts, im Tierbuch als Kinderbuch, in kindlichen Selbstdarstellungen und frei entstandenen Texten; last not least können wir es selbst immerfort beobachten. Wenn wir nach den Gründen dieser tieferen Verbundenheit fragen, müssen wir gewiß zunächst auf die noch unverstellte Natürlichkeit verweisen, die Kinder meistens haben, sofern affektierte Erwachsene ihr eigenes Unverhältnis zum Leben nicht bereits allzu früh auf sie abwälzten. Kindliche Abneigungen und Ekelregungen gegen Tiere sind erlernt. Scheu und Furcht liegen in der kreatürlichen Fremdheit, in der Tiere zunächst erfahren werden, die darum auch schnell überwunden und gegen Zuneigung und Freundschaft eingetauscht werden können.

Bei Schopenhauer finden wir nun einen Gedanken, der uns die Nähe des Kindes zum Tier um einen Schritt besser verstehen läßt: »Daß uns der Anblick des Tieres so sehr ergötzt, beruht hauptsächlich darauf, daß es uns freut, unser eigenes Wesen so sehr vereinfacht vor uns zu sehen.«[2] Natürlich sind es in jedem Tier andere Züge des eigenen Selbst, die wir in der Projektion erkennen. »Das Tier wird für den Menschen zum Spiegel, der selbst – wie jeder Spiegel, wenn er blank ist – als Gegenstand gar nicht gesehen wird, sondern dem in ihn Hineinblickenden die Begegnung mit sich selbst ermöglicht.«[3] Hier muß also nichts bewußt sein. Projektionen sind ja nie bewußt. Sie finden ebensowenig Rückhalt in der Zoologie wie etwa die Tiergestalt in Märchen und Fabel, aber auch wenn sich das Kind in seinem Verhältnis zum Sittich, zu Goldhamster, Katze oder Hund täuscht, seine Täuschungen sind nur möglich, weil wir »tief im Unbewußten immer noch davon überzeugt sind, daß die Tiere unter ihrer Maske Wesen wie wir sind, nämlich seelischer Regungen fähig. Diese Überzeugung von mensch-tierischer Solidarität erst macht unseren ›Irrtum‹ über sie möglich . . . Dieses unbeirrbare archetypische Urwissen ist der Stoff, aus dem Tiermärchen und -mythen gewebt sind. Dort begegnen wir ihnen als verwandelte, verzauberte und dem Menschen hilfreiche Gestalten, die oft mehr wissen und können als wir, die uns erlösen und vor Gefahren durch finstere Mächte schützen.«[4]

[1] *Sigmund Freud,* Totem und Tabu. Freud-Studienausgabe, hrsg.v. A. Mitscherlich, A. Richards, J. Strachey, Bd. IX. Frankfurt a. M. 1974, 412.

[2] *Arthur Schopenhauer,* Mitleid mit Tieren, zit. n. *Siegfried Schmitz* (Hrsg.), Da sprach der Fuchs zum Hasen. Die schönsten Tiergeschichten von Äsop bis Lorenz. München 1968, 82.

[3] *Joachim Illies,* Anthropologie des Tieres, a.a.O., 15.

[4] Ebd., 193. Vgl. hierzu »Die Bienenkönigin« S. 72–77.

Das »unbeirrbare archetypische Urwissen« kann natürlich auch alle anderen Dimensionen des Kindes in seinem Verhältnis zum Tier durchziehen. Die vielen Freundschaften, die Kinder zu Tieren unterhalten, die Liebe und Pflege, die sie ihnen entgegenbringen können, macht die Tiere für diese Kinder zu »Seelengefährten« (und oft gar noch mehr für vereinsamte Erwachsene), einerlei ob es sich um Stubenvögel oder Hunde handelt. Freud erwägt in seinem zitierten Gedankengang, ob die Nähe des Kindes zum Tier nicht auch darin begründet sei, daß ihm die Erwachsenen »rätselhafter« und darin ungewisser sind. Gewiß ist es leichter, zu einem Tier Zugang zu finden, als zu einem Erwachsenen, der in seiner Geschichtlichkeit dem Kinde zunächst fremd und entzogen bleiben muß. Wenn Schopenhauer bemerkt: »Das den Tieren eigene gänzliche Aufgehen in der Gegenwart trägt viel bei zu der Freude, die wir an unseren Haustieren haben: sie sind die personifizierte Gegenwart . . .«, so kann man das am allerwenigsten vom Erwachsenen sagen, der meistens über den Augenblick hinausgeht und ihn oft nicht einmal wahrnimmt. Doch ist dieses Aufgehen in der Gegenwart eine Fähigkeit des Kindes, und gewiß ergeben sich daraus Entsprechungen zwischen Kind und Tier, die beide enger zusammenrükken, als es bei vielen Erwachsenen noch geschieht.

Natürlich kann das Tier für Kinder auch eine Fluchtbeziehung sein, kann es gelegentlich bei einem Tier Trost suchen, wenn es alle seine Mitmenschen gerade verwünscht. Aber solange die Kinder in realistischen sozialen Beziehungen stehen und ihr Verhältnis zum Tier auch dem Tier gerecht wird, können sie erfahren, daß Zuneigung und Pflege an Beständigkeit und tägliche Gewissenhaftigkeit gebunden sind, daß aber auch der Mitmensch, der nicht minder aufmerksam Zuwendung erfährt, ihnen in gleicher Weise entgegenwächst.

Die Fundierung des großen Rahmenthemas Schöpfung im Mensch-Tier-Verhältnis ist Kindern im zweiten Schuljahr im hohen Maße angemessen. Es gibt keinen anderen Aspekt, zu dem Kinder dieses Alters eine spontanere Beziehung empfinden als diesen. Er zielt nicht primär auf Wissen als auf Empfinden und existentielle Orientierung. Damit die folgende Erschließung der Religionsbuchmaterialien jedoch nicht punktuell bleibt, sollte die voranstehende Einführung jeder gezielten Unterrichtsvorbereitung voraufgehen. (Praktische Erfahrungen zum Verhältnis Kind – Tier → S. 61 ff).

Literaturhinweise

Die wichtigsten Titel für den praktischen Bereich finden sich auf S. 71-72 zusammengestellt. Vorrangige Empfehlungen grundlegender Literatur sind im Einführungskapitel »Mensch und Tier« in den Fußnoten genannt. Darüber hinaus sind wichtig:

Gertrude und Thomas Sartory (Hrsg.), Ich sah den Ochsen weinen. Die Heiligen und die Tiere. Herderbücherei Bd. 747. Freiburg 1979.

Gerhard Haas, Das Tierbuch, in: G. Haas, (Hrsg.), Kinder- und Jugendliteratur, Reclam, Stuttgart 1974, ³1984, 335–367.

Hubertus Halbfas, Das Welthaus. Ein religionsgeschichtliches Lesebuch. Düsseldorf/ Stuttgart 1983; Kap. »Mutter Erde«, Nr. 96–110.

A. Das Fragment über Adam und die Tiere entstammt der jahwistischen Schöpfungsgeschichte. Zweifellos führt seine Herkunft über die hebräische Tradition hinaus, denn als Motiv vom freundschaftlichen Verhältnis zwischen Mensch und Tier ist es in zahlreichen alten Erzählkulturen zu Hause. Die Einbeziehung dieses Mythems in die jahwistische Schöpfungstheologie ist freilich kennzeichnend für die frühe biblische Weltdeutung und keineswegs auch für die priesterschriftliche Tradition denkbar. Während die Priesterschrift (P, Gen 1) ein pyramidenförmiges hierarchisches Weltbild aufbaut, an dessen Spitze der Mensch zur Herrschaft über alle Welt eingesetzt ist, erzählt der Jahwist (J, Gen 2) vom Garten, dem Wasser, dem Baum, der Sprache, den Tieren und dem Weib. Der Mensch steht in der Mitte dieser Welt, aber nicht, um sich alles »untertan« zu machen, wie P akzentuiert, sondern um den Garten zu »bebauen und zu bewahren«. Die in der herkömmlichen Theologie herausgestellte Anthropologie hält sich bevorzugt an Gen 1. Wer die nachstehende Interpretation mit geschärftem heutigem Problembewußtsein liest, hat in diesem Text die theologische Formel für die Ausbeutung der Erde und der Kreatur im Erbe einer einseitigen Bibelrezeption:

»Ausführlich und klar redet P erst von dem Zweck der Gottesbildlichkeit, d. h. von der Funktion, die damit dem Menschen übertragen ist, nämlich von seiner Herrscherstellung in der Welt, wobei auffällt, wie die Ausdrücke sind, die dieses Herrschen beschreiben (niedertreten, unterwerfen, [die Kelter] treten, herrschen). Gott hat ihn als sein eigenes Hoheitszeichen in die Welt gestellt, um seinen [Gottes]Herrschaftsanspruch zu wahren und durchzusetzen . . . Diese seine Herrschaft erstreckt sich über die Welt und nicht etwa nur über die Tiere. Die Tiere sind deshalb genannt, weil nur sie als Rivalen des Menschen in Frage kommen; aber sie sind ihm ausdrücklich unterstellt. Das Entscheidende an seiner Gottesbildlichkeit ist seine Funktion an der außermenschlichen Welt.«[1]

Wir haben S. 158 ff bereits aufgezeigt, mit welch gnadenloser Despotie der Mensch im biblisch geprägten Kulturbereich diese Herrschaft im Sinne einer zerstörerischen Ausbeutung praktiziert. Der in derselben priesterschriftlichen Tradition Gen 9,2 ausgesprochene Fluch über die sprachlose Kreatur erfüllt sich bis in diese Tage mit systematischer Grausamkeit: »Furcht und Schrecken vor euch liege auf allen Tieren der Erde und allen Vögeln des Himmels; mit allem, was sich auf Erden regt, und mit allen Fischen des Meeres sind sie in eure Gewalt gegeben.«

B. Hier finden wir eine Herrschaftstheologie, die – analog zu orientalischen Großkönigen, die Abbilder ihrer selbst als Hoheitszeichen aufstellten – den Menschen als Mandatar Gottes verstand, doch ohne die jede Herrschaft legitimierende Sorge und Verantwortung mitzusehen. Im Unterschied dazu betont der Jahwist den Auftrag des Menschen, den »Baum« in der Mitte des Gartens zu achten und ihn nicht zu plündern. Ähnlich wie in der »Geschichte vom Korb mit den wunderbaren Sachen« (→ I, 199–212) der Korb Symbol für die innere Mitte ist, aus der Mann und Frau ihre Gemeinsamkeit schöpfen, steht auch hier der Baum für die Beziehung des Menschen zum Ganzen seines Le-

[1] *Gerhard von Rad,* Theologie des Alten Testaments. Band I. München (1957) [4]1962, 160.

bens: zu Gott und der Welt, zu Pflanze, Tier und Mitmensch. Wenn der »Baum« nicht verletzt wird, bleibt der Garten in Ordnung, wie auch der Mensch inmitten des Kosmos. Darum ist das Mythem vom Paradies mit Garten, Baum und Glück das Symbol einer gnadenhaften Geborgenheit aller Kreatur, solange der Mensch diesen Garten zu bebauen und zu bewahren nicht nachläßt.

Innerhalb des beheimatenden Gartens (→ Lehrerhandbuch 3) ist die schöne Geschichte von Adam und den Tieren angesiedelt. Gott hält es nicht für gut, »daß der Mensch allein sei«, darum will er ihm »eine Hilfe schaffen«: er formt die Tiere und »führt sie dem Menschen zu, um zu sehen, wie er sie nennen würde«. Hinter dieser Szene steht das alte Wissen, daß die Tiere dem Menschen »Beistand« sein können, zwar nicht in jener Erfüllung, die der Mensch nur an seinesgleichen findet, aber doch in einer realen und vielfältigen Weise, die jede Zweckbestimmung übersteigt.

Im Verhältnis des Menschen zu den Tieren dreht es sich in einer zentralen Weise um die rätselhafte Benennung der Tiere, deren Deutung eine zweifache Akzentsetzung gefunden hat. »Erinnern wir uns noch einmal«, insistiert Gerhard von Rad, »daß das Benennen nach altorientalischer Vorstellung vornehmlich Ausübung eines Hohheitsrechtes, einer Herrscherstellung ist, so rückt dieser Passus trotz der völlig andersartigen Darstellung des Stoffes nahe an Gen 1,28b heran.«[1] Diese Interpretation sei in Frage gestellt. Zwar mag die Namensgebung auch ein Moment der Herrschaft enthalten, aber der tiefere Kern des Vorgangs liegt nicht im souveränen Ermessen des Menschen, der etwa aus dem eigenen Belieben heraus Namen erteilt, sondern in seiner Fähigkeit wahr-nehmen zu können, was die Dinge aus ihrem eigenen Wesen heraus sind. Die entscheidende Sicht dieser Namensdeutung findet sich bei Platon in einem Dialog zwischen Sokrates und Hermogenes entfaltet: »Ich kann mich nicht überzeugen, o Sokrates«, sagt Hermogenes, »daß es einen anderen Grund für die Richtigkeit eines Namens gebe als Verabredung und Übereinkunft. Denn mir scheint jeder Name, den man einem Ding beilegt, der rechte zu sein, und wenn man ihn wieder mit einem anderen vertauscht und jenen nicht mehr gebraucht, so müsse man diesen späteren für nicht minder richtig halten als den früheren: wie z. B. wenn man den Sklaven andere Namen gibt, so sei der neue nicht minder richtig als der, den sie ursprünglich führten. Denn nicht von Natur komme jedem Ding ein Name zu, nicht einem einzigen, sondern durch Gesetz und Gewohnheit, je nach der wechselnden Wahl der Benennung.«

Dieser Sicht setzt Sokrates entgegen, daß »die Dinge eine eigene, sich gleichbleibende Wesenheit (haben, sie) richten sich nicht nach uns und werden nicht durch uns bestimmt, als würden sie durch unsere Einbildung hin und her gezerrt, sondern sind selbständig in sich nach ihrer Wesenheit, so wie sie geartet sind.« Gleichzeitig aber lehrt Sokrates, daß es bei solcher Benennung nicht auf die Lautung ankomme, denn »ob der Name in anderen Silben dasselbe bedeutet, tut nichts zur Sache . . . wenn nur das Wesen des Dinges in dem Namen sich kundzutun imstande ist.«[2] Es geht also bei der Namengebung keineswegs um eine Herrschaftspraxis, die nicht einmal hinsehen und hinhören mußte, um

[1] *Gerhard von Rad,* Das erste Buch Mose. Reihe: ATD. Göttingen (1949), 1961, 67.
[2] *Platon,* Kratylos, 1383 ff.

welcherart Wesen es sich denn handelt, sondern zu allererst um ein genaues, sensibles Einfühlen und Hinhorchen, um zu erfassen, welches innerste – dem oberflächlichen und lieblosen Blick verborgene – Geheimnis hier wirksam sei.

Das Wissen um diese Bedeutung des Namens ist den mittelalterlichen Jahrhunderten noch nicht verloren gewesen. Jacobus de Voragine (um 1230–1298) beginnt in seiner Legenda aurea die Heiligenviten fast immer mit einer etymologischen Deutung des Namens. Freilich ist es keine wissenschaftlich haltbare, sondern mehr eine mythische Etymologie, die auf das spirituelle Wesen des Heiligen zielt, das sich in dessen Namen kundtut: »Benedictus heißt also, weil er vieles gesegnet hat; oder weil er viel Segnungen hatte in diesem Leben; oder weil alle ihn segneten; oder weil er den ewigen Segen verdient hat.« Für diese Anschauung ist keines Menschen Name zufällig, aber auch nicht einfach »Schicksal«, sondern die Benennung seines Wesens, zu dem er berufen ist, so daß eines jeden Menschen Weg das Heranwachsen zur eigenen Namentlichkeit sein soll.

Ganz ähnlich finden wir in mittelalterlichen Tierbüchern zu Beginn jeder Artenbeschreibung stets eine Namenliste als wichtigsten Teil der zoologischen Bestimmung. So noch Konrad Gesner in seinem vierbändigen Werk (»der größten zoologischen Tat nach Aristoteles«, Joachim Illies), der den Löwen wie folgt beschreibt: »Der Löwe ist der König der Vierfüßler. Er heißt auf griechisch leon« – dann folgt eine Aufzählung der Namen, die der Löwe im hebräischen und griechischen Bibeltext hat, bei den lateinischen Kirchenvätern, den Chaldäern, Ägyptern und Arabern. Gesner setzt diese Namenliste über eine volle Seite seines Buches fort und endet schließlich mit den europäischen Sprachen, an deren Ende sich schließlich die deutsche Bezeichnung »Lew« findet. Wesentlich mehr wird über den Löwen nicht berichtet, doch war für den Kundigen in den alten Namen alles das gegenwärtig, was die ägyptische, hebräische, griechische oder römische Weisheit über dieses Tier wußte.

In seinem Disput mit Kratylos fragte Hermogenes diesen: »ob ihm in Wahrheit der Name Kratylos gebühre oder nicht? – Er bejahte es. ›Welcher Name aber gebührt dem Sokrates?‹ sagte ich – ›Sokrates‹ sagte er. – ›Gehört denn nicht auch jedem unter allen übrigen Menschen der Name, den wir ihm beilegen?‹ – Da sagte er: ›Dir gewiß nicht der Name Hermogenes, auch wenn dich alle Menschen so nennen.‹«[1] Daß einem »der eigene Name gebührt«, ist Umschreibung der Identität eines Menschen. Sie wird in dem Maße erreicht, als er selbst fähig wird, das Wesen der Dinge und Lebewesen um sich her zu vernehmen. Als die Goldmarie die Außenwelt der menschlichen Entfremdung verlassen hat und auf dem Weg durch den Brunnen in ein neues Land und zugleich »zu sich selbst« gelangt, da beginnen die Dinge für sie zu sprechen. Sie vernimmt nun den Anspruch ihrer Welt und kann deswegen allem, was ihr begegnet, zu sich selbst verhelfen (→ S. 93). In einer ähnlichen Weise muß nun auch die Benennung der Tiere verstanden werden. Es ist eine Namengebung, in der jedes Tier in seiner Art erkannt – also im eigenen Wesen und Recht gesehen als auch geachtet wird. Der Mensch, der den Tieren ihre Namen geben kann, hört, was die Tiere ihm sagen. Er versteht die Sprache der Tiere (→ S. 76), kann selbst mit ihnen reden und wird deshalb, ähnlich wie es im Grimmschen Mär-

[1] *Platon,* a.a.O. Die Antwort ist voll Ironie, weil Hermogenes »der Schöngewordene« heißt.

chen »Die Bienenkönigin« erzählt wird, eingreifen, wenn verständnislose Menschen, welche die Namen der Tiere nicht kennen, diese quälen oder töten wollen: »Laßt die Tiere in Frieden, ich leid's nicht, daß ihr sie stört!« (S. 72).

C. Sobald Kinder in ein Verhältnis zu Tieren treten, ist es für sie selbstverständlich, ihnen einen Namen zu geben. Meistens sind es zärtliche Namen, die von der persönlichen Nähe und Zuneigung der Kinder zu den Tieren zeugen. In der Schule werden sie manche Geschichte hierzu erzählen können.

Ausgehend von dieser persönlichen Beziehung zu Tieren können Kinder gut den Wandel erfassen, der von der Namengebung für jedes Haustier zur Anonymität in der heutigen Massentierhaltung führt. Ehedem hatten Pferde und Kühe, in kleineren Verhältnissen auch die Schafe und Ziegen einen eigenen Namen. Die heutige fabrikmäßige Tier»produktion« hat diese menschliche Verbundenheit mit den Tieren endgültig zerstört. Adam hat aufgehört, allem Vieh einen Namen zu geben, und für Gott bleibt keine Chance »zu sehen, wie der Mensch die Tiere nennen würde«. Weil Kinder jede Beziehung, die für sie wichtig ist und in der sie sich selbst verstehen lernen, mit einem Namen benennen, ist ihnen der angezeigte Wandel im menschlichen Verhältnis zum Hausvieh intuitiv faßbar. Von hierher wird ihnen die biblische Erzählung deshalb leicht erschließbar.

D. Für das Religionsbuch-Kapitel »Mensch und Tier« ist das biblische Mythem des mit den Tieren sprechenden Adam von symbolischer Dichte und programmatischer Weisung. Dennoch muß Gen 2,19 f nicht am Anfang der Thematik stehen. Es bleibt dem Lehrer belassen, wann er diesen Text mit seinen Schülern besprechen will. Es ist besonders gut denkbar, daß hier – wie auch bei anderen Kapiteln – die Titelseite erst zum Schluß der Unterrichtseinheit herangezogen wird, gleichsam als Klammer und verdichtende Formel für alle Detailerfahrungen, die der Zyklus vermittelt hat.

Empfohlen wird, das Chagall-Bild erst im Anschluß an den Bibeltext zu interpretieren. Insgesamt erlaubt die Thematik von Namengebung und Sprache aber eine Behandlung über den Religionsunterricht hinaus. Wer die aus »Kratylos« zitierten Sprachreflexionen Platons bereits mit seinen Schülern besprechen will, findet dazu eine ausgezeichnete Vorlage in Peter Bichsels Erzählung »Ein Tisch ist ein Tisch« (in: Kindergeschichten. Luchterhand Verlag, Neuwied 1969). Sie handelt von einem traurigen Mann, der aus lauter Einsamkeit den Dingen um ihn herum beliebige neue Namen gibt und den deshalb bald niemand mehr verstehen kann, wie auch er niemanden mehr versteht, so daß er schließlich ins Schweigen versinkt, nur noch mit sich selbst spricht und nicht einmal mehr grüßt.

Auch jenes Motiv von den reifen Äpfeln, die der Goldmarie zurufen, und von den sprechenden Broten gehört in diesen Kontext: wenn Menschen ganz zu sich selbst kommen, hören sie, was die Dinge, die Lebewesen und Mitmenschen ihnen sagen, und sie lernen, ihnen zu antworten – das heißt, sie werden ver-antwort-lich. Es gibt zahlreiche Gelegenheiten, in der Schule in diese Sprache der Schöpfung konkret einzuführen.

Marc Chagall, Mensch und Tier S. 15

A. Neben Franz Marc (1880–1916), in dessen Werk die Tiere »Mitwisser des Ganzen« sind, wie Rilke sagte, ist von den Großen der klassischen Moderne nur noch Marc Chagall (geb. 1887) zu nennen, der in seiner Bilderwelt unverändert von den frühen Anfängen bis heute Tiere malt: Hühner, Hähne, Vögel, Fische, Kühe, Pferde, Ziegen, Esel . . . dies reiche ländliche Spektrum, in dem seine Kindheit wurzelte und dem er nie entfremdet ist. Einerlei ob Chagall Blumensträuße und Liebespaare malt, Schrecknisse des Krieges oder biblische Bilder, immer sind Tiere in die Szenerie mitverwoben, um die Ganzheit des Lebens zu wahren. Während Franz Marc in seinem Weltschmerz die Menschendarstellung bewußt mied, um seine naturhaft gerichtete Frömmigkeit in der Hieroglyphe des tierischen Daseins auszudrücken, vermag Chagall noch alles zusammenzufassen, den gesamten biblischen Kosmos mit allen Höhen und Abgründen. Darin steht das Tier durchaus im Einklang mit dem Grundakkord der Schöpfung, während der Mensch es ist, der Zwiespalt hineinbringt. Von dem chassidischen Rabbi Menachem Mendel, der 1778 mit dreihundert Anhängern von Rußland ins Heilige Land ausgewandert ist, wird das Wort überliefert: »Dieser Wurm – ich weiß nicht, daß ich mehr bin wie er, ich weiß nicht, daß ich nur so viel bin wie er; denn er verdirbt nichts und erfüllt nur den Willen seines Schöpfers.«[1] Wenn auf bedeutsamen Bildern Chagalls jenes eigenartige Tier mit der Geige erscheint (»Der Engelsturz«, »Einsamkeit«) könnte man deutend ähnlich wie der Rabbi sagen: das Tier verdirbt nichts; es erfüllt den Willen seines Schöpfers – um dieses reinen Einklangs mit der Schöpfung willen ist ihm die Geige beigefügt.

B. Auf unserem Bild »Mensch und Tier«, dessen Originaltitel »Der Hahn« (Le Coq) lautet, ist der Einklang freilich noch umfassend gegeben. Fast muß man zweimal hinsehen, um die aneinandergeschmiegten Gestalten zu erfassen.

[1] Vgl. *Hans-Martin Rotermund,* Marc Chagall und die Bibel. Lahr 1970, 26; 70. Ein bemerkenswerter Text ist auch die folgende Kindheitserinnerung, die sich an Chagalls Großvater knüpft. Hier kommt noch alles zusammen: Realismus und Frömmigkeit, kreatürliches Mitgefühl und robuste Hemdsärmeligkeit:
»In seinem (Großvaters) Stall steht eine dickbäuchige Kuh; sie hält sich aufrecht und stiert vor sich hin. Großvater nähert sich und spricht sie an: ›He, hör zu, gibt deine Beine her, wir müssen sie zusammenbinden, wir brauchen Ware, Fleisch, verstehst du?‹ Sie fällt mit einem Seufzer.
Ich strecke meine Hände aus, um ihr Maul zu umarmen, flüstere ihr einige Worte zu, sie solle sich nicht beunruhigen, ich werde kein Fleisch essen; was hätte ich noch mehr tun können? Sie hört den Roggen sich wiegen und sieht hinter der Einfriedung den blauen Himmel.
Doch der schwarz und weiß gekleidete Metzger krempelt seine Ärmel auf und nimmt das Messer zur Hand. Ein flüchtiges Gebet, dann treibt er ihr, den Kopf hochziehend, das Messer in die Gurgel. Ströme von Blut.
Gleichgültig warten Hunde und Hühner auf einen Tropfen Blut, auf ein zufällig zu Boden gefallenes Stück Fleisch. In dem Strom aus Blut und Fett hört man nur ihr Glucksen und Rascheln und die Seufzer des Großvaters.
Und du, kleine Kuh, du träumst nackt und gekreuzigt in den Himmeln. Das funkelnde Messer hat dich in die Lüfte erhoben. Stille.
Die Eingeweide hängen heraus und werden in Stücke geteilt. Die Haut fällt. Blutige, rosa Stücke gleiten zu Boden. Dampf steigt auf. Was für ein Handwerk!
Ich habe Lust, Fleisch zu essen.«
Marc Chagall, Mein Leben, zit.n. *Schmalenbach/Sorlier,* Marc Chagall, Berlin 1979, 37 f.

Unverkennbar ist zunächst das Tier, voll im Bild stehend, mit rotem Kamm und feurig-farbenen Schwanzfedern. Auf diesem Tier reitend ein Mensch, vielleicht ein Clown, aber nicht in stolz-aufrechter Haltung, als beherrsche er den Hahn, sondern mit beiden Armen dessen Hals umfassend und seinen Kopf an den Kopf des Hahns gelegt, wie zwei Liebende sich Wange an Wange ihrer Nähe und Vertrautheit vergewissern. Hier ist nichts Distanz. Wenn man schon von »Herrschaft« sprechen will, da ja der Mensch auf dem Tiere reitet, so ist es doch keine kleinhaltende Dominanz, sondern eine mitkreatürliche Partnerschaft, in der Mensch und Tier ihre Freundschaft genießen. Das bringen nicht allein die Formen zum Ausdruck – das Menschengesicht hat sich so sehr dem Tier angeschmiegt, daß beider Nasenbeine parallele liegen, was eine figürliche Abhebung der menschlichen Gestalt erschwert – sondern auch die Farben erzählen von der Harmonie. Ebenso wie der Hahn leuchtet der Mensch im gleichen Rot, Ocker und Braun, dessen dunkel glühende Intensität auf dem Hintergrund von Blattwerk und See noch gesteigert wird. Insgesamt bleibt dieser Hintergrund unbestimmt – bis auf einen Kahn, in dem ein Paar rudert, in die gleiche Richtung gebeugt wie der Mensch auf dem Hahn. Es entsteht vor dieser naturhaften Kulisse der Eindruck großer Geborgenheit: eine paradiesische Szene und zugleich ein Wunsch nach vorne.

C. In der Geschichte der Malerei ist das Thema Kind und Tier keineswegs selten aufgenommen worden. Allein in diesem Jahrhundert entstanden berühmte Kinderporträts, die die besondere Nähe des Kindes zum Tier (→ S. 61 ff) aufnehmen. Hinzuweisen wäre etwa auf Picassos bekanntes Gemälde »Kind mit Taube« (1901) oder auf manche der herben Kinderbildnisse von Paula Modersohn-Becker (Kind mit Kaninchen, 1902; Mädchen mit Katze, um 1903; Mädchen mit Katze im Birkenwald, 1905). In allen diesen Bildern kommt trotz aller Innigkeit, mit der diese Mädchen ihre Tiere umfassen, auch ein frühkindlicher Ernst und eine unbeschreibliche Trauer hinzu. Chagalls Bild »Le coq« kennt diese Schwermut nicht. Es ist eher eine traumhafte Vision und wurde aus diesem Grunde den bekannteren Gemälden vorgezogen, zumal hier wie nirgends sonst Mensch und Tier in jener liebenden Einigkeit gezeigt werden, wie sie nur »Adam« im Paradiese kannte, welche die Kinder sich aber, sofern sie noch kindlich aufwachsen, oft bewahrt haben.

D. Es empfiehlt sich, das Bild im Anschluß an den Bibeltext »Adam und die Tiere« in der Klasse zu besprechen, weil die biblische Mythe am besten jenes Grundverständnis kreatürlicher Gemeinsamkeit vermittelt, von dem auch Chagall erzählt. Die Betrachtung des Bildes dürfte den Kindern mit größerer Teilnahme und Innigkeit gelingen, wenn sie sich vorangehend mit den übrigen Geschichten und Bildern des Kapitels »Mensch und Tier« befaßt haben, so daß die Titelseite als Summe der gesamten Folge genommen wird.

Genesis 6,5–8,22: Noachs Arche S. 16

A. Nicht allein die Schöpfungserzählungen, sondern auch die Sintflutgeschichten sind in einer doppelten Tradition erhalten geblieben: einmal in der älteren jahwistischen Fassung (J), zum anderen in der priesterlichen Deutung (P). Beide Quellen bestehen jedoch nicht mehr wie in den Schöpfungserzählungen *neben*einander, sondern sind mit der Pentateuch-Redaktion um 500 v. Chr. *ineinander* geflochten worden, so daß sie nur durch Quellenscheidung in ihrer je eigenständigen Gestalt wahrgenommen werden können. Allerdings, J und P wurden so ineinandergeschoben, daß beide Quellen fast unversehrt erhalten geblieben sind.

Der Jahwist schrieb seine Sintflutgeschichte unter dem Aspekt des zerbrochenen und immer weiter zerfallenden Gottesverhältnisses, jedoch sind seine Erzählungen so bildhaft und beziehungsreich, daß es falsch wäre, sie nur auf einen einzigen theologischen Gedanken zu reduzieren. Wie immer ist die Darstellung bei J ursprünglicher, anschaulich und von unbekümmerten Anthropomorphismen geprägt (»und Jahwe schloß hinter Noach zu«). In dieser Version regnet es vierzig Tage, Mensch und Tier müssen insgesamt dreimal sieben Tage über den großen Regen hinaus in der Arche bleiben, wobei »je zwei« Tiere, ein männliches und ein weibliches, zum Überleben mit Noachs Familie bestimmt waren.

Die priesterschriftliche Fassung ist nicht nur wesentlich jünger, sondern auch bedeutend länger. Sie ist ein mehr theologisch-gedanklich konstruierter Text, darum insgesamt steifer und weniger ursprünglich. Hier wird mit seltsamer Genauigkeit Wert auf die Abmessungen der Arche gelegt, überhaupt liegt die Sorgfalt bei den Zahlen: Noachs Alter wird genannt, Monat und Tag, an dem die Himmelsflut begann wie endete. Bei P sind es nicht 61 Tage, sondern ein Jahr und zehn Tage. Überhaupt zeichnet P eine Katastrophe kosmischen Ausmaßes, wobei der Begriff »Sintflut« nicht Überschwemmung oder Zerstörung meint, sondern als terminus technicus den Himmelsozean meint, durch dessen Gitterfenster sich das obere Meer entleert hat. Insgesamt ist P bewußt auf theologische Intentionen ausgerichtet. Hinter der Genauigkeit der Einzeldaten steht das Bestreben, das göttliche Handeln als konkret und real zu kennzeichnen und es zugleich mit sachlicher Detailfreude zu beschreiben. Während aber bei J die Katastrophe Mensch und Tier betrifft, ereilt sie bei P die Erde, ja den ganzen Kosmos (6,13; 9,11).

Die gekürzte Textfassung des Religonsbuches folgt der jahwistischen Quelle: 7,7.16b. 8–10. 12. 17b. 23c; 8,6a. 2b. 3a. 6b. 8. 11a.

B. Unsere Interpretation berücksichtigt hier nicht den urgeschichtlichen Kontext, sondern allein die Stellung der Erzählung im Rahmen des Kapitels »Mensch und Tier«. Dementsprechend muß für weitergehende theologische Fragen auf die gängige Kommentarliteratur verwiesen werden.

Dem Schulbuchtext geht bei J eine bemerkenswerte Stelle voraus, die den jahwistischen Bearbeiter der älteren Traditionen erstmals mit eigenen Worten sprechen läßt: »Als aber Jahwe sah, wie groß der Menschen Bosheit auf Erden war, und daß sein Herz nur noch böse Gedanken hegte allezeit, reute es ihn, daß er den Menschen geschaffen hatte auf Erden, und er wurde betrübt in seinem Herzen. Jahwe sprach: ich will den Menschen, den ich geschaffen habe, auf dem Antlitz der Erde vernichten und mit dem Menschen die Tiere, das Gewürm und die Vögel des Himmels. Es reut mich, sie geschaffen zu haben.« (Gen 6,5–7) In diesem erstaunlichen Bericht offenbart sich, daß das Versagen des Menschen auch die gesamte Tierwelt in den Abgrund, die ganze Schöpfung in das Verderbnis hineinreißt. Der Mensch trägt also nicht nur die Verantwortung für sich selber, sondern auch für die lebendige Schöpfung insgesamt.

Darum bleibt dieser kreatürliche Zusammenhang auch gewahrt für die überlebende Menschengruppe. Noach und seine Familie können nicht »privat« gerettet werden, sondern nur, in dem sie von allen Tieren der Erde je ein Paar in die Arche mithineinnehmen. (Die kultische Unterscheidung von »reinen« und »unreinen« Tieren, wie sie Gen 7,8 erwähnt werden, entsprang dem späteren Abwehrkampf des Jahweglaubens gegen fremde Einflüsse; manche Tiere, die Israel als unrein ansah, galten in kananäischen oder benachbarten Religionen als heilig.) Wohl nie ist ein Sinnbild gefunden worden, daß die Verbundenheit des Menschen mit dem Tier unmittelbarer und inniger dargestellt hätte, als die selbstgezimmerte Arche des Noach, des neuen Adam, des Neubeginners und Namensmächtigen, der die Tiere zusammenrief, in seinem schwimmfähigen ›Kasten‹ versammelte und auf der ihm anvertrauten Erde errettete. Gleichwohl ist die Arche kein Idyll. An einer leicht übersehbaren Einzelheit läßt der jahwistische Erzähler das Warten und Hoffen der hier Eingeschlossenen miterleben, nämlich in der Szene von der Aussendung der Taube. Es ist keine freiwillige Situation, in der sich Mensch und Tier befinden. Alle warten auf den Tag, die Arche, die ebenso gefangen hält wie rettet, wieder verlassen zu dürfen. Aber die erste Aussendung ist – aus verständlicher Ungeduld – verfrüht. Genauer als alle sonstigen Vorgänge beschreibt J die Heimkehr der Taube: »Da streckte Noach seine Hand aus, griff sie und brachte sie zu sich in die Arche hinein.« Auch bei der nächsten Aussendung scheint die Hoffnung noch verfrüht, denn die Taube kehrt, gleich wie beim erstenmal zurück: »Aber siehe, sie hatte ein frisches Ölblatt in ihrem Schnabel.« Noch konnte die Taube nicht draußen bleiben, aber der Ölbaum trieb bereits neue Blätter und gab damit allen ein Zeichen für das neue geschenkte Leben und die Aussicht auf eine gemeinsame friedliche Zukunft.

C. Die volle Bedeutung der Geschichte Noachs und aller Tiere in der Arche wird erst von ihrem Ende her offenbar: Der Herr aller Kreatur schließt einen Bund mit allen lebenden Geschöpfen (8,21 f). Im priesterschriftlichen Zeugnis wird dieser Bund in einer großartigen Symbolsetzung vergegenwärtigt: »Ich setze das Zeichen des Bundes zwischen mir und euch und jedem lebenden Wesen bei euch auf ewige Geschlechter . . . Ich werde meines Bundes gedenken, den ich mit euch und mit allen lebendigen Geschöpfen, mit allem Fleisch geschlossen habe.« (Gen 9,12–15)

Für unsere gegenwärtige Zeit mit ihren unüberschaubar gewordenen ökologischen Verwirrungen und dem von Jahr zu Jahr erschütternder werdenden Aussterben zahlloser Tierarten, ist die Geschichte von Noachs Arche zum aktuellen Symbol geworden. Wer hätte gedacht, daß diese alte Erzählung noch einmal als Inbild unserer heutigen und zukünftigen Verantwortung für das gemeinsame Überleben wieder vor uns auferstehen würde? So bleiben denn beim

Betrachten von Noachs Arche Fragen, die zugleich Maßstäbe des Handelns einschließen: Wird dieser Mensch im Zeichen des »Neuen Bundes« den Auftrag, der ihm in der Arche übertragen wurde, erfüllen wollen? Wird er ein neuer Noach sein, der mit seiner Familie den Tieren dienen und die lebendige Schöpfung im Geist der Arche erneuern will? Was die Arche symbolisiert, ist der Auftrag zum gemeinsamen Überleben. Sie zeigt dem Menschen die alte und doch wohl stets neu zu ergreifende Wahrheit, daß die Tiere nicht nur für den Menschen geschaffen sind, sondern der Mensch auch für die Tiere. Aber ob sich das moralische Gesetz durchsetzt, das uns Menschen dazu aufruft, die lebendigen Mitgeschöpfe nicht zu gebrauchen und verbrauchen, sondern sie auf jede Weise auch lebendiger zu machen, das wird eine Frage sein, die jede menschliche Existenz heute herausfordert.

Für Kinder – und keineswegs nur für sie – ist die Geschichte von Noachs Arche eine Schlüsselgeschichte für die von allen verantwortlichen Menschen geforderte mitgeschöpfliche und ökologische Frömmigkeit. In keinem anderen Bild kommt die Gefährdung der lebendigen Natur und der Appell an die Menschen, allem was lebt das Überleben zu sichern, so eindrücklich zum Ausdruck. Darum ist das Bedenken dieser Geschichte und ein stetes Darauf-zurück-kommen dem Religionsunterricht, und keineswegs nur diesem, mit Nachdruck angeraten. In einer weitergreifenden Sicht wird unser Religionsbuch für das vierte Schuljahr diese Schöpfungsthematik erneut aufgreifen.

D. So wie es meistens richtig ist, sollte auch hier der Text dem Bild vorangehen. Bilder haben eine andere Sprache als Texte, können nicht jene Eindeutigkeit gewinnen, wie sie dem Wort eignet und sind deswegen, um in ihrem Hintergrund und bedeutsamen Querbezügen erschlossen zu werden, auf die Kenntnis der jeweiligen Erzähltradition angewiesen.

Zur Erschließung der Noach-Geschichte kann der Lehrer einen größeren Zusammenhang einholen, als er im Religionsbuch 2 vorliegt. Eine Orientierung hierfür bietet die »Bibel für die Grundschule«. Schwerpunkt der Interpretation darf aber nicht eine (falsche) Vergegenwärtigung der Arche in ihren Baumaßen und Einrichtungen sein, erst recht kein Rätseln, wie denn die Tiere in diesem »Kasten« untergebracht und verpflegt worden sein könnten, ohne sich gegenseitig anzugreifen, sondern allein die Arche als Symbol der Schicksalsgemeinschaft von Mensch und Tier – denn Gott sprach: »Von allen Tieren, von allem Fleisch, sollst du ein Paar in die Arche führen, damit sie bei dir am Leben bleiben!«

Marc Chagall: In der Arche S. 16

A. Das vorliegende Bild trägt den Titel »Noach entläßt die Taube durch das Fenster der Arche«. Neben der im Religionsbuch gezeigten farbigen Ausführung als Gouache existiert das Bild auch als Radierung in der Chagall'schen »Bible« bei Verve, Paris, 1956, dem unser Bilderzyklus im Kapitel »Gott« entnommen ist. Eine farbige Dia-Aufnahme enthält die von Christoph Goldmann 1976 herausgegebene Kassette mit 24 Dias der Farbbilder in Nizza »Marc Chagall – Botschaft der Bibel« (Burckhardthaus/Christophorus).

B. In der langen ikonographischen Tradition der Arche-Darstellung ist Chagalls Bild wohl das erste, das die Arche nicht von außen, sondern in einer Innensicht zeigt. Bekannt sind ja die vielen Versionen, welche die noch auf trockenem Land liegende Arche vorführen, in die in wohlgeordneter Reihe die Tiere paarweise einziehen; bekannt sind auch Bilder von der schwimmenden Arche, die nicht selten idyllisch anmuten. Dies hier aber zeigt einen engen dunklen Raum, in dem Menschen und Tiere dicht beieinander sind und der für alle Lebewesen eher notvoll als angenehm ist. Christoph Goldmann verweist darauf, daß hinter dieser bedrängten Behausung eine weit zurückreichende jüdische Erfahrung steht: »In solchen kleinen Häuschen haben die Juden oft durch Jahrhunderte hin leben müssen und konnten nicht hinaus in die Welt, aber sie haben sich erinnert an ihren Auftrag, auch im kleinen Raum Frieden zu halten und die Hoffnung nicht zu verlieren, daß Gott wieder Freiheit schenken wird.«[1] Der Betrachter der Bilder bekommt also keine Panorama-Aufnahme vorgestellt, er bleibt nicht in Distanz, sondern wird in die Verhältnisse einbezogen.

Das Bild zeigt eine eigenartige Gliederung. Auf der rechten Seite drängen sich Menschen und Tier: ein Mann, eine Frau mit Kind, eine Ziege. Demgegenüber bleibt die linke Seite erstaunlich frei: da ist das geöffnete Fenster, aus dem gerade die Taube entlassen wird, darunter nur noch ein Hahn. Durch diese Einteilung kommen das Gedränge des überfüllten Raumes und die Freiheitsperspektive des offenen Fensters in ein besonderes Spannungsverhältnis; innen und außen, Gegenwart und Zukunft stehen einander gegenüber, aber die Dynamik ist aus der Enge in die Weite gerichtet.

Beherrschend unter allen Gestalten des Bildes ist Noach. »Noach war 600 Jahre alt, als die (Himmels)flut über die Erde kam« sagt die priesterschriftliche Erzählung; er war also wie alle Ur-Väter hochbetagt, doch keineswegs senil und schwach. Chagall zeigt ihn mit langem Bart, zerfurchter Stirn, ernst und sorgenvoll. Obwohl Noach kein Jude war, stellt Chagall ihn und seine Familie als ein jüdisches Schicksal vor: in die Enge getrieben, in die Dunkelzone des Lebens, wo nur ungenügend Raum für Mensch und Tier gegeben ist. So haben sie ja gelebt, die Juden in Witebsk und anderswo, in niedrigen Häuschen, meist nur aus Holz errichtet, mit winzigen dunklen Stübchen, die nur wenige kleine Fenster hatten, weil der Winter lang und kalt war. Auch die Judenviertel in den großen Städten, Warschau, Lodz, Prag, Wien, Eisenstadt . . . waren allemale zu eng, mit finsteren Gassen, die kaum Licht einfallen ließen, und überall zu engen Stuben, in denen ganze Sippen mit vielen Kindern, mit Federvieh und oft auch mit der »Kuh des kleinen Mannes«, der Ziege, leben mußten. Ein Kind, das hier aufwachsen mußte, hatte die Not als Eltern, Krankheit und Armut gewöhnlich zum Schicksal. Anders kann man auch das arme Würmchen nicht deuten, das bleich an der Mutterbrust ruht, trotz äußerer Not aber in engen

[1] *Christoph Goldmann,* Kinder entdecken Gott mit Marc Chagall. Bilder und Gespräche. Göttingen/Freiburg i. Br. 1978, 18. Dazu Goldmanns Hinweis: Eine Anschauung dieser Ghetto-Existenz läßt sich gewinnen an Büchern wie *Meyrink,* Der Golem (Verlag Langen-Müller 1972); *Scholem-Alechem,* Geschichten von Tewje dem Milchmann (Bibliothek Suhrkamp Nr. 210, 1970); *Martin Buber,* Gog und Magog (Verlag Lambert Schneider, 1949); *Manès Sperber,* Die Wasserträger Gottes (Europa-Verlag 1974); *José Orabuena,* Groß ist deine Treue, – Roman des jüdischen Wilna (Verlag F. Schöningh, 1959).

Beziehungen geborgen. Die warme, erdige Farbstimmung dieses Raumes läßt durch ihre Intimität darum auch viel von der Bedrängnis vergessen, in der alle miteinander leben.

Diese Arche ist also nicht einmalig verstanden, in ferne, fast unbekannte Zeiten abgedrängt, sondern sie ist jüdisches Schicksal, wie Chagall es von früh-auf kennengelernt hat. In solch eine schwimmende Nußschale, deren Tür Gott hinter ihnen zugeschlossen hatte, waren sie ja alle eingesperrt, Alt und Jung, Mensch und Tier, notvoll, aber nicht ohne Hoffnung.

Der Blick Noachs freilich geht nicht aus dem Fenster, obwohl er doch mit seiner Rechten die Taube entläßt, (mit seiner Linken aber die Ziege krault). Streng und sorgenvoll schaut er in eine Weite, die nicht im dunklen Archenraum liegt, sondern vor seinem inneren Auge, als könne er den Lichtblick, den das soeben geöffnete Fenster erlaubt, sich selbst noch nicht gestatten. Die Freiheit, in die er die Taube entläßt, irritiert ihn nicht; zunächst muß das Tier sie erproben, und solange es draußen noch keine Bleibe findet und wiederkehrt, ist auch für Noach und seine Familie die Arche weiterhin Gefängnis und Rettungsboot zugleich. (Vgl. hierzu S. 178)

Trotzdem: für uns, die wir das Bild betrachten, ist das Fenster unübersehbar. Es ist der Weg in die Freiheit, wenn auch – außer für die Taube – zunächst nur für das Auge und den inneren Sinn. Darum sind alle ans Fenster gekommen, Menschen und Tiere, und es scheint, daß mehr als die Menschen die Tiere sich recken, um ins Licht schauen zu können.

C. In der unterrichtlichen Interpretation des Bildes kommt es weniger darauf an, Chagalls biografischen Hintergrund damit zu verknüpfen, wie auch die jüdische Ghetto-Existenz Kindern des 2. Schuljahres noch nicht mit diesem Bild vergegenwärtigt werden muß. Vielmehr darf die Szene in der Arche verallgemeinert werden: hier ist die family of men versammelt, es sind nicht fremde Schicksale, die dieses Bild erzählt, sondern unsere eigene Situation ist es, im Bild verdichtet. Dieser kleine blaue Planet, Erde genannt, ist ja insgesamt eine Arche, die immer enger wird. Da kommt es darauf an, friedlich zusammenzuleben, alle Menschen untereinander und Mensch und Tier in mitkreatürlicher Gemeinsamkeit. Das freilich ist nur möglich, wenn unser Blick, wie auch Noachs inneres Auge, von den konkreten Dingen nicht abgelenkt und verwirrt werden, sondern sich auf Gott richten, der mehr als das offene Fenster für alle in der Arche der Grund jeder Hoffnung ist.

D. Chagalls Bild aus der Archenstube ist in seiner sparsamen Zurückhaltung ein Bild für ruhig-meditatives Betrachten. Es verträgt keine Flüchtigkeit. Darum sollten die Kinder zur Ruhe kommen und innerlich still sein, bevor sie dem Bild begegnen. Daß als Hintergrundverständnis eine Kenntnis der jahwistischen Noach-Geschichte vorangegangen sein sollte, wurde bereits gesagt und begründet.

Es wäre eine Verharmlosung des heiligen Franz, wollte man ihn, wie es schon oft geschehen ist, auf idyllische Tierfreundschaften festlegen und keine andere Dimension seines Lebens wahrhaben. Wir müssen einer solchen Korrektur an dieser Stelle nicht nachgehen, da wir im Lehrerhandbuch 1 bereits eine ausführliche Beschreibung seiner Spiritualität geboten haben (→ I, 77–92).

Das Motto für den liebevollen Umgang Franzens mit Steinen, Pflanzen und Tieren, mit der Erde und dem Wind, mit Feuer und Wasser steht in seinem Sonnengesang: Laudato si, mi Signore, cum tucte le tue creature – Gelobt seist du, mein Herr, mit allen deinen Geschöpfen. Es findet seine Entfaltung im Reigen der vielen Anekdoten und Legenden von Franzens Umgang mit der Kreatur. Im Religionsbuch 2 werden drei solcher Geschichten erzählt: Wie Franz einem Fisch das Leben zurückschenkt, wie er Würmer in Sicherheit trägt und wie er für die Bienen im Winter sorgt. In Analogie zum Märchen »Die Bienenkönigin« (→ S. 72) wurden auch hier drei Tiere gewählt, welche die Lebensbereiche – Wasser, Land und Luft – und zugleich die Totalität aller Kreatur vertreten. Natürlich müssen wir jede einzelne dieser Geschichten mit unseren Kindern sorgfältig besprechen und dabei anstreben, mit diesen Legenden, deren Historizität über ihre innere Wahrheit hinaus nicht angezweifelt werden muß, zugleich einen ethischen Maßstab für den eigenen alltäglichen Umgang der Kinder mit Tieren aufzurichten.

Ergänzend finden sich nachfolgend weitere Überlieferungen vom Umgang Franzens mit den Tieren. Sie können ebenfalls den Kindern erzählt werden, damit sie sich gegenseitig stützen in ihrer Wirkung, die Ehrfurcht vor allem, was lebt, zu fördern (vgl. auch S. 185).

Einmal geschah es, als Franz sich in der Portiuncula aufhielt, daß er auf dem Zweig eines Feigenbaumes eine Zikade sitzen sah. Der Feigenbaum war in der Nähe seiner Hütte, der letzten an der Gartenhecke hinter dem Haus, in dem nach Franzens Tod der Gärtner Rainerio wohnte.

Franz streckte seine Hand aus und sagte zu der Zikade: Komm zu mir, Schwester Zikade!

Alsbald sprang das Tier auf seine Hand. Franz strich ihm mit dem Finger über den Rücken und bat die Zikade: Sing, Schwester Zikade!

Da begann die Zikade zu zirpen, und Franz war glücklich. Eine gute Stunde verging auf diese Weise, bis Franz die Zikade wiederum auf ihren Platz auf dem Feigenbaum zurücktat. Immer wenn Franz seine Hütte verließ, saß die Zikade auf demselben Platz, und Franz verfuhr mit ihr wie beim ersten Mal.

Nach acht Tagen sprach Franz zu den Genossen: Jetzt wollen wir uns von der Schwester Zikade verabschieden, damit sie ihrer Wege gehen kann.

Kaum hatte er dies gesagt, verschwand die Zikade und wurde nicht mehr gesehen.

Franz hatte seine Freude an jeglicher Kreatur.

Diejenigen Brüder, die in den Wald gingen, um Feuerholz zu machen, bat er oft, nie einen ganzen Baum umzuhacken. Dem Bruder, der den Garten besorgte, trug er auf, nicht nur Gemüse anzupflanzen, sondern auch ein Beet für duftende Kräuter und Blumen anzulegen.

Wir, die wir mit ihm waren, haben ihn beobachtet, wie er mit dem Feuer und anderen Kreaturen redete, als ob sie ihn verstünden, und bei solchem Tun oft in Verzückung geriet.[1]

[1] Zit.n. *Adolf Holl*, Der letzte Christ – Franz von Assisi. Stuttgart 1979, 290 f.

Giotto di Bondone: Franz von Assisi predigt den Vögeln S. 18

A. Giotto (1266–1337) war der Sohn eines Bauern, er selbst ein Hirte. Es wird erzählt,[1] der Maler und Architekt Cimabue (1240 – ca. 1302), von dessen Hand Fresken und ein Franz-»Porträt« in Assisi erhalten sind, sei dem jungen Giotto auf der Straße nach Bologna begegnet, als er seine Schafe vor sich hertrieb. Das frühreife Genie des Knaben, der ein Lamm gezeichnet habe, verblüffte Cimabue; er nahm ihn mit sich und wurde sein Lehrer.

Während bis zu dieser Zeit die Malerei noch ganz unter byzantinischen Einflüssen stand – es ist die Objektivität der Ikone, die keine individuellen Gesichter kennt – bricht Giotto diesen starren Kanon inhaltlicher Gestaltungsgesetze und zeigt zum erstenmal den Menschen aus einem subjektiven Empfinden. In Giottos Bildern ist der Mensch nicht mehr ausschließlich eine göttliche Hieroglyphe, sondern wird als individuelle Eigengestalt beobachtet und also menschlich in diese Schöpfungswelt hineingestellt.

Erinnern wir uns: Byzantischer Einfluß hatte über Jahrhunderte die romanische Plastik und Malerei beherrscht. Was hier als heilige Welt gestaltet wurde, unterlag strengen Formgesetzen, die einem Typus, nicht einem individuellen Menschen galten. Darum begegnet in dieser vorgotischen Zeit in allen Skulpturen und Bildern eine göttliche Ordnung von objektiver Gültigkeit, die immer nur das überindividuelle Symbol, aber keinerlei historische Individualität, keine Psychologie, keine Besonderheit und keinen Zufall kennt. Christus und die Heiligen waren zeitlos empfunden, ein Mythos, der das Unbedingte gegenwärtig setzte. In dieser Kunst gab es noch keine Fiktion, kein »Angenommen, daß . . .«, wie André Malraux sehr präzise herausstellt: »Der Christus von Monreale ist kein ›Angenommen, daß . . .‹, ebensowenig wie Giottos ›Begegnung an der goldenen Pforte‹. Doch eine Madonna von Lippi oder Botticelli beginnt damit: und eine Madonna von Leonardo ist es bereits ganz. Ein Kruzifix von Giotto ist ein *Zeugnis,* Leonardos Abendmahl eine *erhabene Erzählung.*«[2]

Vor Giotto war die Fiktion noch ganz aus dem Bereich der religiösen Kunst ausgeschlossen. Da waren die Heiligen eine Epiphanie des Himmels; Maria, Christus, die Heilsgeschichte repräsentierten die ewig gültige göttliche Wirklichkeit. Doch bereits im 17. Jahrhundert war religiöse Kunst zur reinen Fiktion geworden: Die Madonnen hatten von Jahrhundert zu Jahrhundert deutlicher ihr zeitloses Antlitz, das die byzantinisch-romanische Kunst ihnen gab, verloren, waren menschlich nähergerückt und schließlich zur Fiktion des Mutter-Kind-Themas oder zur Figuration der verehrten Frau geworden. Sie sanken herab zum Vorwand für das Schönheitsideal wechselnder Moden, so daß in der – fiktiven – Madonna nun römische und Florentiner Mädchen, Nürnberger Bürgerinnen, spanische Barockdamen und flämische Kaufmannstöchter begegnen, jeweils in zeitbetonte konkrete Umwelten hineingestellt, die das Marienle-

[1] Diese Überlieferung stammt von *Giorgio Vasari* (1511–1574), der mit seinen »Lebensbeschreibungen der besten italienischen Maler, Bildhauer und Architekten« berühmt wurde. Dieses einmalige Dokument enthält zahlreiche Informationen über Künstler des 14.–16. Jahrhunderts, die ohne Vasari nie bis zu uns gelangt wären. Siehe Anm. S. 192.

[2] *André Malraux,* Psychologie der Kunst. Bd. 1: Das imaginäre Museum (Paris 1947) rde 39, Hamburg 1967, 59.

ben zu einer Darstellung subjektiver Intentionen werden lassen, die auch dann dem Kulte fremd bleiben, wenn sie als Altarbilder Verwendung finden. Und so wie der Madonna geschieht es dem Christusbild und der gesamten Heilsgeschichte. Das Kreuz von San Damiano, vor dem der heilige Franz gebetet hat, ist noch die heilige Wirklichkeit selbst, bar jeder Fiktion; die Kreuzestoddarstellungen eines Peter Paul Rubens sind bestenfalls noch heiliges Theater.[1]

Die skizzierte Entwicklung psychologisiert die Kunst und macht sie zu einem Medium des experimentellen Geistes. Das begründet ihre faszinierende Vielfalt, ihre Hinwendung zur Natur, zur Geschichte, zum individuellen menschlichen Geschick, zu dieser Welt insgesamt. Demgegenüber hat die byzantinische Frömmigkeit diese Entwicklung bis heute exkommuniziert gehalten. Ihre unveränderte Ikonenkunst ist dafür Zeugnis, wenngleich der beibehaltene Formalismus trotz Einhaltung der heiligen Regeln den Verlust der lebendigen Seele nicht kaschieren kann.

Zurück zu Giotto. Mit ihm vollzieht die Kunst ihren ersten bedeutsamen Schritt von der göttlichen Ordnung zur Welt des Menschen. Zwar ist hier noch nichts fiktiv geworden, aber die Erstarrung des menschlichen Gesichtes beginnt sich zu lösen, der symbolische Gestus wird durch den dramatischen ersetzt. Die Figuren, die Giotto nach der romanischen Hieratik malt, sind lebendig geworden, zeigen nach der majestätischen Starre nun freie Bewegung. Aber Giottos Realismus ist noch keineswegs freischweifend. Seine Figuren wiederholen immer noch reihenweise ein festgelegtes Thema, das aber erstmals menschliche Regungen – umfassende Liebe und eine tiefe Fähigkeit zum Schmerz – entfaltet. Natürlich steht Giotto in dieser Hinwendung zum Gefühl, zur Schöpfung und Geschichte, die er in einem verklärten Realismus malt, nicht alleine da. Neben dem in der italienischen Städteregion des Trecento aufgebrochenen Individualismus ist es insbesondere Franz von Assisi, dessen Frömmigkeit eine bis dahin unbekannte menschliche Wärme und seelische Empfindsamkeit weckt. In seiner Ästhetik (1843) hat Georg Wilhelm Friedrich Hegel diese Beziehung schon deutlich erfaßt: »Die Geburt und Erziehung Christi, die Madonna mit dem Kinde erhoben sich zu Lieblingsgegenständen und wurden mehr in die lebendige Familientraulichkeit, ins Zärtliche und Innige, ins Menschliche und Empfindungsreiche hineingeführt, während auch in den Aufgaben aus der Leidensgeschichte nicht mehr das Erhabene und Siegreiche, vielmehr nur das Rührende hervorgehoben war – die unmittelbare Folge jenes schwärmerischen Schwelgens im Mitgefühl der irdischen Schmerzen des Erlösers, dem der heilige Franziskus durch Beispiel und Lehre eine bis dahin unerhörte Energie verliehen hatte.«[2]

B. Giottos Bild »Der heilige Franz von Assisi predigt den Vögeln« ist Ausschnitt aus einer Predella (Untersatz eines Altarretabels), die sich heute im Louvre befindet.

Die »Vogelpredigt« sei wohl das erste, was einem Normaleuropäer einfalle, wenn er das Thema »Heilige und Tiere« nennen höre, meinen Gertrude und

[1] Vgl. zum Ganzen: *Hubertus Halbfas,* Religion (Reihe: Themen der Theologie). Stuttgart 1976, 85–93.

[2] *Georg Wilhelm Friedrich Hegel,* Ästhetik, III. Teil: Historische Entwicklung der Malerei. Berlin 1843.

Thomas Sartory und fügen bei, diese Vogelpredigt verdiene es auch, so berühmt zu sein, denn sie sei zentral im Leben des Franz von Assisi. Thomas von Celano hat die Geschichte überliefert in seiner Vita, die er bereits zwei Jahre nach Franzens Tod im Auftrag Gregors IX., des früheren Kardinals und Franz-Protektors Hugolin, verfaßte. (Seine und Bruder Leos Erinnerungen mußten dann auf Befehl des Generalkapitels des Ordens zugunsten der nun als offiziell erklärten Bonaventura-Darstellung vernichtet werden, – »befiehlt das Generalkapitel im Gehorsam, daß alle Legenden, die früher über den seligen Franz geschrieben wurden, vernichtet werden, und so sie sich außerhalb des Ordens erreichen lassen, sollen die Brüder sie zu beseitigen trachten« – aber weil die Wahrheit sich nicht verbieten läßt, tauchten sie nach langen Jahrhunderten im Untergrund doch wieder auf):

> Auf dem Weg durchs Spoleto-Tal kam Franz mit seinen Brüdern einmal an einer ganzen Schar Vögel vorbei. Er lief auf sie zu, rief ihnen seinen gewohnten Gruß zu »Friede sei mit euch!«
>
> Aber wie staunte er, daß sie nicht auf und davon flogen. Er war außer sich vor Freude und bat sie demütig, Gottes Wort anzuhören. Und er sagte ihnen . . .: »Meine Brüder Vögel, wie müßt ihr euren Schöpfer loben und lieben, der euch Federn als Gewand, Fittiche zum Fliegen und alles gegeben hat, was ihr braucht. Und wie hat er euch unter all seinen Geschöpfen erhöht und in der reinen Luft euch den Lebensbereich geschaffen! Weder sät noch erntet ihr, und doch schützt er euch, ohne daß ihr euch um etwas zu kümmern braucht.«
>
> Da fingen die Vögel zu jubeln an, er und die anderen Brüder haben es selbst erzählt: sie streckten die Hälse, breiteten die Flügel aus und blickten zu ihm hin. Und er ging mitten unter ihnen auf und ab, wobei seine Kutte ihnen Kopf und Flügel streifte. Zum Schluß segnete er sie noch, machte das Zeichen des Kreuzes über sie und erlaubte ihnen weiterzufliegen. Er selbst aber zog mit seinen Gefährten voller Freude weiter und dankte Gott, den alle Geschöpfe demütig lobpreisend verehren.[1]

Josef Bernhart hat in diesem Zusammenhang von einer »unbegreiflichen Verständigkeit der Kreatur in der Fühlung mit den Gottesmännern« gesprochen, als weite sich der tierische Instinkt »bis zur Witterung der sittlichen, ja der religiösen Sphäre«. Wenn die jüdische Überlieferung sagt: »Wie die ersten Gerechten Fromme waren, so waren auch ihre Tiere Fromme, gleich wie sie«, so gilt dies auch für Franz von Assisi, bei dem deutlich wird, daß die Tiere »am zugeworfenen Band der Sympathie den Anschluß an eine höhere Ordnung als Erlösung und Beglückung« empfinden.[2]

Mehr als jeder andere Maler ist Giotto in Assisi und Florenz dem Leben des heiligen Franz verpflichtet, aber auch keine andere Heiligenlegende hat so erhabene Bilder entstehen lassen. Mit der »Vogelpredigt« ist uns – im Gegensatz zu den berühmten Wandfresken – ein Tafelbild erhalten, das weder Architektur noch Landschaft als Hintergrund kennt, (die Landschaft sollte ja erst viel später in der flämischen Malerei zur Kulisse des heiligen Geschehens werden), sondern den »objektiven« Goldgrund des göttlichen Mysteriums. Er verleiht dem Bild seine Erhabenheit und Würde. Einzig der Baum vertritt den Lebensraum der Tiere und ist zugleich doch auch Symbol, das die lebendige Kreatur

[1] Zit.n.: Franz von Assisi – Geliebte Armut. Texte von und über den Poverello. Ausgewählt und eingeleitet von *G. und Th. Sartory.* Freiburg i. Br. [5]1978, 96 f.

[2] *Joseph Bernhart,* Die Heiligen und die Tiere, a.a.O., 22.

mit Mensch, Tier und Pflanze erst vollständig macht. In seiner leichten Linksneigung wendet sich der Baum dem Geschehen zu, ist damit sowohl notwendiges Gegengewicht zur Mönchsgruppe und den Vögeln, aber zugleich auch »sympathetisch« am Vorgang beteiligt.

Von den beiden Mönchen wendet sich alleine Franz den Vögeln zu. In seiner Neigung bildet er das Pendant zu dem Baum, so daß die Vogelschar von Mensch und Baum in einer bergenden Geste umfaßt werden. In Haltung und Blick ist Franz ganz den Tieren zugewandt, seine ausgestreckte rechte Hand »spricht« mit ihnen. Ganz anders Franzens Begleiter. Während der Poverello sich zu den Vögeln beugt, läßt dieser Bruder keinerlei Hinneigung erkennen. Er steht steif, das rechte Bein nach außen gestellt, um davon zu gehen, die rechte Hand zur Abwehr der Szene, die er beobachtet, erhoben. Die über den Kopf gezogene Kapuze verstärkt noch diesen distanzierenden Eindruck.

Die gemischte Vogelschar hingegen ist eitel Aufmerksamkeit für den heiligen Franz. Alle sind sie in ihrer Haltung auf ihn hingerichtet; ein Vogel flattert gerade noch hinzu, während ein anderer, höher im Bild, gerade aus dem Baum herniederschießt. Die andächtig am Boden stehenden gefiederten Zuhörer des Heiligen sind in ihrer Erscheinung gut charakterisiert, so daß man eine Bestimmung ihrer Art versuchen möchte (wenngleich »ohne Gewähr«):

Fliegend: Birkhahn, Männchen und Weibchen. *Obere Reihe:* zwei exotische Körnerfresser, Star, zwei Alpenkrähen, dazwischen ein Triel, Misteldrossel, Haushahn. *Mittlere Reihe:* Kernbeißer (Männchen und Weibchen), Knäckente, zwei Graugänse (domestiziert), zwei Zwergrohrdommeln. *Untere Reihe:* zwei Stieglitze (Distelfinken), zwei Amseln, zwei Haustauben, zwei Elstern, Kanarienvogel (naturgrün).

Die ungewöhnliche Szene hat einen besonderen Liebreiz. Der goldene Hintergrund (den ein Vierfarbendruck im Schulbuch höchstens andeuten kann) hebt das Geschehen in eine abstrakte Zone hinein, in der nichts Zufälliges stört, keine Details ablenken, so daß diesem Bild eine meditative Symbolkraft eignet, die es zur vollkommenen Übertragung der Legende als Nachfolgegeschichte in ein Gemälde erscheinen läßt.

C. Es besteht keinerlei Zwang, die Vogelpredigt des heiligen Franz als historisches Ereignis zu nehmen, aber wohl auch kein Anlaß, sie prinzipiell zu bezweifeln. Wer glaubt, sein Weltbild gestatte hier nichts als Skepsis, soll sich nicht attackiert fühlen, aber zweierlei beachten: erstens möge er diese Frage, sollte sie sich aufdrängen, nicht zum besonderen Thema des Unterrichts machen, denn sie führt ins unergiebige Abseits; zweitens sollte er das Bild unabhängig von der Historizität seiner Darstellung als eine gültige und auch uns heute beanspruchende Predigt nehmen, die unser eigenes Verhältnis zu den Tieren mitberührt. Als »Legende« erzählen Thomas von Celanos Text wie Giottos Bild eine Jünger- bzw. Nachfolgegeschichte, die einen ethischen Anspruch errichtet, dessen Übernahme die Wahrheit des Franz von Assisi in Beispiel und Wort unüberholbar macht.

D. Text und Bild auf S. 18 bilden eine Einheit, die in sich selbst begründet ist und es anheimstellt, von welcher Seite der Zugang erfolgen soll. Da es sich allemale um Erzählungen gleicher Gattung und gleichen Anspruchs handelt, ist ein wechselseitiges Bedenken der gemalten wie der in Sprache vorliegenden Geschichten gut denkbar. Die Ergänzung dieser Seite durch die vorne (→ S. 6) zusätzlich angebotenen Geschichten erlaubt eine reichhaltige Anschauung, welche die Kinder beeindrucken und nachhaltig in ihrem Verhältnis zu Tieren bestimmen kann. Es sei aber davor gewarnt, diese schönen, tiefsinnigen Legenden lediglich »durchzunehmen«, ohne daß man gemeinsam mit den Kindern ihre Spiritualität schmeckt, denn auch das wäre eine Art Frevel.

Legenda aurea: Der Jäger und der Hirsch S. 19

A. Die Geschichte, daß ein draufgängerischer Jäger durch die Vision eines kreuztragenden Hirsches bekehrt worden sei, wird in der christlichen Tradition von Eustachius und Hubertus erzählt, jedoch ist das Motiv seinerseits viel älter. Es soll aus dem indisch-buddhistischen Bereich über den Nahen Osten und Griechenland nach Italien, Frankreich und Deutschland gekommen sein. Außer den orientalischen Fassungen gibt es vor dem 10. Jahrhundert zwei griechische Versionen, sowie – hiervon abgeleitet – eine Reihe lateinischer Mischformen. Der Eustachius-Kult findet sich bereits im 8. Jahrhundert in Rom. Dort wurde er als Patron der Jäger verehrt.

In der zwischen 1263–1273 entstandenen Legenda aurea des Jacobus de Voragine wird die Eustachius-Legende als Geschichte eines christlichen Hiob ereignisreich und in breiter Ausführung erzählt:

»Eustachius hieß zuvor Placidus, und er war ein Kriegsoberster des Kaisers Trajan. Doch übte er mit Fleiß die Werke der Barmherzigkeit, ob er gleich dem Glauben der Abgötter war ergeben . . . Da er aber so fleißig war in den Werken der Barmherzigkeit, so verdiente er, daß er zu dem Weg der Wahrheit würde erleuchtet.

Es geschah eines Tages, daß er in die Jagd fuhr; da kam ihm für eine Schar Hirsche, unter denen war einer sonderlich groß und schön, der sprang von den anderen und floh in den wildesten Wald. Da ließ Placidus die andern Ritter sich mit den anderen Hirschen bekümmern und folgte mit ganzer Kraft einig diesem Hirsche und suchte, wie er ihn finge. Da er ihn also mit aller Macht verfolgte, sprang der Hirsch zujüngst auf einen steilen Felsen; da ging Placidus nahe hinzu und betrachtete begierlich in seinem Geist, wie er den Hirsch fangen möchte. Da er aber den Hirsch also mit Fleiß betrachtete, da ersah er zwischen seinen Hörnern die Gestalt des heiligen Kreuzes, das gab einen Glanz lichter denn die Sonne, daran hing das Bild des Herrn; der hub durch des Hirsches Mund, wie einst zu Balaam durch der Eselin Mund, zu ihm zu reden an und sprach: ›O Placide, warum verfolgst du mich? Ich bin dir zulieb in dieses Tieres Gestalt erschienen, denn ich bin Christus, welchen du unwissend ehrest. Deine Almosen sind zu mir emporgestiegen, darum bin ich zu dir kommen, daß ich dich durch diesen Hirschen fahe, den du selber zu jagen wähntest?‹ Etliche schreiben auch, daß das Bild Christi selbst, welches zwischen den Hörnern des Hirsches erschien, diese Worte habe gesprochen. Als Placidus das vernahm, fiel er vor großem Schrecken von seinem Roß zur Erde. Über eine Stunde kam er wieder zu sich selber und hub sich auf von der Erde und sprach ›Erkläre mir, was du da sagst, so will ich an dich glauben.‹ Und Christus sprach: ›Placide, ich bin Christus, der Himmel und Erde erschaffen hat; ich machte das Licht aufgehen und teilte die Finsternis; ich habe die Zeiten gesetzt und Tag und Nacht, und habe den Menschen aus einem Erdenkloß erschaffen: ich bin zum Heil menschlichen Geschlechts im Fleisch auf Erden erschienen, ich ward gekreuziget und begraben und bin am dritten Tage auferstanden.‹ Als Placidus das vernahm, fiel er zum andern Male zur Erde nieder und sprach ›Herr, ich glaube, daß du es bist, der alles erschaffen hat und die Irrenden bekehret.‹ Sprach zu ihm der Herr ›Glaubst du, so gehe zu dem Bischof der Stadt und laß dich von ihm taufen.‹«[1]

Placidus, der als Christ den Namen Eustachius annahm, soll nach dieser Legende um 120 den Martyrertod erlitten haben. Der in den Ardennen beheimatete Ritter Hugbert wurde rund 500 Jahre später geboren; 709 folgte er dem ermordeten Bischof Lambert als Bischof von Tongern und wurde später der erste Bischof von Lüttich. Er starb im Jahre 728, wurde in der Peterskirche in Lüttich begraben, später in das Kloster Andain in den Ardennen überführt, jetzt Abtei St. Hubert genannt. Die frühe Verehrung dieses Bischofs von Lüttich verbindet den Heiligen zwar mit der Jagd, doch kennt die Vita Sancti Hugberti aus dem Jahre 744, (die also nur 17 Jahre nach dessen Tod entstand und von einem klösterlichen Zeitgenossen verfaßt ist) Hubertus weder als Jäger, noch seine Bekehrung zum Christentum, geschweige denn eine Bekehrungserscheinung nach dem Modell des Eustachius. Auch andere Hinweise, etwa daß bis Albrecht Dürer die Hirschvision ausschließlich mit Eustachius verbunden wird, lassen es als sicher gelten, daß Bekehrungsszene und Christusvision erst später, und zwar im 16. Jahrhundert, auf den Lütticher Bischof übertragen worden sind.

Die Gründe, warum der heilige Hubertus dem im Mittelalter so volkstümlichen Nothelfer Eustachius das charakteristische Legendenmotiv abgenommen hat und in den neuzeitlichen Jahrhunderten zum alleinigen Patron der Jäger wurde, mögen mehrere sein. Voraussetzung war wohl sein frühes Patronat über Menschen, die von tollwütigen Hunden angefallen wurden. Die Hubertusmönche von Andain pflegten Bißwunden mit einen glühenden Schlüssel auszubrennen, um einer Blutvergiftung vorzubeugen. Diese Prozedur soll in abgelegenen Gegenden selbst noch um die Jahrhundertwende praktiziert worden sein. Die enge Verbundenheit, die auf diese Weise zwischen der Jägerschaft und den Mönchen der Abtei St. Hubert entstand, ließ eine Verehrung für den Bischof Hubertus als Jagdheiligen aufkommen, wie sie bis dahin keinem anderen zuteil wurde. Die Volkstümlichkeit Huberti wurde vermehrt durch vorbildliche Jagdhunde, welche die Mönche züchteten und an alle europäischen Fürstenhöfe – gemeinsam mit dem Ruhm des Heiligen – exportieren. [»Diß seyn außerwehlte gute Hund / und ist jhr Art in alle Teutsche Jägerhäuser außgetheilt / wiewol es wenig Jäger wissen / Starck von Leib / nicht hoch von Füssen / förchten kein Wasser noch Kälte nicht / unnd begeren sonderlich der starckriechenden Thier / Als da seyn Schwein / Beeren / Füchs / und andere dergleichen.«] Schließlich war es die Stiftung des heute noch existenten Hubertusordens durch Gerhard II., Herzog von Jülich-Berg (1437–1475), vom 3. November 1444, dessen Entwicklung und Ansehen entscheidend zur Hubertus-Verehrung und zumal zur Übernahme der Bekehrungsgeschichte mit dem kreuztragenden Hirsch beigetragen haben. Findet man zunächst die Legende nur im Territorium von Jülich-Berg mit Hubertus verbunden, während man ansonsten der Eustachius-Version weiter anhängt, setzt sich auch bei den Künstlern schließlich seit dem 17./18. Jahrhundert die Hubertuslegende durch, die jenes Brauchtum schafft, wie es heute vor allem in Jägerkreisen anzutreffen ist.[2]

[1] *Jacobus de Voragine,* Legenda aurea. Aus dem Lateinischen übersetzt von Richard Benz (Jena 1917), Heidelberg 1963, 886 ff.

[2] Zum ganzen siehe: *Arno Paffrath,* Die Hubertuslegende. Ihre Entstehung und Bedeutung für die heutige Zeit und für die Hubertusfeiern, Hamburg und Berlin (1961), ²1979.

B. Damit kommen wir zum Sinn der Legende. Innerhalb der für fromme Jägerbräuche angebotenen Hilfsliteratur finden sich mancherlei Deutungen, die letztenendes mit der Legende deswegen nicht zurande kommen, weil sie aller Jagdlust schließlich doch entgegensteht und zumindest dem sensiblen Waidmann ein Stachel im Fleische ist. »Wenn ihr Jäger es ernst meintet mit der Verehrung des hl. Hubertus und wirkliche Hubertusjünger werden wolltet, dann müßtet ihr mit der Jagd aufhören und eure Jagdwaffen einmotten. Denn das Aufhören mit der Jagd ist doch der eigentliche Sinn der Hubertuslegende.« Dieser Einwand findet sich zwar zu Beginn einer Serie von Hubertuspredigten, doch was danach folgt, sind nur noch Ausflüchte.[1] Einen ähnlichen Einwand empfindet der jagdpassionierte Autor Arno Paffrath in seiner historisch gründlichen Studie zur Hubertuslegende: Die Legende berichte, daß der Heilige den Hirsch »nicht weiterverfolgte, um ihn zu töten, da Christus Jesus ihm ›zulieb in dieses Tieres Gestalt erschienen‹ war. Der Heilige wird also vor die Alternative gesetzt, entweder er tötet das Tier – dann tötet er den *Herrn,* oder er verfolgt den Hirschen nicht ›und bekennt sich zu *Ihm*‹«.[2] Das ist für Jäger eine bemerkenswert klare Alternative, die durch die folgenden Überlegungen in ihrer Herausforderung noch präziser verdeutlicht wird:

»Für den Jäger bedeutet der Verzicht eines Abschusses bei einem ›sonderlich großen und schönen Hirsch‹ schon eine Überwindung. Die gänzliche Umkehr zum christlichen Glauben ließ hier alles aber in Vergessenheit geraten. Durch die Umkehr vollzog sich eine Wandlung, die unlöslich mit dem bekennenden Glauben verbunden ist: der Heilige nahm nunmehr das ihm durch den Hirschen erschienene Kreuz Christi auf sich, um *Ihm* zu folgen . . .

Die Begegnung mit dem kreuztragenden Hirschen wirft eine weitere Frage in das Innere des Heiligen: ›Warum verfolgst du mich?‹ Nun ist die Jagd ohne das Töten des Wildes gar nicht denkbar. Der Tod als Endziel der Jagd ist ebenso wesentlich wie die Inbesitznahme des Wildes selbst. Mit jedem Töten eines Tieres wird aber immer wieder neu die Gewissensfrage aufgeworfen: ›Was hast du getan?‹ Und wir können diese Frage, auch wenn wir uns als Jäger für die gesetzlich geregelte Pflege der Natur und Hege des Wildes entscheiden, nicht achtlos beiseite schieben. Denn bei jedem Abschuß überkommt uns ja der Augenblick – und sei er noch so kurz – in dem wir uns im Innern sagen müssen: Jetzt hast du ein Lebewesen ausgelöscht. Wir haben es zwar gehegt, aber wir haben es auch getötet. Woher nehmen wir das Recht dazu?«[3]

Was der Jäger als Fazit aus der Legende zieht – »er ist sich seiner selbstgerechten Sache nicht (mehr) sicher«[4] – wird allerdings wieder beschwichtigt, wenn es anschließend heißt: »Zu der Jagd gehört weit mehr: eine innere Berufung, die ihr – man verstehe uns recht – das Heilige und Weihevolle gibt. Denn in der Jagd ruht etwas Besonderes. Ohne dieses Besondere kann die Jagd nicht Jagd sein . . .« So wird mit pathetischem Dunst die Legende neutralisiert, und es bleibt im Unverbindlichen, auch wenn abschließend gesagt wird: die Hubertuslegende solle »als Vorbild die unbedingte Nachfolge Christi vor Augen füh-

[1] *Adolf Adam,* Im grünen Wald ein Blick zum Himmel? Gedanken und Ansprachen eines Theologen zum Hubertustag. Hamburg und Berlin 1979, 38.

[2] *Arno Paffrath,* a.a.O., 52.

[3] *Arno Paffrath,* a.a.O., 52.

[4] Ebd. 53.

ren«, außerdem »zur Pflicht ermahnen, die uns Jägern aufgegeben ist: Beauftragte des Schöpfers in unserem Jagdbereich zu sein, das Wild zu hegen und die Natur zu pflegen«, und schließlich solle die Legende den Jägern den Verzicht zeigen, was ihnen überhaupt erst die Berechtigung gebe, sich als »Hubertusjünger« zu fühlen: »Jedes Jahr bringt uns neues Verzichtenmüssen, z. B. durch die Schonzeiten.«[1]

Es liegt in der Hubertuslegende ein nicht aufhebbarer Widerspruch zwischen der Identifikation Christi mit dem verfolgten Tier: »O Placide, warum verfolgst du mich? Ich bin dir zu Lieb in dieses Tieres Gestalt erschienen, denn ich bin Christus« und der Lust zu jagen, die letztlich ja auch eine Lust zu töten ist. Die Legende verbindet die Not des Tieres mit dem leidvollen Tod Jesu am Kreuze. Sie verknüpft Schöpfungswirklichkeit und Erlösungswirklichkeit miteinander und lehrt den Christen, wenn er seine Verehrung des gekreuzigten Heilandes ernst nehmen will, diesen Herrn nicht allein im Bettler am Weg (Martin von Tours) oder im hilflosen Kranken (Elisabeth von Thüringen) wiederzuerkennen, sondern ebenso im gejagten und gequälten Tier.

Die Legende weiß keine Lösungen, wie man ihrem Anspruch folgen und zugleich Jäger sein könne. In ihr wiederholen sich die Antagonismen, wie sie insgesamt zwischen Evangelium und Alltagsmoral, Bergpredigt und kirchlicher Praxis empfunden werden. Soll man sagen, der Anspruch Jesu sei weltfremd? Ist die Meinung richtig, mit der Bergpredigt könne man keine Politik machen? Zwingt die Hubertuslegende tatsächlich zur Aufgabe des »fröhlichen Jagens«? Fest steht jedenfalls, daß man ihrer Wahrheit nicht gerecht wird, wenn man sie lediglich auf Tugenden des Waidmanns hin deutet. Mit einem »Waidmannsheil« kann niemand hier antworten und das »Heil des Weidmanns« bleibt – soweit die Legende gilt – an dessen Bekehrung gebunden.

C. Geht uns dies alles in der Grundschule etwas an? Durchaus, denn es wäre ja ein sehr oberflächliches Verständnis der Hubertuslegende, wollte man glauben, sie bearbeite ein Berufsprobem. In ihrem Kern ist diese Legende an jedermann gerichtet, keineswegs nur an Jäger. Es mag zwar stimmen, daß die bisherige Auslegung der Geschichte durchweg romantische Reminiszenzen weckte, in ihrem verbreiteten Verständnis nicht einmal zur Entfaltung ihrer Intention gelangte, aber darin ist sie ja zugleich auch ein Indiaktor für die bisherige christliche Abgestumpfheit im Verhältnis zum Tier. Wer die Symbolsprache der Hubertuslegende zu lesen versteht, weiß, daß hier weder unverbindliche Poesie, noch fromme Naturschwärmerei vorliegen, sondern einer der wenigen kostbaren Versuche, die Mitte des Evangeliums und die gesamte kreatürliche Schöpfung miteinander zu verbinden.

Die im Religionsbuch vorliegende Fassung der Legende konzentriert die Darstellung auf eine größtmögliche Dichte. Sie ist am Text der Eustachiusgeschichte aus der Legenda aurea orientiert, modifiziert aber den Dialog zwischen Hirsch und Jäger zu einer größeren theologischen Klarheit hin. »O, Hubertus, warum verfolgst du mich? Ich leide auch in diesen Tieren, deren Not du mißachtest!« spricht die Stimme des Hirsches, von der etliche auch sagen, »das Bild Christi selbst, welches zwischen den Hörnern des Hirsches erschien, habe

[1] Ebd. 59.

diese Worte gesprochen«. Es ist schön, daß Jacobus de Voragine beide Versionen überliefert, denn tatsächlich gehören sie zusammen, sind die wurzelgleichen Aspekte derselben Wirklichkeit. So wie der Landgraf Ludwig, als ihm »Gott die inneren Augen öffnete«, nicht irgendeinen Kranken, sondern – in ihm – den gekreuzigten Christus erkannte, so sieht der jagende Mensch nun in seiner Beute eben den gleichen Cruzifixus. Die Gestalt des Gekreuzigten im Gehörn des Tieres macht die göttliche Identifikation mit der leidenden Kreatur unübersehbar. In dieser Legendenszene wird in einer ebenso großartigen wie erschütternden Symbokraft dem Christen, der das Kreuz Christi im Schmerz der Tiere zu sehen vermag, die Unteilbarkeit der Schöpfung angesagt. Wer solche Sprache versteht, fällt nieder und läßt seine Waffen sinken: »O Herr, ich glaube, daß du es bist, der in Menschen und Tieren leidet«, und kehrt heim, um hinfort allen Geschöpfen Bruder zu sein.

D. Das überlieferte Legendenmotiv bietet unser Religionsbuch in einer aktualisierten Fassung. Es geht nicht mehr um die Jagd, sondern um alle Tiere, deren Not wir mißachten. Damit sind mitnichten allein Jäger, Vieh»produzenten« und Vivisektoren gemeint, sondern ebenso jeder Verbraucher, der dem Tun der anderen die Wirtschaftsbasis und auch die Billigung gibt. Und natürlich kann sich jeder einzelne im Bild der Legende sensible Rechenschaft über das eigene Verhältnis zu Tieren geben. Als ein Imitabile ist darum diese Legende das zum Symbol verdichtete neue Ethos jener, welche die Brüderlichkeit Christi nicht aufteilen können zwischen Freund und Feind, Christen und Nichtchristen, Mensch und Tier, die vielmehr die Verbundenheit allen Lebens im Zeichen der Erlösung erkennen.

Die Legende kann ihre Vertiefung durch das Bild Antonio Pisanellos erfahren. Methodisch ist es ratsam, ihre symbolische Sprache in Rückbesinnung auf die Bilder des Religionsbuches für das erste Schuljahr (»Martin von Tours« und »Elisabeth von Thüringen« zu erarbeiten. Dort wurde bereits zweimal die nämliche Identifikation Christi »mit den geringsten der Brüder« aufgezeigt: zunächst durch die Hand des Gekreuzigten, welche an die Traumvision Martins erinnert, sowie durch den wehenden roten Mantel, der Martin, den Bettler und Christus miteinander verbindet (→ I, 105–109); dann durch das Tafelbild aus dem Lübecker Elisabethzyklus, wo der Gekreuzigte sich mit dem Kranken identifiziert (→ I, 119–122). Von hierher wird es den Kindern nicht schwerfallen, auch die Symbolsprache der Hubertuslegende zu erschließen. Gleichzeitig erfolgt eine Wieder-holung und Vertiefung früherer Legenden, so daß sich ein Beziehungsgefüge aufbaut, in dem die Kinder stets tiefer die Sprache des Glaubens verstehen lernen.

Antonio Pisanello, Vision des hl. Eustachius/Hubertus S. 19

A. Antonio Pisano, genannt Pisanello (um 1395 – um 1455), wird von Vasari, den wir als Künstlerbiographen bereits kennenlernten (→ S. 183) als ein Mann beschrieben, der »an Trefflichkeit allen Malern seiner Zeit gleich kam . . . Da er sich vorzüglich daran ergötzte, Tiere darzustellen, so malte er in Santa Anastasia zu Verona, in der Kapelle der Familie Pellegrini, einen Sankt Eustachius, der einen braun und weiß gefleckten Hund liebkost . . . Wegen seines

Ruhmes und seines Ansehens in dieser Kunst hat er es sich verdient, von den größten Männern und erlesenen Schriftstellern gefeiert zu werden . . .«[1]

Antonio wurde gegen 1395 wahrscheinlich in Pisa geboren. Da er wegen der Zweitehe seiner Mutter noch als Knabe nach Verona umzog, wurde der »Kleine aus Pisa« bald »Pisanello« genannt. Mit diesem Namen ist er in die Kunstgeschichte eingegangen. Er selbst hat seine Bilder stets mit »Pisanus pictor« (Pisanus Maler) signiert.

Unter den erhaltenen Zeichnungen, Fresken und Studien Pisanellos fällt besonders seine Vorliebe für die Welt der Tiere auf. Er legt großen Wert auf die sorgfältige Wiedergabe von Details und insgesamt auf eine naturgetreue Wiedergabe jedes einzelnen Tieres. Für viele Einzelheiten seiner Bilder fertigte Pisanello Naturstudien, oft vollendete Tierzeichnungen, die weniger Skizzencharakter haben als eine musterbuchartige Verwendung für seine großen Gemälde finden.

Der Weg von Giotto zu Pisanello, deren Bilder sich in unserem Religionsbuch gegenüberstehen, ist weit. Giotto machte dem gotischen Weltempfinden den Weg frei (→ S. 183), Pisanello steht bereits ganz am Ende dieser Epoche; er markiert den Übergang von der Spätgotik zur Frührenaissance. Auch dem Unkundigen wird im Blick auf beide Werke deutlich, wie unterschiedlich hier die Natur gewertet wird, wie sich Hintergrund und Detail bei Pisanello verselbständigen, wie deutlich bereits das fiktionale Element mitschwingt, das den Heiligen *zum Anlaß* nimmt, der eigenen Freude am Tier künstlerischen Ausdruck zu verleihen.

Bilder aus der Eustachiuslegende begegnen bereits in byzantinischen Werken. Die Hirschvision zeigt ein byzantinisches Psalterium des späten 9. Jahrhundert als Randillustration. Hier erscheint im Geweih des springenden Hirsches eine Christusbüste. Ebenfalls die Hirschversion findet sich im Dom zu Monreale als Mosaik, und gleich ein zweites Mal dort auf einem Säulenkapitell, ebenso wie in der Kirche der Martorana in Palermo. Häufiger sind Eustachiusdarstellungen in Frankreich, wo ihm besondere Verehrung entgegengebracht wurde. Ganze Glasfenster sind dem Leben des Heiligen in den Kathedralen von Sens, Auxerre, Le Mans, Dreux und Tour gewidmet. In Chartres gibt es allein drei Eustachiusfenster, einst von der Kürschnerzunft gestiftet. Alle französischen Denkmäler stammen aus dem 12. und 13. Jahrhundert.

So szenenreich die Eustachiuslegende auch ist, ihr ikonographischer Akzent liegt überall bei der Hirschvision. Im Gegensatz zur byzantinischen Darstellungen, die eine Christusbüste im Hirschgeweih zeigen, wählen die französischen Bilder den gekreuzigten Christus. Schon das Chartreser Glasfenster zeigt jene ikonographische Konzeption, die seitdem über Pisanello und Dürer bis zu Hans von Marées Reitertriptychon (1885/87; Bayer. Staatsgemäldesammlung) unverändert geblieben ist.

B. Von den Fresken, die Pisanello in Kirchen und Palästen ausgeführt hat, sind fast alle vernichtet worden. Auch das Fresco des heiligen Eustachius, das Vasari erwähnt, kennen wir nur aus dieser Beschreibung. Gegenüber dem ge-

[1] *Giorgio Vasari*, Die Lebensbeschreibungen der berühmtesten Maler, Bildhauer und Architekten. Deutsch von *A. Gottschewski* und *G. Gronau*. Bd. V: Die oberitalienischen Maler. Straßburg 1908, 200 ff. Darmstadt 1974. Neue Ausgabe durch *Ernst Jaffé* (Hrsg.), Diogenes, Zürich 1980.

waltigen Wandfresco ist das eher zierliche Tafelbild »Die Vision des heiligen Eustachius« mit lediglich 54,5 × 65,6 cm von miniaturhaftem Format. Zur Geschichte dieses erlesenen Werkes, das die Malerei seines Jahrhunderts glänzend repräsentiert, ist wenig bekannt. Man hält es für eine Auftragsarbeit, deren Auftraggeber, jedenfalls ein fürstlicher Jagdherr, sich selbst porträt-ähnlich in der Gestalt des Heiligen abbilden ließ. Gegenüber Giotto zeigt sich hier bereits der imaginäre Charakter der neuen Kunst. Es gilt Malraux' »Angenommen, daß . . .«: Ein reicher Jagdherr *als* Eustachius. Eustachius ist ungleich weniger jener göttliche Mensch, der auf Giottos Goldgrund noch begegnet, sondern bereits Fiktion, zwar verhalten, fromm und nirgendwo ganz von der fiktionalen Idee erfaßt, aber der Weg dorthin ist eingeschlagen und um ein gutes Stück beschritten.

Pisanello wählte für sein Tafelbild den Augenblick der Begegnung von Hirsch und Reiter. Das Pferd scheut gerade vor der unvermuteten Erscheinung. Es stemmt die Vorderbeine steif vor, während es mit den Hinterbeinen sich noch tänzelnd unruhig bewegt. Entsprechend hat sich der Reiter bei diesem plötzlichen Halt mit durchgedrückten Knien in die Steigbügel gestellt, bei geradeaufgerichtetem Oberkörper und einer eher leicht abwehrenden Gebärde seiner rechten Hand ist er von der Vision vor ihm ganz gebannt. Im Gegensatz zu dieser Darstellung zeigen die meisten älteren, aber auch die späteren Bilder einen Heiligen, der aus dem Sattel gestiegen und auf seine Knie gesunken ist, um so der Christusvision im Geweih des Tieres seine ehrfürchtige Anbetung zu erweisen. Die Gründe für diese ungewöhnliche Positur des Reiters, die Pisanello gewählt hat, sind allenfalls hypothetisch erreichbar. Vielleicht fand der Maler die Darstellung des Reiters hoch zu Roß besonders reizvoll, vielleicht spielte auch der Wunsch des Auftraggebers eine Rolle, doch kann hinter allen denkbaren Gründen letztlich nicht übersehen werden, daß sich hier auch ein neues Selbstverständnis ausspricht, das Frömmigkeit und Lebensart in einer Weise verbindet, wie es der Renaissance-Mensch bald darauf allerwege kundtut.

Der heilige Eustachius dominiert auf der linken Bildhälfte in einer überragenden Weise. Er sitzt auf einem Grauschimmel, der mit überaus prächtigem Sattelzeug geschmückt ist. Das rote Leder ist mit vergoldeten Ziernägeln versehen, auf den Verbindungen sitzen jeweils große goldene Medaillons; auch Steigbügel und Sporen, [die ihrerseits zugleich ein Indiz dafür sind, wie wenig sensibel der Mensch auch früherer Zeit Tiere zu behandeln und führen wußte], sind eine Goldschmiedearbeit. Der Reiter ist nach der Art eines reichen Aristokraten seiner Zeit gekleidet. Das modisch-elegante Übergewand leuchtet in sattem Gold; darunter trägt er ein Kleidungsstück aus vornehmem Pelz. Um die linke Schulter gehängt, an einem mit Wappenlilien reichgeschmückten breiten Band, trägt er ein kostbares, ebenfalls mit Goldeinfassungen geschmücktes Hifthorn (Jagdhorn aus Rindshorn). Auf seinem Kopf sitzt ein leuchtend blauer Turban, kunstvoll und üppig gebunden, mit einem lang über den Rücken herabreichenden Ende. In der rechten Bildhälfte dominiert der Hirsch mit dem Christusbild. Er steht in vollkommener Bewegungslosigkeit dem Reiter gegenüber. Seine Läufe sind nicht vollständig sichtbar, sondern hinter dem tiefen Dunkelgrün einer Gebüschgruppe verdeckt, was den geheimnisvollen Charakter der Erscheinung hervorhebt. Traditionell wird der Hirsch als ein Zehnender dargestellt, als allegorischer Hinweis auf die Zehn Gebote. Diese Version scheint hier zugunsten eines Zwölfenders aufgegeben zu sein. Das Kreuz steht senkrecht im Geweih, in seiner Proportion zum Hirschen beeindruckend groß, dazu in einer perspektivisch verkürzenden Schrägsicht gemalt, so daß es in seiner Wendung zum Reiter zugleich auch dem Betrachter des Bildes sich zuordnet. Das Haupt des toten Christus ist zur Seite gefallen, seine geordneten blonden Haare fallen herab, der Körper ist naturalistisch durchgebildet. Insgesamt ein jugendlicher, bartloser Christus. Ungewöhnlich für die Zeit Pisanellos sind die nebeneinanderstehenden Beine des Gekreuzigten; längst war es üblich geworden, die Füße übereinandergelegt und mit nur einem Nagel ans Kreuz geschlagen darzustellen. Ebenso knüpft der jugendlich-blonde und bartlose Christus an ältere Kreuzigungsbilder an.

Die Gegenüberstellung von Reiter und Hirsch beherrscht das Bild und wird durch die Dunkelheit des Waldstücks noch intensiviert. Das Spannungsverhältnis zwischen beiden wird durch die leicht erhöhte Stellung des Hirsches und durch die Kluft, die zwischen der Erscheinung und dem Heiligen gähnt, unterstrichen. Eustachius ist auf diese Weise in einer gering aufsteigenden Diagonale mit seinem Blick an das Kreuzifix gebunden, während der Hirsch in umgekehrter Richtung bei ebenso leicht steigender Diagonale Eustachius anblickt. Das stellt eine spannungsreiche Dreiecksverbindung her, deren Eckpunkte der Mensch, das Tier und der Christus sind, jedoch so, daß sich das Christusbild gerade über den Augen des Tieres aufbaut, so daß beide zugleich, die Christusgestalt und der Hirsch den Jäger anschauen.

Das Gemälde zeigt – ungewöhnlich – keinen Horizont und keinen Himmel. Die Landschaft ist einfach in die Höhe geführt, so daß das Bild einen flächigen Charakter bekommt, ohne Raumtiefe, soweit ihm nicht das eigene geheimnisvolle Walddunkel eine andersartige Tiefe verleiht. (In der Gegenüberstellung zu Giottos »Vogelpredigt« korrespondieren dessen Goldhintergrund und der teppichartig mit Waldtieren angefüllte Hintergrund Pisanellos sehr spannungsvoll.) Dadurch, daß Pisanello auf einen Horizont verzichtete, konnte er alle Himmelshelligkeit aus seinem Bild herauslassen und die gesamte Szenerie in ein Abenddunkel hineintauchen, aus dem nur die Menschen- und Tiergestalten hervorleuchten.

Die Landschaft bleibt in diesem Licht fast verborgen. Das Geschehen spielt in felsenreichem Waldgelände, das in der Mitte am oberen Bildrand ein Gewässer umschließt, aus dem ein Fluß ausfließt, der sich in der Schlucht zwischen Hirsch und Reiter verliert. Den oberen und den unteren Bildteil mit Ausnahme des Raumes zwischen Reiter und Hirsch füllen, schön über die dunkle Fläche verteilt, zahlreiche Tiere. Im unteren Bildbereich begleiten verschiedenartige Jagdhunde den Reiter. Wir sehen kurzbeinige Tiere, Bracken und edle Windhunde, die mit größtem Realismus gemalt sind. Rechts unten flüchtet ein Hase, von einem Windhund mit rotem Halsband verfolgt.

Im oberen Bildteil finden sich Waldtiere der verschiedensten Art. Am linken Bildrand steht eine Hirschkuh auf einer Felsklippe. Ein Reh ruht mit entgegengesetzter Blickrichtung darüber in der linken oberen Bildecke. Reiher, Kraniche und Schwäne beleben die Wald-Wasserlandschaft im mittleren Bildhintergrund, mal fliegend, mal schwimmend oder ruhig im Wasser stehend. Andere Waldvögel entdeckt man in der Baumgruppe unterhalb des Hirsches. Inmitten der Wasservögel löscht am Seeufer ein weiterer Hirsch seinen Durst, wohingegen sich am rechten Bildrand, in der dunklen Zone über dem erscheinenden Hirsch, ein Bär im Walde trollt.

So vielgestaltig das Szenarium dieses kleinen Tafelbildes auch angefüllt ist, so bildet es als ganzes doch eine schöne Harmonie von märchenhaftem Reiz. Aus dem geheimnisvollen Dämmer des abendlichen Waldes leuchten nur wenige Farben und geben dem Geschehen eine Faszination, die lange den Betrachter bannt. Unter dem jagenden Windhund hat Pisanello eine Schriftrolle gemalt, die in ihrem Schwung die Bewegung des Tieres begleitet; die Schriftrolle ist jedoch ohne Text geblieben. Sie steht plastisch auf dem Boden der Waldlichtung, und jeder mag für sich überlegen, welchen Text er heute gerne mit dem zauberhaften Bild Antonio Pisanellos verbunden sähe.[1]

C. Die Legende des heiligen Hubertus veranschaulicht Pisanellos Tafelbild in einer schönen Weise. Im Vergleich mit älteren Darstellungen, die durchweg nur das Hauptmotiv in Glasfenstern oder auf Kapitellen abbilden, mit Albrecht Dürers Kupferstich oder Hans von Marées Gemälde »Heiliger Hubertus«, ist Pisanellos Bild von größter Lebendigkeit und Vielfalt. Es gestattet ein genußvolles Hinschauen und Schweifen von Detail zu Detail, verwebt die Legende in einen reichen bildhaften Kontext und taucht das ganze Geschehen in eine so geheimnisvolle märchenhafte Poesie, daß Kindern in der Begegnung mit diesem Werk eine eindrucksvoll sinnenfrohe Vertiefung ihrer Auseinandersetzung mit der Legende erfahren können. Sobald die Verlage das Buchangebot mit einer Dia-Reihe ergänzen, kann eine lichtstarke Vergrößerung von tiefer Wirkung erhofft werden, und mehr als bei anderen Bildern sei dann Pisanellos »Vision« zur Projektion empfohlen.

D. Es ist angemessen, die Hubertus-Legende erst gegen Ende des Themenkreis Mensch und Tier aufzugreifen. Sie bietet eine symbolische Verdichtung des Problembereichs und zugleich einen profilierten christlichen Maßstab, so daß sich von hierher ihr methodischer Ort nahelegt. Wie meistens empfiehlt sich auch jetzt die Interpretation des Bildes im Gefolge des Textes.

[1] Eine ausführliche Beschreibung bietet auch: *Pia Wilhelm,* Antonio Pisanello. Parey, Hamburg 1968.

Gott: das Licht der Welt

Von Gott zu sprechen ist im Religionsunterricht kein abgehobenes Thema. Es wird auch nicht auf ein besonderes Kapitel beschränkt, weil letztlich alle Besinnung im Religionsunterricht darauf hinzielt, die Welt zu »hintersinnen«. Dennoch ist es wichtig, an einer Stelle in expliziter Form das Wort Gott zu entfalten. Nachdem im ersten Schuljahr das gesamte Kirchenjahrskapitel in seinen Festen und Geschichten via indirecta vielfältig auf Gott hinwies, werden unsere Bücher für das zweite bis vierte Schuljahr in einem eigenen Kapitel von Gott sprechen. Das geschieht in einer Kontinuität, in der ein Buch auf dem anderen aufbaut. Wer im zweiten Schuljahr unterrichtet, tut deshalb gut daran, sich die Weiterführung des Kapitels anzuschauen, um aus einem übergreifenden Verständnis mit den Materialien des vorliegenden Religionsbuches umgehen zu können. Insbesondere aber sei empfohlen, die theologischen und didaktischen Ausführungen der folgenden Lehrerhandbücher mitzusehen, weil an dieser Stelle nur eine erste Grundlegung erfolgen kann, die auf Ergänzung und Vertiefung angewiesen bleibt.

Wir entwickeln unsere Einführung in das Kapitel »Gott« in drei Schritten: zunächst ist vom Lehrer die Rede, danach vom Schüler, schließlich von der didaktischen Konzeption des Religionsbuches.

Gott-glauben und Gott-sagen: der Weg des Lehrers

Man kann Mathematik oder Rechtschreibung lehren, ohne sich davon in seinem privaten Lebensstil herausgefordert zu sehen, aber die Rede von Gott ist immer eine Rede von eigener Betroffenheit. Wir können hier deshalb nicht mit »Theologie« beginnen, sondern müssen bei uns selbst anfangen. Das heißt: es gibt keine objektiven Sachverhalte, die man nur wissen muß, um sie unterrichten zu können, sondern zunächst nur die eigene subjektive Situation, die sich von den persönlichen Lebensverhältnissen anderer Lehrer oft deutlich und sogar widersprüchlich abhebt. Unsere beruflichen und finanziellen Verhältnisse mögen vergleichbar sein, aber in der Frage, ob wir uns durch unsere Arbeit ausgefüllt sehen, ob wir eine befriedigende Sinnerfahrung damit verbinden, und ob wir überhaupt die eigene Existenz als getragen empfinden, kann sich jeder von jedem erheblich unterscheiden und bisweilen sogar als isoliert und einsam erleben. Die Situation eines Religionslehrers, den Familie und Schule überanstrengen, während ihn die vielen frommen Klischees, die Hilfe versprechen, aber nicht bieten können, stumm und resigniert gemacht haben, ist gar nicht selten. Für diese kann der Religionsunterricht eine innere Belastung werden, ebenso jede Rede von Gott, wenn damit schon ein Sinnhorizont des Lebens entworfen wird, in dem man sich doch selbst nicht untergebracht sieht.

Wie soll ein Lehrer von Gott sprechen, der selbst nicht weiß, ob er in seinem Glauben steht?

Das ist die Frage, die sich dann aufdrängt, und der wir auch hier nicht ausweichen dürfen. Religionsunterricht ist ja keine Domäne problemloser Menschen, denen es leichtfällt, aufgrund einer ungebrochenen Sozialisation sich in vertrauten Formeln zu artikulieren. Religionsunterricht ist nicht minder das Recht jener, die eine innere Scheu vor dem Wort Gott empfinden, die unter der Wohlfeilheit dieser Vokabel bis zum Verstummen leiden, die auf suchenden Wegen sind und darin nicht nachlassen. Im Gegenteil, man möchte den Kindern lieber einen Lehrer wünschen, den der eigene Lebensweg auch einmal in die Wüste geführt hat, in der die erste Naivität zersprang, die auf langen Durststrecken rationalen Zweifels innerlich austrocknete und vielleicht auch zu einem zeitweiligen Ende jeden religiösen Ausdrucks führte: sofern der Lehrer diesen Prozeß, so labyrinthisch er ist, annimmt, gewinnt er darin auch die persönlichen Voraussetzungen eigener sprachlicher Kompetenz. Wenn ein solcher Lehrer »Gott« sagt, wird es keine Katechismusformel sein, sondern eine symbolische Rede, in deren Tiefe sich Welt und Leben erschließen.

Die christliche Existenz erwartet keinen statischen Glauben. Man muß nicht bereit sein, ein genau fixiertes Kompendium dogmatischer Lehrsätze nachzusprechen, um sich so als Christ zu legitimieren. Die Ur-Situation, in der zu biblischen Zeiten den Menschen ihr Gott aufschien, war der Weg. Der Weg aus früher Geborgenheit in hauslose Fremde, aus problematischer Sicherheit in existenzbedrohende Wüsten, aus anerkannter Position in verlachte oder verfolgte Existenz. Auf diesen Wegen lastete Nacht und Gefahr; der Wanderer war sich oft weder des Weges noch des Zieles sicher, er lernte das Wort Gott mit Dunkel, Zweifel und Kampf ebenso zu verbinden wie mit Gemeinsamkeit, Treue und Trost. Und wie die Bibel deshalb von Gott spricht, indem sie Prozesse beschreibt von exemplarischen Gestalten, die sich auf den Weg gemacht haben, darf auch der heutige homo viator – auch und gerade dann, wenn er wie Jakob mit dem Unbekannten »jenseits des Landes« und in Dunkelheit kämpft – als Lehrer des Christseins zu denselben Geschichten seine Zuflucht nehmen, um sie seinen Schülern aufzuschließen.

Für solche, die sich mehr draußen als drinnen verstehen und sich darum vom religiösen Insider-Jargon nicht mehr erreichen lassen, habe ich versucht, unter dem Titel »Der Sprung in den Brunnen« eine Wegbeschreibung aufzuzeichnen, die zur persönlichen Vorbereitung eines Sprechens von Gott und vom Gebet hier empfohlen sei.[1] In einer nicht zwingenden aber dennoch hintergründigen Weise, setzen die Gotteskapitel unseres Grundschulwerkes diesen Leseprozeß – bei dem es darauf ankommt, daß sich ein jeder »lesend nicht als Leser versteht« – voraus.

In einer mehr beschreibenden Weise, die keineswegs sinnvoller, aber an dieser Stelle unumgänglich ist, soll nachfolgend versucht werden, einen inneren Weg der Gotteserfahrung zu skizzieren. Er folgt der Spur des Meister Eckehart (1260–1327), der aus der Tiefe der Erfahrung lehrte, wenngleich das hier geschriebene Wort so wenig vermitteln kann, wie man einen Kuß durch Boten zu senden vermag.[2]

Der Weg ins dunkle Licht der Gottheit

Man kann nicht aus jeder Verfassung in religiöse Grunderfahrungen eintreten, deren Disposition auf das Symbol »Gott« ausgerichtet ist. Das Tor, das diesen Weg erst möglich macht, nennt Eckehart die Abgeschiedenheit. Das ist jene innere Verfassung, in der ein Mensch »von allen fremden Bildern ledig ist, so ledig wie er war, da er noch nicht war«. Bilder sind alles, was sich dem Menschen entgegenbildet, die Gestalten, Gedanken, Namen und Dinge der Welt. Der Mensch ist offen für diese Bilderflut; sie überbordet ihn täglich. Mit Bildern leben, von innen damit ausgefüllt sein, ist nahezu das gleiche wie eine gesellschaftliche Existenz in der Welt.

Hier führt Meister Eckehart jedoch eine bedeutsame Unterscheidung ein. Man kann die Bilder in sich aufnehmen »mit Eigenschaft« und »ohne Eigenschaft«. Mit »Eigenschaft« bedeutet, die Bilder sich anzueignen und über sie

[1] *Hubertus Halbfas,* Der Sprung in den Brunnen. Eine Gebetsschule. Düsseldorf (1981); ^{4}1984. Wer die didaktische Struktur dieses Lernprozesses näherhin studieren will, sei auf die entsprechenden Reflexionen in *Hubertus Halbfas,* Das dritte Auge. Religionsdidaktische Anstöße. Düsseldorf (1982), 142–161 verwiesen; sie gehören zum Kontext unserer Überlegungen.

[2] Außer auf Eckeharts eigene Schriften »Deutsche Predigten und Traktate« in der Edition von *Josef Quint,* München 1963, auch als Diogenes-Taschenbuch Nr. 20642 erschienen, stütze ich mich nachfolgend auf *Bernhard Weltes* Buch »Meister Eckhart. Gedanken zu seinen Gedanken«, Freiburg 1979, das für den bedächtigen Leser ein goldener Schlüssel zur Spiritualität dieses großen Mystikers ist.

nach eigenen Zwecken zu verfügen, sie also zu Instrumenten unserer Absichten zu machen. Bei dieser Haltung werden die »Bilder« ein Produkt unserer Welt, eine abgehobene, konstruierte Welt, in der wir letztlich nur uns selbst begegnen: eigenen Vorstellungen, Absichten und Werken. Aus dieser Form der Geistesbeschäftigung entsteht Herrschaft. Sie ermöglicht die Unterwerfung der Welt, eine handhabbare Konstruktion der Wirklichkeit, die nicht so arglos und human ist, wie sie scheint. Je ausschließlicher der Mensch seine Welt selbst definiert, sie also mit »Eigenschaft« hat, um so mehr beherrscht diese Welt ihn bis in seine innersten Regungen. Es gelingt ihm im Normalfall kaum noch, dieser Welt gegenüber frei zu bleiben. Die vom Menschen entworfene Welt hat sich in ihm selbst errichtet und bindet den Menschen nun innerlich an sein eigenes Konstrukt.

Wegen dieser Gefahr der innerlichen Versklavung, die heute ungleich größer ist als zu Eckeharts Zeiten, verweist der Meister auf den alternativen Weg, der heute aber keinesfalls viel mühseliger zu gehen ist als ehedem. Es ist dies der Weg, der zu den »Bildern« der Welt ohne Eigenschaft führt. Das Haben mit »Eigenschaft« gilt Eckehart als Unfreiheit. Wenn der Mensch frei werden will, muß er sich lösen von der Fessel der »Eigenschaft«, d. h. er muß sein Dasein in der Welt grundlegend umstellen. Eckehart beschreibt die geistige Haltung, die dem zugrundeliegt, als ein arm sein. »Das ist ein armer Mensch, der nichts *will* und nichts *weiß* und nichts *hat.*« Wollen, Wissen und Haben sind die Weisen des Herrschaftsstrebens, in denen es immer nur darum geht, von sich aus über die Dinge zu verfügen. Menschen solcher Eigenschaft reden anstatt zu hören, durchmessen die Welt, anstatt zu versinnen; um das Tor religiöser Grunderfahrung zu durchschreiten, sagt der Meister, tut es not, das Wollen, Wissen und Haben abzulegen und ganz still zu werden.

Zwischenübung: Die Welt anhalten und das Nicht-Tun lernen

Wir wollen an dieser Stelle anhalten und die Lehre des Meisters Eckehart in einer indianischen und in einer taoistischen Version spiegeln. Die beiden vorgelegten Texte erschließen sich freilich nicht dem regulären Informationslesen, sondern wollen immer wieder neu bedacht werden. Was Eckehart die Abgeschiedenheit nennt bzw. das Sein ohne Eigenschaft, heißt im folgenden das Nicht-Tun:

»Ich habe dich hierher geführt, um dich eine Sache zu lehren: du sollst das Nicht-Tun lernen. Laß uns ruhig gleich darüber sprechen, denn es ist dir offenbar nicht möglich, auf andere Weise etwas zu begreifen. Ich glaubte zunächst, du würdest das Nicht-Tun vielleicht erfassen, ohne daß ich etwas sagen müßte. Doch ich habe mich geirrt.«

»Ich weiß nicht, wovon du sprichst, Don Juan.«

»Das macht nichts«, sagte er. »Ich werde dir von etwas sehr Einfachem erzählen, das aber sehr schwer auszuführen ist; ich will mit dir über das Nicht-Tun sprechen, auch wenn ich genau weiß, daß darüber zu sprechen ein Ding der Unmöglichkeit ist, weil es der Körper ist, der es tut.« Er blickte mich mehrmals kurz an und sagte dann, ich müsse meine ganze Aufmerksamkeit auf das konzentrieren, was er jetzt sagen wolle.

»Nicht-Tun ist so schwierig und setzt so viel Kraft voraus, daß du besser nicht darüber sprichst«, fuhr er fort. »Nicht, bevor du die Welt angehalten hast. Erst dann darfst du frei darüber sprechen, wenn du es unbedingt willst.«

Don Juan sah sich um und deutete auf einen großen Felsblock. »Dieser Stein hier wird durch Tun zum Stein«, sagte er. Wir blickten einander an, und er lächelte. Ich wartete auf eine Erklärung, aber er schwieg. Schließlich mußte ich ihm sagen, daß ich nicht verstanden hatte, was er meinte.

»Das ist Tun!« rief er.

»Wie bitte?«

»Auch das ist Tun.«

»Wovon sprichst du, Don Juan?«

»Tun ist das, was den Stein zu einem Stein und den Busch zu einem Busch macht. Tun ist das, was dich zu dir selbst und mich zu mir selbst macht.«

Ich sagte ihm, daß seine Erklärung mir überhaupt nichts erklärte. Er lachte und kratzte sich an den Schläfen.

»Das ist die Schwierigkeit mit dem Sprechen«, sagte er.

»Es führt dazu, daß man immer alles durcheinanderbringt. Wenn man anfängt, über das Tun zu sprechen, endet es immer damit, daß man über etwas anderes spricht. Es ist besser, einfach zu handeln.«

»Nimm diesen Stein zum Beispiel. Ihn anschauen ist Tun, aber ihn sehen ist Nicht-Tun.«

Ich mußte gestehen, daß seine Worte für mich keinen Sinn ergaben.

»Oh doch, das tun sie!« rief er. »Du bist nur davon überzeugt, daß sie es nicht tun, denn genau das ist dein Tun. Es ist die Art, wie du dich mir und der Welt gegenüber verhältst.«

Wieder deutete er auf den Stein.

»Dieser Stein ist ein Stein durch all das, was du in bezug auf ihn zu tun weißt«, sagte er. »Das nenne ich Tun. Ein Wissender zum Beispiel weiß, daß der Stein nur durch das Tun ein Stein ist; wenn er also nicht will, daß der Stein ein Stein ist, dann braucht er bloß zum Nicht-Tun überzugehen. Verstehst du, was ich meine?«

Ich verstand ihn keineswegs. Er lachte und machte noch einmal den Versuch, es mir zu erklären. »Die Welt ist die Welt, weil du weißt, welches Tun erforderlich ist, sie dazu zu machen«, sagte er. »Würdest du sie nicht durch Tun zu dem machen, was sie ist, dann wäre die Welt anders.«

In einem anderen Gespräch hatte Don Juan gesagt, wir führten ständig ein inneres Gespräch und hielten damit »unsere Welt« aufrecht: »Die Welt ist so-und-so, nur weil wir uns sagen, daß sie so-und-so ist. Wenn wir aufhören, uns zu sagen, daß die Welt so-und-so ist, dann wird die Welt aufhören, so-und-so zu sein ...«

»Dein Problem ist«, sagte er, »daß du die Welt mit dem verwechselst, was die Leute tun. Auch damit stehst du nicht allein da. Jeder von uns tut das. Die Dinge, die die Leute normalerweise tun, sind Schilde gegen die uns umgebenden Kräfte. Was wir als Menschen tun, gibt uns Bequemlichkeit und Macht, so daß wir uns sicher fühlen. Was die Leute tun, ist mit Recht sehr wichtig, aber nur als ein Schild. Wir lernen nie, daß die Dinge, die wir tun, nur Schilde sind, und wir lassen sie über unser Leben herrschen und über uns herfallen.«[1]

Auf eine Einstellung zur Welt »ohne Eigenschaft« zielen auch die folgenden Verse aus dem Tao-Tê-King:

> Das Tun sei Nicht-Tun,
> Das Geschäft sei Nicht-Geschäft,
> Der Genuß sei Nicht-Genuß,
> Das Große sei Kleines,
> Das Viele sei Weniges.

[1] *Carlos Castaneda,* Die Reise nach Ixtlan. Die Lehre des Don Juan, Frankfurt a. M. [10]1982, und: Die Lehren des Don Juan, Frankfurt a. M. [14]1982.

Geht man nicht aus der Tür,
kennt man die Welt.
Blickt man nicht aus dem Fenster,
sieht man des Himmels Weg.
Je weiter man ausgeht,
desto weniger kennt man.

*

Das Stillewerden deutet Meister Eckehart als reine Offenheit. »Wenn ich reine Stille bin, bin ich auch reine Offenheit, reine Weite. Als reine Weite bin ich auch reine Empfänglichkeit.«[1] Wer ganz still wird, wird der Welt inne ohne Eigenschaft. Das heißt nicht, er werde weltlos, sondern daß er sie auf eine verwandelte Art gewinnt, in innerer Freiheit, in der er nicht länger dem Wollen- und Haben-müssen unterliegt.

Die Stille-Übungen, für die wir mit jedem weiteren Schuljahr neue Zugänge und Möglichkeiten beschreiben, bekommen von diesem Eckehart'schen Gedankengang her einen neuen didaktischen Ort. Sie sind für einen Religionsunterricht, der nicht vor tauben Ohren Gott sagen will, eine elementare Vorbedingung. Dennoch sind sie nur das äußere Tor, hinter dem noch viele andere folgen. Damit hier ein Weg weiterführt, ist es wichtig, daß der Lehrer für sich selbst, über die äußeren Bedingungen hinaus, seinen Weg in die »Abgeschiedenheit« sucht.

Zwischenübung: Tormeditationen

Die folgenden thematischen Meditationen lehnen sich an bekannte Symbol-Erzählungen an[2]. Sie sollten nie in ihrer Abfolge, sondern nur einzeln bedacht werden. Dabei ist es wichtig, sie in gewissen Abständen immer wieder neu aufzugreifen. Man vergegenwärtigt sich angesichts der jeweiligen Tore die eigenen verborgenen Wünsche und Ängste, um zu erkennen, ob einem der Weg in eine Existenz »ohne Eigenschaft« versperrt ist oder gelingen mag.

Drei Tore liegen hintereinander. Das erste heißt Sphinx-Tor. Das zweite heißt das Zauber-Spiegel-Tor. Das dritte heißt das Ohne-Schlüssel-Tor. Niemand ist gezwungen, seinen Weg durch diese Tore zu nehmen. Angesichts der Mühsal, die jedes Tor bedeutet, ist es verständlich, daß die meisten Menschen ihren Weg daran vorbei suchen. Das ist leicht möglich und gilt im allgemeinen als angenehm. Doch ohne das erste Tor ist auch das zweite nicht da, und das dritte erst, wenn man das zweite hinter sich hat – aber die große Stille beginnt erst, wenn man durch das dritte Tor gekommen ist. Auch ohne diese Tore gibt es genügend Wege, doch sie führen nur von uns selbst weg, in die Leere hinein. Entscheidend allerdings ist, sich auf den Weg zu machen, um anzukommen . . .

*

Das erste, das Sphinx-Tor, steht immer offen. Es hat nicht einmal Torflügel, mit denen man es schließen könnte. Dafür flankieren es an beiden Seiten mächtige Sphinxen, deren Blick mit dem Blick keines anderen Wesens vergleichbar ist. Die Augen dieser Sphinxen sind ganz anders als unsere eigenen Augen. Wenn es mit rechten Dingen zugeht, sehen wir mit unseren Augen die Welt, erfassen Schönheit und Leid und erkennen

[1] *Bernhard Welte,* a.a.O., 36.
[2] Vgl. *Michael Ende,* Die unendliche Geschichte. Stuttgart 1979, 89–101. Siehe auch I, 318.

unsere Mitmenschen. Die Sphinxen können eigentlich nicht sehen. Ihre Augen sind in gewisser Weise blind. Sie nehmen nichts in sich auf, lassen weder Freude noch Trauer ein, sondern senden nur Macht aus. Wer in ihren Blick hineinläuft, so heißt es, erstarrt auf der Stelle, wird von Angst erfaßt, von Unsicherheit geschüttelt, von inneren Irritationen gelähmt. Er kann sich nicht weiter fortbewegen, nur noch zusammenklappen und liegen bleiben oder aber rückwärts gehen, jedoch mit dem Machtbann der Sphinxen in seiner Seele.

Man sagt, jeder Mensch komme bereits als Kind und auch in seiner Jugendzeit wiederholt an dieses Sphinxen-Tor. Man könne es nicht durchschreiten mit Draufgängertum oder einem gewalttätigen Willen. Gerade solche Gesinnung pralle an den Blicken der Sphinxen ab und mache diese Menschen zu willfährigen Untertanen, die nie wieder begehrten, das Tor zu passieren. Aber auch mit Bescheidenheit und stiller Freundlichkeit sei nichts zu machen. Die einzige Möglichkeit, das Tor zu durchschreiten, bestehe darin, die Frucht vor dem Unbegreiflichen, vor dem über alle Maßen Großartigen, vor dem Druck des Übermächtigen nicht in sich einzulassen, Nein zu sagen, wenn man Nein meint, und Ja, wenn man es zuinnerst möchte, ohne je zu schauen, welche Botschaft der Blick der Sphinxen aussendet.

*

Nehmen wir an, es ist dir gelungen, durchzukommen. Dann hast du in dem einen Tor die vielen Türen erkannt, vor denen du früher immer stehen geblieben bist, ohne sie zu öffnen . . . doch nun ist es ja geschafft und in Zukunft wird es gelingen, jeden Eingang, den die einschüchternden Sphinxen bewachen, zu durchschreiten.

Jetzt – aber auch erst jetzt – wird für dich das zweite Tor da sein, das Zauber-Spiegel-Tor. Es besteht aus einem großen Spiegel, groß und rund wie eine Mondscheibe und glänzend wie blankes Silber. Es ist schwer sich vorzustellen, daß dieser Spiegel weder aus Glas noch aus Metall besteht und daß es möglich sein soll, durch ihn hindurch zu gehen. Man kann dies Tor auch nicht wie andere Türen öffnen. Wer da durch will, muß – um es mal so auszudrücken – in sich selbst hineingehen.

Man hat gehört, daß viele Menschen, die das Sphinxen-Tor gut bestanden haben, sich aber für besonders tüchtig und untadelig hielten, schreiend vor dem Ungeheuer geflohen sind, das ihnen beim Blick in den Spiegel entgegengrinste. Manche mußten wochenlang gepflegt werden, ehe sie überhaupt wieder in der Lage waren, auf eigenen Beinen nach Hause zu gehen.

Andere haben allem Anschein nach noch viel Schrecklicheres gesehen, hatten aber dennoch den Mut, diesem Anblick standzuhalten und auf das Spiegelwesen zuzugehen; so sind sie durch das Tor gelangt. Für manche mag es auch weniger erschreckend gewesen sein, aber Überwindung kostet es jeden. Es gibt hier, wie auch bei den anderen Toren, keine Erfahrungsregel, die für alle gültig wäre. Jeder muß hier seine eigene Erfahrung machen.

*

Erneut wollen wir annehmen, du habest das Zauber-Spiegel-Tor durchschritten. Erst jetzt ist das dritte Tor für dich da. Es ist völlig sinnlos, nach ihm zu suchen, wenn du die zwei Tore zuvor nicht bestanden hast. Doch nun wird die Sache erst richtig schwierig, denn das Ohne-Schlüssel-Tor ist jenes Tor, von dem Meister Eckehart spricht, wenn er sagt, der Mensch müsse aller Eigenschaft ledig werden, um in reine Stille und reine Weite zu gelangen. Freilich ist das Ohne-Schlüssel-Tor in einer Weise zu, die nicht erkennen läßt, wie es verschlossen sein könnte. Da gibt es weder Klinke, noch Knauf, noch Schlüsselloch, nichts was sonst vorhanden ist, damit Türen sich öffnen und schließen lassen. Diese Tür verschließt fugenlos. Ihr Material kommt unter den chemischen Elementen weder rein noch als Legierung vor. Es gibt auch nichts, womit man dieses Material zerstören, verbiegen oder auflösen könnte. Keinerlei Gewalt kann es verändern, im Gegenteil, je größer die Gewalt, um so fester ist diese Tür. Sie ist absolut unzerstörbar.

Das Ohne-Schlüssel-Tor versperrt sich dem Willen. Gerade der Wille und alle willentliche Anstrengung ist es, die es undurchdringlich macht. Je mehr einer hindurch will, um so unnachgiebiger ist die Tür. Aber wenn es einer fertigbringt, jede Absicht zu vergessen und gar nichts zu wollen – so öffnet sich die Tür vor ihm ganz von selbst.

*

Die Abgeschiedenheit – der Sprung in den Brunnen, der Weg durch das Ohne-Schlüssel-Tor – ist im Sinne des Meister Eckehart kein Selbstzweck. Sie ist Weg und Pforte um ihres Zieles Willen. Das Ziel ist die Gegenwart Gottes.

Hier müssen wir fragen, wieso die Abgeschiedenheit den Menschen für die Gegenwart Gottes öffne, zumal der Meister Eckehart von keiner weiteren Vermittlung spricht als allein von der Abgeschiedenheit. Sie führt im Sinne Eckeharts geradewegs vor das Angesicht Gottes. Wir können diese Überzeugung Eckeharts am ehesten verstehen, wenn wir zunächst mit ihm Gott als die Wahrheit zu begreifen suchen:

»Wahrhaftig, so wie Gott die Wahrheit ist und wo immer ich Wahrheit finde, da finde ich meinen Gott, die Wahrheit.« – »Gott ist die Wahrheit selbst. Alles übrige ist wahr, aber es ist nicht die Wahrheit. Aber das Wahre ist wahr durch die Wahrheit.« So und ähnlich hat Meister Eckehart oftmals in seinen Schriften formuliert. Um ihn zu verstehen, müssen wir sehen, daß er Wahrheit nicht als ein »Etwas« betrachtet, als Eigenschaft, die einer Sache oder Aussage zukommt. Daß etwas wahr sei, bedeutet bei Eckehart also kein Werturteil über einen Sachverhalt, denn solche Urteile gehören im Sinne des Meisters in den Bereich der Eigenschaft.

Im Blick Eckeharts kann man nur von einer umfassenden Wahrheit sprechen, die alles übrige Wahre trägt. Die wahren Dinge stehen nicht fest, wohl aber ihre Wahrheit. Sie ist zeitlos und umfaßt alles Zeitliche. Es gibt vieles Wahre, aber nur eine Wahrheit. Das viele Wahre ist vergänglich, aber dessen Wahrheit ist unvergänglich. Es hat keinen Zweck, mit der Wahrheit handeln zu wollen, etwa, daß sie nicht wahr sein lasse, was dennoch wahr ist. Die Wahrheit bestimmt alles, wird aber von niemandem bestimmt. Sie ist unbedingt.

Wenn der Mensch es lernt, sich von der Fessel der Eigenschaft zu lösen, also nicht mehr selbstverfügend mit dem, was ist, umzugehen, es den eigenen Gedanken und Absichten zu unterwerfen, wird er frei und vermag nun alles sein zu lassen, was es in Wahrheit ist; in dieser Haltung wird er eins mit der Wahrheit selbst, die Gott ist.

Wer diesen Satz oberflächlich bedenkt, mag glauben, damit sei einer alles hinnehmenden Passivität das Wort geredet. Nichts davon! Die Wahrheit nimmt ihn in Anspruch, damit er ihr lebe, aber er muß nun nicht mehr aus sich heraus eifern, er kann den Dingen, wie sie letztlich sind, ohne Eigenschaft zugehören und so in seinem inneren Wesen gelassen sein.

Zwischenübung: Seinlassen und Gelassensein

Die folgenden Geschichten stammen aus der spirituellen Tradition des Zen-Buddhismus.[1] Sie beschreiben eine – jenseits des dritten Tores liegende – Gelas-

[1] *Hubertus Halbfas,* Das Welthaus, a.a.O., Nr. 204.

senheit, in der sich der Mensch ganz ohne Eigenschaft der letzten Wahrheit anheimgegeben hat. Soweit zu kommen ist schwer, aber dieses Ziel nicht zu sehen und sich nicht darauf einzulassen, gefährdet die Lebensreife.

Der Zen-Meister Hakuin wurde von seinen Nachbarn als einer, der ein reines Leben führte, gepriesen.

Ein schönes japanisches Mädchen, dessen Eltern ein Lebensmittelgeschäft besaßen, wohnte in seiner Nähe. Da entdeckten die Eltern plötzlich, daß sie schwanger war. Das machte die Eltern sehr böse. Sie wollte nicht gestehen, wer der Mann war, aber nach langem Drängen nannte sie schließlich Hakuin.

In großem Ärger gingen die Eltern zum Meister. »So?« war alles, was er zu sagen hatte.

Nachdem das Kind geboren war, brachte man es zu Hakuin. Er hatte seinen guten Ruf verloren, was ihm jedoch keine Sorgen machte, und er kümmerte sich in bester Weise um das Kind. Von seinen Nachbarn erhielt er Milch und alles andere, was der Kleine benötigte.

Ein Jahr später konnte die junge Mutter es nicht länger aushalten. Sie erzählte ihren Eltern die Wahrheit – daß der echte Vater ein junger Mann sei, der auf dem Fischmarkt arbeitete.

Die Mutter und der Vater des Mädchens gingen wieder zu Hakuin und baten ihn um Verzeihung; sie entschuldigten sich des langen und breiten und wollten das Kind wieder mitnehmen.

Hakuin war einverstanden. Während er das Kind übergab, war alles, was er sagte: »So?«

*

Buddha erzählte in einem Sutra eine Parabel:

Ein Mann, der über eine Ebene reiste, stieß auf einen Tiger. Er floh, den Tiger hinter sich. Als er an einen Abgrund kam, suchte er Halt an der Wurzel eines wilden Weinstocks und schwang sich über die Kante. Der Tiger beschnupperte ihn von oben. Zitternd schaute der Mann hinab, wo weit unten ein anderer Tiger darauf wartete, ihn zu fressen. Nur der Wein hielt ihn.

Zwei Mäuse, eine weiße und eine schwarze, machten sich daran, nach und nach die Weinwurzel durchzubeißen. Der Mann sah eine saftige Erdbeere neben sich. Während er sich mit der einen Hand am Wein festhielt, pflückte er mit der anderen die Erdbeere. Wie süß sie schmeckte!

Meister Eckehart bleibt bei der Sicht Gottes als Wahrheit nicht stehen. Wahrheit ist ihm noch zu sehr eine von menschlichen Begriffsbildungen bestimmte Qualität. Auch hier soll die Gotteserfahrung »ohne Eigenschaft« werden: »Das Erkennen bricht durch die Wahrheit und Gutheit hindurch und richtet sich auf das reine Sein und erfaßt Gott bloß, wie er ohne Namen ist.« – »Ich habe von einer Kraft in der Seele gesprochen; . . . sie dringt bis auf den Grund und sucht weiter und erfaßt Gott in seiner Einheit und in seiner Einöde; sie erfaßt Gott in seiner Wüste und in seinem eigenen Grund.«

Eckehart will die in der Theologie wohl bekannten Begriffe in einem weiteren Ansatz durchbrechen. »Wahrheit« oder »Gutheit« sind ihm für die Gottheit noch zu sehr bestimmende Worte, deren definitorische Kraft er zu durchbrechen trachtet. Für einen Augenblick taucht noch einmal ein neuer Begriff auf: »einunge« oder Einheit. Als ein zu sehr bestimmendes Wort gibt Eckehart es jedoch gleich wieder auf zugunsten der offenen Symbole Einöde und Wüste. »Einöde und Wüste sind Gegenden, in denen nichts zu sehen ist. Keine Bestimmung, kein Begriff, kein Name. Unendliche Weite, nichts. Dies Nichts ist aber zu sehen, das heißt zu erfahren als die reine und unermeßliche Weite. In diesem Zusammenhang taucht auch das Wort Finsternis auf. Auch die Finsternis ist eine Ortschaft, in der nichts zu sehen ist.«[1]

Nun werden also alle Begriffe verlassen, selbst die allerletzten, und es bleibt nur das Nichts zurück. In dieser vollkommenen Abgeschiedenheit wird nicht mehr »etwas« gedacht. Hier versinkt der Mensch, der alle »Gestell-Theologie« aufgegeben hat (»Einen Gott, den man sich vor-stellen kann, kann man auch wieder wegstellen.« Dietrich Bonhoeffer), und der nichts mehr denkerisch bemächtigen will, nichts mehr erstrebt und nichts mehr hat, in die reine Stille, die Leere und Offenheit ist: er versinkt in die Weite des Nichts, die kein Etwas mehr trübt. Hier werden die Philosophie und die Theologie als mächtige Gebäude von Gedanken verlassen. »Wenn er nun weder Güte noch Sein noch Wahrheit noch Eins ist, was ist er dann? Er ist gar nichts, er ist weder dies noch das.« Selbst der Name »Gott« verschwindet hier, erst recht, wenn er noch mit eigenen Vorstellungen befrachtet war. (Bisweilen unterscheidet der Meister zwischen den Begriffen »Gott« und »Gottheit«: »Gott und Gottheit sind so weit voneinander verschieden wie Himmel und Erde.« Mit dem Wort »Gott« sieht er die zahllosen menschlichen Gottesvorstellungen verbunden; es bezeichnet mehr die menschlichen »Gemächte« als das ungeahnte Geheimnis. Mit »Gottheit« hingegen meint Eckehart den Namenlosen, den es »nicht gibt« für menschliches Denken und Beanspruchen.[2] Aus diesem Grunde kann Eckehart den erstaunlichen Satz sagen: »Darum bitten wir Gott, daß wir ›Gottes‹ ledig werden.« Er meint, Gottes ledig zu werden als eines Gedankens, eines Begriffs, eines Bildes, eines Namens. Seine Überzeugung von der Hinfälligkeit aller begrifflichen Bestimmtheit Gottes gipfelt in der berühmten Formulierung seiner Predigt Nr. 9: »Got enist guot noch bezzer noch allerbeste. Wer da spraeche, daz got guot waere, der taete im als unrechte, als ob er die sunnen swarz hieze.« (Gott ist nicht gut noch besser noch allerbest. Wer da sagt ›Gott ist gut‹, der täte ihm ebenso unrecht, wie wenn er die Sonne schwarz nennen würde.) Zu dieser Stelle Bernhard Welte: »Sie ist überschwenglich und doch genau. Überschwenglich, weil in dieser Zeile alles, was Menschen sonst als gut und göttlich halten, weggeworfen wird vor der einzigen Erfahrung des dunklen Lichtes des Nichts. Und sie ist genau, weil der Meister genau sieht, daß das, was Menschen gut nennen, oder besser oder das Beste, daß das alles sehr begrenzte und relative Begriffe sind . . . Aber alles Relative muß versagen und vergehen vor jener Erfahrung, die das Unbegrenzte und schlechthin Übertreffende als das Nichts berührt.«[3]

Wenn aber alle Denkmodelle, alle Begriffe und Namen schwinden, dann ist auch alle Objektivität dahin, »das heißt alles Vor-sich-Hinstellen von etwas als etwas«. Jene Gottesbilder, die man selbst geschaffen und vor sich hingestellt hat, werden als menschliche »Gestelle« aufgehoben. Sobald aber die Objektivität überrundet ist, ist auch die Subjektivität – verstanden als Bestehen des Menschen auf seinen eigenen Setzungen – dahin. Die Subjekt-Objekt-Spannung,

[1] *Bernhard Welte,* a.a.O., 86.
[2] Vgl. *Louis Cognet,* Gottes Geburt in der Seele. Einführung in die Deutsche Mystik. Paris 1968. Freiburg 1980, 44 f.
[3] *Bernhard Welte,* a.a.O., 89.

der alle Welt unterworfen ist, und der auch alle Gottes-Vorstellung entstammt, gilt dann nicht mehr: das Verhältnis zu Gott ist nicht mehr das des Gegenüber, sondern die Erfahrung einer bis dahin unbekannten Einheit.

Zwischenübung: Von der Logik zum Paradoxon

Der Durchbruch durch die Subjekt-Objekt-Struktur des Denkens gilt in den Schulen der Mystik aller Religionen als wesentliche Voraussetzung, zu einer tieferen Spiritualität fähig zu werden. »Wollen wir ernstlich auf den Grund des Lebens hinabtauchen«, fordert der Zen-Meister D. T. Suzuki, »so müssen wir die uns lieben und gewohnten logischen Schlüsse opfern und uns einen neuen Weg der Betrachtung eröffnen, auf dem wir der Tyrannei der Logik entrinnen und ebenso der Einseitigkeit des alltäglichen Sprachgebrauchs.«[1] Man weiß aber auch, wie sehr sich der normale Mensch an die »gesellschaftliche Konstruktion der Wirklichkeit« klammert und Angst vor dem Abgrund des Namenlosen hat. Darum gibt man dem Schüler paradox formulierte Aufgaben, an denen er seinen Sinn für das eigenschaftslose Nicht-Tun üben soll. Er muß die paradoxale Sprache schrittweise erlenen, damit der Geist sich von seinen eigenen Setzungen löst und zu jenem Sinngrund gelangt, in dem sich die Gegensätze zu höherer Einheit verbinden. Hier sind einige dieser Übungsaufgaben, die freilich nicht im punktuellen »Durchlesen« verschlossene Tore öffnen helfen, sondern nur bei langmütiger Betrachtung, die über Jahre währen kann:

»Inmitten des strömenden Regens
werde ich nicht naß.«

»Mit leeren Händen gehe ich dahin,
und siehe! der Spaten ist in
meinen Händen.«

»Wer ist der Lehrer aller Buddhas
in Vergangenheit, Gegenwart und Zukunft?
Der Koch Johann.«[2]

Man nennt solche Aufgaben *Koans.* Wie sie benutzt werden wollen, schildert Heinrich Dumoulin im Anschluß an den großen japanischen Zen-Lehrer Hakuin, der um 1700 gelebt hat:

»Wenn du zum wahren Nicht-Ich gelangen willst, muß du über dem Abgrund die Hände loslassen . . . Was bedeutet es, über dem Abgrund die Hände loslassen? – Ein Mann ging in die Irre und gelangte an einen Ort, den noch kein Menschenfuß betreten hatte. Vor ihm gähnte jäh bodenlos der Abgrund. Seine Füße standen auf schlüpfrigem Feldmoos, kein sicherer Halt bot sich. Er konnte weder voranschreiten noch zurückweichen: Da wartet nur allein der Tod. Wenig Hilfe bieten ihm ein Rebzweig, den er mit der linken Hand faßt, und eine Ranke, die seine Rechte ergreift, sein Leben hängt wie an einem Faden. Läßt er plötzlich beide Hände los, so wird sein dürres Gebein ganz zunichte.

Genauso ist es mit dem Übenden. Ausschließlich ein Koan-Beispiel verfolgend, kommt er dahin, daß sein Geist wie tot, sein Wille wie erloschen ist, weite Leere über einem steilen, tiefen Abgrund, kein Halt für Hände und Füße. Alle Gedanken schwinden,

[1] *Daisetz Teitaro Suzuki,* Die große Befreiung. Einführung in den Zen-Buddhismus. Zürich (1958). ⁶1972, 79.

[2] *Daisetz Teitaro Suzuki,* a.a.O., 82; 78; 79.

in der Brust steigt heiß die Angst auf. Da plötzlich zerbricht mit dem Koan zugleich Geist und Leib. Dieser heißt der Augenblick des Loslassens über dem Abgrund. Beim plötzlichen Aufleben ist es, wie wenn einer Wasser trinkt und selber kalt und warm weiß: Die große Freude wallt auf. Dies heißt Wiedergeburt (im reinen Land).«[1]

Bernhard Welte hält es für bemerkenswert, daß in dieser Geschichte vom Loslassen der Hände die Rede ist, »das heißt von dem sich völligen Überlassen. Und daß vom Abgrund die Rede ist, der zunächst Angst macht. Es ist aber an der Geschichte deutlich, daß der Abgrund kein leeres Nichts ist. Wie könnte sich sonst dort die Wiedergeburt ereignen, wie könnte sonst dort die große Freude aufwallen?«[2]

*

Es ist natürlich nicht selbstverständlich, daß der Mensch sich in Gott versenken kann. Die Möglichkeit hierzu liegt nach Meister Eckehart in dem, was er den »Seelengrund« oder auch den »Funken der Seele« nennt: »Ich habe bisweilen gesagt«, lehrt er in der Predigt 2, »es sei eine Kraft im Geiste, die sei allein frei. Bisweilen habe ich gesagt, es sei eine Hut des Geistes. Bisweilen habe ich gesagt, es sei ein Licht des Geistes; bisweilen habe ich gesagt, es sei ein Fünklein. Nun aber sage ich: Es ist weder dies noch das. Trotzdem ist es ein Etwas, das erhabener über dies und das als der Himmel über die Erde. Darum benenne ich es nun auf eine edlere Weise, als ich je benannte, und doch spottet es sowohl solcher Edelheit wie der Weise, und es ist darüber erhoben. Es ist von allen Namen frei und von allen Formen bloß, ganz ledig und frei, wie Gott ledig und frei ist in ihm selber.«

Eckehart spricht von etwas im Geiste des Menschen, das ganz frei ist. Dieses Freie nennt er eine Hut (custodia), also einen bewachten und abgeschirmten Raum. Gemeint ist eine Festung (»bürgelin«, kleine Burg, sagt er auch), in die man nicht eindringen kann. Er umschreibt mit diesen Bildern einen Bereich im menschlichen Geist, der so entzogen und zugleich befestigt ist, daß man in ihn nicht dringen kann.

Statt des Bildes vom umschlossenen Raum, der unzugänglich ist, spricht Eckehart aber auch vom Licht in diesem Seelengrund. Man kann zwar nicht hinein, wohl aber dringt etwas heraus und leuchtet als ein kleiner Funke ins Weite.

Dann aber nimmt Eckehart seine eigenen Bilder wieder zurück. »Nun aber sage ich: es ist weder dies noch das ... Es ist von allen Namen frei und von allen Formen bloß, ganz ledig und frei, wie Gott ledig und frei ist in ihm selber.« Hier bleibt zunächst nur die Möglichkeit, jede positive, bestimmende Aussage zu vermeiden, das Geheimnisvolle nur noch über die Negativität hinweg scheu zu berühren, ohne es doch begreifen zu können.[3] Deutlich wird aber, daß dieses Geheimnis in besonderer Beziehung zu Gott steht, und an späterer Stelle des Textes sagt Eckehart, daß »Gott darin grüne und blühe mit all seiner Gottheit«. Ob nun der Mensch daran denke oder nicht, in seinem Seelengrund ist dieses göttliche Leuchten. So sagt Eckehart in immer wieder neuen Wendungen, daß Gott der Seele näher sei als diese sich selber ist. Freilich ergeht es den

[1] *Heinrich Dumoulin,* Zen. Zürich 1959, 257 f.
[2] *Bernhard Welte,* a.a.O., 108.
[3] *Bernhard Welte,* a.a.O., 149.

meisten Menschen »als ein man, hât er wîn in sînem keller und enhaete er sîn niht getrunken noch versuochet, sô einweiz er niht, daz er guot ist«. Der Wein Gottes ist immer schon im Keller oder in der Tiefe der Seele, jenseits des weltläufig Bekannten. So geht es darum, »daß der Mensch in diesen Keller hinabsteige, daß er im Vollzug seines Lebens einhole, was schon verborgen in ihm ist.«[1]

An dieser Stelle müssen wir, bevor wir den »Weg des Lehrers« verlassen, noch einen Hinweis einfügen, um möglichen Mißverständnissen vorzubeugen. Unsere Orientierung folgte ja bisher ganz den Erfahrungsansätzen der Deutschen Mystik, zumal den Weisungen des Meisters Eckehart. Das ist gewiß legitim und in seinem Heimatrecht inmitten der christlichen Tradition auch unbestritten. Dennoch darf dieser Weg nicht verabsolutiert oder alternativ gegen die biblische Gottesoffenbarung gestellt werden, wie dies auch Meister Eckehart nie getan hat. Dem »Weg des Lehrers«, den wir skizzierten, kommen die »Wege Jahwes« entgegen. Das Religionsbuch für das dritte Schuljahr und das zugehörige Lehrerhandbuch 3 thematisieren dieses Kernstück der biblischen Offenbarung ausführlich. Wir dürfen uns hier darum kurz fassen; die folgenden Hinweise sollen nur den theologischen Stellenwert der bisher beschriebenen Schritte im Rahmen unseres Grundschulwerkes verdeutlichen.

Für Israel ist Jahwe stets ein Gott gewesen, der sich innerhalb der Geschichte den Menschen verständlich zu machen wußte. Sein »Wort« an Israel – das im Geschehen selbst, im Ereignis an-ging – ist immer so andrängend und konkret, daß es nie in eine weltabgehobene Distanz führte: »Nimm deinen Sohn, deinen einzigen, den du liebhast . . .« (Gen 22,2). »So sollst du zu den Israeliten sagen: Jahwe, der Gott eurer Väter, hat mich zu euch gesandt« (Ex 3,15). »Steh auf und iß, sonst wird der Weg zu weit für dich sein« (1 Kön 19,7). Gewiß ist dieses Wort allemale ein Wort aus der jenseitigen Unverfügbarkeit Gottes, doch ruft es niemals aus der konkreten Lebenssituation heraus in eine zeitlose Versenkung, sondern will gerade von dem Ort und jener Zeit her verstanden werden, wo der Mensch seine konkrete Lebensmitte hat.

Ein weiteres kommt hinzu: »Wer den Gottesglauben der Bibel verstehen will, muß seiner geschichtlichen Entfaltung nachgehen, von den Ursprüngen bei den Vätern Israels bis herauf zu den letzten Schriften des Neuen Testaments.«[2] Unsere Religionsbücher folgen dieser Einsicht: Band 3 thematisiert die großen Gottesoffenbarungen, wie sie für Abraham, Jacob, Mose, Elija, Ezechiel überliefert sind, während Band 4 »das in der Person Jesu positiv und konkret andrängende Mysterium Gottes« darstellt: Da ist dann »der ganze konkrete Gott des Alten Bundes, mit seiner Macht und Treue, seiner Glorie und Zugänglichkeit für die Armen und Schwachen, und dieser konkrete Gott soll sich – das ist der Anspruch Jesu – in dem konkreten Menschen aus Nazaret, dessen Vater und Mutter ›wir kennen‹ (Joh 6,42) – persönlich einmalig und endgültig offenbaren.«[3]

Mit diesem Hinweis soll die Perspektive des vorliegenden Ansatzes eine vorläufige Verlängerung erfahren. In der Weiterführung unseres Handbuches

[1] *Bernhard Welte,* a.a.O., 170.
[2] *Joseph Ratzinger,* Einführung in das Christentum. München 1968, 84.
[3] *Hans Urs von Balthasar,* Christen sind einfältig. Einsiedeln 1983, 30.

wird dann auch der Weg des Lehrers seine entsprechende biblische Entfaltung finden. Zu beachten ist dabei, daß dieser »Weg« natürlich keinem Schulalter zuzuordnen ist, sondern dem Erwachsenen gilt. Darum gelten die hier beschriebenen Schritte auch nicht einer engeren Unterrichtsvorbereitung, sondern der grundlegenden Lebensorientierung des Lehrers in seiner privaten Existenz. Die Aufteilung dieses Weges auf verschiedene Bände dieses Handbuchs entspringt dabei teils praktischen Erfordernissen, teils curricularen Zuordnungen.

Die Vorstrukturierung des Symbols ›Gott‹: der Weg des Kindes

Der mystische Weg, mit Gott ohne Bild und ohne Namen, also ohne Eigenschaft eins zu werden, kann nur der Weg des reifen Erwachsenen werden. Für das Kind ist dies kein Ausgangspunkt. Um Gott als »das Nichts der Abgeschiedenheit« finden zu können, muß jeder Mensch von klein auf einen persönlichen Erfahrungsweg gehen, dessen einzelne Etappen für die Bildung des Symbols »Gott« konstitutiv sind. Dabei können wir davon ausgehen, daß gewiß von Geburt an – und vielleicht auch schon im pränatalen Prozeß – die persönliche, affektive Geschichte eines jeden auf sein Gottesverständnis bedeutsamen Einfluß ausübt. Zunächst also bedeutet die familiare Erfahrung des Kindes eine Vorstrukturierung des späteren Gottessymbols.

Wir hatten bereits gesagt (→ I, 255–262), daß Symbole Bewußtes und Unbewußtes umfassen. In ihrer psychischen Realität sind sie biographisch bedingt, doch repräsentieren sie zugleich eine Wirklichkeit, die in ihrem Sinnreichtum weit über die seelischen Ursachen und strukturellen Gesetzlichkeiten hinausgeht. Mit anderen Worten: Symbole der Seele sind auf äußere »Objekte« bezogen, jedoch so, daß sich das äußere Objekt als eine affektiv besetzte Struktur in der Psyche des Menschen entwirft.

Das Material, aus dem sich die Symbole bilden, sind die Erfahrungen eines jeden. Dabei wirken die bewußten und die unbewußten Erfahrungen zusammen; weil diese aber niemals neutral, sondern stets mit intensiven Gefühlen besetzt sind, sind alle Symbole der Seele auch affektiv aufgeladen, so daß die Aktivierung solcher Symbole immer zugleich Emotionen auslöst.

Auch religiöse Symbole gründen auf Erfahrung, sie werden durch die individuellen psychischen Erfahrungen immer mitdisponiert. »Ein religiöses Symbol ist nur solange lebendig, als es in der Psyche und damit in der Triebdynamik des Menschen verwurzelt bleibt.«[1] Dies gilt auch für das Symbol »Gott«. Alle Erfahrungen seit der frühen Kindheit und zumal die Erfahrungen des Kindes mit Mutter und Vater prägen folglich sein Gottesverständnis.

Mutter-Symbolik und Gottesbild

Es gibt ontogenetische (individualgeschichtliche) und phylogenetische (stammesgeschichtliche) Hinweise für die These, daß das früheste kindliche Gottesbild zunächst mütterliche Züge trägt. Das empirische Material, das diese These rechtfertigt, ist zwar nur lückenhaft und nicht eindeutig zwingend,[2] doch spricht unser sonstiges anthropologisches Wissen dafür. Andererseits wird der Einfluß des Vaters um so wirksamer das Gottesbild mitbestimmen, je früher und nachhaltiger er in das Verhältnis zum Kind eintritt. Dementspre-

[1] *Heinz Müller-Pozzi,* Psychologie des Glaubens. Mainz/München 1975.

[2] Vgl. *Christian Morgenthaler,* Sozialisation und Religion. Gütersloh 1976, und *Antoine Vergote,* Religionsspychologie. Olten 1970, 221 f.

chend läßt sich mit Antoine Vergote sagen, daß das eine wie das andere Elternbild imstande ist, das Symbol Gott vorzubesetzen. »Ihr wechselseitiges Gewicht hängt alleine davon ab, wie sehr ein Mensch bei seinem Vater oder seiner Mutter Befriedigung seiner Wünsche gefunden hat.«[1] Weil diese Erfüllung am Anfang des Lebens und oft auch in späteren Jahren bei der Mutter gefunden wird, ist sie in einer zentralen Weise stets auch wesentliche Matrix der Religiosität und zumal des Gottesbildes. Selbst wenn das Symbol »Gott« patriarchalisch überformt ist, darf der mütterliche Anteil nicht fehlen, sofern es nicht zu erheblichen Kompensationszwängen kommen soll.

Das biblische Gottesbild ist denn auch keineswegs nur maskulin geprägt. So wurde das hebräische Wort für das »Erbarmen« Gottes aus einem Stamm gebildet, der »Mutterleib« bedeutet. Sir. 4,10 heißt es: Der Allerhöchste »wird sich deiner mehr erbarmen als eine Mutter«. Jes 66,13: »Wie einen seine Mutter tröstet, so will ich auch trösten«. Jes. 49,15: »Wird wohl ein Weib ihres Kindleins vergessen, so daß sie sich nicht erbarmte über das Kind ihres Mutterleibes? Und sollte selbst eine Mutter seiner vergessen, so will doch ich deiner nicht vergessen.«[2]

Natürlich ist auch die Mutter-Symbolik ambivalent. Sie enthält ebenso Züge des Bergenden, Umfangenden und Nährenden wie Züge des Verschlingenden. Erich Neumann hat diese Doppelgesichtigkeit im Symbol der Großen Mutter, die ebenso Leben gibt, wie sie in den Tod hineinnimmt, eindrücklich beschrieben.[3] Es ist aber auch immer erneute Kinderfahrung, daß die Mutter in ihrer Wertigkeit ambivalent erlebt wird, als gute und als böse Mutter.[4] Von hierher stellt sich die Frage: Gibt es auch im Gottessymbol Strukturanalogien, »welche die Ambivalenzerfahrung des Kindes mit der Mutter spiegeln? Ist im Endsymbol ›Gott‹ das Übergangssymbol ›ambivalente Mutter‹ noch aufgehoben?«[5] Eine Antwort auf diese Frage ist leicht, denn überreich enthält die Bibel Traditionen eines spannungsreichen Gottesbildes, das voller Licht und Dunkel ist. Dieser Gott rettet Noach und vernichtet die übrige Menschheit, er führt Israel durch die Meereswasser und läßt den ägyptischen Troß ertrinken. Welche Abgründe gehören zu diesem Gott?

Ambivalenzen im Vater-Symbol

Für unsere geschichtlich-gesellschaftliche Tradition ist es nun allerdings kennzeichnend, daß uns Gott nicht mehr im Symbol der Mutter, sondern im Symbol des Vaters begegnet. Soweit dieses Vatersymbol einseitig maskulin interpretiert wurde und wird, führt es zu einem strengen, unerbittlichen Gott, dessen konsequente Gerechtigkeit kaum Hoffnung auf eine überbietende Barmherzigkeit zuläßt.

[1] *Antoine Vergote,* a.a.O., 229.

[2] *Wolfgang Bartolomäus,* Christsein lernen von Anfang an. Zur Vorstrukturierung des Symbols »Gott« in früher Erfahrung, in: Theologische Quartalschrift 158, 1978, 204.

[3] *Erich Neumann,* Die große Mutter. Freiburg/Olten [6]1983.

[4] Psychoanalytische Theorien behaupten, daß der Säugling zunächst zwei Mütter erlebe: eine gute, der sich die Libido zuwendet, und eine böse, gegen die sich die Aggression richtet, und daß er erst später entdecke, daß diese zwei Mütter nur zwei Seiten einer Mutter sind. *Wolfgang Bartolomäus,* a.a.O., 204.

[5] *Wolfgang Bartolomäus,* a.a.O., 205.

»Aber weißt du, was das Schlimmste ist, das sie mir über dich erzählt haben? Es ist die tückisch ausgestreute Überzeugung, daß du alles hörst und alles siehst und auch die geheimen Gedanken erkennen kannst. Hier hakte es sehr früh aus mit der Menschenwürde; doch dies ist ein Begriff der Erwachsenenwelt.

In der Kinderwelt sieht das dann so aus, daß man sich elend fühlt, weil *du* einem lauernd und ohne Pausen des Erbarmens zusiehst und zuhörst und mit Gedankenlesen beschäftigt bist . . .

Du als Krankheit in mir bist eine Normenkrankheit, eine Krankheit der unerfüllbaren Normen, die Krankheit des Angewiesenseins auf deine Gnade . . . Dabei wurde erzählt, daß deine Gnade wunderbar und unerschöpflich sei, und wie froh wir sein müßten, wenn wir trotz unserer immer wiederkehrenden Sünden immer wieder die Chance hätten, sie zu erwerben; daß du dein Antlitz nie endgültig abwenden würdest, aber doch lange genug, um Angst zu erzeugen und uns in der Furcht des Herrn zu halten . . .

Fast zwanzig Jahre lang war es mein oberstes Ziel, dir zu gefallen. Das bedeutet nicht, daß ich besonders brav gewesen wäre, sondern daß ich immer und überall Schuldgefühle hatte . . . Du hast mir so gründlich die Gewißheit geraubt, mich jemals in Ordnung fühlen zu dürfen . . .«[1]

Die Geschichte eines solch autoritären bedrohlichen Gottesbildes ist alt. Sie kann an dieser Stelle nicht verfolgt werden. Aber je strenger der richtende Gott gedacht wurde, um so dringlicher zeigte sich der Bedarf an einer ausgleichenden Symbolgestalt. So etwa stellt schon das Mittelalter Maria immer öfter an die Seite des Weltenrichters, denn das Schicksal der Verurteilten »bewegt unser liebe Fraw und (sie) statt für unseren Herren und spricht zu iren vil lieben Kind und bitt für den Sunder:

> Liebes Kind, du solt mir vertragen,
> Das ich noch hüt mit dir will sagen:
> Ein Mensch tut gern nach siner Art
> Als im angeboren ward.
> Min Art ist Erbarmhertzigkeit;
> Von Geburt ist sie an mich geleit;
> Da mus ich mich erbarmen
> über den Sunder vil armen.«

Doch unerbittlich beendet der harte Richter diese mütterliche Fürsprache:

> »Min Hertz kein Erbermde hat . . .
> Ich wil bi nuti (keineswegs) erhören dich,
> Won din Gebet ist unmuglich.«[2]

Je einseitiger maskulin das Gottessymbol entwickelt wird, um so entschiedener zwingt es zur isolierten Gegenüberstellung einer ebenso einseitigen Anima-Symbolik, so daß sich die religiösen Beziehungen tatsächlich in zwei getrennte Rollen verdoppeln. Es kommt zu den ersatzhaften Komplementär-Symbolen von »Mutter Kirche« und »Mutter Maria«, »mit Tendenz zu Nebengöttinnen«.[3]

Natürlich liegt in der aufgewiesenen Maskulinisierung des Gottessymbols zugleich eine Verzeichnung des Vaterbildes. Es mißrät zu einer Unerbittlich-

[1] *Tilmann Moser,* Gottesvergiftung, Frankfurt a. M. 1976, 13; 15; 16 f.

[2] *Stephan Beissel,* Geschichte der Verehrung Marias in Deutschland während des Mittelalters. (1909), Darmstadt [2]1972, 367; 369.

[3] *Wolfgang Bartolomäus,* a.a.O., 204.

keit, der alle Güte fehlt, und damit auch die Väterlichkeit. So wie ein Mann ohne hinreichende Anima-Anteile in fürchterlicher Weise sich selbst verfehlt, als Mann also immer auch »Frau« sein muß, ist Gott erst dadurch eigentlich Vater, daß er in seine Väterlichkeit auch mütterliche Züge einschließt.[1] Gleichzeitig muß das göttliche Vatersymbol in seiner Charakteristik vollständiger als jene konkreter Menschen sein: das Bild des gütigen, ja zärtlichen Vaters, das Jesus in seinen Geschichten beschreibt, umfaßt zugleich diese spannungsreiche Einheit, ohne die das Gottessymbol nicht »ganz« wäre.

Die Korrekturfunktion der Lehrer-Schüler-Beziehung

Natürlich gibt es wohl keine Eltern-Kind-Beziehung, die man als idealtypische Präfiguration für das Symbol »Gott« ansehen könnte. Dafür haften an jeder Elternschaft und ihren gesellschaftlichen Bedingungen allzu viele Einschränkungen menschlicher Unzulänglichkeit. Nichtsdestoweniger ist die Erfahrung des Angenommenseins, so wie sie Grundlage einer gesunden seelischen Entwicklung ist, auch die triebdynamische Wurzel des sich bildenden Gottessymbols. Das läßt uns nun freilich jener Kinder gedenken, die ohne elterliche Zuwendung – innerlich verwaist – aufwachsen oder doch nur eine sehr bedingte Liebe erfahren. Nahezu in jeder Klasse gibt es ja solche Schicksale. Was bedeutet unsere Reflexion über die frühe Vorstrukturierung des Gottessymbols für die religiöse Orientierung solcher Kinder? Kann der Religionsunterricht die affektiven Defizite ausgleichen, unter denen die Kinder von früh auf leiden?

Man ist schnell geneigt, der Schule hier eine systembedingte Ohnmacht zu attestieren. Mit solchen Theorien entlastet man zugleich den Lehrer, in dem man ihm sagt, was er sowieso schon gerne glaubt, daß er nämlich »in solchen Fällen« gar nichts ausrichten könne. Doch wäre nichts falscher als diese bequeme Resignation. Neben Vater und Mutter sind es ja noch andere Bezugspersonen, die für die Strukturierung des Symbols »Gott« bedeutsam sind. Unter ihnen *kann* der Lehrer besonders wichtig sein, wie jeder weiß, der die zeitweise dominante Rolle kennt, die Lehrer bei Kindern manchmal einnehmen. Dann ist deren Wort heiliges Gesetz, das alle Elternworte außer Kraft setzt, dann fragen sich Kinder, ob ein neues Kleidungsstück wohl der Klassenlehrerin gefalle, tun oder lassen nur deswegen etwas, weil diese es vorgeschlagen hat. Natürlich setzt eine solche Freundschaft die erfahrbare Zuneigung und Herzlichkeit des Lehrers voraus. Und Gott sei Dank gibt es ja diese Menschen, die stets Verbündete ihrer Schüler sind, die deren Probleme über die Unterrichtszeit hinaus teilen und diesen Kindern immer wieder neue Erweise ihrer Warmherzigkeit entgegenbringen. Wenn ein solcher Lehrer, von seinen Schülern heiß geliebt, diesen das Symbol ›Gott‹ entfaltet, ist er mit seiner Person selbst eine Matrix dieses Symbols. Was an familiären Ausfällen auch zu beklagen sein mag, eine überdurchschnittliche Zuwendung zu solchen Kindern und ein narrativ entworfener Sinnhorizont vermögen dann durchaus ihrem Glauben an Gott innerseelischen Rückhalt und eine hilfreiche Perspektive zu geben.

[1] *Antoine Vergote,* Religionspsychologie, a.a.O., 245.

Lehrer und Schüler begegnen sich: Die Vertiefung des Symbols »Gott« durch die gemeinsame Arbeit mit dem Religionsbuch

An dieser Stelle ist nun zu guter Letzt zu fragen, wie sich Lehrer und Schüler auf dem Weg des Religionsbuches im Gottessymbol begegnen. Hier sei zunächst auf die nicht-thematischen, impliziten Dimensionen des Buches verwiesen.

Einerseits sind es die sozialen, handlungsbezogenen Erfahrungen, die das Religionsbuch anregt. Dabei gehen wir davon aus, daß die »grundlegenden Bemühungen, Gott als Gerechtigkeit und Güte in Person darzustellen, sich nie auf eine rein begriffliche Erklärung der Einheit von Gottes- und Nächstenliebe oder des neutestamentlichen Vaterbegriffs u. ä. beschränken, sondern ganzheitlicher mit der Bewußtmachung einer erlebnisbedeutsamen prozosialen Erfahrung einsetzen und deren religiöse Dimension und Möglichkeitsbedingung reflektieren.«[1] Das heißt konkret: die menschliche Wärme, die wir den Kindern entgegenbringen, unsere Hilfestellung bei gemeinsamen Tätigkeiten wie Brotbacken, Fest und Feier, Pflanzen- und Tierpflege etc. stets lieb aufeinander zu achten und jeden Mitschüler einzubeziehen, gibt den Grund-Wörtern des christlichen Glaubens erst ihren seelichen Nährboden. Auch die innere Aufmerksamkeit für Geburts- und Namenstage der Kinder, die mannigfachen Anlässe, einander Freude zu bereiten, die Übungen, einen Tisch zu decken, etwas anzubieten, dafür zu danken, Grüße zu senden oder Worte der Anerkennung zu finden (→ I, 40 ff) sind Erschließungssituationen für das Symbolfeld »Gott«.

In einer anderen Weise sind die symbol- und sprachdidaktischen Lernprozesse unseres Religionsbuches (in allen vier Grundschuljahren) so angelegt, daß sie den Bann der alltäglichen Vordergründigkeit wieder und wieder überschreiten lehren, um die Kinder für metaempirischen Sinn zu disponieren. Sie bekommen in sorgfältig gewählten Bildern, Geschichten und poetischen Texten ein Material angeboten, das ihnen hilft, ihr drittes Auge für das jenseitige Ufer auszubilden. Damit ist nicht gemeint, Erfahrung und Glaube lägen auf derselben Ebene, wohl aber, daß eine bewußte Didaktik spiritueller Erfahrung Dispositionen für das Unverfügbare schafft. Für den Lehrer ist das Bewußtsein sehr wichtig, daß er bei Themen wie »Brot« und »Wasser«, »Sonne« und »Fest« nicht im religionsdidaktischen Abseits unterrichtet, sondern daß auf eine schwer definierbare Weise alles miteinander zusammenhängt, sich wechselseitig eröffnet und stützt.

Die weiteren Kapitel unseres Religionsbuches, etwa »Mensch und Tier«, »Mit der Kirche feiern«, »Gottesdienste in Israel«, insbesondere dann jene über »Das tägliche Gebet« und das Jesus-Kapitel umschließen das christliche Gottesverständnis in einer Weise, daß man wohl sagen darf, in diesem Religionsbuch sei alles auf das Symbol »Gott« hin transparent, wie ja auch bereits in der Ein-

[1] *Bernhard Grom,* Religionspädagogische Psychologie des Kleinkind-, Schul- und Jugendalters. Düsseldorf und Göttingen, 1981, 119.

führung zum Religionsbuch für das erste Schuljahr gefordert wurde: »Wer Gott sagt, muß auch alles meinen.«

Mit dem bisher Gesagten ist die Einbindung des Kapitels »Gott: das Licht der Welt« in die Gesamtanlage des Religionsbuches skizziert. Die didaktische Konzeption dieses Kapitels bleibt jetzt noch darzustellen.

Wie bei jedem anderen Kapitel ist zu beachten, daß dieser Religionsbuch-Abschnitt nicht punktuell vorkommt, sondern in den folgenden Jahren seine innere Fortsetzung findet. Deswegen muß hier nicht »alles« erwartet werden. Es wird erstrebt, mit dem Gesamtcurriculum eine Ganzheit vorzulegen, die der Primarstufe entspricht. Andererseits sollen die Folgebände auf den Verstehensvoraussetzungen und Kenntnissen der ersten zwei Schuljahre aufbauen, so daß der innere Zusammenhang erfahrbar wird: die Anknüpfung an das Vorjahr ist bedeutsam, damit nichts liegen bleibt und vergessen wird, die Wiederaufnahme und Weiterführung des roten Fadens aber unverzichtbar, damit auch eine meditative Vertiefung bei neuer Inhaltlichkeit gelingen kann.

Die Anknüpfung an das Vorjahr geschieht mit dem thematischen Akzent des Kapitels »Gott – das Licht der Welt«. Das Religionsbuch 1 hat (neben seinen zahlreichen impliziten Aussagen) die Gottesvorstellung ja erstmalig explizit entfaltet inmitten des Symbolfeldes »Licht«; dazu finden sich im Lehrerhandbuch zahlreiche Vorschläge für handlungsbezogene und kindgemäße Erfahrungen von Licht und Finsternis. Wer sich mit seinen Schülern darauf eingelassen hat, wird eine auch affektiv lebendige, innerlich fundierte Disposition für die nun biblisch zu entfaltende Gottesthematik voraussetzen können.

Diese didaktische Kontinuität verdeutlicht sich auch visuell in der Wiederaufnahme des trinitarischen Gottessymbols aus dem Hildegardis-Codex (→ I, 288 ff). Sie wird aber mit besonderer Eindrücklichkeit durch die fünf großen Radierungen Marc Chagalls, die stets das Gottessymbol als Sonne oder als übergroßes Lichtfeld zeigen, fortgesetzt. Damit die Konzeption des Kapitels möglichst klar erfaßt wird, sollen die wichtigsten Punkte hier herausgestellt werden:

Erstens: Das Kapitel erhält seine *formale Geschlossenheit* vor allem durch die einheitliche Bildfolge aus Marc Chagalls »Bible« (Verve, Paris 1956). Dadurch, daß die Radierungen stets großformatig auf eine volle Seite gesetzt sind, geben sie dem Abschnitt eine innere Ruhe und Kraft. In ihrer Abfolge verweisen sie aufeinander, helfen sich gegenseitig erschließen, fordern zugleich aber auch zu einer ernsthaften, genau hinschauenden Auseinandersetzung auf.

Zweitens: Der Rückgriff auf nur *einen* Künstler gibt dem Gottes-Kapitel zugleich seinen inneren *thematischen Zusammenhang.* In der hier vorliegenden Auswahl ist es der im Sonnen- und Lichtsymbol sich darstellende biblische Gottesglaube. Dabei wird im Bild sowenig wie in der Bibel von Gott »an sich« gesprochen, sondern stets von einem im Geschick des Menschen sich offenbarenden Gott.

Drittens: Die Themenfolge ist stets doppelseitig angelegt in einem *Korrespondenz-Verhältnis von Bild und Text.* Allein die Plazierung des Bildes auf die rechte Buchseite zeigt dessen Vorrang an. Der Text ist so knapp wie möglich gehalten. Er soll der zurückhaltenden Sprache der Bilder entsprechen, aber doch dienend untergeordnet bleiben. Darum will der Text nichts anderes als Hilfestellung für die Auseinandersetzung mit Chagalls Radierungen bieten.

Viertens: Die Texte zu den einzelnen Bildseiten unterscheiden sich durch *zwei verschiedene Funktionen:* Der obenstehende, grotesk gesetzte Text dient ausschließlich der Interpretation des Bildes. Er verweist auf die wesentlichen Bildelemente und formuliert Fragen, bietet also nicht seinerseits eine Deutung, sondern möchte dem gemeinsamen Unterrichtsgespräch dienen. Insofern ist dieser Textteil subsidiär auf die interpretatorische Auseinandersetzung mit dem Bild bezogen. Anders der untenstehende, kursiv gesetzte Text. Dies ist eine poetisch-liedhafte Sprachform, die den Kindern nicht in allen Wendungen rational erklärt werden muß. Indem sie die Liedstrophen aber sprechen und singen, nehmen sie ein meditatives Element auf, das in seiner eigenartig traumhaften Bewegung in innerer Entsprechung zu Chagalls Bildwelt steht.

Fünftens: Bilder und Texte verweisen auf eine *Auswahl biblischer Geschichten,* die ihrerseits nicht abgedruckt werden. Dafür gibt es mehrere Gründe: Einerseits verwehrt dies der verfügbare Platz. Aber auch die bedeutsame formale Geschlossenheit des Kapitels wäre gesprengt worden. Außerdem stehen Bedenken im Blick auf die Textmenge dagegen. Im zweiten Schuljahr ist die Lesefähigkeit ja noch sehr gering. Darum ist es wohl angemessen, den Lehrer in diesem Handbuch auf den biblischen Kontext zu verweisen, zugleich an die Benutzung der »Bibel für die Grundschule« zu erinnern, es aber jedem selbst zu überlassen, – wie immer – die konkrete Unterrichtsstunde nach eigenem Vermögen zu planen.

*

Schauen wir von hier, bevor es um einzelne Themen geht, noch einmal zurück auf die Wege des Lehrers und des Schülers, wie sie voranstehend skizziert wurden. Zwar ist der Weg des Schülers auch jener des Lehrers, insofern er jedem Erwachsenen offen bleiben muß für ein gelegentliches Zurückgehen, damit nicht verdrängt werde, was zur Tiefenschichtung und Komplexität des Symbols ›Gott‹ gehört. Dennoch haben wir als eigenen Weg einen Pfad anspruchsvoller Spiritualität gesucht, auf dem der Lehrer zu einer angemessenen Reife seiner eigenen menschlichen und christlichen Existenz kommen kann. Dieser eigene Weg ist wichtig und Voraussetzung des Unterrichts. Er findet in Chagalls Bildern und in der biblischen Überlieferung Perspektiven, die Gott im Durchbrechen der Dinge erscheinen lassen.

Die Schüler hingegen begegnen einem Zeugnis, daß ihnen hilft, alle verkürzte oder auch verkehrte Kinderstuben-Theologie zu überrunden, um in einer Symbolstruktur ihr Gottesverständnis artikulieren zu lernen, die nach vorne weit offen ist – bis in jene Stille und Weite, von der die Gottesvision der Hildegard von Bingen ebenso weiß wie Meister Eckeharts Anleitung zum Weg in die Abgeschiedenheit.

Insofern vermag das Gottes-Kapitel unseres Religionsbuches beiden Seiten, Lehrern wie Schülern, einen Weg anzubieten, den jeder in seiner Weise erkunden muß. Und das ist gut so, denn ein Lernprozeß, dem der Lehrende nur noch gegenübersteht, ohne selbst einbezogen zu sein, wirkt eher distanzierend als verbindend. Gott-sagen aber bedeutet auch, für seine Schüler ganz da zu sein.

Einführung: »Kannst du mir Gott zeigen?« S. 21

Das Gotteskapitel wird mit einer Text-Bild-Komposition eröffnet, über die nicht viele Worte zu verlieren sind. Die für den Lehrer wichtige Einübung in seine Unterrichtsaufgabe ging ja voraus (→ S. 200–212).

Das Bild aus dem Hildegardis-Codex ist den Schülern bereits in ganzseitiger Wiedergabe aus dem Religionsbuch für das erste Schuljahr vertraut. Unter dem Titel »Das göttliche Licht« wurde es im Lehrerhandbuch 1 besprochen. An dieser Stelle soll es alle Erfahrungen, die im Vorjahr mit Licht und Finsternis gemacht wurden, wieder wachrufen. Der Lehrerband bot außerdem eine so breite Palette zur spielerischen Erfahrung der Lichtsymbolik im Unterricht, daß im ersten Jahr nicht alle Möglichkeiten verwirklicht werden konnten. Unser Unterricht kann deshalb hier erneut anknüpfen, um eine Eingangserfahrung für die Gottesthematik zu schaffen (→ I, 268–275).

Eine *nähere* Beschäftigung mit dem Bild »Das göttliche Licht« sollte jedoch nicht am Anfang der Unterrichtsreihe stehen. Vielmehr empfiehlt sich nach Abschluß des Kapitels – vielleicht im Zusammenhang mit einem festlichen Anlaß –, auf die große Reproduktion im Religionsbuch 1 zurückzugreifen, um in einer gesammelten Feier alle Erfahrungen mit dem göttlichen Lichtsymbol in Lied und Spiel, Sprache und Stille zum Ausdruck zu bringen.

»Das göttliche Licht« soll in der Wiederholung an dieser Stelle aber nicht nur den rückwärtigen Anschluß besorgen, sondern auch die innere Thematik des Kapitels, ja sogar des ganzen Buches repräsentieren. Das Sonnenlicht ist ja dominierendes Leitmotiv des Bandes (→ S. 461 ff). In der Version des Hildegardis-Codex verdichtet sich das Lichtsymbol als Gottessymbol zu seiner größten Intensität, die dem Lehrer erlaubt, je nach eigener Spiritualität, über den einmaligen Unterrichtsanlaß hinaus das Bild immer wieder zum Vergleich und zur Vertiefung des Glaubenssinnes heranzuholen.

Schließlich hat aber dieses Bild noch eine Überleitungsfunktion, denn es wird sowohl im Religionsbuch für das dritte Schuljahr als auch in jenem für das vierte Schuljahr weitere neue Dimensionen eröffnen helfen.

Von anderer Bedeutung ist der Text zur Eröffnung des Kapitels. Er ist dialogisch angelegt, also lebendig im Duktus und in sich selbst anschaulich. Er bedarf keiner Erklärung. Daß er in seiner Weise die Leitsymbolik des Religionsbuches aufnimmt und für das Gotteskapitel erschließt, soll lediglich erneut ins Bewußtsein gerufen werden. Mit den letzten Sätzen »Auch in die Sonne kannst du nicht schauen, ohne zu erblinden. Wer Gott sehen will, muß seine inneren Augen öffnen . . .« wird zugleich eine Verbindung mit der abschließenden Legende »Der König und der Hirt« geschaffen; darin weist der Bettler auf die Sonne. »Schau hin«, sagte er, aber der König mußte seine Augen schließen, weil ihn der Sonnenglanz blendete. »Willst du, daß ich erblinde?« sprach er zu dem Hirten. »Aber König«, sagte dieser, »das ist doch nur ein geschaffenes Ding, ein kleiner Abglanz des göttlichen Lichtes. Wie willst du da mit deinen schwachen Augen Gott schauen können? Suche ihn mit anderen Augen!«

Marc Chagall und die Bibel

Über Marc Chagall

Marc Chagall wurde am 7. Juli 1887 in Witebsk (Weißrußland) geboren. Er war das älteste von neun Kindern. Sein Vater war ein Kaufmannsgehilfe, der Großvater Metzger und zugleich jüdischer Religionslehrer.

»Ich erinnere mich nicht mehr – hat es mir meine Mutter erzählt? – genau in der Stunde meiner Geburt in einem kleinen Häuschen, das hinter einem Gefängnis in der Nähe der Chaussee von Witebsk lag, brach ein großes Feuer aus. Die Stadt stand in Flammen, das Viertel der armen Juden. Das Bett und die Matratze, die Mutter und das Baby zu ihren Füßen, wurden an das andere Ende der Stadt an einen sicheren Ort getragen.

Aber ich war vor allem ein Totgeborener. Ich wollte nicht leben ... Man stach das Baby mit Nadeln und tauchte es in einen Eimer Wasser. Endlich gab es ein schwaches Wimmern von sich. Wichtig ist, daß ich ein Totgeborener war.

Wichtig ist, daß die Psychologen daraus keine unschicklichen Schlüsse ziehen würden. Gnade!«

Mit Armut und neun Kindern gesegnet, hatten die Eltern es nicht leicht. »Mutter war in unseren Augen eine außergewöhnliche Persönlichkeit ... Ich sehe sie das ganze Haus regieren, meinen Vater dirigieren, unablässig neue, kleine Häuser bauen, einen Laden eröffnen und eine ganze Warenladung Waren herbeischaffen – ohne Geld, auf Kredit ...

Mein Großvater, Vorsteher und Prediger einer jüdischen Gemeindeschule, hatte nichts Besseres gewußt, als seinen ältesten Sohn als Verkäufer in einer Heringshandlung unterzubringen ... Nein, er war kein Verkäufer, er war zweiunddreißig Jahre lang ein einfacher Arbeiter gewesen ...

Spielte meine Kunst im Leben meiner Eltern auch keine Rolle – ihr Leben und ihr Schaffen haben meine Kunst stark beeinflußt.«

Nach seiner Schulzeit beginnt Chagall 1906 eine Ausbildung im Atelier des Malers Jehuda Pen. Knapp zwei Monate später läuft er weg und geht nach St. Petersburg. Schlecht ernährt, immer am Rande der Katastrophe, muß er sich hier mit den jämmerlichsten Unterkünften bescheiden. »Meine Mittel erlaubten es mir nicht, ein Zimmer zu mieten. Ich hatte nicht einmal ein Bett für mich allein. Ich mußte es mit einem Arbeiter teilen.«

Um hier in St. Petersburg leben zu können, bedurften die Juden einer besonderen Erlaubnis. Weil diese aber nur Handwerkern gegeben wurde, machte Chagall eine Lehre als Schildermaler. Das Abschlußexamen bestand er nicht. Ein Rechtsanwalt Goldburg unterstützt ihn nun, ermöglicht ihm den weiteren Aufenthalt in St. Petersburg, indem er Chagall als einen Hausangestellten ausgibt. Er besucht eine Kunstschule, fällt mit seinen Arbeiten auf und wird vom Militärdienst befreit. »So sehr ich mich auch in die Arbeit stürze, ich habe immer nur ein Gefühl von Bitterkeit in mir. Dabei höre ich überall nur Lobeshymnen. Mir wird klar, daß es sinnlos ist weiterzumachen.« So verläßt er die Schule bereits wieder im Sommer 1908.

Chagall arbeitete in der Folgezeit an einer Privatschule und lernte bald darauf einen Abgeordneten der Duma, den Rechtsanwalt Winawer, kennen. »Ein Mann, der mir sehr nahestand, beinahe wie ein Vater.« Mit dessen Empfehlung kommt Chagall zu Bakst, dem Direktor der Swansewa-Schule, an der es liberaler und moderner als anderswo zuging. »Ja, ja, das ist schon Talent, aber Sie wurden verdorben. Sie sind auf einem falschen Weg, verdorben.« Durch Bakst wurde Chagall das Tor zu einer neuen Kunst aufgetan. Mit einem Stipendium gibt ihm Winawer dann 1910 die Möglichkeit, nach Paris zu ziehen, und sich dort weiterzubilden. »Nur die große Entfernung zwischen Paris und meiner Heimatstadt hinderte mich daran, auf der Stelle wieder nach Hause zu fahren oder spätestens wieder nach einer Woche oder nach einem Monat. Ich wollte sogar irgendwelche Ferien erfinden, nur um nach Hause zurückkehren zu können. Der Louvre endlich machte allen Zweifeln ein Ende ... Ich drang bis ins Herz der französischen Malerei von 1910 vor ... Ein-, zweimal die Woche war ich dort ... Seit langem entschwundene Freude. Ihre Gebete, die meinen.« Hier in Paris malt Chagall seine ersten Meisterwerke: »Rußland, den Eseln und den Anderen«, »Der heilige Droschkenkutscher«, »Ich und das Dorf«, »Hommage à Apollinaire«.

Jetzt ist Chagall fünfundzwanzig Jahre alt. Er arbeitet in einem Atelier in der ›Ruche‹ (Bienenkorb), in der Nähe der Schlachthöfe von Vaugirard. »Als ich in der ›Ruche‹ einige meiner Bilder malte, war ich sehr arm. Zum Arbeiten benutzte ich eine Tischdecke, meine Bettlaken und sogar die Rückseite meines Nachthemdes. Die Malerei durchbohrt mich von der anderen Seite der Leinwand aus.«

Im Frühjahr 1914 beantragte Chagall einen Reisepaß, um seine Familie wiedersehen zu können. Es sollte nur ein Besuch sein. »Keine Vorahnung hielt mich davon ab.« Aber der ausbrechende Krieg machte einen Strich durch alle Pläne, nach Paris zurückzukehren.

Am 25. Juli 1915 heiratet Chagall in Witebsk Bella Rosenfeld. »Aber eine langwierige Komödie war dieser Zeremonie vorausgegangen ... Den Eltern und den zahlreichen Familienangehörigen meiner ... ja ... ja, Frau gefiel meine Herkunft nicht. Warum? Mein Vater, ein einfacher Kommis, mein Großvater ... Sie aber – stellen Sie sich vor – sie besaßen in unserer Stadt drei Juwelierläden ... Bei ihnen gab es dreimal die Woche riesengroße Apfel-, Käse- und Mohnkuchen, bei deren Anblick allein uns schon die Sinne zu schwinden drohten ... ›Du wirst bei ihm zugrunde gehen, meine Tochter, und zwar für nichts und wieder nichts!‹ – ›Außerdem ist er Künstler! Was ist das schon! Und was werden die Leute sagen?‹«

Chagall malt weiter, doch muß er nun »hauptberuflich« in ein kriegswirtschaftliches Büro in St. Petersburg; dadurch konnte er dem Militärdienst entkommen. 1916 wird seine Tochter Ida geboren. 1917 bricht die Oktoberrevolution aus. Die junge Familie kehrt nach Witebsk zurück und wohnt im Hause der Schwiegereltern Rosenfeld. »Ohne jeden Zweifel fühlte ich mich nach den vier Jahren in Paris reif genug, in meiner Heimatstadt zu bleiben und dort zu arbeiten. Ich wollte im Himmel und auf der Erde von Witebsk diesen Traum verfolgen.« 1918 wird Chagall zum Kommissar für Bildende Kunst ernannt und darf in Witebsk eine Kunstschule gründen. Zum ersten Jahrestag der Revolution rief Chagall alle Anstreicher zusammen, die jungen wie die alten, und sagte zu ihnen: »›Hört, Ihr und Eure Kinder, Ihr sollt alle Schüler meiner Schule werden. Schließt Eure Werkstätten und Schildermalereien. Alle Aufträge werden unserer Schule übertragen und Ihr teilt sie dann unter Euch auf . . .‹ Alle diese einfachen Maler machten sich daran, meine Kühe und Pferde zu kopieren. Und am Tage des 25. Oktober schaukelten meine bunten Tiere, von der Revolution aufgeblasen, durch die ganze Stadt. Die Chefkommunisten schienen weniger zufrieden. Warum ist die Kuh grün, warum fliegt das Pferd im Himmel, warum? Was hat das mit Marx und Lenin zu tun?«

Die Akademie von Witebsk wurde im Januar 1918 eröffnet. Rivalitäten und Intrigen bewegen Chagall aber bereits 1920 zu seinem Rücktritt. Er geht nach Moskau, arbeitet an zahlreichen Bühnenentwürfen für das jüdische Theater und nutzt dann 1922 eine Gelegenheit, sein Heimatland zu verlassen, um über Berlin, wo er ein Jahr verweilt, mit Frau und Tochter nach Paris zurückzukehren. Zeitweilig hatte man dort geglaubt, die russische Revolution habe Chagall verschluckt, aber nun erhielt er einen Brief: »Komm zurück, Du bist berühmt und Vollard erwartet Dich . . .«

Ambroise Vollard war Kunsthändler und Verleger, Cézanne und van Gogh hatten schon Jahrzehnte früher dessen Förderung erfahren. Nun kommt Chagall mit Vollard überein, Radierungen zu Gogols »Die toten Seelen« anzufertigen. Von 1924 bis 1927 schafft Chagall 107 Platten (die freilich erst 1948 erscheinen). 1931 folgt dann als weiterer Auftrag, eine geschlossene Illustrationsfolge zur hebräischen Bibel zu gestalten. Zunächst hatte Chagall an farbige Blätter gedacht, doch wurde der Auftrag später auf eine Folge von 105 radierten Blättern umgestellt.

Ebenfalls 1924 entsteht der Surrealismus. Max Ernst und Paul Eluard laden Chagall zum Anschluß an ihre Gruppe ein. Aber Chagall lehnt ab. »Meine Bilder waren alogisch und unrealistisch, lange schon vor dem Surrealismus. Was ich suchte, war ein psychischer Realismus, wenn man so will, also etwas ganz anderes als der Realismus der Gegenstände und geometrischen Figuren.«

Chagall hat an den Bibelbildern zunächst von 1931 bis 1939 gearbeitet, bis zum Tode seines Auftraggebers Vollard. Diese Jahre waren in ihrem menschlichen und künstlerischen Engagement wesentlich der biblischen Thematik gewidmet. Nach Vollards Tod geriet die Arbeit ins Stocken, wenig später wurde Frankreich von den Deutschen besetzt. Für den jüdischen Künstler bedeutete das auch im unbesetzten Süden des Landes eine Bedrohung. Er flieht mit seiner Familie in die Vereinigten Staaten. Dort stirbt Bella Chagall am 2. September 1944. »Alles wurde schwarz vor meinen Augen.«

Von seinem Kummer niedergedrückt, ist Chagall beinahe ein Jahr lang unfähig zu arbeiten. Nur langsam erholt er sich. 1948 kehrt er nach Frankreich zurück, 1950 läßt er sich endgültig in Vence bei Nizza nieder. 1952 lernt er Valentina (Vava) Brodsky kennen, die er im Juli heiratet. Diese Begegnung gibt dem Künstler wieder Lebensmut. Es beginnt eine neue Phase seines Schaffens, in der unter anderen die Radierungen zur Bibel, die 1939 abgebrochen worden war, wieder aufgenommen werden. Daneben entstehen die großformatigen Werke für die »Biblische Botschaft«; die Decke der Pariser Oper, die Glasfenster der Kathedralen von Metz und Reims . . . 1956 wird die Kupferstichfolge abgeschlossen. In den nächsten Jahren arbeitet Chagall weiter an der »Biblischen Botschaft«, die er 1966 fertigstellt. 1973 finden diese Bilder im Musée

National Message Biblique in Nizza ihre Heimat. Dieses unter de Gaulle und André Malraux, dem damaligen Kultusminister Frankreichs, errichtete Gebäude ist das einzige Nationalmuseum in Frankreich, das einem lebenden Künstler gewidmet ist.

»Da jedes Leben unvermeidbar auf sein Ende zugeht, sollen wir unser eigenes, solange es andauert, mit unseren Farben der Liebe und der Hoffnung färben. In dieser Liebe findet sich die soziale Logik des Lebens und das Wesentliche jeder Religion. Was mich angeht, ist die Vollkommenheit in der Kunst wie im Leben jener biblischen Quelle entsprungen. Vielleicht werden die Jungen und weniger Jungen in dieses Haus kommen, um hier nach dem Ideal der Brüderlichkeit und der Liebe zu suchen, wie es meine Farben und Linien geträumt haben. Vielleicht werden auch hier die Worte dieser Liebe ausgesprochen, die ich für alle empfinde. Vielleicht wird es hier keine Feinde mehr geben, und wie eine Mutter mit Liebe und Schmerzen ein Kind auf die Welt bringt, so werden die Jungen und weniger Jungen die Welt der Liebe mit neuen Farben aufbauen. Alle, gleichgültig welche Religion sie haben, werden hierher kommen können und von diesem Raum reden, abseits von Feindseligkeit und Gereiztheit.

Ist dieser Traum möglich?

In der Kunst wie im Leben ist alles möglich, wenn es auf Liebe beruht.«

Der Schlaf
(Die Erschaffung des Menschen, Genesis 2,7) S. 23

A. »Einen lithographischen Stein oder eine Kupferplatte haltend, glaubte ich, einen Talisman zu berühren. Ich glaubte, in sie alle meine Schwermut, alle meine Freude hineinlegen zu können . . . Alles, was im Lauf der Jahre mein Leben berührt hat: Geburten, Todesfälle, Hochzeiten, Blumen, Tiere, Vögel, die armen Arbeiter, Verwandte, die Liebenden in der Nacht, die biblischen Propheten auf der Straße, im Haus, im Tempel und im Himmel. Und mit dem Alter die Lebenstragödie in uns und in unserer Umgebung.«

Ist es nicht erstaunlich, daß Chagall gegenüber einer Kupferplatte so empfindet, obwohl doch seine Kunst sonst ganz von der Farbe lebt? »Chagalls Bildform ist wesentlich auf die Farbe bezogen«, heißt es bei Franz Meyer, »nicht nur im Sinne der Farbwirkung in der Fläche, die sie steigert oder hemmt, sondern auch im Sinne der Tiefendimension der Farbe, mit der sie Bildräumlichkeit schafft.«[1] Angesichts des Farbenzaubers, über den Chagall in allen seinen Gemälden verfügt, ist es schon bemerkenswert, daß er sich auf eine Technik einließ, die nur Schwarz-Weiß-Werte kennt. Trotzdem: vertieft man sich ganz in diese bemerkenswerten Radierungen, entfalten sie in ihrer formalen Strenge ein Leben, das Licht und Schatten, Fläche und Tiefe kennt und in all dem ein inneres Sprühen, das den Betrachter in den Bann der Bilder schlägt.

B. *»Gott erschafft den Menschen und haucht ihm das Leben ein«* (Dieu crée l'homme et lui donne le souffle de la vie. Genèse 2,7) lautet der Originaltitel des Bildes. Man mag fragen, angesichts der schwellenden Körperformen dieser ohnmächtigen Gestalt, die ein Engel zur Erde herabträgt, ob es sich hier tatsächlich um »Adam« handelt. Ein Vergleich der Radierung mit der späteren

[1] *Franz Meyer,* Marc Chagall. Köln 1961, 498.

Gouache und dem Ölgemälde von 1956/58 (»Die Erschaffung des Menschen«), die das radierte Blatt in ihrer Weise variieren, zeigt eindeutig, daß es sich um einen Mann handelt. Aber ähnlich wie die Menschengestalt in der Gottesvision der Hildegard von Bingen weder Mann noch Frau, sondern der *eine* Mensch (als Mann *und* Frau) ist, geht es auch hier um die übergreifende Einheit. Trotzdem bleibt die Vermutung Hans Martin Rotermunds berechtigt, »daß es Chagall – wenn dem der biblische Bericht nicht widerspräche – von sich aus näher gelegen hätte, den ersten Menschen weiblich, nicht männlich vorzustellen«.[1]

Nicht nur die strenge Beschränkung auf die Graustufen der Radierung, auch die äußerste Konzentration auf wenige Figuren hebt dieses Bild aus der üblichen Darstellung der Schöpfungsthematik heraus: da ist das Gottes-Symbol, der Engel, der Mensch – nichts sonst. Während jedes vergleichbare Werk eine üppige Naturszenerie mit allerlei Tieren zeigt und auch Chagall selbst auf Tiere mancherlei Art nicht verzichten mag, fehlt hier jedes weitere Objekt. Ringsum herrscht Finsternis, im vorderen Bildgrund deutet sich ein Gewoge an, das auf die Erde schließen läßt, zu der Adam gebracht wird.

Schließlich ist auch die Realisation der Thematik sehr ungewöhnlich. Zeigt dieses Bild wirklich eine *Erschaffung* des Menschen? Genesis 2,7 erzählt ja, daß Jahwe den Menschen aus Lehm gebildet und ihn dann durch den Anhauch seines Odems belebt habe. Chagall umgeht jedoch diese anthropomorphe Vorstellung und übersetzt die allzu handwerkliche Idee der Erschaffung in eine Szene, in welcher der schlafende Adam durch einen geflügelten Boten vom Himmel zur Erde getragen wird.

Hans Martin Rotermund verweist auf eine außerbiblische Erzählung, die – bewußt oder unbewußt – bei Chagalls Bildauffassung mitgewirkt haben könnte. In dieser Tradition wird berichtet, daß es Adam vergönnt worden sei, vom Erzengel Michael zum Himmel getragen zu werden, um dort im Tiefschlaf eine Schau der künftigen Heilsereignisse zu erfahren. Die erhaltene christliche Quelle erwähnt jedoch erstaunlicherweise nur alttestamentliche Heilsereignisse als Inhalte der Vision, so daß wohl eine ursprünglich jüdische Überlieferung diese Mythe prägt, zumal die Vision Adams im Himmel, die ihm Gottes Handeln an seinen Nachkommen zeigte, allgemeinjüdisch ist und auch für den chassidischen Raum, dem Chagall entstammt, vorausgesetzt werden darf. In jedem Fall spielt das Schlaf-Motiv dieser jüdischen Vorstellung in Chagalls Auffassung eine bedeutsame Rolle, einerlei ob bewußt oder unbewußt der alten Mythe entlehnt. Es übersetzt den kompakten Anthropomorphismus in eine noch kühnere Symbolik, die nun freilich einer Mißdeutung kaum noch ausgesetzt ist. Denn – so erzählt Chagalls Bild – der Mensch kommt aus dem göttlichen Licht in das Dunkel der Welt; das bewußte Wissen davon mag ihm mangeln, in seiner unbewußten Tiefe schlummert es.

Die jüdische Herkunft hat Chagall davor behütet, die Wirklichkeit Gottes anders als in einem Licht-Symbol ins Bild zu bringen. Die religionspädagogisch wenig glücklichen Anthropomorphismen, wie sie etwa Michelangelo und Dürer verwendeten (bis hin zu ihren schon sakrilegischen Verdünnungen, die selbst in den sechziger Jahren die Religionsbücher noch überschwemmten), hat das Ju-

[1] *Hans Martin Rotermund,* Marc Chagall und die Bibel. Kaufmann Verlag Lehr 1970, 41.

dentum mit seinem strengen Bilderverbot ja nie erleiden müssen. Hier nun erscheint die göttliche Unzugänglichkeit als Lichtkreis oder Sonne am oberen Bildrand. Darin eingeschrieben stehen hebräische Buchstaben, die den Gottesnamen Jehowa–Jahwe bezeichnen. Das ist für das orthodoxe Judentum ungewöhnlich, gilt doch der Name Gottes als heilig und nicht der menschlichen Verfügung überlassen. Rotermund meint, Chagall – der die gleiche Bild-Schrift-Symbolik in der gesamten Bibelfolge wählt – habe diese Konstellation nicht selbst geschaffen, vielmehr entstamme sie der Bildtradition des 17. Jahrhunderts – »vielleicht aus der Beschäftigung christlicher Kreise mit der Kabbala«.

Das göttliche Licht ist fern, und doch taucht es die zwei Figuren des Bildes voll in seinen Glanz, während der Raum ringsum im Dunkel bleibt. Ähnlich wie es die biblische Tradition auch tut, um die Vorenthaltenheit Gottes nicht allzu kompakt mit der menschlichen Geschichte zu verquicken, führt Chagall eine Mittlergestalt ein, einen Boten oder »Engel«, der in anderer Weise eine Erscheinungsform des göttlichen Handelns in dieser Welt ist. (Vgl. *Claus Westermann,* Gottes Engel brauchen keine Flügel. (1957), Stuttgart 1978.)

Dieser »Engel« bricht mit allen Vorstellungen von sanfter Lieblichkeit, die gewöhnlich eine Engelerscheinung kennzeichnen. Es ist ein bärtiger alter Mann, der mit einem gewaltigen Schritt und mächtigen Flügeln vom Himmel herabkommt, in seinen Armen den ersten Mensch.

In scharfem Gegensatz und doch wieder in tiefer Verbundenheit zeigt Chagall hier das Verhältnis zwischen Engel und Mensch. Während der Gottesbote aufrecht steht, leicht nach vorne gebeugt, um seine dynamische Beweglichkeit zu unterstreichen, liegt der Mensch in einem rechten Winkel quer zu ihm, ebenfalls etwas nach rechts abfallend, und in ohnmächtigen Schlaf gesunken. Hier verbinden sich also Vertikale und Horizontale, Bewegung und Reglosigkeit, Bewußtsein und Bewußtlosigkeit in der Grundfigur des Kreuzes. Doch der seiner selbst nicht mächtige Mensch wird gehalten, umfangen von den Armen des Engels, wenngleich er bald erwachen wird und dann auf eigenen Füßen stehen muß.

Zu Denken gibt es, daß der Engel auf diesem Blatt nicht den Menschen ansieht, auch nicht nach vorne, in die Richtung seiner Bewegung blickt, sondern zurückschaut in die Richtung, aus der er kommt. Von Erich Neumann stammt der Hinweis, daß der Engel Chagalls in der Regel nicht dem Menschen, mit dem er es zu tun hat, zugewandt sei, sondern durch diesen Menschen gleichsam hindurchschaue, oder – wie hier – rückwärts gewandten Hauptes dargestellt wird, seinem Ursprung darin verbunden.[1] So ist er Bote zwischen Himmel und Erde, aber ein Bote, der seinem Ausgang verbunden bleibt.

Die Existentialphilosophie sartrescher Prägung hat davon gesprochen, daß der Mensch ins Dasein »geworfen« sei. Eine stille Klage über die Zufälligkeit und Absurdität seines Schicksals klingt da mit. Wie anders bei Marc Chagall! Gewiß deutet der Schlaf des Menschen an, daß er nichts über die tiefsten Gründe seiner Herkunft »weiß«, daß ihm sein eigenes Wesen ein Geheimnis ist; daß er in sich hineinsteigen muß, zurück in die Traumwelt, ins Unbewußte, in die Dimension des mythischen Ausdrucks, wenn er sich in seinen Ursprüngen tie-

[1] *Erich Neumann,* Merkur, Dez. 1958.

fer einholen will. Zugleich hat er aber auch aus diesem »Schlaf« jenes ahnende Wissen mitgebracht, das ihm in Visionen und Offenbarungen entgegentritt: nämlich nicht dem toten Zufall zu entstammen, sondern eine Heimat zu haben, deren Licht auch auf dunklen Wegen nicht erlischt.

C. Hans Martin Rotermund berichtet, in den Chagall-Ausstellungen des Jahres 1959 habe – jedenfalls was den thematischen Gehalt anging – ein einzelnes Bild im Brennpunkt des Interesses gestanden: »Die Erschaffung Adams«.[1] »Immer wieder konnte man, in Hamburg wie in München, Menschen beobachten, die sich vor diesem Gemälde zusammenfanden und den Sinn des Dargestellten diskutierten.«[2] Verwunderlich ist das nicht, denn dieses Bild konfrontiert jeden Menschen mit sich selbst; es läßt ihn fragen »Wo komme ich her?« und »Wo gehe ich hin?«, aber auch: »Wer bin ich nun? Wer will ich sein?« Dabei ist dieses Bild keineswegs nur Herausforderung zur Frage. Es gibt auch Antwort, die vom göttlichen Licht spricht, das uns im Dunkel des Erdentages scheint. Ja, noch mehr: der Gottesname, von dem Israel erst seit der Offenbarung im »brennenden Dornbusch« weiß, der hier aber inmitten der Gottessonne steht, deutet die in und hinter allen dunklen Situationen immer noch leuchtende und tragende letzte Befindlichkeit:

> »Ich bin immer für dich da.
> Ich gehe mit dir.
> Hab' keine Angst.«

Was der Jahwe-Name im Gottessymbol zusagt, das zeigt der Gottesengel im Bild: er trägt den schwachen Menschen, und selbst wenn dieser sich in seinem Leben auf eigene Füße gestellt sieht, der biblische Glaube sagt ihm, daß er dennoch getragen und gehalten wird.

Unser Bild hilft, die Frage nach Gott in der Frage nach uns selbst aufzunehmen. Das ist eine didaktische Grundstruktur, die nie übergangen werden darf. Von Gott sprechen heißt, von eigener Betroffenheit sprechen, andernfalls wäre eine Rede von Gott keine Rede von *Gott.* Dies gilt natürlich auch für das Gespräch mit Kindern. In ihrer unmittelbar fragenden Art kennen sie oft mehr von den Geheimnissen des Lebens als Erwachsene glauben mögen. Darum stehen sie auch angerührt vor Chagalls Bild und erahnen mehr Tiefe und göttliches Mysterium, als sie in Worten sagen können.

Wie die übrigen Radierungen auch, aber wohl noch gesteigert, ist »Die Erschaffung des Menschen« ein Bild meditativer Kraft. Es entzieht sich dem flüchtigen Hinsehen. Gerade in seiner von allem Beiwerk und jedem ablenkenden Detail befreiten Einfachheit erfüllt es die Bedingungen, die ein Bild der »Augenweide« von einem Meditationsbild, das mehr innerlich wahr-genommen werden will, unterscheidet. Darum kann diese Seite auch zu wiederholten Malen im Schuljahr als Betrachtungsaufgabe für eine Stille-Übung genommen werden.

Eine weitere didaktische Leistung (die indirekt auf das Schöpfungsverständnis vorbereitet, das im 3. Schuljahr erarbeitet werden soll), ist die Übersetzung

[1] Es handelt sich hierbei um das aus der Radierung entwickelte Gemälde von 1956/58.
[2] *Hans Martin Rotermund,* a.a.O., 41.

des jahwistischen Anthropomorphismus von Genesis 2,7 in eine Symbolik, die auch bei Kindern kaum Gefahr läuft, als ein nicht-symbolisches Faktum mißdeutet zu werden. Das Bild verhilft den Kindern zu einem Verständnis von Gott und Mensch, Licht und Dunkel, Ausgeliefertsein und Gehaltensein, das sie – wie das folgende Protokoll zeigt – bereits aus eigenem Vermögen erfassen, und das ihnen zugleich doch ein Leben lang aufgabenhaft bleibt. So erschöpft sich dieses Bild nicht mit der Kindheit, geschweige denn mit einem Schuljahr. Es büßt bei späteren Wiederbegegnungen nichts von seiner Kraft ein, gewinnt vielmehr an Hintergründigkeit und Bedeutung, je intensiver und reifer der Mensch ihm entgegentritt.

D. Das Verhältnis von Text und Bild auf den Seiten 22 und 23 ist nicht gleichgewichtig. Hier geht es um das Bild, dem der Text sich interpretierend unterordnet. Darum ist das Sprachangebot der linken Seite lediglich unterstützender Art. Es hebt die entscheidenden Elemente des Bildes deutlich heraus und skizziert so in eigener Weise dessen kompositionelle Gliederung. Um keine deutenden Vorgaben zu bieten, sind die wichtigsten Inhalte nur als Fragen angestoßen. Der Unterricht soll seine Resultate nicht bereits im Buch vorfinden. So versteht sich der Text als Skizze, die man als eine Art Gerüst für die Betrachtung des Bildes zu Hilfe nehmen kann. Lehrer, die sich intensiv mit allen hier angebotenen Materialien zur Erschließung der Chagallschen Bildwelt befaßt haben, werden sich davon in keiner Weise gegängelt sehen. Sie können den Text als Zusammenfassung ihrer Unterrichtsgespräche nehmen.

Zur vorbereitenden Einstellung auf die kindliche Beschäftigung mit diesem Bild geben wir nachfolgend Unterrichtsgespräche aus einem zweiten Schuljahr wieder.

Da sind zwei Menschen.
Einer trägt einen anderen.
Wem gehören denn die Hände?
Dem, der den trägt.
Läuft der oder steht der?
Die Füße sind doch auseinander, der läuft.
Da hat's so komische weiße Flecken.
Da in der Mitte, sind das Sprechblasen?
Vielleicht ruft der etwas zurück.
Ich glaube, der Mensch, der da getragen wird, ist eine Frau.
Die ist schon gestorben, ist tot.
Der Kopf hängt so runter.
Vielleicht müssen die zwei fliehen.
Ja, die rennen so.
Und da oben ist ein großer Mond.
Das ist aber ein heller Mond.
Ich glaube, das ist eine Sonne.
Da sind so Zeichen drin.
Das sind, glaub' ich, Noten.
Lehrer: erklärt den Jahwe-Namen und die Übertragung: »Ich bin immer für dich da.«
Vielleicht sind die beiden erschrocken, weil die Sonne da oben spricht, und jetzt gehen sie weg.
Vielleicht sind das Weltraummenschen.

Lehrer: Kannst du das verstehen: Ein lebloser Mensch wird weggetragen, aber in der Sonne darüber steht: »Ich bin immer für dich da. Du brauchst keine Angst zu haben«?
Da unten ist alles so dunkel, das ist bestimmt die Erde.
Ich glaube, das ist der erste Mensch, der Adam, und das ist ein Engel, der ihn vom Himmel auf die Erde trägt.
Oben ist soviel Licht, und unten ist es ganz dunkel.
Der hat bestimmt Angst vor der Erde und der Name da oben bedeutet, daß Gott immer auf einen aufpaßt und einen beschützt. Gott ist nämlich immer da. Drum brauchen wir auch keine Angst zu haben.
Lehrer: Aber geht nicht der Weg ins Dunkel?
Die Menschen kommen von Gott auf die Erde.
Die Menschen wissen nicht, wie's auf der Erde sein wird.
Dort gibt's vielleicht Haß und Krieg.
Ja, aber auch Liebe und Freundlichkeit.
Der Mensch weiß nicht, wo er vor seiner Geburt war, und er weiß nicht, was nachher mit ihm passiert.
Meine Oma sagt, von Gott kommt man und zu Gott geht man wieder, wenn man stirbt.
Da gab's auch mal ein Paradies, da haben Adam und Eva gewohnt, dann mußten sie raus, weil sie Verbotenes getan hatten.
Lehrer: Kannst du das Paradies auf dem Bilde sehen?
Ich glaube, das ist da oben, wo es so schön hell ist, bei Gott. Da kommt man auch mal wieder hin.
Aber nur, wenn man brav ist und nichts tut.
Und wenn man an Gott glaubt.
Die Verbrecher kommen in die Hölle.
Das glaub' ich nicht. Gott verzeiht nämlich auch.
Der vergißt keinen Menschen.
Lehrer: Eine Frau, die viel über Gott nachdenkt, hat einmal gesagt: Gott ist das Gedächtnis, das keinen Menschen vergißt.
Auch die bösen Menschen kommen mal wieder zu Gott. Auch die läßt er nicht im Dunkeln.
Aber es gibt Menschen, die glauben nicht an Gott, zum Beispiel die Türken.
Nein, das stimmt nicht, die sagen das nur anders. Bei denen ist das eben anders.
Ich glaube, der Mann ist ein Engel aus dem Paradies, der hat nämlich Flügel, und er trägt den Menschen zur Geburt.
Der guckt zurück, der geht wieder in den Himmel zurück.
Als ich auf die Welt gekommen bin, hab' ich auch nicht gewußt, was ich erlebe.
Vieles weiß man vorher nicht . . .
Lehrer: Bist du auch auf dem Bild?
Ich glaube, der bin ich (deutet auf den Menschen).
Ich denke auch manchmal, warum ich überhaupt auf der Welt bin.
Wir sind auf der Welt, weil die Mama uns wollte. Meine Mama wollte Kinder haben.
Manchmal ist man so traurig, daß man gar nicht mehr leben mag.
Überhaupt frage ich mich, warum ich lebe, wenn immer alles so gleich ist.
Ja, morgens wird man in die Schule geschickt, und mittags wird man wieder heimgeschickt.
Man lebt doch, weil das wichtig ist.
Ja, und man ist für andere wichtig.
Eigentlich möchte ich gerne im Paradies leben.
Manchmal weiß ich gar nicht, was gut und was böse ist. Das ist so schwierig.
Das spürt man aber. So innen drin, im Herzen.

Menschen haben so was, das heißt Seele. Und da spürt man, ob etwas gut oder böse ist.
Manchmal ruft mich meine Mama, daß ich kommen soll. Dann will ich nicht gehen, und trotzdem merk' ich, daß ich gehen sollte.

Eva-Maria Bauer

Das Licht (Noachs Opfer, Genesis 8,20–22) S. 25

A. »Es gibt keine Märchen in meiner Malerei, keine Fabeln oder Volkslegenden. Ich bin gegen die Begriffe ›Phantasie‹ und ›Symbolismus‹. Unsere innere Welt ist Realität, vielleicht realer noch als die sichtbare. Alles Alogische als Phantasie und Märchen zu bezeichnen – damit gesteht man nur ein, daß man die Natur nicht versteht.«

In immer wieder neuen Umschreibungen hat Chagall dem Verständnis seiner Kunst Ausdruck gegeben. »Ich habe nie den Realismus geliebt . . . Was ich suchte, war ein psychischer Realismus, wenn man so will, also etwas ganz anderes als der Realismus der Gegenstände.« Was Chagall meint, wird schnell verständlich, wenn wir die zwei Noach-Bilder vergleichen, die sich im Religionsbuch auf den Seiten 17 und 25 finden.

B. Zunächst das Blatt *»Noach entläßt die Taube aus der Arche«*. Wir haben die gegenüber den gewohnten Archendarstellungen ganz neue Sichtweise Chagalls bereits herausgestellt (→ S. 180): den Innenraum, in den sich der Betrachter mit hineingenommen sieht, die Gemeinschaft von Mensch und Tier, das Fenster . . .[1] Auf diesen Bildern ist die Gestalt Noachs über alle anderen Gestalten von Mensch und Tier herausgehoben. Sein im Profil gezeigtes Gesicht ist ins Übermaß gesteigert. Das fällt besonders im Vergleich zu der jungen Frau auf, die das Köpfchen ihres Kindes hält und an die Brust legt. Der Größenunterschied zu Noach ist aber nicht perspektivisch bedingt, zumal Chagall die Perspektive in seiner Kunst als »Außenansicht« aufgegeben hat, sondern von innen her begründet. »Noach wandelte mit Gott« heißt es: »Noach war ein gerechter Mann« – *das* ist Noachs Größe und *das* hebt ihn auf Chagalls Bildern über alle anderen heraus. So wird die äußere Größe zum Spiegelbild der inneren.

Mit diesem Noach vergleichen wir nun den Noach auf dem Blatt *»Noach bringt nach der Sintflut Gott ein Opfer dar«* (Noé, après le déluge, offre un sacrifice à l'Eternel. Genèse 8,20–22). Welch veränderter Mensch ist das! Ganz klein, unscheinbar und zusammengekrümmt ist er jetzt, liegt er in rührender Demut vor dem Altar. Erschien Noach im Vergleich zu seinen Mitmenschen auf dem vorhergehenden Blatt noch stattlich und würdevoll, patriarchalisches Ansehen ausstrahlend, so ist er nun winzig und schwach vor dem Lichtschein der Gegenwart Gottes. Eben diese göttliche Unmittelbarkeit nämlich ist hier die Ursache für Noachs Veränderung, die keineswegs nur seine Größe, sondern auch seinen Typ wandelt. »Man erkennt die Gestalt nur wieder aus dem Inhalt der dargestellten Szene, die gleichfalls Noach, aber ihrem seelischen Ge-

[1] Das Gemälde von Seite 17 gibt die Bildkonzeption der ursprünglichen Radierung genau wieder. Neu und variiert hat Chagall das Thema in den Chorfenstern von St. Stephan in Mainz aufgenommen, aber auch hier ist Noach die alle Bewohner der Arche überragende Gestalt.

halt nach eben einen völlig anderen Noach voraussetzt. – Genauso wie hier ist es dann später bei Abraham, bei Mose, bei David. Chagall schafft nicht historisierend einen bestimmten und dann festliegenden Typus, Noach oder David, in dem er die einmal dargestellte Person fortan auftreten läßt; er schafft auf jeder Radierung die betreffende Gestalt anders und neu, je nach dem psychologischen Aussagegehalt, der in der betreffenden biblischen Erzählung zum Ausdruck kommt.«[1]

Noachs tiefe Ergriffenheit, die ihn auf der Erde liegen läßt; das vom göttlichen Licht abgewendete Antlitz, das die Gegenwart Jahwes nicht von vorne zu schauen wagt; die geschlossenen Augen, die keines Aufschlags bedürfen, weil er die Herrlichkeit Gottes von innen schaut . . . dies alles drückt seine Haltung aus. Dabei vereint er sich mit der Erde, die ihm wiedergeschenkt wurde. Dunkel hebt er sich von ihrem Dunkel ab, und um so tiefer ist der Schattenbezirk, je heller das göttliche Licht erstrahlt.

Dieser lichte Kreis wird in Chagalls Intention bildhafter Ausdruck der unmittelbaren Gegenwart Gottes. Er umfaßt den von Noach errichteten Opferaltar, auf dem zwei Lämmer ihren Dank ausdrücken. Hier wie auf anderen Blättern des Bibelzyklus geht es freilich nicht um eine religionsgeschichtliche Realität. Opfertiere und Altar gehören ebenso wie Noachs Gestalt zur Realität der inneren Welt, die »etwas ganz anderes ist als der Realismus der Gegenstände«.

Am rechten Bildrand schaut im Profil noch eine weitere Gestalt herein. Sie ist nahezu abgeschnitten, fast aus dem Bild herausgedrängt, als gehöre sie eigentlich nicht zum Geschehen. Sie steht aufrecht und hat die Hände wie betend erhoben. Ob es Noachs Frau ist? In ihrer Distanz zu jenem, mit dem Gott gesprochen hat, ahnt sie die göttliche Gegenwart. Wäre sie von ihr ebenso erfüllt wie Noach, könnte sie dieser Erfahrung wohl auch nur hingestreckt zur Erde Ausdruck geben.

C. Einer Zeit, in welcher der Glaube bloß noch Gedanke ist, wo »Gott« tot sein soll, weil eine Vorstellung von ihm durch andere Vorstellungen bedrängt wird, muß das Blatt von »Noachs Dankbarkeit« ungewöhnlich, vielleicht sogar fremd erscheinen. Wo lernt es der Mensch noch, seiner inneren Ergriffenheit unmittelbaren körperlichen Ausdruck zu verleihen? Die Theologie spricht von der »*Frage* nach Gott«, Gebet wird mißdeutet als ein gedankliches Aufsagen festgelegter Formeln . . ., welchen körperlich-gestischen Ausdruck gibt es noch, um mit dem Gedanken das Gefühl, mit dem Gefühl den leib-haftigen Ausdruck zu verbinden?

Vieleicht sind unsere Stille-Übungen im schulischen Raum die einzige Tür, durch die wir wieder zur alten Einheit von Leib und Seele zurückfinden können. Die Haltung des Vaters Noach, wie ihn Chagall zeigt, könnte modifiziert mit allen Kindern nachempfunden werden:

Dazu knien wir mit geschlossenen Beinen auf den Boden. Wir setzen uns auf die Fersen und legen die Hände weit zurück; die Handrücken nach unten, die Finger nach hinten zeigend. Mit dem Kopf beugen wir uns langsam auf den Boden und lassen dabei die Hände, mit den Innenflächen nach oben, zurück-

[1] *Hans Martin Rotermund*, a.a.O., 49.

gleiten, bis sie etwa neben den Füßen liegen. Den Kopf lassen wir, ein wenig seitwärts gewandt, auf dem Boden ruhen. Die Brust ist gegen die Knie gedrückt. In dieser Haltung können wir vollkommen entspannen. Wir verharren, solange die Kinder können; je länger, desto besser.

(Im Hatha-Yoga wird diese Haltung »Die Stellung des Kindes« genannt. Vielleicht ist sie deshalb so beruhigend, weil sie an die Lage des Kindes im Mutterleib erinnert. Zugleich ist es eine Haltung, der eine hohe therapeutische Wirkung beigemessen wird.)

Wir haben diese Übung hier nicht mit innerem Verweis auf eine liturgisch-gottesdienstliche Haltung eingefügt; das würde den Rahmen des Schulunterrichts wohl sprengen. Wir verbinden mit ihr vielmehr diese Intentionen: Erstens kann Chagalls Radierung dazu bewegen, eine Noach entsprechende Haltung selbst kennenzulernen; zweitens ist damit eine neue Version der Stille-Übung gefunden; drittens können wir diese Stille-Übung mit Gedanken unserer Bildinterpretation füllen; viertens ist es so eine Möglichkeit, das Bild in leib-haftiger Nachahmung »innernd« in sich aufzunehmen.

Seine eigentliche Mitte findet unser Unterricht natürlich in einer Vertiefung des Gottesverständnisses. Daß der lichte Kreis, der das Opfer Noachs leuchtend umschreibt, die göttliche Gegenwart bekundet, wird den Kindern nach ihren mannigfachen Vorerfahrungen zugänglich sein. Religionspädagogisch zu beachten bleibt, daß sie das Tieropfer nicht gegenständlich nehmen und damit in die Vergangenheit abdrängen. Es steht für jede Gabe, mit welcher der Mensch *sich selbst* schenkt. Der Zugang kann also über ein vertieftes Verständnis des Geschenks erfolgen: es soll niemals nur Sache, sondern wesentlich ein Ausdruck des eigenen Ich sein. Wer schenkt, gibt sich darin selbst. Das leichte, freudige Geben ist dabei wichtiger als der materielle Wert des Geschenks. Dies gilt auch für des Menschen Verhältnis zu Gott. Nicht das hat religiösen Wert, was schmerzt und schwerfällt, sondern was dem Menschen aus einem drängenden Herzen kommt. Dann hört das Ding auf, ein Ding zu sein, wir sind selbst darin lebendig.

D. Sinnvoll erscheint es, dieses Blatt – und das heißt zugleich: das gesamte Gottes-Kapitel – erst nach einer Beschäftigung mit dem Bild »Noach und die Tiere in der Arche« aufzunehmen. Dann ist der biblische Zusammenhang hergestellt, so daß zur Person des Noach keine dürren Erklärungen gegeben werden müssen. Auch das folgende Blatt »Der Regenbogen« bedarf notwendig dieses Kontextes.

Aus Gesprächen mit Kindern im zweiten Schuljahr:

Da liegt ein Mann auf dem Boden.
Ich glaube, der schläft da.
Oder sucht er etwas?
Vielleicht ist er umgefallen oder hat ihn jemand hingeworfen; da hinten ist eine Hand.
Der liegt auf dem Boden mit dem Gesicht nach unten.
Ich finde, der kniet. Vielleicht betet der?
Der betet und hat die Augen zu.
So beten wir aber nicht.

Es gibt Menschen, die so beten. Ich glaube in Rumänien.
Der geht ganz tief runter, macht sich ganz klein.
Der bückt sich vor der Sonne.
Da ist wieder eine Sonne, aber diesmal viel größer. Und so ein Bogen drumherum.
Das ist die Gottessonne.
Aber die Schrift fehlt.
Lehrer: Der Mann wirft sich vor der Sonne auf den Boden.
Der macht sich ganz klein.
Der will sagen, daß er ganz klein ist vor Gott.
Daß Gott ganz groß ist und hell und die Menschen ganz klein.
Wenn die Sonne so groß ist, ist sie ganz heiß und verbrennt den Menschen.
Die Sonne ist ganz nah da.
Der Mensch ist ganz nah bei Gott.
Gott ist auf dem Bild wieder ganz hell und der Mensch ist dunkel.
Da sind auch Tiere auf dem Bild.
Das sind Ziegen oder Lämmchen.
Was tun die da?
Eines hat die Augen offen, das andere schläft. Vielleicht geht grad erst die Sonne auf.
Die gehören bestimmt dem Mann.
Der Mann paßt auf sie auf.
Vielleicht betet der Mann, daß den Tieren nichts passieren soll. Daß Gott sie beschützt.
Ich glaube, der Mann denkt zurück. Der sieht aus, wie wenn er über etwas nachdenkt.
Vielleicht dankt er Gott für sein Leben und will ihm darum die Lämmchen schenken.
Er will Gott auch etwas Lebendiges schenken.
Er legt seine liebsten Tiere vor Gott hin, damit er sie nimmt. Man schenkt immer vom Besten.
Schenken macht Freude, und Gott freut sich dann.
Aber wie kann Gott ein Geschenk zu sich nehmen? Wie kommt das zu Gott?
Vielleicht will der Mann nur zeigen, daß er Gott die Tiere geben würde, wenn Gott sie haben möchte.
Der Mann freut sich, daß er lebt, und daß seine Tiere leben. Das will er Gott sagen.
Lehrer: Bist du auch auf dem Bild?
Ich glaube, ich bin wie der Mann.
Manchmal bin ich auch so froh, daß ich lebe.
Meine Eltern machen oft was Schönes mit mir, dann schenke ich denen auch etwas.
Für liebe Eltern kann man Gott danken.
Beten ist wie danken.
Man kriegt viele Sachen geschenkt, für die man danken soll . . .

Eva-Maria Bauer

Der Regenbogen (Der Bund Gottes mit der Erde, Genesis 9,8–17) S. 27

Vorbemerkung: Die Sonne ist ein Symbolmotiv, das dem Religionsbuch für das zweite Schuljahr besondere Prägung verleiht. Zu ihrem Symbolkreis gehört auch der Regenbogen. Er begegnet im Religionsbuch mehrfach: in Chagalls Radierung, die wir hier besprechen; bei Relindis Agethen in ihrem Bild »Die Heilung des Blinden« (→ S. 287); in einem Gemälde Paul Klees »Mit dem Regenbogen« (→ S. 385). Zur Interpretation eines dieser Bilder wird empfohlen, den hier aufgeführten Kontext mitzusehen. Dabei finden sich nachstehend unter A Hinweise zur Ikonographie des Regenbogens in der abendländischen Kunst; Überlegungen in didaktischer Absicht zur Naturerscheinung des Regenbogens stehen auf S. 237, während die Interpretation von Paul Klees Regenbogen weitere Materialien zur Kulturgeschichte des Regenbogens vorstellt.

A. »Und Gott sprach: ›Dies ist das Zeichen des Bundes, den ich zwischen mir und euch und allen lebenden Wesen bei euch für immerwährende Geschlechter schließe: Ich stelle meinen Bogen in die Wolken, er soll ein Zeichen des Bundes sein zwischen mir und der Erde ... Wenn der Bogen in den Wolken erscheint, werde ich ihn ansehen, um des ewigen Bundes zwischen Gott und allen lebenden Wesen, allem Fleisch, das auf Erden ist, zu gedenken.‹« Mit dieser Stelle Gen 9,12 ff findet der Regenbogen seine Deutung als Zeichen des Bundes, der einseitig, aus der Freiheit und Freundlichkeit Gottes heraus angeboten wird. Das Besondere dieses Bundes, der nach der Sintflut einen neuen Anfang setzen soll, ist, daß er nicht etwa mit Noach, sondern »mit allen lebenden Wesen« geschlossen wird. Es ist ein universaler Bund, der die gesamte Schöpfung umfaßt und in dem Gott sein uneingeschränktes Ja zu dieser Schöpfung erneuert.

Wenn Abraham später mit allen seinen Nachkommen einen neuen Bund von Gott angetragen bekommt, und noch einmal am Sinai das Volk Israel einen Bund besonderer Erwählung schließen darf, so wird mit diesen späteren Bundesschlüssen der weltweite Bund »mit allen lebenden Wesen« nicht eingeschränkt oder gar aufgehoben. Im Gegenteil! Der Bund mit Abraham und dem Volk Israel soll dem universalen Bund »mit allem Fleisch auf Erden« dienen, der nicht allein Menschen jeder Herkunft, Rasse und Religion umschließt, sondern auch das Tier und die Pflanzenwelt umgreift.

Der weltweite Bund ist zugleich ein »ewiger Bund«, »für immerwährende Geschlechter« geschlossen. Jesaja klagt nicht alleine Israel, sondern die ganze Menschheit der Verletzung ihrer Bundestreue an: »Es trauert und verwelkt die Erde; es verschmachet und verwelkt der Erdkreis, es verschmachtet der Himmel mit der Erde. Die Erde ist entweiht unter ihren Bewohnern; denn sie haben das Gesetz übertreten, das Recht verkehrt und den ewigen Bund gebrochen.« (Jes. 24,4 f)[1] Mehr als zu anderen Zeiten ist diese Klage des Propheten auch die Trauer heutiger Menschen geworden. Angesichts weltweiter ökologischer Krisen und Katastrophen erkennen wir den »noachitischen Bund« als ein Schlüsselsymbol für unsere eigene Zukunft. (Das Kapitel »Schöpfung: Mensch und Tier« findet in Gen 9,8 ff eine wesentliche theologische Grundlegung; andererseits ist dieses Kapitel für die noachitische Bundesthematik die notwendige Konkretisation.)

Innerhalb der christlichen Kunst hat der Regenbogen als Zeichen des göttlichen Bundes mit der Erde eine sehr unterschiedliche und sogar widersprüchliche Inanspruchnahme erfahren, die gleichzeitig Symptom für das wechselnde Schriftverständnis vergangener Zeiten sein kann.

Die Thematik spannt sich in der Bilderwelt vom frühen Mittelalter bis in die

[1] An dieser Stelle erklingt die Trauer um die zerstörte Erde ebenso markant wie in den großen prophetischen Klagen der Indianerhäuptlinge Nordamerikas, vgl. *Hubertus Halbfas,* Das Welthaus, a.a.O., Nr. 96–102.

Gegenwart. Als älteste Darstellung gilt eine Miniatur der sogenannten »Wiener Genesis«, einer griechischen Handschrift aus der Mitte des 6. Jahrhunderts. Sie zeigt Noach mit seinen drei Söhnen Sem, Cham und Japhet, vom Regenbogen umfangen, den von oben her eine Hand durchstößt: die zum Segen geformte Gotteshand (→ Religionsbuch 3). Spätere Darstellungen entfalten die Szene zu einer breiteren Erzählung und verknüpfen das Regenbogen/Bundes-Motiv mit der Rettung in der Arche (Palermo, Cappella Palatina, 1160; Venedig, San Marco). In den Mosaiken des Doms von Monreale (ca. 1185/90) schließlich wird dieser Doppelszene noch das Dankesopfer Noachs zugefügt.

Bleibt in allen diesen Darstellungen der Regenbogen als sichtbarer Ausdruck des »Gott mit uns« an die Sintflutgeschichte gebunden, so löst er sich in den folgenden Jahrhunderten immer häufiger davon ab, um hinfort auf die verschiedensten Adressaten übertragen zu werden. So etwa läßt der Frührenaissance-Maler Cosimo Roselli das Volk Israel unter dem Regenbogen das Rote Meer durchschreiten, während darüber das ägyptische Heer – wie ehedem die übrige Menschheit – in den Fluten ertrinkt (Rom, Cappella Sistina, 1481/82). Der universale noachitische Bund »mit allem Fleisch« wird in dieser Auffassung auf ein partikularistisches Heilsverständnis verengt. Wenn dann der Schweizer Maler Niklaus Manuel Deutsch (ca. 1484–1530) eine »Enthauptung Johannis des Täufers« darstellt (Kunsthalle Basel) und in den Landschaftshintergrund einen Regenbogen setzt, wird damit die Deutung wohl nur noch im Sinne eines allgemeinen Heilszeichens möglich, aber nicht mehr zweifelsfrei entschlüsselbar in seiner konkreten Bezugnahme. Auch spätere Darstellungen gehen kombinatorisch mit dem Regenbogenmotiv um. So zeigt ein französischer Kupferstich nach Rubens den Regenbogen auf einer »Flucht nach Ägypten«. Geschieht es der landschaftlichen Idylle wegen? Ist das Motiv nicht geradezu sinnwidrig verwandt? Oder behält es trotz allem die herkömmliche Bedeutung als Zeichen göttlicher Freundschaft?

Die Übernahme des Regenbogen-Symbols in den ausschließlich profanen Kontext bleibt nicht aus. Dies geschieht erstmals im Ambiente der italienischen Renaissance. Für die politische Inanspruchnahme des Symbols liefert Thomas Müntzer, der Theologe und Revolutionär des Bauernkrieges, das Beispiel. Auf seiner Fahne führte er den Regenbogen und dazu den Text: Dies sei das Zeichen des ewigen Bundes Gottes; alle, die bei dem Bunde stehen wollten, sollten dahintertreten. Als während der Schlacht bei Frankenhausen (1525) das Bauernheer unterlag, so wird (in indirekter Rede) überliefert, habe Müntzer den Bauern gepredigt »Gott wäre mit ihnen, denn die Bauern hätten an einem jeden Fähnlein einen Regenbogen gemalt geführt . . . Und als Müntzer den Bauern obgemeldeter Maßen drei Tag nacheinander geprediget, wäre allerwegen ein Regenbogen am Himmel um die Sonne gesehen worden. Denselben Regenbogen (habe) der Müntzer den Bauern gezeigt und sie getröstet und gesagt, sie sähen jetzo den Regenbogen, den Bund und das Zeichen, daß es Gott mit ihnen halten wollte. Sie sollten nur herzlich streiten und kühn sein.«

In einer anderen politischen Perspektive begegnet der Regenbogen auf einem Porträt Königin Elisabeths I. von England, dem sogenannten »Regenbogen-Porträt«. In ihrer rechten Hand hält die Königin einen Regenbogen, gleich so, als sei er feste Materie und keine Lichterscheinung. Darüber steht (als einziger Text des Bildes) die lateinische Inschrift »Non sine sole iris«, »Ohne Sonne kein Regenbogen«. Was soll das bedeuten? Wer ist hier die Sonne? Worauf spielt der Regenbogen an? Versteht sich Elisabeth gar selbst als Sonne ihres Reiches, den Regenbogen als ihr Friedenswerk? Oder beläßt sie das Sonnensymbol ihrem göttlichen Herrn und sieht sich selbst als dessen irdische Spiegelung?

Ein zweiter großer Themenkomplex innerhalb der christlichen Ikonographie, in dem der Regenbogen seinen spezifischen Ort hat, ist mit den mittelalterlichen Weltgerichtsdarstellungen gegeben. Der biblische Bezug für diese Tradition wird zunächst bei Ezechiel 1,28 gefunden: »Gleichwie der Regenbogen steht in den Wolken, wenn es geregnet hat, also glänzte es um und um. Dies war das Ansehen der Herrlichkeit des Herrn. Und da ich's gesehen hatte, fiel ich auf mein Angesicht und hörte einen reden.« Aber auch in der Johannes-Offenbarung 4,2 f heißt es: »Und siehe, ein Stuhl war gesetzt im Himmel, und auf dem Stuhl saß einer. Und der da saß, war gleich anzusehen wie der Stein Jaspis und Sarder; und ein Regenbogen war um den Stuhl, gleich anzusehen wie ein Smaragd.« (Vgl. ebenso Exodus 24,9 f; Offb. 10,1 ff.)

In diesen Textstellen ist der Regenbogen Zeichen der Herrlichkeit Gottes und Christi. Zuerst begegnen Darstellungen des auf dem Bogenthron sitzenden Christus im byzantinischen Reich. In der Kunstgeschichte wird das Motiv »Maiestas Domini« genannt; die früheste erhaltene Darstellung stammt aus dem 5. Jahrhundert (Kloster Hosios David in Saloniki); im Westen erscheint das Motiv erst im 9. Jahrhundert und wird nach der Jahrtausendwende bald ikonographisches Gemeingut. Während dann ab 13. Jahrhundert das Bild der Maiestas Domini von Darstellungen des Weltgerichts verdrängt wird, behauptet sich der Regenbogen. Gleichzeitig assoziiert man mit dem Weltgericht auch das Gericht der Sintflut und deutet damit den Regenbogen zum Richterstuhl Christi um. Wie das Mittelalter diese Darstellung sah – bei selektiver Wahrnehmung der Farben, die im Regenbogen nur noch zwei Werte gelten ließ – belegt die Kommentarliteratur sehr deutlich. So etwa Rhabanus Maurus (ca. 780–856): »Denn weil in diesem Bogen die Farbe des Wassers und des Feuers gleichzeitig gezeigt wird, weil er teils rötlich teils bläulich ist, wird deutlich, daß er Zeugnis beider Gerichte ist: des einen nämlich, daß stattfinden wird, und des anderen, das geschehen ist. Daraus folgt: weil die Welt durch das Feuer des Gerichts verbrennen wird, wird sie nicht mehr durch das Wasser der Sintflut zerstört werden.« (De Universo, c. XX). Bei Thomas von Cambrai (ca. 1200–1270), De Naturis Rerum, bleibt dagegen trotz der Gerichtsthematik die freundschaftliche Bedeutung des Regenbogens erhalten, »um allen deutlich zu machen, daß, wenn auch die kommenden Regenwasser in der Luft hängen, sich die Menschen nicht fürchten sollen, da doch mein Bogen in den Wolken erscheint . . .«

B. Chagalls Radierung *»Der Regenbogen, Zeichen des Bundes zwischen Gott und der Erde«* (L'arc-en-ciel, signe d'alliance entre Dieu et la Terre. Genèse 9,8–17) ist ganz von dem Lichtphänomen am Himmel bestimmt. Trotz der Schwarz-Weiß-Technik leuchtet der Bogen machtvoll. Er steigt links von der Erde auf und wölbt sich als eine kühne Brücke, steiler als in der Natur, über Erde und Himmel. Hinter dem Bogen erscheint eine Lichtgestalt, die geflügelt ist, in ihrer Kontur aber keinerlei Lieblichkeit anzeigt, eher die Züge eines

Mannes, der mit segnender Gebärde zu dem am Boden liegenden Noach herabschaut. Es handelt sich hier nicht um ein Gottessymbol, welches Chagall ausschließlich als Sonne darstellt, sondern um einen Engel, der jedoch, wie in der älteren biblischen Tradition auch, als »Bote Gottes«, also als eine anschaubare Mittlergestalt den Unverfügbaren vertritt. Natürlich ist auch der Engel unverfügbar, jedoch in dem Sinne, wie ein Name für den Namenlosen stehen mag. Trotz seiner Kontur ist er konturlos. Was also als »Engel« hier in Erscheinung tritt, ist in seiner Verschwommenheit zugleich die Korrektur des allzu Konkreten, in seiner Fremdheit die Verneinung des Vertrauten.

Unter dem göttlichen Freundschaftssymbol liegt Noach. Während er auf dem vorhergehenden Bild (S. 25) in demütiger Anbetung, mit dem Gesicht zur Erde und bei geschlossenen Augen, klein und völlig ergeben kauert, liegt Noach nun auf dem Rücken, lang dahingestreckt, die weit geöffneten Augen zum Himmel gerichtet, Arme und Hände in Erstaunen und Faszination geöffnet. Was er sieht, erfüllt ihn mit einer Freude, die übergroß und unbegreiflich ist, die ihn überwältigt.

Es ist freilich eine Offenbarung, die sich Noach auftut, von beglückender Art. Seine Körpersprache zeigt ihn entspannt, locker und frei, bei gleichzeitiger totaler Ergriffenheit. Zugleich verbindet die dahingestreckte Lage Noach mehr als jede andere Stellung mit der Erde. Er gehört ihr zu, ist aus ihrem Stoff und wird einmal ebenso in ihrem Schoße ruhen. Was sich hier über ihm offenbart, gilt der ganzen Erde, mit allem, was sie birgt und ernährt. Zwar ist diese Erde kaum gestalthaft. Ihre Linien verweben sich mit Licht und Finsternis und gehen unmerklich in die Himmelszone über. Aber über Noachs Haupt wächst ein Baum in den leuchtenden Bogen hinein; über seinem Bein ist – sehr schwach und nur mit leichten Strichen umrissen – ein (Wasser-)Vogel (?) zu sehen, vorne links im Bild ein Huhn und darüber ein ruhendes Schaf. So übergreift der Regenbogen als schützendes Dach, als eine helle Brücke und zugleich als Tor Himmel und Erde, Mensch, Baum und Tier.

Es bleibt eine Kontur, die oberhalb von Noachs Füßen in ausgesparter Linie zu sehen ist, und die als ein Tor oder als Eingang in den Erdbereich gedeutet werden könnte. Oder ist es ein Stück Architektur, stellvertretend für jene Welt, die der Mensch in seiner Weise gestaltet? Die Frage muß offen bleiben. Immer gibt es Bilder, und es sind nicht die unbedeutenden, die über alles, was benennbar und deutbar ist hinaus, einen Rest Unauflöslichkeit enthalten – sei es für einen einzelnen Betrachter, sei es für eine Zeit, sei es für immer. Würde ein Bild in seinen Beziehungen und Symbolen jede Rätselhaftigkeit verlieren, hörte es auf, »Bild« zu sein, das heißt eine Darstellung des Unsichtbaren und noch nicht Verstandenen, des vielleicht sogar niemals rational voll Einholbaren.

C. Welche Bedeutung messen wir heute noch dem noachitischen Bunde bei? Auf welchen Glauben hin sollen wir Chagalls Radierung auslegen? Wie sieht das Gottesverständnis aus, das unsere Schüler im Umgang mit Bibel und Bild gewinnen können? Das sind jene didaktisch wichtigen Fragen, die wir uns jetzt noch stellen müssen.

Als wichtigsten Punkt des noachitischen Bundes hat der Religionsunterricht, den ich selber als Kind erfahren habe, die Zusage Gottes herausgestellt, daß er nie wieder diese Erde durch eine Sintflut ertränken wolle. Das empfand ich damals als trostreich. Inzwischen aber ist alle Welt von der Angst geschüttelt, in einem atomaren Inferno könnte dieser lebensgesegnete Planet unbewohnbar werden. Ob uns aus dieser Angst die Treue zum noachitischen Bund erlösen kann?

Zunächst ist zu bedenken, daß die Bibel das Verhältnis Gottes zu den Menschen im Modell des Bundes versteht. Das deutsche Wort »Bund« gibt das hebräische *berit* nur behelfsmäßig wieder. Berit kann den juristischen Akt, aber auch das dadurch begründete Gemeinschaftsverhältnis zweier Partner bezeichnen. In jedem Fall handelt es sich um ein dialogisches Verhältnis, das zwar nicht die Gleichrangigkeit beider Seiten, aber doch die wechselseitige Verpflichtung aufeinander ausdrückt. Zwar ist das Bundesangebot freie Tat Gottes, aber indem der Mensch sich darauf einläßt, darf er der Treue Gottes und seines Segens gewiß sein. Gen 9,8–17 spricht allerdings nur von Gottes Zusagen, ohne die menschheitliche Indienstnahme zu interpretieren; doch macht der schöpfungsgeschichtliche Kontext hinreichend klar, daß der Mensch gegenüber dieser Welt in allem, was sie umfaßt, die Aufgabe hat, zu »bebauen und zu bewahren«, daß er Anwalt und Ebenbild Gottes ist, um dessen lebensspendende Fürsorge auf dieser Erde wahrzunehmen. Die Bereitschaft zum Frieden, das heißt zur Intaktheit aller Lebensverhältnisse, ist seitens der Menschen deren Treue zum noachitischen Bund.

Die gegenwärtige ökologische Krisensituation darf man gewiß als *einen* Ausdruck des vergessenen Bundes bezeichnen. Wenn die Menschen sich ihrer Sorgepflicht für die Erde – für Mitmensch, Tier und Pflanze, für Wasser, Luft und Land – neu und hinreichend entschieden erinnern, kann der Regenbogen uns wohl auch in Zukunft friedlich leuchten, ohne daß er jemals über einer verbrannten Erde als schauriges Farbspiel im radioaktiven Regen aufleuchten müßte.

Soll das also der Glaube sein, zu dem Genesis 9,8 ff und Chagalls Radierung auffordern? Es ist der Glaube, von dem Luthers Bäumchen erzählt (»Und wenn ich wüßte, daß morgen die Welt unterginge, wollte ich doch heute noch mein Apfelbäumchen pflanzen!«). Eben derselbe Glaube vereint über alle Grenzen hinweg, seien sie politisch, seien sie konfessionell, Menschen jeder Herkunft zum Dienst an dieser einen Erde. Der »noachitische Bund« ist jenes elementare Band, das angesichts des einen Schöpfers und der einen gefährdeten Erde alle Menschen, die Gedanken des Friedens hegen, miteinander vereint. Nach dem Bruch des Fortschrittglaubens enthält die neue Rückbesinnung auf die Quellen unseres Lebens auch eine neue Ansprechbarkeit für die Botschaft vom Bund zwischen Gott und der Erde.

Und welche Gotteserfahrung erschließt sich unseren Schülern in der Begegnung mit biblischem Zeugnis und Chagalls Bild? Zunächst einmal jene, die im Symbol des Regenbogens der göttlichen Freundschaft gegenüber der Erde »und allen lebenden Wesen« gedenkt. Für die Vorstrukturierung des Symbols »Gott« (→ 213 ff) ist es wichtig, nicht allein das Lebensbeispiel von Vater und Mutter und das Zeugnis des Lehrers zu erfahren, sondern auch die göttliche Bejahung, die wir in Licht und Wärme der Sonne, in der Köstlichkeit des Wassers, im Duft der Blumen, im Geschmack der Früchte, im Gesang der Vögel erleben. Gottes Wirklichkeit als tragenden Grund der Schöpfung zu sehen, ist zugleich die Voraussetzung dafür, von Kindheit an in wachsendem Maße diese

Welt in Ehrfurcht zu erleben und im Kleinen wie im Großen in die eigene Hut zu nehmen.

D. Aus Unterrichtsgesprächen im zweiten Schuljahr:

Da liegt ein Mann auf dem Rücken.
Der ist im Dunkeln.
Ist der tot?
Der guckt so komisch.
Ich glaube nicht, daß der tot ist.
Der macht Mund und Augen weit auf.
Vielleicht ruft er den Engel da oben.
Der Engel macht so (imitiert Geste mit erhobenem Zeigefinger).
Der meint bestimmt: Paß auf!
Der ist ganz hell.
Da ist so ein Lichtbogen.
Der Engel hält den Lichtbogen fest.
Der Mann streckt die Hände von sich weg.
Vielleicht bittet der Mann um etwas.
Um Hilfe oder Schutz.
Der Mann hat so einen langen Bart.
Er ist bestimmt alt.
Die offenen Augen – ich glaube, der staunt, der wundert sich über etwas.
Vielleicht über das Licht.
Der wundert sich bestimmt, daß er auf einmal einen Engel sieht.
Der Engel sagt etwas zu ihm.
Paß auf! sagt der Engel, gleich passiert etwas.
Oder er sagt: Mach alles richtig, sonst straft dich Gott.
Der Bogen geht von unten nach oben über das ganze Bild.
Der sieht aus wie die Gottessonne vom anderen Bild.
Vielleicht ist der Bogen auch ein Zeichen für Gott.
Lehrer: Was für ein Bogen könnte das sein?
Ich finde, der sieht aus wie ein Regenbogen, nur nicht so farbig.
Der Mann schaut auch auf den Regenbogen.
Ein Regenbogen ist auch etwas sehr Schönes.
Einen Regenbogen gibt's immer nach einem Gewitter. Vielleicht war da ein Unwetter, und jetzt ist das vorbei und die Sonne scheint wieder.
Der Mann ist froh, daß die Sonne wieder scheint.
Da ist auch noch ein Huhn auf dem Bild.
Ganz klein, man sieht's fast gar nicht.
Und Steine liegen da herum.
Das Huhn schaut zu dem Mann hin.
Das Huhn ist kleiner als der Mann, aber auch wichtig.
Das Huhn und der Mann sind beide unter dem Bogen, wie unter einem Dach.
Lehrer: In der Bibel steht: »Und Gott setzte seinen Bogen in die Wolken als Zeichen des Bundes – der Verbindung – zwischen Gott und der Erde.« Paßt das zu unserem Bild?
Der Gottesbogen beschützt den Mann und die Tiere.
Der Gottesbogen zeigt: Alle gehören zusammen, Tiere, Menschen und Gott.
Der Bogen zeigt eine glückliche Zeit.
Er zeigt Frieden und Liebe für alle.
Der Mann ist froh, daß es den Bogen gibt.
Ich denke an das andere Bild, als der Mann Gott die Tiere schenken wollte.

Als der Mann noch jünger ist, schenkt er Gott die Tiere. Jetzt ist er alt; jetzt sagt Gott: Du brauchst mir nichts mehr zu schenken. Sei nur lieb zu deinen Tieren.
Der Mann ist jetzt alt. Er liegt im Dunkeln.
Das ist wie auf dem ersten Bild. Der Engel zeigt ihm den Weg.
Vielleicht fragt er wieder: Wo soll ich hingehen?
Ich denke an das Lied, wo es heißt: »Ich fühl mich getragen . . .« Der Bogen beschützt den Mann, er ist für den Mann wichtig.
Lehrer: Hat das Bild etwas mit dir zu tun?
Der Regenbogen macht den Mann froh.
Vielleicht hat er etwas Schlimmes erlebt.
Ich bin auch froh, wenn ein Gewitter gut vorbeigegangen ist.
Ich bin auch wie der Mann. Ich staune über den Regenbogen. Ich staune auch über die Sonne und über die vielen Sterne am Himmel.
Der Gottesbogen zeigt, daß man nie allein gelassen ist.
Gott ist für die Erde da.

Eva-Maria Bauer

Das Feuer
(Die Offenbarung des Jahwe-Namens, Exodus 3,1–15) S. 29

A. Die Geschichte vom brennenden Dornbusch ist ein Schlüsseltext für das biblische Gottesverständnis und Gottesbekenntnis. Die Erzählung schildert die Berufung des Moses zum Führer Israels, als dieser, fernab von Ägypten, in den Steppen Midians die Schafe seines Schwiegervaters Jethro hütete:

»Einst trieb er die Schafe über die Steppe hinaus und kam an den Gottesberg, den Horeb. Da erschien ihm der Bote Jahwes in einer Feuerflamme, die aus dem Dornbusch hervorschlug. Und als er hinsah, siehe, da brannte der Dornbusch im Feuer, aber der Dornbusch wurde nicht verzehrt. Da dachte Mose: Ich will doch hinübergehen und diese gewaltige Erscheinung ansehen, – warum der Dornbusch nicht verbrennt.

Als er aber sah, daß er hintrat, um nachzusehen, rief Gott ihn mitten aus dem Dornbusch an. Er sprach: Mose! Mose! Er antwortete: Da bin ich. Er aber sprach: Tritt nicht heran! Ziehe die Schuhe von den Füßen, denn der Ort, an dem du stehst, ist heiliges Land.

Dann sprach er: Ich bin der Gott deines Vaters, der Gott Abrahams, der Gott Isaaks und der Gott Jakobs.

Da verhüllte Mose sein Angesicht, denn er fürchtete, Gott anzuschauen.

Er aber sprach: Ich habe die Unterdrückung meines Volkes, das in Ägypten ist, genau gesehen, und ihr Schreien über ihre Antreiber habe ich gehört, ja, ich kenne ihre Leiden . . . Nun steh auf, ich schicke dich zum Pharao, führe mein Volk, die Söhne Israels, aus Ägypten! (. . .)

Mose aber sprach zu Gott: Wenn ich zu den Söhnen Israels komme und zu ihnen spreche: Der Gott eurer Väter hat mich zu euch gesandt, und wenn sie mich dann fragen: Was ist sein Name? Was soll ich ihnen dann antworten? Gott sprach zu Mose: Ich werde dasein, als der ich dasein werde. Und er fuhr fort: So sollst du zu den Söhnen Israels sprechen: Der Ich bin da schickt mich zu euch.

Und weiter sagte Gott zu Mose: So sollst du zu den Söhnen Israels sprechen: Jahwe, der Gott eurer Väter, der Gott Abrahams, der Gott Isaaks und der Gott Jakobs, hat mich zu euch gesandt. Dies soll mein Name für immer sein, und so will ich angerufen werden von Geschlecht zu Geschlecht.« (Ex 3,1b–7. 10. 13–15).

Im Zentrum dieses Textes steht die Offenbarung des Jahwe-Namens als des entscheidenden Gottesnamens für Israel. Dieses Geschehen ist an die Person des Mose geknüpft, »des einsamsten und mächtigsten Helden der biblischen Geschichte«. Er war der Mann, »der als einzelner den Lauf der Geschichte veränderte. Sein Erscheinen markiert eine Trennungslinie, eine entscheidende Wende; denn nach ihm war nichts mehr, wie es vorher war.«[1] Unsere Geschichte weiß um diese steil aufragende Bedeutung des Mose für den Glauben Israels, aber sie will über die Zäsur hinweg die Verklammerung mit der älteren Glaubenstradition nicht aufgeben. Darum verbindet sie bewußt die Zeit des Vätergottes mit der Zeit der vollen Jahwe-Offenbarung.

Der Gott der Väter hatte nicht Jahwe geheißen. Er begegnet unter dem Namen El und Elohim. El ist ein allen semitischen Sprachen gemeinsames Wort. Es kommt sowohl als Appellativum für »Gott« und auch als Eigenname für einen bestimmten Gott vor. Bereits im 3. Jahrtausend stehen beide Bedeutungen nebeneinander. Offenbar war El schon *vor* der Väterzeit der an der Spitze des Pantheons stehende Hochgott, und die »Patriarchen« sind dieser kanaanäischen Tradition später gefolgt. Auch wenn dieser El an verschiedenen Orten verehrt wurde, war er doch nie eine Lokalgottheit, sondern eine alle lokale Gebundenheit überragende Mächtigkeit. Die Bezeichnung Elohim ist der Form nach ein Plural, meint somit »(die) Götter«, wird in der Bibel aber singularisch, etwa in der Art eines Pluralis maiestaticus gebraucht.[2]

Daß die Väter Israels in ihrem Gottesglauben zwar an ihre Umwelt anknüpfen, aber nicht eine örtliche Bindung des Göttlichen (wie es religionstypologisch sogar im christlichen Wallfahrtsbrauch noch vorliegt) akzeptieren, sondern die Erfahrung Gottes an den Menschen binden, das begründet die entscheidende Qualität dieses Väterglaubens. »Er ist nicht der Gott eines Ortes, sondern der Gott von Menschen: der Gott Abrahams, Isaaks und Jakobs, der deshalb auch nicht an einen Ort gebunden, sondern überall da anwesend und mächtig ist, wo der Mensch sich findet. Auf diese Weise kommt man zu einer gänzlich anderen Art des Denkens von Gott. Gott wird auf der Ebene von Ich und Du, nicht auf der Ebene des Räumlichen gesehen. Er entrückt so in die Transzendenz des nirgendwo Begrenzbaren und erweist sich gerade damit als der allenthalben (und nicht bloß an einem Punkt) Nahe, dessen Macht schrankenlos ist. Er ist nicht irgendwo, sondern er ist je da zu treffen, wo der Mensch ist und wo der Mensch sich treffen läßt von ihm. Indem die Väter Isra-els sich für El entschieden[3] haben, haben sie so eine Wahl von größter Bedeutung getroffen: für das numen personale gegen das numen locale, für den personhaften und personbezogenen Gott, der auf der Ebene von Ich und Du zu denken und zu finden ist, nicht primär an heiligen Orten. Dieser Grundzug von El ist das eine tragende Element nicht nur der Religion Israels, sondern auch des neutestamentlichen Glaubens geblieben: das Ausgehen vom Personsein Gottes, das

[1] *Elie Wiesel,* Adam oder das Geheimnis des Anfangs. Brüderliche Urgestalten. Freiburg i. Br. 1980, 179.

[2] Vgl. *Otto Eißfeldt,* Art. »El« und »Elohim« in: RGG, 3. Aufl. 1958, Bd. II, 413; 436.

[3] Dabei ist daran zu erinnern, daß Entscheidung auch ein Empfangen und insofern Offenbarung einschließt.

Verstehen Gottes auf jener Ebene, die durch die Beziehung von Ich und Du bezeichnet ist.«[1]

Die Verknüpfung der Jahwe-Offenbarung mit dem Gott der Väter hat dafür gesorgt, daß der Jahwe-Glaube alle Inhalte, die für die Väterreligion wesentlich waren, in sich aufnahm. Was aber kommt an Neuem mit dem Gottesnamen »Jahwe« hinzu? Die Deutungen von Ex 3 sind zahlreich, zumal die Theologen oft geglaubt haben, mit diesem Text die Kurzformel zu haben, in der »das Wesen« der Jahweoffenbarung eingeschlossen sei. Aber man muß vorsichtig sein. Es handelt sich um eine Geschichte, deren einzelne Elemente beziehungsreich und zugleich offen zueinander stehen, keineswegs aber um einen philosophisch-begrifflichen Text, der etwa auf einen definitorischen Kern reduziert werden könnte. Selbst das Wort »Jahwe« ist nicht als philosophische Seinsaussage zu verstehen. Zwar lautet die gängige Übersetzung des Namens »Ich bin der Ich bin«, was die frühen Übersetzer der hebräischen Bibel ins Griechische veranlaßte, diese Formel mit »Ich bin der Seiende« (ἐγώ εἰμι ὁ ὤν) wiederzugeben. Die Kirchenväter veranlaßte diese Stelle, hier die tiefste Einheit von Philosophie und Glaube, einem Schnittpunkt von eigener denkerischer Anstrengung und biblischer Gottesoffenbarung gegeben zu sehen. Demgegenüber betont die heutige Theologie mit Entschiedenheit, daß es die Verkehrung des biblischen Gottesglauben in sein Gegenteil bedeute, wenn man hier ein Gleichheitszeichen zwischen dem hebräischen Jahwe-Namen und dem »absoluten Sein« der Philosophen setze: Man würde an die Stelle des Namens einen Begriff setzen, an die Stelle des Nicht-Benennbaren eine Definition.

Die Übersetzung des Namens mit »Ich bin der Ich bin« ist deswegen auch nicht sonderlich treffend. Gerhard von Rad weist darauf hin, daß der ganze Erzählungszusammenhang nicht sagt, wie Jahwe »an sich« ist, sondern wie er sich Israel erweisen will. Nicht von einem absoluten, in sich ruhenden Sein ist die Rede, sondern von einem wirkenden und bezogenen Sein; ich werde (für euch) da sein, weshalb die Übersetzung Martin Bubers den Sinn des Namens wohl am besten wiedergibt: »Ich werde dasein, als der ich dasein werde«. (Die Wiedergabe des Jahwe-Namens im Religionsbuch verdeutlicht dieses Verständnis noch klarer: »Ich bin immer bei dir« (S. 28) oder: »Ich bin immer für dich da. Ich gehe mit dir. Hab keine Angst« (S. 22)). Mit dieser auf den Menschen bezogenen Deutung begegnet der Jahwe-Glaube zugleich seiner inneren Voraussetzung imVäterglauben, dessen Gottesverständnis wir ja bereits als personhaft und personbezogen charakterisiert haben.

Bei einem genaueren Hinsehen drängt sich trotz aller Namensdeutung die Frage auf, ob es wirklich ein Name ist, was sich hier darstellt. Der Name wird innerhalb der Geschichte ja in einer Weise ausgelegt, die ihn als Name zugleich wieder aufhebt. Hören wir noch einmal genau hin! Moses sagt: Wenn ich zu den Söhnen Israels komme und spreche: Der Gott eurer Väter hat mich zu euch gesandt, dann werden sie mich fragen: Wer ist der Gott, der dich sendet? Wie heißt er? Was soll ich ihnen dann antworten? Darauf antwortet ihm Gott: Ich werde dasein, als der ich dasein werde. Diese Antwort läßt sich eher als eine Abweisung verstehen, mehr als Namensverweigerung denn als Namenskundga-

[1] *Joseph Ratzinger,* Einführung in das Christentum. Vorlesungen über das Apostolische Glaubensbekenntnis. München 1968, 90 f.

be. Gestützt wird unsere Auffassung durch zwei weitere Stellen, die eng mit der Tradition Exodus 3 verwandt sind. In Genesis 32,30 ringt Jakob in der Nacht mit einem Unbekannten und fragt schließlich nach dessen Namen: »Sag an, wie heißt du?« Er aber spricht: »Warum fragst du nach meinem Namen?« und verweigert die Auskunft. In Richter 13,18 ist es »ein Mann namens Manoach«, der Vater Samsons, dem der Bote Jahwes erscheint. »Wie heißest du?« fragt ihn Manoach, »daß wir dich ehren können, wenn dein Wort eintrifft.« Ihm wird in gleicher Weise ablehnend geantwortet: »Was fragst du nach meinem Namen, wo er doch ein Geheimnis ist.« (Eine andere Übersetzungsmöglichkeit: »Wo er doch wunderbar ist.«) Der Gott, der Mose aus dem Feuer heraus anspricht, gibt seinen Namen nicht in der gleichen Weise kund wie die Götter rundum. Er bleibt in einer Vorbehaltenheit, die ihn dem menschlichen Denken, Vorstellen und Wollen nicht ausliefert, sondern in der Unverfügbarkeit des Göttlichen läßt (→ S. 208). Der Jahwe-Name findet zwar seine Deutung auf den Menschen hin: »Ich bin immer bei dir«, aber zugleich geschieht seine Rückversetzung aus dem Bekannten, das ein Name zu vermitteln scheint, ins Unbekannte hinein. So wird der Jahwe-Name zur Zusage für den Menschen, im Vertrauen auf Gottes Gegenwart die Wege ins Leben hinein zu wagen, und bleibt in gleicher Weise doch auch Ausdruck für das bleibende Unbekanntsein und Unbenanntsein Gottes. Israel hat darum in späterer Zeit die Konsequenz gezogen, diesen Namen nicht mehr auszusprechen, so daß er in der griechischen Bibel gleich ganz fortfällt und durch das Wort »Herr« ersetzt wird. Das hatte zur Folge, daß wir nicht einmal wissen, ob die Vokalisation des hebräischen JHWH, wie sie die heutige Exegese rekonstruiert, überhaupt richtig ist.[1]

Bei allem Nachdenken über den Jahwe-Namen darf aber nicht vergessen werden, daß dieses »Ich bin für euch da« in einem Erzählzusammenhang steht. Mose ist mit seinen Tieren über die Steppe hinaus gezogen und bis an den »Gottesberg« gekommen. (Die Exegeten glauben, daß die Benennung dieses Berges als Horeb sekundär sei. Im Handbuch 3 wird die Gottesoffenbarung, die Elia am Horeb empfing, aufgenommen; der Band 4 behandelt den Berg als Symbol.) Hier, fernab von allem Betrieb, in einer äußeren Abgeschiedenheit, die auch die innere Empfänglichkeit zu disponieren vermag (→ S. 201), erscheint dem Mose »der Bote Jahwes in einer Feuerflamme, mitten aus dem Dornbusch heraus«. Die ältere Exegese hat sich viele Gedanken zu diesem Phänomen gemacht und es fortwährend zu erklären gesucht. Man sprach von einem »Elmsfeuer«[2] und sammelte Parallelberichte aus Syrien-Palästina von brennenden und doch nicht verbrennenden Bäumen. Was immer an besonderen Vorkommnissen der Geschichte vom brennenden Dornbusch ihren konkreten Hintergrund bot, für die theologische Bedeutung der Erzählung ist es unbedeutend. Für uns ist die innere Realität wichtig, die sich in diesem Phänomen ausdrückt. Der jüdische Midrasch etwa fragt, warum Gott gerade einen Dorn-

[1] Die hebräische Schrift schreibt lediglich Konsonanten. Die Vokale müssen durch den Kontext erschlossen werden. Weil das schwierig ist und auch Mißdeutungen ermöglicht, hat man in späterer Zeit eine Punktierung der Konsonanten eingeführt, welche die Wortlautung angibt. Für die alte Schrifttradition liegt diese Leseweise noch nicht vor. Darum kommt es auch zu so verschiedenen Namenslautungen wie etwa »Jahwe« und »Jehowa«, die u. a. beide aus der Konstellation JHWH entstehen können.

[2] Eine elektrische Flammenerscheinung an Schiffsmasten, Speerspitzen, Haus- und Baumspitzen.

busch wählte, um Mose darin zu erscheinen, und antwortet: »Um seine Bescheidenheit darzutun; der Dornbusch ist der kleinste und unscheinbarste unter den Bäumen«, sagt aber auch, der Dornbusch verkörpere Israel: »Wie der Vogel nicht in den Dornbusch eindringen kann, ohne an den Dornen hängen zu bleiben, so werden auch die Feinde Israels ihm keinen Schaden zufügen, ohne sich zu verwunden.«[1] Jedenfalls verkörpert der Dornbusch ähnlich wie das Feuer eine Unzugänglichkeit von außen. Man kann ihn nicht der eigenen Neugier ausliefern und unbekümmert in ihn eindringen. Jedem Zugriff wehrt er mit seinen Dornen und ist darin ein Hinweis auf das aller zugreifenden Interpretation sich verwehrende Geheimnis.

Ähnlich und doch wieder anders verhält es sich mit dem Feuer. Es ist eine Lichtgestalt, die wärmt und brennt, aber auch Abstand gebietet, weil sie brennt und verbrennt. Als Sonnenelement verweist das Feuer auf die allen erfahrbare lebenspendende Gottheit, als verzehrende Glut verdeutlicht es die unzugängliche Heiligkeit (aber auch verschlingende Totalität) Gottes. Die Ambivalenz des biblischen Textes, der – charakteristisch für Epiphanien des Göttlichen – einmal vom »Engel (Boten) Jahwes« spricht, dann aber die Erscheinung unmittelbar mit Jahwe identifiziert, verweist in der Einfachheit der Erzählung erneut auf die Ungreifbarkeit der Offenbarung. Sie zeigt sich in sinnenhaften Erfahrungen dieser Welt und ist doch nicht eins mit den Phänomenen. Aber auch die Paradoxie des Vorgangs – ein Dornbusch, der im Feuer brennt, aber nicht verbrennt – ist Ausdruck des alle Realität übersteigenden Unsagbaren.

Dennoch bleibt, wie immer im Bereich biblischer Gotteserfahrung, der dialogische Charakter des Vorgangs bestehen: »Da rief Gott ihn an und sagte: Mose, Mose! Der antwortete: Hier bin ich!« So überwältigend die persönliche Betroffenheit von dem sich offenbarenden Gott auch sein mag, sie überwältigt nie in dem Sinne, daß der Mensch als personale Instanz ausgelöscht würde, vielmehr bringt sie den einzelnen ganz vor sich selbst, was die Eindringlichkeit des doppelt gerufenen Namens betont. »Mose! Mose!« Er, dieser Mann, ist gemeint, niemand sonst. Mose antwortet: »Hier bin ich«, oder, wie Gunkel übersetzt: »ich höre«. Damit ist nicht der reale Ort bezeichnet, an dem Mose steht, sondern sein moralischer Ort im Verhältnis zu Gott, der ihn gerufen hat: ich bin hier deines Wortes gewärtig; sprich, damit ich höre und mich auf dich einlassen kann.

Wo immer die Bibel erzählt, daß Gott zu einem Menschen gesprochen habe, steht dieser dialogische Wechsel von Anrede und Antwort voran. Er ist wichtig. Er unterstreicht die personhafte Zuwendung Gottes, aber auch die personale Freiheit des Angesprochenen. Denn der Mensch muß nicht »Hier bin ich!« sagen. Ein Überhören oder Abweisen des An-spruchs wäre ebenso möglich. Zwar stehen die beiden Unterredner mitnichten auf gleichem Grunde. Denkt man sich Mose im Vordergrund, wo seine kniende oder hingestreckte Gestalt vorstellbar wäre, so ist doch Gott nicht in einer bezeichenbaren Entfernung vor ihm. Moses Worte richten sich an einen zwar im Feuer versinnbildlichten, dennoch aber unsichtbaren, auf jeden Fall nicht vordergründigen Ort, von dem die Stimme zu ihm dringt.

[1] *Elie Wiesel,* a.a.O., 203 f.

B. Wir verlassen hier unsere Betrachtung des biblischen Textes, wenngleich noch manches zu bedenken wäre, und wenden uns nun Chagalls Radierung zu: *»Gott offenbart sich vor Mose im brennenden Dornbusch«* (Dieu se manifeste à Moise dans le buisson ardent. Exode 3,1–5). Erstaunlich groß hat Chagall Mose (fast) in die Mitte des Bildes gerückt. »Mose ist die Quelle, aus der alles stammt«, hat er gesagt und keine andere biblische Gestalt so häufig gemalt wie ihn.

Mose ist umgeben von weidenden Schafen, die von all dem Außerordentlichen, was hier geschieht, nichts mitbekommen. Für die jüdische Hagiographie ist die Vorstellung von Mose als Hirten immer bedeutsam gewesen. So erzählt ein Midrasch, daß Mose, als er eines Tages die Herden Jethros am Steppenrande hütete, einem jungen Böckchen nachlaufen mußte, das in die Wüste entwich. Mose wollte es einholen und fangen, doch entwich ihm das Tier immer neu, als wolle es ihn verspotten. Die Jagd ging über Sand und Steine, immer offener dehnte sich die heiße, grelle Wüste, und die Sonne brannte schattenlos herab. Da ergrimmte Mose in jähem Zorn über die Mühsal seiner nutzlosen Verfolgung und schwor, die Bosheit des Böckchens hart zu strafen, sowie er es ergreife. Die Jagd ging noch weiter, doch auf einmal stand das Böckchen still. Da schlich sich Mose in einem Bogen heran, um es von hinten her zu überfallen und seine ganze Wut an dem Tier auszulassen. Als er aber näher kam, sieh, da floß aus Sand und Gestein ein helles Wasser, und das Böckchen stand und trank in großen Zügen. Da sänftigte sich Moses Gemüt und er sprach: »Hätte ich gewußt, daß du um des Durstes wegen mir entlaufen bist, so hätte ich mich nicht über dich erzürnt, denn ich weiß wohl, der Durst brennt rauh und böse.«

Und er stand und wartete, bis das Böckchen getrunken hatte, dann nahm er es auf seinen Arm und trug es zur Herde zurück. Da der Heilige, gelobt sei er, dies sah, sprach er: »Dieser Mann weiß um die Seele seines Tieres, und er kennt Zorn und Erbarmen. Fürwahr, ich will ihm meine Herde geben, daß er sie weide – mein Volk Israel.«[1]

So ist also die Herde im Rücken des Mose nicht allein Reminiszenz an dessen Hirtenzeit in Midian, sondern noch mehr Hinweis auf seine große Rolle als Führer des Volkes, das ohne ihn verloren und hilflos geblieben wäre. Groß und stark von Gestalt kniet Mose auf dem Wüstenboden, aber sein Ausdruck ist alles andere als stolz und selbstbewußt. Mit seiner rechten Hand greift er an sein Herz. Ist es Verzagtheit, die ihn überkommt? Die linke Hand hängt schlaff herab. Ist er ratlos? Erstaunlich ist, daß er nicht zum Lichtkreis des brennenden Dornbusches schaut, sondern eher in sich hinein, als erlebe er das eigentliche Geschehen innen. Darum ist sein Gesicht auch hell, wie später wieder auf dem Sinai, von dem Ex 34,29 ff erzählt: »da wußte er nicht, daß die Haut seines Antlitzes strahlend geworden war, während der Herr mit ihm redete«. Als er dann zu seinem Volk herabstieg, fürchteten sich alle, ihm zu nahen. Und Mose mußte ein Tuch über sein Gesicht legen, damit sie den Glanz seines Antlitzes ertragen konnten, und nur, wenn er vor Gott trat, um mit ihm zu reden, legte er die Hülle ab. Für die ikonographische Tradition hat diese Geschichte eine besondere Wirkung gehabt: Etwa vom 12. bis 16. Jahrhundert erscheint Mose

[1] *Else Schubert-Christaller,* In deinen Toren, Jerusalem. Jüdische Legenden, Bad Heilbronn (1929), 1964, 5 f.

nicht mehr mit einem Lichtschein oder Nimbus, sondern mit zwei Hörnern, wie ihn die wohl bekannteste Darstellung, der Mose von Michelangelo, ebenfalls zeigt. Wahrscheinlich beruht diese Version auf einem Lesefehler. Im hebräischen Text nämlich heißt es, daß Moses Angesicht »strahlte«. Wenn im hebräischen Wort *karan*, strahlen, die Vokale falsch gelesen werden, nämlich *kärän*, bedeutet es »Horn«. Auch im Lateinischen kann ein vergleichbarer Fehler unterlaufen, wenn man cornuatus (gehörnt) und coronatus (gekrönt) verwechselt (und selbst die deutschen Wörter erlauben noch das Verwechselspiel). Als Widerschein des göttlichen Lichtes hat Chagall seinem Moses ein helles Gesicht gegeben und eine Strahlenkrone über das Haupt gesetzt. So kniet er da, ergriffen, vom göttlichen Feuer erfaßt, selbst ein brennender Dornbusch, dessen Lichtglanz weit über sein Volk hinaus und durch alle folgenden Zeiten erstrahlen sollte.

Der Dornbusch ist zurückhaltend dargestellt, ohne falsche Dramatisierung. Aus ihm heraus brennt das göttliche Feuer in einem dreifachen Lichtschein, dessen innere Mitte den Jahwe-Namen trägt. Gegenüber den anderen Chagall-Bildern des Kapitels ist allein hier das Gottessymbol in konzentrischen Kreisen angelegt, deren äußerster Lichthof die Mosegestalt fast noch berührt.

C. Um das Bild mit Kindern lesen zu können, sind bereits viele Voraussetzungen geschaffen. Die die göttliche Wirklichkeit darstellende Lichtsymbolik begegnete vordem im ersten Schuljahr; sie konnte über viele eigene Erfahrungen erschlossen werden. Im mandalaförmigen Gottessymbol der Hildegard von Bingen fand sie ihren dichtesten Ausdruck. Die Anknüpfung an diese Grundlegung des Vorjahres auf Seite 21 des Religionsbuches sowie die bisherigen Chagall-Radierungen zur biblischen Gotteserfahrung finden in Erzählung und Bild vom brennenden Dornbusch ihre Steigerung. Hier gewinnt das Religionsbuch-Kapitel »Gott« Mitte und entscheidenden Höhepunkt, die beide jedoch nur dann »da« sind, wenn man sich nicht selektiv des Buches bedient, um etwa häppchenweise mal diesen, mal jenen Aspekt herauszubrechen, ohne aus dem theologischen und didaktischen Horizont der Gesamtanlage heraus denken und sprechen zu können.

Wichtig ist es, das Symbol des brennenden Dornbusches nicht in einer verschlossenen Gegenständlichkeit zu belassen. Bei Friedolin Stier findet sich in seinen Tagebuch-Aufzeichnungen eine Deutung, welche die Exodus-3-Erzählung auf Jesus hin und letztlich auf uns hin eröffnet:

> »In Jesus ist wahr geworden und wirkend in Wort und Werken das ›Ich-bin-da‹, das ›Ich bin dein Gott‹ in voller Tiefe und Fülle. In ihm brennt der Dornbusch, aus dem die Stimme kam ... Durch Jesus verwirklicht und erfüllt sich geschichtlich am Menschen, der sich in der Nachfolge auf ihn einläßt, der Selbstzuspruch Gottes. Christen – die brennenden Dornbüsche in der Welt, aus denen die Stimme kommt? Brennen sie?«[1]

Die Überführung zu diesem Verständnis des brennenden Dornbusches findet sich bereits in Chagalls Bild angebahnt. Hierzu ist es wichtig, den Widerschein des göttlichen Lichtes im Antlitz des Mose zu erkennen und dazu die Geschichte von Exodus 34,29 ff zu erzählen. Dann wird den Kindern leicht

[1] *Friedolin Stier*, Vielleicht ist irgendwo Tag? Aufzeichnungen. Freiburg/Heidelberg [3]1981, 32.

verständlich, daß das göttliche Feuer nicht nur im Dornbusch, sondern auch in Mose brennt: daß dieser selbst hinfort ein brennender Dornbusch ist, aus dem die Stimme kommt.

D. Die Anlage unserer Betrachtung zu Chagalls Bild spiegelt in ihrer Abfolge auch den methodischen Weg, den wir im Unterricht gehen müssen. Ohne Zweifel geht ein ruhiges und ausführliches Bedenken der biblischen Erzählung voraus. Sie sollte den Kindern möglichst wortgetreu vermittelt werden, zunächst, um die geheimnisvollen Vorgänge ihnen bekannt zu machen, dann – im schrittweisen Wiederholen einzelner Momente der Erzählung –, um ihre Wahrheit langsam herauszuschälen, eine Wahrheit, die vielschichtig ist, und darum nur zugänglich wird, wenn man von verschiedenen Perspektiven aus immer wieder neu zurückfragt. Das verlangt vom Lehrer eine mußevolle Beschäftigung mit der unter A gebotenen Interpretation. Deren Auswertung und Übersetzung für seine Klasse muß er selbst leisten. Wollte unser Handbuch auch hier Vorgaben bieten, wäre zu befürchten, daß der stets notwendige Prozeß der persönlichen Aneignung unterbliebe. Das Hantieren mit Fertigwaren wird ja allerorten schon im Übermaß gefördert, und wie im übrigen Leben der Gesellschaft zerstört es auch in der Schule alle Eigenständigkeit und Glaubwürdigkeit.

Die Bildbetrachtung folgt also erst nach der Erzählung. Hier ist ein Vorgehen, wie unter B beschrieben, denkbar, jedoch bleibt auch ein ständiges Hin und Her zwischen Bild und Text sinnvoll. Das nachstehende Protokoll über Gespräche in einem zweiten Schuljahr kann zusätzlich Anregungen und Vorinformationen über kindliche Reaktionsweisen geben. Es sollte aber niemand diese Wiedergaben von Unterrichtsgesprächen als Dispositionen für den eigenen Unterricht mißverstehen. Sie entstammen Erprobungssituationen, die ohne Textkenntnisse unmittelbar vom Bild ausgingen. Insofern spiegeln sie andere Ausgangsverhältnisse, als wir sie für die Geschichte vom brennenden Dornbusch voranstehend entworfen haben.

Aus Unterrichts-Gesprächen mit Kindern im zweiten Schuljahr:

Da ist wieder das große Licht, die Gottessonne.
Und der Gottesname steht wieder darin.
Das bedeutet: Ich bin bei dir.
Hab keine Angst.
Der Mann auf dem Bild kniet vor der Gottessonne nieder.
Er ist ganz nah bei dem Licht; das bedeutet, er ist ganz nah bei Gott.
Er spürt die Wärme Gottes.
Der Mann greift sich mit der Hand ans Herz.
Er staunt. Vielleicht ist er auch erschrocken.
Da brennt etwas.
Da ist ein Busch, ich glaube, der brennt.
Ich glaube, Gott spricht aus diesem Licht.
Er sagt zu dem Mann, daß er nicht zu erschrecken braucht und keine Angst haben muß.
Der Mann hat so komische Strahlen am Kopf; vielleicht ist der heilig.
Dem seine Haare brennen schon.
Verbrennt er gleich?

Die Tiere da hinten gehen schon in Sicherheit.
Warum flieht der Mann nicht?
Er will hören, was Gott ihm zu sagen hat.
Lehrer: Der Mann kniet vor dem brennenden Busch und faßt sich mit der Hand ans Herz . . .
Dem ist das Herz ganz voll, weil er Gott hört.
Das Licht macht ihm das Herz ganz heiß.
Dem ist warm um's Herz.
Der läßt sich anstecken von dem Gottesfeuer.
Es brennt nicht richtig, ich glaube, sein Herz brennt da.
Sein Herz ist ganz heiß, richtig fiebrig. Er ist angesteckt worden wie bei Fieber.
Warhscheinlich ist das was ganz neues für den Mann. Normalerweise ist der wahrscheinlich Schäfer.
Ich glaube, der versteht noch gar nicht, was mit ihm passiert.
Aber die Gottessonne macht ihm Mut.
Lehrer: Ging es dir auch schon, daß dir das Herz brannte?
Wenn ich mich sehr freue, dann wird mir ganz warm.
Ein Herz voller Liebe ist auch ein warmes Herz.
Manchmal bin ich so glücklich, daß ich meine, ich brenne.
Lehrer: Ein übervolles, ein brennendes Herz, was möchte es tun?
Es möchte die Freude weitergeben.
Es möchte zu den Menschen gehen und ihnen die Freude auch bringen.
Liebe will man immer weitergeben.
Der Mann geht jetzt vielleicht auch zu den Menschen und erzählt ihnen, was er erlebt hat.
Er steckt alle an, wie bei einem Waldbrand. Da werden auch alle Bäume angesteckt . . .
Lehrer: Verbrennt der Busch? Verbrennt das Herz?
Ich glaube, der Busch verbrennt nicht.
Die Sonne ist zwar ganz heiß, aber sie macht nichts kaputt.
Sie bringt Freude und kein Unglück.
Herzen brennen, aber verbrennen nicht.
Vom Herzfeuer kann man immer etwas geben . . .

Eva-Maria Bauer

Die Sonne
(Die Glaubensnacht des Propheten, Jesaja 64,6–11) S. 31

A. Das Buch Jesaja, so wie wir es heute kennen, ist keine ursprüngliche Einheit. Auf den Propheten Jesaja, der im 8. Jahrhundert lebte, gehen die ersten 39 Kapitel zurück. Die heute hieran angehängten Kapitel 40–66 sind mehrere Generationen später entstanden. Sie stammen von einem unbekannten Propheten, der den Untergang Jerusalems 586 unter den babylonischen Truppen Nebukadnezars erlebte und dann ins Exil deportiert wurde. Das Buch dieses Unbekannten, den man Deuterojesaja (der andere, der zweite Jesaja) nennt, setzt durchgehend die Situation des Exils in Babylon voraus. In seinen – vermutlich autobiographischen – Gottesknechtsliedern spricht ein Mensch, der Zeuge der großen Katastrophe gewesen ist. Israel ist nur noch »ein Rest«; es sind »die Armen Jahwes«, ein qualitativ verstandenes Israel, das trotz aller Dunkelheit weiterhin auf Jahwes Treue hofft:

»Wir alle wurden wie ein Unreiner, und all unsere Gerechtigkeit wie ein beflecktes Gewand; wir welkten alle dahin wie das Laub, und unsere Schuld trug uns davon wie der Wind. Und es war niemand, der deinen Namen anrief, der sich aufraffte, an dir sich festzuhalten; denn du verbargst dein Antlitz vor uns und ließest uns vergehen durch unsere Schuld.

Nun aber, Herr, bist du unser Vater! Wir sind der Ton und du unser Bildner, und wir alle sind das Werk deiner Hände. Zürne, o Herr, nicht allzu sehr, und gedenke der Schuld nicht immerdar; schaue doch her: dein Volk sind wir alle. Deine heiligen Städte sind zur Wüste geworden, Zion ist zur Wüste geworden, Jerusalem zur Einöde. Unser heiliges, herrliches Haus, wo unsere Väter dich lobten, ist ein Raub des Feuers geworden, und alles, was uns köstlich war, ist verwüstet.« (Jes 64,6–11)[1]

Wie oft haben seitdem Menschen – allen voran Juden – Anlaß gehabt, dieses Klagelied zu wiederholen, und wer weiß, welches Inferno unser aller noch in der Zukunft harrt, so daß wir ebenso klagen müssen: »Alles, was uns köstlich war, ist verwüstet.« Wenn die äußeren und inneren Welten zusammenbrechen, verdunkelt sich auch für den glaubenden Menschen der Himmel. Dann geschieht es leicht, daß niemand mehr bleibt, »der Seinen Namen anruft, der sich aufrafft, an Ihm sich festzuhalten«, denn das Antlitz Gottes scheint verborgen.

Alle Höllen der Geschichte haben sich in unserer Zeit neu eingestellt im brennenden Judengetto von Warschau und im Konzentrationslager Auschwitz. Aus dieser Zeit ist ein jüdisches Dokument überliefert, das in seiner erschütternden Glaubensgröße wahrhaft biblisch genannt werden muß.

Mein Rabbi hat mir oft eine Geschichte erzählt von einem Juden, der mit Frau und Kind der spanischen Inquisition entflohen ist und über das stürmische Meer in einem kleinen Boot zu einer steinigen Insel trieb. Es kam ein Blitz und erschlug die Frau. Es kam ein Sturm und schleuderte sein Kind ins Meer. Allein, elend wie ein Stein, nackt und barfuß, geschlagen vom Sturm und geängstigt von Donner und Blitz, mit verwirrtem Haar und die Hände zu Gott erhoben, ist der Jude seinen Weg weitergegangen auf der wüsten Felseninsel und hat zu Gott gesagt:

»Gott von Israel – ich bin hierher geflohen, um Dir ungestört dienen zu können, um Deine Gebote zu erfüllen und Deinen Namen zu heiligen: Du aber hast alles getan, damit ich nicht an Dich glaube. Solltest Du meinen, es wird Dir gelingen, mich von meinem Weg abzubringen, so sage ich Dir, mein Gott und Gott meiner Väter: Es wird Dir nicht gelingen. Du kannst mich schlagen, mir das Beste und Teuerste nehmen, das ich auf der Welt habe. Du kannst mich zu Tode peinigen – ich werde immer an Dich glauben. Ich werde Dich immer liebhaben – Dir selbst zum Trotz!«

Und das sind meine letzten Worte an Dich, mein zorniger Gott: Es wird Dir nicht gelingen! Du hast alles getan, damit ich nicht an Dich glaube, damit ich an Dir verzweifle! Ich aber sterbe, genau wie ich gelebt habe, im felsenfesten Glauben an Dich.

Gelobt sei in aller Ewigkeit der Gott der Toten, der Gott der Rache, der Gott der Wahrheit und des Gesetzes, der bald wieder sein Gesicht der Welt zeigen und ihre Grundfesten mit seiner allmächtigen Stimme erschüttern wird.

Höre, Israel, der Ewige ist unser Gott, der Ewige ist einig und einzig![2]

[1] Die Forschung zählt diese Verse zu einer weiteren Textsammlung, die durchweg unter dem Titel eines hypothetischen »Tritojesaja« diskutiert wird. Wie auch immer die damit verbundenen offenen Fragen ihre Lösung finden mögen, mit größter Sicherheit darf man annehmen, daß die obigen Verse bald nach der Katastrophe von 586 entstanden sind. Sie geben somit der Klage des unbekannten Propheten erschütternden Ausdruck.

[2] *Zwi Koliz,* Jossel Rackower spricht zu Gott, in: Almanach für Literatur und Theologie. Hrsg. v. Dorothee Sölle. Wuppertal 1968, Bd. 2, 28.

Martin Buber hat nach dem Krieg die Frage gestellt: »Wie ist in einer Zeit, in der es Auschwitz gibt, noch ein Leben mit Gott möglich?« Zur Begründung seiner Frage sagt er: »Die Unheimlichkeit ist zu grausam, die Verborgenheit zu tief geworden . . . Wagen wir es, den Überlebenden von Auschwitz, dem Hiob der Gaskammern, zu empfehlen: ›Rufet ihn an, denn er ist gütig, denn ewig währet seine Gnade‹?« Und in der gleichen biblischen Tradition, die den Jossel Rackower sagen ließ: »Du hast alles getan, damit ich nicht an dich glaube, damit ich an dir verzweifle!« fährt Martin Buber fort:

»Aber wie ist das mit Hiob selber? Er klagt nicht nur, er klagt Gott an, daß er ihm ›sein Recht beseitigt habe‹, daß also der Richter der ganzen Erde wider das Recht handle. Und er empfängt von Gott eine Antwort. Aber was Gott ihm sagt, beantwortet die Anklage gar nicht, es berührt sie gar nicht; die wahre Antwort, die Hiob empfängt, ist die Erscheinung Gottes allein, dies allein, daß die Ferne zur Nähe sich wandelt, daß ›sein Auge ihn sieht‹, daß er ihn wiedererkennt. Nichts ist erklärt, nichts ausgeglichen, das Unrecht ist nicht Recht geworden, und die Grausamkeit nicht Milde. Nichts ist geschehen, als daß der Mensch wieder Gottes Anrede vernimmt.

Das Geheimnis ist ein Rätsel geblieben, aber es ist ihm, dem Menschen zu eigen geworden. Und wir? Was ist es mit uns? Stehen wir bezwungen vor dem verborgenen Antlitz Gottes, wie der tragische Held der Griechen vor dem antlitzlosen Verhängnis? Nein, sondern wir rechten auch jetzt noch, mit Gott . . . Wir schicken uns nicht in das irdische Sein, wir ringen um seine Erlösung, und wir rufen *rechtend* die Hilfe unseres Herren, des wieder und noch Verborgenen, an. In solchem Stande harren wir seiner Stimme, komme sie aus dem Sturm oder aus einer Stille, die darauf folgt. Mag seine künftige Erscheinung keiner früheren gleichen, wir werden unseren grausamen und gütigen Herrn wiedererkennen.«[1]

B. *»Der Prophet Jesaja beim Empfang göttlicher Eingebung«* (Le prophète Isaïe sous l'inspiration divine. Isaïe, 64,6–11) nennt Chagall die vorliegende Radierung. Daß es sich um den Deuterojesaja handeln muß, der im Kapitel 64,6–11 spricht, haben wir bereits gesagt. Angesichts des von Chagall selbst benannten Textes verwundert aber auch der Bildtitel. Wir stellen die damit verbundene Frage zurück und betrachten zunächst die Darstellung.

Da sitzt ein Mann, welch ein Mann! In sich gekrümmt, den Kopf eingezogen, unter den Mantelumhang gehüllt, in kauernder Hocke, die Arme um sich selbst geschlungen, wie um sich festzuhalten angesichts von etwas Furchtbarem, vor dem er sein Gesicht verstecken möchte und von dem er doch nicht die Augen abwenden kann. Das Entsetzen liegt in seinem Blick; er ist starr, die Augen sind fixiert von einem Grauen. Alles, was da vor ihm geschieht, ist so schrecklich, daß er sich am liebsten zusammenrollen, verhüllen und verkriechen möchte, um nichts mehr zu sehen, nichts mehr zu hören und nie mehr zu sprechen. Den Mund hält er bereits verdeckt. Vielleicht lagen die Augen schon mehrmals auf seinem Arm, wenn es unerträglich wurde, die sich ereignende Katastrophe zu sehen, und doch mußte er immer wieder den Blick heben und das Unabänderliche geschehen sehen. Warum? Weiß er es in dieser Situation? Um der Zukunft wegen? Kann er jetzt, da alles ein Ende nimmt, daran glauben? Der Mann, der hier sitzt, ist ein Unbekannter – wir nennen ihn behelfsmäßig Deuterojesaja –, der den Untergang Jerusalems, des Tempels und der Stadt er-

[1] *Martin Buber,* Dialog zwischen Himmel und Erde, in: An der Wende. Köln 1952, 106 ff; zit.n. *Christoph Goldmann,* a.a.O., 84.

lebt hat, und von dessen Betroffenheit wir aus seinen eigenen Schriften wissen.

Er sitzt in der Einsamkeit, in einer Wüste, die rings um ihn wächst, die sich in ihm selbst ins Unendliche erstreckt. Er sitzt auf einem Berg, der ihn heraushebt und alles sehen läßt, was unerträglich ist und dennoch nicht ignoriert werden kann. Er ist Zeuge, ungewollt, und zugleich Betroffener, dessen eigene Welt im Untergang brennt.

Neben ihm liegt ein Buch. Es ist das heilige Buch, in dem Jahwe den Vätern seine Fürsorge von Geschlecht zu Geschlecht zugesagt hat. Der Mann hat es mitgenommen, nur dieses Buch, sonst nichts. Aber er hat es aus der Hand gelegt. Ob er es überhaupt noch einmal ohne Zorn und Verzweiflung lesen kann? Was jetzt geschieht, gibt allem, was geschrieben steht, eine andere Qualität. Was heißt hinfort noch Treue? Was ist mit all den tröstenden Worten, nach denen Jahwe sich wie ein Vater, wie eine Mutter der Kinder erbarmen wolle?

Was der Mann in seinem Leid, das ihn ganz in sich selbst verkrümmt, nicht wahrnimmt, was er in seiner Bannung durch das Unheil nicht wahrnehmen kann, geschieht hinter seinem Rücken. Dort kommt aus dem Licht ein Bote, der auf die Sonne mit dem Jahwe-Namen verweist. Er ist anders als die Boten vorweg. Sie waren bärtig, eher alt und distanziert. Dieser Jahwe-Bote ist jung wie ein Kind, fröhlich und unbeschwert. Sein Gesicht strahlt Freude aus, der Mund ist halb geöffnet, als wenn er singe oder spreche. Soll *dieser* Bote, der in eine Situation des Untergangs kommt, darauf verweisen, wie jung und ungebrochen trotz alledem der göttliche Lichtglanz geblieben ist?

Etwas ist hier dennoch verkehrt: der Jahwe-Name ist umgedreht, spiegelverkehrt geschrieben, er wendet jetzt seine Rückseite dem Geschehen zu. Was soll das heißen? Daß Jahwe sich abgewandt hat? Dann würde sein Bote nicht da sein und so aufmunternd auf ihn verweisen. Daß der Mann ihn nicht mehr versteht, mit Gott nicht mehr zurechtkommt? Eine mögliche Deutung. Aber noch etwas ist anders. Auf allen anderen Radierungen erscheint der Jahwe-Name schwarz ausgefüllt, allein auf diesem Bild bleiben die Buchstaben von innen leer. Etwa weil Jahwes Name – »Ich bin für euch da« – fragwürdig geworden ist. Leer und bedeutunglos?

Es kommt nochmals eine Frage hinzu, wenn wir zum Titel des Bildes zurückkehren: »Der Prophet beim Empfang göttlicher Eingebung.« Was soll das heißen? Vollzieht sieh hier nicht ein Zusammenbruch, der die eigene Welt und allen Glauben in sich reißt? Wie läßt sich dieses Grauen mit »göttlicher Eingebung« verbinden, ohne den blanken Hohn zu provozieren? Gewiß gibt die von Chagall dem Bildtitel beigefügte Schriftstelle hier einen Hinweis: »Es war niemand, der deinen Namen anrief, der sich aufraffte, an dir sich festzuhalten, denn du verbargst dein Antlitz vor uns und ließest uns vergehen durch unsere Schuld. Nun aber, Herr, bist du unser Vater ... Schaue doch her: dein Volk sind wir alle!« Ob dieses erschütternde Gebet, das die Katastrophe von der eigenen Schuld nicht löst und in aller Selbstverlorenheit die Nähe Gottes sucht, möglich ist ohne die Gnade göttlicher Eingebung?

C. Die Ambivalenz des Symbols »Gott«, wie sie bereits die frühkindliche Erfahrung vorstrukturiert (→ S. 213ff), findet sich in den tiefsten Erschütterungen des menschlichen Lebens, in denen wir »unseren grausamen und gütigen Herrn wiedererkennen«, mitangelegt. Für das Gottesverhältnis ist es deswegen wichtig, sich mit der Erfahrung von Mutter und Vater bereits verstanden und unverstanden, angenommen und verlassen erlebt zu haben, um dennoch im übergreifenden Mutter- und Vater-Symbol die Gegensätze integrieren zu können. Nicht minder wichtig ist es innerhalb der religiösen Erziehung, die Erfahrung von Glück und Unglück, Leben und Tod in das eigene Gottverständnis aufnehmen zu können. Eine allzu naive Blauäugigkeit, mit der Religionspädagogen Kinder lehren möchten, möglichst nur die heile Welt mit Gott zu assoziieren, dient den Kindern nicht. Leid und Tod brechen auch ins Kinderleben ein, und gerade die Heranwachsenden in einer Versorgungsgesellschaft sind mehr als andere darauf angewiesen, die dunkle Seite Gottes antizipatorisch wahr-zunehmen.

Wir überfordern mit diesem Thema die Kinder nicht. Sie erleben in den täglichen Fernsehnachrichten ein solches Übermaß an Leid und Schrecken, das ihnen sonst kaum jemand verarbeiten hilft, daß jene Bilder von der Schattenseite des Lebens (die unter »Advent« und »Passion« schon im ersten Schuljahr begegneten), nicht als Belastung, sondern vielmehr als eine Lebenshilfe verstanden werden müssen. Oder soll etwa der Religionsunterricht an der allgemeinen Narkotisierung, mit der unsere Gesellschaft das »Unangenehme« verdrängt, teilhaben? Das wäre das Ende seiner eigenen Glaubensstärke.

Als Lehrer müssen wir uns also über diese Fragen Gedanken machen. Das geht nicht ohne persönliche Bestandsaufnahmen: angesichts eigener Krankheit, eigenen Alters, eigenen Leids; angesichts der Zukunftsängste und der unserer Welt drohenden Gefahren eines atomaren Holocausts . . . Wie gehen wir mit diesen Ängsten um? Mit welchem Glauben begegnen wir ihnen?

Eine Reihe stichprobenhafter Untersuchungen in Schulklassen verschiedenen Alters[1] hat gezeigt, daß die Angst vor der Zukunft immer schon da ist, einerlei wie verkappt sie auftritt. Da kann die unterrichtliche Beschäftigung mit Chagalls leidendem Propheten den Schülern eine Hilfe bieten, sich ihres eigenen Gottesglaubens zu vergewissern.

D. Methodisch ist es möglich, in diesem Fall mit dem Bild zu beginnen. Im Gang der davon angeregten Gespräche kann dann der Lehrer von jenem »Deuterojesaja« erzählen, der den Untergang seiner Stadt und seines Volkes in Mord und Brand erlebt hat. Dabei geht es nicht um die historischen Vorgänge 586 v. Chr. Was dieser Prophet hier erlebt, erleben die Menschen immerfort und heute noch mehr als in vergangenen Zeiten. Wir sprechen also von uns und unserem Glauben angesichts dieses Bildes.

Hilfreiche Rückbezüge sind zu Seite 21 möglich. Der dort vorgestellte Dialog kann die Glaubensnacht des Deuterojesaja, aber auch die Kunde des fröhlichen Boten den Kindern verständlicher machen:

»Aber immer scheint die Sonne auch nicht.«

»Selbst wenn dunkle Wolken über uns sind und den Tag grau machen: Über den Wolken strahlt die Sonne doch. Ich denke, ähnlich ist es mit Gott.«

[1] *Klaus-Dieter Mayer,* Das Alltägliche und das Unfaßbare. Lernen mit Kindern über Frieden und Krieg. Examensarbeit Reutlingen 1983.

Aus Unterrichts-Gesprächen mit Kindern im zweiten Schuljahr:

Da ist ein Engel. Der Engel zeigt auf die Sonne und die Schrift.
Eine Bibel.
Vielleicht ist das ein Mann mit einer Decke. Den friert's.
Der guckt traurig. Der Engel zeigt auf die Sonne.
Ich glaube, das ist ein Dichter. Er hat ein Buch aufgeschlagen.
Da ist wieder die Gottessonne.
Sie sagt: Ich bin immer bei dir.
Der Dichter hat Angst. Er guckt von der Sonne weg. Er will nichts von Gott wissen.
Der sieht den Engel nicht.
Da oben ist alles hell.
Vielleicht ist der Mann blind.
Der hat so arg Angst.
Der Engel sagt was zu ihm.
Vielleicht glaubt der Mann gar nicht an Gott.
Auf dem Buch sind auch Zeichen.
Der Engel kommt runter, den Mann friert's, der Engel zeigt auf die Sonne und sagt: Es wird gleich wieder warm.
Vielleicht hat der Mann Angst, weil der Engel plötzlich etwas sagt.
Lehrer: Es könnte noch andere Gründe geben.
Engel können wir sowieso nicht sehen, der Maler hat ihn nur gemalt.
Den Mann hat was anderes erschreckt.
Er guckt so traurig.
Lehrer: Schaut euch das Gesicht des Mannes genau an!
Vielleicht ist da was, wo wir nichts sehen.
Der guckt ängstlich da runter.
Vielleicht ist irgendetwas weg, das er ganz arg lieb hat.
Der Mann könnte was Schlimmes sehen.
Der Mann ist im Dunkeln.
Er ist jetzt bestimmt allein.
Irgendetwas macht ihn ganz traurig.
Der Mann ist im Pech, der Engel im Glück.
Lehrer: Vergeßt die Sonne nicht!
Der Engel zeigt auf die Sonne und lächelt.
Der Mann hat Angst, der Engel meint: Guck mal, ich bin ja bei dir.
Der Mann sitzt im Dunkeln. Der soll zu der Sonne gucken, dann kann er sich wieder freuen.
Der Engel zeigt auf die Sonne. Der Mann hat ein dunkles Herz, jetzt kriegt er wieder ein helles.
Wenn der Mann zur Sonne gucken würde, hätte er auch Glück.
Vielleicht schenkt ihm dann Gott wieder was.
Da ist wieder die jüdische Schrift – der ist bestimmt ein Jude.
Der Mann hat keine Schuhe.
Wenn er in die Sonne guckt, wird er ja blind.
Diese Sonne macht ihn nicht blind.
Der Mann kann sie aber nicht sehen.
Der meint, Gott ist gar nicht da.
Meine Oma war mal arg krank, da hat sie immer gesagt: Wo ist jetzt der Gott? Als sie wieder gesund war, hat sie gesagt: Gott gibt's doch.
Dem Mann geht's schlecht. Er denkt, Gott ist gar nicht mehr da.
Als ich Masern hatte, hab' ich das auch gedacht, weil ich so hohes Fieber hatte. Als ich wieder aufgewacht bin, hat mir die Sonne ins Gesicht gescheint, also gibt's Gott doch.

Vielleicht denkt der Mann, daß Gott gar nicht exitierst. (Lehrer korrigiert und erklärt den Begriff »existieren«.)
Das denk' ich auch manchmal.
Immer, wenn ich von der Kirche komme und die Geschichten von Jesus hör', denk' ich, Gott gibt's nicht. Er lebt ja nicht mehr.
Wenn ich krank bin, denk ich auch, Gott ist nicht da, sonst wär' ich ja nicht krank.
Meine Schwester sagt auch immer: Gott gibt's doch garnicht!
Liebe kann man ja auch nicht sehen, und Liebe gibt's doch!
Lehrer: Können wir nur an Gott glauben, wenn es uns gut geht?
Ich glaube nicht.
Ich hatte mal einen Vogel, der war tot. Da war ich ganz traurig. Da hab ich gedacht, daß Gott den Vogel gar nicht mag.
Als ich krank war und Keuchhusten hatte, hab' ich in die Religionsmappe geguckt. Da hab' ich den Engel gesehen, den hab' ich gern angeguckt. Überhaupt schau ich öfters in die Religionsmappe . . .

Eva-Maria Bauer

Leo Tolstoi, der König und der Hirt S. 32

A. Die Legenden und Erzählungen, die Leo N. Tolstoi in den Jahren 1881–1886 schrieb, sind in ihrer Sprache, in Empfindung und Gedankenführung von der Redeweise des russischen Bauern bestimmt. Sie verzichten auf jede gehobene literarische Wendung, um in ihrer Einfachheit und Volksnähe jedermann verständlich zu sein. Auch die vorliegende Legende »Der König und der Hirte« gehört zu diesen Volkserzählungen. In ihrer Sprachgestalt ist sie ganz Tolstoi verpflichtet, um die Geschichte aber auf einer Buchseite in noch zumutbarer Schriftgröße unterbringen zu können, wurde sie um etwa ein Drittel gekürzt, ohne den Handlungsgang dadurch zu verändern.

B. Die Disposition ist von klassischer Gegensätzlichkeit: hier ist ein König, den am Ende seines Lebens die Schwermut befällt und der nun nach dem Ertrag seiner Jahre fragt; dort ist es »ein Hirte vom Felde«, arm, aber frei und seiner selbst sicher. Als ein Mensch, der sich daran gewöhnt hat, seine Wünsche in Erfüllung gehen zu sehen, ja, der gleich noch Strafen androht, sollten seine Untertanen etwas nicht vermögen, ist der König naiv und blind genug, nicht zu verstehen, welche Unverfügbarkeit unsere Sprache mit dem Wort »Gott« bezeichnet. Um ihn herum aber ist niemand, der ihm in seinem zu kurz greifenden Verlangen ein spiritueller Lehrer sein könnte.

In dieser Ausweglosigkeit kommt der Hirt daher, seiner Überlegenheit als homo religiosus ganz sicher: »Gestatte mir, o König, daß ich deinen Wunsch erfülle.« Und er führt ihn ins Freie, weist auf die Sonne und sagt nicht mehr als: »Schau hin!« – »Willst du, daß ich mein Augenlicht verliere?« – »Aber König, das ist doch nur ein Ding der Schöpfung, ein kleines Fünkchen des strahlenden göttlichen Lichtes . . . Suche Gott mit anderen Augen!«

C. Die Didaktik des Hirten ist von entwaffnender Einfachheit. Ohne viel Worte demonstriert er sein inneres Wissen, zuletzt in einem eindrucksvollen Rollentausch. Mit dieser Didaktik erreicht er auch unsere Kinder. Der Hinweis auf die Lichtfülle der Sonne als Symbol Gottes trifft auf bereits mehrfach reflektierte Erfahrungen (→ S. 220; 461 ff). Mit dieser abschließenden Legende erfolgt somit eine erneute Vertiefung und Zusammenfassung des leitmotivischen Sonnen- und Lichtsymbols, das unser Gottes-Kapitel prägt. Zugleich lehrt die Legende, daß die Erkenntnis Gottes nicht Sache von Stellung und Wissen ist, sondern von einer inneren Haltung abhängt, die man schlecht als eine Art Armut bezeichnen kann, und die der Meister Eckehart »Abgeschiedenheit« nennt (→ S. 202). Diese Ein-sicht bei den Kindern zu vertiefen, wird – ohne Wissen und Können – jedem gelingen, der sich selbst auf den Weg in den Brunnengrund macht.

D. Die Vermittlung der Legende sollte nicht an sonderliche Anstrengungen geknüpft werden. Mit Sicherheit bedarf es dazu keiner »Medien« oder aufwendiger Kapriolen. Die Geschichte gibt zu denken. Wir denken miteinander – Episode um Episode – über alles nach und gehen dabei gerne in die vergangenen Stunden zurück, blättern einige Seiten des Religionsbuches zurück, um vertraute Gedanken wiederzufinden, neue Assoziationen wiederaufzunehmen. So gewinnt diese Legenden-Stunde einen vertiefenden und resümierenden Charakter, der sich gegen eine weiterführende spielerische Nachgestaltung und Verdichtung nicht sträubt.

Jesus:
Die Menschenfreundlichkeit Gottes

Ich verzage vor dem Gedanken, auf wenigen Seiten eine Grundlegung für das Jesuskapitel unseres Religionsbuches schreiben zu müssen. Über wen wurde mehr nachgedacht als über Jesus den Christus? Wer sonst hat die größten Geister unseres Kulturraumes intensiver beschäftigt als Jesus? Wer neben ihm hat zugleich das Schicksal erfahren, in so viel formelhafte Flachheit entwertet zu werden? Kein anderer hat wie er der Existenz einfachster als auch hochgebildeter Menschen ihren Maßstab und Sinnhorizont gegeben, niemand sonst wurde in gleicher Weise zu einer universalen Alibifigur, auf die sich jedermann beruft, über die man sich in Titulaturen und Würdeformeln klischeehaft verständigt, ohne sich der Wirklichkeit des Nazareners dahinter noch zu stellen. Nichts verfehlt ihn mehr als theologische Geschwätzigkeit, katechetische Kleinmünzerei, bürgerliche Selbstsicherheit. Was könnte die Vermessenheit rechtfertigen, aus der Tradition des Nachdenkens über Jesus hier einen fragwürdigen Extrakt ad usum delphini herzustellen?

Man fordert vom Lehrer, daß er seinen Schülern helfe, »Jesus zu entdekken«, daß er sie »Christus entgegen führe«! Zu diesem werden immer wieder neue Vermittlungshilfen geschrieben, die mich oft ratloser zurücklassen, als ich es vor ihrer Lektüre schon war. Vor allem irritiert mich die naive Unbekümmertheit, mit der man theologische Richtigkeiten, zeitgeschichtliche Realien, fromme Anmutungen und methodische Ratschläge samt einem erschlagenden Medien-Konvolut angeboten bekommt – ohne einen einzigen Nebengedanken an jene sensiblen Lehrerkollegen zu verschwenden, denen die ganze ungeistliche Verbalität eher den Mund verschließt als öffnet. Steht nicht zu befürchten, daß die katechetische Rezeptologie, wie sie für immer neues Geld in einem rollenden System umgeschrieben wird, einen Unterricht füttern hilft, der unter Ausklammerung der Lehrerperson, seines Glaubens wie Unglaubens, aus den frei Haus gelieferten Formelbeständen eine Scheinexistenz bezieht?

Es hilft also nichts, wer sich getraut, über Jesus den Mund zu öffnen, muß sich zuvor auf sich selbst besinnen. Vor unseren Gedanken an Unterricht und Schüler stehen die großen Fragen an uns selbst: Was bedeutet er mir? In welchem Sinne ist er Maßstab meines Lebens? Was begründet meine Distanz zu ihm? Was meine Nähe? Wie kann ich mein Wissen von ihm auf das Wissen meiner Zeit beziehen? Auf Grund welch eigenen Prozesses ist er mir im Kreuzfeuer seiner Kritiker fremd geworden; ist er mir jenseits aller Kritik eine neue Entdeckung?

Das vorliegende Handbuch kann einen solchen Reflexionsprozeß nur ansatzweise beeinflussen. Es vermag aber nicht das Studium biblischer und systematischer Literatur zu ersetzen; der theologische Sachhorizont muß sich aus Studium und weitergehender Eigenbemühung ergeben. Möglich ist hier der Anstoß zur Selbstbesinnung, ein Bedenken der didaktischen Situation und eine Erschließung des Weges, den das Religionsbuch führt. Zu beachten aber bleibt die Reihenfolge.

»Ach, so seht ihr mich?« – Der Weg des Lehrers

Was also? Wie werde ich meiner eigenen Wissens- und Glaubensposition inne? Zwar steht jeder woanders und ist so sehr dem eigenen Ort verhaftet, daß ihm der archimedische Punkt fehlt, von dem aus er beurteilen könnte, wie eng oder weit von hierher die Perspektive auf den Christus möglich ist. Um dennoch einer Herausforderung nicht zu entgehen, werden im Folgenden persönliche Notizen wiedergegeben, die aus den tagebuchartigen Aufzeichnungen von Friedolin Stier stammen. Friedolin Stier (1902–1981) hat sich ein volles, nachdenkliches Leben lang mit Gott und der Welt beschäftigt, mit dem Gott der Bibel und mit Jesus dem Christus. Seine Notizen waren nie zur Veröffentlichung bestimmt. Daß sie 1981 als Buch erschienen, ist dem Drängen von Freunden zu verdanken.[1] Es ist ein Dokument von Glaubensnot und Glaubenserfahrung, wie es in dieser Radikalität und Ehrlichkeit des Ringens nicht in jeder Generation den Zeitgenossen geschenkt wird. Wir zitieren eine Anzahl solcher Passagen, in denen er sich mit Jesus und den vielfachen Formen seiner Verharmlosung auseinandersetzt. Sie stehen hier – bestätigend? korrigierend? widersprechend? – damit die bei uns selbst schon glatt gestrichenen Deutungen erneut ihre Fraglichkeit gewinnen, aber auch, weil sie Zeugnis einer Betroffenheit sind, das selbst betroffen macht.

Was ist denn noch alles zu tun, um das erregendste Buch, die Bibel, zum langweiligsten aller Bücher zu machen?

Ist es nicht genug, daß man sie auf Lehren abhörte, ihr Wahrheiten abzapfte und Theologien damit zusammenbaute? Und daß man sie – neuerdings – auf das »Kerygma« reduzierte? Aber ihr Sinn ist es nicht, nur als Quelle oder Steinbruch zu glaubender Wahrheiten zu dienen. Diese Wahrheiten in allen Ehren – aber sie ist mehr: lebendige Stimme, Anrede, Aufruf des Menschen zur Umkehr, Umdenken fordernd und Aufbruch, Unruhe stiftend, drängend auf Wandlung. Das »Wort Gottes«, das sie fortlautend bezeugt, bricht aufscheuchend in die Menschenwelt ein, wie der Wolf in die Herde der Lämmer. Wenn es mir gegeben ist, glaube und bekenne ich, daß Jesus Christus der Sohn Gottes ist, aber wenn ich das Wort höre: »Ich bin nicht gekommen, um Frieden auf die Erde zu bringen, sondern das Schwert...«, schreckt er mich auf.

Und was ist noch zu tun, um dieses wildeste Buch zu domestizieren? Tut die Sprache seiner Übersetzer noch nicht genug? »IHWH brüllt vom Sion her...« (Amos) – aber du meinst, blökende Schafe zu hören... Sie halten der Bibel Schalldämpfer vor den Mund; denn der theologisch verdolmetschte Gott brüllt nicht.

*

In einem Gespräch um die Frage, was ich denn unter Begegnung mit der Wirklichkeit Jesu verstehe und was ich mir dafür von der historisch-kritischen Leben-Jesu-Forschung verspreche, erzählte ich – nun als Gleichnis – die folgende, im Sommer 1928 erlebte Geschichte:

S. Pietro in Vincoli ... Professor P., berühmter Kunsthistoriker, Michelangelo-Spezialist, hatte seinen Vortrag über den »Moses« eben beendet. Seine Zuhörer, Fachleute und »gebildete« Laien, waren am Munde des Redners gehangen, überwältigt von einem Wissen, das unerschöpflich schien. Die historischen Daten, die »Idee« des Werkes, Ausdrucksmittel, Formensprache, Stil im Vergleich mit anderen Schöpfungen des Meisters – auf all das kam der gelehrte Mann zu sprechen. Die Fachleute nickten, die Laien staunten. Allen schien das Kunstwerk erschlossen, die totale Information dank der überlege-

[1] *Friedolin Stier,* Vielleicht ist irgendwo Tag? Aufzeichnungen. Kehrle Verlag, Freiburg/Heidelberg 1981.

nen Kennerschaft des Professors P. erreicht. Und sie gingen befriedigt von dannen, des Glaubens gewiß, das Werk eines großen Meisters verstanden zu haben.

Still war es wieder geworden, Schweigen stand im Dämmer der Halle. Ich lehnte an einem Pfeiler in Betrachtung des Moses. Da kam durch das Dämmer geschlurft, ein etwa achtjähriges Mädchen an der Hand, in schwarzem Kleid und Kopftuch, krumm vor Alter und Arbeit, eine Kampagnabäuerin, stellte sich vor den Moses hin, stand und schaute. Auf einmal reckt sie sich auf, hebt den Kopf, streckt die Arme nach links, wie Blitze sprüht's aus ihren Augen, das Kind erschrickt und wankt zur Seite. Die Alte war von Moses besessen, er war in sie eingefahren, er hatte sie überwältigt. Sie wußte nichts von Michelangelos Kunst; sie wähnte nicht, den Moses verstanden zu haben; unwissend war sie und unbewußt des Geschehenen, daß ihr Moses begegnet war.

*

Im Gedanken an das leidenschaftliche, über fünfhundert Jahre lang währende Streitgespräch um die Gottessohnschaft Jesu, es mir als Disputationsszene vorstellend: Arius contra Athanasius, Nestorius contra Cyrill von Alexandrien (Konzile von Nizäa und Chalzedon). Jesus ist dabei, hört schweigend zu, um sich zuletzt fragend an die streitbaren Geister zu wenden:

Warum wollt ihr mich partout »definieren«? Mich, den Geheimnisvollsten aller, die je auf Erden gewandelt sind, mich wähnt ihr mit euren Begriffen in Griff zu bekommen!

Du, Arius, du behauptest, ich sei erst durch Adoption Gottes Sohn geworden. Deine Lehre ist juridisch gedacht. Ich *bin* der Sohn, ich bin es nicht geworden.

Und du, Athanasius, du meinst, mein Widerspruch gegen Arius gebe dir recht. Du und deine Partei, ihr erklärt mich für »gleichen Wesens mit dem Vater«. Zugegeben, ihr steht mir näher, aber den Begriff »Wesen« (*ousia*), den ihr von einem griechischen Metaphysiker geliehen habt, kennt meine Sprache, die Sprache, in der ich mich selbst als »Sohn« verstand, nicht. Es liegt nicht in ihrem Sinne, Gottes »Wesen« wie ein griechischer Philosoph zu denken. In ihr ist Gott der Eine und Einzige, Schöpfer und Herr des Himmels und der Erde, ein Gott des Wortes und der Taten. Spricht sie – in der Sache! – vom Wesen Gottes, so geschieht es in Worten, die eine *Beziehung* ausdrücken, ein Wirken an . . ., ein Handeln mit . . ., ein Sein in . . . Er ist in mir, ich in ihm – unausdenkbar tief, er liebt mich, ich liebe ihn – über alle Maßen. Sein In-mir-Sein, mein Sein in ihm – diese Verinnigung, die keine Sprache zu sagen, kein Begriff zu erfassen vermag, ist meine Wirklichkeit, mein innerstes »Wesen« – als sein »geliebter Sohn« . . . Ausgesprochen ist es doch unaussprechlich – das indefinible Geheimnis, das ich bin. Es dunkelt im Abgrund Gottes, in dem mein Wesen wohnt.

Warum wollt ihr mich partout »definieren«? War es Wissensdrang, war es Liebe, die eure Geister trieben, in das Geheimnis einzudringen, um im Licht der griechischen Denklampe zu erkennen – und aller Welt zu verkünden, daß ich Gott, »ganz Mensch und ganz Gott« bin?

Hier heißt es halt! gebot ich der Phantasie, die an dieser Stelle Jesus fragen lassen wollte, was geschehen wäre, wenn – gegebenenfalls – indisches Denken in sein Geheimnis hineingeleuchtet hätte . . . Nein, halt! Sonst spinnt sie das Thema, das in der Luft liegt, noch weiter zurück und erzählt eine Geschichte, die ihr schon lang im Sinne liegt. Die Geschichte heißt: *Jesus liest die Evangelien . . .*

*

Mit Jesus leben – was heißt das?
Ich komme von Tag zu Tag in eine Unzahl von Situationen, Tätigkeiten, Geschäften, in denen ich nichts sehe, was mit Jesus, mit meiner »Beziehung« zu Jesus zu tun hätte.
Erwachen? Ad te de luce vigilo?
Zähnebürsten, Rasieren, Waschen, Kämmen . . .
in die Hosen schlüpfen, in die Schuhe steigen, Kaffeewasser kochen,
Katze füttern . . .
Zigaretten, ein Taschenmesser, eine Schallplatte kaufen . . .

Auto starten, zum Tanken fahren,
einen Nagel einschlagen, ein Bild aufhängen –
all der Kram und Trödel des Alltags.
Über den Bäumen
des botanischen Gartens
geht die Sonne auf,
Amseln jubilieren, Finken schlagen,
Regen tropft von Blättern,
Erde riecht . . .

In all dem weist mich nichts auf Jesus, zeigt sich, erscheint er mir nicht. Das gilt für mich Einzelnen wie für Millionen meinesgleichen. Aber in all dem hör' ich mich oft fragen: »Wo bist du?« Und dann kommt mal ein Ehekreuzträger, kommt mal von der »Herberge zur Heimat« nebenan ein Heimatloser, ein Schnapslump, der penetrant nach Fusel stinkt, eher Lumpen als Kleider am Leib, in ausgelatschtem Schuhwerk . . . »Ah! Bist *du* da?«

*

Keiner hätte es so schwer, wenn er wiederkäme, sich als den zu präsentieren, der er ist, wie jener Mann von Nazareth, dessen Geschick es ist, nicht vergessen worden zu sein. Er müßte sich aus vielen Überkleidungen herausschälen, in die er von den Seinen, gerade denen, die ihn nicht vergessen haben, ihm anhängen und ihn lieben, gesteckt worden ist. Und wie viele, zum Teil vollendet schöne Bilder und Statuen, unter denen sein Name steht, müßte er von Wänden und Konsolen entfernen, traurig erstaunt: »Ach, so seht ihr mich?«

*

Dem Nazarener zu Hilfe kommen, ihn aus den Geröllhalden des über ihn Geredeten und Geschriebenen herausbaggern, ihn herausziehen aus dem Schwemmsand der erbaulichen Sprache, um ihn, der nicht aufs Gesicht der Menschen schaute (Mk 12,14), *kat' idian,* abseits zu führen, wo er Aug' in Aug' mit seinen Jüngern spricht . . . Was nicht in ihm war, sich den Menschen bequem zu machen, seine Gläubigen haben es besorgt. Gingen nicht schon die Evangelien daran, dem Grenzensprenger Grenzen zu setzen, den nicht Ergreifbaren in Griff zu nehmen? Aber noch lebt in ihnen der Unbewältigte. Hier ragt er noch hoch über die Verständnisse hinaus, in denen man ihn zu erfassen versuchte.

*

Tendenz der Jesus-Tradition:

Das Neue, das in Jesus erschien, in die Sprache der Gesprochenheiten zurückzunehmen.

Das Neue ist, um sich zur Sprache zu bringen, auf das Leihhaus überlieferter Vorstellungen und Interpretationsmuster angewiesen. So kann es zu einer Differenz zwischen den deutenden Titeln (Messias) und Namen und der Wirklichkeit Jesu kommen, wenn diese ein Mehr und ein anderes enthält, einen »Überschuß«, der sich dem in der Welt der vorgegebenen Sprache lebenden Bewußtsein nicht erschließt . . .

*

Gibt es eine vorsprachliche Erfahrung der Wirklichkeit Jesu?

Grund dieser Frage: Mißtrauen gegen alles Vermittelte: Hängt es nicht vom »Format« des Vermittelnden ab, ob das zu Vermittelnde ins rechte Licht kommt? Alle, die mit Jesus gingen, mit ihm lebten und hernach über ihn berichteten, standen tief unter ihm. Sie wußten es, die häufigen Mißverständnisse zwischen ihm und den Jüngern haben sich nachhaltig ins Gedächtnis der frühesten Anhänger eingeprägt. Gewiß, das Leben mit ihm war ein Lernweg, und Ostern öffnete ihnen die Augen, die Wahrheit ging ihnen auf. Aber war es die ganze Wahrheit? Was sie verkündeten, ist ihr »Bild« des Jesus Christus. Sie geben zu verstehen, was sie verstanden, zu sehen, was sie sahen, zu hören, was sie hörten . . . Darum die Frage, inwieweit die Wahrheit des Ursprünglichen in das Bewußtsein und die

Sprache der Vermittelnden eingeflossen ist . . . Ich sehe keinen Weg, der durch sie hindurch und hinter ihren Rücken in das Unvermittelte führt, es sei denn, daß er selbst »erscheine« . . .

Die Sprache des »Milieus« tendiert darauf, das Einmalige und Individuelle der Wirklichkeit Jesu zu nivellieren.

»Der *Geist* bringt in Erinnerung, was Jesus gesagt hat« (Joh 14,25).

Was hat es zu bedeuten, wenn die offizielle/lehrende/amtende Kirche nicht das in Erinnerung bringt, »was Jesus gesagt hat« (es sei denn in ihrer Liturgie . . .), sondern das, was sie *über* Jesus zu sagen hat?

Die »Sprache der Kirche«:

Den Denzinger aufschlagen, den CIC, die Bullen, die Enzykliken, die Motu proprios, die Moraltheologien, die Dogmatiklehrbücher? Nein, gleich weiterblättern: die Liturgien, die Hymnen – das Gebet, die Sprache des Herzens . . .

*

Was bliebe von Jesus »übrig«, wenn kein Mensch, geschweige eine Gemeinde je gesagt, geglaubt und sich dazu bekannt hätte, daß er der Messias, der Christus ist?

Und wenn auch die anderen christologischen Titel nie aufgekommen wären, die, selbst schon »Auslegungen«, wiederum Gegenstand von Auslegungen geworden sind, allesamt Antworten auf die Frage, Jesu eigene Frage von Caesarea Philippi und die Frage der Leute: »Wer ist dieser?« – was bliebe dann von Jesus?

Seine Wirklichkeit, die von diesen Titeln, »Etiketten«, eher verdeckt als enthüllt wird.

Denn dem auf diese Hoheitstitel gehefteten Blick entzieht sich allzuleicht der konkrete Lebendige, der Mensch unter Menschen war, zu ihnen kam, sie zu sich rief, mit ihnen zusammen aß und trank, ihres Elends, ihrer Gebrechen sich annahm, sie von der Schuld freisprach, sie bei der Hand nahm und aufrichtete, sich bedrängen und am Mantelsaum zupfen ließ (wenn er auch der Herr war, übermächtig, daß sie sich »nicht zu fassen wußten«, sich »entsetzten« und »erschauderten«) – all dieses Konkrete und Unmittelbare seines in Wort und Tat, in Tatworten und Worttaten präsenten Seins tritt zurück, wenn ich mein Interesse vor allem auf die Deutung nicht eindeutiger Titulaturen, d. h. zeitgenössischer Interpretationen der Wirklichkeit Jesu konzentriere.

*

Wenn ich viel wüßte von ihm, mehr, immer mehr zu wissen bekäme, bis ich alles Wissen hätte, das die Wissenschaft, die historische Forschung, zu erreichen und zu geben vermag,

ja, wenn diese Wissenschaft es gar vermöchte, den Einstigen mir als einen Gegenwärtigen vor Augen zu stellen –

immer noch wäre ich, der alles von ihm weiß und ihn darzustellen wüßte – wahr, wie er war –,

immer noch wär' ich weit entfernt, ja durch eine Kluft getrennt von dem »Wissen« jenes Menschen, der wenig von ihm weiß, aber: getroffen ist von seinem Wort und es tut, ergriffen von seiner Macht, die ihm das Leben wandelt, ihn fortträgt aus dem Eigenen, dem »Bei-sich-selbst-Sein«, in das Eigentliche, auf den Weg derer, die mit ihm gehen . . . Dann wäre ich, der Jesuswissenschaftler (»Jesuloge«), im Besitz der Wahrheit über Jesus, der Sakristan, der die große Glocke der Wahrheit läutet, jenen aber, den Unwissenden, hätte die Wahrheit in ihren Besitz genommen und lebte in ihm, lautlos, in aller Stille.

*

Über den historischen Jesus hat sich eine sententia communis gebildet. All den neuesten Jesus-»bildern« gemeinsam ist die stark humane, soziale Einfärbung, die ihn, wenn das Rot zu dick aufgetragen ist, als roten »Revoluzzer« präsentiert (Carmichael, E. Bloch, W. Jens in seiner Mt-Übersetzung, Andermann, Holl u. a.).

Andere Jesus-»bildner« zeichnen ihn vor allem als Mitmenschlichkeitsprediger und -vorbild, als Kämpfer gegen die herrschende Religionsbehörde.

Alles in allem: letztlich ein sehr akzeptabler, brauchbarer Jesus, mit dem man sich in Sachen Kirchenreform gern fraternisiert, ein Jesus, dem alles abgetan ist, was einen Aufgeklärten irritieren könnte. Aber gerade dieses, das über das Menschenwesen hinaus ins Göttliche Ragende, seine – begrifflich wie immer zu bestimmende – »Divinität«, nicht seine Humanität hat sich von allem Anfang an der Mit- und Nachwelt unauslöschlich eingeprägt; es gehört zum historischen Jesus. In der Christus-Ikone der Ostkirche erscheint mir das historische Bild Jesu treuer bewahrt als in den Heilandsbildern der von der Aufklärung inspirierten Malerei der Nazarener . . .

*

Wenn du gerufen wärest, dich anschicktest, es wagtest, ihn, den Mann von Nazareth, in die heutige Kirchen- und Weltgesellschaft einzuführen – in die Boxen der fauchenden Bestien: der Pro- und Antikapitalisten, der Mammutkonzern- und Finanzhauptquartiere, der Ost- oder West-»blockwarte«, der Bildungsstrategen, der Psychokybernetiker, der Proletariatsheilande, der militanten Humanitätsideologen, der veränderungssüchtigen Progreß-Terroristen, unter die jungen Wölfe in Schafspelzen und kamelhaarenen Mänteln, unter die Lumpen und Lügner, unter die überzeugten Irren und Irregeführten, unter die Heuchler zu führen wagtest –

dann sei gefaßt auf Geheul und Gelächter, auf gefletschte Gebisse – dann weißt du: Dein Kreuz ist dir aufgeschultert, die »sechste Stunde« hat dir geschlagen, und die »Finsternis« dauert bis zur »neunten Stunde« . . . Wenn du gerufen wärest.

*

In dumpfem Bangen verbrachte Tage, unfroh und in zehrendem Zorn über die Schwätzer und Macher und die Haie im dreckigen Wohlstandstümpel unserer Gesellschaft, die unfaßliche Dummheit der Regierenden und Regierten zusammen –

in Justiz, Verkehr, Wirtschaft, Ost- und West-Politik – in atavistischen Denk- und Aktionsmodellen dahinwerkelnde, mit geradezu reflexartiger Promptheit sich für den Blödsinn entscheidende Mediokrität allenthalben

– allmorgendlich fast jede Schlagzeile Öl aufs Geschwel meiner mühsam verhaltenen Wut . . .

»Dein Reich komme!« – Ich bin vor dich hingetreten, dich, Jesus von Nazareth, und ich habe dich – iam lucis orto sidere – herausgefordert, dein Wort wahrzumachen, erbittert über dein und deines Herrn Vaters totes Schweigen zu den widerwärtigen und ekligen Umtrieben, die ihr mit uns treiben laßt. Oder gar selber betreibt? Nichts weiß ich mehr! Glauben – woran? Wem? Vertrauen – worauf? Wem? Es gibt einen Glauben, der an eurer Existenz nicht zweifelt, aber eben darum über euch verzweifelt ist . . .

*

Wenn Gott ist,
wenn Gott zum Menschen spricht,
wenn Gott es ist, der durch Jesus von Nazareth spricht,
dann:
Makarioi hymeis – »Selig seid ihr!«
Dann! Nur dann!
Sonst:
sonst aber,
wenn nur der Mensch ist,
wenn nur der Mensch zum Menschen spricht,
wenn nur der Mensch Jesus zum Menschen spricht,
dann:
Talaiporoi hemeis – »Wir Unseligen!«
Preisender du und Gepriesene ihr – hinab mit euch Unseligen
in den Abgrund des Nichts!

*

»Wir haben das Leben gesehen ...« (1 Joh 1,1 ff). Wiegen und Särge, Leid und Lachen, Not und Tod, und ein paar Tröpfchen Glück dazu, auf ein paar Jahrzehnte erlebter und erlittener Groß- und Kleingeschichte zurückblickend – und »alt und satt an Tagen«, sagt ein Mensch: »Das ist das Leben«, sagt es vielleicht französisch: »C'est la vie«, und er könnte sagen: »Ich habe das Leben gesehen.« – »Nein!« würden ihm Schreiber und Adressaten des Johannesbriefs antworten, »den Tod hast du gesehen; denn was du Leben nennst, schwitzt den Tod aus allen Poren. Das Leben, das wir gesehen, ist der Tod des Todes in Jesus Christus, unserem Herrn.« Sooft ich diesen unerhörten Satz besinne, fühl' ich mich blindgesprochen ...

Und Jesus? Oft kommt es mir so vor, als sei der Befreier ein Gefangener seiner Kirche, von seinen Gläubigen aus der Welt, aus dem Jetzt und Hier hinausgehimmelt, als habe die Stiftung den Stifter, die Stellvertretung den Vertretenen geschluckt ...

Ich denke an die plötzlich auftauchenden »Geister« der Großen, die unversehens aufblitzenden Leuchten der Erkenntnis und der Liebe – an die Vorsokratiker, an Zarathustra, Buddha, an »Propheten« und vor allem an Jesus von Nazareth. Noch im Kontinuum der menschlichen Art, durchbrechen sie dieses und stellen ein schlechthin Neues dar (Kompenetranz von Kontinuität und Diskontinuität). Darum werden sie von den Gleichzeitigen entweder abgelehnt, nicht verstanden, für verrückt erklärt, verworfen, als Normbrecher verfolgt und ausgemerzt, oder von anderen fasziniert als »Meister«, »Lehrer«, »Herren« und »Führer« in die Zukunft erahnt, erkannt, anerkannt. Sie verändern das Bewußtsein ihrer Anhänger, sie stiften die Gemeinschaft der Veränderten (»Bekehrten«) und werden Bildner und Häupter einer neuen, ihrer Neuheit bewußten Menschenart.

*

Ich sehe z. B. in Jesus von Nazareth trotz allem, in dem er unseresgleichen ist, den novus homo schlechtin, eine neue, uns übrigen ungleiche Art.

*

Die theo- und christologischen Glaubenssätze bejahen, für wahr halten, bekennen ..., diese Sätze verstehen, erklären, lehren, verkünden ..., diese Sätze meditieren, kontemplieren –

der Geist ergeht sich inmitten dieser hohen Objektivitäten, Pfeilern und Kuppeln und Hallen einer Kathedrale, in dämmernden Seitenkapellen, in schweigenden Nischen verweilend.

Nun aber gibt es welche, denen Gott und Jesus Christus aus der Sphäre der geglaubten Wahrheiten in die des lebendigen »Herzens« einbrechen, aus distanzierender Objektivität in die Subjektivität personaler Begegnung –

nun, diesen Menschen ergeht es wie dem Saharaforscher, der den Schreibtisch verläßt und in die Wüste zieht, in der Glut verschmachtet, in Staubstürmen erstickt, oder dem Montblanc-Betrachter, der in die Gletscher, in die Schluchten, an die Schroffen, in die eisigen Stürme gerät ...

*

Es gibt eine, namentlich bei Pastoraltheologen und Katecheten anzutreffende, »Neochristologie«, die, ad usum delphini, d. h. auf die um ihre »Selbstfindung« gegen die Erwachsenenwelt und die von dieser angebotene »Rollenerwartung« ringende Jugend zugeschnitten, Jesus als den darstellt, der diese Selbstfindung exemplarisch »geleistet« habe. Aber ging es denn bei Jesus je um Selbstfindung, um Kampf zur Verwirklichung seines einmaligen Selbst, seiner Freiheit und seines Personseins, wenn er sich nicht in die Rolle des Zimmermannsohnes, des Wundertäters, des (politischen) Messias, des Propheten ... fand und »in den Tod ging, weil er die vorgegebenen Rollen durchbrach und er selber blieb« (Bendler).

Wem sagt man das? Jungen Leuten, die noch gar keine »Rolle« übernommen haben, um sie »durchbrechen« zu können. Jesus hat die Handwerkersohnrolle nicht »durchbrochen«, er wurde aus ihr herausgeholt durch – buchstäblich – »höhere Gewalt«, und zudem war er ein Erwachsener, kein Heranwachsender von fünfzehn bis achtzehn Jahren.

Und da kam es über ihn, nahm ihn unabweislich in Beschlag, führte ihn seinen Weg, sprach sich in seinem Wort, wirkte in seinem Werk (Heilungen), verfügend über ihn ...

Eine Macht, die er nicht aus sich selber nahm, durchbrach die »Rollen«.

Und das hat mit Selbstsuche und -findung nicht das geringste zu tun.

Man sage den jungen Leuten, daß, wenn schon es sich bei Jesus um das von ihren Psychoforschern erkannte Problem der Selbstfindung handeln sollte (was ja nicht der Fall ist), es bei ihm mit einem Sichselbstverlieren begonnen und – geendet hat.

Titulare oder[1] narrative Christologie? – Der Weg des Schülers

Der Weg des Schülers – wie weit läßt sich heute zu Beginn der Schulzeit noch davon sprechen? In vielen Gegenden kommt bereits die Mehrzahl der Kinder zur Schule, ohne zuvor von Jesus gehört zu haben. Andere bringen vage Klischeevorstellungen mit, in denen sich Jesus und Gott unterschiedlos vermischen, und die sie oft eine ganze Schulzeit hindurch kaum zu korrigieren lernen. Angesichts der zähen Vorstellungen, die eine in katechetischen Konventionen erstarrte religiöse Erziehung bewirkt, müssen wir es als Lehrer nicht unbedingt beklagen, wenn die Mehrzahl der Schüler ohne Vorkenntnisse zu uns kommt. Bedenklich ist allerdings, daß keine emotionale Bindung an Glaubensinhalte erfolgt, so daß die unterrichtliche Arbeit in ihrer kognitiven Dimension des entscheidenden Wurzelgrundes verlustig geht, in den letztlich jedes *lebendige* Wissen eingesenkt sein muß.

Der Weg des Schülers, soweit ihn die Eltern bestimmen, ist der schulischen Einflußnahme entzogen. Allenfalls kann im Gespräch über Religionsunterricht und Religionsbuch hier Anregung und Korrektur in bescheidenem Maße erfolgen. Soweit aber bislang Lehrpläne und Religionsbücher diesen Weg ebenfalls bestimmen halfen, ist – rückwärts gewandt – eine Besinnung über Kriterien der Vermittlung möglich.

Die unterschiedlichen Phasen katechetischer und religionspädagogischer Arbeit in diesem Jahrhundert, sind inzwischen überschaubar geworden.

Was sie trotz ihrer je spezifischen Akzentsetzung miteinander verbindet, ist – im Blick auf die christologischen Inhalte – eine titulare Christologie, die zwar ausgiebig die Würdenamen »Messias«, »Menschensohn«, »Herr«, »Heiland« ... bevorzugt oder den »Sohn Gottes«-Titel verwendet, alles jedoch nur mangelhaft thematisiert und entfaltet. Durchgehend werden die Jesusprädikate so undifferenziert und unkommentiert übernommen, daß sie durch die Häufigkeit ihres Gebrauchs zu leeren Formeln absinken. Diese »titulare Christolo-

[1] Es handelt sich bei diesem »oder« nicht um eine theologische Alternative. Die frühe christologische Tradition – hier im Anschluß an eine Dissertation bei Adolf Exeler »titular« genannt – ist keine beliebige und darum in der Kirche auch nicht zur Disposition stehende Form des Sprechens über Jesus. Sie findet ihren Rückhalt in zentralen Texten des Neuen Testaments und gehört zum Kernbestand der christlichen Theologie. Dementsprechend gilt die nachfolgende didaktische Reflexion nicht grundsätzlich, sondern im Blick auf unterrichtliche Situationen, in denen alters- und gesellschaftsbezogene Bedingungen eine *methodische* Rangordnung und Reihenfolge begründen.

gie«[1] unserer Religionsbücher und Lehrerkommentare rechtfertigt den psychoanalytischen Klischeebegriff: Demnach sind Klischees denaturierte Symbole. Im Gegensatz zu einer symbolerschließenden Sprache, die sich durch Kompetenz in einem variierenden, kreativen Umgang mit dem Symbol ausweist, ist die klischeehafte Sprache durch Verdrängungsvorgänge bestimmt. Sie exkommuniziert die aktuelle Wirklichkeit, schließt sie aus dem Bewußtsein aus, macht sie für alles Denken, Sprechen und Handeln unerreichbar und somit zugleich unerkennbar. Mit der Stereotypie des klischeebestimmten Verhaltens und Sprechens endet aber auch die Fähigkeit, die zu vermittelnden Inhalte für neue Lebensvorgänge aufzuschließen. Sie bleiben verschnürte Pakete, formelhaft und stumm, und ganz allgemein gilt hier, was Martin Walser eine seiner Romanfiguren sagen läßt: »Ich habe Gott mit diesen Formeln geerbt, aber jetzt verliere ich ihn durch diese Formeln.« Wie viele Kinder mögen ebenso ihren Christus Jesus durch die stets gewünschte, proklamierte, aufgedrängte titulare Christologie geerbt und in dieser deklamatorischen Art der Erbschaft zugleich auch wieder verloren haben? Der Weg mancher Schülergeneration ist – trotz »kerygmatischer Erneuerung« – aus diesem Bann der dogmatischen Klischees nicht herausgekommen.

Leider muß gesagt werden, daß Religionsbuchautoren vielleicht auch deshalb eine nur benennende Sohneschristologie deklamierten, weil sie glaubten, damit kirchlichen Erwartungen entgegenzukommen. Alle für den Religionsunterricht Verantwortlichen aber müssen sich sehr ernsthaft darüber klar werden, daß es weder Ausdruck von Gläubigkeit noch Frömmigkeit noch didaktischer Kompetenz ist, wenn in dieser äußerlich bleibenden Begrifflichkeit weiterhin unterrichtet werden soll. Mit der Übereignung der toten Formel wird zugleich Erstarrung und späterer Glaubensverlust vorprogrammiert.

Beim vorschnellen Umgang mit christologischen Würdeprädikaten, etwa daß Jesus der »Heiland« oder der »Gottessohn« ist, ist zu bedenken, daß diese Namen Resultate eines stets langen und mit vielen Herausforderungen konfrontierten Glaubensweges sind, so daß man allemale eine wesentliche Dimension überspringt, wenn man glaubt, es sei didaktisch legitim oder gar bewährt, unter Ausklammerung der geschichtlich-anthropologischen Dimension bei einer »Christologie von oben« zu beginnen.[2] Die Zugänge zur Wirklichkeit Jesu Christi liegen vielmehr in den konkreten und differenzierten Umständen seines Lebens. Die erzählende Betrachtung des Evangeliums und die Erschließung des alltäglichen Umfeldes, in dem Jesus beheimatet war, sind die Eingangstore – nicht allein für die Primarstufe.

Bevor wir die für uns wichtigen didaktischen Kriterien einer Christologie im Religionsunterricht hier skizzieren, soll zur besseren Verdeutlichung unserer Konzeption eine Abgrenzung zur weithin vorherrschenden und praktizierten christologischen Katechese erfolgen, denn wir können unsere Schüler um so klarer orientieren, je bewußter wir ihren Weg von den ausgefahrenen, aber immer auch wieder tangierenden und kreuzenden Wegen abzuheben vermögen.

[1] Siehe hierzu die Untersuchung von *Irene Dabalus,* Wer ist dieser? Jesus Christus im Religionsunterricht heute. Bibeltheologische und didaktische Vorstellungen in Handbüchern und Unterrichtsprojekten im deutschen Sprachraum 1960–1972. Münsterschwarzach 1975.

[2] Vgl. die Analysen bei *Irene Dabalus,* a.a.O., 123–172.

Das erste Kennzeichen, das unseren Unterricht gegenüber der Mehrzahl angebotener Handreichungen und traditioneller Unterrichtsstandards unterscheidet, muß sprachlicher Art sein. Eine Sprache, die nur eine titulare Deszendenz-Christologie beschwört, mag noch so zentrale Zeugnisformeln traktieren, sie wird ihren Christus nicht für das Milieu der Kinder, weder für deren individuelle Frömmigkeit noch für ihr soziales Verhalten aufschließen. Ein Vokabular, das sich um die Würdenamen Jesu und ontologisch verstandene biblische Begriffe dreht, war einmal in einem Raum möglich, der in sich geschlossen und abgeschirmt existierte. Diese Räume sind heute aufgebrochen und können höchstens noch für kurze Kinderjahre künstlich errichtet werden – doch stets um den Preis, daß über die vererbte Formel erst recht verloren geht, was ganz zu eigen werden sollte.

Das zweite Kennzeichen einer angemessenen Christologie ist lerntheoretischer Natur. Jede eindimensionale titulare Christologie verkürzt die anthropologische Dimension der Texte und der unterrichtlichen Auseinandersetzung mit ihnen. Die Lernfähigkeiten, die durch eine pauschale Begriffschristologie gefördert werden, sind rezeptiver und reproduktiver Natur und tendieren grundsätzlich auf ein Bejahen und Bestätigen der geltenden Christustradition hin... »Die Möglichkeit, daß die Schüler das Gelernte in Formen der Auseinandersetzung, des Dialogs und der Zusammenarbeit über den Klassenrahmen hinaus transferieren, fehlt gänzlich im didaktischen Konzept der Christologie dieser Handbücher. Ihre Christologie ist sozusagen nicht kommunikationsfähig, weil sie in einer Dialogsituation vom Gesprächspartner zuviel an Vorverständnis verlangt und nicht vermag, von den oft nur minimalen Voraussetzungen des anderen auszugehen und Schritt für Schritt den Weg vorwärts mitzugehen. Dieses Fehlen der sozialen Dimension, das zwangsläufig zu einem Privatisieren der religiösen Wirklichkeit und einer individualistischen Haltung führt, ist eine pädagogische Verkürzung in den Handbüchern, die der Kritik bedarf.«[1]

Unsere bisherigen Reflexionen des Weges, der – von weither kommend – mit der Konsistenz starrer Traditionen immer noch unterrichtliche Denkmuster beeinflußt, sollen nun zur Darstellung des eigenen Konzeptes führen, das für unser Unterrichtswerk bestimmend ist.

Aszendente Christologie – Der Weg des Religionsunterrichts

Hinter der hier ausgebreiteten Kritik tritt bereits ein christologischer Ansatz zutage, der zunächst von der Frage bestimmt wird, wer dieser Jesus von Nazaret ist und was er für uns heute bedeutet. Dabei ist es wichtig, an Schüler zu denken, die ohne unmittelbare religiöse Sensibilisierung und biblisches Vorwissen zu uns kommen. Adolf Exeler, der die didaktische Notwendigkeit einer »Aszendenzchristologie« ebenfalls verfocht, wies dabei auf den (nicht nur hier, sondern auch bei anderen Themen) wichtigen Aspekt hin, eine Christologie sprachlich so zu entfalten, daß sie auch für Nichtchristen vollziehbar ist: »Die entscheidenden Vorteile eines solchen Ansatzes sind in zwei Momenten zu se-

[1] *Irene Dabalus,* a.a.O., 240.

hen. Das eine besteht darin, daß man einen solchen Ansatz nahebringen kann, ohne schon von Anfang an eine Vorleistung des Glaubens verlangen zu müssen. Ich darf von dem Menschen Jesus reden, der vieles mit anderen Menschen gemeinsam hat, ohne daß damit schon alles Wichtige über Jesus gesagt wäre. Ich kann Zugänge zu der Gestalt Jesu erschließen, die auch dem möglich sind, der meint, er könne nicht an ihn als den wesensgleichen Sohn Gottes glauben. Ich kann einen Prozeß im Verhältnis zu Jesus eröffnen, von dem ich hoffen darf, daß er aus eigener Kraft weiter wirken wird.«[1]

In der didaktischen Konsequenz bedeutet dies, – zunächst einmal verkürzt gesagt – daß in der unterrichtlichen Arbeit der historische Jesus dem kerygmatischen Christus vorangeht; daß die Geschichten der Evangelien von Jesu Herkunft und Tun, von seinem Handeln und Reden inmitten des Volkes, von seinen Konflikten und Leiden bis hin zu seinem Kreuzestod, einschließlich des sozialen, religiösen und politischen Zeithintergrundes eine grundlegende Vertrautheit mit der Gestalt Jesu vermitteln sollen; daß wir also nicht bei der nachgehenden theologischen Verarbeitung der jesuanischen Wirkung auf seine Jünger und alle Nachgeborenen beginnen, sondern in jener Zeit, wo die Geschichte Jesu ihren Anfang nahm; daß unserem Religionsunterricht deshalb keine titulare, sondern eine narrative Sprache ansteht.

Andererseits gilt dieser Ansatz aber doch nicht uneingeschränkt. Auch die Evangelien erzählen ja nicht aus der blanken Situation, sondern aus einer nachgehenden Sicht, die von ihrer Ostererfahrung bestimmt wird, so daß alle neutestamentlichen Geschichten, so sehr sie die Anfänge aufsuchen, zugleich doch immer auch eine Ganzheit umfassen, die dem Glauben der jungen Kirche entstammt. Darum darf auch dem Religionsunterricht in der Jesusgeschichte die christologische Dimension von Anfang an nicht mangeln. Nur soll sie nicht statisch, begrifflich = benennend und formelhaft aufgesetzt werden, sondern von jenem geheimen Wissen bestimmt werden, das das Lehrbare und das Unverfügbare, das Vertraute und das ganz Andere, das Menschliche und das Göttliche in einer lebendig oszillierenden Verschränkung hält, wenngleich sie nur jenen Lehrern gelingen wird, die der Wirklichkeit des Rabbis aus Nazaret jenseits der Formel nachsuchen.

Um den eigenen Unterrichtsansatz in der Arbeit mit unserem Religionsbuch für das zweite Schuljahr deutlich wahrzunehmen, ist es sinnvoll, sich der christologischen Gesamtkonzeption innerhalb des vierbändigen Grundschulwerkes zu vergewissern:

Im ersten Schuljahr sollte kein thematisch herausgehobener Textkanon im Vordergrund stehen. Hier erfolgt der christologische Unterricht innerhalb des Kirchenjahres: vorab in der Feier des Weihnachts- und des Osterfestkreises, bedeutsam aber auch im Zeugnis der Heiligen. Dieser Ansatz, der alle Handlungs- und Kommunikationsformen des Unterrichts erlaubt und erwünscht, geht einer narrativen Bibelarbeit an elementarer Bedeutung noch vorauf. Deshalb ist unser christologisches Konzept im Religionsbuch für das erste Schuljahr primär integrativ und ganzheitlich und bewußt sparsam auf die nur-verbale Erschließung biblischer Einzelperikopen bezogen.

[1] *Adolf Exeler,* Jesus von Nazareth in der Katechese, in: Christlich-pädagogische Blätter, 86 (1973), 12 f.

Im zweiten Schuljahr steht das christologische Kapitel unter dem Aspekt der in Jesus erschienenen Menschenfreundlichkeit Gottes. Die fünf ausgewählten Perikopen thematisieren Jesus als den »Heiland der Welt«, der alle, die von Mühsal und Not bedrückt werden, zu sich kommen läßt: die Blinden, Tauben, Lahmen, Aussätzigen und schließlich – in summa – die Armen jeder Art und Herkunft. In den großen Bildern von Relindis Agethen, die in Entsprechung zum Gottes-Kapitel stehen und dieses in spannungsreicher Festlichkeit steigern, wird eine Christusgestalt gedeutet, die in ihrer Stilisierung eine überzeitliche, vielleicht archetypisch zu nennende Gültigkeit gewinnt; sie hebt sich heraus aus dem ansonsten sehr realistisch gemalten Szenarium. Alle Bilder übersetzen das Verständnis der neutestamentlichen Texte in eine christologische Universalität hinein: Die »Blinden, Lahmen, Tauben...« werden nicht auf isolierte Einzelgestalten der Historie reduziert, sondern in allen Varianten der Gegenwart gezeigt. So erfahren die Schüler in ihnen die Hilfsbedürftigen, aber auch die Verbohrten und feindlich Abweisenden unserer Zeit und aller Zeit. Es werden zum Beispiel viele Arten der Taubheit gezeigt, oder verschiedene Formen der Lähmung, doch bereits als metaphorische Übertragungen, so daß die Schüler Angebot und Anspruch Christi gegenüber den Fehlformen des Lebens, also gegenüber der Menschheit insgesamt, erfahren können.

Im Gesamtspektrum dieses Kapitels erscheint die condition humaine: die Kinder lernen menschliche Grundbefindlichkeiten kennen, finden sie von innen wie von außen erschlossen, existential, aber auch politisch, und bekommen in diesem Kurs die Möglichkeit einer Bewußtseinserhellung angeboten, so daß ihnen – hoffentlich – die in Jesus offenbar gewordene Menschenfreundlichkeit Gottes als Ziel eines geglückten Menschseins deutlich wird. Um dieses exemplarischen Spektrums willen, das »den ganzen Menschen« darstellt, wurde darauf verzichtet, andere Textgattungen der Evangelien wie Berufungsgeschichten, sonstige Wundergeschichten, Gleichnisse, Parabeln etc. in das Religionsbuch mit aufzunehmen. Nicht ein Vielerlei ist hier sinnvoll, sondern eine Ganzheit, die den folgenden Lernprozeß fundiert und inspiriert.

Im dritten Schuljahr nämlich wird das Jesus-Kapitel unter dem Aspekt der Jüngerschaft und Nachfolge stehen. Das ist gut begründet, nachdem Jesus als der heilmachende und Leben vermittelnde homo novus vorgestellt wurde, es steht außerdem in sinnvoller Entsprechung zu Buße und Eucharistie, die in diesem Schuljahr ihren Ort finden. Gleich im ersten Schuljahr mit Berufungs- und Nachfolgegeschichten zu beginnen, wie es meistens geschieht, ist demgegenüber wenig begründet und nur um den Preis möglich, wichtige anthropologische Gegebenheiten bewußt zu überspringen.

Im vierten Schuljahr sollen dann schließlich die großen christologischen Mysterien – Menschwerdung, Tod, Auferstehung, Himmelfahrt – ihre thematische Behandlung finden. Dies geschieht nun nicht mehr unvermittelt. Bereits im Anfangsunterricht wurden Geburt (Erscheinung) und Auferstehung Christi in komplexen Bildern angeschaut. Im zweiten Schuljahr waren diesen Festen handlungsreiche Tätigkeiten zugeordnet (→ S. 401–414), die in Spiel und Aktion wichtige Vorerfahrungen bereitstellen. Wenn dann im letzten Grundschuljahr die christologischen Glaubenssätze besprochen werden, sind einerseits die wesentlichen Verstehensvoraussetzungen dafür vermittelt und wird andererseits der Modus ihrer Interpretation bemüht sein, den Schülern eine innere Einsicht und Teilhabe am Sinnkern dieses Glaubens zu ermöglichen.

Christus Sol – Die Christussonne S. 33

A. Die Titelseite des Kapitels »Jesus, die Menschenfreundlichkeit Gottes« wird von einem Flachrelief aus der Kirche Santa Maria de Quintanilla de las Viñas in Burgos (Spanien) geschmückt, das, flankiert von zwei Engeln, Christus als Sonnengestalt zeigt. Die leitmotivische Symbolik, die bereits auf den vorderen Titelseiten des Buches begegnet, im Gottes-Kapitel den Hintergrund bestimmt, im Kapitel »Religionen« explizit thematisiert wird und im Kurs »Symbolverständnis« eine vertiefende Erschließung findet, gewinnt hier ihren christologischen Ausdruck. Eine ausführliche Darstellung der christlichen Sonnensymbolik hat darum nicht an dieser Stelle ihren Ort (→ 423 ff; 447 ff), jedoch soll ihr spezifisch christologischer Aspekt hier in Kürze aufgezeigt werden.

Die erste Begegnung der Kirche mit dem antiken Sonnenkult hatte zunächst keinerlei Entlehnung oder Uminterpretation zur Folge, sondern eine Entmythologisierung und Entthronung des Helios. Das Christentum kam der antiken Welt ohne Kompromißbereitschaft in diesen Dingen entgegen. Der Glaube an den Schöpfer-Gott, dessen endliches Werk auch Sonne, Mond und Gestirne sind, ließ keinerlei Übergänge zu einer naturfrommen Sonnenverehrung zu. Andererseits aber machte erst diese brüske, klare Distanz zur antiken Religionswelt der Kirche es in späterer Zeit möglich, den entthronten Helios wieder heimzuholen: Erst die Entthronung des Helios erlaubte die Zurückführung der hellenistischen Religionssymbolik »auf den konkreten, historisch sichtbaren Menschen Jesus Christus hin. Wenn von nun an die Kirche sich anschickt, Bilder, Worte und Sehnsüchte aus der griechischen Sonnenfrömmigkeit herüberzunehmen, so deutet diese immer auf die geschichtlich klar umrissene Gestalt ihres Stifters Jesus von Nazareth: er ist von den Uranfängen christlicher Theologie an die ›Sonne der Gerechtigkeit‹, der ›Aufgang aus der Höhe‹.«[1]

B. Das vorgestellte Relief ist von zurückhaltender Strenge. Inmitten eines fünfgeteilten (?) Kreises sehen wir das stilisierte, symmetrisch entworfene Brustbild Christi, dessen Haupt von Sonnenstrahlen umgeben ist. Der Kreis selbst findet keine Ausgestaltung als Sonne, deren Kennzeichnung bleibt ausschließlich der Christusgestalt vorbehalten, was der frühen christlichen Unterscheidungsstrenge ganz entspricht. Daß dieses Kreisrund seinerseits kein symbolisches Eigengewicht besitzt, demonstrieren auch die beiden Engel, die den Kreis gleichsam als Rahmen um das Christusbild halten. Rechts und links neben dem Bildnis findet sich die lateinische Kennzeichnung »SOL« (Sonne).

C. Wie andere Titelseiten ist auch diese Seite eher eine Summa als eine Einführung. Sie bietet mehr verdichtete Quintessenz als einen methodischen Schritt. Das bedeutet nicht, die Schüler sollten das Relief erst am Ende des Jesus-Kapitels beachten, wohl aber, daß man sinnvollerweise zum Ende dieses

[1] *Hugo Rahner*, Griechische Mythen in christlicher Deutung. (Zürich 1957), Darmstadt 1966, 93.

Zyklus erneut die Titelseite aufschlägt, um ihre Bedeutung nun auf dem Hintergrund des erfahrenen Unterrichts und im Kontext der übrigen Sonnensymbolik zu bedenken.

D. Eingangs des Jesus-Kapitels darf der Sonnenchristus den Schülern als Frage begegnen: Was mag damit wohl gemeint sein, daß Jesus hier als eine Sonne gezeigt wird? Wir haben doch auf den Seiten vorweg gesehen, daß die Sonne ein Gottessymbol ist, – ist sie ebenso ein Symbol für Jesus? Diese Fragen sollten zunächst allenfalls gestellt, nicht schon beantwortet werden. Zur Antwort gehören die folgenden Seiten mit ihren biblischen Erzählungen und Bildern. Erst nachdem sie erarbeitet wurden, ist es sinnvoll, noch einmal zur Titelseite zurückzukehren und zugleich das Kapitel »Religionen«, das ebenfalls zur Christussonne hinführt, einzubeziehen. Wenn dann auch die Sonnenthemen des Symbol-Kapitels gemeinsam besprochen werden, sind die besten Voraussetzungen geschaffen, um nun vertiefend nach der Gottes-Sonne und der Christus-Sonne zurückfragen zu können.

Lukas 7,18–23: Die Werke des Christus S. 33

A. Der Vorgang Lk 7,18–23 (Mt 11,2–6) gehört zu den Stücken, in denen Johannes der Täufer zum Zeugnis für Jesu Messianität aufgeboten wird. Die kritische Forschung bezweifelt die Historizität des Berichteten. Bei Mk 6,14–16 wird gesagt, daß »der König Herodes von ihm (Jesus) hörte, denn sein Name war bekannt geworden. Und sie sagten: ›Johannes der Täufer ist auferweckt von den Toten, und deshalb wirken die Kräfte in ihm!‹ Andere aber sagten: ›Elija ist's!‹ Andere aber sagten: ›Ein Prophet wie einer der Propheten!‹ Da aber Herodes davon hörte, sagte er: ›Den *ich* enthaupten ließ, Johannes, dieser wurde auferweckt!‹« Aufgrund dieser Stelle und weiterer Anhaltspunkte (vgl. auch Mk 6,17–29; Mt 8,27) geht man davon aus, daß Jesu öffentliche Wirksamkeit erst nach dem Tode des Täufers begann. Man betrachtet die verschiedenen Stücke, in denen Johannes auf Jesu Vorrang hinweist, dem er nur wegbereitend zu dienen habe, als apologetische Versuche der Jesus-Jünger, sich gegenüber den Johannes-Jüngern als die eigentliche messianische Gemeinde auszuweisen. Die Antwort Jesu greift deshalb auf Jesaja 35,5 f zurück, wo die alles heilende Endzeit beschrieben wird: »Alsdann werden die Augen der Blinden aufgeschlossen, und die Ohren der Tauben werden aufgetan. Alsdann wird der Lahme springen wie ein Hirsch, und die Zunge des Stummen wird jauchzen.« Falls die Johannes-Gemeinde den Taten Jesu ihren messianischen Charakter bestritt, wird hier entgegnet, daß mit den Wunderheilungen Jesu die prophetische Weissagung des (Deutero-)Jesaja in Erfüllung gegangen sei.

B. Das formkritische Wissen um Lk 7,18–23 ist für unseren Unterricht nur insofern von Bedeutung, als es uns davor bewahren kann, den Text naiv als Berichterstattung zu mißdeuten und im Sinne eines historischen Beweisdenkens mit ihm zu argumentieren. Dennoch, scheint mir, soll die exegetische Aufklärung nicht so weit führen, daß sie die Erzählung zerstört, indem unter dem kritischen Wenn und Aber lediglich ein Räsonnement übrigbleibt.

Hier steht also zunächst der Täufer vor uns. Die Schüler werden kaum früher von ihm gehört haben, darum muß der Unterricht ausgreifen und seine beeindruckende Gestalt dem inneren Auge vermitteln. Neben der Kindheitserzählung (Lk 1,5–25. 57–80; Grundschulbibel Nr. 100 und 103) und den Perikopen von der Predigt und Taufe des Johannes (Lk 3,1–7. 10–14; Grundschulbibel Nr. 106; 107) sind es vor allem die Geschichten von des Johannes Auftreten vor Herodes Antipas, von seiner Gefangennahme und Enthauptung (Mk 6,17–29; Grundschulbibel Nr. 151), die hier erzählend den Kindern bekannt werden können. So wie sie Johannes dann wahrnehmen, gewinnt auch seine Frage: »Du, bist du der Kommende, oder sollen wir einen anderen erwarten?« an Gewicht. Es ist zugleich eine Frage, die seitdem nicht verstummte. Sie wird heute gestellt angesichts eines Christentums, das für viele blind geworden ist, das nicht mehr hört, nicht mehr beweglich erscheint, von Gebrechen und Schandmalen belastet ist. Wenn wir den Fragenden unserer Zeit melden können, daß sie es selbst erfahren sollen, wie Blinde sehen, Lahme gehen, Taube hören und Aussätzige wieder rein werden, dann dürfte ihnen auch die Wahrheit dieses Christus wieder sinnenhaft und konkret zugänglich werden.

C. Unsere Perikope ist eine Summa aller folgenden Jesus-Geschichten.[1] Was in der prophetischen Erwartung als metaphorische Umschreibung der Heilszeit vor Augen tritt, was Lk 7,22 für den Christus Jesus in Anspruch genommen wird, wird auf den Seiten 34–44 des Religionsbuches für das zweite Schuljahr in Text und Bild erschlossen. An diese »Erschließung« richtet die Titelperikope eine hohe didaktische Erwartung. Hier soll nichts »durchgenommen« werden, hier muß etwas geschehen: das Sehen, Hören und Gehen möchte sich für unsere Schüler im Folgenden ereignen, ihre Sinne sollen aufgetan werden; gerade die Komplexbeladenen, Schüchternen, Stigmatisierten sollen sich aus ihrem Abseits befreit und miteinander an einen Tisch geladen sehen. Ob uns das gelingt?

D. Ein solches Programm ist natürlich nicht auf einige Stunden zu begrenzen, darum war die Blindenheilung – das Sehen lernen mit dem Herzen und dem Dritten Auge – bereits Jahresaufgabe im ersten Schuljahr. Hieran können wir jetzt anknüpfen. So ist auch zunächst erneut von Blindenheilungen die Rede, erst dann erweitert sich das Spektrum auf die anderen Sinne und die Erlösung der Armen. Wichtig ist, daß wir dieses gesamte Kapitel nicht nur verbal vermitteln, sondern in variablen Formen der Kommunikation und des gemeinsamen Tuns. Konkrete Anregungen hierzu folgen unter den jeweiligen Einzelthemen. Die vorstehende Perikope Lk 7,18–23 aber wird dem wörtlichen Memorieren aller Schüler empfohlen.

Unsere Überlegungen zu den fünf Themen des Jesus-Kapitels sind ihrer Komplexität wegen etwas anders strukturiert als die Einzelinterpretationen sonst. Unter dem gemeinsamen Titel werden jeweils drei gesonderte Aspekte abgehandelt: Der biblische Befund; das Agethen-Bild; der anthropologische und didaktische Zusammenhang. Im Regelfall gliedert sich jeder der genannten Aspekte noch einmal vierfach: unter A werden Vorinformationen, Kontexte, Hintergründe aufgezeigt; unter B erfolgen die engeren Ausführungen zur Sa-

[1] Die didaktisch besten Anregungen zum Erzählen von Wundergeschichten finden sich im »Erzählbuch zur Bibel«, herausgegeben von *Walter Neidhart* und *Hans Eggenberger.* Zürich/Lahr 1975, 85–103.

che; unter C werden diese didaktisch reflektiert und unter D schließlich unter methodischen und praktischen Gesichtspunkten für den Unterricht bedacht. Daß dieses Schema, je nach Sachstruktur und Material, auch Abwandlungen und Vereinfachungen erfahren kann, versteht sich von selbst.

In keinem Fall handelt es sich freilich um Unterrichtsentwürfe. Ebenso wie im Gottes-Kapitel muß der Lehrer zunächst einmal allem selbst begegnen: dem Text, dem Bild, dem Kind in seinen anthropologischen Voraussetzungen. Er muß mehr wissen, mehr bedenken, mehr auf seine eigene Existenz hin verarbeiten, als eine Einzelstunde erfordert. Der Unterricht selbst soll schließlich Ausdruck dessen werden, was jeder für seine Person zu erfassen vermochte und nun als *eigenes* Wort sprechen kann.

Die Jesus-Bilder von Relindis Agethen

Dem Bilder-Zyklus im Kapitel »Gott« von Marc Chagall folgt ein Zyklus von Jesus-Bildern aus der Werkstatt der Kornwestheimer Malerin Relindis Agethen. Ohne den Einzelinterpretationen vorgreifen zu wollen, soll hier eine allgemeine Orientierung vorweg erfolgen, die zunächst Intentionen und Gemeinsamkeiten, die den Bilder-Zyklus charakterisieren, verdeutlicht, im zweiten Schritt dann über unterrichtliche Erfahrungen mit den Agethen-Bildern berichtet, die jedem Lehrer zur eigenen Vorbereitung und Auseinandersetzung nützlich sein können.

Einführende Überlegungen

Zunächst seien Überlegungen mitgeteilt, die dem Auftrag an Relindis Agethen vorangingen. Für eine bildhafte Darstellung der biblischen Gotteserfahrung stand schon bald fest, daß hier nur ein Rückgriff auf Marc Chagall diskutabel war. Nach Jahrhunderten immer stärker veräußerlichter Bilder, die der Bibel letztlich nur noch das »Thema« entlehnten, um es fiktiv für eigene künstlerische Intentionen zu verwenden, schuf Chagall – unbelastet vom erstarrten Kanon biblischer Ikonographie – unmittelbar aus den Quellen schöpfend, seine »Biblische Botschaft«. Angesichts der Authentizität und Unverbrauchtheit dieser Bildwerke wurde die Verlegenheit gegenüber der christlichen Kunsttradition um so größer. Auf welche biblische Bilderwelt konnten wir – sollten wir – zurückgreifen?

Von den zeitgenössischen Künstlern drängen sich gleich bekannte Namen auf: Thomas Zacharias, Walter Habdank, Ernst Alt, Sigismunda May, Siger Köder . . . Ihre Werke bestimmen aber schon seit Jahren andere Religionsbücher, wurden bereits vielfältig rezipiert und im religionspädagogischen Bereich vermarktet, so daß wir es uns so leicht nicht machen wollten, auf diesem gewiß schwierigsten Gebiet des religiösen Bildes lediglich vorhandene Angebote aufzunehmen. Im weiteren Zeitkontext wäre ein Rückgriff auf Emil Nolde möglich gewesen; auch Ernst Barlach, Christian Rohlfs, Karl Schmidt-Rottluff, Josef Hegenbarth, Otto Dix, Alfred Manessier, Max Beckmann . . ., natürlich auch James Ensor, Lovis Corinth, Georges Rouault, José Clemente Orozco . . . hätten bemerkenswerte Bilder beisteuern können, doch wäre selbst mit allen zusammen der geplante Themenbogen – die Annahme und Heilung des ganzen Menschen durch Christus – nicht aufzufüllen gewesen, ganz davon abgesehen, daß ein geschlossenes, in seiner Einheit zugleich nachdrückliches Bildkonzept, wie es in der Chagall-Folge vorliegt, nicht zu erwarten gewesen wäre. Ein Ausweichen auf die byzantinisch-romanische Kunst verbot sich jedoch gleicherweise. Damit sind bereits genügend Verlegenheitslösungen bestritten worden; die Problematik einer ausschließlich historisch-theologischen Sehweise ist deutlich genug bekannt, um diesen Weg nicht mehr unbekümmert einschlagen zu können.

Aus diesen Gründen legte sich der Versuch nahe, einen eigenen Auftrag für unser Religionsbuch zu wagen, der in Parallele zum Chagall-Konzept formale Geschlossenheit und eine bilddidaktisch einheitliche Sprache verwirklichen sollte. Im Juni 1982 bekam Relindis Agethen den Auftrag und fertigte noch im gleichen Jahr alle fünf Bildentwürfe, im November 1983 beendete sie mit der Heilung des Blinden ihre Arbeit. Es handelt sich um großformatige Tafelbilder, alle mit Pastellkreide gemalt, deren Originalformate genau zehnmal größer sind als die Reproduktionen im Religionsbuch. Relindis Agethen ist das große Format wichtig, um sich in Komposition und Ausführung frei ausdrücken und dabei jeder einzelnen Gestalt wie jedem Detail hinreichende Eigenheit und Genauigkeit widmen zu können.

Noch vor Beginn der Arbeit ergab sich als besonderes Problem die Darstellung Jesu. Bei der realistischen Malweise Agethens hätte dies zu einer Gestalt geführt, wie sie im Religionsbuch für das erste Schuljahr bereits auf Seite 54 einmal erscheint, wenngleich hier durch die Behandlung des Lichtes aus einer falschen Vordergründigkeit zurückgenommen. Die Festlegung eines individuellen Typus wäre in der Bildfolge des zweiten Bandes aber unvermeidbar geworden. Dies schien nicht wünschenswert, insbesondere deshalb, weil jede allzu realistische Individualisierung den inneren Bildsinn zerstören könnte, in dem wir »unseren« Christus mehr in einer archetypischen Allgemeingültigkeit suchen als in einer zufälligen Physiognomie. Aus diesem Grunde wurde der gewiß auch nicht problemlose Rückgriff auf eine stilisierte Christusgestalt gewählt – hier in Anlehnung an den Chritus der romanischen Kassettendecke der Kirche in Zillis/Graubünden – um so das Alltägliche und das Unerhörte einander bewußter gegenüberzustellen. Der Christus dieser Bilder ist nicht allein der historische Rabbi aus Nazaret, sondern zugleich der Heiland der Armen, an dem alle Menschenfreundlichkeit und alle Unmenschlichkeit ihren Maßstab finden. Dem geschichtlichen Für und Wider ist er ausgesetzt und zugleich entzogen, an ihm bemißt sich das Heil und das Unheil der Geschichte selbst. Das Spannungsgefüge zwischen dem Bedingten und dem Unbedingten wird auf diese Weise in den Agethen-Bildern offenbar. Sie entfalten eine Didaktik, die zwar christologisch, aber nie abgeleitet und titular, sondern immer geschichtlich und prozeßhaft ist (→ S. 266).

Das andere didaktische Problem, das der Malauftrag an Relindis Agethen einschloß, war die Darstellung der Wunderheilungen. Vier der fünf Bildthemen sind ja Wundererzählungen, die heute nach Jahrzehnten historisch-kritischer Forschung und formkritischer Textanalyse nicht mehr genauso naiv rekonstruiert werden können, wie dies der nazarenischen Kunst im 19. Jahrhundert noch möglich schien. Relindis Agethen löst diese Aufgabe, in dem sie zunächst die Perspektive aufbricht: die historisierende Retrospektive wird gesprengt und das Geschehen in einen gesamtgeschichtlichen Vorgang hinein erweitert. Jetzt geht es nicht mehr alleine um jenen Blinden, der einst in Galiläa Jesus begegnete, sondern um Blindheit insgesamt, die auch heute noch die Menschen schlägt, sie leidend oder aggressiv macht. Und so erzählt unser Bild, wie einige ihr Verlangen, sehend zu werden, zu dem führt, der die Augen öffnen kann, während andere dem Dämon verfallen, der mehr als das Augenlicht die Herzen verstockt und mit Blindheit schlägt.

Ähnlich wie Chagalls Bild »Noach in der Arche« (→ S. 179) die Kinder nicht mehr auf Pseudoprobleme abdrängt (»Haben sich die Tiere nicht gegenseitig aufgefressen?« – »Wie hat er denn Eisbären und Pinguine bekommen?«), werden auch Relindis Agethens Bilder nicht mehr das Wundergeschehen als ein Problem der Naturgesetzlichkeit mißdeuten lassen, denn in ihnen sind wir als Lehrer zusammen mit unseren Kindern gemeinsam eingeschlossen. Sie helfen, den biblischen Text als Betroffene zu lesen, seine Gültigkeit und Aktualität zu erfahren, sich mit seinem Anspruch auseinanderzusetzen. Dabei sensibilisieren sie gleichzeitig für gesellschaftliche und politische Vorgänge, denn Blindheit, Taubheit und Lähmung sind nicht nur organische Defekte, sondern auch – viel schlimmer und viel verbreiteter – Defekte des Herzens, in deren Gefolge der Himmel sich vom Feuerband der Geschichte rötet. Darum können die Schüler sich nicht mit der Heilung des Aussätzigen befassen, ohne die mannigfachen Formen des Aussatzes, den die menschliche Gesellschaft immerfort neu produziert und zugleich exkommuniziert, zu bedenken; und wenn sie »Das Gastmahl der Armen« anschauen, begegnet ihnen zugleich eine Gegengesellschaft, die für alle Zeiten zu denken gibt. So umspannen denn diese Bilder den Jesus und den Christus, jene Zeit und diese Zeit, das Individuelle und das Soziale. Sie sind engagiert und parteiergreifend und doch offen, aufklärend und gleichzeitig fromm. Der Schüler kann ihnen wiederholt begegnen, ohne sie ausgeschöpft zu haben – und sie bestehen auch eine spätere Wiederbegegnung. Nach der Kinderzeit wird man sie mit neuen Augen, tieferer Lebensreife, größerer Skepsis neu sehen – doch ich denke, sie bleiben eine Herausforderung, sich der Bedeutung und Maßstäblichkeit Jesu ebenso zu stellen wie der eigenen Welt.

Unterrichtliche Erfahrungen

1. Zur Gesamtkonzeption der Bilder

Begegnet der Religionslehrer zum erstenmal dem Jesus-Zyklus von Relindis Agethen, so wird er sich kaum einer Auseinandersetzung mit den Bildern entziehen können.

Selbst wenn sein erstes Urteil nicht zustimmend ausfällt, so bleibt die künstlerische wie theologische Herausforderung unverändert bestehen. Zu sehr ist das Auge an klischeehaft-kindgemäße Jesusdarstellungen in Religionsbüchern gewöhnt, als daß es sich nicht von einzelnen Bildteilen provoziert sähe und sich zum Hineinsehen einladen ließe.

Gefordert ist keineswegs ein unkritischer Betrachter, gefordert ist aber sehr wohl der Lehrer, dem bei aller Beschäftigung mit kindlichem Lernen noch nicht das Wissen um die eigene Lernbedürftigkeit verlorengegangen ist. Wer sich im täglichen Umgang mit den Kindern immer wieder in seiner begrenzten Wahrnehmungsfähigkeit erfährt und sein inneres Leben nicht statisch sondern prozeßhaft versteht, wird in diesen ungewöhnlichen Bildern zunächst Möglichkeiten zur eigenen Entwicklung erkennen.

In der unterrichtlichen Arbeit fasziniert auf alle Fälle der hohe Motivationsgehalt der Bilder. Die Kinder entwickeln ein fast unstillbares Bedürfnis, Geschehenes mitzuteilen, Konturen des Bildes mit Worten nachzuempfinden, das Ansprechende auszusprechen.

Die dicht angelegten Bilder enthalten viele Details, die zu immer neuen Assoziationen führen. Auf dem Bild vom Gastmahl übersehen Kinder keineswegs, daß der Clown eine Blume am Hut hat (»Wo hat er die wohl her?«), daß Teddy und Jagdhund, an den Bildrand gedrängt, dem Betrachter zugewandt sind (»Kriegen die auch etwas?«) oder daß Meisen, Rotkehlchen und Marienkäfer auf dem Fensterbrett sitzen (»Ob die Leute am Tisch die wohl sehen und denen auch was geben?«).

Kinder reizt es sehr, Einzelheiten zu entdecken, ihre eigene Wirklichkeit in das Bild mit hereinzunehmen, es zu ihrem Bild werden zu lassen. Ohne motivationale Tricks spricht es zu ihnen und zeigt den inneren Reichtum der Welt.

Für Lehrer wie Schüler gilt jedoch: Sich Zeit lassen, Geduld haben mit der eigenen Sehfähigkeit und wiederholtes Betrachten sind unabdingbare Voraussetzungen, um die Schätze dieser Bilderwelt auszugraben.

Hier wird der Lehrer von den Kindern lernen können, wie wenig sie sich mit schnellem Abhandeln zufriedengeben und wie sehr sie danach verlangen, dem Bild auf den Grund zu kommen.

Trotzdem soll nicht verschwiegen werden, daß die Komplexität der Bilder den Lehrer vor unterrichtliche Probleme stellen kann, die bedacht werden müssen.

Die Bilder fordern Kinder zu entdeckendem Sehen sehr vieler Einzelteile auf, bergen damit aber auch die Gefahr einer ›quantitativen‹ Betrachtung in sich.

Um zur Tiefe des Bildes vorzudringen, ist ein Sich-Einsehen und Zurechtfinden nötig, das befähigt, die breitgestreute Detailwahrnehmung allmählich zu bündeln und zur wesentlichen Bildaussage vorzudringen.

Das Gelingen dieses unterrichtlichen Prozesses kann beim Lehrer zu Konflikten führen: Einerseits will er Erzählfluß und Äußerungsbedürfnis der Klasse nicht abwürgen, hat aber auch andererseits ein legitimes didaktisches Interesse im Blick auf zentrale Intentionen des Bildes. Das Wissen um diesen Konflikt macht die Lehrerrolle im Umgang mit diesen Bildern nicht immer einfach. Wer schon mit seinen Schülern den alttestamentlichen Zyklus Chagalls betrachtet hat, weiß den archetypischen Gestus dort zu schätzen und würde sich manchmal auch bei den Bildern Agethens eine strengere Bezugnahme der Details auf die Gesamtaussage wünschen.

Andererseits macht gerade die Detailfreude den erzählerischen Rang dieser Bilder und damit zugleich eine ihrer didaktischen Qualitäten aus. Während viele Bilder in Religionsbüchern oft wenig für ein Unterrichtsgespräch hergeben, kommt der Anregungsreichtum der Bilder Agethens gewiß den meisten Lehrern entgegen. Jedenfalls müssen hier eigene unterrichtliche Lösungen gefunden werden. Weniger Rezepte als Möglichkeiten finden sich später noch angedeutet.

2. Farben, Motive, Symbole

Die Bilder von Relindis Agethen leben von Spannungsfeldern und Kontrasten.

Auf vier der fünf Bilder befindet sich die romanisch gestaltete Christusfigur am linken Bildrand; in Spannung dazu sind in der rechten Bildhälfte Narr und Gaukler, ein kuhköpfiges Ungeheuer oder ein starrgesichtiger Militarist zu sehen.

Die Polarisierung der Bilder findet noch Unterstützung durch die Wahl der Farben. Zunächst bestimmen gedämpfte erdfarbene Grundtöne das Bild. Doch finden sich helle und dunkle Felder, Licht- und Schattenseiten, warme und kalte Zonen.

Diese Licht- und Farbverhältnisse haben wichtigen didaktischen Stellenwert, verdeutlichen sie doch den Kindern die hellen und dunklen Seiten des Lebens. In der äußerlich angedeuteten Nacht und Kälte empfinden die Kinder das innere Dunkel des Menschen. Sie spüren, daß vieles auf der Welt noch nicht zum Licht gekommen ist, die Lichtquelle noch nicht erkannt hat: den menschenfreundlichen Jesus und über ihm die Hand Gottes.

Mit Dunkelheit verbinden Kinder Bedrohung, Angst, Blindheit, Haß und Gefangen-Sein. Der rotglühende Himmel in »Die Heilung des Gelähmten« läßt Assoziationen wie Krieg, Gewalt, Tod, kurz, Formen inneren Gelähmt-Seins aufkommen. Intuitiv ist etwas zu spüren von der Wärme, die von Jesus ausgeht und inmitten des eisigen Winterwaldes ein paar hoffnungsvolle Frühlingsboten blühen läßt.

Die Farben und Hell-Dunkel-Kontraste tragen entscheidend dazu bei, Kinder emotional anzusprechen, so daß nicht nur Rationalität, sondern auch Empfindung die Beschäftigung mit dem Bild bestimmen.

Eine weitere didaktische Hilfe zur Erschließung der neutestamentlichen Thematik ist die Verflechtung von biblischem Vorgang und gegenwärtiger Situation im Bild selbst.

Hier wagt Relindis Agethen mutige Aktualisierungen, die die Jesusgeschichten aus ihrer historischen Dimension herausholen und ihnen Allgemeingültigkeit verleihen. Indem auf einmalige und sensationelle Wunderdarstellungen verzichtet wird, gelingt es, Jesus für unsere Zeit zu verkündigen. So ist der Gelähmte ein Abbild unserer inneren Unbeweglichkeit, der Blindgeborene verweist auf ein mattes inneres Auge, die Aussätzigen spiegeln gesellschaftliche Ghettoisierung wieder. Als Taubstumme leiden wir weniger an organischer Behinderung als an selbstproduzierter Isolation und Sprachlosigkeit in einer Welt mit viel Technik und wenig Menschlichkeit.

Die Überwindung innerer Blindheit und Lähmung im Vertrauen auf Jesus leben uns auf den Bildern Kinder vor – für Kinder selbst ein schönes Identifikationsangebot, das sie entdecken können, für Erwachsene ein Anlaß zum Nachdenken.

Neben rational erfaßbaren Elementen enthält jedes Bild auch eine symbolische Dimension, die den Bildinhalt in eine nie ganz auslotbare Hintergründigkeit vertieft. Der Narr, mit dem Bild der geöffneten Ohren und der Darstellung des ›Ohrwurms‹, zeigt die zwei Weisen des Hörens auf. Der Minotaurus umspannt und überlagert mit seinem dumpf-tappenden Gestus die ganze dunkle Seite des Bildes mit den in Blindheit verstrickten Menschen.

Zunächst werden die symbolischen Darstellungen den Kindern Rätsel aufgeben. Manche Figuren sind von ihrem Gehalt her bei ihnen anders besetzt als in der Erwachsenenwelt: der Narr wird zum Clown, der Pelikan zum Storch. Der Lehrer mag hier die kindliche Assoziation nicht immer genügend berücksichtigt finden. Das Symbol wird jedoch als inneres Bild im Kind lebendig bleiben und vielleicht zu einem späteren Zeitpunkt an Bedeutung gewinnen.

Wohltuend ist in jedem Fall der Verzicht auf Kinderweltklischees in der Wahl der Motive. Das Kind wird als Mensch ernstgenommen, es wird als ein Wesen gesehen, das keine billigen Antworten auf wichtige Fragen des Lebens duldet. Kinder spüren den Bildern schnell ab, daß sie hier als Menschen gefordert sind. Sie werden anspruchsvolle Bildbetrachter und sensibilisiert für die Rätsel des Lebens, die Kindern und Erwachsenen gleichermaßen aufgegeben sind.

3. Die Christusfigur

Für die Gestalt des Jesus von Nazaret wurde der romanische Zillis-Christus als Vorbild gewählt. Diese Figur kehrt in Kleidung, Gesichtsausdruck und Gestik stets gleich wieder und dient den Kindern als wichtige Orientierung beim Einsehen in das jeweils neue Bild. Sie lernen den Fingerzeig Jesu und die Schriftrolle in seiner Hand als Verkündigungssymbole verstehen. Die eine Botschaft wird in unterschiedliche Lebenssituationen hineingesprochen, der Fingerzeig verweist auf Menschen, die sich davon betreffen lassen. Mit jedem Bild können die Kinder diese Botschaft stärker durchdringen. Was sie bereits im ersten Bild lernten, begegnet ihnen – insbesondere in der stets gleich gestalteten Jesusfigur – von Bild zu Bild wieder und rundet sich im wechselnden Kontext zu einem umfassenden Christusbild.

Trotzdem mag manchem Religionslehrer die getroffene Wahl des Zillis-Christus problematisch erscheinen. Für die theologische Aussage der Bilder ist es zunächst wichtig, daß sich die Christusgestalt von der naturalistischen Bildumgebung abhebt. Sie wird so zu einer Figur, die über der Geschichte steht und nicht historisch-einmalig festgelegt werden kann.

Durch die Übernahme der stilisierten romanischen Vorlage gerät die Figur des Jesus aber auch in Gefahr, in der reichen Bildwelt leblos zu werden, als Fremdkörper nicht mehr den Mittelpunkt des Bildes einzunehmen.

Für den Lehrer ist es wichtig, diese Problematik bewußt zu sehen. Hier ist er selbst gefordert in seiner Sicht, und er sollte es sich nicht zu einfach machen.

Grundsätzlich ist freilich zu fragen, ob die Christusgestalt überhaupt anders als stilisiert dargestellt werden kann. Ein naturalistischer Realismus führt immer zum Individuellen und Zufälligen, während es doch um die archetypische Gestalt geht. Jedenfalls ist das didaktische Problem, so meine ich, in Agethens Bildern richtig gesehen.

4. Zum Umgang mit den Bildern im Unterricht des zweiten Schuljahres

Die Bilder von Relindis Agethen erfordern sehende Augen, sie lehren aber auch Sehen. Sollte sich die Klasse bereits mit Bildern des ersten Bandes beschäftigt haben, werden sich die Kinder schnell ein-sehen und typische Prinzipien des Bildaufbaus – Lichtverhältnisse, Spannungsfelder, Bezüge – von ihrer Bedeutung her auf die neuen Bilder anwenden: »Ich sehe zwei Teile in dem Bild.« – »Es gibt eine helle und eine dunkle Seite.« – »Die Angst ist im Dunkel, die Freude im Licht.« . . .

Werden Kinder zum erstenmal dem Bild gegenübergestellt, so kann es ihnen gehen wie vielen Erwachsenen. Sie empfinden Fremdartiges und müssen mit Geduld Stück für Stück das Bild erkunden, um seine Bedeutung zu erfahren.

Entscheidend ist das Verhältnis des Lehrers zu den Bildern. Um eine Beziehung zu ihnen zu bekommen, ist häusliche Vorbereitung nötig. Sie sollte darin bestehen, sich selbst über längere Zeit einem Bild auszusetzen und möglichst auch mit jemandem über Wirkungen, Empfindungen und Schwierigkeiten zu sprechen. So kann auch die schulische Situation am besten antizipiert werden.

Bekommt der Lehrer aufgrund seiner Beschäftigung Vertrauen in die Eigenwirkung des Bildes, kann er es durchaus ohne unterrichtliche Hinführung mit den Kindern ansehen. Den Reiz solcher Religionsstunden, die durch eine Offenheit für die Eigendynamik des Unterrichts gekennzeichnet sind, sollte jeder Lehrer kennenlernen. Diese Erfahrung gibt ihm auch die Möglichkeit, das Bild aufgrund kindlicher Sehprozesse und -schwierigkeiten im Nachhinein inhaltlich aufzuarbeiten. In einer weiteren Stunde kann dann vieles tiefer entfaltet werden . . .

Bei »Die Heilung des Blinden« und »Das Gastmahl der Armen« handelt es sich um Themenbereiche, die den Kindern entweder direkt verständlich sind oder an anderer Stelle schon im Mittelpunkt des Religionsunterrichts standen.

Diese Bilder können daher ohne besondere Vorbereitung im Unterricht eingesetzt werden. Der Lehrer kann den biblischen Erzähltext in einem zweiten Schritt aufgreifen, um ein tieferes Bildverständnis anzuregen.

Bei den anderen Bildern scheint mir eine thematische Hinführung günstig zu sein. Lähmung und Taubstummheit sollten die Kinder in ihrer äußeren Lebensumwelt wie im eigenen Inneren wahrnehmen können. Das Phänomen des ›Aussatzes‹, des Ausgestoßenseins, muß auch in seiner gesellschaftlichen Dimension – damals und heute – geschildert werden, um neben der Hoffnung auf körperliche Heilung die Sehnsucht nach Wiederaufnahme in den sozialen Verband deutlich zu machen. So können die Kinder diese Wundergeschichten im eigenen Alltag aufspüren, das ferne Ereignis der Bibel wird hautnah empfunden.

Werden diese Erzählungen, ohne eigene Betroffenheit auszulösen, ›behandelt‹, kann wundergläubige Sensationshascherei oder distanzierte Entmythologisierung die Folge sein.

Beides, so meine ich, versteht Relindis Agethen auf engagierte Weise in ihren Bildern zu verhindern. Mit großer Sensibilität sucht sie die eigentliche Substanz des Wunders auszumachen und im Bild zu vermitteln.

Die Lokalisierung des Bildes innerhalb der Unterrichtseinheit ist in eigener Entscheidung zu lösen. Das Bild kann in die Thematik einführen, es kann auch den schon begonnenen Weg fortsetzen und Markierung bilden. Seine Betrachtung, sofern nicht degradiert als mediales Anhängsel, kann die Einheit abrunden und ihr abschließende Tiefe verleihen.

An dieser Stelle gilt es nochmals das Problem des Detailreichtums der Bilder anzusprechen, der Kinder zum ›Hüpfen‹ verleiten kann.

Aufgrund zahlreicher Erfahrungen ist folgendes Vorgehen möglich: In einer ersten Unterrichtsstunde setzen sich die Kinder in einer wenig gelenkten Gesprächssituation mit dem Bild auseinander. Die Klasse wird vieles sehen, Wichtiges, was dem Lehrer bisher entging, Banales, das das Vordringen zum Bildkern erschweren wird. Der Lehrer tut gut daran, zunächst Zurückhaltung zu üben und sich darüber Notizen zu machen, was sich den Kindern aufdrängt, wo Auge und Herz hängenbleiben, was sie verstehen, wo Unverständnis und Ratlosigkeit zurückbleiben. Hier wird jede Klasse mit eigenen Erfahrungen aufwarten, die Bildbetrachtung ist damit noch keineswegs geleistet.

Bei der Vorbereitung auf die nächste Unterrichtsstunde wird der Lehrer sich eigene Impulse überlegen können, um in das Innere des Bildes stärker vorzudringen. Bei der zweiten Betrachtung gilt es nun, mit den Schülern das Bild zu durchgliedern und den Assoziationsreichtum der Kinder zu strukturieren. Der Lehrer wird einzelne Schüleräußerungen aufeinander beziehen, Unwesentliches kommentarlos übergehen, vorschnelle Seh-Fixierungen durch Rückfragen auflockern: »Sehen das alle so? Möchte jemand etwas dazu sagen?«

Die Kinder sollten von bloßen Reihungen wegkommen und sich auf einen Bildteil konzentrieren lernen (»Bestimmt hast du dir das so genau angeschaut, daß du mehr darüber sagen kannst!«). Sie sollten Wiederholungen vermeiden (»Das wurde bereits gesagt, aber vielleicht kannst du noch mehr dahinter sehen!«) und Bezüge formulieren können, um die Gesamtaussage des Bildes im Blick zu behalten (»Kannst du etwas sehen, was alle auf dem Bild verbindet?«).

Ein vertiefender Abschluß kann der Lehrerhinweis sein: »Bist du auch auf dem Bild?« Daran kann geprüft werden, wie weit die Kinder in die Bildthematik eingedrungen sind. Einige werden sich rasch in ihrer eigenen menschlichen Behinderung und dem Bedürfnis nach Heilung erkennen.

Natürlich sind solche Aussagen Ergebnisse eines Lern- und Reifungsprozesses. Solches Sehen ist nicht jedem Kind, nicht jedem Menschen in gleicher Weise gegeben, vieles kann aber schrittweise gelernt werden.

Symbolsprache müssen Kinder sprechen lernen, nicht jeder hat gleich Worte, auch dort nicht, wo er schon Verdichtetes empfindet. Mit den Bildern Agethens kann diese Sprache vertraut werden. Durch wiederkehrende Bildprinzipien und wiederholte Aufnahme symbolischer Figuren können Kinder Orientierung und Sicherheit im Umgang mit der uns oft fremden Symbolwelt gewinnen und lernen, auf die Sprache der Bilder zu hören.

Es ist empfehlenswert, immer wieder Sensibilisierungsübungen in den Religionsunterricht miteinzubauen, die solche Wahrnehmungen schulen: in Stille-Übungen, in spielerischer und pantomimischer Darstellung innerer Gefühlstzustände, im Gespräch über Erfahrungen des Alltags und im Umgang mit Bildern aller Art.

Es muß eben gelernt werden, Herz und Auge nicht nur als anatomische, sondern auch symbolische Größe wahrzunehmen. Bilder, Texte und didaktische Anregungen aus dem Religionsbuch 1 können auch im zweiten Schuljahr nochmals aufgegriffen werden, damit verstehbar wird, was Blindheit gegenüber den Geschenken des Himmels ist oder wie der Tisch zum Sakrament des Lebens, aber auch zum Inbegriff zerstörter Gemeinschaft werden kann.

Auch Destruktion, Haß und Not finden sich in den Bildern von Relindis Agethen dargestellt. Mancher Betrachter mag damit den Vorwurf der Freud- oder gar Hoffnungslosigkeit verbinden. Ist dies Ausdruck für das menschliche Bedürfnis nach Harmonie oder die Angst vor einer Zerstörung der angeblich heilen Kinderwelt? Ich meine, Leben und Sache Jesu waren zu ernst, um eine billige Jesus-liebt-dich-Erlösung daraus zu machen. Die Erfahrung mangelnder Menschlichkeit gehört zum Leben unserer Kinder, hier haben viele Erwachsene eine gefährlich verschobene Vorstellung von Kindheitsidylle. Die Hoffnungsdimension, die Relindis Agethen andeutet, ist vorläufiger und subtiler. Sie zeugt wahrer vom Anbrechen des Reiches Gottes als dies viele idyllische Jesusszenerien mancher Religionsbücher erahnen lassen.

Die Kinder spüren, daß unsere Welt Menschen braucht, die heilen, weil es viel Unheiles gibt. Sie spüren aber auch, daß Bedürfnis und Fähigkeit vieler Menschen, zu heilen, auf einen letzten Sinn gründet, der diese Welt zusammenhält.

Kinder, die sich unterrichtlich geborgen fühlen, können getrost mit den Bildern konfrontiert werden. Unterricht läuft wohl eher Gefahr, mit Heile-Welt-Klischees zu arbeiten in einer Schulwelt, die zerstückelt erfahren wird und wenig Heimat bietet.

Eva-Maria Bauer

Die Heilung des Blinden

Blindheit in der Bibel

A. Der Codex Hammurabi[1] bestimmt im § 215: »Wenn ein Arzt . . . mit dem bronzenen Messer die Hornhaut eines Bürgers geöffnet hat und dabei das Auge des Bürgers gesund werden läßt, so nimmt er dafür 10 Sekel Silber.« In § 218 aber heißt es: »Wenn ein Arzt . . . mit dem bronzenen Messer die Hornhaut eines Bürgers geöffnet hat und das Auge des Bürgers dabei zerstört, so schneidet man seine Hand ab.« Erblindung war im Orient seit jeher aus klimatischen und hygienischen Gründen eine häufige Erscheinung (→ I, 222 f). Wen Erblindung traf, war – ebenso wie durch andere Gebrechen – vom Priesterdienst ausgeschlossen (Lev. 21,18 f). Nach dem Zerfall der Fürsorgefähigkeit der Sippen konnten die Blinden sich nur vom Bettel ernähren. Wie heute noch in orientalischen Verhältnissen bevölkerten sie Stadttore, Marktplatz und belebte Straßen (→ I, 353). Im metaphorischen Sinne spricht die Bibel von Blindheit als der Unfähigkeit, den Willen und die Werke Gottes zu erkennen und im göttlichen Licht zu leben: »Ihr Tauben höret und ihr Blinden schauet her und sehet! Wer ist blind, wenn nicht mein Knecht, und taub wie mein Bote, den ich sende? Wer ist blind wie der Gottgeweihte und taub wie der Knecht des Herrn? Viel hast du gesehen, doch nicht beachtet, hast mit geöffneten Ohren nicht gehört . . .« (Jes. 42,18 ff). »Meines Volkes Wächter sind alle blind, sie merken nichts . . .« heißt es Jes. 56,10. Bei Mt. 15,14 findet sich das berühmte Wort von den blinden Führern, die mit den Geführten gemeinsam in eine Grube fallen, über das wir vor Pieter Breughels »Gleichnis von den Blinden« bereits im ersten Schuljahr gesprochen haben (→ I, 213–219).

Die Visionen der messianischen Heilszeit sind immer mit einer Aufhebung der körperlichen wie der geistlichen Blindheit verbunden – beide Formen lassen sich oft nicht voneinander trennen. »An jenem Tage werden die Augen der Blinden aus Dunkel und Finsternis heraus sehen.« (Jes. 29,18) Darum werden auch die Blindenheilungen Jesu als Zeichen der angebrochenen Heilszeit verstanden, wie andererseits die Blindheit des Paulus vor Damaskus (Apg 9,9) Ausdruck der Unfähigkeit ist, das in Jesus erschienene Heil zu sehen.

An zahlreichen Stellen der Bibel werden die Verben *sehen* und *glauben* aufeinander bezogen. Während das Sehen in manchen Fällen nur als sinnliche Wahrnehmung gemeint ist, bezeichnet es ansonsten die innere Wahrnehmung nicht sinnlich sichtbarer Wirklichkeit, und dies ist der spezifisch johanneische Sprachgebrauch. Hier kann mit der sinnlichen Wahrnehmung Jesu zugleich die Erkenntnis des fleischgewordenen »Wortes« paradox zusammenfallen. (Vgl. Joh 1,14; 6,40; 12,45; 14,9 u. a.) Die Identität von Glauben und Sehen macht deutlich, daß dieses Sehen nicht etwa eine mystische Schau ist. Es ist die Wahrnehmung des Glaubens, der in der geschichtlichen Person Jesu die »Wahrheit«

[1] Auszugsweise in: *Hubertus Halbfas,* Das Welthaus, a.a.O., Nr. 213.

oder das »Leben« erkennt, die beide nur durch ihn vermittelt werden und nie in einer vordergründig optischen Sehweise wahrnehmbar sind: »Wenn ihr mich erkannt habt, werdet ihr auch meinen Vater erkennen, und schon jetzt erkennt ihr ihn und habt ihn gesehen. Philippus sagt zu ihm: Herr, zeige uns den Vater, so genügt es uns! Jesus sagt zu ihm: So lange Zeit bin ich bei euch, und du hast mich nicht erkannt, Philippus? Wer mich gesehen hat, der hat den Vater gesehen; wie kannst du sagen: Zeige uns den Vater?« (Joh 14,7–9).

B. Neben der »Heilung des blinden Bartimäus« (Mk 10,46–52; vgl. I, 220–222) und der »Heilung des Blindgeborenen am Sabbat« (Joh 9) sind die übrigen Texte von Blindenheilungen eher summarische Erwähnungen. So wird auch unser Text Mt 9,27–31 durchweg als »sekundäre schriftstellerische Arbeit des Matthäus« angesehen, zu der er typische Motive des Markusevangeliums verwendet habe (Bultmann). Ähnlich wie Mt 20,29–34 aus der Mk-Vorlage 10,46–52 statt des einen blinden Bartimäus nun zwei Blinde macht, findet sich auch Mt 9,27 das Zweier-Motiv wieder. Diese Verdoppelung in der Darstellungsweise findet sich auch sonst. Mk 15,6 erscheint *ein* Engel am Grabe, Lk 24,4 sind es zwei geworden; gegenüber der bei Mt 11,2 noch erhaltenen Q-Fassung, nach der Johannes »Boten« zu Jesus sandte (→ S. 272), werden bei Lk 7,19 ebenfalls zwei Boten festgelegt. Ähnlich werden aus dem *einen* Besessenen bei Mk 5,1 ff *zwei* Besessene bei Mt 8,28 ff. Es scheint hier eine gewisse Gesetzmäßigkeit im Fortgang der Traditionen vorzuliegen, die ebenso in der bildenden Kunst verfolgt werden kann.[1]

Erzählt wird der Vorgang aus Kafarnaum. Mt 9,1 beginnt: »Und er stieg in ein Boot, setzte über und kam in die eigene Stadt.« Dorthin bringt man ihm nun einen Gelähmten (2–8), dort beruft Jesus den Zöllner Matthäus als Jünger und speist mit allerhand verachtetem Volk (9–13); dort entwickeln sich die Dispute über das Neue, das mit Jesus gekommen ist (14–17); von hierher wird er zum Todeshaus des Synagogen-Vorstehers Jairus geholt, dessen Tochter verstarb (18–26). An diesen Vorgang wird schließlich die Heilung der Blinden angeschlossen. Natürlich handelt es sich um ein redaktionelles Konzept in der Reihung und Lokalisierung der Ereignisse. Es ist aber nichts dagegen zu sagen, wenn wir beim Erzählen den Hintergrund Kafarnaums (→ I, 341–359) durchscheinen lassen.

Die Blinden benehmen sich nicht »zurückhaltend«. Da ist keine Rede von Bescheidenheit und Distanz. Im Gegenteil, ähnlich wie Bartimäus »schreien« sie. Der Mt-Text ist jedoch farbloser als die Bartimäus-Geschichte. Dort empfindet man den Blinden so lauthals, aufdringlich und störend, daß viele ihn anfahren, er solle seinen Mund halten, was dieser mitnichten befolgt. Kein anderer wird sich seine Situation zu eigen machen, wird es auch nicht können, also muß er schon selbst schreien, diesmal »noch lauter«. Das Evangelium, das diese penetrante Hartnäckigkeit »Glauben« nennt, – der kein distanziertes Für-wahr-Halten, sondern existentielle Betroffenheit ist – veranschaulicht solche Glaubensposition auch hier. Allem Anschein nach hat Jesus die beiden blinden Schreihälse nämlich ignoriert. Er ist »ins Haus« gegangen. Die Blinden aber

[1] Beispiele bei *Rudolf Bultmann,* Die Geschichte der synoptischen Tradition, Göttingen (1957), [8]1961, 345 f.

finden sich mit seinem Entzug nicht ab. Sie bleiben aufdringlich und tappen hinter ihm her, so daß Jesus sich von ihnen gestellt sieht. »Glaubt ihr, daß ich euch helfen kann?« fragt er, obwohl ihr Glaube doch schon in ihrem Schrei um Erbarmen und im Hinterhergehen bis ins Haus hinein zum Ausdruck kam.

So also haben sie Jesus »gestellt«, und er stellt sich, nicht mit Distanz, nicht verbal, sondern mit den eigenen Händen: er berührt ihre Augen. Für Jesus ist dieses Anfassen des Kranken, ein Berühren mit der Hand sehr bezeichnend. An zahlreichen Stellen wird davon gesprochen (z. B. Mk 1,31.41; 5,41; 7,33; 8,22; Mt 20,34; Lk 7,14; 13,13; 14,4; auch Apg 3,7; 28,8). Bultmann bemerkt hierzu: es sei schwer zu sagen, »ob dabei die primitive Vorstellung noch lebendig ist, daß es sich um Kraftübertragung handelt«. Gewiß dachte er an Magie, was immer mit dem meist oberflächlich und aufklärerisch gebrauchten Wort gemeint sein mag, doch ebenso gewiß handelt es sich bei der »Kraftübertragung« nicht notwendig um eine »primitive Vorstellung«. Die Handauflegung war für das Urchristentum ein bedeutsamer Gestus. Im alten Israel ist es eine Geste des Segnens, im antiken Judentum erfolgt durch Handauflegung die Bestellung zum Rabbiner; entsprechend überträgt auch das frühe Christentum eine Amtsvollmacht durch Handauflegung. Bei Taufe, Firmung und Priesterweihe ist dieser Gestus erhalten geblieben. Zwar gilt die Handauflegung als Übertragung des Geistes und einer Vollmacht niemals zauberisch, aber ebensowenig als bloß begleitendes oder bestätigendes Zeichen. Als symbolische Handlung vermittelt sie real ein Charisma, wie auch im leibhaftigen Ausdruck, im Berühren und Auflegen der Hand, sinnenhafter und geistiger Akt verschmelzen. Der Mensch ist ja in seiner Leiblichkeit selbst Sakrament, und jede Berührung kann eine Zuwendung umgreifen, die Intention und Wissen übersteigt, weil die menschlichen Vermögensgründe in einer Tiefe jenseits des Bewußtseins ruhen. Darüber hinaus ist schließlich auch zu bedenken, daß »die heilenden Hände« außerhalb der westlichen Schulmedizin ein Thema weitergehender Erfahrung geblieben sind; man darf dies durchaus anerkennen, ohne gleich wohlfeilen Deutungen anzuhängen.

Von den bisherigen Überlegungen abgesehen, erlaubt uns der Text auch die Schlußfolgerung, daß Jesus jedenfalls keine Berührungsängste gekannt hat. Dies gilt in mehrfacher Hinsicht: wie für die Blinden, so für Aussätzige und gleicherweise für die exkommunizierten Sünder seiner Gesellschaft. »Die Heilung des Aussätzigen« und »Das Gastmahl der Armen« auf den folgenden Seiten machen diese jesuanische Umarmung der Verfemten eindrücklich deutlich. Bei Elisabeth von Thüringen und Franz von Assisi konnten wir die gleiche Unbefangeheit den Unreinen und »Wölfen« gegenüber beobachten. Wie ist das mit uns selbst und mit der heutigen Kirche insgesamt?

Als Jesus die Augen der Blinden berührte, sagte er: »Wie ihr geglaubt habt, so soll euch geschehen.« Da wurden ihre Augen geöffnet.

C. »Da wurden ihnen die Augen aufgetan« heißt es auch Lk 24,31, als die beiden entmutigten Jünger Jesus beim Brotbrechen in Emmaus erkannten. Das ist zugleich die didaktische Intention, die sich mit dieser Thematik verbindet: »Die Heilung des Blinden« soll nicht eine abgeschlossene Geschichte bleiben, die gerade nur eine Schulstunde wert ist, sondern auch unseren Schülern die Augen öffnen, so daß sie die Blindenheilung an sich selbst erfahren. Wie denn?

Zunächst einmal, indem sie im Rückgriff auf das Religionsbuch für das erste Schuljahr das Kapitel »Sehen lernen« memorieren: »Kann jeder sehen, der sehen kann?« wurde dort gefragt, und am Ende hieß es: »Wenn du anfängst / mit seinen Augen zu sehen / jeden Tag / gehen den Blindgemachten / die Augen auf.« Zugleich wurde die sprachliche Metaphorik über »Augen, die nicht sehen« eingeübt: »Was heißt blind und was heißt sehen? Was heißt lahm und was heißt gehen?«

Mit der erneuten Aufnahme einer Blindenheilung in das Religionsbuch für das zweite Schuljahr soll die Grundlegung des Vorjahres vertieft und weitergeführt werden. Diese Weiterführung geschieht hier in besonderer Weise durch Relindis Agethens Interpretation der Blindenheilung sowie durch eine Sensibilisierung der Kinder für die anthropologische Dimension von Sehen und Blindsein. Es sind also nicht vereinzelte »Maßnahmen«, sondern die mannigfachen Wechselbeziehungen, die zwischen Bibeltext, Bild und Sensibilisierungsübungen wirksam werden und hier den Kindern die Augen öffnen sollen. Aber nichts ist dabei aktionistisch gedacht. Es geht um einen Prozeß, der jede »Unterrichtseinheit« übergreift und letztlich als die innere Wirksamkeitsdimension des Religionsunterrichts fermenthaft die Schüler durchdringt.

D. Methodisch ist an dieser Stelle das Verhältnis von Text und Bild zu bedenken. Im Regelfall, so wurde schon oft betont, hat der Text Vorrang. Gegenüber der Offenheit und Mißdeutbarkeit des Bildes besitzt er die größere Bestimmtheit, wie sie der Sprache eignet. Auch in diesem Fall soll darum die biblische Überlieferung von der Blindenheilung vorausgehen. Es steht aber nichts im Wege, erneut an der Heilung des blinden Bartimäus (Mk 10,46–52) anzuknüpfen (→ I, 220 ff), um mit Mt 9,27–31 den Vorgang zu vertiefen. Auch eine Erweiterung um Joh 9 ist denkbar, sofern man als Lehrer einige Verstehensvoraussetzungen für johanneische Theologie und Sprache mitbringt. Ich möchte jedoch abraten, die österliche Emmausgeschichte, die ja auch eine »Blindenheilung« ist, bereits an dieser Stelle einzubeziehen. Sie findet ihren Ort im Religionsbuch für das vierte Schuljahr, und die Schüler sollten Gelegenheit finden, ihren Weg bis dahin Schritt für Schritt zu gehen, damit dann die Erzählung zu ihrer bestmöglichen Entfaltung kommen kann.

Im übrigen ist das Verhältnis von Text und Bild nicht ausschließlich als ein Nacheinander zu bestimmen. Während der Beschäftigung mit dem Bild gilt auch ein wechselseitiges Nebeneinander, in dem Bild und Text sich zu spiegeln vermögen. Dabei können die Leistung der Sprache und das Vermögen des Bildes besonders gut erkannt werden. Wichtig ist, daß der Lehrer sich im gesamten Unterrichtsablauf bewußt (auch) einer metaphorischen Sprachweise zu bedienen vermag, die den Kindern hilft, ihre Bindung an einen vordergründigen Realismus zu lockern und sich selbst als Menschen »sehen« zu lernen, denen die inneren Augen erst noch aufgetan werden müssen.

Relindis Agethen, Die Heilung des Blinden S. 34–35

A. Über die Heilung des Blinden in der Kunst haben wir bereits im Lehrerhandbuch 1 kurz informiert (→ I, 223). Nach ihrem Bild im Religionsbuch für das erste Schuljahr zeigt Relindis Agethen nunmehr eine neue Blindenheilung, die zwar Elemente des früheren Werkes wiederaufnimmt, aber doch ein völlig neues Gemälde darstellt. Das Original ist in Pastell ausgeführt und hat die Maße 221,5 x 187,5 cm.

B. Die Komposition des Bildes wird durch die unterschiedlichen Lichtverhältnisse und den eingeschriebenen Firmamentbogen bereits auf den ersten Blick verdeutlicht. Dieser Bogen knüpft an die Weltgrenze an, die der uns aus Band 1 vertraute »Himmelsgucker« durchstieß, um in eine andere Wirklichkeit zu schauen. Alles was sich unterhalb dieses Himmelsbogens abspielt, gehört zu »dieser Welt«. Durch ihre Dunkelheit, die von links nach rechts immer stärker zunimmt, wird sie als ein Ort der Gewalt und Not gekennzeichnet, aber auch als ein Bereich des Suchens und Verlangens nach Erlösung. Außerhalb »dieser Welt« befinden sich die große Christusgestalt, der Harlekin und der kleine Betende. Man kann sie als Sehende bezeichnen, während die Menschen »dieser Welt« alle in unterschiedlicher Weise und Verhärtung blind sind.

Ein zweites Kompositionselement des Bildes ist der Fluß, der sich rechts vom Buchfalz von hinten nach vorne durch die Landschaft zieht. Er bildet eine Grenze, ein trennendes Wasser, zu dessen beiden Seiten sich Sehende und Blinde gegenüberstehen.

Ein drittes Kompositionselement ist schließlich die Verflechtung von Regenbogen und Blindenband, die sich unterhalb »des in Finsternis wandelnden Volkes« (Jes 9,1) um- und übereinander verschlingen. Je nachdem, welcherart Lebensverhältnisse dargestellt werden, begleitet entweder der Regenbogen die Szene, wie bei dem Kind, das sich mit ausgestreckten Armen Jesus zuwendet und geheilt wird, oder das Blindenband, wie unter den drei von »blinder Gewalt« gekennzeichneten Typen im rechten Teil des Bildes.

Relindis Agethens Blindenheilung ist ein sehr komplexes Bild, das in seinem Figuren- und Detailreichtum zwar viel Anregung bietet, aber gleichzeitig auch verwirren kann. Deshalb ist ein geordnetes Vorgehen bei der Deutung des Geschehens wichtig.

Wir beginnen mit der zentralen Szene: Ein kleiner Junge (oder ist es ein Mädchen?) wendet sich mit erhobenen Armen Jesus zu, ein Gestus, der durch seinen Kontext als Bitte um Heilung verstanden werden will. Das Kind steht noch in »dieser Welt«, die von Nachtdunkel und Blindheit beherrscht wird, aber es hat all der blinden Gewalt und Herzensstumpfheit doch den Rücken gekehrt. Der tote Vogel hier symbolisiert dieses nun hinter ihm liegende Leben. Mit seiner ganzen Existenz ist das Kind Jesus zugewandt, über die trennenden Wasser hinweg, und Jesus kehrt sich ihm zu, deutet mit der rechten Hand auf die blinden Augen, wird sie gleich berühren und sehend machen. Rechts daneben, aber höherstehend und die Bildmitte dominant beherrschend, begegnen wir erneut jener blinden Frau, die wir mit ihrem blindenschriftlichen Gebetsschrei »Herr, ich möchte sehen können!« bereits aus dem Vorjahr kennen. Sie steht auf diesem Bild steil und aufgerichtet, mit geschlossenen Augen, geöffnetem Mund, und ruft ihre Klage in die Welt hinein. Ebenso wie im Religionsbuch für das erste Schuljahr scheint sie hier keinen Adressaten ihrer Sehnsucht nach Augenlicht zu kennen. Es ist »der unbekannte Gott«, dem Klage wie Anklage gelten, und selbst wenn diese Frau nicht »Gott« meint, sondern die Absurdität dieses Lebens, mit der man sich als Mensch doch niemals abfinden kann, so bleibt ihre Not an eine anonyme Instanz gerichtet, bei der sie alle Not und Einsamkeit dieser Welt einklagen möchte. Links über der Frau geht ein Kind tappend umher. Es hält beide Arme ausgebreitet, will die Umwelt ertasten, und scheint nicht zu ahnen, daß es schon mit dem nächsten Schritt in das Wasser stürzen kann. Was wird dann sein? Wird es darin ertrinken? Oder kann es sich wieder aufraffen und hindurchwaten, um auf die Seite wirklichen Lebens und Lichtes zu gelangen? Eine Erinnerung an die Tragik der ähnlich am Abhang tappenden Blinden Pieter Breughels (→ I, 213–219) ist nicht abweisbar.

Bekannt ist uns auch der Mann mit den glasigen Augen und dem Korb, in dem die Gaben des Himmels glänzen, die dieser nicht sehen kann (→ I, 199–212). Ihn unter den Blinden dieser Welt wiederzufinden, verwundert nicht.

Rechts aufsteigend über den Hirten sehen wir zwei Männer, die durch die gleiche Musterung ihres Oberhemdes, durch Krawatte und Frisur als zusammengehörig gekennzeichnet erscheinen. Es sind Leute eines Schlags, der in unserer Welt nicht selten begegnet: smart, glatt, wendig, aber auch gesichtslos und kalt. Darum verdeckt die geballte Faust dem oberen Mann das Gesicht, während sein Kollege neben ihm zwar frei nach vorne sieht und doch ohne Augen und Blick bleibt. Diese Zeitgenossen sind am meisten ins Dunkel getaucht. Da sie am wenigsten Gesicht haben, sind sie auch beliebig austauschbar. Auf keinem anderen Agethen-Bild kommt eine menschliche Gestalt doppelt vor. Jede einzelne hat ihr individuelles Gesicht: Diese Männer hier sind im Double präsent.

Unter den beiden Gesichtslosen findet sich noch ein letzter Blinder. Es ist ein Offizier des Nazi-Reiches, der mit bandagiertem Gesicht nach vorne schaut, ohne etwas sehen zu können: wohl einer von jenen, die nur ihre Befehle »sahen«, aber nicht deren Folgen für Freund und Feind, jung und alt. Obwohl für diesen Unentwegten der Krieg vorbei sein könnte, verzichtet er, mit einem »Helden«-Orden hoch dekoriert, keineswegs auf seine Dazugehörigkeit. Selbst mit umwickelter Hand salutiert er als Angehöriger einer Macht, durch die der Tod von 60 Millionen Menschen ausgelöst wurde. Sowenig wie die beiden Funktionäre über ihm, repräsentiert auch diese Figur nicht pauschal einen ganzen Stand. Mit ihr wird weder »die« deutsche Wehrmacht geschmäht, noch kritisieren die zwei brutal anmutenden Gentlemen in summarischer Manier »die« Wirtschafts- und Geschäftswelt. Es sind allesamt *Typen,* die es gab, die es auch heute gibt, und die es in dieser Welt weiterhin geben wird. Darum können die beiden Anonymen in jedem Stand auftauchen, und der blinde Soldat ist leider in großer Anzahl Angehöriger *jeder* Armee dieser Welt. Solange diese Leute in ihren Kasernen sitzen, mögen sie so normal wie jedermann sein, aber wenn es darauf ankommt, daß jedermann sehen kann – nach vorne sehen, hinter sich sehen, neben sich sehen, unter sich sehen – leiden zahllose Opfer unter ihrer Blindheit.

Deswegen ziehen auch die verwelkten Blütenstände des Löwenzahns, wie schon einmal, über die Szene dahin. Zwar steht im Hintergrund noch das gelbe Blumenfeld, doch die Vergänglichkeit liegt über allem, und ganz hinten, in die Nacht hinein, gähnt die verfallene Ruine einer leeren Kirche. Wo die Liebe nicht sehen lehrt, vergeht die Welt an ihrer Gewalt und Kälte.

Damit erst kommen wir zu jener mysteriösen, stierköpfigen Gestalt, die ihr lechzendes Maul in den Himmel reckt und mit ausgestreckter Rechten, in der anderen Hand einen Stock, die Blindengruppe beherrscht. Längst wird jeder gefragt haben, was es mit diesem unheimlichen Wesen auf sich haben mag. Es ist eine mythische Gestalt, die Relindis Agethen in dieser Version von Pablo Picasso übernommen hat. Picasso nämlich hat Radierungen geschaffen, die den blinden Minotauros zeigen als Symbol einer kraftstrotzenden, vitalen Natur, die freilich blind ist und darum nicht sieht, was sie durch ihr eigenes Sosein belastet und zerstört.

Plutarch berichtet, im Labyrinth von Kreta habe ein Minotauros gehaust, wie Euripides sagt,

»ein mischgestaltet Wesen, üble Spottgeburt« und
»doppelgestaltig Wesen, Stier und Mensch.«

Plutarch fügt aber hinzu, die Kreter hätten diese Schilderung des Minotauros nicht wahrhaben wollen, sondern behauptet, »das Labyrinth sei weiter nichts als ein Gefängnis gewesen, an dem sonst nichts Böses war . . .«[1] Den Deutungen des Minotauros als »Stiermenschen« an dieser Stelle nachzugehen, würde zu weit führen. Ursprünglich mag dahinter ein Sonnenmythos gestanden haben, denn auf Kreta hatte der Stier einst solare Bedeutung, wurde die Sonne sogar als Stier bezeichnet[2], doch entlehnte Picasso seinen Minotauros dem antiken Mythos mit eigener Interpretation: er bezeichnet eine urwüchsige, nicht gezähmte und nicht veredelte Kreatürlichkeit, die ihren triebhaften Drang mit ungeformter Vitalität auslebt. In dieser Perspektive sieht auch Relindis Agethen den Stiermann: mehr Natur als Geist, ganz der Triebstruktur ausgeliefert und zugleich unter ihr leidend, tappt er blind – ohne höhere Erkenntnis – in dieser Welt umher, herrschend und doch unerlöst, Dunkelheit und Verwüstung um sich breitend und zugleich nach dem befreienden Licht sich sehnend. Jeder Mensch in dieser Welt hat mit diesem Minotauros zu tun. Er haust inmitten des Labyrinthes, das alle in sich tragen und das zugleich der Lebensweg außen ist, auf dem wir uns befinden.

In der Welt, die der blinde Minotauros beherrscht, ist dunkle Nacht. Sie scheint geschlossen zu sein bis auf jene Öffnung, durch die der knieende Mann (nach dem Motiv Camille Flammarions) in die Welt des Lichtes schaut. Doch dazu mußte er seinerseits den Fluß überqueren. Ohne dem Todesland des Minotauros den Rücken zu kehren, gibt es kein neues Leben, tun sich niemandem die Augen auf.

Groß und beherrschend steht auf der Jenseite die Gestalt des heilenden Christus. Den realistisch gemalten Figuren der Gesamtszene ist sie in stilisierter Manier bewußt entgegengesetzt worden. Hinter ihr zeigt sich die sternen-segnende Gotteshand, aus der alles Heil kommt, sowie der Regenbogen der Freundschaft Gottes mit der Erde (→ S. 233 ff). Beide Symbole, Regenbogen wie Gotteshand, weisen Christus als den Offenbarer der göttlichen Menschenfreundlichkeit aus. Das Licht, das er schauen läßt, macht selbst »die Augen der

[1] *Plutarch,* Theseus, zit.n. der Übersetzung von *Konrad Ziegler* (1954), München ²1979, I, 51 (c. 15 ff).

[2] Vgl. *Hermann Kern,* Labyrinthe. Erscheinungsformen und Deutungen. 5000 Jahre Gegenwart eines Urbildes. München 1982.

Blinden aus Dunkel und Finsternis heraus sehen« (Jes 29,18). Zu ihm gehören – neben dem, der den Weg gefunden hat und gerade seiner Heilung entgegensieht – zwei weitere Figuren: der Harlekin und der betende Junge.

Über die Beziehung Jesu zum Narr und die Geschichte der Narrenfigur in ihrer christologischen Bedeutung haben wir an anderer Stelle schon ausführlich gesprochen (→ I, 163–167), so daß hier eine Wiederholung entfallen darf. Der in eine Kristallkugel vertiefte Harlekin ist uns ebenfalls schon einmal in diesem Gestus begegnet (→ I, 171–173). Dort war er eine Gestalt des Vertrauens, an die sich selbst das überall ungeborgene traurige Mädchen anlehnen mochte. Hier zeigt er sich als ein jüngerer Mensch, nachdenklich der Betrachtung der zerbrechlichen Welt hingegeben.

Nicht minder versunken ist der betende Junge. Auch er begegnet uns erneut (→ Religionsbuch 1, S. 34; I, 156). Man darf wohl sagen, daß er ebenso wie der Harlekin in jeweils eigener Weise »in den Brunnen gesprungen« ist (→ S. 90–95) und jene andere Klarheit gewonnen hat, die nun seine Seele erfüllt.

C. Auf Relindis Agethens zweiter Blindenheilung begegnen Gestalten und Symbole, die unsere Kinder schon vom Vorjahre her kennen: Die göttliche Sternenhand, der Regenbogen, der Himmelsgucker sind bereits mehrfach vertraut. Der Harlekin, der betende Junge, die blinde Frau und der in seinen Herzensfähigkeiten abgestumpfte Hirt ebenfalls von früheren Geschichten und Bildern her bekannt. Auch Details wie die Pusteblume, das Blindenpapier und die Blindenbinde, sowie »der Korb mit den wunderbaren Sachen« begegnen nicht erstmalig. Dennoch ist das Ganze ein völlig neues, anspruchs-volles Bild, mit dem die Kinder schrittweise vertraut werden müssen. Insgesamt werden zwölf sehr unterschiedliche Gestalten gezeigt, von denen jede eine eigene Geschichte erzählt. Es wäre nicht die schlechteste Unterrichtsform, über Geschichten jede einzelne Gestalt zu erschließen. Einige dieser Geschichten kennen unsere Kinder ja schon, andere können sie selbst entwerfen.

Als Darstellung eines neutestamentlichen Heilungswunders leistet Agethens Bild etwas besonderes. Zu keiner Zeit dürfte hier die Schwierigkeit auftauchen, das Tun Jesu mirakulös zu mißdeuten. Das Bild vermeidet jede Historisierung und zugleich ein psychologisierendes Ausdeuten der Szene. Was hier geschieht, hat zwar seinen geschichtlichen Rückbezug, zugleich aber geschieht es weiterhin. Darum ist es ein Bild »unserer Welt«, voller gesellschaftlicher und politischer Erfahrungen, und auch deren kritische Verarbeitung. Es setzt einen Maßstab, der Wege zur Menschwerdung des Menschen und das Gericht über entmenschlichende Blindheit offenbar macht.

Die Christusgestalt steht infolge ihrer stilistischen Abhebung als der ganz andere allen Menschen gegenüber. Wegen der rätselhaften Dramatik des übrigen Geschehens mögen die Kinder dazu neigen, ihr nicht die gleiche Aufmerksamkeit zu widmen. Dennoch ist sie der Mittelpunkt des Bildes, von dem aus sich jede andere Gestalt beurteilen lassen muß. Zwar steht ihr auf der Gegenseite der mythische Minotauros gegenüber; zwar verkommt die Welt unter dessen Herrschaft in Finsternis . . . und doch ist auch dieser Minotauros blind und unglücklich und mit allen Kreaturen, die an seiner blinden Gewalt teilhaben, des Erbarmens und der Erlösung bedürftig, so daß das formale Gegenüber letztlich ein Ungleichgewicht darstellt.

Überlegen können wir für uns selbst und mit den Schülern, wo ein jeder auf dem Bild vorkommen mag. Vielleicht ergibt sich die Einsicht, daß wir mit gewissen Anteilen unseres Wesens in *allen* Figuren stecken: »diese Welt« ist nicht nur eine Außenwelt.

D. Vor der Planung des Unterrichts empfiehlt es sich, die »Unterrichtlichen Erfahrungen« von Eva-Maria Bauer sowie die Gesprächsprotokolle aus einem zweiten Schuljahr aufmerksam zu lesen. Beides ermöglicht eine gewisse Antizipation zu erwartender Gesprächssituationen. Wegen seiner vielschichtigen Bezüge ermöglicht das Bild ein leichtes Abweichen und beliebiges Assoziieren der Kinderphantasie. Nach einer ersten Phase, in der jeder Schüler seine Eindrükke, Empfindungen und Fragen äußern darf, sollte auf jeden Fall ein methodischer Modus vereinbart werden, geordnet und gemeinsam das Bild zu erarbeiten. Hierfür legen jeweils unsere eigenen Interpretationen unter B einen Vorschlag vor. Dieser Vorschlag ist nicht bindend. Wer sich gegenüber den Interpretationsaufgaben aber noch nicht ganz sicher fühlt, tut gut daran, den vorgezeichneten Weg nicht willkürlich zu verlassen.

Aus einem (nichtgelenkten und voraussetzungslosen) Unterrichts-Gespräch im zweiten Schuljahr:

Da ist ein Mann, der hat einen Kopf wie eine Kuh und zeigt auf den kleinen Mann dahinten.
Da ist wieder die Hand und der Regenbogen.
Ich sehe einen Mann mit Gips und Pflaster, der ist ganz arm.
Ich kann zwei Hälften sehen in dem Bild, eine dunkle und eine helle.
Der Mann mit dem Gips ist ein Soldat, der hat Narben.
Da ist ein Kind, das schaut Jesus an und hält die Hände hoch.
Das betet vielleicht, wie bei den Arabern.
Die Hand da oben kenne ich schon von den anderen Bildern.
Die Hand schüttelt zu den Menschen Sterne runter, damit sie friedlich sind.
Der Jesus zeigt auf die Nase des Jungen.
Jesus hat eine Botschaft in der Hand, der Junge will nach der Botschaft langen.
Der Jesus zeigt bei dem Bub auf die Augen.
Dahinter ist ein Junge, der kann nicht sehen, der fühlt mit den Händen, wohin er laufen soll.
Und gleich läuft er in einen Fluß und sieht ihn nicht.
Der hat sogar ein Blindenband.
Neben dem Blinden ist der Gucker aus dem Märchen.
Der guckt zu Gottes Hand hin.
Der guckt durch die Welt.
Da ist einer mit einer Faust. Vor dem kriegen alle Angst.
Und da unten hat einer 'ne Maske vor dem Gesicht; der versteckt sich.
Der Kuhmensch, was macht der bloß auf dem Bild?
So was komisches! Wie Mensch und Tier!
Der Kuhmensch will Gottes Hand anfassen.
Oder er greift nach den Schafen.
Der Kuhmensch möchte jedenfalls etwas haben; der greift so.
Jesus guckt ganz ernsthaft auf den Kuhmenschen.
Neben Jesus wird es ganz hell, und neben dem Kuhmensch ist es ganz dunkel. Da ist auch eine dunkle Stadt, wo der Mond scheint.

Die Gotteshand ist auch so hell. Der Regenbogen bedeutet Frieden, Freude, Liebe.
Die Gotteshand wirft die Sterne auf den Jungen, damit der Glück hat, und daß er wieder sehen kann.
Lehrer: Ihr seht unterschiedliche Menschen auf dem Bild; haben sie etwas miteinander zu tun?
Die gucken alle so traurig und wollen ans Licht.
Vielleicht sind die Menschen alle blind; die Schrift kenn' ich, das ist Blindenschrift.
Und der, der durch die Welt schaut, ist ein Hellseher.
Der will Gott sehen.
Der kann Gottes Hand sehen.
Gottes Hand geht durch beide Hälften der Welt. Gott will Frieden zwischen den zwei Hälften.
Der Regenbogen bedeutet das auch.
Lehrer: Jesus ist auch auf dem Bild!
Jesus zeigt auf die Nasenspitze von dem Jungen. Der Junge will unbedingt das Papier lesen, das Jesus hat.
Das ist die Botschaft, die Jesus den Menschen bringt.
Lehrer: Könnt ihr mehr von dieser Botschaft sagen?
Jesus will sagen, daß zwischen den Blinden und den Armen und den Reichen Frieden sein soll.
Es ist eine frohe Botschaft.
Es soll Frieden sein, aber die drei rechts haben Streit gehabt.
Der eine war sogar im Krieg.
Der hat geweint.
Der mit der Krawatte macht eine Faust, damit man sein Gesicht nicht sieht.
Der verbirgt was vor Jesus.
Der hat was getan.
Der will vielleicht jemandem eine 'reinhauen; der will den anderen nichts Gutes tun.
Jesus spürt, daß an dem Mann was nicht stimmt.
Der Mann vorne ist bestimmt im Krieg.
Der mit der Krawatte, neben dem Soldaten, hat ein Gesicht wie aus Eisen, ein Eisengesicht.
Der hat gar keine Augen.
Der ist blind gemacht worden.
Dem haben sie die Augen rausgestochen, das sieht aus wie ein verbranntes Gesicht, wie eine Mascke.
Lehrer: Einige von euch sehen in dem Bild zwei Hälften, zwei Bilder!
Bei dem Ochsenmenschen ist der Himmel so schwer und bei der Gotteshand hell.
Das Dunkle hat etwas mit einem bösen Herzen zu tun.
Der mit der Faust ist auch auf der dunklen Seite; vor dem hat man Angst.
Der daneben sieht genauso aus wie der; wie sein Geist.
Das ist dem sein blinder Bruder.
Auf der hellen Seite ist der Junge, der Jesus anschaut.
Das ist die schöne Seite, da möchte ich auch sein.
Die Frau in der Mitte ruft auch; sie will Licht haben.
Lehrer: Hat Jesus für alle eine Botschaft?
Dem mit der Faust sagt er, er solle nicht mehr kämpfen; er soll anderen was geben, dann kann er sie auch wieder anschauen.
Dem Verbundenen sagt er, daß der Krieg bald vorbei ist und wieder Frieden kommt.
Jesus will, daß alle ins Licht kommen.

Eva-Maria Bauer

Weiter vorne sagten wir schon, es sei sinnvoll, vor der Bildbetrachtung eine biblische Blindenheilung erzählend zu bedenken (→ S. 286). Das sei hier bekräftigt. Ebenfalls anzuraten ist aber auch eine Selbstbesinnung auf Blindheit und Sehfähigkeit, wie wir sie hier nachfolgend entfalten.

Anthropologie des Sehens

A. Diogenes wanderte mit der Laterne durch seine Zeit, um Menschen zu suchen. Zwar standen genügend Leute lachend zuhauf, konnten aber nicht sehen und erkennen, worauf Diogenes mit seiner Laterne sie verwies, und Diogenes fand keine Menschen, die sein suchendes Licht erkannten. Menschen, die wahrnehmen können, was innen und außen geschieht, sind offensichtlich selten. Warum wohl? Weil unsere Sehgewohnheiten von früh auf kanalisiert werden, in Konventionen erstarren. Man schaut nach dem Nie-Gesehenen, aber für das Nie-Beachtete werden die Sinne täglich stumpfer.

B. »In der Familie der Sinne«, sagt Erwin Straub, »hat der Geruch die Rechte des Erstgeborenen verloren. Gesicht und Gehör übernehmen die Herrschaft. Sehen und Hören werden nun erst wahrhaft zu Fernsinnen.« Dabei geht wiederum das Sehen dem praktischen Umgang mit den Dingen voraus. Der Gesichtssinn verbindet am stärksten mit der Außenwelt, überlagert das Tasten und Hören und trägt in sich die Gefahr, in seiner Wahrnehmung äußerlich zu bleiben. Konventionen und Oberflächlichkeit verhindern dann, etwas wirklich zu sehen. Mehr als Gehör, Getast und Geruch unterliegt das Sehen den gesellschaftlichen An-schauungen. Zeitstile, Moden, Kunstrichtungen sind Seh-Schulen, die unterschiedlich intensiv jeden erfassen. Sie sensibilisieren für bestimmte Merkmale und exkommunizieren tausend andere. Gewollter, raffinierter manipuliert die Werbung die optische Wahrnehmung, lenkt den Blick und stumpft ihn zugleich für alles, was unaufdringlich ist, ab.

Das vordergründig gelenkte Sehen ist nun allerdings weit von jenem Sehen und Schauen entfernt, das im alten Griechenland die Grundgestalt des Wissens war. Wissen beruht für die Griechen, einerlei welchen Ausdruck sie dafür verwenden[1], vornehmlich auf *Sehen* und schließt ein *Schauen* in sich ein.[2] Wissen (*eidénai*) bringt zugleich das Sehen zum Ausdruck, ebenso wie das objektiv Wahrgenommene die Gestalt (*eîdos*). Beider Wortstamm ist der des Sehens. »Zeitwort und Gegenstand, *eidénai* und *eîdos,* bilden einen Kreis, aus dem – ohne Auflösung des Stils – nicht hinauszutreten ist: eine Einheit, in der beide Hälften sich gegenseitig bestimmen.«

Ein Vergleich mit anderen Sprachen macht die griechische Erfahrung besonders deutlich: »Das entsprechende deutsche Wort *›wissen‹* bleibt nur etymologisch in derselben Sphäre. ›Sehen‹ oder ›Schauen‹ tönen nicht mit, und, was den Inhalt des Wissens betrifft, so kann er alles andere als ›Anschauung‹ sein. Das englische *know* hat nicht einmal die etymologische Verbindung mit *see,* ob-

[1] *Bruno Snell,* Die Ausdrücke für den Begriff des Wissens in der vorplatonischen Philosophie. Berlin 1922.

[2] *Karl Kerényi,* Höhepunkte der griechischen und römischen religiösen Erfahrung, in: Antike Religion (1971). Wiesbaden (1978), 101.

wohl in der Wendung *I see* die Schau einer Situation, vor die man gestellt ist, sich als Übergang zum Wissen darbietet. Das italienische *sapere* und das französische *savoir* setzen etymologisch eine ganz andere, sinnlich-körperliche Erfahrung voraus: das Schmecken. Man muß das griechische Phänomen des eidénai in jeder heutigen europäischen Sprache mit ›schauendem Wissen‹ umschreiben, eben weil für die Griechen im Wissen das Schauen mit einbegriffen war.«[1]

Die Welt Homers beruhte noch auf einem Wissen, dem als Zustand die Durchsichtigkeit der Welt genau entsprach. Für die frühen Griechen umschloß das »Schauen« und »Durchschauen« noch Körperliches *und* Geistiges. Indessen sprachen Sokrates und Platon mehr vom übersinnlichen Schauen, das zum Objekt die übersinnliche Gestalt hat, als vom sinnlichen Sehen. »Griechisches ›Wissen‹ bedeutet ein Schauen, welches, auf die sichtbare Welt gerichtet, etwas trifft, das zeitlos und insofern auch ewig ist: unsichtbare Gestalten, die ungeachtet ihrer Unsichtbarkeit das Objekt eines Schauens sind.« Für die Philosophen der nachklassischen Zeit, deren Reihe mit Sokrates beginnt, tritt an die Stelle der zum Göttlichen hin durchsichtigen Welt eine bloß sichtbare Welt. Ihre Sichtbarkeit hat sich für uns immer weiter verringert. Die griechische Einheit des Wissens und Sehens ist zerrissen. Die *gewußte* Welt wächst form- und grenzenlos weiter, und so viele von dem sich auftürmenden »süßen Brei« auch nehmen, er füllt bereits die ganze Welt aus, »und ist die größte Not, und kein Mensch weiß sich da zu helfen«. Selbst die Schulen bringen Wissen und Gestalt nicht mehr zusammen, ganz davon zu schweigen, daß sie mit Augen für die Durchsichtigkeit der Welt längst nicht mehr begaben. Je bunter ihre Bücher werden und – wie man so sagt: anschaulicher –: die wahre Anschaulichkeit will *in* den Dingen erfaßt sein und ist an einen inneren Bildsinn geknüpft, der durch inflationistische »Visualisierungs«-Strategien am ehesten Schaden leidet.[2]

Die ehedem bejahte Frage, ob es eine intellektuelle Anschauung gebe, wird von der neuzeitlichen Philosophie immer deutlicher mit Nein beantwortet. Für Kant bereits war das geistige Erkennen des Menschen ausschließlich diskursiv, das heißt: nicht anschauend. »Der Verstand vermag nichts anzuschauen.« Das Mittelalter hatte hingegen noch unterschieden zwischen der Vernunft als *intellectus* und der Vernunft als *ratio.* Ratio ist die Kraft des diskursiven Denkens, des Abstrahierens und Schlußfolgerns. Intellectus aber heißt die Vernunft, der das Vermögen des intuitus simplex, des »einfachen Schaublicks«, noch eigen ist. Dieser Schaublick wurde nicht als Arbeit, als aktive Leistung des Menschen verstanden, sondern eher als ein Geschenk der Muße, da das geistige Schauen ohne innere Gelassenheit nicht möglich wird.

Die Unterscheidung zwischen ratio und intellectus verdeutlicht Josef Pieper an einem plausiblen Beispiel: »Was geschieht, wenn unser Auge eine Rose erblickt? Was tun wir selber dabei? Unsere Seele verhält sich, indem wir dieses Gebilde in seiner Farbe und in seiner Form gewahren, aufnehmend, hinnehmend, empfangend. Wir sind wach und tätig, gewiß. Aber es ist ein unangespanntes Hinblicken – sofern es sich wirklich um eigentliches Anschauen (intellectus) handelt und nicht etwa um Beobachtung, die schon dabei ist, zu messen

[1] *Karl Kerényi,* a.a.O., 103.
[2] Vgl. *Hubertus Halbfas,* Das dritte Auge. Religionsdidaktische Anstöße. Düsseldorf (1982), insbesondere S. 51–83.

und zu zählen (ratio). Beobachtung ist angespannte Aktivität; auf sie ist der Satz Ernst Jüngers gemünzt: Sehen sei ein ›Angriffsakt‹. Anschauung, Anschauen, Schauen aber – das ist das Sich-Öffnen des Auges zum empfangenden Hinblicken auf die sich darbietenden Dinge, die in uns eingehen, ohne daß es dazu der besitzergreifenden Anstrengung des Sehenden bedürfte.«[1]

C. Von dem Gesagten her verstehen wir jetzt jene beiden Gestalten besser, die auf der Blindenheilung von Relindis Agethen als einzige sehen können: Es sind der Harlekin und der kleine betende Junge. Von ihnen geht kein Aktivismus aus, kein »Sehen als Angriffsakt« (wie auf der gegenüberliegenden Seite), vielmehr trifft hier zu, was Josef Pieper als eigentliches Anschauen beschrieb: ein Sich-Öffnen des äußeren und inneren Auges zum empfangenden Einblikken . . ., ohne daß es dazu der besitzergreifenden Anstrengung des Sehenden bedürfte.

D. *Übungen und Spiele* zum Sehen und Schauen empfehlen sich im Kontext unseres Themas, sei es, daß man sie zur vorausgehenden Sensibilisierung der Schüler unternimmt, damit die Blindenheilung in Text und Bild nicht Unerfahrenen vermittelt wird, sei es, daß man den Unterricht begleitend und vertiefend um diese Erfahrungsdimension bereichert.

Sehen als Stille-Übung

Im Lehrerhandbuch 1 haben wir eine Reihe von Möglichkeiten benannt, an die hier zu erinnern ist. Alle dort aufgeführten Beispiele sind in einer besonderen Weise geeignet, Vorerfahrungen zu erschließen und ein Gespräch über das Sehen und Wahr-nehmen anzuregen.

Ich kann sehen. Ein biblisches Spiel*

Ein Kind, das in der Evangeliumserzählung vom blinden Bartimäus den Blinden spielt, wird in seine Rolle eingeführt. Eine Augenbinde wird benötigt.

L bindet dem Spieler (Sp), der die Rolle des Bartimäus übernehmen wird, eine Augenbinde um.
Er fragt das Kind nach seinen Empfindungen und Gefühlen.

Sp Es ist dunkel, schwarz vor den Augen. Es ist wie in einer Kammer ohne Fenster.
Ich habe das Gefühl, alle blicken auf mich, ich sehe aber niemanden.

L fordert Sp auf, aufzustehen und einige Schritte zu gehen. Er fragt ihn wieder nach seinen Gefühlen.

Sp Ich fühle mich unsicher.
Ich habe Angst, anzustoßen usw.

L motiviert *alle Kinder*, die Augen zufallen zu lassen, nach einer kleinen Weile der Stille noch zusätzlich die Handballen auf die geschlossenen Augen zu legen. Er spricht die dabei gemachten eigenen Erfahrungen, die auch die der Kinder sind, aus:
Ich sehe schwarz vor meinen Augen.

[1] *Josef Pieper*, Muße und Kult. (1948). München 1965, 22 ff.
* *Franz Kett*, Kinder erleben Gottesdienst. Don Bosco Verlag, München (1978, [4]1983), 77–86.

Es ist so dunkel, wie in einer Kammer ohne Fenster,
in einer Nacht ohne Licht, ohne Mond und Sterne,
in einer stockfinsteren Nacht.

Spüren wir eine kurze Zeit in Stille nach, wie es ist, wenn rundherum um einen alles finster, dunkel ist.

L bittet die Kinder, die Augen noch geschlossen zu halten, aber die Handballen fortzunehmen.

Es ist nun nicht mehr ganz so pechschwarz vor den Augen. Er fordert die Kinder auf, die Augen nun zu öffnen. Er stellt fest, wie manche Kinder sich jetzt die Augen reiben müssen. Das Licht blendet.

L macht den Kindern bewußt:

Wir können die Augen schließen und öffnen, wie wir es wollen.

Wenn Mutter oder Vater uns am Morgen wecken, öffnen wir die Augen. Es ist schön, das Gesicht eines vertrauten Menschen, der Mutter, des Vaters, zu sehen.

Wir freuen uns, wenn wir feststellen: Der Himmel ist wolkenlos blau, die Sonne steht am Himmel. Es wird ein schöner Tag.

Es ist schön, daß wir sehen können.

L verdichtet die Aussagen in einem Lied, dessen Schlußteil von den Kindern als Refrain wiederholt wird.

EIN LIED VOM SEHEN

T. u. W.: Franz Kett

Ich werde mir bewußt: Ich kann auch sehen, wenn ich die Augen geschlossen habe

L fragt die Kinder, ob es möglich ist, etwas bei geschlossenen Augen zu sehen.
Er schlägt den Kindern vor, zusammen einen Versuch zu wagen:
Wir schließen nochmals unsere Augen. Wir versuchen jetzt, ein Bild in uns zu sehen, ein Bild, das ich euch nicht mit dem Malstift, sondern mit Worten schildere, male.
Ich sehe einen Apfel,
einen schönen, runden Apfel.
Er leuchtet rot.
Er glänzt.
Oben, aus einer kleinen Mulde,
wächst der Stiel,
ein kleiner, kräftiger, brauner Stiel.
Ich schneide den Apfel auf.
Ich sehe das Fruchtfleisch.
Es ist weiß,
nicht weiß wie Kreide, kreideweiß,
sondern etwas gelb,
apfelweiß.
Ich sehe das Kernhaus
mitten entzwei geschnitten
und darin Kerne,
kleine, braune, feste Kerne.
Der Apfel ist saftig.
Ich möchte hineinbeißen,
kosten, wie süß er schmeckt.
L fragt die Kinder, ob es ihnen möglich war, den Apfel als inneres Bild zu sehen

Die gemachten Erfahrungen kommen in der zweiten Strophe des Themenliedes zum Ausdruck (Noten s. S. 296).

L 2. Wenn ich dann die Augen schließe
und ich schau in mich hinein,
kann ich in mir Bilder sehen
und ich träume einen Traum;
daß ich träumen kann, ist schön.
Wunderbar ist, daß ich bin.
A Daß ich träumen kann, ist schön,
wunderbar ist, daß ich bin.

In einer Evangeliumserzählung (nach Mk 10,46–52; Lk 18,35–43) erleben, wie einem Blinden die Augen geöffnet wurden

Die Evangeliumserzählung erfolgt in Form eines Rollenspiels, bei dem alle Kinder zu Mitspielern werden. Der Erzähler übernimmt die Rolle Jesu.

L weist auf den Sp mit den verbundenen Augen.
Wir haben ihn nicht vergessen.
Er spielt in der Geschichte, die ich euch erzähle, einen Menschen, der die Augen nicht öffnen und schließen kann, wie er will.
Ihm sind die Augen verschlossen vom ersten Tag seines Lebens an. Er ist von Geburt an blind. Dieser Mensch heißt Bartimäus.

A sprechen den Namen nach.
L Bartimäus ist ein Blinder.
Das Gesicht seiner Mutter, seines Vaters – Bartimäus hat es noch nie gesehen.
Bartimäus kennt nicht den blauen Himmel.
Er weiß nicht, wie die Sonne leuchtet.
L singt das BARTIMÄUSLIED:

T. u. W.: Franz Kett

A wiederholen den Vers.

L 2. Du kannst nicht sehen den Vater, die Mutter,
noch Bruder und Schwester, nicht einmal dich selbst.
A Blinder Bartimäus, bist ein armer Mann.
L Bartimäus wohnt in einer Stadt. Sie heißt Jericho.
A sprechen den Namen nach.
L Jericho ist von einer Stadtmauer umgeben. Ein Tor führt in die Stadt. Am Stadttor sitzt Bartimäus. So sitzt er da:
Sp formt seine Hände zur Schale.
L fordert die Kinder auf, die Geste nachzuvollziehen und zu sagen, was die Gebärde meint.
K Bitte gib mir etwas, ein Geldstück, ein Stück Brot usw.
L Viele Menschen gehen achtlos an Bartimäus vorüber. Sie übersehen ihn einfach.
Es gibt auch Menschen, die machen sich einen »Spaß« mit dem Blinden. Sie legen ihm statt Brot einen Stein in die Hände.
Es sind Menschen mit einem Herzen aus Stein.

A Blinder Bartimäus, bist ein armer Mann.
L Manchmal sitzt Bartimäus so da:
Sp streckt seine Hand aus.
L fordert die Kinder auf, die Geste mitzuvollziehen, zu erspüren, was sie aussagt.

K Hilf mir! Nimm mich bei der Hand! Zieh mich empor! Führ mich heim!
L Viele Menschen beachten die ausgestreckte Hand nicht.
Ja, es gibt Menschen, die handeln so:
L schlägt die ausgestreckte Hand des Sp weg.

A Blinder Bartimäus, bist ein armer Mann.
L Dann sitzt Bartimäus so da.
Sp läßt Kopf, Schultern, Arme hängen.
L fordert die Kinder auf, die Geste zu übernehmen und sich in Bartimäus einzufühlen.
K Bartimäus ist traurig, niedergeschlagen, niedergedrückt, mutlos, verzweifelt, hoffnungslos . . .

A Blinder Bartimäus, bist ein armer Mann.
Sp verharrt weiter in seiner niedergeschlagenen Haltung.

L Eines Tages geraten die Menschen in Jericho in Aufregung.
»Habt ihr schon gehört?
Heute kommt der Mann aus Nazaret in unsere Stadt!
Jesus heißt er.
Man sagt: Er kommt von Gott.
Er erzählt den Menschen von Gott.
Er tut viel Gutes!«
So sprechen die Leute in Jericho.
L fordert *die Kinder* auf, die Rolle der Menschen von Jericho zu übernehmen, einander zu sagen, was jene einander gesagt haben.
Sp richtet sich während der Rede der Kinder auf.
L Wie Bartimäus die Menschen so sprechen hörte, ist in ihm etwas geschehen.
Vielleicht habt ihr es bemerkt.
K Er hat sich wieder aufgerichtet.
Er hat Mut gefaßt.
Er hofft: Vielleicht kann mir Jesus helfen.
L Ja, Bartimäus hofft: Jesus wird mir helfen.
Bartimäus faßt den Entschluß: Wenn Jesus in die Stadt kommt, werde ich ihn anrufen, werde ich ihn um Hilfe rufen.
L fordert die Kinder auf, zu überlegen, was Bartimäus rufen wird.
K Jesus, hilf mir!
Jesus mach mich sehend!
L fordert die Kinder auf, die vorgeschlagenen Rufe zusammen zu sprechen.
L Und so lauscht Bartimäus.
Er ist ganz Ohr.
Er ist voll Sorge, er könnte die Ankunft Jesu überhören.

Er hört die Menschen sprechen:
»Jetzt kommt Jesus!
Der Mann mit dem weißen Gewande ist es.
Gerade geht er durch das Stadttor.«

L fordert die Kinder auf, die Rolle der Menschen zu übernehmen und einander vom Kommen Jesu zu erzählen.

Sp ruft mitten in das Reden hinein:
Jesus, hilf mir!
Jesus, hilf mir!

L Die Menschen sind verstummt, so wie ihr jetzt verstummt seid.
Jesus aber legt die Hand an sein Ohr und sagt: Es ruft mich einer. Wer ist es, der mich ruft?
Einige der Leute antworten: Ach, unser Schreihals, der blinde Bartimäus.
Jesus aber sagt: Er soll zu mir kommen.

Sp steht auf und geht auf L (Jesus) zu.
Er macht sehr sichere Schritte.

L fordert die Kinder auf, die Gehweise des Bartimäus mit seiner ursprünglichen zu vergleichen, und sich in Bartimäus einzufühlen, was er denkt, hofft.

K Bartimäus geht sicherer.
Er traut dem Jesus.
Er hofft: Jesus wird mir helfen.

L Ja, Bartimäus traut Jesus. Er weiß, Jesus legt mir keinen Stein in die Hand. Jesus wird meine Hand nicht ausschlagen. Bartimäus vertraut Jesus.
Und Jesus geht auf Bartimäus zu. Ganz nahe geht Jesus an Bartimäus heran.
Jesus legt Bartimäus die Hand auf die Schulter und fragt:
Was willst du von mir?

Sp Herr, bitte mach mich sehend!

L Jesus tut etwas Wunderbares.
(L entfernt die Augenbinde.)
Er nimmt dem Bartimäus die Dunkelheit von den Augen.
Dem Bartimäus gehen die Augen auf.
Dem Bartimäus geht ein Licht auf.
Bartimäus ist voll Freude.
Er ist voll Dankbarkeit.

Sp singt:

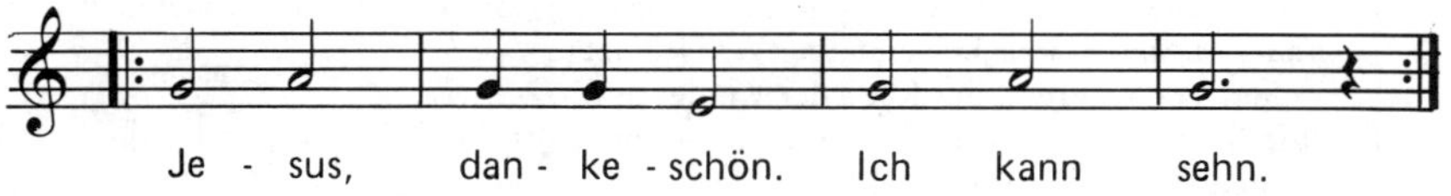

A wiederholen den Vers.

Sp 3. Ich kann jetzt sehen die Sonne am Himmel,
den Mond, die Sterne in ihrer Pracht. (Noten S. 298)

A Jesus, danke schön, Ich kann sehn.

Sp 4. Ich kann jetzt sehen den Vater, die Mutter,
den Bruder, die Schwester und auch mich selbst.

A Jesus, danke schön. Ich kann sehn.

Bewußtmachen: Die Menschenfreundlichkeit Gottes entdeckt man mit den Augen des Herzens

L Bartimäus wurde sehend.
Mit seinen Augen begann er, die Welt zu entdecken.
Bartimäus hat aber noch etwas entdeckt.
Er hat etwas erfahren, dazu braucht er nicht die Augen. Das sieht oder spürt man mit dem Herzen. Man sagt, auch das Herz habe Augen.

L faßt die Aussage in einer 3. Strophe zusammen (Noten S. 296):
3. Daß ich mit dem Herzen sehe:
Dinge, die mein Aug nicht sieht,
daß Gott wie ein guter Vater
dich und mich, uns alle liebt;
daß ich glauben kann, ist schön.
Wunderbar ist, daß ich bin.

A Daß ich glauben kann, ist schön.
Wunderbar ist, daß ich bin.

Die Heilung des Taubstummen

Taubheit in der Bibel

A. Man unterscheidet ererbte und erworbene Taubheit. Die Stummheit ist meist eine Folge der Taubheit. Taubstumm ist ein Mensch immer dann, wenn er von Geburt an, oder jedenfalls noch vor dem Spracherwerb, taub gewesen ist, so daß die Voraussetzungen jedes Sprechenlernens fehlten. Eine erworbene Taubheit, die also keine Stummheit nach sich ziehen muß, geht in der Regel auf Infektionskrankheiten wie Gehirnhautentzündung, Diphterie, Scharlach oder Masern zurück, die die Hörfähigkeit vollständig zerstören können. Die Ersetzung des Begriffs der Taubstummheit durch »gehörlos«, wie es die jüngste Entwicklung brachte, trifft nicht mehr den wirklichen Sachverhalt, denn wenn Gehör *und* Sprache fehlen, ist der Defekt umfassender als das Wort »gehörlos« andeutet.

Auch in der Bibel erscheinen Taubheit und Stummheit meistens miteinander verbunden. Darum hat das hebräische Wort für taub (cheresch) zugleich die Doppelbedeutung taubstumm. Das Lev 19,14 notierte Verbot, einen Tauben zu verfluchen, läßt ein häufigeres Vorkommen des Gebrechens ahnen, doch wird Taubstummheit insgesamt gerne im metaphorischen Sinne verstanden: Als Mose sich weigert, nach Ägypten zu gehen, und Ausflüchte sucht, »kein beredter Mann« zu sein, spricht Jahwe zu ihm: »Wer hat dem Menschen den Mund geschaffen? Oder wer macht ihn stumm oder taub oder sehend oder blind? Bin ich es nicht, der Herr?« (Ex 4,11). Andersherum aber läßt Jahwe auch einen Propheten (physisch) stumm werden: »Die Hand des Herrn kam über mich, und er sprach zu mir: Stehe auf und gehe hinaus in die Ebene, dort will ich mit dir reden. Und ich stand auf und ging hinaus in die Ebene: und siehe, da stand die Herrlichkeit des Herrn daselbst, wie ich sie am Flusse Chebar geschaut hatte. Da fiel ich auf mein Angesicht, und Geist kam in mich und stellte mich auf die Füße, und der Herr redete mit mir und sprach zu mir: Gehe heim und schließe dich in dein Haus ein. Und siehe, Menschensohn, man wird Stricke an dich legen und dich damit binden, so daß du nicht hinausgehen kannst unter die Leute. Und ich werde dir die Zunge am Gaumen kleben lassen, daß du stumm bleibest und ihnen nicht ein Strafprediger seiest. Denn sie sind ein widerspenstiges Geschlecht. Aber wenn ich mit dir rede, dann will ich deinen Mund auftun, und du sollst zu ihnen sagen: ›So spricht der Herr!‹ Wer dann hören will, der höre, und wer es lassen will, der lasse es!« (Ez 3,22–27). Ähnliche Klage wider den tauben Boten und das verstockte Volk findet sich mehrfach bei Jesaja: »Mit geöffneten Ohren hast du nicht gehört!« (42,18 ff). »Stumme Hunde« schilt Jahwe seines Volkes Wächter (Jes 56,10). Heil-los stumm sind aber sonst nur die Götzen: »Sie haben einen Mund und können nicht reden . . . sie haben Ohren und hören nicht . . . und geben auch keinen Laut mit ihrer Kehle.« (Ps 115,5–7). Nach seinem freien Willen hebt aber Jahwe die Stummheit seiner Boten und seines Volkes auf: »An jenem Tage . . .

wird dir der Mund aufgetan werden und du wirst reden und nicht mehr stumm sein; und du wirst ihnen zum Zeichen werden . . .« (Ez 24,27).

In exemplarischer Weise hat Zacharias, der Vater des Täufers, die Stummheit als Strafe erfahren – und zugleich seine Wiederbegabung mit Sprache (Lk 1,20.22). Im Neuen Testament werden in der Folge mehrere Heilungen von der Taubstummheit berichtet (Mt 9,32 ff; 12,22), von denen uns hier die markinische Perikope näher beschäftigen soll (Mk 7,31–37).

B. Die Perikope beginnt normalerweise mit Vers 31: »Und er ging wieder weg aus dem Gebiet von Tyrus und kam durch Sidon an den See von Galiläa mitten in das Gebiet der Zehnstädte (Dekapolis).« Als redaktioneller Text des Markus gehört dieser Satz noch zum vorigen Stück, ist gleichzeitig aber auch Überleitung. Es sei angemerkt, daß Orts- und Zeitangaben im Markusevangelium durchweg theologisch verstanden werden, der Schauplatz im *heidnischen* Ausland (am Ostufer des Sees Gennesaret) dem Geschehen also besondere Bedeutung geben soll.[1] Den Intentionen der Perikope im Schulbuch genügt eine Beschränkung auf das Heilungswunder.

Der eigentliche Heilungsbericht (7,32–35) gehört zur literarischen Gattung der antiken Wundergeschichte. Gleich vorweg muß gesagt werden, daß für die Antike Wunder und das Erscheinen Gottes zusammengehören, daß dem gesamten Mittelmeerraum mit Römern, Griechen, Orientalen die Wundergeschichte als Gattung vertraut war, und daß es darum eine große Anzahl zeitgenössischer Parallelen zu unserem Text gibt. Alle Wundergeschichten sind außerdem nach einem festen Schema gebaut: Es beginnt meistens mit Angaben zur Krankheit und ihrer Dauer (Mk 5,25 f, 9,21) oder zur Gefährlichkeit der Krankheit (5,3 ff; 9,18 ff); es folgen Hinweise auf vergebliche Heilungsbemühungen (5,26), dann eine Schilderung der Heilung durch Berührung Jesu (1,31.41; 5,41; 7,33 u. ö.) oder durch sein Wort (1,41; 2,11; 3,5; 5,41; 7,34); wegen des Aufsehens, das die erfolgte Heilung augenscheinlich bewirkt (1,31.44; 2,11 f; 5,43), wird abschließend die Reaktion des Menschen angemerkt (1,27; 2,12; 5,43; 6,31 u. ö.).

Für das heutige Empfinden trägt die Wundergeschichte befremdliche Züge, weil Jesus hier die Praktiken eines gewöhnlichen antiken Wunderdoktors auszuführen scheint. Auf die Bitte irgendwelcher Leute (7,32), dem tauben und halbstummen Mann die Hand aufzulegen – was gleichbedeutend ist mit der Bitte, ihn gesund zu machen (zur Handauflegung → S. 285) – nimmt Jesus den Kranken beiseite. Was jetzt geschieht, geht nur den Taubstummen an, nicht eine zuschauende Menge. Dann steckt er ihm »die Finger in die Ohren« und berührt seine Zunge mit Speichel. Ursprünglich sind dies Gesten volkstümlicher Krankheitsbesprechungen. Ob diese Gesten im neutestamentlichen Umkreis »jedoch bereits zu Symbolhandlungen aufgeklärt« wurden und deshalb »in den christlichen Taufritus übernommen werden« konnten[2] – oder ob diese Erklärung nicht ihrerseits einer inneren Abwehr von allem, was als »Magie« erscheinen könnte, entspringt, sei dahingestellt. Jedenfalls gilt die gleiche

[1] Vgl. hierzu: *Johannes Schreiber,* Theologie des Vertrauens. Eine redaktionsgeschichtliche Untersuchung des Markusevangeliums. Hamburg 1967.

[2] *Ingo Hermann,* Das Markusevangelium. Düsseldorf 1965, I, 109.

Überlegung, die uns schon anläßlich der Blindenheilung durch Berührung beschäftigt hat: Jesus begegnet dem Mann ohne Distanz und Scheu; er faßt ihn an, berührt die kranken Sinne.

Bekannt ist, daß in antiker Zeit dem Speichel besondere Heilkraft beigemessen wurde, insbesondere bei Augenkrankheiten. Auch Joh 9,6 erzählt davon. Römische Autoren berichten von einem Heilungswunder des Kaisers Vespasian, bei dem dieser ebenfalls Speichel verwendet habe. Aus Palästina sind gleiche Bräuche auch sonst bezeugt. Das Tun Jesu ist somit nicht ungewöhnlich, allenfalls in erstaunlicher Weise den Gepflogenheiten angepaßt – und wohl auch den Erwartungen eines taubstummen Menschen, der ja statt des Wortes primär der zeichenhaften Zuwendung bedarf.

Während Jesus die Ohren und Zunge der Kranken berührt, vollzieht sich die Heilung durch sein Gebet (»er blickte auf zum Himmel«) und durch sein Wort (»öffne dich«): »Und es öffnete sich sein Gehör, und gelöst ward die Fessel seiner Zunge, und er redete richtig.« Erneut ist ein gestörter Mensch zur eigenen Menschwerdung befreit worden.

Vers 36 mit dem Schweigegebot ist in diesem Zusammenhang schwer einzuordnen. Es kennzeichnet die markinische Bearbeitung des älteren Traditionsstoffes. Unter dem Stichwort »markinische Geheimnistheorie« beschäftigt sich seit Wilhelm Wrede die Exegese mit der Interpretation dieser Schweigegebote und aller Unverständnisbekundungen, die ihnen entsprechen. Zur näheren Erläuterung muß hier auf die Fachliteratur verwiesen werden.[1] Weil V. 36 als sekundäre Bearbeitung ohne entscheidenden Stellenwert für die Perikope ist und nur zu Fehldeutungen verleiten würde, hat unser Religionsbuch ihn übergangen.

Die Wirkung des Heilungswunders auf das Volk ist – historisch geurteilt – nicht verständlich, denn wenn wirklich der Vorgang am Ostufer des Sees, also außerhalb des jüdischen Lebensbereichs, stattfand, wäre der kollektive Lobpreis »Gut hat er alles gemacht. Die Tauben macht er hören und die Sprachlosen reden« ohne Voraussetzung. Das läßt darauf schließen, daß die Perikope Bestandteil einer alten Überlieferung war, die bei Markus neu eingeordnet und damit auch uminterpretiert wurde.

C. Die Öffnung der Sinne ist seit der prophetischen Zeit für Judentum und Christentum stets ein wichtiges Anliegen gewesen. Kaum wird die Blindheit des Volkes alleine beklagt, fast immer fügt sich die Klage über die Stumpfheit der übrigen Sinne an. Bei der Bedeutung des Wortes in Israel kommt aber dem Hörenkönnen besondere Bedeutung zu. Karl Kerényi hat dem Stil griechischer religiöser Erfahrung (→ S. 293 f) die andersgeartete Eigenart der Römer entgegengestellt: »Ihre *religio* ist mehr als bloßes Offensein. Sie konnte darum zu einer besonderen Fähigkeit werden, zur vornehmlichen Begabung der Römer nach ihrer eigenen Ansicht, weil sie den vollkommenen Gegensatz zur Taubheit darstellt: eine verfeinerte Gabe des Lauschens und die fortwährende Betätigung dieser Gabe. Keine klare festliche Schau, keine Betätigung einer visuellen oder gar visionären Fähigkeit, kein ekstatisches Prophetentum, sondern eine Hal-

[1] Zum Beispiel: *Rudolf Pesch,* Das Markusevangelium. 1. Teil: Einleitung und Kommentar zu Kapitel 1,1–8,26. Freiburg i. Br. ³1980.

tung, für die es keine näherliegende Bezeichnung gibt als »stetes Hinhorchen und sich danach richten. Das ist religio.«[1]

Die biblische Frömmigkeit ist nicht in demselben Typus zu Hause, aber doch auf der gleichen Seite des Horchens. So bildhaft sie in ihrer Sprache ist, so strikt ist sie gegen die bildliche Schau. Gott begegnet im Wort, wobei für Israel die gesamte Geschichte Wortcharakter hat. Ohne daß »gesprochen« werden muß, erlebt der Jude Gottes Wort in der Geschichte. Deshalb heißen die Ereignisse – alles das, was geschieht – debarim, Worte. Nach diesem Glauben spricht Gott sein Wort in Geburt und Tod, Freude und Leid, Fülle und Not. Doch nicht allein durch die Ereignisse der Geschichte, sondern nicht minder »durch die Propheten hat Gott auf vielerlei Weise zu den Vätern gesprochen« (Hebr 1,1 f). Schließlich »sprach« er durch Jesus, durch dessen Leben und Wirken – mit jener indirekten Zurückhaltung, die niemanden zuzustimmen zwingt, der nicht aus innerer Offenheit hören und verstehen will. Darum hörten nicht alle, die hören konnten, und immer wieder hieß es: »Wer Ohren hat zu hören, der höre« (Mt 11,15) oder – anklagend –: »Mit hörenden Ohren hören sie nicht« (Mt 13,13). Aber auch: »Selig sind eure Ohren, daß sie hören!« (Mt 13,16). Darum haben viele, die Jesus erlebten und hörten, bald wieder vergessen. Nur jenen, denen dieser Mann aus Nazaret inwendig – als »Wort« – begegnet war, blieb diese Erfahrung unvergeßlich. In ihr offenbarte sich Jesus als der Ort, an dem Gott in dieser Welt so unmittelbar erfahren wurde, daß man ihn als *das* Wort Gottes bekennen lernte. Die hiervon Betroffenen glaubten, daß kein weiteres Wort der Geschichte über ihn hinaus komme. Bis heute ist die ecclesia jener Raum, in dem Jesus als *das* Wort Gottes von innen her angenommen und in die Sprache der sich wandelnden Zeiten ausgelegt wird.

D. Eine Auslegung von Mk 7,32–37 im Unterricht sollte stets einen größeren Zusammenhang beachten: Zunächst eine anthropologische Besinnung auf die eigenen Sinne, gemeinsam mit Übungen, wie wir sie weiter hinten vorschlagen. Dann eine Entfaltung des Textes im Kontext der biblischen Tradition (→ A). Was es heißt, »mit geöffneten Ohren nicht zu hören« (Ez 42,18), kann an eigenen Erfahrungen der Kinder und zugleich an erzählten Geschichten (→ S. 313 ff) aufgezeigt werden.

Relindis Agethen, Die Heilung des Taubstummen S. 36–37

A. Das Bild wurde mit Pastell auf Holz gemalt und hat eine Originalgröße von 187,5 x 149 cm.

B. Angesichts der figurenreichen komplexen Komposition der »Blindenheilung« erscheint dieses Bild auf den ersten Blick überschaubarer. Es zeigt insgesamt sieben Personen und zwei Tiere vor dem Hintergrund einer winterlichen Landschaft. In der rechten Bildhälfte dominiert die Christusgestalt; ihr gegenüber ein »Turm« von Jungen, die in je unterschiedlicher Weise nicht hören können. Eine Sonderrolle spielt der alle überragende Narr. Auf die Seite Christi gerückt ist das einzige Mädchen des Bildes. Oberhalb des Christuskopfes, fast in

[1] *Karl Kerenyi,* a.a.O., 120.

der Mitte des Bildes, sehen wir eine seltsam verschlüsselte Darstellung, die der Harlekin in seiner linken Hand hält.

Die Christusgestalt, auch hier im Typ der romanischen Zillis-Darstellung, deutet mit der Linken auf einen Jungen, während die rechte Hand, wie überall auf den Agethen-Bildern, eine Schriftrolle hält. Daß hier ausnahmsweise die linke Hand die bezeichnende und heilende Geste macht, ist kompositorisch bedingt und ohne sonstige Bedeutung. Der Junge, dem sie gilt, ist taubstumm. Er hat auch die Augen geschlossen. Alles, was ihn jetzt noch mit der Welt verbindet, ist sein Tastsinn. Darum liegt seine offene Hand auf der Membran einer Trommel. Deren Klang kann er nicht hören, aber er spürt die Vibration des Trommelfells. Mit seinen Fingerspitzen erfühlt er hart und behutsam die Schwingungen des Tons. Was andere nebenher hören, muß er mit aller inneren Sammlung, zu der er fähig ist, mittels seiner Hand wahrnehmen. Nicht als Stimme und Klang, sondern als physikalisches Phänomen, das ihm die Ursache, nicht die Erscheinung zeigt. So bleibt er trotz seiner Gesammeltheit letztlich ausgeschlossen von der Welt der Sprache, der Musik, der Geräusche. In seinem Leben ist es immer still. Wenn er sich darauf einläßt, wie sein Gesichtsausdruck zu zeigen scheint, dann hört er dennoch und wahrscheinlich mehr, als die im Lärm ertrinkenden, abgestumpften Menschen seiner Umwelt. (Aus ihrer Erfahrung der Stille-Übungen wissen unsere Kinder hier einiges beizutragen.) Obwohl dieses Bild »Die Heilung des Taubstummen« heißt, deutet Jesus gerade auf den Jungen, der offensichtlich tief in seine schweigende Welt versunken ist, also gerade Gehör wie Sprache *nicht* empfängt. Wird hier das Wunder aufgehoben? Oder welche Paradoxie tritt ins Bild? Nein, nichts wird negiert. Der Christus dieses Bildes ist der Christus aller. Gewiß empfangen weder der Junge mit der Trommel noch das Mädchen mit dem Hörgerät ihr Gehör zurück, und doch zeigt unser Bild sie in einem Frieden, der sie als Menschen heil sein läßt: offen, sensibel, »hörfähig« in einem tieferen Sinn.

Ganz anders erscheint der Junge mit der Schleuder um den Hals. Sein Gerät (aus einer Astgabel mit Gummizug, in den man kleine Geschosse einlegt) ist ein kämpferisches Kinderspielzeug, mit dem man auch verwunden oder Sachen zerstören kann. Der zusammengebissene Mund des Jungen zeigt Trotz an: *er will nicht hören* – ist taub auf beiden Ohren für bessere Erkenntnis und Weisung, und in seiner »Verbissenheit« zugleich stumm für andere.

Unten links sehen wir einen anderen Jungen, dessen Gesichtsausdruck von geistiger Schwäche zeugt, vielleicht, weil er von klein auf nicht hat hören können. So hört und versteht er auch heute nichts und ist ganz menschlicher Fürsorge anvertraut. Hat er etwas mit dem Papagei vor ihm zu tun, oder wie sollen wir den Papagei deuten? Ein Papagei bildet nach, was ihm vorgesagt wird, aber so oft es auch geschieht, wird es doch kein eigenes Wort, das jemanden anredet, sondern bleibt Imitation, durch die nichts sich erschließt. Das Stammeln eines geistesschwachen tauben Kindes mag da ähnlich klingen, doch bleibt der Unterschied, daß dieser arme Junge für Zuwendung und Liebe um so empfänglicher ist und mit seinen Augen und seiner Hand auch antwortet, wie je nur ein armer Mensch antworten kann.

Neben ihm sehen wir einen Leidensgefährten. Er hat sich Kopfhörer aufgesetzt und lauscht mit geschlossenen Augen, ob er etwas vernehmen kann. Hört er wohl Musik oder nur Geräusche? oder nichts von beiden?

Auch das Mädchen zu Füßen Jesu kann kaum hören. Es trägt ein Hörgerät im Ohr, damit es noch ein wenig von dem aufnehmen kann, was ringsum geschieht. Aber es ist ganz gesammelt und ruhig. Vielleicht wird es auf dem weiteren Lebensweg völlig in dies lautlose Schweigen einsinken; ob es sich dann der tröstenden und heilenden Hand erinnert? Und der Hund davor? Hat das Mädchen mit ihm etwas zu tun? Erinnert er an das »Hören-und-doch-nicht-verstehen« aller Kreatur? Verweist sein Geheul auf die Sprachlosigkeit der Kreatur, die auf diesem Bild so viele Kranke mit dem Tier teilen? Wir werden aber auch an die Schelte von Jesaja 56,10 erinnert, in der »des Volkes Wächter« allesamt »stumme Hunde« genannt werden, weil sie »nichts merken«, »nicht bellen können« und nur herumliegen und schlafen. Wer soll sich durch den Hund wecken und mahnen lassen?

Eine hintergründige Bedeutung hat der Harlekin. Er fehlt auf keinem Agethen-Bild des Jesus-Kapitels. Hier sehen wir ihn mit zugenähtem Mund; die Nadel steckt noch neben dem rechten Mundwinkel. Er trägt seine Narrenkappe mit ausgestellten Eselsohren. In seiner rechten Hand hält er einen überdimensionalen Ohrwurm, in seiner linken aber ein Papier mit einem rätselhaften Bild. Es ist dies ein Zitat aus »Der Garten der Lüste« von Hieronymus Bosch (1453–1516). Dort sehen wir auf dem rechten Flügel dieses Triptychons ein ungeheuerliches Gefährt aus zwei Riesenohren, von einer Pfeilspitze durchbohrt und mit einem spitzen, scharfen Messer dazwischen. Eine Menge nackter, hilfloser Menschen wird unter diesem Ohrengespann begraben. Eine dunkle Gestalt mit dem Speer in der Hand sitzt in der Ohrmuschel und scheint einen der am Boden liegenden Menschen zu sich hinaufzuziehen . . . »Trotz unablässiger Mühe der Bosch-Forscher, diese Sprache der Anzeichen zu lesen, ist es bei Einzelheiten geblieben. Das Bild als Ganzes spricht desto entschiedener auch weiterhin in Rätseln. Soll man erfreut sein, oder hat nicht, wer solche Bilder malt, mit Willen eine unauflösliche Sprache? Uns zum mindesten liegt daran, auch das Unaufgelöste in seiner optischen Eigenheit zu erkennen und zu beschreiben . . . Die eine Voraussetzung indessen muß man machen: daß der veränderliche und ungewisse Zustand der Welt überall in diesem Bild enthalten, wenigstens angedeutet ist.«[1]

Relindis Agethen hat von Bosch nur dieses eine Motiv entlehnt. Die obige Feststellung von Carl Linfers gilt auch hierfür. Nirgendwo wird gesagt, was diese beiden Riesenohren bedeuten sollen. Wie hat die Künstlerin sie verstanden? In die Ohrmuschel hat sie – winzig klein und vielleicht in der Reproduktion nicht mehr erkennbar – einen Affen gesetzt. »Für mich sind es die Ohren, die dem Gerücht offen stehen. Daß Gerüchte verletzten oder vernichten, kommt durch das Messer, aber auch durch die unter dem Ohr erdrückten Menschen zum Ausdruck.« Der Affe im Ohr (analog: »Floh im Ohr«) schließt die Vorstellung ein, den Menschen, von dem die Rede ging, verzerrt und degradiert zu haben. (Oder: daß jemand, der Gerüchten sein Ohr leiht, ein solches Tier in sich trägt?) In jedem Fall sind es Ohren ohne Kopf. Statt dessen sitzen sie zu beiden Seiten eines Messers, erfahren aber auch selbst eine Verwundung – mit dem durchbohrenden Pfeil angedeutet – durch das, was in sie eindringt.

[1] *Carl Linfert,* Hieronymus Bosch. Köln 1970, 104.

Der Harlekin also zeigt mit erhobener Hand dieses Zitat von Hieronymus Bosch. Was soll der Ohrwurm in der anderen? Die zoologischen Fachbücher beteuern, daß er nichts Reales mit dem Ohr zu tun habe: dieser Gliederfüßler krabble weder in Ohren, noch durchbohre er sie. Der Namensanalogie wegen hält ihn der Narr aber in seiner Rechten. Paßt auf, sagt er, daß euch niemand einen Ohrwurm imputiert, oder auch: daß *ihr* niemandem einen Ohrwurm einsetzt. Da steht Ohrwurm für jede unruhige, verletzende, zerstörende Idee. Das Bild mit dem Bosch-Zitat in seiner Linken zeigt, was die Folge sein könnte.

Jetzt verstehen wir auch, warum der Harlekin seinen Mund zugenäht hat. Es soll kein unrechtes, kein tötendes Wort über seine Lippen kommen. Was die Folge falscher Geschwätzigkeit ist, zeigt er mit beiden erhobenen Armen gewissermaßen als die Kehrseite des Hören- und Sprechenkönnens: ihren Mißbrauch durch Zügellosigkeit.

Die ganze Szene spielt sich ab vor einer schweigenden winterlichen Waldlandschaft. Leichte Schneeflocken fallen über die linke Bildhälfte. Dort aber, wo die Hand Christi deutet, ist der Schnee geschmolzen, darunter taut und bricht das Eis, und Schneeglöckchen als die ersten Frühlingsboten stehen in Blüte.

C. »Die Heilung des Taubstummen« von Relindis Agethen ist ein stilles, poetisches Bild, dem jede äußere Dramatik fehlt. Während auf der »Blindenheilung« die Schüler noch viele Motive wiederfinden konnten, die sie vom Vorjahr her kennen und die ihnen das Einsehen in das Bild erleichtern, begegnen ihnen hier solche schon erarbeiteten Motive nicht. Am meisten für sie verschlüsselt dürfte der Narr sein mit »Ohrwurm« und Bosch-Zitat. Es ist gut, daß diese Bilder alle irgendwo eine Verrätselung erfahren, die sich gegen eine nur rationale Auflösung sträubt. Hier kommt es darauf an, bevor man Interpretationen wagt, das noch Unaufgelöste in seiner dinghaften Erscheinung möglichst genau zu erkennen und zu beschreiben. Schon dieser Vorgang wird nicht ohne Gewinn bleiben. Soweit mit Hilfe des Lehrers darüber hinaus eine weitergehende Deutung möglich ist, soll sie unternommen werden. Es ist aber nicht bedenklich, wenn einzelne Bildaussagen ihr Geheimnis nicht – oder noch nicht – preisgeben. Das läßt diese Bilder zugleich in einer Spannung, die das spätere Zurückkommen erleichtert und oft lohnend macht.

Zu fragen bleibt noch, welcher Art denn das Wunder ist, von dem dieses Bild erzählt. Es wird ja nicht äußerlich erkennbar, daß eins der taubstummen Kinder eine Heilung erfährt. Damit ist zugleich aber auch einer Erfahrung entsprochen, die den Christusglauben und die heutige Welt zusammenbringt. Dieses Bild ist nicht historisierend. Die jungen Menschen, die hier Jesus umgeben, sind Zeitgenossen. Solchen Gesichtern begegnen unsere Kinder in sämtlichen Pausen unter ihren wenig älteren Mitschülern. Inwieweit sie alle in ihren Schwächen und Gebrechen Hilfe durch den heilenden Christus finden – also auch das eigentliche Wunder des Heilwerdens hier erfahren können, das ist die tiefere Dimension und zugleich die didaktische Wegweisung des Bildes.

D. Das nachfolgende Protokoll gibt, wie auch die folgenden, eine *ungelenkte* Unterrichtssituation wieder. Die Schüler einer zweiten Klasse haben sich ohne Impuls und Hilfe der Lehrerin mit dem Bild beschäftigt. Die Aufzeichnung zeigt, wie weit sie damit kamen. Die voraufstehende Interpretation (→ B) macht dem Lehrer zugleich deutlich, welche Vertiefung mit seiner Hilfe weiterführend *erarbeitet* werden kann. Im übrigen gelten die methodischen Hinweise von S. 277 ff auch hier. Die anthropologischen Erfahrungen, die sich unten anschließen, sollten dem Unterricht insgesamt nicht fehlen.

> Der geschminkte Mann hat einen Ohrenzwicker in der Hand.
> In der anderen Hand hat er zwei Ohren und so 'ne Feder.
> Daneben ist was Rundes, das sieht aus, wie wenn Blumen drin wären.
> Die Ohren hält er hoch, damit er besser hören kann.
> Ich glaub, der in dem roten Kleid ist der Jesus.
> Der sieht so anders aus, und er hat was in der Hand.
> Der Geschminkte hält die Ohren hoch, damit er den Jesus besser hören kann.
> Da unten hat einer einen Kopfhörer auf. Der hört gar nicht auf die anderen, der hört nur auf den komischen Scheiß da.
> Der konzentriert sich ganz auf die Musik und hört nichts anderes.
> Der hört auch nicht auf den Jesus.
> Daneben ist ein Mädchen mit einem Hund.
> Das Mädchen hat was in den Ohren, ich glaube, ein Hörgerät.
> Das Mädchen ist taub oder krank.
> Aber es hat ja einen Hund.
> Der Hund bellt, aber das Mädchen kann ihn ja nicht hören.
> Ich denke mir, das Mädchen hat den Hund, der Junge hat die Kopfhörermusik. Jeder hat was, aber doch ist da ein Unterschied. Das Mädchen würde für den Hund sein Leben geben, es mag den Hund ganz arg. Der Junge hat nur die Musik, und das ist nichts echt Wichtiges.
> Ich sehe drei Teile auf dem Bild: die Seite, wo Schnee kommt; in der Mitte, wo Wasser ist und Blumen sind und wo es hell wird; und einen dunkleren Teil.
> Ich hätte lieber ein lebendiges Tier als so einen Schrotthörer.
> Eigentlich kann der Junge auch hören, aber vor lauter Musik kann er doch nicht mehr hören; Gott kann er nicht mehr hören. Und Jesus auch nicht. Der hört ja nur Schlager.
> Der Junge kann Gott nicht hören, der hört ja nicht auf sein Herz; der ist nur mit dem Kopfhörer beschäftigt, und der ist laut.
> Der Junge mit dem Papagei guckt so traurig, wie wenn er keinen Freund hätte.
> Vielleicht wollen sie alle gar nicht zuhören.
> Der eine Junge hat eine Steinschleuder. Der überlegt etwas.
> Der denkt was Böses; der denkt, was er jetzt machen könnte.
> Der hat nur Streiche im Kopf.
> Sein Gesicht sieht so hart aus, wie aus Stein.
> Der Junge mit der Steinschleuder ist böse auf die anderen, weil die was zum Liebhaben haben: den Hund und den Papagei und das Tambourin.
> Der Junge mit dem Tabourin guckt aber traurig; der ist nicht zufrieden. Vielleicht ist er blind und schwerhörig.
> Die beiden Jungen sind nicht glücklich. Der eine hat nur sein Tambourin und merkt sonst nichts, und der andere bläst seine Backen auf und ist böse auf jemand. Er sieht aus, als ob er den anderen etwas tun möchte.
> Bei dem Geschmückten da oben meint man, der hat 'ne Nadel und Fäden im Gesicht.
> Der Mund ist zugenäht. Der kann gar nicht schwätzen.
> Vielleicht hat er immer dummes Zeug geschwätzt; dann hat man ihm den Mund zugenäht.
> Da ist Winter auf dem Bild und ganz viel Kälte.
> Da wo Jesus steht, schneit's nicht.

Da sind böse Sachen und gute auf dem Bild.
Die einen sehen so traurig aus, nur der Jesus sieht froh aus.
Der Jesus zeigt auf die Augen des Jungen.
Er sagt: Du brauchst nicht traurig zu sein; ich helfe dir.
Jesus bringt Gutes und Freude mit.
Er will helfen, aber ich glaube nicht, daß alle sich helfen lassen wollen.
Obwohl so viele auf dem Bild sind, ist jeder für sich.
Keiner hört auf den anderen.
Der Traurige mit dem Tambourin müßte wieder hören lernen.
Der müßte Schönes hören lernen: wie der Wind rauscht und wie die Vögel singen.
Das müßte man dem sagen, daß es noch Schönes zu hören gibt.

Eva-Maria Bauer

Anthropologie des Hörens

A. Bevor wir vom Hören sprechen, sollten wir über die Stille und das Schweigen nachdenken. Wir tun es mit Zitaten aus dem Buch von Max Picard, Die Welt des Schweigens.[1] Diese ungewöhnlichen Meditationen fordern allerdings auch den ungewöhnlichen Leser. Wer über Hören und Taubstummheit zu Kindern sprechen will, sollte sich der vorangehenden Besinnung im eigenen Stillewerden stellen.

Das Schweigen besteht nicht nur darin, daß der Mensch aufhört zu reden. Das Schweigen ist mehr als bloß ein Verzicht auf das Wort.

Wo das Wort aufhört, fängt zwar das Schweigen an. Aber es fängt nicht an, *weil* das Wort aufhört. Es wird nur dann deutlich. Das Wort verkümmert, wenn es den Zusammenhang mit dem Schweigen verloren hat.

Das Schweigen ist heute das einzige Phänomen, das »ohne Nutzen« ist . . . Selbst der Raum zwischen Himmel und Erde ist nur noch wie ein heller Schacht, der dazu dient, daß die Flugzeuge durch ihn fahren. Das Wasser und das Feuer, die Elemente, sind hineingeholt in die Welt des Nutzens, sie werden nur bemerkt, insofern sie Teile dieser Welt des Nutzens sind, sie haben kein Dasein mehr für sich.

Das Schweigen aber steht außerhalb der Welt des Nutzens, man kann nichts mit ihm anfangen, es kommt im wahren Sinne des Wortes nichts heraus beim Schweigen, es ist »unproduktiv«, darum gilt es nicht. Und doch geht mehr Helfendes und Heilendes vom Schweigen aus als von allem, was nutzbar ist . . .

Es macht die Dinge wieder ganz.

Der Mensch lebt in der Mitte zwischen der Welt des Schweigens, aus der er kommt, und der Welt des anderen Schweigens, in die er geht, in die des Todes.

Wenn das Wort nicht mehr mit dem Schweigen verbunden ist, kann es sich nicht mehr regenerieren.

Das Wort hängt also wesentlich mit dem Schweigen zusammen. Das Wort, das aus dem Schweigen entsteht, ist legitimiert.

Das Schweigen ist für das Wort wie ein Netz, das unter dem Seiltänzer gespannt ist.

Schweigen ist heute keine Welt mehr für sich, es ist nur der Ort, in den hinein der Lärm noch nicht gedrungen ist.

[1] *Max Picard,* Die Welt des Schweigens. (Zürich 1949), Frankfurt a. M. 1959.

Das Schweigen ist die Mitte des Menschen. Die Bewegung geht nicht unmittelbar von einem Menschen zum anderen, sondern vom Schweigen des einen Menschen zum Schweigen des anderen.

Ein Mensch, der noch schweigende Substanz in sich hat, braucht nicht immer auf sein Inneres aufzupassen, er braucht nicht alles mit Hilfe des Willens zu ordnen, vieles wird von selbst durch die Macht der schweigenden Substanz geordnet, die das einander Entgegengesetzte dämpft. Ein solcher Mensch kann Eigenschaften haben, die nicht zueinander passen, ohne daß es zu einer Krise kommt – das einander Entgegengesetzte hat genug Raum in der schweigenden Substanz.

Es ist nicht gleichgültig, daß jeden Augenblick sich vor den Menschen immer neue Dinge stellen; denn der Mensch muß sich zu ihnen in Beziehung setzen, zu jedem Objekt muß der Mensch einen Eros, einen Affekt haben, damit er auf das Objekt antworten kann – und er muß antworten auf das Objekt, das vor ihm ist, das gehört zum Wesen des Menschen. Wenn zu viele Objekte sich vor ihn drängen, wenn in ihm die schweigende Substanz fehlt, in der ein Teil verschwinden kann, dann reicht sein Eros, dann reichen die Affekte nicht aus, um den Objekten zu begegnen. Die Objekte liegen drohend und unbeheimatet vor dem Menschen herum. Die Rettung des Menschen aber vor dem Ansturm der Objekte besteht, im Gegensatz zur Psychoanalyse und zur Tiefenpsychologie, darin, den Menschen wieder zur Welt des Schweigens in Beziehung zu bringen, in der die vielen Objekte von selbst geordnet werden.

Hat das Wort nicht mehr die Kraft des Ursprünglichen, so wird es purer Laut, der das Objekt nur auf der Oberfläche zu berühren vermag; er etikettiert das Ding bloß.

Die Dinge selbst wenden sich weg vom Menschen. Die alten Götterfiguren im Saal eines Museums zum Beispiel – wie eine Verschwörung stehen sie manchmal da, sie verweigern sich, sie sagen dem Menschen nichts mehr, im wahren Sinne des Wortes: sie sagen ihm nichts mehr, sie stehen miteinander da wie eine weiße Wand.

Das Bild ist sprechendes Schweigen.

Das Bild erinnert den Menschen an das Dasein *vor* dem Wort, deshalb bewegt ihn das Bild so sehr.

Der Mensch wird verwirrt und nervös, weil die Bilder, deren Wesen es ist, Ruhe zu erzeugen, ihm die Unruhe bringen.

Das bildhafte Wort ist weniger expansiv als das abstrakte Wort.

Das Wort weiß, das Bild ahnt.

Auch die Träume sind Bilder, die mit Schweigen angefüllt sind.

In der Liebe ist mehr Schweigen als Wort.

Im Winter ist das Schweigen als etwas Sichtbares da: der Schnee ist das Schweigen, das sichtbar gewordene Schweigen.

Es gibt heute den schweigenden Menschen nicht mehr, es gibt nicht einmal mehr den Unterschied zwischen dem Redenden und dem Schweigenden, nur noch den zwischen Redendem und Nicht-Redendem. Und weil es den Schweigenden nicht mehr gibt, so gibt es auch nicht mehr den Zuhörenden, der Mensch kann heute nicht mehr zuhören, und weil er nicht mehr zuhören kann, so kann er auch nicht mehr erzählen, denn Zuhören und Erzählen gehören zueinander, sie sind eine Einheit.

»Rede, daß ich dich sehe!« sprach Sokrates.

B. Hören ist ein Fernsinn, jedoch von einer anderen Art als das Sehen. Sehend erblicken wir auch ferne Dinge, über Grenzen oder Abstände hinweg, die sie unerreichbar machen. Im Hören fällt das Moment des Abstands fort. Ob etwas von nah oder weither kommt, als Rascheln, Rattern, Läuten, Knallen, als Musik, Gesang oder Sprechen – Ton dringt ein, ohne Abstand. Die ferne – oder auch nahe – Ursache bleibt nicht fern: was dort entsteht, ich höre es *in* mir, es kann mich erfreuen, stören oder quälen, aus einer herüberlangenden Ferne oder auch schmerzenden Nähe – Töne dringen ein. »›Ich sehe etwas‹ und ›Ich höre etwas‹ macht gnostisch keinen Unterschied, verdeckt aber die Art und Weise des Erlebens und bringt sie auf gleiche Niveaus. Dieselbe Nivellierung kann man übrigens mit der Ausschaltung der Wahrnehmungen erreichen: Ich kann die Augen schließen, mir die Nase und die Ohren zuhalten – und, in gewissen Grenzen, Berührungen vermeiden. Trotzdem ist es merkwürdig, daß das menschliche Ohr sich selber nicht schließen kann wie das Auge.«[1]

Johann Gottfried Herder hat das Gehör den mittleren der menschlichen Sinne genannt. »Die eigentliche Tür zur Seele und das Verbindungsband der übrigen Sinne . . . Das Gefühl empfindet alles nur in sich, und in seinem Organe; das Gesicht wirft uns große Strecken weit aus uns hinaus; das Gehör steht an Graden der Mittheilbarkeit in der Mitte. Was das für die Sprache thut? – Setzet ein Geschöpf, selbst ein vernünftiges Geschöpft, dem das Gefühl Hauptsinn wäre: wie klein ist seine Welt! Und da es diese nicht durchs Gehör empfindet, so wird es sich vielleicht, wie das Insekt, ein Gewebe, aber nicht durch Töne eine Sprache bauen! Wiederum ein Geschöpf, ganz Auge: wie unerschöpflich ist die Welt seiner Beschauungen! Wie unermeßlich weit wird es aus sich geworfen . . . Wir hörenden Geschöpfe stehen in der Mitte . . .«[2]

C. Im volkstümlichen Denken, in Sprichwörtern und Redensarten, spielt das Ohr eine größere Rolle als das Auge. Wir stellen hier eine Reihe solcher bildlichen Redensarten vor, die man mit Kindern gut erarbeiten kann. Dies kann auch fächerübergreifend geschehen. Der Gewinn solchen Bemühens ist einerseits eine Einübung in metaphorisches Sprechen (→ S. 499 ff); andererseits Sensibilisierung für das Bedeutungsfeld Ohr und Hören, schließlich eine Fundierung für die Bildsprache Relindis Agethens in »Die Heilung des Taubstummen«.

Die Ohren spitzen: genau auf etwas horchen, achtgeben.

Die Ohren steif halten: eine Redensart, die von der Tierbeobachtung auf den Menschen übertragen wurde: Pferd, Hund, Hase . . . richten ihre Ohren spitz in die Höhe, wenn sie besonders genau lauschen, darum geht die Bedeutung auf »wachsam sein«.

Dünne Ohren haben: ein feines Gehör haben. Das Gegenteil hiervon: *dicke (harte) Ohren haben,* das heißt, nicht hören wollen. Verwandt damit ist: *auf den Ohren sitzen;* die saloppe neuere Version: *Bohnen in den Ohren haben.*

Etwas zum einen Ohr herein-, zum anderen hinauslassen: sogleich wieder vergessen, was einem soeben gesagt worden ist. Schon im Artusroman des Wirnt von Grafenberg heißt es: »er lât ez durch diu ôren gar/zem einen în, zem andern ûz.« Verwandt hiermit: *Die Ohren auf Durchfahrt (Durchzug) stellen.*

[1] *Helmuth Plessner,* Philosophische Anthropologie (Anthropologie der Sinne). Frankfurt a. M. 1970, 209.

[2] *Johann Gottlieb Herder,* Sämtliche Werke, 2. Theil. 1827, 73; zit.n. Plessner, a.a.O., 211.

Tauben Ohren predigen: vergeblich mahnen. Die ältere Version war: *tauben Ohren singen.* Schon bei Ovid: ad surdas aures canere, bei Horaz: surdo asello narrare fabulam: einem tauben Esel eine Geschichte erzählen.

Einem die Ohren kitzeln: ihm Schmeicheleien sagen, ihm schön tun, (auch: ihm unter die Augen sehen). Obersächsisch: *Einem das Ohr pinseln.*

Einem in die Ohren blasen: Redensart für Schmeicheleien, mit denen man jemandem beständig »in den Ohren liegt«. *Jemandem mit etwas die Ohren vollblasen,* ähnlich wie jemandem in den Ohren liegen, ihm unaufhörlich etwas einreden wollen.

Die Ohren jucken einem: wenn man neugierig ist,; so schon bei Luther: »Es jucken inen die Ohren so fast und sind so lüstern zu hören.«

Ein offenes Ohr finden: bereite Aufmerksamkeit, Entgegenkommen bei jemandem finden. *Ganz Ohr sein:* sehr aufmerksam zuhören.

Einen kleinen Mann im Ohr haben: verrückt sein, das heißt, durch fremden Einfluß, der aus der eigenen Mitte ver-rückt, bestimmt werden.[1]

D. *Spiele und Übungen zum Hören-lernen*

Ich kann hören. Ein biblisches Spiel*

Wir entdecken: Wenn wir stille sind,
hören wir auch leise Dinge

L zeigt eine Spieldose und läßt sie erklingen.
Er macht die Kinder darauf aufmerksam, wie still sie jetzt geworden sind und wie man in der Stille die feinen, harten Töne doch gut vernehmen kann.

Wir entdecken: Wir können auch die Stille hören

L fordert die Kinder auf, sich ganz still zu verhalten, auf die Stille zu achten, zu spüren, wie man selbst innerlich ruhig wird, wenn man auf die Stille hört.

Wir entdecken: In der Stille beginnen stumme Dinge uns anzusprechen

L stellt eine große, nur mit Wasser gefüllte Blumenvase in die Mitte.
Er fordert die Kinder auf, in Ruhe und Sammlung auf die Vase hinzusehen und hinzuhören.
Die leere Vase spricht uns an.
Sie ruft uns zu etwas auf.
Wer hört wohl ihren Anruf?
K Fülle uns mit Blumen, Zweigen!
L läßt Kinder die leere Vase mit bereitgestellten Zweigen füllen.
L zeigt am Beispiel des Märchens »Frau Holle«: Auch die Dinge haben eine Sprache. Sie sagen uns etwas. Sie rufen uns zu etwas auf, geben uns einen Auftrag. Wer nur aufmerksam hinschaut, hinhört, versteht die Sprache der Dinge.
So läßt das Märchen die Äpfel am Apfelbaum sprechen:

[1] Nach *Lutz Röhrich,* Lexikon der sprichwörtlichen Redensarten. Freiburg/Basel/Wien 1973, II, 696 ff.
* *Franz Kett,* a.a.O., 68–75.

K Runde, rote, süße, reife,
zuckersüße Äpfel rufen:
Ach vom Baum, ach nimm uns ab!
In den Korb da leg uns rein!
Reif sind wir und saftig, fein.

L Auch die Brote im Ofen haben ihre Sprache:

K Im Ofenbauch, im Ofenbauch,
da liegen sie, da liegen sie,
die runden, braunen Wecken,
sie sind voll Angst und Schrecken.
Jetzt rufen sie, jetzt rufen sie:
Hol uns heraus, hol uns heraus,
wir sind ganz durchgebacken,
wir können nicht mehr warten.

L macht deutlich, daß man die Sprache der Dinge hören (Goldmarie) und überhören kann (Pechmarie).

In einer Geschichte erleben, wie ein Mensch den Anruf Gottes hört und auf ihn eingeht (1 Sam 3,1–17)

Die Samuelgeschichte wird im Sinne narrativer Theologie anschaulich dargestellt. Der Erzähler bedient sich dabei zweier Knotenpuppen, von denen eine Samuel, die andere Eli darstellt. Die dritte Person der Geschichte, Gott, wird aus der Betroffenheit Samuels, seinem Handeln erfahrbar.

Erzählskizze: Samuel wird vorgestellt:

L In unserer Geschichte gibt es hier diesen (gelbe Knotenpuppe wird gezeigt).
Wir müssen ihm ein Gesicht verleihen, eine Kennkarte ausstellen, damit wir wissen, wer er ist.
Er heißt Samuel. Er ist ein Junge von vielleicht 12 Jahren. Auf die Frage: Wo wohnst du? sagt er – ihr werdet vielleicht lachen –: in der Kirche, im Gotteshaus, im Tempel.
Sonderbar! Stellt euch vor, ihr würdet in der Kirche wohnen, hier in unserer Kirche. Vor dem Altar, vor dem Tabernakel stünde euer Bett.
Ja, Samuel wohnte im Tempel. Er war noch klein, als ihn seine Mutter in den Tempel brachte. Samuel sollte im Tempel leben. Er sollte für Gott da sein und ihm dienen. Er sollte den Priestern helfen. Er sollte ihnen beim Gottesdienst zur Hand gehen. So ähnlich, wie es unsere Meßdiener tun.
So sollte auch Samuel tun und noch viel mehr und jeden Tag. So diente Samuel im Tempel. Er wohnte im Tempel.
Ja, er schlief vor dem Allerheiligsten der Israeliten. Vor der Bundeslade schlief Samuel.
Samuel lebte sehr gerne im Tempel.
Er interessierte sich nämlich sehr für Gott und für alles, was mit Gott oder womit Gott zu tun hat;
daß Frieden unter den Menschen herrschte,
daß Recht und Gerechtigkeit etwas galten,
daß die Menschen einander halfen und sich gegenseitig die Treue hielten.
Das alles lag Samuel sehr am Herzen.
Man kann sagen: Samuel hatte Gott in sein Herz geschlossen.
Was man in sein Herz geschlossen hat, läßt man nicht einfach aus den Augen.

So schlief Samuel im Tempel.
Er schlief vor der Bundeslade, dem Zeichen Gottes unter den Menschen.

Eli wird vorgestellt:

L In unserer Geschichte spielt noch jemand mit (rote Knotenpuppe wird gezeigt).
Es ist Eli.
Eli ist Priester in dem Tempel, in dem Samuel dient.
Eli hat die Aufgabe, den Gottesdienst im Tempel zu feiern. Er hat aber auch die Aufgabe, für all das zu sorgen, was die Sache Gottes ist.
Eli hat sich darum zu kümmern, daß Recht und Gerechtigkeit im Volke Israel herrschen.
Eli ist ein Richter.
Er hat dafür zu sorgen, daß die Menschen miteinander auskommen; daß jeder seine Arbeit, sein Auskommen hat, satt wird; daß die Menschen Frieden untereinander halten; daß Liebe und Treue etwas unter ihnen gelten.
Eli ist so etwas wie ein König im Volke Israel.
Man nennt ihn einen Hohenpriester.
Von Eli heißt es nun in unserer Geschichte: Er sei sehr alt gewesen.
Wenn man alt ist, ist man oft sehr erfahren, weise und gütig.
Von Eli aber heißt es: Er hatte keine Kraft mehr. Er hatte keine Kraft mehr, dafür zu sorgen, daß Friede, Gerechtigkeit, Treue, Liebe, die Dinge, die etwas mit Gott zu tun haben, im Volke herrschten.
Dieser Eli hatte zwei Söhne. Die beiden Söhne waren auch Priester im Tempel. Doch diese Söhne hatten – stellt euch vor – nicht Gott in ihr Herz geschlossen, sondern ihren Geldbeutel und ihren eigenen Bauch. Sie dachten nicht an Gott. Er war ihnen gleichgültig geworden. Sie dachten nur an sich.
Wenn da Menschen in den Tempel kamen und ihre Opfergaben brachten
– heute wirft man Geld in den Klingelbeutel; die Ministranten bringen Brot und Wein an den Altar; damals brachten die Menschen junge Stiere, Lämmer, und wer arm war, junge Tauben als Opfergaben in den Tempel –
ja, wenn die Menschen mit ihren Opfergaben in den Tempel kamen, dann nahmen sich die Elisöhne von den Gaben die schönsten Stücke weg – für sich.
Und wenn die Leute sagten, das dürft ihr nicht tun, das bringen wir unserem Gott, das gehört ihm ganz allein, lachten die Elisöhne nur und riefen:
Wer schafft hier im Tempel an, ihr oder wir?
Und so taten sie, was sie wollten.
Gott war für sie gestorben und mit ihm das Recht, die Gerechtigkeit, die Liebe, die Treue, der Friede.
Ihnen lag nicht Gott am Herzen, sondern ihre Macht und ihr eigener Bauch.

Samuel hört auf den Ruf Gottes – Dialog zwischen Samuel und Eli

Samuel wußte um das Unrecht im Tempel. Er war traurig darüber, daß statt Friede Gewalt herrschte, statt Liebe Haß, daß man mit Füßen trat, was Gott heilig war.
Daß Gott beleidigt wurde mitten in seinem Heiligtum, das ließ Samuel nicht zur Ruhe kommen, das verfolgte ihn in seinen Träumen, das raubte ihm den Schlaf.
Eines Nachts – Samuel hatte sich zur Ruhe gelegt, vor der Bundeslade hatte er sich zur Ruhe gelegt –, in der Stille der Nacht ist es Samuel, als ob ihn einer rufe.
Und Samuel hört, steht auf, geht zu seinem Herrn, dem Hohenpriester Eli und spricht:
Hier bin ich Herr!
Du hast mich gerufen!
Rede, was willst du von mir?

Eli ist verwundert.
Er soll Samuel gerufen haben?
Eli schüttelt den Kopf und sagt:
Du träumst, Samuel.
Ich habe dich nicht gerufen.
Geh und leg dich wieder schlafen!
Samuel gehorcht. Er legt sich nieder. In der Stille der Nacht liegt er. Er hört. Er hört eine Stimme. Es wird Eli sein.
Samuel erhebt sich.
Eli hat gerufen. Er muß zu Eli gehen.
Hier bin ich Herr, spricht Samuel.
Rede, was willst du von mir?
Eli ist ungnädig. Zum zweiten Male wurde er mitten in der Nacht gestört.
Laß mich in Frieden, sagte er zu Samuel.
Lege dich nieder! Schlafe!
Samuel tut, was ihm befohlen. Aber es währt nicht lange. Die Stimme ist unüberhörbar.
Samuel tut, was er tun muß. Er steht auf und geht zu Eli.
Hier bin ich, Eli.
Sprich, was willst du von mir?
Eli ist nun sehr verwundert. Er denkt:
Wer wird es wohl sein, der Samuel mitten in der Nacht dreimal beim Namen ruft?
Der Priester spricht:
Vielleicht ist es Gott, der dich ruft, Samuel.
Leg dich nieder.
Wenn du aber wieder die Stimme vernimmst, sprich:
Rede, Herr und Gott, dein Diener Samuel hört.
Samuel gehorcht.
Er legt sich nieder. Vor der Bundeslade legt er sich nieder.
Gott ist für Samuel wichtig.
Samuel hat Gott in sein Herz geschlossen.
Und es ist Samuel, als ob ihn eine Stimme riefe.
Samuel weiß nicht, kommt die Stimme von außen oder aus seinem eigenen Herzen.
Samuel, Samuel, ruft die Stimme.
Samuel antwortet:
Rede, Herr und Gott, dein Diener Samuel hört.
Und die Stimme spricht:
Ich brauche dich, Samuel!
Sorge dafür, daß ich wieder unter den Menschen wohnen kann,
daß Recht statt Unrecht herrscht,
Friede statt Gewalt,
Treue statt Treulosigkeit,
daß es die Liebe unter den Menschen wieder gibt.
Samuel spricht:
Ja, Herr, mein Gott! Ich bin bereit!
Samuel war bedingungslos bereit, denn er hatte Gott in sein Herz geschlossen.

Ein Lied verdichtet die Samuelgeschichte und faßt sie zusammen. Ein Vorsänger bzw. eine Kindergruppe singt es vor, alle wiederholen jeweils die beiden letzten Zeilen jeder Strophe.

SAMUELLIED

T. u. W.: Franz Kett

2. Der Samuel steht auf ganz schnell.
Er reibt sich seine Augen hell,
denkt nach: Wer wird's gewesen sein,
der mich beim Namen rief?

3. Zu seinem Herrn eilt Samuel,
zum Priester Eli läuft er schnell
und ruft: »Ich bin jetzt da bei dir.
Herr sprich, dein Diener hört.«

4. Der Priester spricht verwundert sehr:
»Ich hab dich nicht gerufen her,
dich Samuel in dunkler Nacht.
Ich glaub, du hast geträumt.«

5. Jedoch, es war nicht nur ein Traum,
es war nicht einfach leerer Schaum.
Gott selbst war es, der Samuel rief:
»Wach auf, ich brauche dich.«

Die Heilung des Gelähmten

Gebrechen in der Bibel

A. Ähnlich wie Blindheit und Taubheit wurden auch Körperfehler als der Gottheit unwürdige Makel aufgefaßt: »Wenn je einmal künftig einer aus deinem Geschlecht ein Gebrechen hat, so darf er nicht herzutreten, um die Speise seines Gottes darzubieten; denn keiner, der ein Gebrechen hat, darf herzutreten: kein Blinder oder Lahmer; keiner, der im Gesicht verstümmelt oder an dem ein Glied zu lang ist; keiner, der einen gebrochenen Fuß oder eine gebrochene Hand hat; kein Buckliger oder Schwindsüchtiger, keiner, der einen Fleck im Auge hat oder mit Krätze oder Flechten behaftet ist, und kein Entmannter . . .« (Lev 21,17–20). In der Linie dieser Tradition scheint auch ein verstümmelt überlieferter Vers zu stehen, dessen Bedeutung insgesamt dunkel bleibt. Als David nämlich die von den Jebusitern bewohnte Stadt Jerusalem begehrte, sagte man ihm: »›Da kommst du nicht hinein, die Blinden und Lahmen werden dich daran hindern‹ (. . .) Damals hatte David gesagt: ›Jeder, der die Jebusiter totschlägt, den Wassertunnel erreicht und die Blinden und Lahmen wegschafft, die David haßt, soll Hauptmann werden!‹ Darum heißt es: ›Blinde und Lahme kommen nicht in das Haus (den Tempel?) hinein.‹« (2 Sam 5,6–8)

Wie bei Krankheiten und sonstigen Notlagen auch, wurden Gebrechen durchweg als Strafe Gottes gewertet, von der Heilszeit aber erwartete man die Aufhebung aller Unvollkommenheiten: »Die Elenden werden aufs neue des Herren sich freuen und die Ärmsten unter den Menschen über den Heiligen Israels jubeln« (Jes 29,19). »Alsdann wird der Lahme springen wie ein Hirsch« (Jes 35,6). – Die der traditionellen Wertung entgegentretende Liebe Jesu zu den Menschen aller Gebrechen ist eine Epiphanie des göttlichen Heils.

B. Die markinische Textfassung setzt sich aus der Heilungsgeschichte des Gelähmten (V 2–5) und dem Streitgespräch mit den Schriftgelehrten (V 6–9) zusammen. Vers 10 verbindet beide Teile zu einem Ganzen, Vers 1 ist redaktionelle Überleitung. Weil es in der Linie unseres Religionsbuches entscheidend auf die Heilung des ganzen Menschen ankommt – Blindheit, Taubheit, Lähmung, Aussatz und Armut werden nacheinander thematisiert –, eine theologische Kontroverse außerdem ablenken und die lapidare Dichte der Textfolge durchkreuzen würde, haben wir das Streitgespräch übergangen und alleine das Heilungswunder herausgestellt.

Der Ort des Geschehens, von dem nun die Rede ist, ist ein Haus. Bei Wilhelm Wrede heißt es einmal: »Das Haus bedeutet die Isolierung; der Flecken die Öffentlichkeit.« Er meint, das Hausmotiv sei in Mk 2,1; 7,24; 8,26 und 9,33 zur Darstellung des Messiasgeheimnisses benutzt worden (vgl. die »Schweigegebote« → S. 304). Die sich solcher Stilmittel bedienende theologische Intention bezöge sich dann »auf den Ort der Offenbarung, der von der Öffentlichkeit geschieden ist«.[1] Aber sowenig das Schweigegebot hilft – meistens forciert es ja die Kunde von seinem Tun – so wenig hilft die Isolierung: Die Menge braucht nur zu *hören*, daß er im Haus ist, und schon strömt sie herbei, so daß »nicht einmal der Platz vor der Tür mehr reichte«. Es gilt darum auch für Mk 2,1 f, was 7,24 f offengelegt wird: »er konnte nicht verborgen bleiben«, denn obwohl er in ein *Haus* ging, und nicht wollte, daß es jemand erführe, *hört* doch die Heidin *sofort* von ihm, kommt und wirft sich ihm zu Füßen (vgl. Mk 1,43.45). Wie beengt ein palästinensisches Haus ist, haben wir bereits erfahren (Religionsbuch 1, S. 84/85; I, 346 f, 356 ff). Es waren durchweg einräumige Häuser mit kleinem Grundriß, allein schon deshalb, weil das Holz fehlte, um Spannweiten von mehreren Metern zu überbrücken. Der Platz, der nicht einmal vor der Tür reichte, muß als der ummauerte und wohl auch enge Haushof (Religionsbuch 1, 78; 82) vorgestellt werden. Wenn Jesus zu den draußen (im Haushof) wie drinnen gedrängt versammelten Leuten »das Wort reden« wollte, verband allein die Tür beide Menschengruppen. Wahrscheinlich waren die Örtlichkeiten nun so gelegen, daß es leichter war, die Treppe zum Dach (Religionsbuch 1, S. 78) zu erreichen, als sich durch die Menge zu drängeln. Also stiegen die vier Träger mit ihrem Gelähmten hoch, »deckten das Dach ab, wo Jesus war, gruben ein Loch auf«. Die hier vorausgesetzten Verhältnisse waren die der typischen palästinensischen Dorfachitektur, wie wir sie bereits im Vorjahre kennenlernten (→ I, 356 f). Der Text spricht darum mit Recht von einem Aufgraben des Daches. Die obere Lehmdecke muß abgetragen, das Gemenge aus Zweigen, Schilf, Heu und Lehm aus dem übrigen Verbund gerissen und gestoßen werden. Wie das angesichts von Menschen darunter, die nicht ausweichen können, vor sich gehen soll, ist unvorstellbar: der gesamte Innenraum würde in dichten Staub gehüllt, Brocken fallen herab, ein Atmen wäre zeitweilig unmöglich, es bliebe nichts anderes übrig, als aus dem Haus zu flüchten. Wahrscheinlich fehlt deshalb bei Matthäus diese Stelle, weil dieser die Unmöglichkeit der überlieferten Version sah, und wahrscheinlich übersetzt Lukas aus dem gleichen Grunde in römische Architekturverhältnisse, da er ja von Ziegeln spricht, die leicht abgedeckt werden können. Wellhausen glaubte aus diesen Erwägungen die Szene so rekonstruieren zu müssen, daß Jesus, um die Menschen im Haus wie im Haushof erreichen zu können, auf der Tür gesprochen habe, und daß die Träger, um an ihn heranzukommen, den Gelähmten vom Dach herab Jesus vor die Füße gelassen hätten.

Erneut heißt es nun: »Als Jesus ihren Glauben sah . . .« Obwohl es die vier Träger sind, durch deren Findigkeit der Kranke zu Jesus kommt, redet dieser ihn so an, als wäre es dessen Glaube. Das Wort Jesu ist überraschend und auch ungewöhnlich: »Kind, deine Sünden sind dir vergeben.« Das Wort »Sünde« ist im Munde Jesu selten. »Die passivische Ausdrucksweise entspricht dem von Jesus häufig geübten Brauch, durch den die Nennung des Gottesnamens vermieden wird. Deshalb ist der Sinn des Wortes: Gott vergibt deine Sünden. Jesus spricht dem Kranken die Vergebung seiner Sünden im Namen Gottes zu. In solchem Zuspruch geschieht, was zugesprochen wird.«[2] Der Blick auf den Kranken nimmt diesen umfassend wahr: seinen moralischen wie religiösen Ort

[1] *Johannes Schreiber*, a.a.O., 164.
[2] *Walter Grundmann*, Das Evangelium nach Markus. Berlin 1962, 56.

ebenso wie seine Gesundheit. Darum folgt auf das Wort der göttlichen Bejahung das neue, auch die äußere Lähmung überwindende Wort: »Steh nun auf, trage dein Bett und geh nach Hause!« Auch jetzt geschieht, was das Wort ansagt: »Da stand er auf, nahm gleich seine Trage und ging vor allen Augen hinaus.«

C/D. Gewiß kann man die Perikope zum Anlaß nehmen, die Bauweise eines palästinensischen Hauses im Rückgriff auf das Religionsbuch für das erste Schuljahr erneut anzuschauen. Andererseits hat unsere Exegese gezeigt, daß der Rekurs auf die Mk 2,1–12 geschilderte Situation Probleme enthält, die hier eher von einer allzu bemühten Realienkunde weg auf die theologische Dimension des Textes verweisen. Die Parallele zu den Heilungen der Blinden und des Taubstummen gibt da eine sichere Orientierung: Die in Jesus sich offenbarende Menschenfreundlichkeit Gottes schenkt nicht nur den Menschen ein neues Gesicht und ein waches Ohr, sondern auch die Gesundheit der Glieder. Angesichts des Heeres der Körperbehinderten in unserer Gesellschaft ist es freilich angemessen, auch eine metaphorische Sinnebene, wie sie Jesaja bereits kennt, bei den Kindern anzubahnen. Die beste Hilfestellung hierzu kann »Die Heilung des Gelähmten« von Relindis Agethen anbieten.

Relindis Agethen, Die Heilung des Gelähmten S. 38–39

A. Das 1982/83 entstandene Bild, Pastell auf Holztafel, hat eine Größe von 221,5 × 187,5 cm. Es entspricht im Format dem ersten Bild »Die Heilung des Blinden«, S. 34–35 im Religionsbuch.

B. Auch in seiner Komposition gibt es Parallelen zur »Blindenheilung«: erneut steht die Christusgestalt am linken Bildrand, während zur rechten Seite hin, insbesondere im oberen Teil, die Unheilssituation zunimmt. War es auf der Blindenheilung die mythische Figur des Minotauros, in der sich alle blinde Gewalt verdichtete, steht hier dem lebenspendenden Christus eine historische Gestalt entgegen, in der das lähmende Unheil und Entsetzen für unsere Zeit manifest geworden ist. Beide trennt ein Bildzitat: auf einer Elfenbeintafel wird die spätantike Gelähmtenheilung dargestellt.

Beginnen wir unseren Weg durch das Bild erneut bei den Jesus zugewandten Personen. Das ist zunächst der junge Mann im Rollstuhl. Er kann nicht, wie der antike Knabe auf dem zitierten Elfenbeinrelief, sein Liegebett schultern und eigene Wege gehen. Offensichtlich bleibt er behindert, auf seinen Rollstuhl und die Krücken angewiesen, auch die Hände zeigen ihn als Spastiker, aber er lacht, lehnt sich weit zurück, sieht sich bei diesem Christus geborgen und glücklich. Zu gleicher Zeit geschieht etwas besonderes: das kleine Mädchen im gelben Kleid reckt sich über den Behinderten hinweg Jesus zu. Es trägt einen Strauß Gänseblümchen in der rechten Hand, als *eigenen* Gruß und Zeichen der spontanen Zuwendung. So bewegt und herzlich es in dieser Geste ist – aus einer inneren Gelöstheit, die sich selbst loslassen und einen anderen umarmen kann – so verbohrt und innerlich bockig verharrt das Mädchen in dem roten Kleid steif daneben. Man sieht es ihm an, daß es sich verschließt und versteift. Was immer der Anlaß hierzu sein mag, jetzt will es sich nicht lösen, sich niemandem zuwenden, aus der inneren Verklemmung sich nicht befreien. Also steht es alleine da, auf den eigenen Trotz festgelegt, unfähig, eine Hand zu heben und auf einen anderen zuzugehen: ein gelähmtes Kind.

Erschreckend ist die Gestalt dahinter. Ein alter Mann, wohlgenährt, mit Brille und zusammengekniffenen Augen, eine glimmende Zigarre im Mund. Seine Physiognomie signalisiert eine andere Form der Lähmung. Festgefahren im Gewohnten, unbeweglich geworden gegenüber Situationen, die ein Auge für den anderen, ein Ohr für die Not, eine Hand für schnelle Hilfe erfordern. Dieser Mann wirkt nicht, als ginge Güte, spontane Zuwendung, innere Offenheit und Herzlichkeit von ihm aus. Von Jesus hat er sich abgewendet; so steht er mißmutig und selbstbezogen da, ein Gelähmter, der um seine Lähmung nicht weiß und darum für alle Hilfe auch unerreichbar bleibt.

Der Heilsgestalt des Christus Jesus, an die sich der Jugendliche im Rollstuhl anlehnt, dem das kleine Kind zufliegt, steht eine Unheilsfigur gegenüber, dessen rechter Arm zum »Deutschen Gruß« erstarrte. Der segnenden, deutenden Geste reckt sich ein lähmendes Signal entgegen, in dessen Bannkreis Tod und Untergang herrschten. Darum sind hinter diesem Ver-Führer See und Himmel finster. Ein Schiff brennt, von Bomben getroffen und sinkt gerade ab in die Meerestiefe. Weiter hinten lodert als schaurige Fackel ein zweites Schiff, ein drittes und viertes. Seinem blinden Gefolgsmann sind wir bereits auf einem früheren Bild begegnet (→ S. 288), hier steht er selbst als ein Gelähmter des Herzens, als einer für viele, die vor ihm wie nach ihm sich als falsche Heilande aufspielen, mit teils erstaunlicher Gefolgschaft, und doch nur Elend über die Welt bringen. Die Gräber, die dieses Verführers wegen geschaufelt werden mußten, sollen an die sechzig Millionen sein, die Prothesen und Rollstühle, die seinetwegen auch heute noch benötigt werden, sind wahrscheinlich nirgendwo gezählt.

Zwischen dem Christus und dem falschen Führer teilt eine Tafel das Meer. Zitiert wird hier ein Elfenbein-Diptychon aus dem 5. Jahrhundert (Original 6,6 × 8,0 cm; Paris, Louvre).

Es zeigt den Gelähmten von Mk 2,3, als Knaben, bzw. Kind dargestellt, vermutlich, weil er in V 5 b von Jesus mit »Kind« angeredet wird. Auf seinem Rükken trägt er ein spätantikes Bettgestell mit stämmigen Armen und Beinen davon. Mit diesem »Bild im Bild« wird die synoptische Heilungsgeschichte präsent. Daß der Knabe aufstand, gleich seine Trage nahm und vor aller Augen umherging, lesen und sehen wir hier. Wie die Welt dennoch aussieht, zeigt unser Bild rings um das Relief. Heile und Unheile gibt es da: dem körperlich gesunden, aber allem Anschein nach seelisch gelähmten Menschen steht der gebrechliche, doch innerlich heile Mensch gegenüber; und die Momentaufnahme der beiden Mädchen zeigt – bei gesundheitlicher Wohlbestelltheit beider – dieses gelähmt und jenes zu sich und zu anderen befreit.

Der Jugendliche im Rollstuhl ist diagonal eingefaßt von seinem antiken Schicksalsgenossen, der nun die Liege davontragen kann, sowie von einem Narren, der (s)eine Krücke in Händen hält. Wie auf allen Agethen-Bildern steht der Narr auf der Jesus-Seite. Er ist selbst eine Jesus-Imago, ein *alter Christus* (→ I, 163–167). Er trägt ein phantasievolles verspieltes Gewand, mit dem er sich von allen »ernsthaften« Menschen unterscheidet. Man kann über ihn lachen, muß ihn nicht ernst nehmen. Er versteckt seine Wahrheit hinter Späßen, in Drolerien, über die sich jedermann erheben kann. Nur wer Ohren hat zu hören, Augen hat zu sehen, erkennt die in der Narretei versteckte Wahrheit. Insofern gibt es auch hier eine Art »Geheimnistheorie«, die jedem widersteht, der die Maßstäbe des Weltläufigen anlegt. Warum nimmt der Narr dem Behinderten die Krücke? Will er sie dem Dicken mit der Zigarre geben? Etwa weil dieser sie dringlicher braucht? Oder soll der mit dem steifen Arm sie nehmen? Wenn Narren die Krücken und Prothesen verteilen, würden wohl die meisten sich die Augen reiben und gar nicht verstehen, daß *sie* die behinderten, gelähmten, amputierten Zeitgenossen sind, schlimmer, tausendmal schlimmer als die körperlich Stigmatisierten, weil sie nämlich mit ihrer Lähmung auch andere lähmen, Kinder lähmen, Alte lähmen, Hoffnungen lähmen, Freude lähmen, Liebe lähmen . . .

Woran soll das Meer erinnern? Daß Jesus am See in Kafarnaum zu Hause war? Daß bei Markus das Meer ein Bild des Grabes ist, das in seinen Abgrund hineinverschlingt, Jesus aber darüber hinweggeht, weil er den Tod besiegt hat?

Und was ist mit der Katze, die die Maus auf ihrem Kopfe trägt? Ist es ein Spaß oder erzählt dieses Geschehen über die Komik hinaus auch etwas Ernstes? Mir scheint, ja. Sie lähmen sich nämlich gegenseitig, die Katze und die Maus. Nur hier kann sie sitzen, um momentan sicher zu sein, aber wehe, sie fällt herunter: es wäre ihr Tod. Und: so irritiert und hilflos kann eine Katze werden, wenn die Maus sich ihr just zwischen den Ohren festkrallt. Da wird das Alltägliche unheimlich und der Schrecken macht reglos.

C. Eine erste Schlüsselkonstellation für unsere Schüler im zweiten Schuljahr sind die beiden Mädchen im gelben und im roten Kleid. Während irgendein Groll das eine lähmt und unfähig macht, auf jemanden zuzugehen, ihn anzulächeln, ihm die Hand zu geben, ihn zu umarmen, streckt das andere sich in freier Spontaneität Jesus entgegen. Jeder unserer Schüler kann sich mit beiden Kindern identifizieren. Sie können selbst Situationen nennen, in denen sie so oder anders sind. Dabei zeigt ihnen das Bild, was Verkrampfung und was Befreiung ist – und zugleich jenen, der zum eigenen Menschwerden befreit.

Ein zweiter Schritt führt zu dem Rollstuhljungen, zur realen körperlichen Lähmung, zu seiner lebenslangen Abhängigkeit von Gefährt und Krücke. Sein Schicksal sehen unsere Schüler dann mit dem Geheilten auf der antiken Tafel konfrontiert. Damit ist die alte Gospel-Frage der amerikanischen Negersklaven gestellt: »Didn't my Lord deliver Daniel, An why not-a every man?« Daß Jesus durch die *eine* Heilung hindurch erkannt werden will als jener, der *allen* Gebrechlichen das Reich Gottes ansagt, wäre die Richtung, in der wir – mit Hilfe des Bildes – das Unterrichtsgespräch führen. Die Vorerfahrungen mit den bereits erarbeiteten Bildern helfen dabei.

Eine völlig neue Dimension des religiösen Bildes bringt der politische Bezug, der hier aufgenommen wurde: Adolf Hitler als Unheilsfigur. Viele Kinder werden diesen Namen noch nie gehört haben. Das zwingt uns nicht, einen propädeutischen Geschichtsunterricht zu halten. Es genügen einfache Hinweise auf Hitler, der Deutschland und Europa in den Zweiten Weltkrieg gestürzt und sechs Millionen jüdische Menschen zusammen mit jenen, die seinem Bann verfallen (also von ihm gelähmt) waren, ermordet hat. Weder gehören solche Aspekte in Fachressorts, noch überfremden sie den Religionsunterricht. In diesem Fall gewinnt unser Unterricht einen größeren Realitätsbezug, gleichzeitig eröffnet er ein christliches und zugleich politisches Bewußtsein, das trotz vielfältiger Verdrängungsanstrengungen in unserem Volk von frühauf wach sein muß.

D. Aus einem nichtgelenkten Unterrichtsgespräch im zweiten Schuljahr:

Da ist ein Kind, das will Jesus Blumen geben. Der Jesus zeigt auf das Kind.
Da ist das Bild mit dem, der mit dem Bett nach Hause geht.
Da ist der Geschminkte, der war schon mal auf einem Bild.
Jesus hat eine Botschaft in der Hand.
Der Mann mit der Brille hat eine dicke Zigarre im Mund und guckt so komisch.
Mich tät interessieren, wer da hinten vor dem Feuer steht.
Jesus sagt hier zu dem Gelähmten: Steh auf!
Ich sehe drei Teile: Einen hellen mit Jesus; in der Mitte der Mann mit dem Bett und der Mann im Rollstuhl; und rechts so ein schrecklicher Teil.
Der Mann mit der Zigarre ist wohl ein reicher Mann.
Der denkt: was geht mich das alles an? Der erinnert mich an einen Angeber.
Ich finde, der sieht auch aus wie gelähmt.
Der Mann sieht aus, als hätte er keine gute Nachricht gekriegt.
Der Mann im Rollstuhl hat eine Krücke neben sich.
Den Rollstuhl kann man schieben. Der Gelähmte lacht so.
Vielleicht wegen der Blumen. Wahrscheinlich will ihm das Kind Blumen schenken.
Ich will wissen, was die Katze auf dem Bild will. Die sieht traurig aus.
Der sitzt eine Maus auf dem Kopf. Das ist ja lustig.
Der Mann hinten in der Ecke macht so (deutet den Hitlergruß an).
In Deutschland hat der Hitler mal gesagt, man soll nicht mehr »guten Tag« sagen, sondern »Heil Hitler«.
Ich glaube, da hinten ist Krieg.
Die auf der rechten Seite sind alle gelähmt. Der da hinten hat bestimmt auch etwas mit den Lähmungen zu tun.
Links ist das Meer ganz blau, rechts wird es feurig rot. Die rote Farbe ist auch wie Blut und wie Leichen.
Der Reiche mit der Brille hat auch was mit Krieg zu tun.
Der Mann darüber mit dem steifen Arm hat auch so ein Abzeichen, der sieht aus, wie wenn er auch im Krieg gewesen wäre.
Das ist bestimmt ein ganz hoher.
Hinter dem Mann brennt was. Lauter Flugzeuge. Der Himmel ist ganz schwarz, die rote Farbe ist wie Blut. Krieg ist was ganz Schlimmes.
Das Mädchen hat dem Mann im Rollstuhl schöne Blumen gepflückt; es möchte ihm helfen.
Das Mädchen hat den Mann lieb.
Sie will ihm eine Freude machen.
Der Mann freut sich, auch wenn er nicht laufen kann.
Jesus zeigt auf das Mädchen. Er will sagen: Guckt mal, wie das Mädchen den Mann lieb hat.
Jesus hat wieder die Botschaft in der Hand, die frohe Botschaft. Die ist für das Mädchen.
Auch für den Gelähmten.
Das Mädchen macht ja den Gelähmten froh; es hat ein Herz für ihn.
Der Geschminkte vorne will den Mann schieben.
Der möchte dem Gelähmten helfen. Er soll zu laufen versuchen mit der Krücke.

Ich finde, der Geschminkte ist wie ein Clown. Er will lustig machen und nicht traurig.
Der Mann mit der Brille sieht aus wie ein Bankdirektor. Der will bloß Geld.
Der hat kein Herz. Der hilft keinem.
Vielleicht guckt er so böse, weil er nicht genug Geld verdient.
So soll man's nicht machen. Der denkt nur an sich. Hauptsache, ich bin gesund, denkt der; der andere geht mich nichts an.
Den Mann interessiert nichts, nicht Jesus, nicht der Gelähmte, nicht die Kinder, nur das Geld.
Der kann nicht richtig sehen. Mit dem Herzauge sieht der nicht.
Das Mädchen ist noch viel kleiner, aber es sieht besser, was man da machen kann.
Es hat ja den Mann im Rollstuhl auch lieb.

Eva-Maria Bauer

Hand und Fuß – Tasten und Gehen. Anthropologische Überlegungen

A. »Neue, höchst einfältige Frage: Was heißt gehen? Die Frage hat in ihrer Einfalt die wunderbare Eigenschaft, daß sie sich selbst beantwortet und daß kein anderer, sondern nur du selbst sie dir beantworten kannst. Versuche es.

Stelle dich in einfacher Haltung, mit geschlossenen Beinen hin und versuche, mit einem Bein einen Schritt nach vorn zu tun; aber nicht wie gewohnt mit einem Schwung, sondern Millimeter für Millimeter im Zeitlupentempo. Mache zwei Schritte auf diese Weise und du wirst sagen: das geht über meine Kräfte. Die Abwärtsbewegung des Beins im Zeitlupentempo? Unmöglich!

Nun hast du etwas von dem, was Gehen heißt (darum ging ja die Frage) erfahren: nämlich, wie es nicht geht. Überhaupt: Körperbewegung im Zeitlupentempo. Sie ist das A und O der chinesischen Gymnastik, in Europa so gut wie unbekannt. Man kann den Wesensunterschied zu unserer Art, Gymnastik zu betreiben, leicht erproben: wie sehr viel tiefenwirksamer und weitgespannter die Langsambewegung ist! An ihr ist unentrinnbar zu erfahren, was Nietzsche von der griechischen Gymnastik sagte: ›Sie ist eine Ethik‹.

Beschreibe bei aufrechter Haltung erst mit dem linken, sodann mit dem rechten Arm einen weitausladenden Kreis. Ganz zeitlupenlangsam. Beachte aufmerksam, wie dir von Sekunde zu Sekunde dabei zumute wird. Um es ganz auszuschöpfen schließe die Augen und versammle dich ganz auf das, was du tust. Du wirst erstaunt – vielleicht sogar ein wenig bestürzt sein über das, wie dir geschieht! Zugleich aber hast du dir damit selbst die Antwort auf die Eingangsfrage gegeben.

Zunächst ist die Antwort nur erst eine Art Ahnung. Ihr gilt es nachzuspüren. Nicht andere sollen dir dreinreden. Du hast nur mit dem zu tun, was mit dir vorgeht. Der Schritt im Schneckentempo hat besonders in der Bewegungsphase, in der das Bein aufzusetzen ist, erfahren lassen: während das Anheben einem Steigen entspricht, ist das Senken ein Fallen, um so mühseliger, wenn es ein verlangsamtes ist. Die langsame Bewegung läßt erfahren, daß die normale Gehbewegung darum wie von selbst und folglich unbemerkt verläuft, weil sie mit Schwung vonstatten geht. In der Tat sind die Beine mit dem Oberschenkelhals pendelnd in das Becken eingehängt. Ganz von selbst stellt sich in dieser Beschreibung der Gehbewegung – in dieser oder jener Verbindung – die Verwendung von Worten ein, die mit dem Wort ›gehen‹ zusammengesetzt sind.

Wir zählen, so spaßes- wie ernsteshalber, auf, wie in der Sprache das Wort Laufen, Gehen, Stehen herumgeistert. Wir sagen: Es geht. Wie geht es dir? Es geht vor sich. Vorgang. Etwas läuft ab. Ablauf. Verlauf. Etwas stellt sich ein. In Gang bringen. Etwas geht vonstatten. Ich begehe etwas. Ein Fest. Eine Tat. Eine Sünde. Man vergeht sich. Man besteht auf etwas. Es versteht sich: immer ist es ein Geschehen, worauf sich die Wortgruppe ›gehen‹ bezieht. Offensichtlich neigt die Sprache dazu, das was ›ist‹, als etwas Sich-Bewegendes oder Bewegtes zu beschreiben, wobei die Sprache diesen Begriff mit dem Gehen verbindet. Haben wir uns jedoch einmal durch einige eigens dazu vollzogene Schritte eine Ahnung davon verschafft, daß das Vorwärtsschreiten ein Vorwärtsfallen einschließt, so beginnen wir zu verstehen, wieso die Sprache dazu kommt, allem, was vor sich geht und abläuft, ein Fallen zuzuschreiben. Von einem Faktum sagt sie: ›Das ist der Fall.‹ Wir möchten ergänzen: ›Das und nur das, was der Fall ist, ist der Fall.‹

*

Wir stellen uns mit geschlossenen Füßen aufgerichtet hin. Unsere Aufmerksamkeit richte sich dabei den sonst unbemerkten, weil sehr feinen Muskelspannungen und -entspannungen zu, die wie ein Wellengekräusel durch Rumpf und Glieder hindurchziehen. Wir bemerken, daß die Möglichkeit, aufrecht still zu stehen, von diesem feinen Bewegungsspiel abhängt. Würde es enden, so fielen wir um wie eine Puppe, eine Leiche. Die Bewegungen, so fühlen wir, kreisen, um das körperliche Gleichgewicht zu halten, um einen einzigen Punkt herum, mal näher, mal ferner. Der Schritt, der mich nach vorne bringen soll und in den ich mich hineinwerfe, beginnt mit der Herausverlagerung dieses Punktes aus meinem Standsystem heraus. Mit jedem Schritt, den ich tue, falle ich einmal aus mir heraus, und, indem ich den Fall, mal rechts, mal links, auffange, falle ich wieder in mich hinein. Es ist wie eine Pendelschwingung, die man auf der Schaukel genießt. Jedoch, wir müssen noch genauer vorgehen. Wir beobachten aufmerksam, was mit uns durch uns geschieht, wenn wir einen Schritt vor den anderen setzen. Mit dem Anheben des rechten Fußes soll es beginnen. Von der Mitte der Schrittlänge an beginnt mit der Herausverlagerung des Schwerpunktes aus der Standhaltung nach vorne zu die Fallbewegung in Richtung der Stelle, in welcher der rechte Fuß Boden fassen soll. Die Beobachtung lehrt, daß die Fallbewegung nur dadurch ist, was sie ist und bewirkt, daß sie ein Risiko einschließt, das Risiko der Ungestütztheit. Einen Moment lang ist der Schreitende während jedes seiner Schritte ungesichert; und zwar immer dann, wenn er nach vorn in den jeweils aufzusetzenden Fuß hineinfällt. Der Fall rechts wird aufgefangen dadurch, daß ihm der Körper nachfolgt, um den Fall links zu wiederholen. Also: Die Gehbewegung erfolgt als rhythmisch einmal rechts, einmal links aufgefangener Fall. Oder, anders gesagt: Das Gehen ist nur möglich im Wechsel zwischen beiden Phasen: Sicherung (Auffangen des Falls) und Entsicherung (Beginn erneuten Fallens).

Als Kinder versuchten wir uns darin, lange Strecken über Eisenbahnschienen zu laufen, ohne daneben zu treten. Wir wetteiferten mit dem Beweis unserer Fähigkeit, auf schmaler Spur das Gleichgewicht zu halten. Wir hatten schnell heraus, worauf es dabei ankam: Nicht die Auftrittstelle des jeweils nächsten Schrittes anstarren, sondern unbeirrt einen unendlich fernen Punkt in Richtung der Gehbahn anvisieren – mit weit geöffneten Augen. Womit geleistet ist, was allein die Erhaltung von Gleichgewicht und Ausgleich gewährt: Überwindung der Angst, die nach Sicherung hascht.

Stellen wir uns vor (jeder hat es schon in dieser oder jener Form erlebt): Wir bewegen uns mehrere Kilometer über die glatte ebene Fahrbahn einer Autostraße. Nichts liegt im Wege. Das Licht ist hell und ungetrübt. Haben wir die Strecke hinter uns gebracht, fühlen wir uns ermattet und ›wie gerädert‹. Die risikolose Gleichförmigkeit hat uns ›angeödet‹. Wandern wir die gleiche Strecke nebenan durch den Wald: der Pfad ist schmal, holprig, gewunden. Man muß aufpassen, um nicht über Wurzeln zu stolpern; Zweige können einem ins Gesicht peitschen. Mal hat der Pfad einen steinigen, mal einen schlüpfrigen Grund; sumpfige Stellen sind zu überqueren. Es duftet, man atmet tief. Insekten sind abzuwehren. Plätschern kündet einen Bach an. Auf einer schmalen Bohle ist er zu überqueren. Die Äste hängen tief; man muß sich bücken. Das Licht ist dämmrig. Man muß vorsichtig sein und überall umherschauen. Es knackt, man muß horchen, ob nicht ein Ast herunterfällt. Kurz: Der Weg steckt voll kleiner zu bestehender Abenteuer und Wagnisse, die mich voll mit allen Gliedern und Sinnen in Anspruch nehmen. Am Ende des Weges ist man rundherum erholt und erfrischt und dankbar, ihn gegangen zu sein. Was war es, das die glatte Bahn so anstrengend machte? Was hatte es mit dem Waldweg auf sich, daß er uns erneuerte? Die Antwort ist mit der Frage gegeben. Der Waldweg nahm uns allseitig in Anspruch. Die glatte Bahn forderte uns nichts anderes ab, als gegen die verödende Wirkung der Nicht-Inanspruchnahme durch Hindernisse anzukämpfen. Wir mußten die Bahn hinter uns bringen in dauerndem Widerspruch mit uns selbst.

So ist es: Was uns erschöpft, ist die Nichtinanspruchnahme der Möglichkeiten unserer Organe, ist ihre Ausschaltung, Unterdrückung; ist der ›negative Streß‹ – viel schlimmer, weil noch viel allgemeiner und noch viel weniger durchschaut, als der aktuale Streß. Was aufbaut, ist Entfaltung. Entfaltung durch Auseinandersetzung mit einer mich im Ganzen herausfordernden Welt. Ist das Bestehen der Welt. Wir fragten: Wer wandert noch? Diese Frage würde in der Erweiterung lauten: Wer lebt noch in der Erfüllung seiner Möglichkeiten? Wem ist gerade dieses noch möglich? Wer kann es sich noch möglich machen? Wer kann für sich die Frage mit ja beantworten, ob es überhaupt ein Leben vor dem Tode gibt? Leben wir nicht alle irgendwie an uns selbst vorbei; mit der Gewohnheit auch noch zunehmend bewußtlos? Bewußtlos, weil es – dieses An-sich-vorbei-Leben – uns so bequem gemacht wird, so versüßt; und weil es jedermann so macht. Längst hat man – wie bei einem verlorenen Jugendtraum – aufgehört, sich zu wehren. Das Leben wurde uns – industriell, technisch, kommerziell, sozial – zur Fertigware in Werbepakkung: sie schiebt sich immer dichter vor die Nase. Man nimmt die Fertigware ›Leben‹, und nimmt sich damit – das Leben. Jedoch, besser, als über die Finsternis zu jammern, ist es, eine Kerze anzuzünden.«[1]

B. Die Anthropologie sieht für den Menschen eine Korrespondenz zwischen aufrechter Haltung, Auge und Handgebrauch gegeben. Man nimmt an, daß der Auge-Hand-Bezug eine Folge des aufrechten Ganges sei. Weil der Mensch frei auf eigenen Füßen stehe, seien die Arme, die Hände selbständig geworden, habe sich die Hand als Sinnesorgan, Organ des Kontaktes und Arbeitshand entwickeln können.

Wir haben Gesicht und Gehör als die alles überragenden Sinne betrachtet (→ S. 293; 310), zugleich auch ihre Ausrichtung auf die Ferne bedacht. »Den Gegenpol bildet das Tasten, Inbegriff der Nähe und Distanzlosigkeit. Gerade darum eignet es sich zur Kooperation mit dem Sehen, besonders wenn es um Fragen dinglicher Realität geht, bei welchen Kontrollen im Interesse der Praxis verlangt sind. Im Tasten empfinden wir uns und das Objekt, glatt oder rauh, hart oder weich, als Einheit.«[2]

Sosehr unser Tastsinn mit der Hand verbunden ist, bildet doch der ganze menschliche Leib ein einziges propriozeptives System, dabei ist die Hautoberfläche die räumliche Grenze, bis zu der das Erlebnis des eigenen Körpers reicht. Berührt jemand meine Haut, so berührt er zugleich »mich« als Subjekt. Es kommt also immer ein Ich-Ton ins Spiel, sobald etwas meine Haut berührt, und zwar nicht erst durch eine sprachliche Äußerung. Helmuth Plessner weist allerdings darauf hin, daß hier auch die menschliche Leiblichkeit als eine »wahre Crux« zu bedenken sei. Damit meint er die Verschränkung in den Körper, »eine Verquerheit, die den Tieren erspart bleibt, weil sie sich nicht subjektivie-

[1] *Hugo Kükelhaus,* Fassen, Fühlen, Bilden. Organerfahrungen im Umgang mit Phänomenen, Gaia Verlag Köln (1978), 1982, 8–15.

[2] *Helmuth Plessner,* a.a.O., 202.

ren und somit auch nicht objektivieren können«. Tiere sind mit ihrem Körper eins, das zeigt sich in jeder Reaktion auf Außenreize. »Solches Einssein mit dem eigenen Leib, von dem die Tiere eben nicht wissen, sondern nur spüren, daß es ihr eigener ist, und ihn unmittelbar beherrschen, ist dem Menschen versagt. Er gewinnt im Lauf der ersten Lebensjahre ein Verhältnis zu ihm, ist gezwungen, mit dem aufrechten Gang ein riskantes Gleichgewicht durchzuhalten und seinen Leib als seinen eigenen Körper zu manipulieren und zu instrumentalisieren. Das führt sowohl zu den bravourösen Leistungen der Körperbeherrschung wie zu den albernsten Mißgeschicken. Der Mensch liegt eben mit seinem Körper in Streit, auch wenn er weiß, daß es sein eigener Leib ist, der ihm dazwischenkommt.«[1]

Die Gebrochenheit von Körper und Leib, die nie konfliktfreie Verschränkung von innen und außen, erlebt *jeder* Mensch, der unter körperlichen Gebrechen leidende Mensch aber in besonderer Weise. Und doch ist es diese Gebrochenheit von Körper und Leib, die dem Behinderten sowohl die leidvolle Erfahrung und zugleich die Möglichkeit des Sich-dazu-Verhaltens, also der Distanz und der inneren Freiheit, ja Souveränität beläßt. Der Mensch und sein Körper sind nicht identisch; das ist die Ursache für seine Konflikte und seine Überlegenheit zugleich. Leib und eigener Körper bilden zwar keinen Gegensatz, sondern meinen dasselbe in der Unterschiedlichkeit ihrer Aspekte – der eine Aspekt für die Physiologie, der andere für die Psychologie. In der Verschränkung von Leib und Körper macht sich »das fatale Vorrecht« wie die leibgeistige Würde geltend, ein Mensch zu sein.[2]

C. Auch hier versammeln wir nachfolgend eine Quersumme sprichwörtlicher Redensarten zum Bedeutungsfeld Hand und Fuß – Gehen und Tasten. Es sind Materialien, die das sprachlich-metaphorische Vermögen der Kinder weiterbilden (→ S. 501), die aber zugleich auch das Erfahrungsfeld der menschlichen Sinne und Fähigkeiten vertiefen. Man kann diese Wendungen im Kontext zu den Spielen und Übungen unter D aufnehmen, beides aber zur Bewußtmachung ganzheitlicher Lebensvollzüge verwenden.

Zum Bedeutungsfeld ›Hand‹

Hand und Fuß haben: Wenn eine Sache »Hand und Fuß« hat, fehlt ihr nichts wesentliches; sie ist so, wie sie sein soll. So erklärt Johannes Agricola 1529 die Redensart:

»Ein gerader vngestummelter leib hat sein art an henden vnd an fuessen. Mit den henden richtet er aus, was er zu schaffen vnd zu handeln hat, die fuesse tragen den leib vnd hende, wo der leib hyn wil, daß hende und fuesse sovil geldte bey uns Deutschen, als wolgestalt, wolgeziert, wolgethan, volkommen vnd da kein mangel an ist. Also brauchen wir nun diß wort zum lobe und zur schande, zum lobe, Es hat hende und fuesse, was der thut und redet, das ist, es ist rechtschaffen, es hat einen bestand, es ist wolgestalt vnd wolgethan, zur schande, Es hat weder hende noch fuesse, es ist unvollkommen, es hat kein art noch bestand, es ist flickwerck und gestummelt ding.«

[1] *Helmuth Plessner,* a.a.O., 230.
[2] Vgl. *Helmuth Plessner,* a.a.O., 229–231.

Für einen die Hand ins Feuer legen: für ihn bürgen. Das Bild dieser Redensart stammt von den mittelalterlichen Gottesurteilen, bei denen der Beschuldigte die Hand ins Feuer legen mußte; blieb sie unversehrt oder heilte sie rasch, galt seine Unschuld als erwiesen. Aus dem gleichen Kontext die Redensart: *Deshalb verbrenne ich mir die Hände nicht:* ich lasse die Finger davon.

Hand aufs Herz! Als Ermahnung, ehrlich die eigene Meinung auszusprechen; galt einmal als Formel eidesstattlicher Versicherung. Beim Singen der US-amerikanischen Nationalhymne legt man ebenfalls die Hand aufs Herz. Mit Herz und Hand: mit allem was ich habe, mit allen Sinnen.

Von der Hand in den Mund leben: das verdiente Geld gleich wieder für das tägliche Brot ausgeben müssen, nichts zurücklegen können.

Die Hände in den Schoß legen: untätig sein.

Jemandes rechte Hand sein: sein tätigster Helfer sein.

Die Hände überm Kopf zusammenschlagen: sich höchlich verwundern. Die Redensart verweist auf eine alte, heute unbekannte Gebärde höchsten Staunens und Erschreckens. Auf Darstellungen des Jüngsten Gerichts und in Dürers »Apokalypse« finden sich Menschen dieser Gebärde, die wohl ursprünglich den Kopf nach oben schützen sollte. Wie diese, sind auch andere Handgebärden heute zu bloßen Redensarten verblaßt, etwa alte Trauer- und Klagegebärden, z. B. das Raufen des Haares und das Ringen der Hände (*»händeringend«*). Als antike Gebärden der Totenklage waren sie bis in die beginnende Neuzeit in Europa üblich.

Im Handumdrehen (niederdeutsch: as man de Hand umkihrt): im Nu, denn die Hand ist leicht beweglich. Die Hand ist auch geschickt zu aller*hand* »Handwerk«, je nachdem, was man *in die Hand nimmt.* Manchmal hat jemand *alle Hände voll zu tun,* aber wenn *die Arbeit von der Hand geht,* kann man bald an dieses und jenes *die letzte Hand anlegen:* die Sache zum letztenmal vornehmen (lat.: ultimam manum addere). Von einem Ungeschickten und Faulen sagt man: *er hat zwei linke Hände* oder *ihm sind die Hände bei der Arbeit im Wege.*

Nicht mit leeren Händen kommen: nicht ohne Geschenk oder Gabe kommen. *In jemandes Hand stehen:* in seiner Gewalt sein. Die *Hand über jemanden halten:* ihn beschützen, ihm Beistand leisten. Die Redensart meint ursprünglich eine Rechtsgebärde: Wem das Begnadigungsrecht zustand, konnte die Hand über Angeklagte und Verurteilte halten und sie so außer Verfolgung setzen.

Handgreiflich werden: zur Prügelei übergehen. *Unter der Hand:* heimlich, im Verborgenen, vom betrügerischen Kartenspiel hergeleitet. *Auf den Händen sitzen:* keinen Beifall spenden. *Jemandem aus der Hand fressen:* ihm hörig sein. *Einem die Hände binden:* seine Macht beschränken.[1]

Zum Bedeutungsfeld ›Fuß‹

Stehenden Fußes: eine Formel aus dem alten Rechtsleben. Wer mit seinem Urteil nicht einverstanden war, mußte es auf der Stelle, »unverwandten Fußes« anfechten, sonst wurde es rechtskräftig. So der Sachsenspiegel (13. Jh.): »Stande sal man ordel (Urteil) scelden«. Noch deutlicher die »Zimmer'sche Chronik«: »gleich im fueßstapfen«. – Ebenfalls aus dem Rechtsleben stammen die Wendungen: *auf freiem Fuße sein; auf freien Fuß setzen. – Auf gespanntem Fuße*

[1] *Lutz Röhrich,* a.a.O., I, 379–385.

mit einem stehen: in schlechtem Einvernehmen mit jemandem stehen. *Auf großem Fuße leben:* viel Aufwand treiben; Fuß steht hier für Lebenshaltung.

Einem auf den Fuß treten: früher Zeichen für geheimes Einverständnis, besonders unter Liebenden; so im Volkslied »Wenn alle Brünnlein fließen«, Strophe 2: »Ja, winken mit den Äugelein und treten auf den Fuß . . .«; heute hat sich der Sinn ins Gegenteil verkehrt: *einem auf die Füße treten:* ihm wehe tun, ihn beleidigen.

Mit einem Fuß im Grabe stehen: wegen Krankheit oder Alter dem Tod nahe sein.

Auf die Füße fallen: sich immer zu helfen wissen, sich in allen Lagen schnell zurechtfinden. Anspielung auf die Katzen, die beim Fall immer auf ihren Pfoten landen. Bei Joh. Fischart (1546–1590): »Vnnd ful nur allzeit auff den ars, wie die Katzen und Herren auff die Fueß«.

Auf tönernen Füßen stehen: auf schwachen Füßen stehen (vgl. Daniel 2,31–34).

Einem Füße machen: ihn zur Eile antreiben.

Mit dem linken Fuß zuerst aufgestanden sein: üble Laune haben; den ganzen Tag Pech haben. Geht auf den Aberglauben zurück, daß links die falsche und unglückbringende Seite sei.

Kalte Füße bekommen: Angst bekommen, *kalte Füße haben:* kein Geld haben.

Den Heiligen die Füße abbeißen: gilt von Frömmlern, wenn sie die Bilder küssen.

Zum Bedeutungsfeld ›gehen‹

Für ›gehen‹ kennt die Volkssprache eine Fülle redensartlicher Vergleiche, die schöne Anstöße für pantomimische Spiele sind: »Er geht wie auf Eiern«, »wie eine lahme Ente«, »wie ein Kranich«, »wie ein Storch im Salat«, »wie ein Hund, der einen Knüttel am Schwanz hat«, »wie die Katze auf Nußschalen«, »wie auf Socken«, »wie auf Krücken«, »er geht mit Ebbe und Flut« (d. h. ohne Ziel und Zweck), »er geht, als ob er die Hacken verloren hätte«, »als ob ihn jeder Schritt einen Dukaten koste«, »er geht auf der Gruben« (d. h. er steht mit einem Fuß im Grab), »er geht, als wenn ihm die Beine in den Arsch gebohrt wären«, »er geht wie eine Spitaluhr« (d. h. sehr langsam).[1]

D. Spiele und Übungen

Barfuß gehen

»Kinder laufen leidenschaftlich gern barfuß. Was ist der Grund? Erinnern wir uns an eigene Erfahrungen. Erfahrungen, auf die wir uns für die Ferienzeit sogar besonders freuen: sich barfuß auf dem Sandstrand tummeln. Zumal dann, wenn der Strand nach Abzug der Flut über weite Flächen so wunderbar regelmäßig geriffelt ist. Die nackten Füße greifen mit ihrer ganzen Sohle und den Zehen wie mit Händen hinein. Der Fuß, wir fühlen es durch den Körper, erwacht zu seiner eigentlichen Wirkweise . . . Die praktische Folgerung wäre, als eine neue Lebensgewohnheit, ein Barfuß-Wohnen vom Boden her und eine entsprechende Orientierung der Architektur; insbesondere der Schularchitektur. Das Barfußleben gilt deswegen in erhöhtem Maße für Kindheit und Jugend, weil die volle Ausreifung des Organismus davon abhängt, daß alle in vorgeburtlichen Entwicklungs-

[1] *Lutz Röhrich,* a.a.O., I, 313.

stadien wurzelnden Funktionen (wie die des Fußes) nachgeburtlich wachgehalten und weitergebildet werden.«[1]

Greifen und begreifen

In einer Reihe nebeneinander stehen Paare zylindrischer, oben offener Behälter, notfalls Konservendosen, womöglich lieber langförmige Behälter (30 cm hoch, 13 cm Ø). Zu einem Viertel sind diese Behälter mit verschiedenen Materialien gefüllt.

»Man greift hinein ohne Kenntnis vom Inhalt. Ein Tuch über der Öffnung verhindert die Einsicht. Beispiel: die Hand berührt beim Hineingreifen eine körnige Substanz; etwa feinen trockenen Sand. Beim Nachbarbehälter greifen die Finger in Stränge von Fasern. Körniges und Faseriges verhalten sich insofern polar zueinander, als das Körnige dem Punkthaften, das Faserige dem Linienhaften zuzuschreiben wäre. In diesem Sinne geht es in der Reihe der Gefäßinhalte weiter. Es wechselt paarbildend ab: Rauhes mit Glattem; Hartes mit Weichem; Spitzes mit Rundem; Borstiges mit Flaumigem; Massiges mit Geschichtetem; Festes mit Lockerem; Trockenes mit Feuchtem; Klebriges mit Schleimigem; Starres mit Flüssigem; Kantiges mit Geschmeidigem; Kaltes mit Warmem. Hinsichtlich einer dinglichen Polarität wechseln ab: Kristall – Pflanze; Metall – Holz; Gewebe – Fell u. a. Für das Ertasten feinster polarer Unterschiede in der gleichen Materialart wechseln ab: Stahl – Kupfer; Glas – Porzellan; Kunststoff – Keramik u. a. In zehn weiteren Gefäßpaaren befinden sich zwei bis drei verschiedene Stoffe in Vermischung. Z. B. in Pulvrigem sind Fasern und Körner eingemischt.

Während des Tastens besinne man sich auf die Art und Weise, wie die Finger sich bewegen, um fühlen zu können. Man stellt fest: Die Substanzen werden zwischen Daumen und Zeigefinger genommen und leicht gerieben. Es ist die gleiche Bewegung, die die Zunge ausführt, wenn sie kostet! Sie reibt ein wenig das mit der Zungenspitze Aufgenommene gegen die Lippen oder den Gaumen. Immer wird das Zuerkundende zwischen zwei Fühlglieder genommen. Es ist damit, wie wenn man sagt: Das, worauf es ankommt, steht zwischen den Zeilen. Das, worauf es ankommt, ist ein ›Dazwischen‹ (›ankommt‹ – wieso und was kommt woher an?).

Nun kommt es während solchen Nachfühlens des Fühlens darauf an, den feinen Bedürfnissen Folge zu leisten, die durch das Fühlen ausgelöst werden; etwa durch das Fühlen von trockenem Sand. Es stellt sich nämlich das Bedürfnis ein, nach Vergleichen zu suchen. Man fragt sich: Was fühlt sich noch weiter wie Sand an? Was ähnelt dem Sandgefühl, was erinnert daran – aus scheinbar ganz fernliegenden, anderen Bereichen? Sogleich mit dieser Frage stellen sich Verbindungen ein (›Assoziationen‹); es knüpfen sich geradezu gesellschaftliche Fäden zwischen Ähnlichem an. Und nicht nur das: es stellen sich auch Namen dafür ein.

Man sollte ein geselliges Spiel veranstalten: mehrere Personen, Kinder zumal, greifen in ein und dasselbe Tastgefäß. Sie suchen Worte zu finden für das, was sie tastend gefunden zu haben glauben und nennen bei Namen, was sich ähnlich anfühlt, aus ganz anderen Bereichen. Auch gewisse Tiere, Pflanzen, Menschen oder deren Eigentümlichkeiten und Benehmen können ›irgendwie‹ an Sand erinnern. Auch gewisse Lebenslagen können etwas Sandiges, Staubiges, Trockenes an sich haben; etwas Wegrieselndes, Vergebliches.

Tasten löst die Zunge. Erinnerungen an Entsprechendes wollen bei den Namen genannt werden, mit denen man sie wieder hervorrufen kann; und durch die man verhindern kann, daß sie in Vergessenheit geraten. Erst wenn man den passenden Namen gefunden hat, sind die Gegenstände der Empfindung ›ganz da‹, während sie bis dahin nur verschwommen und schattenhaft waren. Alle Tastempfindungen schwimmen gleichsam in einem Strom von Namen, von Wörtern: wir bemerken es, wenn wir darauf hinmerken.

[1] *Hugo Kükelhaus*, a.a.O., 21.

Fahre einem Kind mit der Hand über sein Haar ... Ein Strom von unausgesprochenen Worten begleitet dich.«[1]

Ich habe Hände. Ein gestisches Spiel*

Über ein Gedicht bewußt machen: Was haben wir für geschickte Hände!

Der Vortrag wird von entsprechenden Gesten begleitet. Die Kinder werden motiviert, die Gesten mitzuvollziehen. Sind Kinder solches Tun noch nicht gewöhnt, kann die Gestik auch von nur einigen Kindern beispielhaft dargestellt werden.

K *Gedicht von den Händen*

Was haben wir am Ende doch für geschickte Hände!
Sie können viele Sachen bald rechts, bald links schnell machen.
Die Hände können waschen, sie greifen in die Taschen.
Die Hände können suchen, sie backen einen Kuchen.
Sie rühren eine Suppe, sie füttern unsre Puppe,
sie lenken unsern Wagen und können Koffer tragen.
Sie kämmen unsre Köpfe, sie flechten unsre Zöpfe
und können Schleifen binden, im Dunkeln Schalter finden.
Die Hände öffnen Türen, die uns ins Freie führen.
Sie schlagen mit dem Hammer, sie klammern mit der Klammer.
Sie spielen auch die Flöte, die Geige und Trompete.
Sie lassen Peitschen knallen, die weithin laut erschallen.
Der Kreisel muß sich drehen, der Turm muß grade stehen.
Die Hände können malen, die Hände schreiben Zahlen.
Sie nähen und sie sticken, sie häkeln und sie stricken,
sie schneiden kreuz und quere mit einer scharfen Schere.
Was haben wir am Ende doch für geschickte Hände!
Sie können viele Sachen ganz zuverlässig machen.[2]

Über eine nur mit den Händen erzählte Geschichte erkennen: Hände können reden

L erzählt mit seinen Händen eine Geschichte, z. B.: Ein Samenkorn wird in die Erde gelegt. Es scheint die Sonne. Es regnet. Das Samenkorn entfaltet sich. Ein Trieb bricht durch die Erde, wächst. Es bildet sich eine Blüte. Die Blüte öffnet sich.
Die Kinder werden aufgefordert, den dargestellten Vorgang zu nennen.
Die enträtselte Geschichte wird noch einmal vorgespielt.

Im Mitvollziehen von Gesten erfahren: Hände sprechen aus, was wir fühlen – wünschen

L fordert Kinder auf, seine Gebärden mitzumachen und zu spüren – fühlen, was die Gesten jeweils bedeuten.
Die Kinder werden motiviert, ihre Empfindungen, Gedanken, zu sagen.

[1] *Hugo Kükelhaus,* a.a.O., 139–141.
* *Franz Kett,* a.a.O., 61–63.
[2] *E. Pausewang,* Die Unzertrennlichen. Neue Fingerspiele 2. Don Bosco Verlag, München [15]1983, 22.

Mit den Händen eine Schale bilden.	Bereitschaft, etwas in Empfang zu nehmen.
Hände von sich strecken. Die Handinnenflächen zeigen nach außen.	Gestik des Sich-vom-Leibe-Haltens, Abwehr.
Hände von sich strecken. Handinnenflächen sind einander zugewandt.	Zeichen der Einladung, des Willkommenseins.
Ausgestreckte Hände bilden ein Dach. Handinnenflächen zeigen nach unten.	Gestik des Behütens, Schützens.
Hände werden über der Brust verschränkt.	Ausdruck des Sich-Sammelns, des Zur-Ruhe-Kommens.
Arme sind abgewinkelt. Hände sind offen. Handinnenflächen weisen nach oben.	Gebärde des Offenseins.
Geöffnete Hände nach oben strecken.	Ausdruck der Freude, der Danksagung.

Mit den Händen Gott sagen, was man fühlt – beten

L fordert die Kinder auf, seine Worte und Gestik mitzuvollziehen.
A Die Kinder übernehmen die einzelnen Gebärden und sprechen die Sätze nach:
Wir haben Hände!
Wir können sie öffnen und verschließen.
Wir können damit jemand einladen und abwehren.
Wir können damit umarmen und fortstoßen.
Wir klatschen damit, wenn wir uns freuen.
Wir verschränken sie, wenn wir stille werden,
gesammelt sein wollen.
Wir beten mit den Händen.
Wir sagen in diesem Augenblick mit unseren Händen:
Da sind wir!
Unsere Hände sind offen,
Unsere Herzen sind offen.

Tastspiele*

Meist tasten wir nur mit den Augen – vor allem wir Erwachsenen. Wir haben es uns abgewöhnt, Dinge mit den Händen zu be-greifen, weil wir glauben, aufgrund unserer Erfahrung sagen zu können, wie sie sich anfühlen. Wenn wir aber wieder bewußt Oberflächenreize aufnehmen, sind wir erstaunt, wie intensiv und vielgestaltig diese Impulse sind. Oft zeigt sich bei einem derartigen Spiel eine Gänsehaut, oder ein Schauer jagt über unseren Rücken. Kinder reagieren stimmlich, sie transponieren das Erlebnis in keckernde Laute oder in andere stimmliche Analogien.

Zu den Urerlebnissen gehört auch die eigentlich alte Erfahrung, daß nicht nur die Fingerspitzen tasten können, sondern die ganze Haut. Kinder lieben es, mit verbundenen Augen mit den Füßen Gegenstände zu ertasten und zu erraten. Im Sommer, wenn die Kinder nur leicht bekleidet im Garten spielen, läßt

* *Rudolf Seitz,* Kunst in der Kniebeuge. Ästhetische Elementarerziehung. Don-Bosco-Verlag, München 1978, ^{3}1982, 43–46.

sich dieses Spiel erweitern. Ein Gegenstand wird vorsichtig an den Rücken gehalten, an den Oberarm. Eine Schere z. B. ist gar nicht so leicht zu erraten, da sie bei diesem Spiel ganzheitlich erfaßt werden muß. Die Hand würde die Form abtasten. Im anderen Fall erfordert es eine große Konzentration.

Eine Rolle spielt auch, wie ich den Gegenstand angreife. Es ist ein großer Unterschied, wenn ich eine alte Holztischplatte vorsichtig streichle, mit festem Druck angreife, darauf schlage. Es ist dieselbe Hand, derselbe Gegenstand, und doch ergeben sich so verschiedene Eindrücke.

Tastspiele sind sehr leicht mit Kindern durchzuführen: Die ganze Umgebung ist Tastfeld, und Oberflächenmaterialien sind leicht zu beschaffen.

Eine Tastwanderung

Wir wollten an diesem Tag mehr über unseren Raum erfahren. Durch eine einfache Frage waren die Kinder sehr schnell in Bewegung geraten. Ich hatte gefragt: »Wer findet in diesem Zimmer die kälteste Stelle?« Es ging also zunächst um Temperaturunterschiede. Nach kurzer Zeit schlugen die Kinder verschiedene Stellen vor. Wir verglichen sie miteinander und fanden schließlich die Umgebung des Wasserhahns am kältesten.

Die Kinder hatten bei diesem ersten Spiel die Sinnesreize der Umgebung sortiert und ausprobiert, bis sie aus der Kontrastwirkung sich für bestimmte Stellen entschlossen. Diese mußten nun verglichen werden, bis ein Ergebnis zustandekam. Man sollte den Denk- und Fühlvorgang, der dazu nötig ist, nicht unterschätzen.

Das zweite Spiel ergab sich von selbst. »Welches ist die heißeste Stelle?« Normalerweise wäre das die Heizung. Es war aber Sommer. Die Sonne schien durch die Scheiben. Natürlich war es überall heiß, wohin die Sonne schien. Manche Gegenstände erwärmten sich aber schneller und mehr als andere. Die Kinder staunten darüber nicht schlecht, als sie das feststellten.

Nun zogen wir durch das Zimmer und untersuchten die Temperaturen. Bald kamen aber neue Aspekte dazu. Die Kinder versuchten zu sagen, wie sich die Dinge anfühlten. Sie waren weich, hart, rauh, glitschig, flauschig, löcherig, uneben, porös usw. Ich war erstaunt, wie reichhaltig der Wortschatz war, der da zutage trat.

Nun bildeten wir »Nester« aus Gegenständen, die leicht zu transportieren waren. Es gab weiche, harte, rauhe und glatte Haufen. Es war lustig zu beobachten, wie Grenzfälle ausdiskutiert wurden, wie die Kinder immer wieder mit den Händen darüberfuhren und verglichen.

Diese »Nester« veranlaßten uns jetzt, im Wortschatz noch genauer zu werden. Die Dinge eines Haufens waren z. B. alle weich; wenn man sie unterscheiden wollte, mußten schon Assoziationen herhalten: Sie waren dann z. B. weich wie ein Schaffell. Die Gegenstände und das Tasten hatten viele Erfahrungen und Vorstellungen der Kinder ausgelöst und sie andererseits gezwungen, sehr frei zu sprechen.

Das Tastkino

Kinder raten sehr gerne und erleben es ebenso freudig mit, wenn andere Kinder raten. Das Tasterleben läßt sich sehr leicht in ein Ratespiel miteinbauen. Am einfachsten geht das, wenn eine Decke über den Tisch gebreitet ist. So müssen nicht einmal die Augen verbunden werden. Nun steckt man etwas ungewöhnliche Gegenstände darunter, und die Kinder sollen sie erraten. Das läßt sich zu einem Kimspiel ausbauen. Hier sitzen die Kinder um den Tisch. Einige Gegenstände werden unter der Decke weitergereicht und still geraten; am Schluß sollen die Kinder erzählen, was sie alles getastet haben. Besonderen Spaß macht den Kindern das »Tastkino«. Damit können sie auch spielen, wenn sie sich selbst beschäftigen. Man benötigt dazu nur eine große Schachtel. Sie wird auf einen Tisch gestellt – mit der Schmalseite nach unten. Nun schneidet man auf zwei gegenüberliegenden Seiten große Löcher in den Karton, groß genug, daß die Kinder mit den Armen hindurchfahren können. Nun legt man einen Gegenstand in den Karton. Ein Kind tritt heran, greift durch die Löcher und beginnt zu raten. Das ist im allgemeinen nicht schwierig, obwohl wir erstaunlich unbeholfen sind, wenn die Augen nicht zu Hilfe kommen. Das Spiel wird schwieriger, wenn wir kleine Pappkartonkarten mit Figuren bekleben, die wir aus einem anderen Karton ausgeschnitten haben (Kreis, Dreieck, Trapez, Haus, Kreis mit ausgeschnittenem Tortenstück usw.). Die Kinder ertasten die Formen und zeichnen sie anschließend auf. Meist können das die Kinder besser als die Erwachsenen.

Die nächste Steigerung des Tastkinospiels ist die Umkehrung des Rätselspiels: Nicht das tastende Kind errät den Gegenstand, sondern die anderen Kinder raten, was das eine Kind ertastet. Dazu ist es nötig, daß dieses Kind nicht sofort verrät, um welchen Gegenstand es sich handelt, sondern daß es beschreibt, was es empfindet, welche Form der Gegenstand hat, wie er sich anfühlt usw.

»Such doch einmal Deine Schachtel« – Die Tastplastik

Für diese und die nächste Aktion brauchen wir sehr viele verschiedene Oberflächen. Wir baten die Eltern, uns zu helfen. So hatten wir bald einen chaotischen Berg von Stoffen (Rupfen, Jute, Batist, Seide, Leinen etc.), Netzen (auch Stores, Spitzen), Leder, Plastik (Folien, Styropor), Korkplatten, Fellen und Pelzen, Schmirgelpapieren, Fliegengittern, plastischen Tapeten, Wellpappe und vielem mehr. Die Kinder sortierten, die einen –systematisch – nach weich, hart usw., die anderen suchten aus – nach Anmutungsgrad –, was ihnen gefiel. Nun bekamen die Kinder Kartons, die wir im Supermarkt erbettelt hatten. Sie begannen, sie innen mit verschiedenen Oberflächen zu überziehen. Es gab weiche, glatte, rauhe und viele gemischte Schachteln. Fast andächtig untersuchten die Kinder. Nun klebten wir die Rück- bzw. die Seitenwände der Kartons so aneinander, daß ein »Turm« entstand. Mitten im Zimmer ragte er auf, gerade so hoch, daß die Kinder noch hinaufreichten, und ziemlich umfangreich. Die Kinder schlichen herum und tasteten in den Schachteln. Nun spielten wir verschiedene Spiele mit unserem Turm. Einem Kind wurden die Augen verbunden. Es sollte »seine« Schachtel suchen. Das war gar nicht so einfach bei dem großen Angebot. Oder es bekam gezielte Aufträge von den anderen Kindern: »Leinen«, »Seide«, »Schmirgelpapier« usw. Oder es berichtete, was es spürte: »rauh, uneben, wird warm, wenn ich darauf greife« (Styropor) usw. Interessant war zu hören, wie fast alle Kinder spontan mit ihrer Stimme auf die Tastimpulse reagierten, nicht mit Worten, sondern in entsprechenden Geräuschen. Es fehlen die Worte, die vielen Nuancen zu beschreiben. Die Kinder summten (wobei sie lauter und leiser wurden), gurrten, krächzten, quakten und schnarchten. Das entwickelten wir zu einem Spiel: Wir versuchten für alle Oberflächen Geräusche zu finden, die dem Tasterlebnis entsprachen. Es war ein tolles Konzert. Als wir alles durchprobiert hatten, spezialisierten wir uns. Die einzelnen Kinder waren für bestimmte Geräusche zuständig. Nun ging ein Kind an den Turm heran und legte die Hand auf eine Oberfläche. Das war der Einsatz für die »rauhen« Kinder. Es ging eine ganze Zeit so. Dann spielte das Kind mit zwei Händen; schließlich spielten zwei Kinder an der Wand. Wir hatten ein vierstimmiges Orchester, das viel lachen mußte, weil nicht immer alles funktionierte.

Die Tastwand

Es gibt Bilder für die Augen und solche für die Hände. Das leuchtet den Kindern schnell ein. Wenn sie nun die Möglichkeit haben, auf große Kartons (z. B. Rückseite von Blöcken) Tastbilder zu kleben, kann man sehen, daß sie die Oberflächen genauso auswählen wie die Farben beim Malen. Manche Kinder kleben dann gegenstandslose Bilder, andere arbeiten ornamental und wieder andere versuchen, die Oberflächen so aneinanderzureihen, daß sie ein gegenständliches Bild ergeben (Hexe usw.). Wenn wir diese Tastbilder nebeneinander an der Wand befestigen, haben wir fast umsonst eine sehr reizvolle Wand, an der sich die Kinder erfahrungsgemäß sehr viel aufhalten. Das ganze könnten wir aber auch noch wesentlich »professioneller« gestalten. Im Gang des Kindergartens oder im Foyer findet sich bestimmt noch eine Wandfläche, die wir in eine Tastwand umgestalten können. Dazu lassen wir uns beim Schreiner rechteckige Hartfaserplatten zuschneiden (Format ca. DIN A 4, also Größe von Schreibmaschinenpapier). Wer Mut hat, kann auch Rechtecke verschiedener Formate zuschneiden lassen und die ganze Fläche in Mosaikmanier zusammensetzen. Diese einzelnen Rechtecke werden nun je mit einer Oberfläche überzogen, etwa mit Rupfen, Fell, Schmirgelpapier, Leder usw. Nun kann die gesamte Fläche so ausgelegt werden, daß für das Tasten Kontraste entstehen, daß die Flächen aber auch farblich aufeinander abgestimmt sind. Zum Schluß werden die vielen Flächen auf eine oder mehrere Preßspanplatten geleimt, die dann mit Dübeln in der Wand verankert werden. Die Wände haben einen hohen ästhetischen Reiz. Mir gefallen sie besser als gelegentlich die »Kunst« an der Wand. Vor allem provozieren sie die Kinder sehr stark. Schon in der Frühe streichen sie mit den Händen über die Fläche, erleben bewußte Tastimpulse. Zudem haben wir eine neue Spielwand, die vielfältig einzusetzen ist, nicht zuletzt zur Sprech- und Sprachförderung.

*Bewegungsgestaltung: »Ich freue mich und springe«. Ein Spiellied**

Die Kinder können bei Mangel an genügend Orff-Schlaginstrumenten auf ihren Holzstühlen sich trommelnd freispielen. Jeder kniet oder hockt vor seinem Stuhl und zeigt, wie »seine Trommel oder Pauke« klingt.

Die Versuche, wie laut und wie lange man mit den Händen darauf pauken kann, werden nach kurzer Zeit abflauen; die Motorik ist dann zu ihrem Zuge

* *Wolfgang Longardt*, Spielbuch Religion. Benziger, Zürich/Kaufmann, Lahr, 1977, 49 f.

gekommen. Nun betrachtet man gegenseitig, wie rot die Handflächen oder kleinen Fäuste dabei geworden sind.

Die Lehrerin als erste Dirigentin (später kann das ein Kind sein) hebt schließlich beide Hände in die Höhe: jeder zeigt seine »Paukenschlegel«, die Hände. Damit kann man sehr leise pauken, die Stuhlpauke fast nur streicheln und auch sehr laut schlagen.

Jeder achtet als Spielregel aber auf den Dirigenten, der zum Erreichen einer Pause entweder die »Schlegel« hoch in die Luft streckt (und alle machen es nach) oder sie unter dem Stuhl versteckt. Wenn diese Pausen auch nach einem Dreischlag: Gott-sei-Dank, sofort wieder exakt klappen, kann das Lied in seinem Refrain eingeführt werden. Am Ende jeder Melodiezeile (siehe Markierung) werden die drei Gott-sei-Dank-Paukenschläge eingefügt:

Refrain: Text und Melodie: Wolfgang Longardt

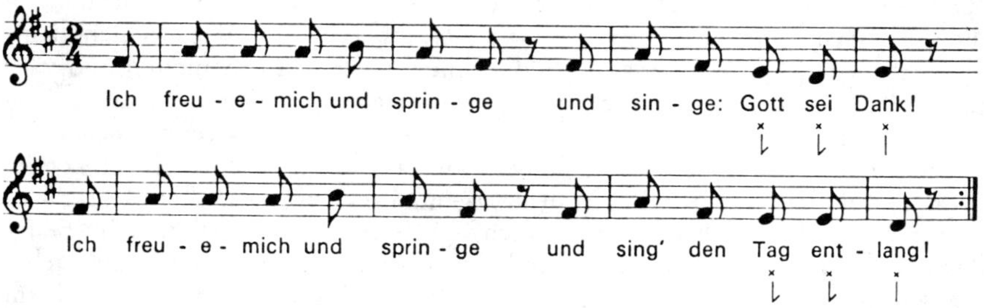

Später kann statt des Paukendreischlages abwechselnd auch geklatscht oder getriangelt werden. Beim Singen der Verse läßt man die Kinder entscheiden, wie das, was wir mit Händen, Füßen, Augen tun können, während des Liedes bewegungsmäßig dargestellt werden soll.

Hier Text und Melodie für die Strophen zwischen den Refrainwiederholungen:

Strophe:

Refrain: Ich freue mich und springe . . .

2. Ich habe Füße, ich bin gesund,
die mir gehorchen zu jeder Stund,
und die mich tragen, wohin ich mag,
ich lauf und springe den langen Tag. *Refrain:* . . .

3. Ich denk' an andre, die krank, in Not,
wie kann ich helfen, zeig's, lieber Gott,
lenk Händ' und Füße, lenk Herz und Sinn,
daß ich den andern ein Helfer bin. *Refrain:* . . .

Die Heilung des Aussätzigen

Aussatz in der Bibel

A. »Wenn sich bei jemandem auf der Haut eine Geschwulst oder ein Ausschlag oder ein heller Fleck zeigt und daraus auf seiner Haut ein Aussatzmal entsteht, so soll man ihn zu Aaron, dem Priester, oder zu einem von seinen Söhnen, den Priestern, führen. Wenn dann der Priester das Mal auf der Haut besieht, und die Haare an der kranken Stelle sind weiß geworden, und das Mal erscheint tiefer als die (übrige) Haut, so ist es ein Aussatzmal; wenn der Priester das sieht, soll er ihn für unrein erklären. Wenn es aber ein ein weißer Fleck auf der Haut ist, und dieses erscheint nicht tiefer als die (übrige) Haut, und die Haare darauf sind nicht weiß geworden, so soll der Priester den Betroffenen sieben Tage lang absondern. Besieht ihn dann der Priester am siebenten Tage, und das Mal ist in seinem Aussehen gleich geblieben, ohne auf der Haut weiter um sich zu greifen, so soll ihn der Priester abermals sieben Tage lang absondern. Wenn ihn dann der Priester am siebenten Tag zum zweitenmal besieht und findet, daß das Mal zurückgeht, ohne auf der Haut weiter um sich zu greifen, so soll ihn der Priester für rein erklären – es ist nur ein Ausschlag; er aber soll seine Kleider waschen, dann ist er wieder rein.« (Lev 13,2–6)

Wovon ist die Rede, wenn die Bibel vom Aussatz spricht? Das medizinische Interesse für diese Krankheit war immer groß. Nach einem gründlichen Studium aller Bibelstellen, die vom Aussatz handeln, glaubt man heute, daß es sich hierbei nicht um Lepra handelt, wenngleich dieses griechische Wort auch in der Bibel den Aussatz bezeichnet. (Seit Alexander d. Gr. wurde der Aussatz allgemein als Elephantíasis bezeichnet. Die hebräische Bibel nennt ihn zaraath, Septuaginta und Neues Testament lépra. Da die hebräische Bibel aber verschiedene Arten von zaraath unterscheidet – die Mischna kennt später 72 Versionen – scheint zaraath bzw. lépra eher ein Sammelname für durchaus unterschiedliche Hautkrankheiten zu sein, was freilich die tatsächliche, damals unheilbare Lepra nicht mit Sicherheit ausschließt.) Die medizinische Meinung tendiert dahin, daß es sich beim biblischen Aussatz wahrscheinlich um die Schuppenflechte (psoríasis vulgaris) handelt. Die Ursachen dieser Krankheit sind unbekannt. Sie wird durch Blutdisposition begünstigt, daher werden oft ganze Familien davon befallen, doch ist sie weder ansteckend noch vererbbar. Bei nichtisraelitischen Völkern blieben solche Aussätzigen in ihren Familien, aussätzige Beamte in ihrem Dienst, wie der Syrer Naaman, von dem 2 Kg 5,1–16 erzählt.

Die Aussonderung der Aussätzigen in Israel geschah aber nicht, weil die Ansteckungsgefahr gefürchtet wurde, sondern weil der Aussatz vor dem Gesetz kultisch unrein machte, so daß ein Zusammenleben, das direkten wie indirekten Kontakt nicht umgehen läßt, für alle kultische Unreinheit bedeutet hätte. Die Bestimmungen Lev 13,9 ff zeigen, daß die Kriterien der »Reinheit« und »Unreinheit« tatsächlich nicht medizinische, sondern eher solche des Augenscheins waren: »Wenn der Aussatz auf der Haut so ausbricht, daß der Aussatz die ganze Haut des Kranken vom Kopf bis zu den Füßen bedeckt, wohin auch der Priester schauen mag – wenn also der Priester sieht, daß der Aussatz den ganzen Leib bedeckt, so soll er den Kranken für rein erklären; er ist ja ganz weiß geworden und ist also rein. An dem Tag jedoch, an dem am Kranken wildes Fleisch sichtbar wird, ist er unrein.« (Lev 13,12–14).

Sobald der Priester nach dem Gesetz einen Kranken für kultisch unrein erklärte, mußte dieser hinfort durch zerrissene Kleider, Barhäuptigkeit, verhüllten Bart und den Warnruf »Unrein!« alle Entgegenkommenden warnen, damit sie nicht durch Berührungen mit ihm ebenfalls kultisch unrein wurden. Am Ursprung solcher Aussonderungsvorschriften hat gewiß einmal die Befürchtung gestanden, sich einer Ansteckung auszusetzen. Nachdem man von der gesundheitlichen Ungefährlichkeit der meisten Aussatzerkrankungen wußte, behielt man trotzdem die Absonderung wegen kultischer Unreinheit bei, nicht zuletzt, weil man zugleich darin einen Ausdruck besonderer Sündigkeit sah.

Die »Aussatz« genannte Schuppenflechte ist eine chronisch verlaufende Krankheit, die plötzlich auftreten, aber nicht plötzlich verschwinden kann. Gerade deswegen erstaunten die Heilungen Jesu an solchen Kranken. Die Gesetze, die ein Genesender zu befolgen hatte, um wieder als »rein« anerkannt zu werden, finden sich Lev 13 und 14 niedergelegt.

B. Die Perikope unseres Religionsbuches folgt Mk 1,40–45. Die Verse 43 bis 45 a.b., die einerseits der markinischen »Geheimnistheorie« entspringen (→ S. 304), andererseits von der Anerkennung durch die Priester handeln, wurden ausgeklammert, um dem Stück seine lapidare Eindringlichkeit im Kontext des Kapitels nicht zu nehmen.

Die Erzählung ist ort- und zeitlos überliefert. Sie beginnt mit einem erregenden Vorgang, der freilich historischer Vorstellung bedarf (→ A; → S. 338), um in seiner Dramatik ermessen zu werden: Ein Aussätziger kommt zu Jesus, weil er seine Absonderung nicht länger erträgt. Seine Zeitgenossen sehen ihn als einen Sünder, den Gottes Strafe eingeholt und gezeichnet hat. Er durchbricht die Schranken, die das Gesetz zwischen ihm und dem Volk errichtet: »Es soll aber der Aussätzige, der die Krankheit an sich hat, zerrissene Kleider tragen, die Haare frei flattern lassen, und den Bart verhüllen, und er soll rufen: ›Unrein! Unrein!‹ Abgesondert soll er wohnen, seine Wohnstätte soll außerhalb des Lagers sein.« (Lev 13,45 f). Statt die vorgeschriebene Distanz zu wahren, geht er auf Jesus zu und fällt vor ihm auf die Knie. Jesus weicht ihm nicht aus, wie es dem kultischen Denken entsprochen hätte, er hat keine Berührungsangst. Für ihn sind Reinheit wie Unreinheit nicht äußerlich bedingt, sondern eine Sache der inneren Lauterkeit. Allem Anschein nach hat der Kranke eine solch unkonventionelle Souveränität Jesu vorausgesetzt. Er hält es auch für sicher, daß Jesus ihn heilen kann: »Wenn du willst, kannst du mich rein machen.« Er hält Jesus für den »offenbaren Heiland aller Gebrechen«, für den, der an Gottes statt handelt. Dabei ist nur eines für ihn offen, ob Jesus will. Darum die Bitte, die mit »wenn du willst« beginnt und der Kniefall, in dem Glaube und Bitte zugleich sich ausdrücken.

Dem anrührenden Verhalten des Kranken entspricht Jesu Tun. Er wird von Mitleid bewegt und er streckt seine Hand aus, den Kranken zu berühren. Wir erkannten die Handauflegung bereits bei der Blindenheilung als eine Geste menschlicher Zuwendung (→ S. 285), hier aber gewinnt sie nochmals erhöhtes Gewicht. Sie unterstreicht ja eine Solidarität, die ohne Angst um die Folgen für die eigene Person bleibt. Daß Jesus durch die Berührung mit dem Noch-Unreinen auch selbst unrein wird, erscheint völlig mißachtet. Jesu Erbarmen (einige Lesarten sagen statt dessen »Zorn«) gilt dem Elend des Kranken, das er so erschütternd vor sich sieht. Der Kranke bekommt das vollmächtige »Ich will, werde rein!« zu hören. Während die Priester nur einen schon eingetretenen Tatbestand feststellen und daraufhin »Reinheit« erklären können, schafft Jesu Reinerklärung auch den Tatbestand. Er tut, was nach rabbinischer Auffassung einer Totenerweckung gleichkommt und allein in Gottes Hand steht, denn der Aussätzige zählt zu den lebendig Toten: »Vier werden einem Toten gleichgeachtet: der Arme, der Aussätzige, der Blinde und der Kinderlose.« Erneut zeigt Markus einen Propheten, der in Vollmacht schafft, was von der messianischen Zeit erhofft wird. Sein Spruch hat Gewalt, »denn er, er sprach und es geschah; er gebot, und es stand da« (Ps 33,9). Die Krankheit fällt von dem Kranken ab, und er wird rein. »Und die Menschen kamen zu ihm von überall her.«

C. Das kultische Gesetz Israels war streng. Israel sollte »ein reines Volk« sein, darum war die Berührungsangst gegenüber Unreinen so groß. Schon jede Begegnung mit einem Aussätzigen übertrug dessen Unreinheit. Rabbi Jochanan lehrte, es sei verboten, vier Ellen weit östlich von einem Aussätzigen zu gehen; ein anderer sprach gar von 100 Ellen. Resch Lakisch bewarf einen Aussätzigen mit Steinen und rief: »Gehe an deinen Ort und beflecke nicht die Menschen.« Rabbi Eliazer ben Simeon versteckte sich, sobald er einen Aussätzigen sah. Die Rabbiner Asi und Ammi gingen nicht in eine Gasse, in der Aussätzige lebten. Jerusalem war Aussätzigen überhaupt verboten, ebenso alle alten ummauerten Städte. In Dörfern und neueren Städten durften sie sich aufhalten, sofern sie abgesondert wohnten. In Synagogen gab es besondere Zonen für Aussätzige, »zehn Handbreit hoch und vier Ellen im Geviert«.[1]

Man kann solche Informationen auch heute noch nicht mit einem Gefühl der aufgeklärten und moralischen Üerlegenheit zur Kenntnis nehmen. Immerhin hatte die Exkommunikation des Aussätzigen ein fundamentum in re, war sie durch alte und gewiß einmal hygienisch begründete Traditionen, die ihre kultische Unanfechtbarkeit erhielten, auch dem Frommen selbstverständlich geworden – was das Verhalten Jesu um so liberaler und erstaunlicher erscheinen läßt. Die »Aussätzigen« hingegen, die unsere eigene Geschichte und Gegenwart kennt, erscheinen weit weniger plausibel, so daß ein Sich-Erheben über die jüdische Aussätzigenpraxis bei Verdrängung unserer eigenen Praktiken, bestimmte Mitmenschen zu Aussätzigen zu stempeln, nur um den Preis der Heuchelei möglich wäre. Im didaktischen Horizont dieser »Heilung des Aussätzigen« steht deshalb unabweislich auch die Frage nach allen, die unsere Gesellschaft exkommuniziert, wie andererseits die Frage nach dem Maßstab, den Jesus gegenüber solchen Menschen setzt.

D. Der zuletzt genannte »didaktische Horizont« wird mit dem Bild von Relindis Agethen exemplarisch ausgefüllt, von unseren anschließenden Reflexio-

[1] *Walter Gundmann,* a.a.O., 52 f.

nen weiterhin vertieft. Methodisch steht der Bibeltext am Anfang, doch verweist er in seiner weiteren Entfaltung auf jene Deutung, die er in Agethens Bild findet.

Relindis Agethen, Die Heilung des Aussätzigen

A. Wie bei der Heilung des Taubstummen (Seite 37) handelt es sich um eine Pastellmalerei auf Holz, 149 × 187,5 cm.

B. Alles, was auf diesem Bild vor Augen tritt, ist hinter den Stacheldraht verbannt – Jesus freilich auch. Ein demoliertes, vielfach beschossenes Stop-Schild markiert die Grenze. Hinter ihr beginnt ein gesellschaftliches Niemandsland, das Getto der Exkommunizierten, die Verlassenheit der Aussätzigen – oder müssen wir sagen, der Aussätzig*gemachten*?

Während auf den übrigen Bildern dieses Kapitels Jesus seinen Ort an einem der Bildränder fand, steht er hier aufrecht inmitten des Geschehens, äußere wie innere Mitte in einem. Er überragt das Stop-Schild und stellt es durch seinen Ort jenseits der Stacheldrahtgrenze zugleich in Frage. Diesmal fehlt auch die Schriftrolle, die er sonst immer im Typos des Zillis-Christus in der Hand trägt, statt dessen sehen wir ihn seinen Arm um den Aussätzigen zu seiner Linken legen, die Hand ruht freundschaftlich auf dessen Schuler: eine eindringliche Geste, die auf den ersten Blick deutlich macht, mit wem dieser Christus Jesus sich solidarisiert, wo sein Ort ist, sofern Menschen zwischen sich und anderen Grenzen ziehen, die Gettos schaffen.

Die vermummte Gestalt, um die Jesus seinen Arm legt, ist ein Aussätziger, wie er heute irgendwo in Indien begegnet. Um sehen zu können, trägt dieser Kranke einen Netzausschnitt vor den Augen. Sonst sehen wir nichts von ihm: wissen nicht, wie der Aussatz ihn gezeichnet hat, können ihm nicht ins Gesicht sehen, seinen seelischen Zustand nicht wahrnehmen. Die Verhüllung macht ihn für die Gesellschaft zu einem Anonymus. Nur das demonstrativ vorgehaltene Blechgefäß, mit dem der Ausgestoßene um Almosen bettelt, zeigt, auf welch schmalen Gestus das soziale Verhältnis reduziert worden ist.

Zur Rechten Jesu schreit ein junger Mensch mit fast ekstatischer Intensität. Hautfarbe und Gesichtszüge kennzeichnen ihn als einen aus dem Heer fremder Länder, die als »Gastarbeiter« bzw. als »Angehörige einer ethnischen Minderheit« nirgendwo gerne gesehen sind, als Mitmenschen zweiter Klasse soziale Ächtung erfahren und deshalb oft allein ihres Aussehens wegen kein Heimatrecht gewinnen. Sie leben, wo sie auch leben, draußen vor der Tür.

Unter diesen Klagenden begegnet uns noch einmal das ausgestoßene Mädchen, das uns bereits auf vielen Bildern des Religionsbuches für das erste Schuljahr begleitet hat.

Dessen Geschichte ist von dorther mannigfach bekannt. Der Stacheldraht hat es von Anfang an als »Aussätzige« und »Ausgestoßene« gekennzeichnet. Hier nun ist es mit Gefährten versammelt, die das Schicksal des exkommunizierten Menschen teilen – Jesus inbegriffen. Auf der anderen Seite des Pfahles liegt, erschöpft oder zusammengeschlagen, ein später Volksgenosse Jesu. Der gelbe Judenstern an seiner Kleidung weist ihn als einen der Sechsmillionen aus, die der deutsche Judenhaß in die Vernichtungskammern schickte. Zugleich erinnert er an das jüdische Schicksal in tausend Jahren Christentumsgeschichte. Was es heißt, aussätzig und ausgestoßen zu sein, haben sie durch Kleidungsvorschriften, Zunftordnungen, Ausweisungen und Gettoisierung in allen christlichen Ländern Europas erfahren.

In einer anderen Weise gehört der Harlekin zu den Aussätzigen. Er steht an der Seite Jesu, weil er in seiner bewußten Nichtangepaßtheit sich gegen alle bürgerliche Stumpfheit sperrt, die für die täglich neuen Stacheldrähte zwischen Mensch und Mitmensch mitverantwortlich ist. Weil das alles im Gewand der »Argumentation« daherkommt, mit seriöser Ernsthaftigkeit auftritt, um vor sich selbst und dem gesellschaftlichen Ritual bestehen zu können, kann der Harlekin weder seriös noch bürgerlich noch clever sein wollen. Er kann nur die Narrenkappe akzeptieren, dem täglichen Stumpfsinn seine eigene Melodie entgegensetzen – in der Hoffnung, daß vielleicht doch jemand sein Lied vom menschlichen, brüderlichen Leben versteht. (→ I, 163–167)

Aber was ist mit dem Pferd? Es reckt sich schreiend quer durch das Bild – am rechten Bildrand jedoch findet es sein Gegenbild in einem aus Picassos »Guernica« zitierten Ausschnitt. Schon 1917 hatte Picasso erstmalig ein verendendes Pferd mit zum Himmel erhobenem, aufheulenden Kopf gezeichnet. 1937 griff er dieses Motiv wieder auf und entwickelte es in weiteren Studien. In seinem monumentalen Gemälde »Guernica« beherrscht der sterbende Pferdekopf dann die Bildmitte als Hinweis auf alle unter Kriegen unschuldig leidenden Geschöpfe.[1]

Mit diesen Bezügen wird auch die Bedeutung des Pferdes auf unserem Bild verständlich. Es steht und klagt für die verachteten, ausgebeuteten, mit satanischer Roheit gequälten Kreaturen, die der Mensch um ihre Rechte und alle Würde bringt (→ S. 153 ff). Würde das *Tier* im Kreis der Ausgestoßenen fehlen, so wäre die Anklage dieses Bildes nicht vielstimmig genug.

Wir hatten zu Beginn unserer Betrachtung gesagt, alles, was auf dem Aussätzigenbild vor Augen trete, sei hinter den Stacheldraht verbannt. Das stimmt – doch mit Ausnahme des Vogelnestes, das sich ausgerechnet am Stacheldraht festhält. Fünf kleine Vögel sitzen hier zusammen, haben jenes Nest, das allen hinter dem Stacheldraht vorenthalten wird. Ein sechster Vogel füttert die hungrigen Schnäbel gerade mit einer Raupe. So erscheint hier im Vordergrund, just unter dem verschossenen Stop-Schild, ein Gegenbild zu all der ausgelieferten heimatlosen Not. Und doch: einer der kleinen Vögel ist zu schwach; er kommt nicht zum Zuge, wird fast plattgedrückt und wohl bald aus dem Nest herausgedrängt. Wo geschieht dergleichen alle Tage? Ist die Welt so konstruiert, daß Menschen nichts dagegen tun können?

C. Den Bildern des Religionsbuches für das erste Schuljahr wird von einigen Seiten vorgeworfen, sie würden das Elend dieser Welt allzu unmittelbar einem Alter vermitteln, das darauf nur noch mit Angstsyndromen reagieren könne. Was denkt man denn über die täglichen Bilder der Aggression, der Vernichtung, der Bedrohung, die den gleichen Kindern täglich im Fernsehen zugemu-

[1] *Hubertus Halbfas,* Lehrerhandbuch Religion. Informationen und Materialien zur Unterrichtsvorbereitung. Mit Text- und Bildinterpretationen zum Lesebuch »Das Menschenhaus«. Düsseldorf/Stuttgart (1978), [5]1982, 384 f.

tet werden? – und jeder Lehrer weiß doch um das Übermaß des Bildschirmkonsums, der allüberall stattfindet. Soll ein Religionsbuch nur eitel Harmonie suggerieren, während doch das apokalyptische Grauen selbst schon in den Spielzeugläden und Comics steckt? Nicht Verdrängung ist religionspädagogisch zu verantworten, sondern Aufarbeitung. Die Welt, die unsere Kinder täglich umgibt, überfordert sie tatsächlich, wenn keine pädagogisch verantwortete Auseinandersetzung mit dieser Welt stattfindet. Nicht der Atompilz im Schulbuch ist das Problem, sondern die angesichts unseres Glaubens nicht zur Sprache gebrachte Angst, die sich dann kryptogam weiterfrißt. Und ebenso ist nicht der Stacheldraht im Religionsbuch eine Belastung, sondern die soziale Realität unserer Kinder, die keineswegs ohne Stacheldrähte existiert. Wenn eine Wundererzählung, wie die von der Heilung des Aussätzigen, nicht dazu anstiftet, der eigenen Aussätzigen unserer Zeit ansichtig zu werden, wird das Evangelium zugunsten scheinfrommer Kulissen verraten.

D. Aus einem nichtgelenkten Unterrichtsgespräch im zweiten Schuljahr

Da ist wieder die Frau.
Und auch der Stacheldraht.
Da schreit ein Mensch ganz fürchterlich.
Ich sehe einen dicken Stacheldraht und dahinter ein Pferd. Über dem Pferd ist ein Junge, der schreit laut.
Da ist ein Mann, der geschminkt ist.
Und rechts ist einer, der hat ein Tuch überm Kopf und einen Topf in der Hand.
Ich sehe Dunkles und Helles.
Der Mann mit dem Tuch bettelt wahrscheinlich.
Der Mann mit dem Tuch hat bestimmt Aussatz und bettelt mit dem Topf um Geld.
Ich sehe drei Teile auf dem Bild: Links ist es dunkel, da scheint der Mond. In der Mitte, da wo Jesus steht, wird es hell. Und rechts ist Sonnenuntergang, oder die Sonne geht auf, jedenfalls so zwischen Tag und Nacht.
Da sind auch Wellen und das Meer.
Das sieht aus wie ein Gewitter.
Der Mann mit dem Tuch steht genau vor dem Meer.
Der Junge schreit aus vollem Halse um Hilfe.
Der Geschminkte da oben guckt komisch.
Da liegt ein Mann auf dem Boden. Ich glaube, der ist schon tot.
Ich frage mich, warum die Vögel auf dem Bild sind.
Ja, und der Stacheldraht und das Stoppschild.
Der Mann und die Frau liegen im Stacheldraht, das soll heißen, daß die gefangen sind.
Der Draht und das Stoppschild bedeuten: da darf niemand durch.
Bei dem Stoppschild ist eine Seite hell und eine Seite dunkel.
Vielleicht bedeutet das Schild: Schützt die Vögel! Tut ihnen nichts! Die sind noch so klein.
Ich sehe Jesus, der legt die Hand auf den Aussätzigen. Sie sind Freunde. Jesus hält zu dem.
Der Stacheldraht bedeutet eine Grenze, wo man nicht durchgehen darf.
Die kommen ja gar nicht durch.
Hier vorne sind die Normalen und dahinter die Aussätzigen, das heißt, da darf man nicht hinter.
Da ist ein Bild an den Pfosten genagelt, das sieht aus wie ein Drache oder ein wildes Pferd.

Vielleicht ist es das Pferd von der anderen Seite, nur kleiner.
Das Stoppschild hat lauter Löcher.
Die Löcher sind reingeschossen.
Da hat einer auf die geschossen, damit die ja nicht rüberkommen.
Die sollen alle hinter der Grenze bleiben.
Die hinter dem Zaun sind alles die Aussätzigen, die keiner mag.
Der Clown spielt bestimmt ein trauriges Lied.
Der Jesus guckt zu uns her.
Jesus guckt zu uns, daß wir uns um die da hinten kümmern sollen.
Jesus denkt nach, was er jetzt tun soll.
Lehrer: Ihr könnt bestimmt den »Aussatz« eines jeden hinter dem Stacheldraht sehen!
Der Geschminkte war vielleicht mal im Zirkus. Jetzt kann er nicht mehr gut Witze spielen, jetzt haben sie ihn fortgeschickt.
Dem will niemand zuhören, weil er immer so traurige Lieder spielt.
Dem schwarzen Jungen haben sie sehr weh getan, aber helfen will ihm keiner.
Das Pferd war bestimmt mal beim Bauern und hat viel gearbeitet. Jetzt ist es alt und krank, da will es keiner mehr füttern.
Der mit dem Umhang hat bestimmt schon Aussatzbeulen überall. Und das will keiner sehen. Das sieht so häßlich aus. Dem bringt keiner Essen oder geht zu ihm hin. Dem werfen sie nur Geld hin.
Das Mädchen da vorne schaut immer auf die Vögel. Das denkt: Die haben's schön. Die können überall hin. Die müssen nicht hinter dem Draht eingesperrt bleiben.

Eva-Maria Bauer

Stigmatisierung und Exkommunikation
Historisch-sozialpsychologische Überlegungen

A. In diesem letzten Abschnitt zur »Heilung des Aussätzigen« soll es darum gehen, den Vorgang der Aussonderung und Grenzziehung, wie er sich auch in der Christentumsgeschichte und in unserer heutigen sozialen Realität darstellt, aufzuzeigen, um den didaktischen Horizont des Agethen-Bildes durch weitere Hinweise auszufüllen. Weil es sich dabei um Sachverhalte handelt, die seit den siebziger Jahren unter Stichworten wie »Außenseiter« oder »Vorurteile« bis zum Überdruß breitgewalzt wurden, treten wir bewußt nicht in diese Schablonen, sondern warnen davor, das Thema von der Heilung des Aussätzigen gegen verengende Stichworte einzutauschen.

B. Während bei Herodot (ca. 484–ca. 430 v. Chr.) der Begriff lépra noch eine übertragbare, verstümmelnde Krankheit bezeichnete, bedeutet bei den hippokratischen Ärzten der gleiche Ausdruck die heutige Schuppenflechte. Diese Krankheit war früher im Abendland unbekannt. Sie wurde über Griechenland und Italien vermutlich durch römische Legionäre nach Gallien und Germanien übertragen. In der mittelalterlichen Gesellschaft gehören die Aussätzigen zum Alltag; vermutlich gab es nicht mehr allein die *psoríasis vulgaris* (Schuppenflechte) sondern auch ansteckende Formen. »Man hält sie sich wohl vom Leibe, da sie eine Gefahr bedeuten, will sie aber dennoch in Sichtweite haben, um sich, durch Fürsorge für sie, ein gutes Gewissen zu sichern und darüber hinaus magisch alle Übel auf die Kranken abzuwälzen.«[1] Der ansonsten unbekannte fran-

[1] *Otto Borst,* Alltagsleben im Mittelalter. Insel Verlag, Frankfurt am Main 1983, 484.

zösische Dichter Beroul (12. Jh.) erzählt in seinem Tristanroman die schreckliche Geschichte von König Marke, der seine Gattin Isolde wegen einer heimlichen Liebesbeziehung bedenkenlos den Aussätzigen überliefert, um so – »einem Rechtsbrauch der damaligen Zeit folgend«! – ihre Schuld zu sühnen.

»Hundert Aussätzige, gar mißgestaltet, mit zersetztem, über und über weißem Fleisch, waren auf ihren Krücken mit klappernden Rätschen herbeigekommen und umdrängten nun den Scheiterhaufen, um unter ihren geschwollenen Lidern hervor mit blutunterlaufenen Augen das Schauspiel zu genießen. Yvain, der häßlichste der Kranken, rief dem König mit schriller Stimme zu: ›Du willst dein Weib in diese Glut werfen, o König. Sie hat es wohlverdient, doch währt es nicht genug. Das große Feuer wird sie rasch verzehren, der große Wind wird ihre Asche rasch verstreuen. Und wenn die Flamme binnen kurzem in sich zusammenfällt, sind ihre Leiden vorüber. Willst du eine ärgere Strafe hören, bei der sie wohl lebt, doch in großer Schmach und ständiger Sehnsucht nach dem Tode? Willst du, o König?‹

Der König entgegnete: ›Sie mag leben, doch in großer Schmach, die schlimmer ist als der Tod. Wer mir eine solche Strafe nennen kann, soll mir lieb und wert sein.‹

›So will ich dir denn ohne Umschweife meine Gedanken eröffnen, o König. Siehe, ich habe hier hundert Gefährten – gib uns Isolde, auf daß wir sie gemeinsam besitzen! Das Leid schärft unser Begehren. Gib sie deinen Aussätzigen. Keine Dame hat je schlimmer geendet. Siehe, unsere Lumpen kleben an unseren schwärenden Wunden. Sie, die an deiner Seite in kostbar besetzten Gewändern juwelengeschmückt einherging, die in marmorverzierten Sälen gewohnt, edlen Wein getrunken und Ehren und Freuden genossen, wird, wenn sie den Hofstaat ihrer Aussätzigen erblickt, wenn sie in unseren elenden Löchern wohnen und mit uns schlafen muß, ihre Sünde erkennen. Dann wird Isolde die Schöne, Isolde die Blonde nach diesem hell lodernden Scheiterhaufen Verlangen tragen.‹

Der König hört ihn an, erhebt sich, und steht lange reglos da. Dann tritt er rasch auf die Königin zu und faßt sie bei der Hand. Sie schreit: ›Erbarmen, Herr, verbrennt mich lieber, verbrennt mich!‹ Der König ergreift sie, Yvain nimmt sie, die hundert Kranken umdrängen sie. Sie kreischen und schreien dergestalt, daß alle Herzen in Mitleid hinschmelzen. Yvain aber ist froh. Isolde geht, Ivain führt sie fort. Der schauerliche Zug zieht zur Stadt hinaus.«[1]

Die mittelalterliche Gesellschaft hat eine eigenartige Widersprüchlichkeit im Verhältnis zu den Ausgestoßenen – und letztlich zählen alle Gebrechlichen und Kranken zu den Ausgestoßenen – nicht überwinden können. Einerseits erkannte man in jedem Kranken den leidenden Christus, schätzte man den Krankendienst als Gottesdienst. Andererseits blieb seine Abwertung und rechtliche Ausstoßung unangefochten. Der »Sachsenspiegel« bestimmt (um 1230), daß ein Mann über seinen Grundbesitz nur so lange verfügen dürfe, als er nachweislich mit Schwert und Schild von einem Stein aus sein Streitroß besteigen kann. Lehns- und Erbfähigkeit ist an die Freiheit von körperlichen Gebrechen geknüpft. Selbst kleinere Formen körperlicher Mißbildung schlossen von der Königswürde aus. (Für den Klerus wirkte sich diese Bestimmung bis in das kirchliche Rechtsbuch CIC von 1917–1983 aus, vgl. can. 984, Nr. 2.) Der weitverbreitete Zweikampf als Beweismittel im Sinne des »Gottesurteils« verband Körperkraft und Recht unmittelbar miteinander. »Behinderte« waren nicht rechtsfähig.

Natürlich gab es auch noch andere Formen des Ausschlusses. Die Geschichte der Juden in Europa ist dafür ein unerschöpfliches Belegreservoir. Insbeson-

[1] Zitiert nach *Otto Borst,* a.a.O., 484 ff.

dere aber belegt die Inquisition mit ihrer Ketzermacherei und Hexenverfolgung den krankhaften Drang, eine Minderheit zu finden, auf die alles Übel projiziert werden kann, für das sie dann mit Leid und Ausrottung büßen muß. »Ob nicht (wenngleich gerne zugestanden wird, daß einige solche Leute wirklich geirret, oder sonst zu viel geredet oder gethan das sie nicht verantworten können) dennoch insgeheim sie alle anders anzusehen und zu beschreiben wären, als wohl bißhero von ihren anklägern geschehen?« fragt als Einzelstimme über diese Zeiten hinweg Gottfried Arnold[1] und fügt dann später die entscheidende Frage hinzu, von der man meinen sollte, sie habe schon immer auf der Hand gelegen, obwohl sie sich doch mit den Ausgeschlossenen zugleich selbst im Abseits befand: »Ob nicht der mitleidige Hohe-preister Christus Jesus selber nicht allein bey seinem sichtbaren umgang auf erden die verlohrnen schaaffe mit wolthun und sanfftmuth gesuchet und zurecht gebracht, sondern auch noch immerdar mitleiden habe mit denen, so wol die da unwissend sind, als die da wircklich irren; und sie also nicht alsbald verstosse, verdamme und verderbe, sondern mit vielem verschonen trage und zu bessern suche? Ob nicht alle und jede, die sich Christen oder auch gar seine diener und boten nennen, diesem exempel genau und ohne einige widerrede nachzufolgen schuldig seyn?«[2]

C. Die Aussätzigen, so sehr sie für sich selbst stehen, sind doch auch Paradigma für zahllose andere Minoritäten, die der Ausschließung in ihrer Gesellschaft unterliegen. Merkmale, die eine solche Exkommunikation fördern, mögen wandelbar sein, immer sind es aber abweichende Besonderheiten des Aussehens, des Defekts, des Denkens oder Glaubens. Auf der untersten Ebene sind es zweifellos Merkmale des Körperbaus und des Verhaltens: Haut und Haarfarbe, Nasenform, die Augenlider, Sprechart, Gestikulationsweise, Kleidung und Speisesitten. Deprimierend ist das Urteil des Sozialpsychologen: »Es dürfte nur ganz wenige Menschen geben, die sich der Versuchung erwehren können, aus solchen Merkmalen auf den ›Charakter‹ eines oder aller ihrer Träger zu schließen . . . Es dürfte auch nur ganz wenige Menschen geben, die nicht mit Stereotypen dieser Art operieren, und damit eine Anleihe bei ›Vorurteilen‹ machen, d. h. bei Urteilen, für deren Erstellung ihre eigene Erfahrung nur eine dürftige Basis ist. In sehr vielen Fällen bedarf es nicht einmal dieser Leitmerkmale; die Bezeichnung eines Menschen als eines Angehörigen der Minoritätsgruppe X genügt meistens schon, um das volle Stereotyp hervorzuzaubern.«[3]

D. Für Kinder der Grundschule ist das Problemfeld von Stigmatisierung und Exkommunikation keineswegs entlegen. Je nach dem Umfeld der Schule kann die Sozialstruktur eines Wohnbereichs mit allen seinen latenten und manifesten Spannungen auch innerhalb des Klassenlebens deutlich werden. Für manche Regionen sind es vor allem »Gastarbeiter«-Kinder, insbesondere Türken, die soziale Distanzierungen aus Ausschließungen leicht auf sich ziehen. Im Zusammenhang mit Text und Bild von der Heilung des Aussätzigen soll das

[1] *Gottfried Arnold,* Unparteiische Kirchen- und Ketzerhistorie, von Anfang des Neuen Testaments bis auf das Jahr Christi 1688, (1729); Hildesheim 1967, II, 1.
[2] *Gottfried Arnold,* a.a.O., IV, 2.3.
[3] *Peter R. Hofstätter,* Einführung in die Sozialpsychologie, Stuttgart ^{5}1975, 381 f.

ein Wort wert sein. Ansonsten kommt es aber nicht primär auf ein verbales – und schon gar nicht auf ein moralisierendes – Interpretieren bestehender Vorurteile an, sondern auf eine Einbeziehung der am Klassenrand stehenden Kinder in die Gemeinschaft und Freundschaft mit allen. Das geschieht am wirksamsten durch das alle umspannende »Leben und Lernen in der Schule«. Aufgaben, Aktivitäten, Spiele, Feste und Feiern sind hier die Handlungsformen, die nachhaltiger als »Themen« die soziale Einstellung und Praxis der Kinder human zu bilden vermögen.

Eine gute Sammlung von Erzählungen, die für verschiedene gesellschaftliche Bereiche unserer Zeit Stigmatisierung und Exkommunikation Kindern bewußt machen kann, und zwar so, daß mit dem Wissen zugleich emotionale Betroffenheit ausgelöst wird, ist der Geschichtenband von *Ursula Wölfel,* Die grauen und die grünen Felder. Mülheim an der Ruhr (1970), Ravensburg 1983.

Ich bin angenommen. Ein biblisches Spiel*

1. Das Mobiliar im Klassenraum haben wir etwas zusammengeschoben, um vorn eine größere Spielfläche zu gewinnen.

Wortlos beginnt der Lehrer, auf einer Altblockflöte in ständiger Wiederholung das Eingangsmotiv des Liedes zu spielen:

Es kommt zu spontanen Äußerungen der Kinder:

»Die Töne machen richtig traurig!« – »Als wenn einer immer dasselbe sagt!« – Da vom Lehrer statt einer verbalen Äußerung nochmals einige Male die Folge dieser sechs Töne durchgespielt wird, äußern sich die Kinder noch weiter, fast als wollten sie einem Rätsel auf die Spur kommen: »Das klingt müde!« – »Ein Jammerlied ist das!« – »Ganz dunkel die Noten . . .!« – »Müde Leute sind schon ganz schwach!« – »Wie Musik bei einer Beerdigung . . .!« – »Müde, matt, krank, tot . . .« – (Die letzte Äußerung stammt von einem Jungen, der oft überraschende Einfälle hatte und sich jetzt auf den Boden legt.)

2. Weil der Raum in der Klasse etwas eng ist, so daß sich nicht alle Kinder zur Musik bewegen können, sitzt die eine Hälfte der Klasse im Halbkreis, während die anderen zur Musik herumgehen; zuerst wahllos im Raum herum, dann mehr und mehr im Kreis. Je länger diese monotone Sechstonfolge gespielt wird (die Kinder fangen auch an mitzusummen), desto genauer folgen die Kinder schrittmäßig dieser Musik. Zwei Kinder, die zunächst noch sehr amüsiert wirken, werden jetzt still und konzentriert.

Ist diese Flötenmusik leise genug (sie kann natürlich auch vorher auf einem Kassettenrecorder aufgenommen worden sein), läuft man auch mit weniger Geräuschaufwand; welche Wohltat für den Lehrer…

* *Wolfgang Longardt,* Spielbuch Religion. Benziger, Zürich/Kaufmann, Lahr ^{2}1977, 80–83.

Ehe die andere Hälfte der Klasse diesen Bewegungsversuch macht, kommt es zu weiteren Äußerungen: »Lauter Leute in Trauer!« – »Eine schlechte Nachricht ist gekommen!« – »Die gehen so gebückt!«

Nachdem auch die zweite Gruppe recht konzentriert nach dieser Musik umhergegangen ist, meint ein Mädchen: »Im Fernsehen hab' ich Gefangene gesehen; im Hof, wo die große Mauer drumrum ist, laufen sie im Kreis auch so traurig!«

Der Lehrer wirft ein, ob man denn zu dieser Musik nicht auch fröhlicher laufen könne. Aber die Kinder verneinen das mit Begründungen wie »langsame Musik – Trauermusik – schleichende Töne« usw.

3. Der Lehrer erzählt nun von Aussatz-Kranken, die in Palästina zu Jesu Zeiten draußen vor der Stadt, außerhalb der Ortschaften leben mußten. »Durften die nicht weggehen?« – »Dann waren sie ja Ausgesperrte!« – »Wir sind wie Eingesperrte gelaufen!« – »Nein, wie Traurige . . .!« –

Nun folgen Informationen, wie diese Kranken mit Nahrung versorgt wurden, wie sie sich mit Rasseln bemerkbar machen mußten, wenn Fremde nahten usw. Die Kinder wählen aus einigen bereitgelegten Orffschen Instrumenten Rasseln aus. Während sie mit Rasseln zu den ersten Tönen der Melodie umhergehen, führt der Lehrer den Text ein »Wir sind ausgestoßen . . .«. Auch wird die Melodie erweitert bis zur zweiten Zeile »Unsere Krankheit trennt uns von den Menschen . . .«.

Text: Friedrich Hoffmann, nach Lukas 17,11–19, Musik: Gerd Watkinson[1]

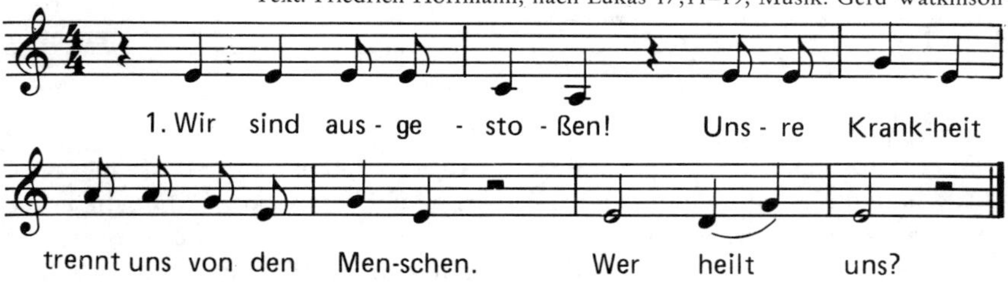

4. Auf einem ständig wiederholten Grundton, dem sogenannten kleinen a – gespielt auf einem tiefen Klangstab – ersingen die Kinder sich die Melodie nach und nach besser. Zur allgemeinen Überraschung fügt der Lehrer schließlich den Hilferuf (letzter Melodieabschnitt): »Wer, wer heilt uns?« hinzu.

Spontan wiederholen es die Kinder. Das Rasseln wird lauter, ein Crescendieren entsteht, wie ein eindringliches, immer lauter werdendes Rufen.

5. Zum Ende der Stunde ist gerade noch Zeit, die zweite Strophe »Jesus kommt vorüber . . .« einzuführen. Auch diese Spielsituation kann noch bewegungsmäßig angedeutet werden. Einer nach dem anderen weist unter lauten Hilferufen in die Richtung, aus der er kommt.

In der nächsten Stunde wird der weitere Ablauf der Geschichte genauer entfaltet und das Lied in seinen weiteren Strophen – die dann an der Tafel stehen – zu Ende gesungen.

Später geht es um die Frage, wer sich heute als Handlanger Jesu den Hilflosen zuwendet.

[1] *aus: Gerd Watkinson, 111 Kinderlieder zur Bibel, Christophorus-Verlag, Freiburg und Verlag Ernst Kaufmann, Lahr (1968) [10]1977.*

Ein Aussätziger singt: 2. »Jesus kommt vorüber!
Laßt uns ihn anrufen und ihn bitten:
O Meister!«

Alle Aussätzigen: 3. »Hör uns, wenn wir rufen
Jesu, lieber Meister, heil die Krankheit:
den Aussatz!«

Jesus spricht: 4. »Geht, zeigt euch den Priestern!
Ihr seid rein geworden, rein vom Aussatz,
Geheilte!«

Aussätzige: 5. »Halt! Laßt uns zurückgehn!
Laßt uns ihn aufsuchen und ihn preisen,
ihm danken!«

Ein Aussätziger: 6. »Ich alleine komme.
Dank, o Herr, sei dir! Gott Lob und Ehre!
Er half mir.«

Das Gastmahl der Armen

Mit dem letzten Thema unseres Zyklus erreichen wir zugleich den gemeinsamen Nenner des Jesus-Kapitels, eine Summa aller bisherigen Geschichten und Bilder. Zugleich wird diese Doppelseite Überleitung und Anknüpfungspunkt für die Jesus-Geschichten des 3. Schuljahrs sein: mit der Berufung und Nachfolge des Levi ist bereits die Leitthematik des nächsten Religionsbuches »Jüngerschaft und Nachfolge« vorentworfen. Vom Bild her liegt der Hauptakzent unseres Buches freilich beim Gastmahl Jesu mit den »Sündern und Zöllnern«. Wir fassen diese Gruppe nachfolgend unter dem Begriff der »Armen« zusammen. Damit sind nicht allein die materiell Armen gemeint, sondern zugleich die Blinden, Tauben, Lahmen und Aussätzigen, wenngleich sich mit solcher Krankheit immer auch Armut und sogar Elend verband; aber auch die sozial Mißachteten und Ausgeschlossenen werden hier als »Arme« gesehen, so daß diese Bezeichnung für alle jene sozial und religiös verachtete Menschenschar steht, die in einer besonderen Weise als die Klientel Jesu anzusehen ist.

Jesus – die Hoffnung der Armen

A. Armut ist ein relativer Begriff, der in jeder Zeit, in jeder Gesellschaft anders ausgelegt wird. Für die gebildete Oberschicht Athens war »arm«, wer für den eigenen Broterwerb arbeiten mußte und keine Muße zur Körperkultur und Bildung hatte. Während im Athen der Blütezeit ein Bettler seltene Ausnahme war, kennzeichnet Bettelarmut die Lage des größten Teils der Bevölkerung im Römischen Reich des 1. Jahrhunderts n. Chr. Im ältesten Israel war die soziale Sicherung der Menschen dem Familien- und Sippenverband aufgetragen (→ I, 353 f). Kranke, Alte und in Not Geratene fanden stets die Hilfe der Großfamilie als einer verläßlichen Solidargemeinschaft. Mit der Verstädterung des Landes, der Konzentration des Besitzes in den Händen weniger, dem Aufkommen hierarchischer Sozialstrukturen mit Kriegen und Mißernten entstand ein Proletariat, dessen Existenzsicherung allenfalls der Bettel gewährleisten konnte. Zur Zeit Jesu bevölkerten insbesondere Blinde und Körperbehinderte das dörfliche wie städtische Terrain mit lautem Heischen nach Almosen.

Aus der Regierungszeit Herodes des Großen (37–4 v. Chr.) wird der schroffe Gegensatz zwischen dessen Prachtbauten und Festgelagen und der wirtschaftlichen Lage der breiten Bevölkerung berichtet. »Anstatt des überkommenen Wohlstandes und der Gesetze der Väter habe er das Volk mit Armut und höchster Ungerechtigkeit erfüllt«, berichtet Josephus. Die großen Hungersnöte in Jerusalem unter Herodes 25 v. Chr. und in den Jahren 46–48 n. Chr. scheinen nicht durch Mißernten, sondern strukturell bedingt gewesen zu sein. Es wird von Saatgutmangel, Hungertoten und Seuchen berichtet. Die beklagte Dürre war der Auslöser, nicht die eigentliche Ursache dieser Hungersnöte.

Zur Lebenszeit Jesu baute sich Herodes Antipas (4 v. Chr.–39 n. Chr.) am See Gennesaret eine Stadt – Tiberias – und besiedelte sie zwangsweise mit Bettlern, die im ganzen Land eingesammelt wurden. Insgesamt scheint diese Epoche von wirtschaftlichen und sozialen Konflikten durchzogen zu sein, vermischt mit politischen und religiösen Notständen. Wenn in den ältesten Jesus-Traditionen Arme und Kranke in einem Atemzug genannt werden, so müssen damit nicht allein die hungernden Bettlerscharen gemeint sein, sondern auch hungernde Bevölkerungsschichten »oberhalb« der Bettlerhorden: arbeitslose Tagelöhner, flüchtige Sklaven, Kleinbauern, die durch Steuerlasten, Mißernten oder Verschuldung in Not geraten sind. Der Zündstoff für mancherlei Revolten war in dieser Situation mitangelegt. Bei Beginn des Krieges gegen die römische Fremdherrschaft im Jahre 66 n. Chr. zündeten die Aufständischen das Stadtarchiv in Jerusalem an und vernichteten die Schuldverschreibungen der Gläubiger, »um so die Eintreibung der Schulden unmöglich zu machen und die Menge der Schuldner auf ihre Seite zu ziehen, sowie die Armen, ohne daß sie noch etwas zu fürchten brauchten, gegen die Reichen aufzuwiegeln« (Josephus). Das Massensterben verhungernder Menschen im eroberten Jerusalem (70 n. Chr.) beschreibt Josephus in grauenvollen Details, ungeheuere Mengen von Leichen habe man vor die Stadt geschleppt und, als das nicht mehr zu schaffen war, in geräumigen Häusern aufgestapelt.[1]

Vor dem Hintergrund dieser wirtschaftlichen und sozialen Verhältnisse, die bereits ihre Wurzeln in der vorjesuanischen Zeit haben, bedarf es kaum der Versicherung, daß Jesus, wenn er von den Armen sprach, die real Armen meinte. Man kann annehmen, daß die lukanische Fassung der Seligpreisungen die Textgestalt der ältesten Jesustradition in etwa bewahrt hat:

»Selig sind die Armen,
denn ihnen gehört die Königsherrschaft Gottes.
Selig die Hungernden,
denn sie werden gesättigt werden.
Selig die Weinenden,
denn sie werden lachen.«

Diese Seligpreisungen setzen voraus, daß Jesus der Messias ist, durch dessen Gegenwart die biblische Erwartung erfüllt wird, daß nun die Herrschaft Gottes ausbricht: »Blinde sehen, Lahme gehen, Aussätzige werden rein, Taube hören, Tote werden auferweckt und Arme empfangen die Frohbotschaft. Selig ist, wer an mir nicht Anstoß nimmt.« Zwar wird die Herrschaft Gottes als zukünftig erwartet (die Hungernden *werden* gesättigt werden), aber sie ist auch schon Gegenwart. »Arme Juden in Palästina, vielleicht schon zu Lebzeiten Jesu – vielleicht auch danach – fanden sich als Anhänger Jesu zusammen. Sie begriffen ihre eigene Situation der Armut, für die Hunger und Weinen und wohl auch Krankheit Kennzeichen waren, als Skandal vor Gottes Augen. Dieses elende Leben kommt nicht aus der Hand Gottes. Gott macht demnächst Schluß mit dieser Unordnung. Er wird herrschen, dann sind der Hunger und das Leiden an der Armut vorbei. Die Jesusanhänger waren sicher selbst arm und sie brachten die frohe Botschaft zu den anderen Armen. Die Gegenwart dieser Verheißung änderte schon vieles. Es geschehen Wunder. Wir zweifeln nicht daran,

[1] Nach *Luise Schottroff/Wolfgang Stegemann,* Jesus von Nazareth – Hoffnung der Armen. Stuttgart 1978, 27 f.

daß in der Jesusbewegung Menschen geheilt worden sind und daß sie die Wunder als Beginn der Endzeit begriffen haben.«[1]

B. Als Rudimente der ältesten Jesustradition, die in diesem Zusammenhang gehören, gelten vor allem drei Texte: Mt 11,19: »Der Menschensohn kam, essend und trinkend, und sie sagen: ›Siehe, ein Fresser und Weinsäufer, mit Zöllnern Freund und mit Sündern!‹« – Mt 21,31: »Amen, ich sage euch: Die Zöllner und die Huren ziehen euch voran in das Gottesreich.« – Schließlich Mk 2,14–17: die Perikope unseres Religionsbuches.

In der Erzählung vom Zöllner-Gastmahl sind zwei theologische Ebenen voneinander abzuheben. Zunächst die (jüngere) markinische: Markus will die für seine Zeit ausgeprägte Feindschaft der Pharisäer in der Jesus-Geschichte fundieren und außerdem die Vollmacht des Menschensohnes zeigen, den Sündern die Sünde zu vergeben. Die andere Ebene ist älter, sie blieb in den vormarkinischen Versen 2,14–17 erhalten: »Hier sind die Pharisäer noch keineswegs die unversöhnlichen Feinde Jesu und auch die Zöllner und Sünder noch nicht Exempel *aller* Sünder sondern eine besondere Menschengruppe in einer besonderen sozialen Position.«[2]

Allen drei genannten Texten ist gemeinsam, daß sie einen Konflikt spiegeln zwischen Jesus und irgendwelchen anderen Juden wegen der Zöllner und Sünder. In Mt 21,31 ist die Nennung der Zöllner und Sünder so konkret, daß es unmöglich ist, den Satz in einem übertragenen Sinne zu verstehen. »Die Elendsgestalten der Dirnen und Zollbediensteten, die jeder gebildete und vornehme Mensch verachtet, werden gerade ihren Verächtern von Gott vorgezogen. Man darf das ruhig auch drastisch ausdrücken: Sie werden euch vor die Nase gesetzt. Der Satz Mt 21,31 ist von bemerkenswerter Deutlichkeit.«

Den Konflikt, den der Umgang mit diesen mißachteten Personengruppen bedeutet, spiegelt auch Mk 2,14–17. Aber es gilt genau hinzusehen. Der Text sagt nicht, gerade die Pharisäer seien die Gegner der Zöllner, Dirnen und aller, die mit diesen Umgang haben. Vielmehr erscheinen die Pharisäer hier in einer viel nachdenklicheren und ernsthafteren Haltung. »Sie fragen, warum Jesus sich nicht von den Zöllnern und Sündern distanziert und Jesus gibt ihnen eine ernsthafte theologische Antwort, die den Pharisäern den Sinn der Sünderfreundschaft plausibel machen kann: ›Nicht die Gesunden brauchen den Arzt, sondern die Kranken. Ich bin nicht gekommen, Gerechte zu rufen, sondern Sünder‹ (2,17) . . . Daß Gott sich über die Sünder erbarmt, ist ein großes Thema auch pharisäischer Theologie, und darauf werden die Pharisäer hier angesprochen. Ihr sagt doch selbst, daß Gott gerecht *und* barmherzig ist. Er erbarmt sich über die Sünder. Nur, daß *diese Zöllner* und *Kriminellen* die ›Sünder‹ sein sollen, wird ihnen überraschend gewesen sein . . .« Wie in Mk 2,27 werden hier die Pharisäer auf ihre eigene Theologie angesprochen. Sie werden mit ihrer Frage nicht abgewiesen, es wird um sie geworben. In der ältesten Jesusbewegung sind die Pharisäer noch nicht die Repräsentanten des christenfeindlichen Judentums, sie sind nicht *die Gegner* Jesu. Sie sind Gesprächspartner im Judentum, mit denen die Jesusleute ernsthaft sprechen können und von denen sie of-

[1] *Luise Schottroff/Wolfgang Stegemann,* a.a.O., 32.
[2] Ebd., 48.

fensichtlich annehmen, daß sie ihren Weg verstehen und ihren religiösen Anspruch vielleicht sogar billigen können. Dieses Bild vom Verhältnis der ältesten Jesusbewegung zum Pharisäismus ergibt sich auch aus Mk 2,23–27. Es hat alle historische Wahrscheinlichkeit für sich: Die Pharisäer waren noch nicht die Führer des Judentums und sie versuchten, wie die Jesusbewegung, wenn auch auf andere Weise, die Not der Gegenwart Israels theologisch zu bewältigen. Dieses Bild hat auch deshalb historische Wahrscheinlichkeit, weil sich zeigen läßt, daß die Schärfe der Pharisäerpolemik erst in die späten Schichten der synoptischen Tradition gehört. Man sollte dieses dann nicht mehr reale negative Pharisäerbild nicht nach Palästina und in die älteste Jesusbewegung rückprojizieren. Die älteste Jesusbewegung beruft sich auf das Gesetz und spricht die Pharisäer *positiv* auf ihren Glauben an.«

Mit dem Blick auf die Pharisäer ist aber nur die eine Seite der Erzählung geklärt. Näher zu betrachten bleibt noch der Vorwurf, daß Jesus mit den Zöllnern und Sündern sogar Tischgemeinschaft halte. Wie können wir uns die damaligen Vorgänge erklären? »Man muß sich die Freundschaft mit Zöllnern und Sündern nicht als demonstrativen Akt nach außen vorstellen, mit dem Jesus und seine Nachfolger den Mächtigen (oder gar den Pharisäern) einmal zeigen wollen, was sie für Unrecht tun. Zunächst jedenfalls geht es nicht um eine Demonstration. Davon hätten sich die Zöllner und Sünder auch nichts versprochen. Die Jesusleute konnten sie ja nicht durch die eigene soziale Stellung aufwerten. Solche gesellschaftliche Aufwertung hätte an dem Elend eines Zollbediensteten auch nichts geändert. Es geht nicht um eine Demonstration, sondern um eine Gemeinschaft von Menschen, die ihren Lebensbedingungen nach in einer aussichtslosen Situation waren – ganz gleich, ob *nur* arm oder *auch* noch Zöllner. Sie bewältigen in Gemeinsamkeit ihr Leben und sind voller Hoffnung auf Gott, in dessen Augen sie nicht die ›Letzten‹ sind, sondern die ›Ersten‹. Die Jesusbewegung erhebt damit einen ungeheuren Anspruch. Sie behauptet, daß Gott für die Armen und die Zöllner ist, nur weil sie arm sind, verkommen und verachtet. Sie behauptet damit, daß der Gott Israels seine von vielen Juden damals so sehnlich erwartete Herrschaft nun anfangen läßt – ausgerechnet bei diesen Menschen. Damit war ein religiöser Anspruch erhoben, der im Umkreis der jüdischen Religion nicht zu überbieten war . . .

In der *Folge* dieses Konfliktes erhielt die Solidarität mit Zöllnern und Sündern dann wohl auch einen demonstrativen Charakter nach außen, als nämlich die Jesusleute sich nicht von den Zöllnern und Sündern distanzierten.«

Im Letzten ist das freundschaftliche Verhältnis Jesu zu den Armen, zu Zöllnern und Sündern, nur aus dem Gottesglauben des Judentums zu verstehen. Daß Gott ist, hat für Israel einen universalen Charakter. *Ganz* Israel, nicht etwa nur eine privilegierte Gruppe hat es mit Gott zu tun. Gott ist der Gott der Reichen – auch in den Augen der Armen – und der Gott der Armen. »Aber wenn es wahr ist, daß Gott der Herr aller ist, dann wird seine Verheißung zuerst an denen wahrgemacht, deren faktisches Leben der Verheißung Gottes auf unversehrtes Leben am fernsten ist: Selig die Armen. Die Zöllner und Sünder werden euch vorangehen« zum Gastmahl des Gottesreiches.[1]

[1] Insgesamt nach *Luise Schottroff/Wolfgang Stegemann,* a.a.O., 47–53.

C. Die Auseinandersetzung mit der frühen Jesusbewegung stellt vor die Frage, wie die gegenwärtige Jesus-Nachfolge heute aussehen könnte. Bereits für Lukas stellte sich diese Frage angesichts der anders disponierten Sozialverhältnisse in einer Stadt des römischen Imperiums (außerhalb Palästinas) ganz anders als für die Jesus-Zeit. Für ihn galt es, erst einmal Bewußtsein für Barmherzigkeit zu schaffen. Darum stehen im Zentrum der sozialen Botschaft Jesu bei ihm die Anweisungen an die Reichen und Angesehenen zu »halbem Besitzverzicht«, wie dies paradigmatisch der verachtete Oberzöllner Zachäus den Vermögenden demonstriert.

Solche und ähnliche Anweisungen sind kein Thema der Schule. Aber ein Bewußtsein für Barmherzigkeit und soziale Gerechtigkeit bei unseren Schülern zu schaffen und immer tiefer zu bilden, steht im didaktischen Horizont dieser Tradition. Dafür gibt es vielfältige Ansätze: zunächst innerhalb der Klasse als einer Solidargemeinschaft, dann im engen heimatlichen Umfeld. Überall gibt es dort kranke, behinderte und einsame Menschen. Ein Besuch im Altersheim, ein wechselseitiger Austausch mit einer Behindertenklasse, der wahrzunehmen und zu verstehen lehrt, ein Freundschaftsprogramm für randständige Ausländerkinder . . . können bereits im zweiten Schuljahr erwogen werden. Der Blick über die Heimatgrenzen hinaus auf die grenzenlose Not hungernder Völker wird spätestens in den folgenden Schuljahren eingeübt werden müssen.

Relindis Agethen, Das Gastmahl der Armen S. 42–43

A. Das Pastellbild auf Holz hat die Originalmaße 149 x 324 cm.

B. Nach dem Erntedank-Bild im Religionsbuch für das erste Schuljahr haben wir hier ein weiteres Gastmahl vor uns, das einen Reigen seltsamer und äußerst unterschiedlicher Gäste versammelt. Gesehen wird diese Tafelrunde von außen, durchs Fenster hindurch, und es ist tatsächlich der Junge vom Tisch des Vorjahres, der dort (→ S. 18) gerade die Geschwisterrunde verläßt, hier aber, einen Luftballon in der linken Hand, die rechte auf die Fensterscheibe gelegt, in den Raum mit der bunten Gästeschar schaut.

Insgesamt sind es sieben Tischgenossen, die Jesus sich geladen hat. Bekannt ist den Kindern nur das arme, traurige Mädchen, das bereits durchs erste Schuljahr begleitete. Nun hat es einen Ehrenplatz an der Seite Jesu bekommen. Auf dem Arm des Vaters fühlte es sich aufgehoben (→ S. 28), zu dem Clown (→ S. 36) sich hingezogen; hier hat es einen Ort gefunden, von dem aus es die Kraft gewinnt, anderen die Tränen abzuwischen, wenn sie weinen (→ S. 40). Neben dem Mädchen sitzen zwei weitere Kinder, ein afrikanisches und ein asiatisches. Sie vertreten Teile der Menschheit, die nicht an den Tisch der Reichen geladen sind, für die meistens nur die kümmerlichen Brosamen übrigbleiben, wie für den armen Lazarus (Lk 16,19–31).

In der rechten Fensterhälfte sehen wir eine jüngere Frau mit einer Zigarre im Mund, deren Äußeres zumindest auf ein Milieu »draußen vor der Tür« schließen läßt. Sie hat sich mit ihren Mitteln zum Festmahl geschmückt und trägt um den Hals eine kleine verletzliche Kette aus Gänseblümchen. Neben ihr, klein, alt und verfallen, eine offensichtlich geistesschwache Frau mit einer Spielpuppe im Arm. Für jedermann in der Welt ist sie eine Last, doch hat ihre Gruppe, die sie vertritt, ein Stammrecht am Tisch Jesu. Nahezu »aus der zweiten Reihe« schaut hinter ihr ein nicht minder alter Mann auf den Tisch. Für die Kinder wird er »irgendein Opa« sein. Ob er wohl mehr als nur einen alten Mann vertritt? – Vor ihm singt ein Clown sein Lied, das er auf einem Banjo begleitet. Er ist fröhlich und unbeschwert. An dieser Tafelrunde, wo jeder in seiner Weise ein Narr ist, kann er für sich selbst teilnehmen. Die Impertinenzen, die er der guten Gesellschaft sagt, welcher er selbst nicht angehört, darf er an diesem Tisch vergessen. Nichts gibt es hier als zweifelhaft zu entlarven, was sich nach außen sonst herausputzte. In dieser Runde, in der man jedem einzelnen beibrachte, nichts von sich zu halten, weil die gute Gesellschaft nichts von ihm hält, fehlen die bürgerlichen Maskeraden. Da hört der Clown auf, ein Narr zu sein, und singt nun seine eigenen Lieder, die niemanden mehr demaskieren, sondern allein noch das eigene Gesicht und die eigene Freude verraten.

Der Tisch ist mit einem zu kurzen Tuch gedeckt. Brot liegt darauf, ein Teller mit zwei Fischen und Wein. Dazwischen einige grüne Zweige vom Ölbaum (→ S. 178). Es ist keine Tafel mit den Produkten des Schlaraffenlandes, sondern mit den Gaben, die in sich die Summe des menschlichen Lebens und des einfachen Glücks enthalten. Das Tischgebet von Friedolin Stier kann vor diesem gedeckten Tisch sein eigenes Bedenken finden:

> Wir laden IHN, wie irgendwen
> zu Gast an unsern Tisch –
> die Augen auf! Daß wir ihn sehn
> in Brot und Salz, in Fleisch und Fisch.

Auf dem rechten Fensterflügel sehen wir einen flüchtig angehefteten Zettel mit dem Bild des Pelikan, der seine Jungen ernährt. Im »Physiologus« (→ S. 161) wird dem Pelikan die Fähigkeit zugeschrieben, durch Öffnen der rechten Brustseite seine toten Jungen mit dem eigenen Blut wieder zum Leben zu erwecken und zu ernähren. In der christlichen Ikonographie wurde der Pelikan deswegen als ein Symbol Christi gedeutet. Die auf dem angenagelten Blatt zitierte Darstellung ist das gotische Relief eines Schlußsteins im Langhaus des Freiburger Münsters (Breisgau). Man kann dieses Zitat als allegorische Verschlüsselung der gesamten Szene verstehen. Wir sehen den Pelikan noch einmal, diesmal in realistischer Abbildung, auf der linken Seite des Fensterbrettes. Mit diesem Tier verbindet sich kein tieferer Anspruch, so wenig wie mit der übrigen Szenerie auf dem Sims. Neben dem Pelikan hat sich ein Meisenpärchen versammelt, auf der rechten Seite graben sich zwei Mäuse ihr Nest in einen Apfel, während ein Rotkehlchen sich oben darauf niedergelassen hat. Es sind Zeichen eines friedlichen Miteinanders, in denen sich die glückliche Eintracht am Tisch hinter dem Fenster spiegelt. Wenn die Menschen über alle Fremdheiten und Grenzen hinweg in Frieden leben, haben auch die Tiere an diesem Glück ihren Anteil. – Nichts anderes wollen die Tiere – Esel und Hund – besagen, die sich in die Tischrunde drängen. Wo die Herrschaft Gottes anbricht, heilt der Riß, der durch die Schöpfung geht, und verbindet wieder Mensch und Tier.

Der zuschauende Junge vor dem Fenster vertritt uns alle miteinander, die wir diesem Gastmahl der Armen gegenüberstehen. Was wird er wohl tun? Ans Fenster klopfen und seinen Luftballon hineingeben? – oder fragen, ob er sich dazusetzen darf? – oder gleich wieder fortlaufen, wie am Erntedanktisch im Religionsbuch für das erste Schuljahr. Wer weiß? Ob unsere Kinder es wissen?

C. Das große, farbenintensive »Gastmahl der Armen« bereitet unseren Schülern keine besonderen Schwierigkeiten. Sie können sich die Tischgesellschaft, Person für Person, anschauen, mit jeder Figur eine mutmaßliche Biographie verbinden und sich an den kinderlieben Tierszenen erfreuen. Ohne daß ihnen eine wortreiche Deutung geboten wird, werden sie die Grundintention des Bildes intuitiv erfassen. Zugleich kann für sie verständlich werden, daß dieses Bild eine – festliche – Klammer aller vorhergehenden Heilungsbilder ist. Natürlich geschieht auch hier Heilung. Alle, die sozial verwundet wurden, in ihrer Menschenwürde verletzt, im Lebensrecht geschmälert, finden ein endgültiges Heimatrecht. Nun essen und trinken sie Brot und Wein *eines* Tisches.

Es gibt viele Querverbindungen zu diesem Bild. Eine – wir zeigten sie bereits auf – verweist auf das Kapitel »Mensch und Tier«. Die andere umgreift die Themenfolge des gesamten Jesus-Kapitels. Eine dritte weist auf Seite 54 zum Tischgebet hin. Die vierte verbindet mit dem Kapitel »Brot« (→ S. 75) und schafft zugleich eine wesentliche Voraussetzung für das Eucharistie-Verständnis, das es im 3. Schuljahr zu vermitteln gilt. Es ist deshalb richtig, von diesem Bild her sowohl Rückblicke wahrzunehmen als auch erste Vorausperspektiven zu entwerfen.

In der Sache muß erarbeitet werden, warum die unterschiedlichen Menschen an diesem Tisch alle in ihrer Weise Arme genannt werden können. Dabei sollte der Begriff eine Erweiterung erfahren, wie es in der Seligpreisung des Matthäus-Evangeliums geschieht: »Selig, die das Herz eines Armen haben!« oder anders gesagt, die »arm aus dem Geiste« sind. Es sind alle jene, »die mittragen an der Not und an dem Elend dieser Welt, sei es als Verwundeter am Wege, sei es als barmherziger Samariter, sei es als beides zugleich« (Heinrich Spaemann).

Von den Vorerfahrungen mit anderen Bildern herkommend, läßt sich das Verständnis der »Armen« auch über Relindis Agethens »Die Heilung des Aussätzigen« erschließen. Jene, die dort hinter dem Stacheldraht leben – und die vielen dazu, die der Stacheldraht im Religionsbuch für das erste Schuljahr von den gut Versorgten trennte – sitzen hier an einem Tisch in der Gemeinschaft Jesu. Was sich dort von der Alltagsgesellschaft getrennt sieht, findet sich hier am Tisch Gottes vereint. So entsprechen sich die Stacheldrahtbilder und das Gastmahl der Armen als die zwei unterschiedlichen Ansichten einer Wirklichkeit.

D. Analog zum Aufbau der bisherigen Themenabschnitte wäre an dieser Stelle jetzt eine »Anthropologie der menschlichen Grundbedürfnisse« fällig: eine Besinnung auf »das tägliche Brot« und solche Situationen, in denen es mangelt. Wir dürfen hier darauf verzichten, weil diese Thematik zum Symbol Brot auf den Seiten 474–486 entfaltet wird.

Aus einem nichtgelenkten Unterrichtsgespräch im zweiten Schuljahr:

Der Clown auf dem Bild spielt Gitarre.
Da ist Jesus und ein Eselchen, eine alte Frau und Kinder.
Jesus zeigt auf den Jungen.
Ein Junge mit einem Luftballon schaut zum Fenster herein.
Da ist ein alter Mann auf der rechten Seite.

Das ist ein richtiger vornehmer Mann.
Das Mädchen neben Jesus ist das Kind, das hinter dem Stacheldraht war.
Die sehen alle so hungrig aus.
Der Junge vor dem Fenster will mitessen.
Der ist ausgeschlossen und will auch rein.
Da ist noch ein Teddybär und so ein großer Vogel.
Das ist ein Storch.
Nein, der heißt Pelikan. Die Vögel gucken zum Fenster rein; die wollen auch was.
Der Junge mit dem Luftballon ist bestimmt traurig, weil er nicht dazugehört.
Jesus will gleich mit allen zusammen essen.
Der Clown ist zur Unterhaltung da.
Der Mann mit Brille guckt sich das Essen besonders gut an. Der ist vornehm gekleidet, der denkt gar nicht ans Essen, der denkt an was Höheres.
Die Frau mit der Zigarre hat bestimmt auch Hunger, aber ich weiß nicht, ob sie den Tisch mit dem Essen überhaupt sieht.
Jesus hat wieder die Botschaft in der Hand.
Jesus guckt zu dem Bub hin vor dem Fenster.
Er winkt dem Jungen vor dem Fenster.
Vielleicht soll der auch rein kommen.
Ich glaube, Jesus will denen Freude bereiten. Die sind wahrscheinlich noch nie bei einem Fest gewesen.
Die armen Leute hoffen, daß sie hier etwas zu essen kriegen.
Hier sind nur arme Leute eingeladen.
Jesus möchte, daß es denen mal gut geht.
Zu denen möchte Jesus dazugehören. Darum setzt er sich zu denen an den Tisch. Die mag sonst keiner.
Die Zweige sind schön auf dem Tisch. Sie machen alles so gemütlich.
Der schwarze Junge guckt auf den Luftballon, der möchte nicht so viel essen, der will lieber den Luftballon. Bei dem Jungen draußen ist es umgekehrt: der hat einen Luftballon, aber möchte lieber essen.
Den Esel hat Jesus bestimmt sehr lieb.
Auf dem Esel kann man reiten, manchmal ist er auch ein Gepäckträger.
Oft sagen die Menschen: Du dummer Esel.
Jesus hat den Esel auch eingeladen.
Er soll nicht immer nur tragen müssen. Vielleicht ist er schon alt und kann nicht mehr viel arbeiten. Hier bekommt er noch was.
Jesus hatte öfters einen Esel dabei.
Esel hat er immer gern gehabt.
Der Junge mit dem Luftballon möchte etwas, aber die geben ihm nichts.
Jesus sagt: Laßt den Jungen auch rein. Er kann das nicht sehen, daß einer draußen ist.
Die Frau mit der Zigarre ist reich, aber sie hat auch Hunger.
Ich glaube, die braucht ihr ganzes Leben lang was zu rauchen; die kann nicht mehr ohne leben. Der geht's bestimmt nicht gut.
Die wollen alle mit Jesus essen, weil es da, wo Jesus ist, hell wird.
Die hoffen auf Freude.
Die alte Frau mit der Puppe will wieder ein Kind haben.
Die wollen beim Essen Freunde werden, sich kennenlernen.
Die feiern ein richtiges Fest untereinander.
Ich war in Südspanien. Da wurde auch ein Fest gefeiert. Die Leute ließen die Gartentür offen; alle waren da eingeladen. Vielleicht ist das hier auch so . . .
Jesus mag nicht nur reiche Leute, sondern auch arme einladen . . .

Eva-Maria Bauer

Das Fest: Geteilte und verdoppelte Freude

Das Fest – Geteilte und verdoppelte Freude S. 45–50

Festen und Feiern haben wir bereits im Kapitel »Leben und Lernen in der Schule« Aufmerksamkeit gewidmet. Erfahrungen, Anregungen, praktische Hinweise finden sich dort. An dieser Stelle soll eine mehr grundlegende Besinnung auf das Fest und das Feiern mit Kindern erfolgen. Dabei ist zu beachten, daß uns dieses Themenfeld durch die ganze Grundschulzeit begleitet. Im 2. Schuljahr stehen anthropologische Aspekte im Vordergrund; es geht um die Einstellung zum Fest, um Vorbereitung und verschiedene Formen des Festes. Im 3. Schuljahr dominiert die Frage: Was ist ein Fest? Im 4. Schuljahr werden dann schließlich Innendimensionen des Festes behandelt: Muße und Kult sowie die Feier des Sonntags.

Das Fest als Zustimmung zur Welt

In seinem biographischen Roman »Simplicius Simplicissimus« von 1669 erzählt Grimmelshausen, wie er zum erstenmal in seinem Leben ein Fest und tanzende Menschen kennenlernte: »Ich trat gegen ein großes Haus zu, allwo ich im Saal Männer, Weiber und ledige Personen so schnell untereinander herumhaspeln sah, daß es frei wimmelte; die hatten ein solch Getrippel und Gejohl, daß ich vermeinte, sie wären alle rasend worden, denn ich konnte nicht ersinnen, was sie doch mit diesem Wüten und Toben vorhaben möchten? Ja, ihr Anblick kam mir so grausam, fürchterlich und schrecklich vor, daß mir alle Berge gen Haar stunden, und konnte nichts anderes glauben, als sie müßten aller ihrer Vernunft beraubt sein: Da wir näher hinzukamen, sah ich, daß es unsere Gäst waren, welche den Vormittag noch witzig gewesen. ›Mein Gott!‹ gedacht ich, ›was haben doch diese armen Leut vor? Ach, es hat sie gewiß eine Unsinnigkeit überfallen.‹ (. . .) Am Schweiß, der ihnen über die Gesichter floß, und an ihrem Geschnauf konnte ich abnehmen, daß sie sich stark zerarbeitet hatten; aber ihre fröhlichen Gesichter gaben zu verstehen, daß sie solche Bemühungen nicht sauer ankommen. Ich hätte trefflich gern gewußt, wohin doch das närrisch Wesen gemeint sein möchte?«[1]

Grimmelshausen hat mit diesen Beobachtungen einen Aspekt des Festes getroffen, den der französische Philosoph Roger Caillois als dessen Rückgriff auf das Chaos deutet. Caillois sieht Festlichkeit vor allem durch ein Wiederaufleben von Exzeß und Chaos gekennzeichnet. Er meint, daß das Fest *wesentlich* Exzeß sei, »intensivster Kräfte-Umsatz und -Verzehr, Ausbruch gestauter Energien, Einschmelzung des Einzelmenschen in einen übergreifenden Ge-

[1] *Hans Jakob Christoffel von Grimmelshausen,* Der abentheuerliche Simplicissimus Teutsch. 1. Buch, c. 34. Vollständige Ausgabe nach den ersten Drucken von 1669, hrsg.v. *Alfred Kelletat,* München ²1976, 93 f.

samtvorgang, Vergeudung des sonst bedachtsam Beisammengehaltenen, rauschhafte Aufhebung der Schranken«[1].

Das Fest also als das Wiederaufleben des Chaos, als Zerstörung der Ordnung, als anarchischer Ausnahmezustand? Zweifellos hat Caillois damit etwas Richtiges gesehen. Wir brauchen nur an den »Karneval in Rio« (bisweilen genügt auch der Blick zum Rhein), an römische Bacchanalien, griechische Dionysien ... zu denken, um Belege in Überfülle für diese These zu finden. Als Pentheus, der König von Theben, den Dionysos-Kult untersagte, erfuhr er den Aufruhr der Weiber, allen voran Autónoe (Ino), seiner Schwester:

»Wütend raste sie selbst, und es rasten sogleich auch die andern.
Pentheus rannte voll Schrecken davon, und sie, ihn verfolgend,
Schürzten ihr Kleid bis ans Knie und zogen es über den Gürtel.
Da rief Pentheus: ›Was wollt ihr denn, Weiber?‹ Autonoe aber
Schrie darauf: ›Gleich, noch eh du es hörtest, wirst du es wissen.
Dann mit einem Gebrüll so laut wie das Brüllen der Löwin,
Welche geworfen, raubte die Mutter das Haupt ihres Sohnes.
Ino sitzt' ihm den Fuß auf den Bauch und entriß ihm die große
Schulter samt Blatt, und Autonoe tat auf die nämliche Weise.
Aber die übrigen Weiber verteilten den Rest seines Fleisches.
So erreichten sie Theben; mit Blut sie alle besudelt,
Brachten sie Trauer vom Berg mit und nicht den betrauerten Pentheus.
Mir gilt es gleich; und keiner, der dem Dionysos feind ist,
Finde mein Mitleid, selbst wenn er Schlimmeres litte als dieses.«[2]

Friedrich Nietzsche beschreibt (1881) eine solche »Feststimmung«, insonderheit »für jene Menschen, welche am hitzigsten nach Macht streben«: »Es ist ... ein Abwerfen der großen Last, ein Abwärtsrollen ohne Mühen wie in blinder Schwerkraft ... Ich beschreibe das Glück, wie ich es mir bei unserer jetzigen gehetzten, machtdürstigen Gesellschaft Europas und Amerikas denke. Hier und da wollen sie einmal in die Ohnmacht zurücktaumeln – diesen Genuß bieten ihnen Kriege, Künste, Religionen, Genies. Wenn man sich einem alles verschlingenden und zerdrückenden Eindruck einmal zeitweilig überlassen hat – es ist die moderne *Feststimmung!* – dann ist man wieder freier, erholter, kälter, strenger und strebt unermüdlich nach dem Gegenteil weiter: nach *Macht.*«[3]

Eine völlig entgegengesetzte Position zu der Festtheorie Roger Caillois' vertritt Josef Pieper in seinem Buch »Zustimmung zur Welt«. Ein Fest ist für ihn jener besondere Zeitpunkt, an dem wir unser ganzes Leben bestätigen, indem wir ein freudiges Ja zu einem Stück davon sagen. Er zitiert Nietzsches Wort: »Wäre es sicher, daß wir zu einem einzigen Augenblick ja sagen, dann hätten wir damit nicht nur zu uns selber, sondern zum ganzen Dasein ja gesagt.« Pieper versteht jedes Fest als einen Akt der Zustimmung: »Jeder am Konkreten sich entzündenden Festfreude liegt notwendig eine schlechthin universale Zustimmung voraus, sich erstreckend auf die Welt im ganzen, sowohl auf die

[1] *Roger Caillois,* Theorie de la fête, in: L'homme et le sacré. Paris 1939; zit.n. *Josef Pieper,* Zustimmung zur Welt. Eine Theorie des Festes, München 1963, 121.

[2] *Theokrit,* Das Fest des Dionysos. 26. Idylle, in: Theokrit, Gedichte. Griechisch-deutsch, hrsg.v. *F. P. Fritz,* München 1970, 195 f.

[3] *Friedrich Nietzsche,* Morgenröte, 4. Buch, Nr. 271. Werke in drei Bänden, hrsg.v. *Karl Schlechta,* München [8]1977, I, 1181.

Wirklichkeit der Dinge wie auf das Dasein der Menschen selbst.«[1] Darum heißt für ihn ein Fest feiern: »die immer schon und alle Tage vollzogene Gutheißung der Welt aus besonderem Anlaß auf unalltägliche Weise begehen«.[2]

Eine solche Zustimmung zur Welt ist allerdings nicht jeder Lebenshaltung möglich. Sie ist an eine Glaubensposition gebunden, die über eine transparenzlose Stumpfheit der Dinge hinausführt. Die Realität einer religiösen Idee beruht nie auf einer Art des *Denkens,* sondern auf der Gewißheit, »daß auf diese Weise die *wahre Wirklichkeit der Welt* geschaut und angesprochen wird«. Das Fest ist eine Quelle dieser Gewißheit, wie andererseits die religiöse Komponente jedes Festes in dieser Sicht wahrnehmbar wird. »Das, was dem Alltag selbst das Alltäglichste und Normalste war, erscheint am Feste in einem neuen, wunderbaren Lichte als eines besonderen Festes würdig. Handwerker und Weintrinker, Frau und Bürger erblicken beim Feste das, was ihr alltägliches Leben ausmacht, als etwas Hohes und Ewiges, von dem sie nur glaubten, daß es ihre Sache und Aufgabe sei. Denn es ist von ihnen unabhängig, und sie sind abhängig von ihm. Das Fest eröffnet den Sinn des alltäglichen Daseins, das Wesen der Dinge, die den Menschen umgeben, und der Kräfte, die in seinem Leben wirken. Das Fest als eine Wirklichkeit der Welt des Menschen (. . .) bedeutet, daß die Menschheit fähig ist, in rhythmisch wiederkehrenden Zeitabschnitten beschaulich zu werden und in diesem Zustand den höheren Wirklichkeiten, auf denen ihr ganzes Dasein ruht, unmittelbar zu begegnen. Diese Begegnung kann auch so aufgefaßt werden, daß die Welt dem Geiste durchsichtig wird und einen ihrer sinnvollen Aspekte offenbar, aber auch so, daß die Welt im Geiste sich zu einem solchen Aspekt ordnet.«[3]

Reichtum und Verfall des Festes

Karl Kerényi meint, wenn es irgend etwas gebe, wovon das Verstehen der antiken Religion ausgehen könne, so sei es das Ergründen dessen, was das Wesen des Festes ist. Dies gilt freilich nicht nur für Griechen und Römer. In ihren Festen finden alle Religionen ihre dichteste Selbstdarstellung. In ihrem Verhältnis zum Fest äußert sich ihre Sicht der Welt. Darum sind nicht alle Religionen – und innerhalb des Christentums nicht alle Konfessionen – in der gleichen Weise festfreudig. »Wollte man die Religionen danach einteilen, ob sie mehr oder weniger festfreudig sind, so müßte die antike Religion zu denjenigen gerechnet werden, die ausgesprochene *Festreligionen* sind. Das katholische Christentum gehört gewissermaßen noch zu dieser Gruppe, während der Protestantismus vielmehr dem Gegenpol zuzurechnen ist. Doch dasjenige, was ein Fest festlich macht, bleibt in allen möglichen Abstufungen ein religiöses Phänomen von so hervorragender Bedeutung, daß wir ihm mit der größten und aufmerksamsten Empfänglichkeit entgegentreten müssen.«[4]

Das von Kerényi gemeinte antike Erbe, das die Catholica assimiliert und bewahrt hat, ist ohne Zweifel eine bedeutsame Klammer für Antike und Christen-

[1] *Josef Pieper,* a.a.O., 52.
[2] Ebd., 46.
[3] *Karl Kerényi,* Vom Wesen des Festes, in: Antike Religion (München 1971), Wiesbaden 1978, 62 f.
[4] Ebd., 46.

tum. Die Verbindung in die vorchristliche Kultur riß nirgendwo ab. Ostern, Pfingsten, Marien- und Heiligenfeste, Lichterprozessionen und Wallfahrten haben antike Fundamente, wurden in wichtigen Traditionen »getauft« und umfunktioniert. Andererseits gab es den beständigen Kampf, allen Luxus und Exzeß der antiken Feste einzudämmen:

»Laßt uns nicht die Türen bekränzen und nicht Reigentänze aufführen, nicht die Straßen schmücken, nicht das Auge ergötzen, nicht das Ohr mit der Flöte vergnügen, nicht den Geruch verweichlichen, nicht dem Genuß fröhnen, nicht das Gefühl erfreuen . . . Nicht sollen Land und Meer ihren kostbaren Schmutz uns zum Geschenke bringen; denn nur diesen Ehrennamen weiß ich für den Luxus. Geben wir uns nicht Mühe, es einander in Unmäßigkeit zuvorzutun. Unmäßigkeit ist in meinen Augen, was zuviel ist und über das Bedürfnis, und das, während andere hungern und darben, die aus denselben Elementen gebildet sind. Solches wollen wir den Heiden überlassen und den heidnischen Festen und Feierlichkeiten.«[1]

Nachdem jedoch die Gefahr der Vermischung behoben, keine Überfremdung durch fremde Götterfeste mehr zu befürchten war, wurden auch die christlichen Feste wieder offener und sinnenfreudig. Der Märtyrerkult und später die Erweiterung des Heiligenkalenders auf Nichtblutzeugen (den ersten Schritt hierzu bildete die Verehrung Martins von Tours, → I, 102) führte zu einer Vermehrung der Heiligenfeste bis zum Übermaß. Vom 13. bis 16. Jahrhundert hatten einzelne Diözesen zusammen mit den Sonntagen mehr als hundert Feiertage im Jahr; hinzu kamen die lokalen Anlässe. Seit dem 15. Jahrhundert mehrten sich darüber die Klagen, so daß seit 1568 (Brevierreform Urbans VIII.) die Zahl der gebotenen Festtage ständig weiter heruntergesetzt wurde. Seit 1642 bestanden nur noch 34 Feste als gebotene Feiertage. Im 18. Jahrhundert teilte man deren Zahl durch Unterscheidung zwischen Ganz- und Halbfeiertagen; das kirchliche Gesetzbuch (CIC) bestimmte schließlich (1917) zehn gebotene Feiertage für die ganze Kirche: Weihnachten, Neujahr, Epiphanie, Christi Himmelfahrt, Fronleichnam, Mariä Empfängnis (8. Dezember) und Mariä Himmelfahrt (15. August), Josef (19. März), Peter und Paul (29. Juni) und Allerheiligen (1. November). In den meisten deutschen Bundesländern sind seitdem die beiden Marienfesttage sowie der Josefs- und der Peter- und Paulstag ebenfalls vom Festkalender gestrichen worden.

Die Festkritik und -abneigung der Reformatoren ist bekannt. Luther schlug vor, »daß man alle Feste abetät und allein den Sonntag behielt . . . Denn als nur der Mißbrauch mit Saufen, Spielen, Mußiggang und allerlei Sund gaht, so erzurnen wir mehr Gott auf die heiligen Tag denn auf die andern.«[2]

Heute drängt sich eher die Frage auf, welche Bewandnis es mit den verbliebenen Festtagen noch hat. »Bei uns, da braucht's keine Demoskopie, interessiert der mit Heiligennamen vollbestückte Kalender – dürftiger Abglanz eines riesigen kirchlichen Pantheons – außerkirchlich allenfalls noch im Hinblick auf Freizeitwerte«, so Werner Dürrson zum Fest Allerheiligen in der »Stuttgarter Zeitung«. Natürlich sind die Kirchenfeste weiterhin willkommen, sofern sie nur

[1] *Gregor von Nazianz* (ca. 329–ca. 390), Über die Geburt Christi. I, 4–6 (Predigt, um 380 in Konstantinopel).

[2] *Martinus Luther,* An den christlichen Adel deutscher Nation, von des christlichen Standes Besserung, 1520.

auf einen Werktag fallen; ansonsten macht es nichts, ihre Inhalte zu vergessen oder auszutauschen, etwa das Himmelfahrtsfest gegen einen ominösen »Vatertag«. »Es muß gesagt werden«, schrieb Hegel in der 1807 gedruckten »Phänomenologie des Geistes«, »daß nichts *gewußt* wird, was nicht in der *Erfahrung* ist, oder, wie dasselbe auch ausgedruckt wird, was nicht als gefühlte Wahrheit, als *innerlich geoffenbartes* Ewiges, als *geglaubtes* Heiliges, oder welche Ausdrükke sonst gebraucht werden, vorhanden ist.« Längst ist darum Weihnachten ein Problem geworden, vor dem sich zahllose Menschen fürchten, weil dieses Fest ihnen nicht mehr den Sinn ihrer menschlichen Existenz eröffnet; längst haben wir vor jedem anderen christlichen Fest mehr Fragen und Verlegenheiten, als daß sich hier die »Gutheißung der Welt« aus christlichem Anlaß und auf unalltägliche Weise vollzöge.

Aber mit den christlichen Festen scheint auch die Fähigkeit, das Leben wirklich zu feiern, zu versiegen. »Es hat sich herumgesprochen«, zuckt Diotima bei Robert Musil (»Der Mann ohne Eigenschaften«) die Achseln, »mein Gott, ich habe es begriffen, die alten Ideen sind schon so erschöpft . . .« – »Das Ganze ist unmöglich«, meint Ulrich. »Solche Feste gelingen heute nicht mehr, weil ihre Zeit vorüber ist.«

Ganz ähnlich resümiert Hans Joachim Simm seine Fest-Anthologie: »Das 20. Jahrhundert ist vom Bewußtsein der Unmöglichkeit der Feste alten Typs gekennzeichnet.« Und: »Im Anschluß an die düster-makabren Feste der Nachkriegszeit versackt das Fest in die Banalität, Trivialität und Funktionalität der Partys, in verordnete Festivals und Staatsfeiern, in die Arbeitskraft regenerierende Freizeit. Das Fest wird vom Alltag vereinnahmt, indem es ihm lediglich komplementär zugeordnet wird . . . Derart durchgreifende Funktionalisierung des Feierns führt zum Verlust der festlichen Empfindungen wie zur Selbstverleugnung des Einzelnen, und so zerfallen mit dem Fest auch dessen wichtigste Komponenten, die Erinnerung und die Utopie.«[1]

»Es gibt kein Fest ohne Götter!«

Die gewachsene Unfähigkeit, die überlieferten Feste noch ungebrochen zu feiern, hat verschiedene Gründe. Zweifellos spielen hier auch »Begabungen« eine Rolle. Die Kultur des sechsten Jahrhunderts v. Chr. etwa zeichnete sich in Griechenland wie in Etrurien durch besondere Festesfreude, aber wohl auch durch eine besondere Kunst, die Feste zu gestalten, aus.[2] Dieses Niveau gilt längst nicht mehr für die römische Kaiserzeit mit ihren Spannungen zwischen hoch Ausgebildetem und Zurückgebliebenem und erst recht nicht für die europäische Neuzeit, in der das Arbeitsethos der Reformatoren bei den Aufklärern erneut erwacht, die Feste durchrationalisiert und ideellen Abstraktionen unterstellt.

Trotz aller epochal bedingten Varianten, Moden und Schwächen bleibt die wichtigste Bedingung für die Fähigkeit, ein Fest zu feiern, die innere Teilhabe an seinem Mysterium. Gefordert ist damit ein Zweifaches: zunächst, daß Feste ein »Mysterium« haben, sodann, daß eine existentielle Partizipation daran er-

[1] *Hans-Joachim Simm* (Hrsg.), Das Fest. Ein Lesebuch vom Feiern, München/Wien 1981, 412 f.
[2] *Karl Kerényi*, a.a.O., 67.

folgt. Josef Pieper erläutert diese conditio mit einem lapidaren Satz: »Es gibt kein Fest ›ohne Götter‹ – mag es der Karneval sein oder die Hochzeit ... Ein Fest, das nicht aus dem Kult lebt, und sei die Verbindung im Bewußtsein der Menschen noch so blaß geworden – ein solches Fest ist in der Tat nicht aufzufinden.« Zwar gab es seit der Aufklärung manche Versuche, gedanklich konzipierte Feste einzuführen, die sich allein schon durch ihre abstrakten Namen kenntlich machen – ein Fest der Unschuld, Feiertage der Arbeit, Gedenktage der Revolution, der Einheit, des Friedens, der Toten –, doch kann man solche, meist programmatischen Feiertage mit Maibäumen vergleichen, die von ihren Wurzeln abgeschnitten und zu einem bestimmten zweckhaften Anlaß in den Boden gesteckt wurden, während das wahre Fest einen Mythos verkörpert, der wie ein lebendiger Baum tief im Erdreich eingewurzelt ist.[1]

Wie ein Baum Himmel und Erde verbindet, so umspannt ein Fest Vergangenheit und Zukunft. Was »einst« geschah und in einem noch fernen Heil seine Vollendung finden soll, wird jetzt *erinnert* und *vorentworfen;* die heutige Feier macht gegenwärtig, was *in illo tempore* vor sich ging (darum: »Wär Christus tausendmal in Bethlehem geboren und nicht in dir, du wärest ewiglich verloren«); und was »im Reiche Gottes« end-gültig werden soll, wird hier und heute feiernd ergriffen und vergegenwärtigt. Das ist die Struktur eines jeden Festes. Wenn eine steckengebliebene Aufklärung das Fest lediglich zu entmythologisieren wußte, so daß es auf eine mehr oder minder dunkle historische Wurzel zurückgeschnitten wurde, die – abgedrängt ins Plusquamperfekt – für mich tot ist, dann läßt sich dieses »Fest« nur noch als Substitut verschiedener Interessen mißbrauchen, das ihm entspringende »Festlichkeitsgefühl« ist freilich dahin.

Was hat es mit dieser Festlichkeit auf sich? Es ist eine existentielle Erfahrung, die jenem, der sie macht, ebenso real ist wie die Gewißheit vom Bestehen der Welt. Die Festlichkeit »haftet allen Dingen in der Sphäre des Festes an und gehört für die Menschen, die in dieser Sphäre und Atmosphäre einbegriffen sind – die festlichen Menschen selbst –, zu den vollgültigen seelischen Realitäten. Unter den seelischen Realitäten ist die Festlichkeit ein Ding für sich, das mit nichts anderem in der Welt verwechselbar ist.«[2] Ohne Festlichkeitsgefühl gibt es kein Fest, aber das Festliche ist weder mit »guter Stimmung« noch mit Fröhlichkeit identisch. Es gibt außer dem heiteren auch ein düsteres Festgefühl, wie es Hölderlin in seinem Epigramm auf Antigone dichtete:

> Manche versuchten umsonst das Freudigste freudig zu sagen.
> Hier spricht endlich es mir, hier in der Trauer sich aus.

Zwar ist das Festliche in seinem Grund dem Heiteren mehr verwandt als dem Düsteren, und doch sind wiederum Ernst und Würde selbst im freudigsten Festgefühl. Es ist kein Ernst, der das Spielerische ausschlösse, sondern der Ernst des wahren Spiels. Ein Fest läßt, ohne spielerisch zu sein, das Spiel zu, ist gewissermaßen selbst ganz Spiel. Zwischen gebundener Form und freiem Einfall, zwischen Ernstem und Spielerischem schwebt die festliche Atmosphäre.

Noch einmal zurück zu Josef Piepers Satz: »Es gibt kein Fest ohne Götter!« Wohl ohne Kenntnis voneinander heißt es bei Kerényi: »Es muß etwas Göttli-

[1] Vgl. *Josef Pieper,* Muße und Kult, München (1948), [7]1965, 78 f.
[2] *Karl Kerényi,* a.a.O., 47.

ches hinzukommen.« Er meint damit, eine alltägliche Bemühung, eine gewöhnliche Pflichterfüllung sei eben kein Fest, und vom Unfestlichen aus werde man ein Fest weder begehen noch verstehen können. Erst wo man mit dem Göttlichen zusammen sei, ja selbst göttlich werde, geschehe das Fest. Wie soll man das verdolmetschen? Gemeint ist mit dem »Göttlichen« keine Sonderwelt, über die etwa nur der Naive zu verfügen glaubt, sondern eine Dimension des Unverfügbaren, das sich im Wesen der Dinge offenbart, so daß sich die Welt in einer Weise zu erkennen gibt, die menschliche Zustimmung ermutigt. In Geschichten, die den Sinn des alltäglichen Daseins erschließen, wird davon erzählt. Sobald man diese Geschichten erinnert, wird man auch dessen teilhaftig, was sie erschließen. So ist die Er-innerung nicht nebensächlich, sondern eine Hinführung zum Fest, damit sich das, was unser tägliches Leben ausmacht, von dem her, was *in principio* geschah, beleuchtet sieht.[1]

Er-innerung und Muße: Der Weg des Lehrers

Die Vorgänge *in principio* erzählt der Mythos. Wenn das Wort Mythos irritiert, kann man auch *heilige Geschichte* statt dessen sagen. Gemeint ist eine Geschichte, die mit dem, was sie von »einst« erzählt, zugleich die Gegenwart erfaßt und selbst die Zukunft bestimmt. In einer Zeit, deren Vorgeschichte und einäugige Rationalität die heiligen Geschichten suspekt gemacht hat, steht der Erwachsene verlegen vor dieser gebrochenen Tradition. Nach dem Sturz aus seiner Ersten Naivität haben die Geschichten ihr inneres Licht verloren. Sie wecken nur noch Fragen und Probleme, aber ihre Er-innerung erleuchtet nicht mehr den eigenen Alltag. Wie hilflos wird man da als Mutter und Vater, als Lehrer und gar Religionslehrer vor seinen Kindern! Wer will sie denn schon um das Fest betrügen, aber wie sollen wir mit ihnen feiern, wenn wir selbst es nicht mehr können?

So geht es auch hier erneut um den Weg des Lehrers. Es ist kein Weg, der immer schnell zum Ziele führt, und auch kein Weg, der ohne die anderen Wege gegangen werden könnte, über die wir bisher schon gesprochen haben (→ S. 200 ff, 260 ff). Vielmehr verliert er sich um so schneller, je direkter er aufgenommen wird. Bemühung um den symbolischen Sinn, Sensibilisierung für das »dritte Auge«, Wiederannäherung an biblische Texte, Mut, kritische Potenz und meditative Erfahrung nicht gegeneinander zu kehren . . . sind auf alle Vorgänge des Jahres bezogene Prozesse, die hier weiterführen können, aber nicht gleich dem nächsten Fest seinen alten Glanz zurückgeben. Vielleicht bleibt uns die leuchtende Festlichkeit der frühen Tage auch für immer verloren, ist ein Schleier der Trauer und des Ernstes nie mehr abzuheben, um dennoch ein Festgefühl aus einer – gewiß individuell akzentuierten – eigenen Betroffenheit aufkommen zu lassen.

Der erneute Anschluß an die eigene Herkunft führt uns von *einer* Seite zum Fest hin. Die andere Seite wird erschlossen durch die eigene Lebensform. Damit ist gemeint, daß sich der Lehrer in seiner privaten Sphäre eine Dimension der Muße sichert, die nicht von selbst aus der »arbeitsfreien« Zeit zufällt. Josef

[1] Siehe zum Ganzen: *Hubertus Halbfas*, Das Welthaus, a.a.O.: »Die heilige Gabe des Festes«, Nr. 111–126.

Pieper nennt Muße »eine Gestalt jenes Schweigens, das eine Voraussetzung ist für das Vernehmen von Wirklichkeit: nur der Schweigende hört; und wer nicht schweigt, hört nicht.«[1] Muße ist allerdings nicht dasselbe wie Stille und Schweigen. Die innere Ruhe trägt eine Haltung feiernder Kontemplation, wie sie noch in dem Wort »Feierabend« zum Ausdruck kommt (aber nicht mehr in der modernen »Freizeit«). So läßt sich Muße als eine Lebensform bezeichnen, die Ruhe, Kontemplation und Festlichkeit in sich vereinigt. In der Muße findet der Mensch Übereinstimmung mit dem Sinn seiner welthaften Existenz und in dieser Bejahung die Grundhaltung aller Festlichkeit.

Konsum oder Teilhabe: Der Weg der Schüler

Das Verhältnis unserer Kinder zum Fest ist zunächst noch ungebrochen, jedenfalls scheint es so, was ihre Ansprechbarkeit durch Feste des Umkreises betrifft. Dennoch tragen auch sie die Hypothek ihrer Eltern und Lehrer. Falls niemand mehr da ist, der mit ihnen die Adventskerze anzündet und ein Lied singt, keiner mit ihnen die Weihnachtsgeschichte memorierend einübt, niemand mehr weiß, was er den Kindern aus eigener Betroffenheit von Ostern sagen kann, was von Christi Himmelfahrt und Allerheiligen, dann sind auch die Kinder geprellt und um eine eigene Beziehung und Sprache gebracht. Ihre Feste verkommen dann zu Konsumanlässen, bei denen ein vordergründiges Nehmen und Genießen jedes religiöse Erinnern verdrängt.

Gleichzeitig hiermit vollzieht sich noch ein zweiter Zusammenbruch: Das lediglich konsumierte Fest enträt seines Anspruchs an äußere Formen: Haus und Tisch, Kleidung und Verhalten bleiben werktäglich. Das Wissen um die Bedingungen der Festlichkeit schwindet. Dieser Tag beginnt wie alle Tage; weder Gruß noch Wunsch, kein Brauch oder Symbol heben ihn aus dem Fluß seiner Zeit heraus.

Unsere Schüler müssen hier vieles lernen. Es beginnt bei alltäglichen Formen. »Feste fordern manchmal einen ungeheuren Aufwand von Kräften, und es scheint, daß man zu gewissen, besonders großen Festen mehrere Jahre lang die Kräfte sammelte«, berichtet Kerényi aus antiker Zeit; die Bedeutung einer äußeren und inneren *Vorbereitung* hat sich seitdem nicht gewandelt. Ohne Advent nicht Weihnachten, ohne Fastenzeit nicht Ostern, selbst der Geburtstag und Sankt Martin verlangen einen Hinweg. Einerseits müssen zahllose Dinge überlegt werden: Wen laden wir ein? Wo wollen wir feiern? Wie schmücken wir den Raum, die Tische? Was können wir essen und trinken? Welche Spiele sind geeignet? Wer musiziert? Singen alle mit? Gibt es auch Phasen der Sammlung? Wer erzählt eine Geschichte? Womit findet unser Fest seinen Abschluß? Manches bleibt in der Grundschule am Lehrer allein hängen, aber einbeziehen in diese Überlegungen sollte er seine Kinder doch. Wenn es *ihr* Fest werden soll, darf es ihnen nicht fertig inszeniert werden. Sie bedürfen der Ämter und Aufgaben, müssen sich beteiligt und mitverantwortlich erfahren.

Von einer anderen Seite führt die Besinnung an das Fest heran. Daß alle kirchlichen Feste einer solchen Erinnerung und Besinnung bedürfen, ist unmittelbar einsichtig. Aber selbst der übliche Kindergeburtstag verdient eine Be-

[1] *Josef Pieper,* Muße und Kult, a.a.O., 52.

trachtung aus Muße: Was heißt es, geboren und angenommen zu werden; abhängig und klein zu sein; zu leben und zu sich selbst zu kommen; da zu sein und eine Aufgabe zu erfüllen ...? Das erzählende Gespräch ist hier wichtige Möglichkeit, die innere Einstellung zum jeweiligen Fest zu finden.

Und was müssen unsere Schüler im konkreten Detail lernen? Die Fähigkeit, vom anderen her zu überlegen, was sie ihm schenken können; Phantasie zu entwickeln, mit *eigenen* Möglichkeiten Freude zu machen; ein Geschenk schön zu verpacken und zu überreichen ... Hier leistet die Schule normalerweise zu wenig. Wenn es in Japan zur Kultur des Zen gehören kann, eine Kleinigkeit »mit Zen« – wie soll man übersetzen: mit Frömmigkeit, Ideen und Stilempfinden? – einzupacken, dann wäre dies auch eine Schulübung wert. Die sonst nur verbale Mitmenschlichkeit bekäme Hände, Füße und einen gegenständlich schönen, sinnenhaften Ausdruck.

Die Schüler müssen auch lernen, sich körperlich vorzubereiten. Das bekommt nicht jedes Kind von zu Hause mit. Zu fordern ist gewiß nichts Exklusives, wohl aber die Zeit, die alle sich nehmen müssen, um sich in Muße zu waschen und zu pflegen. Man sollte darüber sprechen. Unser Religionsbuch leistet Anstoß und Hilfestellung.

Überhaupt setzt das Fest-Kapitel im zweiten Schuljahr auf einer lebenspraktischen Ebene der Kinderwelt an. Man sollte die Seiten 45–47 *nicht irgendwann* mit den Schülern lesen, sondern zur konkreten Vorbereitung auf ein Fest. Der Text auf der Seite 45 f »Kommt, wir feiern heut ein Fest!« läßt sich gut mit verteilten Rollen sprechen. Wenn man bestimmte Verse der ganzen Klasse oder einer Gruppe zuweist und sonst jeden Einzelsatz einem anderen gibt, kann es eine »Aufführung« aller Schüler werden. Der Dialog ist ebenfalls möglich als Pantomime, sowie mit einer Instrumentalbearbeitung – Schlagzeug; Flöte – wobei es darauf ankommt, aus dem frohgemuten Text nichts »Getragenes« zu machen.

Die Doppelseite 48/49 bildet ein Spektrum für Schulfeste, die allesamt viel Phantasie und Aktivität eines jeden Schülers einfordern. Man kann, wenn es um ein Klassenfest geht, diese Vorschläge miteinander diskutieren. Die eingefügten Hinweise auf Geschenke, Lieder und die stillen Feste sollten nicht übersehen werden. Im übrigen bedarf dieses Kapitel neben den zahlreichen Anregungen zu Festen und Feiern im Schulleben (→ S. 115 ff) keiner weiteren Kommentierung. Es ist auf Handlungsvollzüge ausgerichtet, die ihre Interpretation in sich selbst tragen.

Gebet:
Der geheiligte Tag

Schüler: Was ist nun Beten?
Lehrer: Beten ist, in der Gegenwart Gottes leben.
Schüler: Aber wie? Ich kann doch unmöglich immer an Gott denken?
Lehrer: Mit einem gedachten Gott sind wir gewiß bald am Ende, denn mit den Gedanken vergeht auch der Gott. Was wir uns denkend vor-stellen, können wir ebenso wieder wegstellen. Erinnere dich: Du darfst Gott nicht von außen nehmen!
Schüler: Also kann ich, ohne an Gott denken zu müssen, doch in seiner Gegenwart leben?
Lehrer: Du hast doch eine Freundin. Auch wenn du nicht immer bewußt an sie denken kannst, bleibt sie doch der Hintergrund deines Lebens und bestimmt in einer sehr wirksamen Weise alles, was du tust und läßt. Oder?
Schüler: Das stimmt.
Lehrer: Ähnlich ist es mit Gott. Auch ihn erfährst du, geschichtlich und konkret: in Jesus, dem Wort Gottes. Wenn du darauf antwortest, wach und gerne, ist diese Antwort Gebet.
Schüler: Gebet als Antwort?
Lehrer: Wir haben uns ja nicht selbst gemacht und uns nicht einmal als Menschen wahrhaft erkannt.
Schüler: Und du meinst, an Jesus erlernen wir unser eigenes Menschsein?
Lehrer: So kann man es sagen.
Schüler: Dann ist also unser Weg zu uns selbst, wie soll ich sagen . . .?
Lehrer: . . . jedenfalls kein Weg eigener Kundschaft.
Schüler: Aber das Gebet ist doch mein Wort.
Lehrer: Gewiß, und zugleich auch antwortendes Wort. Wir antworten durch alles, was wir tun und natürlich auch durch das gesprochene Wort. Beides gehört zum Gebet, und es muß übereinstimmen: als Tat und als Rede.
Schüler: Ich verliere mich aber immer wieder an die tausend Dinge des Tages. Statt daß ich mich in ihnen ausdrücke, gewinnen sie Gewalt über mich.
Lehrer: Es gilt allemale das Gleiche: Du mußt dich innerlich darauf richten. Das gelingt dir nicht durch Flucht aus dem Alltag. Vielmehr mußt du den Gleichmut der Seele erlernen, den kein Trubel der Welt zerstört, weil er tiefer gründet als alles sonst. Diese innere Sammlung ist die Voraussetzung dafür, die Dinge aufzubrechen und *in* ihnen Gott zu erfahren.
Schüler: Kann es sein, daß wir keine eigenen Erfahrungen mit Gott machen, weil wir uns selbst am liebsten aus dem Wege gehen?
Lehrer: Wenn wir in uns selbst unbehaust sind, treiben uns Angst, Unruhe und Überdruß um: Die an ihrem eigenen Elend kranke Seele mag sich dann selbst nicht ertragen.
Schüler: Meinst du, auf diese Weise litten wir an unserer Gottesferne?
Lehrer: Ja.
Schüler: Weil die Trennung vom eigenen Seelengrund uns vor uns selbst fremd macht?
Lehrer: So ist es. Ohne Gott mangelt uns die Übereinstimmung mit uns selbst. Wer aber Gott findet, findet auch sich und mag dann tun, was er will: Es wird ihm alles Gebet sein.
Schüler: Du hast gesagt, Beten sei verantwortetes Leben. Wenn es so ist, sind dann gesprochene Gebete unnötig?
Lehrer: Ohne Sprache gibt es kein Menschsein. Was uns bewegt und gelten soll, drängt auch ins Wort.
Schüler: Aber manchmal sind wir doch ganz trocken und wissen von allem, was uns angeht, nichts zu sagen.

Und gibt es nicht auch Menschen, die sich schämen, Gebete zu sprechen, weil sie meinen, es höre sie doch niemand?
Lehrer: Was tust du, wenn du allein bist?
Schüler: Was schon? Arbeiten, lesen, nachdenken, singen ...
Lehrer: Und für wen singst du dann?
Schüler: Wieso? Für mich! Aus Lust am Singen.
Lehrer: Du singst also um deiner selbst willen?
Schüler: Ja. Eben aus Freude am Singen.
Lehrer: Hört dich Gott?
Schüler: Wenn ich richtig verstanden habe, was du von Gott sagst, ist »hören« schon der falsche Ausdruck. Eher müßte ich sagen: Gott singt mit.
Lehrer: Das finde ich gut. Hast du an Meister Eckeharts Wort gedacht: »Im Seelengrund ist Gottes Grund mein Grund und mein Grund Gottes Grund. Hier lebe ich aus meinem Eigenen, wie Gott aus seinem Eigenen lebt«?[1]

Der Sprung in den Brunnen: Der Weg des Lehrers

Der Lehrer, der hier in einen langen Prozeß mit seinem Schüler eintritt, ist kein Schulmeister, der sich lediglich durch ein akademisches Studium für sein Tun qualifiziert hat, sondern ein Lehrmeister, der bei sich selbst daheim ist und *aus diesem Grunde* dem Jüngeren ein Führer zu dessen wahren Selbst sein kann. In der Religionsgeschichte werden solche Lehrer nicht institutionell, sondern durch ihre eigene geistliche Autorität legitimiert. Nicht Wissen, sondern Erfahrung zeichnet sie aus, kein eifriges Wollen, sondern in sich ruhendes Sein.

Man kann nicht verlangen, daß jeder Religionslehrer sich durch überzeugende menschliche Reife und spirituelle Kraft ausweist. Nichts von beidem vermittelt das auf Information und Methode verengte Studium. Selbst jene, die man »Geistliche« nennt, sind ja nur selten der geistlichen Lehrerschaft fähig, so daß es nicht leicht fällt, als Religionslehrer den spirituellen Lehrer zu finden, der über das Fachwissen hinaus Wege eigener Erfahrung anbahnt. Wie aber soll man als ein Mensch durchschnittlicher Möglichkeiten eine bescheidene Kompetenz in geistlichen Dingen gewinnen?

Schon erhebt sich der Einwand: Wird hier nicht die Latte zu hoch gelegt? Genügt es nicht, wenn ein Lehrer in aller Schlichtheit Kindern Gebetstexte vermittelt und diese mit ihnen betet? Nein, es genügt nicht, denn diese »Schlichtheit« fällt meist allzu dümmlich aus, obwohl in spirituellen Dingen Unbedarfheit ärgere Folgen hat, als man allgemein annimmt. In einer Gesellschaft, die in ihren religiösen Anschauungen und Erwartungen homogen war, mochte unreflektierte Selbstverständlichkeit noch angehen (obwohl sie gewiß auch hier manche sensible Seele verwundet hat), in heutigen Schulen, wo sich Kinder gar nicht überschaubarer religiöser Voreinstellung beisammen finden, wird vom Lehrer eine menschliche Qualität erwartet, die ihn befähigt, sowohl das traditionell fromme Kind wie das religiös anders gerichtete und das religiös vernachlässigte Kind je von den eigenen Voraussetzungen her genau zu sehen und zu führen. Das gelingt nur einem Lehrer, der das, was wir »beten« nennen, *zunächst* anthropologisch zu buchstabieren weiß.

Zur Erörterung steht hier ein Maßstab, der keinesfalls nur das Thema »Ge-

[1] *Hubertus Halbfas,* Der Sprung in den Brunnen, a.a.O., 126–128, 132–133.

bet«, sondern jegliches Reden im Religionsunterricht betrifft. Es geht darum, daß alles »Gott-sagen«, jede theologische Aussage so viel Erfahrung umspannt, daß solche Rede auch noch ohne Glaubenszustimmung als sinnvoll, hilfreich und anregend verstanden werden kann. Für einen Schüler, der »nicht an Gott glaubt« – was immer hier (aber auch andersherum) »Gott« heißen mag –, darf das Sprechen des Lehrers von Gott dennoch nicht sinnentleerte Sprache werden, muß vielmehr darin ihren Sinn finden, daß sie den Menschen vor jedem eindimensionalen Mißverständnis des Lebens bewahrt. Der Weg zur Gotteserfahrung setzt nicht *neben* oder *hinter* den regulären menschlichen Erfahrungen an, sondern *in* diesen selbst, wobei sich religionsdidaktisch die Aufgabe stellt, die Erfahrungen selbst auf ihren inneren Kern hin freizulegen, sie über die vordergründige Faktizität hinwegzuführen an eine Schwelle, hinter der sie im »Geheimnis« gründen. Anders gesagt: Die Kinder müssen befähigt werden, eine Erfahrung mit der Erfahrung zu machen. Dies bedeutet, die Gotteserfahrung nicht neben der lebenslangen Selbsterfahrung unterzubringen, sondern die sich in ihrem inneren Wesen transzendierende Selbsterfahrung mit der Gotteserfahrung verschränkt zu sehen. Geschieht dies, ist kein theologischer Satz mehr möglich, der nicht zugleich auf eigene Erfahrung bezogen wäre, und zwar in einer Weise, die im Aufschließen eigener Erfahrung die Sensibilität für neue, tiefgehende Erfahrung weckt.

Wer als Lehrer zu dieser Dimension Sprache vordringen will, muß eine hochsensible Allergie gegenüber jeder religiös verschlissenen Formelhaftigkeit entwickeln, so daß ihm die verbale Devotionalie, so sehr sie sich an jeder Ecke aufdrängt, geradezu eine physische Gegenwehr abnötigt. Erst wenn die fromme Floskel wehtut, ist man halbwegs gegen ihren Einfluß gesichert.

Wer so, wie ich hier, katechetischen und theologischen Jargon ablehnt, will nicht verkennen, daß es Lehrer gibt, die in zentralen Glaubensbereichen verstummt sind, weil ihnen eine innere Scham die leichtgängige Sprache verschlossen hat. Manche mögen auch von sich annehmen, mit der Sprache sei ihnen die Sache fremd geworden. Das ist so lange in Ordnung, als diese Kollegen darüber nicht resignieren, sondern eine innere Unruhe bewahren, die sie weiterhin unterwegs sein läßt. Erst eine Resignation, die wähnt, das Wort Gott sei eines neuen Buchstabierens nicht mehr fähig und auch Gebet durchbreche keinerlei Enge, macht den Religionsunterricht steril und bewegungslos.

Der Weg des Lehrers, wenn er aus geläufiger Redseligkeit oder aus verschämter Sprachlosigkeit herausführen soll, kann an dieser Stelle nicht über alle wichtigen Stationen begleitet werden. Ein Lehrerhandbuch hat seine Grenzen. Ich darf aber auf den eingangs zitierten Dialog zurückverweisen und dem Lehrer raten, »den Sprung in den Brunnen« als eigenen Prozeß zu erkunden. Was hier der Kommentar nicht einräumt, ist im Buch gleichen Titels jenen angeboten, »die sich lesend nicht als Leser verstehen«. Bevor wir mit Kindern über das Gebet sprechen, ist zu erkunden, welchen Bedeutungsraum das Wort »Gebet« ausfüllt und welche Art Erfahrung es meint.

Führung durch das Labyrinth: Die Wege des Schülers

Um gleich jeder Mißdeutung vorzubeugen, sei gesagt, daß Labyrinth und Irrgarten nicht dasselbe sind. Im Labyrinth verliert man sich nicht, im Labyrinth findet man sich. Labyrinthe führen nicht in die Irre, sondern auf allen Umwegen in die Mitte. Wir werden im Schüler- und Lehrerhandbuch zum 4. Schuljahr ausführlich darüber sprechen; hier soll von den Wegen zur Mitte die Rede sein, die wir unseren Schülern ermöglichen wollen, einerlei wo sie sich von zu Hause aus befinden mögen.

»Für viele Kinder, Jugendliche und Erwachsene bedeutet Beten soviel wie das Aufsagen eines gelernten religiösen Textes, weil sie es nie anders gelernt haben. Typisch die Antwort eines zehnjährigen Jungen aus sozial gefährdetem Milieu auf die Frage, ob er eigene, frei formulierte Gebete verrichte: ›Wenn ich bete, dann sage ich: Lieber Gott, mach mich fromm, daß ich in den Himmel komm. Ich kann doch keine Gedichte machen, dann kann ich auch kein Gebet selbst machen.‹ Traditionell erzogene Kinder, die regelmäßig beten, verwenden noch im Alter von zehn Jahren zumeist konventionelle, gereimte Gebetstexte und finden auch später nur schwer zu einer freieren, kreativeren Gebetsform. Umgekehrt hat die Praxis gezeigt, daß schon Vorschulkinder zu freiem Beten fähig sind.«[1]

Dem konventionell-religiös fixierten Typ stehen – inzwischen wohl in der Mehrzahl – Kinder gegenüber, die ohne jede Gebetserfahrung in die Schule kommen. Sie kennen kein Gebet aus dem Elternhaus, noch gewannen sie in den ersten sechs Lebensjahren durch Teilnahme an Gottesdiensten, Kinderfeiern oder religiösen Bräuchen die Erfahrung anderer Menschen beim Gebet. Hinter vielen dieser Schüler steht eine religiös gesichtslose Familiensituation; oft sind die Eltern schon ihrerseits ohne Gebet aufgewachsen, oft sind sie aber auch in bewußte Distanz zu ihrer eigenen religiösen Sozialisation gegangen. Schließlich gibt es eine kleine Minderheit solcher Eltern, die für ihre Kinder jede religiöse Praxis ablehnen, ihnen zwar noch den schulischen Religionsunterricht einräumen – und sei es aus Gründen der sozialen Eingliederung –, die aber nicht nur nichts aufgreifen, was dort angeregt wird, sondern gegenüber allen gottesdienstlichen Aktivitäten Ablehnung entwickeln.

Ziemlich schmal, wenn auch regional schwankend, bleibt da die Zahl jener Schüler, die aus Familien kommen, in denen noch eine bewußte und auch pädagogisch sinnvolle Hinführung zum Gebet erfolgt. Während die religionspädagogische Praxis sich oft nur an dieser Gruppe orientiert, damit aber Mentalität und Möglichkeiten der meisten Kinder verfehlt, ist es dringend geboten, das gesamte Klassenspektrum im Auge zu behalten und keine Einheitserwartung über alle zu stülpen.

Stille-Übungen als Erfahrungsraum des religiösen Gesprächs und Gebets

Nichtsdestoweniger sind gemeinsame Wege möglich. Grundvoraussetzung für alle sollten unsere Stille-Übungen werden. Mit ihnen haben wir gegenüber einer Praxis, die lediglich (Gebets-)Texte »einübt«, ein tragfähiges Fundament, das die notwendigen anthropologischen Erfahrungen erschließt, ohne die Beten leicht ein »Plappern« wird. Bernhard Grom empfiehlt diesen Ansatz bereits für die frühe Kindergartenzeit: »Das 3- bis 4jährige Kind sollte *zuerst* zu der ihm möglichen, auf kurze Phasen (1 bis 10 Minuten) beschränkten und gemein-

[1] *Bernhard Grom,* Religionspädagogische Psychologie, Düsseldorf/Göttingen 1981, 58.

sam mit den Erziehern und anderen Kindern geübten Stille und Meditation angeregt werden – bevor man ausdrücklich von ›Gott‹ oder Gebet spricht. Erst wenn das Kind gelernt hat, sich zu sammeln und auf innere Erfahrung aufmerksam zu werden, hat es (affektiv) die nötige Erlebnisbereitschaft ... und auch (kognitiv) die Chance, verbale Hinweise auf ›Gott‹ zu verstehen.«[1]

An dieser Stelle müssen die verschiedenen Wege der Stille-Übung nicht neu beschrieben werden (→ S. 81–100; s. a. → I, 43–55). Auch die in den Folgebänden 3 und 4 dieses Lehrerhandbuchs entwickelten Methoden sollten mitgesehen werden. Sie sind sowenig wie die in Handbuch 1 und 2 vorfindlichen Übungen auf das jeweilige Schuljahr bezogen, sondern eher allgemein verwendbarer Art, ohne daß dem Lehrer erspart bleiben soll, durch kluge Auswahl und Adaption die persönlichen Fähigkeiten und die klassenspezifischen Bedingungen zu beachten.

Gebet und Spracherwerb

Jede Erfahrung des Schweigens ermöglicht eine Sprachlichkeit, deren Authentizität und Lebendigkeit das übliche Unterrichtspalaver weit unter sich läßt. Natürlich kommen unsere Schüler aus Häusern der Sprache und der Sprachlosigkeit. Vielleicht lernen sie sich nur auf der pragmatischen Ebene zu verständigen. Je vordergründiger dies geschieht, um so oberflächlicher bleibt ein eventuelles Gebet. Erst wenn wir die Kinder instandsetzen, »Gott« sagen zu lernen – nicht als Formel, sondern als Ausdruck ihres Lebensvertrauens –, werden sie auch die Pragmata durchdringen und den inneren Sinn für den Sinn erwerben. Auf diesem Weg ergänzen einander zwei Modi:

Der erste Ansatz beginnt beim eigenen, frei formulierten Sprechen aus den meditativ erschlossenen Grunderfahrungen des Staunens und Vertrauens. Dieser Modus hat seinen Ort im Austausch der Erfahrungen, die jeder Schüler aus seiner Stille-Übung mitbringt. Nicht von Anfang an und nicht in jeder Klasse finden diese Erfahrungen eine Zusammenfassung, die ihre Verbindlichkeit und Ausrichtung in der Gottes-Anrede gewinnen. Dazu muß der Lehrer eine persönliche Sicherheit gewonnen haben, in der nichts aufgesetzt ist, dazu müssen zugleich aber auch die Schüler erste Erfahrungen im Umgang mit Gotteszeugnissen gemacht haben.

Neben einer solchen Anleitung zum Gebet, in der der Schüler sich selbst aussprechen lernt, zumal seine eigene Betroffenheit, ist der vorformulierte Gebetstext wichtig, weil er den Kindern ein Sprachangebot macht, ihrer Wirklichkeit religiös zu begegnen. Von den christlichen Grundgebeten gehört das Kreuzzeichen hier an den Anfang. Es sollte jedoch nicht allein als Sprachformel, sondern zugleich auch als ein Zeichen vermittelt werden, das in seiner *Leibhaftigkeit* den ganzen Menschen mit Kopf und Herz umgreift. Daß die Kinder das »Vater unser« und »Ave Maria« im zweiten Schuljahr ebenfalls erlernen, erscheint für sie primär wichtig, um mit eigener Stimme am Gottesdienst teilnehmen zu können. Der Maßstab für die Auswahl aller übrigen Texte kann nicht streng genug sein. Was die Schule hier grundlegt, muß so wahr sein, daß alle spätere Erfahrung des Menschen davon mitgetragen wird, und so gül-

[1] *Bernhard Grom*, a.a.O., 56 f.

tig, daß der Erwachsene diese Sprache als *eigene* Sprache seines Glaubens beibehalten kann. Die Gebete, die wir unseren Schülern vermitteln, sollen dem einzelnen Tag zu seinem Recht verhelfen: daß sie als junge wie als erwachsene Menschen sehen lernen, was da ist, und in Vertrauen und Offenheit sich jeder Stunde in der Früh wie am Abend zu stellen vermögen.

Reflexion und Hilfestellung

Ein heute kontroverses Problem ist die Frage, ob der Lehrer mit seinen Schülern *im Unterricht* beten kann. Für manch einen erscheint das fraglos selbstverständlich. Es gibt ja auch heute noch viele Schulen, die mit einem gemeinsamen Gebet in der Klasse den Schultag beginnen und beschließen. Überwiegend wird allerdings die Zahl jener Schulen sein, in denen dies nicht mehr geschieht, auch nicht im Religionsunterricht. Unser Lehrerhandbuch kann hier keinen Maßstab setzen, der für alle Situationen gültig und plausibel erscheint. Das muß wohl regional oder auch persönlich entschieden werden. Es gibt auch den ernst zu nehmenden Einwand, der Religionsunterricht dürfe seine Schüler auf keinerlei Vollzüge verpflichten, die sie nicht innerlich zu beglaubigen vermöchten; darum sei die Situation des Elternhauses ein wichtiges Kriterium dafür, was im Klassenraum möglich ist und was nicht. Dennoch sind dies alles sehr variable Aspekte. Viele Eltern, die ihre Kinder religiös im Stich lassen, delegieren ihre Aufgabe nur allzu bereit an Schule und Religionsunterricht. Andere hingegen lassen sich nicht gern in ihre gegensätzliche Überzeugung hineinreden. Die meisten werden ohne dezidierte Position sein. So kommt es letztlich auf den Lehrer selbst an, was für ihn selbstverständlich ist und was zu vermitteln er sich zutraut.

Nicht kontrovers ist es, daß der Religionsunterricht über Gebet und Gebete sprechen muß. Das weithin verengte Gebetsverständnis bedarf in jährlicher Kontinuität der Korrektur und Vertiefung. Es genügt nicht – wie es bis in die Lehrpläne und Religionsbücher hinein erfolgt – Beten als ein Sprechen mit Gott zu deuten. Eine solch schlichte Formel klammert wesentliche Aspekte aus: etwa daß Beten *verbindliches Wort* ist, in dem der Mensch sich mit letztem Ernst stellt; daß er in diesem Wort sich seiner Situation stellt, ihr also nicht ausweicht und nicht Verantwortung abschiebt; daß Beten heißt, ernsthaft leben zu wollen: zu sehen, was geschieht, zu denken, zu fragen, zu suchen; und daß Beten heißt, sich nicht selbst aus dem Weg zu gehen, weil im Gebet dies alles zusammenkommt: sich seinen Mitmenschen zuverlässig zu stellen, sich Gott zu stellen, sich dem eigenen Selbst zu stellen. Wichtig ist schließlich auch ein erstes Wissen, das Beten mit dem Schweigen verbindet und jenseits aller Worte am tiefsten mit Gott zu einen vermag . . .

Dies alles soll der Unterricht nicht primär in thematischen »Ausführungen« besprechen, sondern in vielfältigen Aktivitäten: manches aus den Erfahrungen der Stille-Übungen heraus; anderes von gelegentlichen Beobachtungen und Fragestellungen her; wieder anderes in Geschichten und Beispielen. Es ist Aufgabe des Religionsunterrichts, die spirituellen Fähigkeiten des Kindes zu wekken und zu entfalten; die vorhandene Gebetspraxis zu bedenken und einem Verständnis zu erschließen, das auch für Bewußtsein und Anspruch des Jugendalters noch tragfähig ist; die eigene Sprachfähigkeit der Kinder zu entwickeln und Gebetstexte anzubieten, die einer vertieften kindlichen Frömmigkeit dienen können. Unser Unterrichtswerk thematisiert im zweiten Schuljahr Zeiten und Inhalte des täglichen Gebetes; im dritten Schuljahr dominieren die sakramentalen Vollzüge und der gemeindliche Gottesdienst, während im vierten Schuljahr »Wege des inwendigen Lebens« als Ansätze zu einer kindgemäßen Spiritualität im Vordergrund stehen.

Das wahre und das falsche Gebet S. 51

Die Titelseite unseres Gebetskapitels gibt einige Anregungen, über das fehlgeleitete und das wahre Gebet nachzudenken. Die den Kindern leicht verständliche Lehre vermittelt das Bild; unabhängig davon und unser heutiges Lebensgefühl direkter ansprechend sind die Verse »Wenn du beten lernen willst«. Die Kinder können die Strophen auswendig lernen, damit sie ihnen über den Tag hinaus Orientierung geben und Maßstab für ein Gott und Welt verbindendes Gebet.

Fresko: Zweierlei Gebet S. 51

A. In entlegenen dänischen Dorfkirchen kann man noch viele lebendige Zeugnisse der Volksfrömmigkeit finden. Gut erhaltene Kalkmalereien auf den niedrigen Gewölben und Wänden erzählen oft die biblische Heilsgeschichte oder Geschehnisse aus dem Heiligenleben, während im Chorraum bisweilen eindrucksvolle Darstellungen der Majestas Christi begegnen. Einige besonders sehenswerte Fresken blieben in den kleinen Dorfkirchen der Insel Møn erhalten. In Fanefjord-Kirke (1250) sind die Fresken des sogenannten Elmelunde Meisters aus der Zeit um 1500 ein Höhepunkt. Ebenfalls von ihm stammen die Fresken in der Elmelunde-Kirke, der ältesten Kirche der Insel. Die um 1480 zu datierenden Gemälde zeigen heilsgeschichtliche Darstellungen im Rahmen mittelalterlichen Dorflebens. Das im Religionsbuch gezeigte Detail (ebenfalls von 1480) stammt aus der Kirche zu Keldby.

B. Das Bild befindet sich, wie die Randeinfassungen erkennen lassen, in einem Gewölbezwickel. Zwei Männer – ein Reicher und ein Armer – beten. Ihre Gebete sind als rote Linien gezeichnet, die aus ihrem Mund hervorgehen. Der arme Mann, durch die schmucklose Kleidung und den Bettelsack auf der Schulter gekennzeichnet, betet zum Gekreuzigten und seinen fünf Wunden. Auf dem Spruchband, dessen Schrift nicht eindeutig zu entziffern ist, steht seine Bitte: Gott, erbarme dich meiner, ich habe gesündigt.

Der reiche Mann ist nicht allein durch vornehme Kleidung gekennzeichnet. Er kniet auch auf einem behauenen und geschliffenen Steinsockel, während der Arme einen der großen Kieselfelssteine benutzt, mit denen die dänischen Inseln übersät sind. Auch sein Rosenkranz ist durch edlere Perlen und eine vergoldete Quaste von der schmucklosen Perlenkette des Armen unterschieden. Auf seinem Spruchband lesen wir: Erbarme dich meiner, Gott.

Die Gebete des Reichen wenden sich nicht an den gekreuzigten Herrn, vielmehr führen die roten Linien allesamt *zurück* und bezeichnen die Wünsche, die den Reichen bewegen: Noch mehr schöne Stoffe und Kleider möchte er haben, eine Truhe, gefüllt mit Geld und anderen wertvollen Dingen, auch Wein ist ihm eine Bitte wert – für das weinferne Dänemark und mittelalterliche Transportprobleme sicherlich ein besonders luxuriöser Wunsch –, schließlich geht sein Begehr auf ein gutes Pferd sowie auf schmackhaftes Essen. Die Gestalt der kochenden Frau zeigt der Ausschnitt im Religionsbuch nicht. Sie befindet sich im untersten Gewölbefeld, wo die Jochbögen zusammenlaufen. An einem Sägehahl hängt ein großer Topf über dem Feuer. Die Frau, mit vorgebundener Schürze, schmeckt gerade die Speise ab, wohl um zu verdeutlichen, welchen Wert der Reiche auf gutes Essen legt.

Inmitten beider betenden Gestalten das Kreuz mit dem von Blutspuren überzogenen Christus unter der Inri-Tafel. Die Thematisierung des Leidens und der fünf Wunden Christi ist ein charakteristischer Aspekt mittelalterlicher Frömmigkeit. Bereits Ambrosius (um 340–397, Bischof von Mailand) nannte die Wunden Christi »den Preis unserer Freiheit«, der zugleich unsere Andacht wecke. Auch Augustinus nennt die Kreuzespassion ein Geschehen, das sich unseren Herzen einprägen solle. Die Andacht zu den fünf Wunden Christi erscheint jedoch erstmals im iroschottischen Mönchtum. Für Beda (673–735; englischer Kirchenlehrer) sind die Wunden Christi »Stätten der Zuflucht«. Die mittelalterliche Volksfrömmigkeit betrachtete gern die Passion Christi (wie auch im Bild der »Pieta« die Schmerzen Mariä). Angesichts eigener Leiden konnte der Blick zum Gekreuzigten ermutigen, alle Beschwernisse geistlich zu ertragen und zugleich für die Liebe frei zu werden.

C. Das bäuerliche Deckenfresko der beiden Beter ist ein schönes Beispiel naiver Didaktik. Mit imponierender Einfachheit wird durch sparsame, aber eindrucksvolle Mittel ein innerer Vorgang ins Bild gesetzt. Diese kontrastierende Veranschaulichung, der handfesten und konkreten Denkweise spätmittelalterlicher Menschen entsprungen, entspricht noch heute dem Verständnis der Kinder. Im Prinzip handelt es sich ja um ein belehrendes Bild nach Comic-Manier. Sprechbänder und Gebetsfäden verdeutlichen direkt und geradezu drastisch die Gebetsintention. Die roten Linien zeigen unmittelbar, was die beiden Männer ausfüllt: der »Arme« ist von Christus voll, der »Reiche« hat mit Christus nichts gemein; ihn binden seine Abhängigkeiten an den eigenen Lebensstandard.

D. Zur Erarbeitung des Bildes muß keine größere Hilfestellung geboten werden. Es genügt der Hinweis, daß die roten Linien die Gebete der Männer kennzeichnen. Eine Charakterisierung dieser Beter, angesichts ihres sozialen Status und ihrer Gebetswünsche, werden die Schüler selbst erarbeiten können. Quintessenz des gemeinsamen Gesprächs über diese Darstellung kann sein, daß das wahre Gebet nicht auf ein »Haben« zielt, sondern auf ein »Werden«. Im Rückblick auf das Jesus-Kapitel fällt es den Kindern nicht schwer, jenen zu beschreiben, der die Blinden sehend, die Tauben hörend und die Lahmen gehend macht. Wer auf diesen schaut, wie der Arme des Bildes, kann ebenfalls lernen, andere sehend, hörend und beweglich zu machen. Dagegen bleibt der Reiche ein armer Wicht. Er lebt nur auf Besitz hin, ohne Offenheit für den in der Not sich offenbarenden Gott. Sein »Gebet« ist kein wirkliches Gebet: für niemanden ist es Hoffnung, weil es nichts verändert. Diesen Gedanken faßt die 3. Strophe des Gedichtes zusammen, das die Kinder unter dem Bild finden:

Beten heißt, weit offen werden,
damit an diesem Ort auf Erden,
wo du g'rad bist
durch deinen Sinn und deine Hände
sich Gottes Geist der Welt zuwende.

Wenn du beten lernen willst

Didaktisch ist es ein bedeutsamer Unterschied, etwas in freier oder gebundener Sprache zu sagen. Natürlich ist ein Gedicht strenger; seine Inhalte werden knapp, ohne Beiwerk und Redundanz formuliert. Dafür erlaubt es aber auch den bedächtigen Umgang, ein wiederholtes Lesen und Bedenken. Im eigentlichen Sinn kommen Gedichte zu sich selbst, wenn man sie auswendig mit sich herumtragen kann. Den Mut zu dieser Vermittlung hat die Schule weithin verloren, obwohl es für viele Menschen doch weit über die Schule hinaus ein großer Gewinn ist, Lieder und Gedichte unabhängig vom Buch verfügbar zu haben.

Der vorliegende Text »Wenn du beten lernen willst« ist didaktischer Natur. Er gliedert seinen Gedankengang in drei Strophen. Strophe 1 ist fünfzeilig und hat die Reimfolge a, b, c, b, c. Die mittlere Strophe umfaßt nur vier Zeilen in der Reimfolge a, b, a, b. Die letzte Strophe, wiederum fünfzeilig, folgt dem Schema a, a, b, c, c. Die Reimfolge ist also in allen drei Strophen anders, dennoch herrschen ein ebenmäßiger Rhythmus und eine Symmetrie im Verhältnis der Strophen zueinander.

Strophe 1 möchte vor verbaler Leichtfertigkeit warnen. Vielleicht ist dies der häufigste Mißbrauch des Gebetes. Immerzu werden gute Worte verschlissen, weil man sie nicht für die eigene Person und Lebenssituation als ganz verbindlich nimmt.

Strophe 2 spricht vom Lebensbezug des Gebetes. Das Wort »Gott« ist ein umfassendes, kein isolierendes Wort. Wer »Gott« sagt, muß »alles« meinen, auch sich selbst. (Geschichten, die den Sinn dieser Strophe erschließen und konkret zu veranschaulichen vermögen, finden sich in: »Der Sprung in den Brunnen«, Seite 131; 135; 138; in: »Das Welthaus«, Nr. 165a.)

Strophe 3 beansprucht keine Gebets»definition«, möchte aber doch eine »Formel« anbieten, die weit genug ist für ein Gebetsverständnis, das sich nach vorn hin immer mehr vertiefen und entfalten läßt.

Von den Tagesgebeten findet das Morgengebet am wenigsten Wertschätzung. Das liegt zunächst einmal an den Umständen, die in den meisten Familien den Tagesanfang prägen. Die Zeit zwischen Aufstehen und Verlassen des Hauses ist gewöhnlich immer knapp; es reicht für viele Schüler nicht einmal zur inneren Ruhe für ein gesundes Frühstück. Oft sind es auch mehrere aus der Familie, die fast gleichzeitig das Haus verlassen müssen. Das bringt Unruhe und Reibungen mit sich. Möglicherweise ist der Gang oder die Fahrt zur Schule die einzige Zeit, die der Schüler für sich allein hat; es kann freilich auch anders sein.

Wir sollten uns selbst klar werden, welche Bedeutung ein gelassener Tagesanfang hat, und daraus eine konkrete Konsequenz ziehen. Aus diesem persönlichen Prozeß gelingt dann auch ein glaubwürdiges Gespräch mit den Kindern. Die eingangs genannten Schwierigkeiten werden immer bestehen. Dennoch bleibt gültig, daß ein Tag aus ruhiger Besinnung besser gelingt als ein Tag aus besinnungsloser Hast. Zu überlegen wäre also, woher jeder die Minute(n) nehmen kann, um den Tag nicht gedanken- und richtungslos zu beginnen. Erwägenswert ist natürlich am meisten, wie der Schulmorgen beginnen soll. Es muß kein gleichbleibendes Ritual sein, das hier am Anfang steht. Man kann ein Lied singen, eine kleine Geschichte hören, ein Gedicht, einen Spruch . . ., kann miteinander einer Musik lauschen, der Stille nachgehen, ein Gebet sprechen . . . Die Variationsmöglichkeiten sind groß. Wichtig ist, daß nichts seelenlos geschieht, sondern bedächtig, knapp und eindringlich. Der Unterricht, der sich an eine solche Morgenbesinnung anschließt, wird bessere Früchte tragen als jener, der lediglich durch Pausenzeichen und routinierten Gruß eröffnet wird.

Um die im Religionsbuch veröffentlichten Texte eines Morgengebetes nicht abzunutzen, seien hier weitere Vorschläge gemacht:

Morgengebete

Was leicht ist und was schwer,
von Gott kommt alles her,
in Gott fängt alles an,
für Gott sei es getan.

Wo ich gehe, wo ich stehe,
bist du, großer Gott, bei mir;
wenn ich dich auch niemals sehe,
weiß ich sicher: Du bist hier.

Der Tag ist aufgegangen,
Herr Gott, dich lob ich allezeit.
Dir sei er angefangen,
zu deinem Dienst bin ich bereit.
Den Tag will ich dir schenken
und alles, was ich tu,
im Reden und im Denken
im Werk und in der Ruh.

Wir treten in die Stille,
wir falten fromm die Hand.
Des Herzens guter Wille
ist dir, o Gott, bekannt.

Wir rufen deine Gnade,
die Hilfe in der Zeit.
Wohl dem, der ihrem Rate
all seine Arbeit weiht.

Gott hilft beim Rechnen, Schreiben,
führt uns den Weg der Pflicht.
Im Lernen treu zu bleiben,
sei du, Gott, unser Licht.

Gott des Himmels und der Erden,
Vater, Sohn und Heilger Geist,
der es Tag und Nacht läßt werden,
Sonn und Mond uns scheinen heißt,
dessen starke Hand die Welt
und, was drinnen ist, erhält.

Gott, ich danke dir von Herzen,
daß du mich in dieser Nacht
vor Gefahr, Angst, Not und Schmerzen
hast behütet und bewacht.

Führe mich, o Gott, und leite
meinen Gang nach deinem Wort;
sei und bleibe du auch heute
mein Beschützer und mein Hort.
Nirgends, als von dir allein,
kann ich recht bewahret sein.

Von guten Mächten wunderbar geborgen,
erwarten wir getrost, was kommen mag.
Gott ist mit uns am Abend und am Morgen
und ganz bestimmt an jedem neuen Tag.

Paul Klee, Am Morgen S. 52

Die Seiten 52 und 53 werden von relativ abstrakten Bildern Paul Klees gekennzeichnet. Hinter dieser Auswahl steht die Überlegung, daß es unangemessen ist, eine Einführung in das Verständnis des Gebetes mit anderen als »meditativen« Bildern zu begleiten. Die Bilder sollen ihrerseits Gegenstand einer Stille-Übung oder besinnlichen Betrachtung sein. Dabei sollen sie weniger erarbeitet denn aus ruhiger Muße angeschaut werden, als es sonst üblich ist.

Das vorliegende Bild trägt den Originaltitel »Mit dem Regenbogen«. Es ist ein Aquarell aus dem Jahre 1917 (18,5 × 22 cm, Sammlung Felix Klee, Bern). Weil ein thematischer Zusammenhang mit der Verwendung des Regenbogen-Motivs an anderen Stellen des Religionsbuches besteht, das unter Aspekten der christlichen Ikonographie bereits (→ S. 234 ff) interpretiert wurde, soll hier zunächst – um das symbolkundliche Wissen zu erweitern – das Regenbogenmotiv in der späteren Kunstgeschichte skizzenhaft vorgestellt werden.

A. So kurz die Zeit auch ist, in der ein Regenbogen am Himmel steht – Goethe: »Einen Regenbogen, der eine Viertelstunde steht, sieht man nicht mehr« –, so dauerhaft ist seine Präsenz in der Kunst, in Mythologie und Dichtung, im Repertoire der heutigen Werbegraphik. Für die längste Zeit der Menschheitsgeschichte war der Regenbogen ja auch wirklich eine wunderhafte, bedeutungsvolle Erscheinung, die erst Descartes Theorie von 1649, daß der Regenbogen durch Brechung und Reflexion der unfarbigen Sonnenstrahlen entstehe, entmythologisierte. Trotzdem blieb der Regenbogen für Dichtung und Kunst faszinierend und ist es zumal für den Berufs-Optimismus der Design- und Werbefachleute, die sich nahezu inflationistisch des Regenbogens als eines farbenfreudigen, zukunftshoffenden Signals bedienen.

Nach dem Verfall des biblisch verstandenen Regenbogensymbols in der mittelalterlichen Kunst bekommt das Motiv seine größte Bedeutung wieder bei Caspar David Friedrich. Hier ist der Regenbogen Ausdruck einer religiös-metaphysischen Weltanschauung, auf dem Bild »Gebirgslandschaft mit Regenbogen (Landschaft mit dem Mondregenbogen)«, um 1810 entstanden, wird er geradezu Friedrichs Glaubensbekenntnis. Der auf diesem Bild erscheinende einsame Wanderer ist der Maler selbst, versunken in die Betrachtung einer Landschaft, die als göttliche Zuwendung verstanden wird.

Der Regenbogen, jetzt nicht mehr Andachtsbild, sondern »pittorsk aufgeputztes Landschaftsstück«, ja schon »touristische Zugabe der Natur«[1], begegnet in den späteren Landschaftsbildern des 19. Jahrhunderts, etwa bei Hans Thoma (Frühlingsreigen) und Jean-Francois Millet (Le printemps, 1868/73). Eine wiederum veränderte Bedeutung gewann der Regenbogen mit dem Impressionismus, der »Geburt des Lichtes in der Malerei«, jetzt nicht mehr als Symbol oder Allegorie, sondern als Lichtphänomen, das primär der wissenschaftlichen Betrachtung unterliegt. Dieses stufenlose Ineinanderübergehen der Farbskala des Spektrums war den auf Entstofflichung versessenen Künstlern vorbildlich: »wie da gleichsam ›aus dem Nichts‹ des unsichtbar-unfarbigen Lichts sich alle Lichtfarben aufspalten, auffächern und wieder verschwinden, das war erstaunlich genug, geradezu ›zauber-haft‹ und sollte durch ›additive Farbmischung‹ (. . .) im Auge des Betrachters ebenfalls erreicht werden.«[2] Als Vorläufer des Impressionismus ist hier bereits William Turner zu nennen (»Gewitter auf dem Buttermere-Sea in Cumberland«, ca. 1798; »Die Boje«, ca. 1808 und 1848), und gleichfalls John Constable (»Landscape and Rainbow«, 1812; »Windmill and Rainbow«, o. J.). Die Impressionisten sind allerdings keine Regenbogenmaler im gegenständlichen Sinn gewesen. Das Struktive des Regenbogens hätte auf ihren Bildern allzu sehr dominiert und die Gleich-Gültigkeit der gesamten Bildfläche aufgehoben. Als Luft-Licht-Erscheinung war der Regenbogen dennoch für sie ein »Lehrstück«, das die eigene Malvorstellung inspirierte.

[1] *Timm Ulrichs,* Der Regenbogen – seine Spann- und Reichweite in Kunst, Literatur, Werbung etc., in: Regenbögen für eine bessere Welt. Trilogie III. Württembergischer Kunstverein, Stuttgart 1977, 115–168, hier 128.

[2] Ebd., 129.

Anders erneut bei den jungen Expressionisten. Franz Marc krönte sein natur-mystisches Bild »Turm der blauen Pferde« (1913) mit einem Bogen. Wassily Kandinsky ging dem »inneren Klang« der Farben nach, den seelischen »Vibrationen«, die sie anstimmen können. Paul Klee reflektiert über den Regenbogen in einer Eintragung vom 28. 11. 1922:

»Es gibt uns die Natur eine Fülle farbiger Anregungen: die Pflanzenwelt, das Tierreich, die Mineralogie, die Komposition, die man Landschaft nennt, alles gibt uns stündlich zu denken und zu danken. Aber ein Phänomen steht über allen diesen farbigen Dingen als Abstraktion von aller farbigen Anwendung, Verarbeitung und Trübung, als Abstraktion im Sinne farbiger Reinheit: das ist das Phänomen des Regenbogens. Dieser Einzelfall einer Skala der reinen Farben spielt sich bezeichnenderweise nicht ganz diesseits ab, sondern im irdisch-kosmischen Zwischenreich der Atmosphäre und hat infolgedessen einen gewissen Grad an Vollkommenheit aufzuweisen, aber auch nicht den höchsten, weil er eben nur halbjenseitig ist . . .

Worin besteht nun die Mangelhaftigkeit der Erscheinung des Regenbogens? Man hat aus ihm eine Reihe von Farben herausgelesen, und zwar sieben Farben (. . .), und die Zahl 7 gefiel allgemein gut. Es gebe ja auch sieben Haupttöne in der Musik, hieß es bekräftigend. So gut mir nun die Zahl 7 in mancher Hinsicht zusagt, in diesem Fall glaube ich nicht an sie. Denn Rotviolett und Blauviolett, oder Indigo, wie es in den Schulbüchern heißt, das ist doch schon eine etwas kleingestufte Teilung . . . Der Hauptmangel aber besteht in der Endlichkeit dieser Farbenreihe. Die reinen Farben sind eine jenseitige Angelegenheit. Das vermittelnde atmosphärische Reich ist so gütig, sie uns zu vermitteln, aber nicht in ihrer jenseitigen Form, die unendlicher Natur sein muß, sondern in einer Zwischenform . . . Dabei mag violett als Bruchstelle des Angriffs jener Macht vermerkt bleiben, die umgekehrt die göttlichen Dinge vermenschlicht und umformt, um sie uns zu offenbaren.«[1]

Wir wollen an dieser Stelle die Geschichte des Regenbogens in der neueren Kunst nicht weiter verfolgen, sondern bei Paul Klee verweilen. Klee (1879–1940) gehört zusammen mit Kandinsky zu den Begründern der modernen Kunst. Weder Picasso noch Matisse, weder Braque noch Chagall haben den Schlußpunkt unter die klassische Tradition gesetzt, sind vielmehr ihre letzten Vertreter. Erst Klee begann damit, aus Farbe und Form eine vollkommene (»abstrakte«) Kunstwelt zu schaffen. Am 6. Juni 1902 schrieb er in sein Tagebuch: »Man wird Dinge verlangen von mir, die ein geschickter, zum Virtuosen neigender Anfänger wohl vortäuschen könnte. Ich hoffe immer, daß Echtheit des Wollens mehr Hemmung für mich sei als mangelndes Können.« 1915 notierte Klee: »Je schreckensvoller diese Welt (wie gerade heute), desto abstrakter die Kunst.« In seinem Aufsatz »Schöpferische Konfession« (1918/20) sagt er: »Kunst gibt nicht das Sichtbare wieder, sondern macht sichtbar.« Klees Gesamtwerk ist vielfältig und keiner Einzelrichtung moderner Kunst zuzuordnen. Sein Einfluß wirkte in verschiedene Richtungen und bestimmte Künstler, die sonst kaum etwas miteinander gemein hatten. Der Formenapparat Klees, immer noch oft als »naiv« oder »kindlich« mißverstanden, gestaltet eine Bildwelt, die der Wahrheit näher kommt, als es die unmittelbare Schilderung der Realität vermöchte. »Alles Vergängliche ist nur ein Gleichnis. Was wir sehen, ist ein Vorschlag, eine Möglichkeit, ein Behelf. Die wirkliche Wahrheit selbst liegt zu-

[1] *Paul Klee,* Das bildnerische Denken, Schriften zur Form- und Gestaltungslehre, hrsg.v. *Jürg Spiller,* Basel/Stuttgart 1964, 467 ff; zit.n. *T. Ulrichs,* a.a.O., 130 ff.

nächst unsichtbar zugrunde ... Abmalen läßt sich das schwer, weil der Moment so flüchtig ist. Es muß in die Seele dringen. Das Formale muß mit der Weltanschauung verschmelzen.«[1]

Auf Paul Klees Grabstein steht geschrieben:

> »Diesseitig bin ich gar nicht faßbar
> denn ich wohne grad so gut bei den Toten
> wie bei den Ungeborenen
> etwas näher der Schöpfung als üblich
> und noch lange nicht nahe genug.«

B. In einem kräftigen, leuchtend roten Rahmen ein Gefüge gewinkelter, ineinander geschobener Streifen und Dreiecke, die durch ihre Farbgebung und zugleich durch ihre spannungsreiche Brechung eine dynamische Wirkung ausüben. Das Gefüge ist nicht zufällig, sondern wird von einer helleren Mitte gehalten, die ein vierfarbiger Regenbogen überwölbt. Unter dem Regenbogen ein blauvioletter Kreis, in den ein turmartiges Gebilde ragt – sofern gegenständlich deutbar, als Kirche zu lesen. Während die Brechungen ringsum zunächst rechtwinklig sind, gehen sie in der Außenzone in größere, teils stumpfwinklige Formen über, die insgesamt die Idee von Zentrum und Peripherie, Spannung und Rahmung unterstreichen.

In seiner Farblichkeit und Formgebung signalisiert das Bild vitale Dynamik. Dennoch ist es im In- und Gegeneinander der hier wirkenden Kräfte nicht wild oder chaotisch. Das Zusammenspiel der Farben und das geregelte Gefüge der Formen veranschaulichen eine Architektonik, die jedem Menschen große Mühe bereiten würde, sollte er dieses Gefüge als eine Art Puzzle seinerseits neuordnen müssen. »Mit dem Regenbogen« (der Bildtitel!) kommt ein völlig gegensätzliches Element in diese kantige Welt. In symmetrischer Harmonie überwölbt der Lichtbogen das architektonische Geschiebe, leicht und friedlich. Hier fehlen Spitzen, Winkel, Geraden und Ecken, die alle anderen Formen bestimmen. Dennoch bleibt er »eine Halbheit«, denn es ist nicht der geschlossene Kreis, der erst ein Ganzes bildet, sondern in seinem »irdisch wahrnehmbaren Erscheinen« eine Halbheit, »Reflex einer vorerst unbekannten Totalität« (Klee).

Die vollkommene Form fehlt dennoch nicht. Sie wird vom Regenbogen überwölbt und steht als »erhobene Mitte« in einem tiefen Blauviolett. Wie ein Pfeil weist das turmartige Gebilde ins Zentrum dieser dunklen Sonne.

C. Die unterrichtliche Besprechung dieses Bildes sollte sich weitgehend auf eine Beschreibung der Formen und Farben, der Komposition und der Rahmung beschränken. Natürlich werden die Kinder einzelne Formelemente von früher interpretierten Bildern des Religionsbuches assoziieren, etwa die Gottessonne aus Chagalls Radierungen und gewiß den Regenbogen. Das muß nicht abgewiesen werden, doch sollte der Lehrer in dieser Hinsicht den Kindern *ihren* Weg lassen und seinerseits Zurückhaltung üben. Es kommt hier *nicht* auf eine kunstdidaktische Übung an. Vielmehr hat das Bild in seiner abstrakten Offenheit die Aufgabe, den neuen Tag meditativ zu bedenken: Vielleicht verbinden

[1] *Paul Klee,* Tagebücher 1898–1918, hrsg. und eingeleitet von *Felix Klee,* Köln 1957, Eintrag vom 10. Juli 1917.

sie mit den vielen Farben und Formen den Reichtum des Tages, seine Dynamik und Spannung; dann sehen sie aber auch, daß diese Vielfalt zusammengehalten werden kann: Regenbogen, Sonne und Kirche sind dafür Symbole.

D. Paul Klees Bild kann gut Gegenstand einer Stille-Übung sein. Wir sagen den Kindern, daß sie die nächsten Minuten ganz für sich haben werden. Sie sollen sich ohne Seitenblicke auf dieses Bild einlassen. Was sagt es vom Tag? Was von mir selbst? Welche Melodie spielt es? – Das anschließende Gespräch steht, wie immer nach Stille-Übungen, außerhalb jeder Leistungserwartung. Wichtig sind hier allein die Gefühle und Gedanken, die dieses Bild in einem jeden anklingen läßt. Man kann anregen, daß jedes Kind für sich einen Text zu diesem Bild schreibt. Vielleicht ergibt dies eine Sammlung, die – zu einem kleinen Heft gefügt – allen Kindern in der Klasse geschenkt wird: das erste eigene Buch. (Zur Praxis des freien Textes → Lehrerhandbuch 3.)

Das Abendgebet S. 53

Die meisten Kinder verbinden freundliche Gedanken mit der Abendstunde, zumal mit jenem letzten Tagesabschnitt, wenn sie zu Bett gebracht werden und ein Elternteil – auf der Bettkante sitzend – ein letztes Gespräch mit ihnen führt. Viele Kinder verbinden mit diesen Minuten eine Geschichte, vorgelesen oder erzählt, auch ein Abendlied, besinnliche Gedanken über den vergangenen Tag und ein gemeinsam gesprochenes Abendgebet. Nicht in jedem Haus ist dies alles üblich, hier fehlen die Geschichten ganz, dort das Lied, anderswo das Gebet. Und leider gibt es auch immer Verhältnisse, in denen die Kinder allein ins Bett geschickt werden, ohne daß sich Vater und Mutter Zeit nehmen, dies oder jenes vom verflossenen Tag noch einmal zu bedenken.

Alle Kinder sind in der Abendstunde ansprechbar. Viele suchen den Kontakt zu den Eltern, mögen nicht allein sein, betteln um einen offenen Türspalt mit etwas Lichteinfall. Die Minuten vor dem Einschlafen sind leicht Einbruchstellen der Angst und sollten darum in besonders behutsamer Weise dem Kind Geborgenheit vermitteln.

»Die Seele braucht eine Hilfe für die nächtlichen Wege in den dunklen Teil unserer selbst. Wir beenden ja nicht einfach unser inneres Leben, wenn wir einschlafen, vielmehr versinkt unser Geist in die tieferen Gewölbe der Seele, in die wir mit Verstand und Willen nicht hineinreichen. Und immer geschieht dabei etwas, was uns auch für den folgenden Tag beeinflußt. Morgens wachen wir anders auf, als wir eingeschlafen sind: Die Stimmungen sind anders, unsere Gedanken, unser Urteil ist anders. Deswegen heißt es auch, über eine wichtige Sache müsse man erst noch einmal schlafen. Freilich kommen wir durch den Schlaf nicht wie von selbst zu einem besseren Standpunkt. Oft verschüttet der Schlaf auch Einstellungen und Vorsätze, die ein guter Tag entstehen ließ. Willentlich können wir jedenfalls die eigene Unterwelt nicht beeinflussen. Sie hat ihre guten Geister, kennt aber auch Dämonen und nicht selten ein Schattenreich voll ungebändigter Wünsche, Begierden und Ängste. Damit uns diese Kräfte nicht verwirren und sogar unser Tagesbewußtsein beeinflussen, brauchen wir an den Gelenkstellen zwischen Tag und Nacht eine besondere Reinigung der Seele – das Abendgebet.«

»Meinst du ein wirkliches Gebet oder nur noch eine Art Schlafmittel?«

»Ich meine ein wahres Gebet: Rückbindung des Menschen an den tiefsten Grund, in dem Welt und Leben wurzeln.«

»Aber warum nennst du das Abendgebet dann eine Reinigung der Seele?«

»Wenn ein Mensch sich ganz und wahrhaftig auf den tiefsten Grund seiner selbst einläßt, wird er von hier, also von Gott her, heil. Ich meine nicht eine psychologische Technik, sondern eine Rückbindung in die reine Liebe; nur das tut uns wirklich wohl.«

»Die Worte hör ich . . ., aber wie geht dies alles mit dem Abendgebet wirklich zusammen?«

»Dadurch, daß du nicht ›irgend etwas‹ betest, sondern ein wirkliches Abendgebet, das dich auf den Schlaf vorbereitet. Mächtig im Schlaf sind Bilderwelten, nicht Gedanken. In starken Symbolen mußt du darum deinen Geist sammeln, damit er beim Übergang in den Schlaf zu den guten Bildern findet.«

»Du meinst, das Abendgebet solle unsere Träume mitbestimmen?«

»Nicht unmittelbar. Über die greifbaren Träume hinaus speichert unsere Seele ja eine

Unzahl von Bildelementen, die auch unser Tagesbewußtsein beeinflussen. Wenn wir nun gute Bilder mit in den Schlaf bringen, helfen diese, die wirren und zufälligen Tageseindrücke im Unterbewußtsein zu ordnen. In diesem Sinne sind wir sogar für unsere Träume verantwortlich. Darum soll das Abendgebet eine Haltung schaffen, in der wir innerlich befreit einschlafen.«

»Was unterscheidet das Abendgebet von einem anderen Gebet?«

»Bildhaftigkeit, die man meditieren kann.«

»Was nennst du bildhaft?«

»Alles, was in Bildern spricht und darin die Seele erreicht. Es können Worte, Geschichten, Gedichte sein, natürlich auch Symbole und gemalte Bilder, und nicht zuletzt Lieder und Musik . . .«[1]

Dieser Dialog hat nicht Kinder, sondern den Tagesabschluß Jugendlicher und Erwachsener im Blick. Dennoch gilt die Überlegung auch Kindern. Ob aber ein Gespräch über diese Dinge an einem Elternabend dazu ermutigen kann, statt des beliebigen Fernsehkonsums den Kindern wenige Minuten eigene Zeit zu widmen, um mit ihnen den Tag gemeinsam zu beenden? In jedem Fall ist ein Gespräch mit den Kindern über das Abendgebet möglich. Wir können ihnen mehrere Texte vorstellen und innerlich erschließen, sie aber selbst entscheiden lassen, welche Gebete sie lernen wollen. Eine kleine Auswahl ist hier zusammengestellt:

Abendgebete

In deinem Namen schlaf ich ein.
Laß mich dir, Gott, befohlen sein.
Weil ich mir selbst nicht helfen kann,
so nimm dich meiner gütig an,
und segne du mein junges Leben
und alles, was du mir gegeben.

Du bist im Licht.
Du bist im Dunkeln.
Was sollte ich fürchten?

Von allen Namen,
die man dir, Gott, gibt,
ist mir dieser
der liebste:
Gott der Zärtlichkeit.

Schenk uns deinen Frieden
alle Tag hienieden,
gib uns deinen guten Geist
der uns stets zu dir hinweist.

Paul Klee, Am Abend S. 53

A. Zu Paul Klee und seiner Kunst → Seite 386.

Im Jahre 1924 schrieb Klee eine Betrachtung »Über die moderne Kunst«, in der er Einblicke in seine Arbeitsweise und sein künstlerisches Selbstverständnis bot: »Lassen Sie mich ein Gleichnis gebrauchen, das Gleichnis vom Baum. Der Künstler hat sich mit dieser vielgestaltigen Welt befaßt, und er hat sich, so wollen wir annehmen, in ihr einigermaßen zurechtgefunden; in aller Stille. Er ist so gut orientiert, daß er die Flucht der Erscheinungen und Erfahrungen zu ordnen vermag. Die Orientierung in den Dingen der Natur und des Lebens, diese vielverästelte und verzweigte Ordnung möchte ich dem Wurzelwerk des Baumes vergleichen. Von daher strömen dem Künstler die Säfte zu, um durch ihn und seine Augen hindurchzugehen. So steht er an der Stelle des Stammes. Bedrängt

[1] *Hubertus Halbfas,* Der Sprung in den Brunnen, a.a.O., 153–157.

und bewegt von der Macht jenes Strömens, leitet er Erschautes weiter ins Werk. Wie die Baumkrone sich zeitlich und räumlich nach allen Seiten hin sichtbar entfaltet, so geht es auch mit seinem Werk.«

B. Identifikation mit dem Baum wird auch die Neigung eines jeden sein, der Paul Klees Aquarell »Der Bote des Herbstes« (1922; 26,4 × 33,2 cm) betrachtet. Der Baum sticht hier mehr als alles andere hervor. In einem hellen Feld, größer als die übrigen, steht er leuchtend wie eine untergehende Sonne. In lebendigem Spannungsverhältnis zu ihm, aber tiefer gerückt, so daß der Baum in seiner Dominanz noch stärker betont wird, ein Kreissegment, dessen Rundung ausschließlich mit dem Baum korrespondiert, während alle übrigen Formen in rechtwinkligen Flächen bzw. links oben und insbesondere am rechten Bildrand in gewinkelten Feldern nach unten abfallen. Die sehr harmonische grünlich-violette Stufung der Farbfelder ordnet sich in senkrechten Kolumnen, die ihrerseits in horizontaler Schichtung feinste Mischungen und Übergänge zeigen. Die Gesamtkomposition wird durch einen kräftigen braunen Rand umrahmt und in ihrer farblichen Wirkung gesteigert.

Klee nannte sein Bild »Der Bote des Herbstes«. Sicherlich bezieht sich der Titel auf das Orange-Rot des Baumes, das zugleich die Abendsonne assoziieren läßt. Abendstimmung geht auch von den sensiblen Farbstufungen aus. Alles ist hier ruhig und geordnet – ein Bild friedlicher Zuversicht.

C. Im Gegenüber zu Klees Aquarell »Mit dem Regenbogen«, das in seinen gewinkelten und gebrochenen Linien, dem karminroten Rand und der vitalen Farbpalette eine dynamische Wirkung ausstrahlt, vermittelt »Der Bote des Herbstes« eine harmonische, ruhige Stimmung. So stehen sich denn wirklich ein Morgen- und ein Abendbild gegenüber.

Der leuchtende Baum steht allein, aber nicht einsam. Das helle Feld, das er nach oben und unten hin ausfüllt, ist wie ein Fenster, das in eine weite Leere weist. Ein Fenster ins Unbekannte? In die Transzendenz? Die grün-violette Stufung der umgebenden Felder gibt dem Baum ein Bezugsgefüge, das ihn zugleich hält. Sein Wurzelbereich ist unsichtbar, aber die Sichtung der Farben unter dem Baum führt zu immer tieferen Tönen – bis ins undurchdringliche Dunkel hinein.

Wenn Kinder dieses Bild betrachten, werden sie seine beruhigende Wirkung sehr wohltuend erfahren. Es ist tatsächlich ein Bild, das sammelt und besänftigt. Man muß sich natürlich darauf einlassen, also seinerseits still werden, damit das Schweigen, das im Rhythmus dieser Farben und Felder schwebt, aufgenommen und eingeatmet wird.

D. Als Besinnung zum Abend ist dieses schöne Aquarell von Paul Klee der Schule unverfügbar. Was die Kinder vor dem Schlafengehen tun, entzieht sich unserem Einfluß. Aber möglich ist es, zu einer Zeit, in der die Schüler zu besonderer Sammlung fähig sind, es miteinander anzuschauen, geduldig und in Muße. Auch hier empfiehlt es sich, die Kinder zu einem freien Text anzuregen (→ Lehrerhandbuch 3). Eine Möglichkeit ist es auch, ihnen Abendgebetstexte zu geben und sie erwägen zu lassen, welcher Text am besten zu diesem Bild paßt. Die Anregung, hin und wieder vor dem Einschlafen das Abendbild im Religionsbuch zu betrachten, wird vielleicht einigen Kindern befolgbar sein.

Das Tischgebet

S. 54

»Es ist einfacher, für das Vaterland zu sterben«, sagte eine Referentin, »als jeden Tag mit seinem Kind zuverlässig zehn Minuten zu üben.« Das Außerordentliche, zumal wenn es abverlangt wird, ist meistens leichter als das alltäglich Selbstverständliche. Das wirkliche Tun des Tuns lernt sich nicht ohne Bewußtheit und Mühe.

Für Essen und Trinken gilt dies in besonderer Weise. Oft geschieht es ja nebenher, manchmal achtlos, weil Radio, Zeitung, sogar Fernsehen alle Aufmerksamkeit beanspruchen, oder das Geschehen am Tisch oder selbst nur die innere Gedankenwelt, so daß man die Mahlzeit beendet, ohne bald darauf noch zu wissen, was es gab und wie es zubereitet war. Darum verweist der Lehrer in unserem Religionsbuchtext darauf, das erste sei zu sehen, was da steht, und fügt hinzu, nun sei es wichtig, sich die guten Dinge schmecken zu lassen. Das ist eine Aufgabe, die nicht allen Menschen gelingt, denn sie umschließt gleichzeitig die Würdigung dessen, was uns zur Nahrung dient: die Würdigung des Brotes als Inbegriff für alles, was diese Erde hervorbringt, als Inbegriff menschlicher Arbeit und als Inbegriff der Liebe; die Würdigung des Fleisches, denn ein Lebewesen hat sterben müssen, damit wir uns von ihm ernähren: wer kann nun Fleisch genießen und nicht gedenken, daß auch der eigene Tod einmal verlangt werden wird . . .; die Würdigung von »Milch und Honig«, Gaben, die vergangenen Zeiten Symbole paradiesischen Lebens und Überflusses waren, doch längst der täglichen Geringschätzung unterliegen. Das dritte aber, was zum Tischgebet gehört, ist der Dank, Ausdruck wahr-genommener Freude. »Es ist nicht notwendig, sich immer aller zu erinnern, denen man Leben, Speis und Trank verdankt. So sagt man alles in allem *Gott*! Zuweilen aber darf man ruhig einen Namen nennen, wenn Grund dazu gegeben ist, denn es soll im Bewußtsein bleiben, daß der Segen nicht ohne Schweiß der Arbeit und ohne Mühe auf dem Tisch steht.«[1]

Religionsunterricht über das Tischgebet sollte die gemeinsamen Vorerfahrungen und thematischen Zusammenhänge wieder aufnehmen, die unsere Arbeit bisher bestimmten. Als gemeinsame Vorerfahrungen sind gemeint: alle Ordnungen und Gespräche rund ums Schulfrühstück; alle Erfahrungen, welche die Klasse mit gemeinsamen Mahlzeiten verbindet; die eigenen Bemühungen mit dem (Säen, Ernten, Dreschen), Mahlen und Backen des Brotes (→ S. 106 ff). Thematische Kontexte erschloß anfänglich schon das erste Religionsbuch mit dem Erntedankbild (→ I, 65–72), bietet in weiterer Entfaltung aber das Religionsbuch für das zweite Schuljahr mit dem Kapitel »Brot« (→ S. 474 ff) und dem »Gastmahl der Armen« (→ S. 354 ff). Nur in der Verschränkung dieser Aspekte dürften Essen und Trinken und das Tischgebet als Heiligung des Genusses und der Gemeinschaft ihre volle Bedeutung gewinnen.

[1] *Heinrich Buhr,* Der Glaube – was ist das?, Pfullingen 1963, 116.

Texte zum Nachdenken über Speise und Trank

Der große Schatz

Der heilige Franz und sein Bruder Masseo trafen sich vor der Stadt zum Essen zusammen, wo eine schöne Quelle sprang, und daneben war ein breiter, schöner Stein, der ihnen sehr gefiel. Auf den legten sie ihr Brot, das sie geschenkt bekommen hatten.

»O Bruder Masseo«, sagte der heilige Franz, »wir sind eines so großen Schatzes gar nicht wert«, und diese Worte wiederholte er mehrere Male. Da erwiderte Bruder Masseo: »Wie kann man da von einem Schatz reden, wo so viel Armut ist und es an den nötigsten Dingen fehlt? Hier ist kein Tischtuch, kein Messer, kein Fleischbrett, keine Schüssel, keine Hütte, kein Tisch, kein Diener, keine Magd.«

Da sprach Franz: »Das gerade ist es, was ich für einen großen Schatz halte: Was hier ist, ist durch Gottes Güte bereitet, wie zu sehen ist am Brot, das uns geschenkt wurde, am Steintisch, der so herrlich ist, an der Quelle, die so klar sprudelt. Und darum will ich, daß wir dieses alles liebgewinnen von ganzen Herzen.«[1]

Freiheit

»Ich kann denken. Ich kann warten. Ich kann fasten.«

»Das ist alles?«

»Ich glaube, es ist alles!«

»Und wozu nützt es? Zum Beispiel das Fasten – wozu ist es gut?«

»Es ist sehr gut, Herr. Wenn ein Mensch nichts zu essen hat, so ist Fasten das Allerklügste, was er tun kann. Wenn, zum Beispiel, Siddhartha nicht fasten gelernt hätte, so müßte er heute noch irgendeinen Dienst annehmen, sei es bei dir oder wo immer, denn der Hunger würde ihn dazu zwingen. So aber kann Siddhartha ruhig warten, er kennt keine Ungeduld, er kennt keine Notlage, lange kann er sich vom Hunger belagern lassen und kann dazu lachen. Dazu, Herr, ist Fasten gut.«[2]

Das Tischlein »deck dich«

Der älteste Sohn war zu einem Schreiner in die Lehre gegangen. Da lernte er fleißig und unverdrossen, und als seine Zeit herum war, daß er wandern sollte, schenkte ihm der Meister ein Tischchen, das gar kein besonderes Ansehen hatte und von gewöhnlichem Holz war: aber es hatte eine gute Eigenschaft. Wenn man es hinstellte und sprach: »Tischlein, deck dich«, so war das gute Tischchen auf einmal mit einem sauberen Tüchlein bedeckt, und stand da ein Teller und Messer und Gabel daneben und Schüsseln mit Gesottenem und Gebratenem, so viel Platz hatten, und ein großes Glas mit rotem Wein leuchtete, daß einem das Herz lachte. Der junge Gesell dachte: »Damit hast du genug für dein Lebtag«, zog guter Dinge in der Welt umher und bekümmerte sich gar nicht darum, ob ein Wirtshaus gut oder schlecht und ob etwas darin zu finden war oder nicht. Wenn es ihm gefiel, so kehrte er gar nicht ein, sondern im Felde, im Wald, auf einer Wiese, wo er Lust hatte, nahm er sein Tischchen vom Rücken, stellte es vor sich und sprach: »deck dich«, so war alles da, was sein Herz begehrte.[3]

[1] Fioretti, Kapitel 13.

[2] *Hermann Hesse,* Siddhartha, in: ders., Gesammelte Werke, Frankfurt 1970, Bd. V, 402 f.

[3] *Brüder Grimm,* Kinder- und Hausmärchen, Nr. 36.

Weitere Tischgebete

Zwei Dinge, Gott, sind not,
die schenk durch deine Huld:
Gib uns das täglich Brot,
vergib uns unsre Schuld.

Von deiner Gnad, Gott,
leben wir,
und was wir haben,
kommt von dir.
Drum sagen wir dir Dank und Preis,
tritt segnend ein in unsern Kreis.

Gelobt sei deine Treue,
du Vater aller Gnad,
die heute uns aufs neue
so reich gesegnet hat.
Du gibst allzeit hienieden
uns unser täglich Brot,
so segne uns mit Frieden
im Leben und im Tod.

Alle guten Gaben, alles was wir haben,
kommt, o Gott, von dir.
Wir danken dir dafür.

Gebet und Dialektsprache

»Ein Mensch, der gewöhnlich im Dialekt spricht, kann sich in der Schriftsprache nicht hemmungslos von Wort zu Wort bewegen, er muß immer wieder den Ansatz vom Dialekt ausmachen, um in die Schriftsprache zu gelangen, diese ist für ihn nicht etwas Selbstverständliches, allzu Bereites. Wenn ein solcher Mensch die Schriftsprache spricht, so schleppt er wie einen Bremsklotz den Dialekt hinter sich hier. Die Worte sind weniger leicht manövrierbar. Der Mensch nimmt noch mehr selbst das Wort, als daß es von ihm genommen, mit genommen wird. Wie durch das Schweigen, das den Wortablauf unterbricht, das Wort davor bewahrt wird, Routine, Mechanismus zu werden, so wird in ähnlicher Weise, wenn auch weniger, das Wort durch den Dialekt in seiner Unmittelbarkeit geschützt.

Wahrscheinlich ist es überhaupt gegen das Wesen der Sprache und damit gegen das Wesen des Menschen, daß die verschiedenen Dialekte aufgelöst werden in der einen Schriftsprache und daß diese allzu sehr sich ausdehnt. Bei allem, was mit dem Menschen zusammenhängt, besteht eine bestimmte Beziehung zwischen der Quantität eines Phänomens und seiner Qualität. Über ein gewisses Maß hinaus kann sich ein menschliches Phänomen nicht ausdehnen, ohne daß es sich selbst zerstört, anscheinend auch die Sprache nicht. ›Das wahre Beste der englischen Sprache wird geschädigt durch ihre zu allgemeine Verbreitung . . . Wer Vögel liebt, muß gewiß dem Spatzen viele Tugenden zugestehen, und doch muß er bei dem Gedanken seiner Vermehrungsfähigkeit aufzucken. Denn es wird ihn die Zwangsvorstellung einer Welt verfolgen, aus der die anspruchsvollen Tierarten verschwunden sind und in der nur ein allgemeines Spatzentum übrigbleibt‹ (Basil de Sélincourt)«.[1]

Genügt es nicht, der Dialektsprache den Alltag zu überlassen, für Bibel und Gebet aber wie jeher »das heilige Original« (Goethe) zu verlangen? Als Otfried von Weißenburg um 865 sein Evangelienbuch dichtete, glaubte er sich rechtfertigen zu müssen, weil er nicht lateinisch, sondern deutsch schrieb. Da die Kreuzesinschrift hebräisch, griechisch und lateinisch lautete, glaubte man, dies seien ein für allemal die heiligen Sprachen. Das ganze Mittelalter hindurch wurde eine deutsche Bibelübersetzung nie etwas Selbstverständliches, und selbst heute noch wird der »Einheitsübersetzung« eine Bedeutung beigemessen, die ihr vermutlich gar nicht zukommt. Aber welches Recht kann die Dialekt-Version »heiliger Texte« für sich beanspruchen? Es gibt mehrere Begründungen, und je nach Text, Situation und Anlaß kann mal die eine, mal die andere überwiegen. Ein Arbeitskreis, den die Überzeugung zusammenführte, »daß man auf Kölsch beten kann und soll«, argumentiert in seinem (mustergültigen) »Kölsch Jebettboch« so: »Kölsch ist für viele Kölner die Muttersprache im spezifischen Sinne . . . (Wä met ander Lück esu bubbelt, dä muß wahl och mem Herrjott esu spreche, söns möt hä sich jo verstelle, un der Herrjott dät in nit widdererkenne‹) . . . Kölsch ist eine weitgehend unverbrauchte, unverschüttete, unbelastete, unentfremdete Sprache, in der ein unmittelbares Ansprechen und Angesprochenwerden leichter ist. Was ich damit meine, wird jeder leicht ermessen, der schon einmal, bei einer Predigt in den gewohnten Formeln und Floskeln der

[1] *Max Picard,* a.a.O., 41.

Hochsprache, aber vielleicht auch bei einem Gemeindegebet, zum Beispiel bei Fürbitten, plötzlich das Gefühl gehabt hat: da wird gar nicht meine Sprache gesprochen. Kölsch ist zudem eine Sprache, bei der man sich nicht zu genieren braucht, wenn man emotional wird, wenn man unverblümt ausdrückt, was man unter der polierten Oberfläche der Höflichkeitskonventionen (die wir wohl brauchen, damit unser Alltag möglichst reibungslos funktioniert) wirklich empfindet. Damit ist die Grenze zu der zweiten Begründung schon überschritten, weil diese Grenze durchlässig ist: Die Übertragung in die Mundartsprache, in die Muttersprache Kölsch, gibt dem Sprechen Kanten und Ecken zurück, und diese Kanten und Ecken können die glatte Haut der Gewohnheit aufreißen, an ihnen kann etwas hängen bleiben. Die kölsche Sprache ... zwingt das Sprechen, auch das Sprechen von und mit Gott ... aus der manchmal blaß gewordenen üblichen Begrifflichkeit in die Konkretheit und Bildlichkeit zurück. In ihr muß man so sprechen, wie die Mutter sprechen könnte. Ich wage zu sagen: wie auch Jesus gesprochen hat.«[1]

Was hier vom Kölschen gesagt wird, erlaubt Verallgemeinerungen für andere Dialektsprachen. Zwar hat eine jede ihre eigenen Härten und Geschmeidigkeiten, aber gemeinsam ist ihnen doch die größere Unmittelbarkeit, die den Dialekt didaktisch so geeignet macht, wieder (oder gar erstmals?) zu hören, was das geglättete, oft verbrauchte Schriftdeutsch längst nicht mehr zu Gehör brachte.

Plattdütsch

Morgenleed

Plattdütscher Text ut Norddütschland
(C. Budich)

De Steerns verbleeken up ehr Bahn
de Morgen swenkt sien gollen Fahn
de Sünn stiggt up un streiht ehr Gold
hell oever Kamp un Wisch un Holt.

De Sünn is Godd sien Strahlenoog
Allns, wat de Nacht in Düüster sloog,
wat uns as Schadden ängst un drück,
dat jaagt se weg in Oogenblick.

De Vagels all in Holt un Knick
stimmt an ehr Leed so froh un quick.
Schall ik alleen to truuren stahn?
Mien Hart fangt ok to singen an.

De Dag is dor, so will ik denn
ant Warken gahn un röög de Hänn.
Und wenn mi Godd sien' Segen schickt,
dann weet ik, dat mien Daagwark glückt.[2]

Abendgebedd

Plattdütscher Text ut Norddütschland
(B. Grimjes)

So mien Gott, nu laat mi rusten;
disse Dag is weer vörbi.
Nehm van mi mien Sörg un Lüsten,
mien Gedanken wies up Di.

Du hest mi vandaag mer geven,
Heer, mien Eeten un mien Drank.
Un du hest wer stürrt mien Leven.
Daför segg ik Di nu Dank.

Ik kuun ok vandaag utrichten
all mien Wark. Ik was gesund.
Du dest all mien Kummer slichten
Daför dankt Di nu mien Mund.

Giff Dien wunnerbaare Freden
in mien Hart. Heer, Segen mi.
Segg Dien Ja nu tau mien Beden
Bliev bi mi. Ich bliev bi Di.[3]

[1] *Heribert A. Hilgers* (Hrsg.), Dem Här zo Ihre. E kölsch Jebettboch, Köln 1983, 17 f.

[2] Liederheft zum 19. Deutschen Evangelischen Kirchentag 1981 in Hamburg, hrsg.v. d. Nordelbischen Arbeitsstelle Kirchentag '81, Nr. 131.

[3] Ebd., Nr. 132.

Kölsch

E kölsch Gebettche vör'm Esse

Dä Do et Levve lenks,
Dä Do et Brut uns schenks,
Mer sin vull Dankbarkeit.

Sähne muß Do noch uns Brut,
Un dann hät et wahl kein Nut
En alle Iwigkeit.

Amen.[1]

E kölsch Gebettche noh'm Esse

Mer han en Fridden am Desch gesesse
Un han uns Mohlzik en Rauh gegesse,
Et Esse hät gelangk.

Un wöödte mer bloß halv su satt,
Un wör et Brut och noch su hatt,
Et weed doch Gott gedank.

Amen.[2]

Mer singe en kölsche Tön: Sitt nit su lahm

(Taizé-Halleluja)

Sit nit su lahm, krempelt üch de Maue huh,
Späut en de Häng, packt ens met aan.
Lück bruchen ich, die en minge Wingberch jonn.
Halleluja, halleluja.

Maat kei Jeseech, loort nit möffich en de Rund,
Laacht met dem Mung, laacht mem Hätze.
Freud muß üch spinkse us jedem Knopploch rus.
Halleluja, halleluja.

Ehr sitt ming Fründe, mich Rich, dat es et ör,
Dat schenken ich üch op Äde.
Jläuvt nor aan mich, deent met Fumm us vollem Hätz.
Halleluja, halleluja.[3]

Vatterunser

Vorbemerkung: Wenn wir auf eine Mundart-Version des Vaterunser zurückgreifen, setzt dies natürlich voraus, daß der hochdeutsche Text den Kindern sicher verfügbar ist. Wir haben diese christlichen Grundgebete voranstehend nicht abgedruckt, weil wohl unterstellt werden darf, daß sie jedem Lehrer vertraut sind und den Schülern rechtzeitig vermittelt werden.

Heribert A. Hilgers hat eine Reihe von Kölner Mundartautoren gebeten, unabhängig voneinander *ihr* Vaterunser aufzuschreiben. In seinem kölschen Gebettboch stellt er acht Versionen vor (S. 11–16; 78 f). Daß man das Vaterunser von Kindesbeinen an zu sagen gewohnt sei, müsse ja noch nicht bedeuten, daß man es verstanden habe, meint Hilgers. Dies ist zugleich das wichtigste pädagogische Argument, christliche Grundtexte in einer Mundart-Version zu vermitteln: Es regt dazu an, gewohnte und festgeprägte Wendungen sich wirklich anzueignen und sie auch emotional zu füllen.

Leeve Vatter do bovve,
Dinge Name soll uns hellich sin.
Kumme soll die Zick, wo se all op Dich höre.
Wat Do wells, sollen se all dunn,
em Himmel und he op der Äd.
Jevv uns alledaachs, wat mer bruche, för satt ze wäde.
Un verjevv uns, wo mer schöldich jewoode sin vör Deer,

[1] und [2] *Cilli Gräber,* in: Dem Här zo Ihre, a.a.O., 109 f.
[3] *Peter Richerzhagen,* ebd., 66.

su wie meer denne verjevve, die uns wih dunn.
Maach et uns nit zo schwer, jot ze sin,
un loß uns frei wäde vun all däm, wat nit jot eß.
Do beß der Här,
Do steis jroß üvver allem,
jetz un för immer un iwich.
Amen.

Mit der Kirche feiern:
Die grossen Festzeiten

Der Lernbereich Kirche durchzieht unser Unterrichtswerk vom ersten bis zum vierten Schuljahr. Im Religionsbuch für das erste Schuljahr ist er, wie andere Lernbereiche auch, ganz in den Gang des Kirchenjahres integriert. Im Begehen der einzelnen Zeiten und Feste werden hier Gemeindebezüge ermöglicht, die stets über das Klassenzimmer hinaus orientieren. Im Religionsbuch für das zweite Schuljahr findet sich nun das Feiern mit der Kirche – im Blick auf die großen Festzeiten – herausgehoben. Der Band für das dritte Schuljahr thematisiert das Symbol ›Weg‹ im Gang durch das Kirchenjahr: »Mit der Kirche gehen«. Im vierten Schuljahr heißt dann der Akzent: »Leben mit der Kirche«.

Weil der Kirchenaspekt im zweiten Schuljahr ganz auf das Tun der Kinder ausgerichtet ist und dieser Sinn seine Sinnhaftigkeit aus sich selbst erschließt, müssen hier keine umfangreichen Sachausführungen entfaltet werden. Es genügt, die didaktischen Kriterien des Kapitels deutlich zu machen.

Das Kirchenjahrsprinzip

Für den Anfangsunterricht war das Kirchenjahr zum didaktischen Grundprinzip gewählt worden. Das erlaubt eine Ganzheitlichkeit, für die das Religionsbuch nur Vertiefungs- und Integrationsfunktion hat. Jede Zeit, jedes Fest des Kirchenjahres ist ja eine umfassende Lebensordnung, die mit ihren Bräuchen, Liedern , Geschichten, Spielen, Bildern, Gebeten . . . Innenräume wie Außenräume, Schule, Familie und Kirchengemeinde durchzieht und die Kinder zu vielfältigen Aktivitäten anregt: Sie sehen, hören und sprechen, sie singen, spielen, basteln, backen und kochen, essen und trinken, sind besinnlich und finden sich im gemeinsamen Tun. Die Handlungslust und Spielfreude, die Sinnenhaftigkeit und Poesie, die in den Möglichkeiten des Kirchenjahres eingeschlossen sind, drängen geradezu darauf, Regligionsunterricht nicht primär vom Buch her, sondern primär vom gemeinsamen Tun her zu realisieren.

Sofern unsere Schulen insgesamt eine breiter entwickelte Kultur des handelnden Unterrichts kennten, wäre es möglich, das Curriculum des Primarbereichs ganz vom Kirchenjahr her auszurichten.

Zwar habe ich die Religionsbücher der sechziger Jahre einmal kritisiert, »in der Dauerrillle des Kirchenjahres« bereits den Grundschuljahren spannungslose Wiederholung und schematische Enge zu garantieren, doch waren vor zwanzig Jahren die Verhältnisse grundlegend anders, so daß mich die eigene Kritik nicht schelten muß. Es geht heute ja nicht mehr um wirklichkeitsleere katechetische Sonderwelten, sondern in jedem Mythem und Theologem immer zugleich um das Ganze unserer Welt. Wer sich in freier Arbeit malend, schreibend, spielend, singend, druckend, werkend, feiernd, helfend . . . den Anlässen des Jahres stellt, dabei nach allen Seiten in die soziale, wirtschaftliche kulturelle und religiöse Dimension ausgreift, könnte so ein rundum komplettes Curriculum ausfüllen. Trotzdem realisieren unsere eigenen Religionsbücher diese Linie nicht durchgehend. Schon im ersten Schuljahr finden sich neben dem Kirchenjahr auch andere Themen aufgenommen. Die restlichen drei Grundschuljahre verfahren curricular noch weit unabhängiger vom Kirchenjahr, indem sie die Lernbereiche Gott, Jesus, Schöpfung, Fest, Gebet, Kirche, Religion sowie die drei Kurse Sprache, Symbol und Bibel durchgängig entwickeln. Damit wird der allgemeinen, wenngleich sehr unterschiedlichen Lehrplansituation entsprochen, andererseits auch dem thematisch-verbal orientierten Schulmilieu.

Und doch: Der Kirchenjahrsbezug des Religionsunterrichts soll nicht entfallen, sondern innerhalb des Lernfeldersystems einzelne Akzentsetzungen finden. Ein solch akzentuiertes Kirchenjahrscurriculum findet sich primär im Kapitel Kirche. Im zweiten Schuljahr werden die großen Festzeiten Weihnachten, Passion, Ostern, Pfingsten herausgehoben. Die folgenden Schuljahre schöpfen andere Feste und Anlässe des Kirchenjahres und des menschlichen Lebens so aus, daß im gesamten Unterrichtswerk eine relativ umfassende Kirchenjahrserfahrung vermittelt wird. Da erfolgt einerseits die heute sehr wichtige Wiederholung, andererseits wird aber doch die Perspektive stets neu angeknüpft, sind die Inhalte und Methoden so differenziert, daß nicht der Überdruß des Schon-Gehabten entstehen muß.

Das Prinzip des handelnden Unterrichts

Aus diesem Grund ist der Lernbereich Kirche im 2. Schuljahr nicht an Text- und Bildauslegung gebunden. Zwar findet sich Text, gibt es Bilder, doch haben sie sekundäre Bedeutung, sind ganz dem Tun der Schüler untergeordnet: Zu Weihnachten geht es um ein Spiel mit allem, was auch zu seiner Aufführung gehört; in der Fastenzeit soll in Applikationsarbeit ein Hungertuch von der ganzen Klasse gefertigt werden; zu Ostern beobachten wir das Keimen und Wachsen des Weizenkorns – drei Beispiele für viele weitere, die kein Schulbuch gleichzeitig vermitteln kann. Mit diesen Beispielen soll ein Hinweis auf die Möglichkeit eines handlungsorientierten Religionsunterrichts erfolgen: Man muß nicht über Weihnachten in frontaler Belehrung reden, man kann das Weihnachtsgeschehen mit allen *spielen;* kann die Passion Christi in der Passion der Welt in einer gemeinsamen bildhaft-symbolischen Gestaltung meditieren; kann das Geheimnis der Auferstehung im Gleichnis betrachtend erfahren.

Unser Religionsbuch fühlt sich dem handelnden Unterricht aber nicht allein in diesem Kapitel verpflichtet. Der schulpädagogische Rahmen »Leben und Lernen in der Schule« orientiert in allen Jahresbänden über Ausgangsbedigungen für non-verbale Lernprozesse. Der Religionslehrer muß allerdings beachten, daß man nicht punktuell Schüleraktivitäten abrufen kann, wenn nicht in der Einrichtung der Klasse, in der Einübung der freien Arbeit und im täglich geübten Umgang miteinander die strukturellen und individuellen Grundbedingungen geschaffen werden. Die Anregungen des Kapitels »Mit der Kirche feiern« berücksichtigen jedoch die Arbeitsbedingungen des Fachlehrers und gestatten ihm mit allen Aktivitätsspielen einen relativ voraussetzungsfreien Unterricht. Vielleicht erfolgt über diesen Weg eine Ermutigung für ein fundamentales schulpädagogisches Aktivitätskonzept, das wir im Lehrerhandbuch 3 ausführlich darstellen.

Der überschreitende Ansatz

Es liegt im Wesen des handlungsorientierten Unterrichts, an bestimmten Stellen stets den eigenen Klassenrahmen zu überschreiten. Dies ist manchmal so, weil die Schüler sich für ihre Arbeit in außerschulischen Räumen orientieren müssen, meistens wird es aber durch die Produktion bestimmt, die dem gemeinsamen Prozeß entspringt. Wer eine Musik einübt, möchte sie anderen vorspielen, wer ein Stück erarbeitet hat, möchte es aufführen, wer ein »Hungertuch« fertigte, will es öffentlich vorzeigen. Der bescheidenste Rahmen, über die eigene Arbeit Kontakt mit anderen aufzunehmen, liegt im nachbarschaftlichen Austausch von Klasse zu Klasse. Andere Plattformen sind ein Elternnachmittag und die Kirchengemeinde. Während der verbale Unterricht nur selten über das Pausenzeichen hinausreicht, schlägt ein handlungsaktives Konzept mancherlei Brücken: didaktisch eine Brücke zwischen Religionsunterricht und Katechese, menschlich aber Brücken zu den Mitschülern und den Eltern, und vielleicht sogar hin und wieder eine Brücke von der Schule zur Kirche.

Weihnachten: Ein Spiel S. 55–57

Das Spiel bietet auf den ersten Blick nur acht Rollen an: die Eltern, vier Kinder, den Erzähler und den Engel. Da diese jedoch alle zum Armenhaus gehen, wo ein Kind zur Welt gekommen ist, kann man die Szene dort ebenfalls – stumm – ins Spiel einbeziehen und, wenn man will, mit weiteren drei Personen ausstatten. Außerdem muß noch »die Menge anderer Gesellen« aufgeboten werden, die gemeinsam die Weihnachtsbotschaft verkünden. Weil ein solches Spiel ja nicht nur von den Rollenträgern bestritten wird, sondern noch viel andere Arbeit erfordert, ist die ganze Klasse beteiligt.

Der Textumfang der einzelnen Rollen ist unterschiedlich. Der bei weitem längste Text fällt dem »Engel« zu. Etwa um die Hälfte kleiner ist die Rolle des Erzählers, dann folgen mit jeweils nur knappen Dialogbeiträgen Vater, Mutter sowie die sparsamen Beiträge der Kinder.

Im Unterschied zu den oft romantischen Weihnachtsspielen konzentriert dieses Stück seine Aussage auf dezidiert biblische Aspekte. Durchweg ist es der Engel, der die veränderte Sichtweite stiftet:

»Dieses Kind, der heil'ge Christ,
zeigt an, wie Gott für euch da ist:
Nicht in der Fern, nicht in der Höh'.
Er tritt vor dich in deine Näh',
und der Geringste unter euch,
der elend oder einsam ist,
der schaut dich an wie Jesus Christ.
Zu dem geh hin und mach ihn froh,
dann findest du in ihm die Gnad',
die alle Welt erlöset hat.«

Die zeitlichen Möglichkeiten des Religionsunterrichts sind zu begrenzt, als daß Spiele mit theologisch belangloser Hirtenromantik dafür geeignet erscheinen. Angesichts der Verflachung des Festverständnisses im öffentlichen Bewußtsein sollte nur eine Profilierung seines inneren Anspruchs wichtig sein. Versreim und Spielcharakter erlauben dabei eine Sprache, die durch oftmaliges Wiederholen und Bedenken auch Kindern im zweiten Schuljahr schon die Bedeutung des Weihnachtsfestes eröffnet.

Der Engel in diesem Spiel darf auf keinen Fall mit den üblichen Engelsrequisiten ausgestattet werden. »Er sah aus wie jedermann, hat' eher schlechte Sachen an.« Zur Deutung dieses Engelsverständnisses als des »Boten« kann auf Claus Westermanns Buch »Gottes Engel brauchen keine Flügel« (Berlin 1957, Stuttgart 1978) sowie auf das Gedicht von Rudolf Otto Wiemer »Engel« (»Das Menschenhaus«, S. 152) zurückgegriffen werden. Dementsprechend werden auch all jene zu Boten, die abschließend den Verkündigungsgesang anstimmen:

»Und plötzlich standen bei dem Engel
die Menge anderer Gesellen,
die sagen weit ins Weltenrund,
daß Gott wird Mensch zu dieser Stund.«

A. Das Hungertuch, lateinisch *Velum quadragesimale* (Tuch der Vierzigtage), auch *Fastentuch* genannt, kommt seit der Jahrtausendwende häufig vor, um das Kreuz in der Fastenzeit, das gewohnte Bild durch ein neues Bild aufzuschlüsseln. Anfangs war es ein recht großes Tuch zur Verhüllung des Altaraufbaus während der Fastenzeit. Es wurde am Mittwoch der Karwoche bei den Worten der Passionsgeschichte »et velum templis scissum est medium« (und der Tempelvorhang riß mitten entzwei) wieder entfernt. Im Laufe des Mittelalters wurden die Tücher zunehmend kleiner. Sie zeigten Passionssymbole und Passionsszenen als gemalte Bilder (Kärnten, Tirol), in Stick- oder Filettechnik (Westfalen) oder als Lederpunzierung (Paderborn). Das Bischöfliche Hilfswerk Misereor hat in den siebziger Jahren diese Hungertücher revitalisiert. Es wurden neue Tücher von Künstlern verschiedener Kulturkreise geschaffen (historisch griff man lediglich auf das Meditationsbild des Nikolaus von Flüe zurück), die im Blick auf die sozialen Verhältnisse ihrer Länder das Leiden und den Tod Jesu Christi auslegen.

B. An dieselbe Tradition knüpfen wir mit unserer Gemeinschaftsarbeit an. Zwar kann es angemessen sein, sich in der Kirche das jeweilige Hungertuch der Aktion Misereor anzuschauen oder auch frühere Hungertuchgestaltungen zu betrachten, doch nicht, um einen fertigen Entwurf nachzubilden, sondern nur, um Idee und Sinn des Brauches näherhin zu bedenken. Das Hungertuch selbst muß ein gemeinsames Werk aller Schüler in der Klasse werden. Unser Text nach Wilhelm Willms gibt für das Beginnen und die Deutung dieser Klassenarbeit klare Hinweise. Dieser Anweisung ist hier nichts hinzuzufügen. Sie orientiert sowohl sachlich als auch spirituell. Auch die beigefügte Zeichnung auf Seite 59 von Relindis Agethen bedarf keiner Interpretation, denn nicht das Bild im Religionsbuch ist hier wichtig, sondern die Hungertuch-Collage, die alle miteinander anfertigen. Eine Deutung sollte sich im Prozeß erschließen: Wir müssen ja das Vorhaben besprechen, Aufgaben verteilen, Varianten und neue Möglichkeiten erwägen, alles einander zuordnen und zusammenfügen, so daß sich immerfort Anlässe ergeben, aus dem Verständnis des Ganzen den konkreten Einzelbezug zu reflektieren.

Zu beachten ist, daß unser Bild, aber auch der Text, nur Anhaltspunkte geben wollen. Man kann dieses Passionstuch frei abwandeln und Symbole hinzufügen, die aus konkreten Betroffenheiten der Kinder resultieren.

C. Implizit steckt in der Hungertucharbeit eine Verbindung verschiedener Unterrichtsziele:

– Zunächst einmal verweist dieses Tuch auf die Passionsgeschichte. Man kann schwerlich die einzelnen Symbole entwerfen, ohne ihren Rückbezug im Leidensweg Jesu zu kennen. Ein Lesen und Erzählen aus der Grundschulbibel empfiehlt sich also immer.

– Sodann ist ein Lerngang in die nächste Kirche, in der ein Hungertuch aushängt, angeraten. Bei der Betrachtung dieses Tuches kann den Kindern bewußt werden, wie sehr sich die Geschichte Jesu für Christen mit der Geschichte des Menschen insgesamt verbindet, so daß im Leidensweg des einen die Passion der Zahllosen mitbedacht und miterlitten werden muß.

– Beim Auswählen und Gestalten der Symbole und beim Nachdenken über den Religionsbuchtext rückt der ethische Anspruch des Hungertuchs in den Vordergrund: Das eigene Miteinander in der Klasse stellt sich einer Gewissenserforschung, die zugleich Konsequenzen für den Schulalltag einschließen könnte.

– Schließlich impliziert dieses Hungertuch einen eindrucksvollen Lehrgang im Symbolverständnis: Hammer und Zange werden zu mehr als Handwerksgeräten: Was heißt, selbst den Hammer in die Hand nehmen und andere festnageln? Wie wichtig ist für uns die Zange, mit der wir die Nägel lösen und Menschen befreien können. Dornenkrone und Kleid, Kette und Krücke, der Hahn und das weiße Blatt Papier gewinnen hier eine symbolische Bedeutung, welche die Kinder mit ihrem »dritten Auge« sehen lernen können.

D. Das fertige Hungertuch sollte nicht über Ostern hinaus in der Klasse hängen. Es gehört zu seiner Bestimmung, an feste Zeiten gebunden zu sein. So wenig ein Weihnachtsbaum zu Fastnacht noch akzeptabel erscheint, ohne sein symbolisches Gewicht zu verlieren, so wenig sollten wir das Hungertuch zu einer Wanddekoration verkommen lassen, die man nach einer Weile nicht einmal mehr wahrnimmt. Sinnvoll ist es allemale, mit dem fertigen Hungertuch eine Schulstunde zu verbinden, zu der wir die Kinder einer Nachbarklasse einladen: Dann kann jeder seinen Beitrag zum Tuch vorstellen und deuten; es lassen sich auch Geschichten oder Dias, die das Symbolfeld erweitern und vertiefen, hinzufügen, so daß alle eine nachdenkliche Betrachtung erleben.

Literaturhinweise:

Einem tiefen sachlichen Interesse am Hungertuch kommen nur entlegene wissenschaftliche Arbeiten entgegen:

Johannes Emminghaus, Nachmittelalterliche westfälische Hungertücher und ihre liturgische Herkunft, (Diss. masch.) Münster 1949.

Enrica von Handel-Mazetti, Die Christliche Kunst, München 1919/20, 190–196; 210–218.

Walter Heim, Die Revitalisierung des Hungertuchs, in: Archiv für Liturgiewissenschaft 23 (1981), 30–56.

Das Bischöfliche Hilfswerk Misereor e. V. (Aachen, Mozartstr. 9) stellt regelmäßig umfangreiche Materialien zur Herkunft, Interpretation und unterrichtlichen Erschließung der jeweiligen Hungertücher zusammen. Zusätzlich gibt es Arbeitshilfen wie Lieder- und Spielhefte zum Thema des Hungertuchs.

Ostern: das Weizenkorngleichnis S. 60–61

A. »Wenn das Weizenkorn nicht in die Erde fällt und stirbt, bleibt es allein, wenn es aber stirbt, bringt es viele Frucht«, heißt es Joh 12,24. Mit diesem Wort wird die Grundstruktur des Christlichen beschrieben. Es ist in seinem Gesinnungskern verwandt mit dem Satz aus dem Philipperbrief 2,7 f: »Er entäußerte sich seiner selbst, nahm Knechtsgestalt an, ward gleich wie ein anderer Mensch . . .«. In Übereinstimmung mit der besten christlichen Tradition kann man in dieser Vorstellung von der »Selbstentäußerung« (griechisch: Kenosis) den Maßstab des Christlichen sehen, zumal selbst ein so scharfsinniger Gegner des Christentums wie Friedrich Nietzsche es als das entscheidende Kennzeichen Jesu erkannte, »nichts für sich allein in Anspruch zu nehmen«. Wo einzelne, ebenso wie Gemeinden und die Kirche insgesamt, »nichts für sich allein« erstreben, sondern Freiheit und Leben der »geringsten der Brüder« unter Hintansetzung aller Eigeninteressen erstreiten helfen, erfüllt sich der Zweck des Christlichen. Das setzt allerdings die Bereitschaft voraus, persönliche wie gemeinsame Besitzstände (die nicht materiell sein müssen) aufs Spiel zu setzen, sich von erworbenen Würden und Rechten zu lösen, wenn es die Solidarität erfordert, also – erneut im Gleichniswort gesagt – wie ein Weizenkorn in die Erde zu fallen und zu sterben.

Im Religionsbuch findet sich die Seite 60 mit »Karfreitag«, Seite 61 mit »Ostern« überschrieben. Das Wort vom Weizenkorn umgreift beide Seiten: Mit dem Karfreitag korreliert das »In-die-Erde-fallen-und-sterben«, mit Ostern hingegen die Erlösung, die dieser Tod für die Welt bedeutet. »Das Bildwort ist nicht im modernen naturwissenschaftlichen Sinn aufzufassen, sondern vom antiken jüdischen Denken her. Dort war es schon relativ früh ein Bild für den Auferstehungsglauben. (Doch) ist für den antiken Menschen der Vorgang von Aussaat und neuem Wachstum kein ›natürlicher‹ Vorgang, sondern etwas Wunderbares. Das Bildwort will sagen, das Jesus sterben muß, wenn er ›Furcht bringen‹, Erfolg haben will; aber auch, daß dieser Tod ein fruchtbarer sein wird. Jesu Tod ist derjenige Tod, aus dem alle ›Frucht‹ kommt. Damit wird der Tod Jesu als ›Heiltod‹ gekennzeichnet, als ein Tod, aus dem das endzeitliche, ›ewige‹ Leben entsprießt. Im übrigen ist das Bild vom ›Fruchtbringen‹ möglichst offenzulassen. Das ganze Heil ersprießt aus diesem Tod.«[1]

B. Dieser Kenosis-Gedanke ist in der Christentumsgeschichte nicht immer lebendig gewesen. Es gab manch eine Zeit, in der die Bereitschaft zur Selbstentäußerung nicht das christliche Bewußtsein erreichte, während eine Kenosis-Christologie dann oft gerade von der Peripherie her immer wieder und meist unvermutet auftauchte. Der Tod Jesu am Kreuz ist nicht nur »den anderen« eine Torheit, während er »uns« wie selbstverständlich Gottes Kraft bedeutet. Wer zum Kreuz blickt, wird auch bedenken müssen, daß es die Bereitschaft

[1] *Josef Blank,* Das Evangelium nach Johannes. Bd. 1b, 310 f. Düsseldorf 1981.

zum eigenen Untergang und Sterben einfordert – doch wer meditiert lebenslänglich den eigenen Tod, übt ihn ein in einem hundertfachen Loslassen? Solche Worte wie das vom Sterben des Weizenkorns können durch rhetorischen Gebrauch um alle Wirkung gebracht werden. Wie manches sonst hört man diese Sentenzen vielleicht ein Leben lang, ohne sie je ursprünglich zu hören. Ein Lehrer wird behutsam sein, sie nicht in falschem Eifer zu verschleißen und nicht unter aller Verbalität das innere Gehör zu ersticken. Darum ist uns für die Grundschule eine zurückhaltende stille Beobachtung, die das johanneische Wort experimentell erfährt und bedenkt, sehr wertvoll.

Wer Weizenkörner keimen lassen will, muß die Erde immer leicht feucht halten; sie braucht viel Licht und auch Wärme. Wenn es an diesen drei Dingen nicht mangelt, keimt die Saat nach etwa drei bis sechs Tagen.

C. Der natürliche, aber nicht naturgesetzlich verstandene Vorgang wird hier als Gleichnis gesehen. Eine Analogie besteht in mehrfacher Hinsicht: einmal im Blick auf Tod und Auferstehung Jesu; dann im Blick auf den eigenen Tod und die Lebenshoffnung darüber hinaus; schließlich angesichts der zahllosen Möglichkeiten – spirituell den Tod als geistige Tat vorwegnehmend –, im Loslassen seiner selbst den Keim zu neuem Leben zu legen. Es wäre aber wohl eine vergebliche Mühe, solche Analogien Kindern im zweiten Schuljahr *begrifflich* erschließen zu wollen. Das sollte nicht der Weg sein. Aber *im eigenen Tun,* indem wir in vorbereitete Erde unsere Körner säen, für Feuchtigkeit, Licht und Wärme sorgen, täglich nach der Saat schauen, ihr Keimen und Wachsen verfolgen und den Prozeß des »Sterbens« und »Neuwerdens« innerlich bedenken, in diesem Vorgang insgesamt liegt so viel Verweiskraft auf jeweilige Tagesgeschehnisse, auf die analoge Erfahrung, daß Menschen sterben müssen und in die Erde gelegt werden – so wie Jesus auch –, daß das neu treibende Leben auch den Kindern ein Gleichnis des Osterglaubens werden kann.

Gut wäre es, wenn das Weizenkorn-Wort aber nicht nur »die letzten Dinge«, sondern auch »die jetzigen Dinge« den Kindern deutete: daß sie bereits mit ihren Worten oder ihrem Tun die Weizenkorn-Erfahrung machen können: Wer nicht auf sich besteht, sondern seinen Stolz oder Ehrgeiz oder auch Zorn und Neid loslassen kann, weil er »nichts für sich alleine« sucht, der bringt auch als Kind schon »neues Leben« in *diese* Welt.

D. Wegen der längeren Keimzeit muß man überlegen, wann man im Schuljahr mit dieser Gleichnishandlung beginnt. Entweder sollte ein Abschluß noch vor den Osterferien möglich sein, oder – wohl besser – wir beginnen mit der Aussaat nach den Osterferien. Für viele Kinder spielt die Ungeduld eine große Rolle, die mit zu bedenken ist. Sie mögen nicht gern warten, ohne daß sich irgendetwas regt. Da verlieren sie leicht alles Interesse, sofern der Lehrer nicht auch dieses Warten stützt und lebendig hält.

Der Ungeduld kann man freilich auch mit anderer Saat als Weizen begegnen. Geeignet ist hier die Bohne (Feuer- oder Prunkbohne). Ich zitiere die Eintragungen aus dem »Bohnenheft« eines Schülers im zweiten Schuljahr:

> »In der Schule haben wir Feuerbohnen eingepflanzt. Wenn eine Bohne oder ein Samen keimen soll, braucht man Wasser, Luft und Wärme.

Am 5. Mai 1983 habe ich meinen Bohnenkern eingepflanzt. der Kern liegt ungefähr 3 cm tief in der Erde.

5. Tag: Ich kann noch nichts sehen.

6. Tag: Meine Bohne ist aufgeplatzt. Ich kann schon den Trieb sehen.

9. Tag: Meine Bohne ist gewachsen. Die Bohne wächst nach oben und nach unten. Nach oben werden es Blätter, nach unten Wurzeln. Blätter und Wurzeln braucht sie für die Nachung. Aber wie konnte die Bohne ohne Blätter und Wurzeln anfangen zu wachsen?

12. Tag: Meine Bohne ist 29 cm lang. Wir haben für unsere Bohnen Schnüre gezogen. Daran können sie ranken.

26. Tag: Meine Bohne ist jetzt 58 cm lang.

54. Tag: Meine Bohne ist schon groß geworden. Sie ist schon länger als die Steighilfe. Die Bohne hat sich an der Steighilfe hochgeringelt. Meine Bohne hat sich mit anderen Bohnen verwickelt. Meine Bohne hat das ganze Glas voller Wurzeln.

70. Tag: Ich habe meine Bohne abgenommen, weil die großen Ferien kommen. In den Ferien kann ich sie nicht gießen. Leider hat meine Bohne noch nicht geblüht und Früchte bekommen.«

Diese Eintragungen sind ausschließlich an sachlicher Beobachtung orientiert. Aber selbst hier kann der Vorgang als Gleichnis dienen. (Zur Erklärung des Begriffs »Gleichnis« als Gattungsbezeichnung im 3. Schuljahr empfiehlt sich diese prozeßhafte eigene Vorerfahrung, die wir ohne größere Erläuterungen den Kindern bereits als »Gleichnis« deuten können.)

Pfingsten: Ein Sprechspiel

S. 62

A. Pfingsten, das Fest des Heiligen Gottes Geistes, ein Sprachereignis. Wir können die Geschichte Gen 11, 1–9 (Turmbau zu Babel) erzählen – etwa in jener Art, wie es Wilhelm Willms[1] tut:

wir wohnen hier an der grenze
man sagt
wir seien grenzbevölkerung
grenzgänger

ja ja das sind wir christen
grenzgänger
bewohner zweier welten

nicht weit von hier
läuft ein riß
durch die welt
ein riß
diesen riß kann man
nicht ohne weiteres überschreiten
überfahren
da ist ein halteschild
ein schlagbaum
schlagbaum ja

ein riß mitten durch unser schönes
grünes fruchtbares land
ein riß
ein
sprachriß
hinter diesem riß
eine andere sprache
holländisch
oder französisch
oder
spanisch

oder an einer anderen stelle
ist der riß noch schlimmer
da ist der riß
ein richtiger todesstreifen
mit stacheldraht
und wachttürmen
wehe
wer unbefugt

über diesen todesstreifen
über diesen todesriß in unserer welt
hinüberschleicht
den kann es das leben kosten

auf der anderen seite
wird deutsch gesprochen
auf der anderen seite wohnen christen
aber
man versteht sich nicht mehr

so gibt es viele risse
in unserer welt
in meiner welt und deiner welt
große risse
abgründe

da ist so ein riß
mitten durch die christenheit
ein tödlicher riß
schon jahrhundertelang
soooo ein riß
daß man sich nicht mehr
an einen tisch setzen will

und da ist ein riß
mitten durch eine familie
ein sprung
im schönsten porzellan
ein kleiner stoß genügt
und die scherben hat man in der hand
man versteht sich nicht mehr

und da ist ein riß und noch einer
in dem großen haus
dahinten
da wohnen viele familien
keiner versteht sich mit dem andern
man will nicht

[1] *Wilhelm Willms,* aus der luft gegriffen, bausteine zu gottesdiensten mit kindern und familien, Kevelaer (1976) ²1978, 106 f.

woher kommt der riß

weil sie stolz sind
die menschen
weil einer höher sein will als der andere
jeder will höher hinaus

früher hat man türme gebaut
die heinsberger
haben einen höheren turm als
die wassenberger
und die orsbecker
je größer der turm
desto stolzer die bürger
und was heute so fromm aussieht
so ein kirchturm
war früher symbol der macht
zeichen des stolzes
des hochmutes

die letzten ausläufer
des turmbaus zu babel
und immer neu werden türme gebaut
immer wieder will man höher hinaus
einer höher als der andere

da liegt der grund für
so viele risse in unserer welt
risse
risse
abgründe
weil jeder zu hoch hinaus will
darum verstehen wir uns nicht
wir
grenzbewohner
zwischen babel
und jerusalem

Eine andere Version der Babelgeschichte:[1]

da ist eine stadt
die hat kain gebaut
kain der brudermörder

die stadt ist groß
und reich und mächtig
hochmütig
und die bewohner der stadt
babel
beschließen einen turm zu bauen
ganz hoch
wie hoch
bis in den himmel
sie wollen in den himmel vordringen
um gott zu stürzen
und dann die regierung der welt
in die hand nehmen

dieses gerücht
kommt nun
auf wer weiß was für wegen
in den himmel
und einer der engel
denen nichts entgeht
bringt es zu gott
das gerücht

der engel sagt
gott
großer gott

ich hörte die da unten
die in babel
die bauen einen turm
sie wollen bis in den himmel steigen
dich stürzen und die regierung der welt
an sich reißen

und gott
schaut mal nach
gott kneift die augen zusammen
sieht mal ganz scharf runter
sieht aber nichts
ah
bis auf einmal
hat gott was gesehen
er sieht
die leute von babel sehr geschäftig
hin und her rasen
wie wenn unsereins
ameisen beobachtet
aber es war noch winziger

richtig krankhaft rasen die ja
denkt gott
und er lächelt und sagt
zu dem besagten engel
der neben ihm steht
ich seh den turm ja kaum
ein streichholzdöschen
pappmaché

[1] *Wilhelm Willms,* a.a.O., 107 f.

und gott
läßt sie
wurschteln
er zieht sich zurück
überläßt sie sich selbst
überläßt
die bewohner
die rasenden
kribbelnden und krabbelnden
furchtbar
fleißigen
bewohner von babel sich selbst
das genügt
mein gott

und der engel
beobachtet weiter
und was sieht er
da ist doch was passiert
was denn
sie laufen auseinander

sie streiten sich
sie schreien hin und schreien her
aber keiner versteht den andern

und von oben
sieht man risse
mit engelsaugen sieht man
über die ganze erde hin risse
sprachrisse

die bewohner von babel
verstehen sich nicht mehr
und sie laufen auseinander
bis an die grenzen der erde
sogar bis
nach heinsberg

sie verstehen sich schlecht
bis auf den heutigen tag
die menschen

B. Das Pfingstereignis ist das Gegenstück zu Babel. Was von diesem »Turmbau« erzählt wird, ist eine Ur-Geschichte, das heißt eine Geschichte des mitlaufenden Anfangs (→ S. 366 f). Sie erzählt nicht allein von früher, sondern von heute – und leider wohl auch noch von morgen. Doch möchte ebenso die Pfingstgeschichte eine Geschichte des mitlaufenden Anfangs sein. Sie ist eine Geburtsgeschichte der Kirche, doch gibt es Kirche nur so lange, wie sich diese Geschichte immer noch, immer wieder, immer mächtiger ereignet. Also müssen wir die Geschichte erzählen, spielen, aufführen, in den eigenen Tag übersetzen.

C. Der Text in unserem Religionsbuch soll nicht als »Leseübung« mißbraucht werden. Er will nachgesprochen, sprechend nachempfunden und nachgestaltet werden. Das geht nur, wenn wir ihn mit verteilten Rollen einüben, mehrfach, über einige Stunden hin, und ihn regelrecht aufführen. Dabei muß es uns darauf ankommen. daß Einzelsprecher und Klassenchor den Enthusiasmus und die Steigerung mit innerster Intensität stimmlich zum Ausdruck bringen. Nachfolgend ein Gestaltungskonzept:

1. Sprecher: Da erhob sich ein Sturm der Begeisterung und erfüllte das ganze Haus,
2. Sprecher (gesteigert): und die Zungen der Menschen lösten sich und fingen an zu glühen und feurig zu werden,
3. Sprecher (ruhiger, zurückhaltend): dieselben Zungen, die vorher so langweilig waren und manchmal so spitz.
Alle (enthusiastisch): »Der Geist! Da ist endlich der Geist Gottes, auf den wir schon so lange warten.«
4. Sprecher (ruhiger): Und alle sprachen, und alle verstanden sich:
5. Sprecher: So schön!

6. Sprecher:	So liebenswürdig!
7. Sprecher:	So offen!
4. Sprecher:	Alle in ihrer Sprache, aber alle verstanden sich.
8. Sprecher:	So etwas hatte man noch nie erlebt.
9. Sprecher	(leise): Jesus war mitten unter ihnen.
10. Sprecher:	Jesus ist mitten unter uns.
11. Sprecher:	Jesus ist mitten unter uns?
12. Sprecher:	Er sagt: »Friede!«
Alle:	Friede? Ja! Ja! Friede!
12. Sprecher:	Er sagt: Empfanget Heiligen Geist! Und tragt diesen Geist überall hin.
Alle:	Ja, überall hin.
12. Sprecher:	Bis an die Grenzen der Erde.
Alle:	Ja, über alle Grenzen hinweg.
12. Sprecher:	Tragt diesen Geist auf alle Straßen, in eure Häuser und sogar in die Schulen, an jeden Ort, wo man darauf wartet.
Alle:	Ja komm, Geist der Freude!

D. Die unterrichtliche Arbeit bezieht sich im ersten Schritt auf die Vermittlung der Babel- und der Pfingstgeschichte. Darüber läßt sich gut mit Kindern sprechen. Die metaphorische Doppeldeutigkeit der Sprache ist in diesem Gespräch zu beachten: daß man »sich nicht mehr versteht«, obwohl jeder hören kann; daß man »verschiedne Sprachen spricht«, obwohl alle sich lautstark deutsch artikulieren, daß »alle einander verstehen«, obwohl der eine englisch, der andere russisch, der dritte chinesisch, der vierte deutsch spricht...

Der zweite Schritt besteht im sprechenden Nachgestalten des Textes. Das ist ein so intensiver Interpretationsvorgang, daß dieses nicht als Annex einer Unterrichtsstunde entwertet werden darf, sondern als die zentrale Unterrichtsaufgabe mit Muße und Sorgfalt geübt werden muß. Indem die Kinder es lernen, diesen Text mit ihren eigenen stimmlichen Mitteln, mit innerem Engagement und vor allem Be-geisterung zu sprechen, als Sprache Ereignis werden zu lassen, werden sie zugleich von der Pfingstgeschichte intuitiv ergriffen. Das ist mehr, als würde sie nur »be-sprochen« – und allemale mehr als das müde »Durchnehmen«.

Relindis Agethen, Neue Zeit S. 62

A. Das Titelbild des Religionsbuches für das zweite Schuljahr kehrt auf Seite 62 in modifizierter Form noch einmal wieder. Beide Bilder sind im Original Buntstiftzeichnungen. Während auf dem Buchumschlag eine stilisierte Sonne zu sehen ist, zitiert das hier vorliegende Bild das Sonnenmotiv aus der Alexanderschlacht von Albrecht Altdorfer (→ S. 464 f). Aber auch die Figurengruppe am rechten Bildrand ist bekannt; sie stammt aus Chagalls Gouache »Noach in der Arche« (→ S. 179). Die übrigen Figuren begegnen anderenorts nur als Typ: der Harlekin auf den Bildern des Jesus-Kapitels, die Friedenstaube in Picassos Zeichnung auf Seite 45, das Kind schließlich stellvertretend für die vielen Kinder, die wir auf den Heilungsbildern S. 36 bis 45 sehen.

B. Zentral auf diesem Bild ist die Sonne. Hier ist sie das siegreiche Gestirn, das die Wolkendecke aufgerissen hat und nun mit ihren Strahlen hervorsticht. Jubelnd begrüßt das Kind ihr goldenes Licht. Noach scheint davon wenig berührt. Sein eigentlicher Ort ist die dunkle, enge Arche geblieben. Nur sein in die Ferne gerichteter Blick läßt die Freiheit einer neuen Schöpfung ahnen. Der jugendliche Harlekin (→ I, 163–167) auf der Gegenseite des Bildes gibt sich ebenfalls unberührt von der kosmischen Vision. Jedenfalls schaut er nicht auf, sondern widmet sich ganz dem kleinen Lamm, das er mit deutlicher Zuneigung und Sorgfalt in seinen Armen trägt. Noach und der Harlekin sind Repräsentanten der Bildfolgen aus dem Gottes- und Jesuskapitel. Sie stehen für den universalen Bund Gottes – für jenen frühen Bund mit der Erde, der Mensch und Tier, Natur und Kultur umfaßt, und für jenen Bund der österlichen Neuschöpfung, auf den sich die Hoffnung aller Kinder und Clowns richtet und den die weiße Taube mit dem Ölzweig im Schnabel immer noch als utopisches Symbol anzeigt.

Natürlich ist die Sonne (beider Bildversionen) nicht realistisch gemeint. Es ist die Gottessonne, die auf Seite 423 ff; 438 ff ausführlich interpretiert wird; zugleich ist es hier die Ostersonne, die das neue Licht über die ganze Schöpfung ergießt: pfingstliche Mitteilung des Geistes. (Vgl. dasselbe Motiv im Osterbild von Relindis Agethen, Religionsbuch 1, S. 40.)

C. Das vorliegende Bild erzählt keine einzelne Geschichte. Es ist – als Titelbild konzipiert – ein Summarium, in dem die zentrale Symbolik unseres Buches, aber auch wichtige Bezugsfiguren seiner Bilderwelt begegnen. In der unmittelbaren Intention schildert es ein Friedensreich von Mensch und Tier, eine neue Schöpfung, in der sich alle verstehen. Die drei großen Kapitel des Religionsbuches »Schöpfung«, »Gott« und »Jesus« kommen deshalb in diesem Bild zusammen. Sie können in wesentlichen Linien hier noch einmal erinnert werden.

D. Kinder sehen die Übereinstimmung und Differenz beider Bildversionen sehr schnell. Darüber kann das Gespräch zuerst handeln. Beim Vergleich der Sonnen erinnern sie sich vielleicht des Osterbildes im vorausgegangenen Religionsbuch und erfassen dann die österliche Bedeutung dieser Sonne (→ hierzu die Sonnen-Synopse S. 461 ff). Eine Beschäftigung mit den einzelnen Figuren des Bildes sollte in die entsprechenden Kapitel des Buches zurückführen, denen sie entstammen. Die Überlegung, was sie dort bedeuten und was sie hier vereint, stellt sich dann von selbst ein.

Religionen:
Die Sonne als Gottessymbol

Eine begriffliche und theologische Vorklärung

In diesem Handbuch ist des öfteren vom *Mythos* die Rede. Der Begriff ist vielschichtig und wird nicht immer in derselben Hinsicht benutzt. Damit eine klare Orientierung möglich ist, sollen hier die drei wichtigsten Unterscheidungen aufgeführt werden.

Erstens: In seiner weitesten Bedeutung sprechen wir vom Mythos als einem Gegen- und zugleich Komplementärbegriff zum Logos. Die altgriechische Sprache kennt mehrere Bezeichnungen für »Wort«, von denen jede eine besondere Bedeutung besitzt. Bei Homer und in der älteren Literatur bezeichnet *Logos* das Wort als die beweisbare, also richtige Rede; es wird allerdings gänzlich von der subjektiven Seite des Denkenden und Sprechenden her als das Bedachte und das »Berechnete«, verstanden. *Epos* ist das als Stimme vernehmbare, gesprochene Wort. *Mythos* heißt das Wort in einem objektiven Sinn. Hier wird nicht ein gedachtes Geschehen zur Sprache gebracht, nicht nur Berechnetes und Gemeintes, sondern das Wirkliche selbst. »Der Mythos ist die Sache selbst, im Vergleich mit Logos nicht nur der ältere Ausdruck, sondern er entspricht einem älteren Begriff vom Wesen des Wortes; er ist das ›Wort‹ als unmittelbares Zeugnis dessen, was war, ist und sein wird, als Selbstoffenbarung des Seins in dem altehrwürdigen Sinn, der zwischen Wort und Sein nicht unterscheidet.«[1] Mythos ist in diesem Sinn die Existenz deutende, unbedingt gültige Erzählung, wohingegen der Logos auf Struktur und Funktion abhebt. Im Logos sind die Wissenschaften zu Hause; deren Sprache ist argumentierend. Die Sprache des Mythos hingegen will nicht analysieren und beweisen, sondern ansagen und bezeugen. Sie produziert keine Subjekt-Objekt-Distanzen, sondern stiftet Sinn und fordert zu Verantwortung und Entscheidung heraus. Der Logos macht wissend, der Mythos weise. So wie dem Logos die Wissenschaften zugeordnet werden können, umgreift der Mythos die Sprache der Dichtung, der Kunst, der Liebe und aller sonstigen Sinnerhellung. Beide Kategorien aber stehen nicht gegeneinander, sondern sind komplementär aufeinander bezogen, durchdringen sich auch partiell und beschreiben erst in ihrem Zusammenspiel »die ganze Welt«.

Zweitens: Der Mythos im hier beschriebenen Verständnis ist im weitesten Sinne narrativ; darum kann der Begriff Mythos auch als *erzählendes Wort* verstanden werden.[2] Dieser Aspekt schwingt noch mit in der Frage des Isokrates an seine Schüler, ob sie eine schwierige Sache lieber im Logos oder im Mythos erläutert haben wollten. Isokrates empfahl seinerseits den Mythos: der sei angenehmer zu hören. Unterricht wurde von ihm für Lehrer und Schüler, besser

[1] *Walter F. Otto*, Gesetz, Urbild und Mythos (Stuttgart 1951), in: ders., Die Gestalt und das Sein. Darmstadt 1955, 66 ff.

[2] *Harald Weinrich*, Narrative Theologie, in: Concilium (9) 1973, 330.

gesagt: für den Erzähler und seine Zuhörer noch als lustbetonte Erfahrung verstanden. Erst der Siegeszug des Logos verbannte diese Sinnenhaftigkeit aus den abendländischen Lehrtraditionen.

Platon glaubte zwar noch, vom Göttlichen könne man letztlich nur in Mythen sprechen, und darum verlieh er den Mythen ein letztesmal Glanz – und sei es nur philosophischen Glanz – und doch zeigte sich bei ihm bereits die Unterordnung des Mythenerzählens unter die argumentierende Rede. Nachdem dann in der weiteren griechischen Geistesgeschichte das Erzählen (der »Mythos«) dem Räsonnieren (dem »Logos«) endgültig unterlag, verlor in der Berührung mit der hellenistischen Welt auch das Christentum seine erste »narrative Unschuld«. Jesus war ja in seiner sehr ursprünglichen Weise »Erzähler«.

Mit der zunehmenden Herrschaft des ionischen Logos schwand die Lebendigkeit des erzählenden Wortes (Mythos) in der christlichen Tradition jedoch immer mehr. Die Philosophen und Theologen haben sich seitdem – trotz einiger erzählender Ausnahmen bei Augustin, Descartes, Pascal, Kierkegaard – mit Haut und Haar dem Logos verschrieben und sind, wie der Germanist Harald Weinrich meint, ihrem Argumentieren und Diskutieren, Ergotieren und Theoretisieren so verhaftet, daß sie »um keinen Preis der wissenschaftlichen Welt dahinzubringen sind, eine Geschichte eine Erzählung sein zu lassen. Denn das Geschichtenerzählen, ja schon das Geschichtenhören gilt in unserer Gesellschaft als unwissenschaftliche Beschäftigung.«[1] So kommt es, daß selbst die Theologen die Geschichten der Bibel »möglichst schnell und möglichst vollständig in Nicht-Geschichten zu verwandeln« bemüht sind.[2]

Um dieser fatalen Strömung entgegenzutreten, findet sich in unserem Lehrerhandbuch an manchen Stellen ein Plädoyer für den Mythos im Sinne einer narrativen Unterrichtskultur. Dieses Votum versteht den Mythos also nicht als eine literarische Gattung, sondern als eine sehr allgemeine und weite Weise der Wirklichkeitserschließung, die aus der Gegenposition der begrifflichen Darlegung ihre nähere Verdeutlichung findet.

Drittens: Nur vereinzelt, und dann meistens auf konkrete Materialien bezogen, ist in diesem Buch vom Mythos als Ursprungs- oder Göttergeschichte die Rede. Deren einzelne konkrete Geschichte heißt *Mythe.* Erst die Summe der Varianten (Mythen) eines Geschichtenthemas dokumentiert einen Mythos im religionsgeschichtlichen Sinn. Da wir im Kapitel »Religionen« bisweilen mit solchen mythischen Traditionen zu tun haben, ist es notwendig, den Mythos der Religionen und das Offenbarungsverständnis des Christentums gegeneinander abzugrenzen.

Es handelt sich um den engeren Mythosbegriff im Sinne einer Ursprungs- oder Göttergeschichte, wenn der römische Schriftsteller Sallust den antiken Attiskult beschreibt und dann summarisch sagt: »Dies geschah nun niemals, ist aber immer.« Sallust meint damit eine naturhafte Wirklichkeit, die »immer schon« war und auch immer sein wird. Der Mythos ahmt hier nach und feiert, was der Kosmos aus seinen eigenen zeitlosen Gründen war, ist und sein wird. Dabei geht es in diesem kultischen Ritual letztlich um die Offenbarung dessen, was den Menschen in seinem Leben und Sterben in den Kosmos einbindet, also

[1] *Harald Weinrich,* a.a.O., 331.
[2] Ebd.

um das Offenbarwerden des menschlichen Wesens selbst. Jedoch wird dieses »Wesen« seit ewigen Zeiten als festgelegt gedacht. Wie weit die Zeiten auch in die zukünftige Ferne reichen, sie werden nicht hinauskommen über das im Mythos offenbar gewordene Seiende: nichts wirklich anderes und neues kann geschehen, weil alle Geschichte die Grundordnungen der naturhaften Gegebenheiten nicht zu verändern vermag: »Gleichmäßig von Anfang bis Ende ist der Kreislauf des Sterblichen, und nach der festgesetzten Ordnung der Weltperioden muß notwendigerweise immer dasselbe in der Vergangenheit, in der Gegenwart und in der Zukunft entstehen«, lehrte um 178 nach Christus Celsus in einem kleinen Buch gegen die Christen[1]. Origenes wiederlegte dieses naturale Modell eines immer gleichen Kreislaufs mit einem betont geschichtlichen Denken: »Wenn man solche Dinge zugibt, dann weiß ich wirklich nicht, wie unsere Willensfreiheit zu bestehen vermag und wie vernünftigerweise über uns Lob und Tadel ausgesprochen werden kann ... Wenn wirklich ›immer dasselbe in der Vergangenheit, in der Gegenwart und in der Zukunft entstehen muß‹, so können wir demgegenüber bemerken, daß dann ›notwendigerweise immer nach der festgesetzten Ordnung des Kreislaufs‹ Moses mit dem jüdischen Volke aus Ägypten ausziehen und Jesus immer wieder in die Welt kommen muß, um dasselbe zu vollbringen, was er (nach dieser Ansicht) nicht einmal nur, sondern unzählige Male ›im Kreislauf‹ der Zeiten vollbracht hat. Aber auch ... Celsus wird wiederum dieses nämliche Buch schreiben, das er bereits unzählige Male früher geschrieben hatte.«[2]

Dem ungeschichtlichen mythischen Denken, das sich ganz dem Naturmodell einer ewigen Wiederkehr verschreibt, setzt Origenes das Prinzip der menschlichen Freiheit und der je geschichtlichen Einmaligkeit entgegen. Diesem ungeschichtlichen Mythos steht darum in der jüdisch-christlichen Weltdeutung ein wesentlich anderes Offenbarungsverständnis entgegen; Das Offenbarungsgeschehen ist hier gerade nicht von der Vorstellung eines ewigen Kreislaufs bestimmt, sondern als ein Ereignis verstanden, das unableitbar einmalig ist, weil es ein einmaliges, konkretes historisches Geschehen meint, das sich freilich nicht in dieser geschichtlichen Einmaligkeit unter zahllosen anderen geschichtlichen Ereignissen verliert, sondern allem anderen gegenüber heraushebt, da es sich auf das Ganze der Wirklichkeit bezieht. So ist also das christliche Offenbarungsgeschehen gekennzeichnet von geschichtlicher Einmaligkeit *und* universaler Gültigkeit. Diese universale Gültigkeit aber macht es ebenso sagbar und nachahmbar wie den antiken Mythos. Es wird »sagbar« im Bekenntnis und in der Lehre; es wird »nachahmbar« im eigenen Leben, das heißt, in einem neuen Hoffen und Lieben; es wird »begehbar« in der Liturgie, in der sich die Glaubenden zur Vergegenwärtigung des Offenbarungsgeschehens versammeln.[3]

Solange wir diese Unterscheidung von Mythos und Offenbarung nicht außer acht lassen, bleibt bei aller Übereinstimmung in einzelnen Symbolen – wie etwa dem der Sonne – das unterscheidend Christliche gewahrt, ja, es gewinnt an unverwechselbarer Eigenständigkeit.

[1] Dieses Buch, »Wahres Wort« betitelt, ist nur in der Zitation des Origenes in dessen Wiederlegung »Contra Celsum« erhalten; vgl. *Origenes,* Acht Bücher gegen Celsus, IV, 65.

[2] *Origenes,* a. a. O., 67.

[3] Nach *Werner Löser,* »Universale concretum« als Grundgesetz der oeconomia revelationis, in: W. Kern/H. J. Pottmeyer/M. Seckler (Hrsg.), Handbuch der Fundamentaltheologie. Freiburg 1984.

Der didaktische Zugang zur Welt der Religionen

Lehrpläne für die Primarstufe sehen nicht selten den Islam als »erste Fremdreligion« in den Grundschuljahren vor. Das ist angesichts des hohen Anteils türkischer Kinder in den Schulen und türkischer Familien in bestimmten Gebieten unseres Landes eine sehr verständliche Entscheidung, der hier auch nicht stracks widersprochen werden soll. Dennoch stellt sich die grundsätzliche Überlegung, wie eigentlich ein Curriculum zum Verständnis von Religion und Religionen im Primarbereich grundzulegen ist. Zumindest ist es ja nicht selbstverständlich, mit einer der großen Universalreligionen zu beginnen, als sei ein komplexes geschichtliches Gefüge, das über archaische und volksgebundene Formen hinausgewachsen ist, fraglos auch ein didaktisches Fundament. Zur Begründung unseres eigenen Weges in diesem Unterrichtswerk sollen deswegen zunächst einige curriculare Entscheidungsaspekte genannt werden, die zum Verständnis des Ganzen beitragen.

Religionen haben viel mehr Sprachen, als die Namen, die sie kennzeichnen, verraten. Religionen sind auch nicht völlig gegeneinander getrennte Systeme. Es gibt Religionen in der Religion. Die kulturell reich entwickelten Religionen, besonders die Universalreligionen, haben die voraufgegangenen religiösen Entwicklungen nicht einfach zurückgelassen oder gar »überwunden«, vielmehr leben selbst älteste Traditionen in den neuen Strukturen weiter. Es gibt religiöse Elementarformen, die sich durch alle frühen archaischen Kulturen ziehen, die zum inneren Gerüst der späteren Volksreligionen gehören und die auch die Syntax der großen Universalreligionen prägen. Solche Strukturelemente sind beispielsweise Mythos und Symbol in der Eigenart ihrer religiösen Logik und Funktion, der heilige Raum als kosmisches Modell und »Mitte der Welt«, die heilige Zeit als ein Vorgang, der den Anfang gegenwärtig setzt und die Zukunft vorentwirft. Man kann die Universalreligionen und auch das Christentum nicht verstehen, wenn die Grundelemente der Religionsgeschichte dem eigenen Bewußtsein fremd bleiben. Didaktisch setzt der Lernprozeß nicht bei der »Lehre«, sondern bei der Struktur an. Bekannt sind Darstellungen nichtchristlicher Religionen in Religionsbüchern für die Sekundarstufe. Sie bieten Informationsstenogramme, die durchweg Merkmale der Lehre und Daten der Geschichte zusammenstellen. Ein Verstehensprozeß wird durch solche Lektionen nicht bewirkt. Schulbuch wie Unterricht bewegen sich ja nur an einer Faktenordnung entlang, die vom historischen und systematischen Interesse bestimmt wird, nicht von der Frage nach dem Wesen des Religiösen. Für diese Frage ist eine Morphologie wichtiger als seine historische, soziologische oder systematische Einordnung. Darum sind Rituale, Symbole, Mythen, Hierophanien – die Vielfalt der religiösen Erscheinungsformen – didaktisch bessere Zugangswege als Globalübersichten, um so mehr, weil Universalreligionen in ihrer unüberschaubaren Komplexität niemals una voce sprechen.

Wollen wir also tragfähige Verstehensvoraussetzungen für die Erscheinungsformen des Religiösen schaffen, so muß der Weg bei Symbol und Mythe, bei Kult und Kosmogonie ansetzen.[1] Das heißt, wir knüpfen nicht bei der

[1] Als eigene Vorarbeiten in dieser Richtung möchte ich nennen: Wahr-Sage des Göttlichen. Skizzen zur Didaktik der Mythe, in: Religionsunterricht an höheren Schulen. Düsseldorf 1978, H. 1, 1–13. Auf dem Wege zu einer Symboldidaktik, in: Das dritte Auge, a.a.O. 84–141.

Komplexität einer »Hochreligion« an, sondern an der archaischen Wurzel. Insgesamt bietet die archaische Religionswelt bessere didaktische Zugänge zu späteren Erscheinungsformen – auch zum Verständnis des christlichen Kultes und der biblischen Glaubenswelt – als je summarische Überblicke leisten können. Dies gilt für den elementaren Ansatz einer Grundlegung religiöser Verstehenskategorien. Daß ein zweiter Ansatz zur Eröffnung der inneren Dimension religiöser Erfahrung und Wirklichkeit von der Mystik ausgehen sollte, sei an dieser Stelle nur angemerkt. Eine offene Kommensurabilität dorthin bleibt für unser Grundschulwerk angestrebt, ohne daß an dieser Stelle eine genauere didaktische Analyse erfolgen kann.

Wie realisieren nun unsere Religionsbücher dieses Programm? Für alle vier Bände ist es zunächst der Kurs »Symbolverständnis«, der erste Voraussetzungen für das Verstehen religiöser Sprache vermitteln will. Die Inhalte dieser Symbol-Kapitel sind natürlich je mit thematischen Schwerpunkten der Einzelbände verschränkt. Ziel des Gesamtcurriculums ist eine Sensibilisierung und Befähigung für den Umgang mit religiösem Ausdruck, um damit zugleich die formalen Qualifikationen zu schaffen, unterschiedlichen Religionswelten mit mehr innerem Sinn zu begegnen.

In diesem Band setzt das Lernfeld »Religionen« mit Sonnensymbolik und Sonnenkulturen ein. Darüber erfolgen weiter hinten ausführliche Überlegungen. Im dritten Band steht – im Kontext zur Symbolik des Runden und des Kreuzes – der heilige Raum und die heilige Zeit im Vordergrund. Der Aufbau des sakralen Raumes und der Symbolismus der »Mitte« werden bevorzugt dargestellt. Das Religionsbuch für das vierte Schuljahr soll schließlich eine Summa aller voraufgegangenen Bemühungen bringen: Im »Welthaus« der Sioux wird ein archaisches Weltbild vorgestellt, das als »Modell« Schlüsselfunktion für den religiös gedeuteten Kosmos gewinnt. Weil diese religionsgeschichtlich elementaren Ordnungen zwar kulturell überrundet wurden, als archetypische Inbilder aber weiterhin ihren Ursprung in der menschlichen Seele bewahren und deshalb Schlüsselbedeutung für die eigene seelische und religiöse Orientierung behalten, liegt mit diesem didaktischen Konzept kein beliebiger, sondern ein in mehrfacher Hinsicht begründeter Lernfeldaufbau vor. Dabei wird sich zeigen, daß dieser Ansatz zugleich eminente Bedeutung für das Verständnis der christlichen Glaubenswelt hat. Neben der folgenden religionsgeschichtlich-theologischen Grundlegung unserer Thematik ist die Einführung in das Symbolfeld Sonne (→ S. 447) mitzusehen. Unterrichtlich spricht vieles dafür, bei den anthropologischen und symbolischen Aspekten zu beginnen.

Die Sonne in den Religionen. Sonnenkulte

Im vergangenen Jahrhundert hat die Religionsgeschichte (bis ca. 1870) geglaubt, Sonnenkulte seien einstmals Gemeingut der gesamten Menschheit gewesen. Zwar gibt es tatsächlich allerorten Spuren solcher Sonnenkulte, doch sind sie nicht beständig und vergehen wieder. Mircea Eliade warnt freilich vor einem »Sehfehler«: Sonnenkulte manifestieren sich keineswegs immer im Bild der Sonne. Sie können Ausdrucksformen annehmen, die für unser klischeegewohntes Auge nicht mehr transparent sind.[1] Beispielsweise läßt sich an die Bedeutung des Adlers in der arktischen und nordasiatischen Mythologie erinnern, der immer Substitut oder Symbol der Sonne ist, gleichwie etwa der Stier in der kretischen Frühgeschichte, der Falke in Ägypten. Was uns heute noch an den Sonnenmythen früher Zeiten verständlich ist, dürfte nach zweieinhalbtausend Jahren kosmologischer und rationaler Blickverschiebung nahezu auf einen symbolischen Allgemeinplatz reduziert worden sein. Gewiß war den alten Völkern noch unmittelbar erfaßbar, was uns entzogen bleibt und auch mit religionshistorischen und tiefenpsychologischen Kenntnissen nicht mehr voll erschließbar ist. Die nur-rationale Interpretation macht den Sonnenmythos vergangener Kulturen nicht mehr lebendig.

Die erwähnte Unbeständigkeit der Sonnenkulte mag mit einem anderen Phänomen zusammenhängen. Viele archaische Volksstämme verehrten höchste Himmelsgottheiten, die aus dem Vordergrund des religiösen Lebens zurücktraten, um niedrigeren Göttergestalten oder magischen Mächten Platz zu machen. Dahinter steht die Einsicht, daß die uranischen (uranos = Himmel) Höchsten Wesen dem Menschen in seinen Tagesnöten zu entfernt sind, wohl auch zu gleichgültig angesichts der bedrängenden Wechselfälle des menschlichen Lebens, so daß man sich an andere religiöse Gestalten hält (Ahnen, Kulturbringer, erdhafte Muttergottheiten, magische Kräfte), die mehr Schutz und Hilfe versprechen. Im Zuge dieses religiösen Pragmatismus vereinen die Sonnenkulte auch Vegetationsinteressen und nehmen Aspekte einer Wetter- und Fruchtbarkeitsgottheit in sich auf. Die Religionsgeschichte glaubt, daß die Umwandlung eines ursprünglich höchsten himmlischen Wesens in eine Sonnengottheit (Solarisation) oft der Beginn rationalistischer Aushöhlung sei, die zur Umbildung des Hochgottglaubens in einen vegetativen Wettergottglauben führe.[2]

Die Bedeutung der Sonne als Lebensspender ist offensichtlich. Weniger verständlich ist es, daß die Sonne auch im Bereich des Totenglaubens große Bedeutung hat, insbesondere für das Schicksal des Menschen nach seinem Tode. Darauf verweisen die großen Megalithanlagen, über die wir nachstehend im Zusammenhang mit dem Heiligtum von Stonehenge berichten (→ S. 425). Auch die ägyptische Religionswelt bietet hierfür Beispiele, zumal mit der Vorstellung von der nächtlichen Sonnenfahrt in die Unterwelt, der allmorgendlich eine neue Auferstehung folgt (→ Echnaton, S. 431).

Neben ägyptischen, antiken und keltisch-germanischen Sonnenkulten gab es in der Menschheitsgeschichte andere hochbedeutsame Sonnen-Religionen, die hier keine Beachtung finden können. Erwähnt sei lediglich Huitzilopochtli, der höchste Gott der Azteken, hinter dem die Angst der Menschen stand, die Sonne verlieren zu können, so daß ihr immer mehr Menschenopfer dargebracht wurden, um sie mit Herzblut zu ernähren und ihre Strahlkraft zu erhalten[3]. Auch die Geschichte der Inka prägt ein Sonnenmythos. Der Schöpfergott Huirachocha (Viracocha) begründete das Geschlecht der Sonnensöhne, als die alle Inkakaiser ihr Volk regierten. Eine andere Wiege des Sonnenkultes ist Per-

[1] *Leo Frobenius* hat in seiner »Kulturgeschichte Afrikas. Prolegomena zu einer historischen Gestaltlehre«, Zürich 1954, ein Spektrum solch verschlüsselter Sonnensymbole vorgestellt.

[2] *Mircea Eliade,* Die Religionen und das Heilige. Elemente der Religionsgeschichte (1954). Darmstadt 1976, 151.

[3] Siehe *Hubertus Halbfas,* Das Welthaus, a.a.O., Nr. 44 und Nr. 162.

sien: Ahura Mazda ist der »Herr der Weisheit«, sein Auge aber ist Mithras, die Sonne. In der Spätantike breitet sich der Mithras-Kult gleichzeitig mit dem Christentum aus; und zeitweilig erscheint der Sonnenkult überlegen, bis ihn das Christentum von innen unterfängt und umbildet (→ S. 438). Berühmt sind auch der babylonische Sonnengott Schamasch[1], der indische Surya oder im Land der aufgehenden Sonne (mit der roten Sonne als Nationalsymbol) der Mythos von Amaterasu. Alle diese Namen und Stichworte seien nur erwähnt, um die Reichweite des Sonnenkultes anzudeuten.

Unsere Aufmerksamkeit gilt nachfolgend der Sonnensymbolik im Christentum. Als zentrales christliches Lichtmysterium beschäftigt uns hier primär die Ostersonne. Über die Weihnachtssonne wird an anderer Stelle gesprochen (→ S. 439 ff).

Das christliche Lichtmysterium: Die Ostersonne

»Wir aber sind erhaben über das Fatum, und statt der Planetendämonen kennen wir nur noch den einen, nicht umherirrenden Herrscher der Welt«, sagt Tatianos der Syrer (2. Jh.). Die erste Vision dieses neuen Sonnengottes beschreibt Matthäus 17,2: »Da wurde er vor ihren Augen verwandelt, und sein Angesicht strahlte wie die Sonne, seine Gewänder aber wurden leuchtend wie das Licht.« Die Assoziationen zwischen Christus und der Sonne begleiten die christliche Gemeinde von Anfang an. So kann man des Todes Jesu in der ganzen Antike nie gedenken, ohne diesen Tod und die Hadesfahrt Christi im Bild des Sonnenuntergangs und der Nachtfahrt des Helios zu sehen. Daß in seiner Todesstunde »die Sonne sich verfinsterte« und »Finsternis entstand«, war dem symbolischen Sinn der Antike zwingend, denn wenn »das Licht, das alle Welt erleuchtet«, stirbt, muß auch die kreatürliche Sonne erlöschen, wie später Petrus Abaelard in einem Karfreitagshymnus formuliert:

> »Da die wahre Sonne, den Kreuzestod duldend, leidet, so leidet die geschaffene Sonne mit ihm.«

Ähnlich heißt es schon in einer antiken Homilie »auf den Großen Sabbat« (Karsamstag):

> »Untergetaucht ist die Gott-Sonne Christus unter die Erde, und das Dunkel der Nacht breitet sich aus... Die ihr vom Leben abgeschieden seid, freutet euch! Die ihr in Finsternis und Todesschatten saßet, empfanget das große Licht.«

Dieser nachtfahrende Helios-Christus geht auf geheimnisvolle Weise vom Westen, dem Todesland, zum Osten, dem Land des neuen Lebens hinüber. Wie es der antiken Welt verborgen und unvorstellbar war, wie die Sonne nach ihrem Untergang im Westen »auf uns unbekannten Wegen an ihren Ausgang zurückkehrt« (Hieronymus), so bleibt die Wandlung vom Tod zum Leben jeder menschlichen Einsicht entzogen. Auferstehung wird aber als Sonnenaufgang gesehen:

> »Der Sonnenuntergang hat sich gewandelt zum Sonnenaufgang. Das bedeutet, die ›neue Schöpfung‹: Der über das All dahinfahrende Helios der Gerechtigkeit umwandelt

[1] Ebd., Nr. 43.

in gleicher Weise die Menschheit, nachahmend seinen Vater (. . .). Dieser hat den Westen zum Osten zurückgebracht und den Tod zum Leben gekreuzigt.«

Den Übergang (= Passah; in der christlichen Symbolik bedeutet Passah stets den mystischen Übergang vom Tod zum Leben) vom Tod zur Auferstehung gestaltet nun die antike Kirche in ihrer Osternachtliturgie zu einem wundervollen Sonnenmysterium. In die dunkle Kirche wurde das »Lumen Christi« hineingetragen, das Sonnenmysterium der Taufe gefeiert. »Wenn dann der christliche Bischof das Wort ergriff, um die Sonnenfreude der christlichen Ostern auszudrücken, dann mögen oft Sätze geprägt worden sein, wie sie uns noch in den Homilien des Bischofs Zeno von Verona aufbewahrt sind. ›Süße Vigilia der Nacht, die da strahlend leuchtet durch ihre eigene Sonne.‹«

In einer griechischen Sonnenlitanei wurde gesungen: »Helios Allherrscher, Geist der Welt, Kraft der Welt, Licht der Welt!« Der Bischof Firmicus aber richtete sein Wort an die Heiden:

»Nur ein einziges Licht gibt es, nur einen Bräutigam: Christus hat die Gnade dieser Namen erhalten. Wenn du willst, daß ein Schimmer dieses Lichtes dich erhelle, so erhebe ein Auge, verlaß dein Dunkel und begib dich zu dem, der da gesagt hat: Ich bin das Licht der Welt!«

Längst dieser Entwicklung vorauf war der Kampf um den Sonntag gegangen. Schon im ersten Jahrhundert vor Christus war die ägyptische Benennung der Wochentage nach den sieben Planetengöttern in den allgemeinen Kulturgebrauch übergegangen. So hieß der dem jüdischen Sabbat folgende Tag *dies Solis* – und hier vollzog sich die erste Begegnung des jungen Christentums mit dem hellenistischen Sonnenkult. Christus ist auferstanden, mußten die Christen feststellen, am Tag des Helios, am zweiten Tag der Planetenwoche, (die mit Saturn begann). Mit der Feier dieses Tages hoben sich die christlichen Gemeinden von Anfang an aus ihrer Umwelt heraus: nicht mehr der jüdische Sabbat und nicht der saturnische Wochenbeginn der hellenistischen Kultur war ihr heiliger Tag, sondern der Tag des Helios. So konnte Ignatios von Antiochien die Christen geradezu als jene charakterisieren, die »nicht mehr dem Sabbat anhangen, sondern nach dem Herrentag leben, an dem ja auch unser Leben aufging«. Die gottesdienstliche Feier der Christen fiel umso mehr auf, als sie ja an einem gewöhnlichen Werktag stattfand, das heißt, nach dem Ruhetag des Saturnus. »So auffallend war dem heidnischen Denken dieser Kult der Christen am Tag des Helios, daß sie diese Sekte für eine Art von Sonnenanbetern hielten, wie aus einem Bericht des Tertullian (ca. 160–220) hervorgeht: »Andere sind in ihrer Meinung von uns etwas humaner und halten den Sol für den christlichen Gott, weil bekannt geworden ist, daß wir in Richtung der aufgehenden Sonne beten und weil wir am Tag des Sol uns der Freude hingeben – allerdings aus einem ganz anderen Grund als aus religiöser Verehrung der Sonne.«

»Nun war die Kirche von Anfang an entschieden gegen einen unbesehenen Gebrauch der planetarischen Wochentagsbezeichnungen«, resumiert Hugo Rahner, »schon weil sie darin eine Beförderung des von ihr so leidenschaftlich bekämpften astrologischen Aberglaubens sehen mußte. Man weiß, daß dieser Kampf umsonst war: noch heute haben die romanischen Sprachen ihre ›chaldäischen‹ Wochennamen, die Angelsachsen ihren Saturday und die Germanen die entsprechenden Umdeutungen. Bereits Augustinus sieht das Vergebliche dieses Kampfes ein. Aber was den Tag des Helios betrifft, liegt die Frage von Uranfang etwas anders: allzusehr empfand man die Koinzidenz des wöchentlich begangenen Auferstehungstages mit dem Tag des Helios als eine tiefsinnige Fügung, und wenngleich das Gefühl Christen immer lebendig blieb, daß man den Tag christlicher als ›Herrentag‹ zu bezeichnen hätte (in den romanischen Sprachen ist dies dann ja auch durchgedrungen), so liebte man das Sonnengeheimnis des Herrentags doch zu sehr, um nicht gerade hier eine Ausnahme zu machen.«

Eine letzte Auseinandersetzung um den Sonntag, von der hier berichtet werden soll, geschah im sogenannten Osterfeststreit. Anlaß bot die kleinasiatische Tradition, den Tag des jüdischen Passah (den 14. Nisan) auch als Tag des christlichen Passah zu begehen, ohne Rücksicht darauf, ob er auf einen Sonntag fiel oder nicht. Dagegen stand der westliche Wunsch, daß der Tag der Auferstehung immer auf den Tag des Helios fiel. »Daß diese Weise der Osterfeier sich durchsetzte, ist das bedeutsame Ergebnis dieser zweiten Begegnung zwischen Christentum und antikem Sonnenkult . . . Seitdem feiert die ganze Welt bis auf unsere Tage, die unchristlich gewordene Welt nicht ausgenommen, den Ostertag am Sonntag.« (Hugo Rahner). Ein Unbekannter des fünften Jahrhunderts predigt zu Ostern seiner Gemeinde:

»Sol, aller Sterne Lichtherd, läßt sein Angesicht funkelnd aufleuchten, wie ein herrlicher König schmückt er sein Haupt mit dem Diadem der Sterne an diesem Tag seiner Hochzeit und seiner Herzensfreude. Luna, die kaum geboren gleichsam täglich abstirbt, schmückt sich aufs Osterfest mit dem Gewand ihres vollen Lichtes. Jegliche Kreatur also, meine Brüder, jubelt sozusagen in heiligem Gottesdienst der Liebe diesem Tag unseres Heils zu.«[1]

Das keltische Sonnenheiligtum Stonehenge S. 63

A. Die Megalithanlagen West- und Nordeuropas lassen drei Formen unterscheiden. Die erste ist der Menhir (vom bretonischen *men* = Stein und *hir* = lang); dies ist ein langer, manchmal auch sehr hoher Stein (wie jener bei Locmariaquer von mehr als 20 m Länge), der senkrecht in den Boden gerammt ist. Die zweite Anlageform ist der Cromlech (von *crom* = Kreis, Krümmung und *lech* = Ort), eine kreis- oder halbkreisförmige Menhirgruppe, deren monumentalste der Cromlech von Stonehenge ist. Die dritte Bauform ist der Dolmen (*dol* = Tisch und *men* = Stein). Ein Dolmen besteht aus einem großen Deckstein, der von mehreren senkrechten Steinen getragen wird. Ursprünglich war der Dolmen von einem Erdhügel umhüllt. Einige Dolmen erreichen gigantische Ausmaße wie der Dolmen von Soto bei Sevilla mit 21 m Länge. Diese Dolmen waren Grabplätze mit bis zu hundert Toten aus mehreren Generationen der gleichen Sippe. Dolmen finden sich entlang der Atlantikküste, besonders in der Bretagne. Die Kathedrale von Chartres ist über einem keltischen Dolmen errichtet.

[1] Alle Quellen nach *Hugo Rahner,* a.a.O., 102–116.

Der Cromlech von Stonehenge steht in Südengland, auf einer weiten Hochebene nördlich von Salisbury. Alleine schon das Foto von diesen machtvollen Trilithen[1] weckt die Frage nach Herkunft und Bedeutung. Es ist eine geschlossene Rundanlage, die größten Steinblöcke waren im Inneren des Ringes in Form eines Hufeisens angeordnet. Machtvolle Pfeiler trugen einen waagerecht aufliegenden Ecksteinring, der durch Zapfen mit den senkrechtstehenden Blökken verbunden war. Stonehenge, so wie die Anlage trotz ihrer Zerstörung sich als Bauwerk rekonstruieren läßt, wurde allerdings nicht auf einmal und nicht nach einer Idee erbaut. In seiner Urform (ca. 2200 v. Chr.) war es ein Heiligtum, das dem Totenkult diente und eine Beziehung zu den Ahnen herstellte. In der kreisrunden Anlage realisiert sich aber auch eine Verbindung von Himmel und Unterwelt: Götter und Totengeister kommen hier zusammen; zugleich ist der geheiligte Raum »Mittelpunkt der Welt«.

Neuere Altersanalysen ergaben, daß Stonehenge schon vor Mykene fertiggestellt war, daß die Theorie von einer »ägäischen Inspiration« also nicht haltbar ist. Die letzte Veränderung datiert aus der Zeit zwischen 2100 und 1900 v. Chr. »Wir stehen hier vor einer Reihe selbständiger und erstmaliger Schöpfungen« (Eliade).

Über Stonehenge sind schon sehr viele Bücher geschrieben worden mit immer neuen Hypothesen zur Funktion und Bedeutung des Bauwerks. Die meisten Fragen sind auch heute noch unbeantwortet. Das Rätsel der Megalithkultur ist vorläufig ungelöst. Was läßt sich mit wahrscheinlicher Sicherheit sagen?

Gewiß haben wir es mit einem bemerkenswerten Totenkult zu tun. Es handelt sich um eine seßhafte keltisch-bäuerliche Kultur. Die Häuser dieser Menschen haben keine Spuren hinterlassen; es werden Holzbauten gewesen sein. Ihnen stehen die Wohnstätten ihrer Toten monumental gegenüber.

»Die Härte, die Rauheit und Unveränderlichkeit der Materie ist für das religiöse Bewußtsein des Primitiven eine Hierophanie (= eine heilige, göttliche Erscheinung). Nichts ist edler und erschreckender als ein majestätischer Felsen, ein kühn sich erhebender Granitblock, nichts ist so unmittelbar und so autonom in der Fülle seiner ›Macht‹. Der Stein *ist* vor allem. Er bleibt immer derselbe und er hat Bestand; und was das Wichtigste ist: er *schlägt.* Schon wenn man ihn ergreift, um damit zu schlagen, verletzt man sich an ihm. Nicht nur durch die Berührung, sondern schon durch den Anblick. Schon darin tut er seine Härte, seine Rauheit, seine Macht dar. Ein Felsen offenbart dem Menschen ein Etwas, das die brüchige Existenz des Menschen transzendiert, eine absolute Seinsweise. Seine Widerstandskraft, seine Trägheit, seine Verhältnisse, seine seltsamen Konturen sind etwas Unmenschliches: es ist da etwas gegenwärtig, was verblüfft, erschreckt, anzieht und droht. Der Mensch begegnet in der Größe und Härte, Gestalt oder Farbe des Steins einer Realität und Macht, die einer *anderen* als der profanen Welt, deren Teil er ist, angehört.

Man kann eigentlich nicht sagen, daß die Menschen jemals Steine ›als Steine‹ verehrt hätten. Die Devotion des Primitiven bezieht sich immer auf etwas anderes als das, was der Stein ist und ausdrückt. Ein Felsen, ein Kiesel ist Gegenstand ehrfurchtsvoller Verehrung, weil er *irgend etwas* repräsentiert . . . Die Menschen verehrten Steine nur, insoweit sie etwas anderes als sie selbst waren.«[1]

Angesichts der Vergänglichkeit irdischen Lebens verkörperten die Menhire Manifestationen unbegrenzter Dauer und Unverwüstlichkeit. Sie verweisen

[1] Trilithen (griech.) = Drei Steine. Auf zwei aufrecht stehenden Blöcken liegt ein dritter Deckstein.
[1] *Mircea Eliade,* a.a.O., 247 f.

letztlich auf eine Möglichkeit, unabhängig von allem zeitlichen Werden und Vergehen zu existieren. Eine indonesische Mythe verdeutlicht diesen Aspekt:

»Am Anfang der Zeiten, als der Himmel noch ganz nah über der Erde war, beschenkte Gott das erste Menschenpaar mit seinen Gaben, indem er diese an einer Schnur herunterließ. Eines Tages sandte er ihnen einen Stein, aber die Ahnen wiesen ihn erstaunt und gekränkt zurück. Kurze Zeit später ließ Gott erneut die Schnur herab, diesmal aber mit einer Banane, die sofort akzeptiert wurde. Da vernahmen die Ahnen die Stimme des Schöpfers: Weil ihr die Banane gewählt habt, wird euer Leben dem Leben dieser Frucht gleichen. Hättet ihr aber den Stein gewählt, so wäre euer Leben wie das Sein dieses Steins gewesen, unveränderlich und unsterblich.«[1]

Man kann den Cromlech von Stonehenge als eine Antwort auf diese indonesische Mythe verstehen. Wie Saatgut kehren die Toten in den Schoß der Mutter Erde ein, in der Hoffnung, daß das Los des Saatgutes auch das ihre sei; zugleich sind sie den Steinblöcken geheimnisvoll verbunden: sie werden mächtig und unzerstörbar wie der Fels. Wahrscheinlich bildeten die machtvollen Steine eine Art »Stellvertreter des Leibes«, in dem die Seelen der Toten Wohnung nahmen. »Ein steinerner ›Stellvertreter‹ war im Grunde nichts anderes als ein Leib für die Ewigkeit!«[2]

Der Cromlech von Stonehenge liegt inmitten von Grabhügelfeldern. Das Kultheiligtum ist damit deutlich als eine Stätte erwiesen, die die Beziehung zu den Ahnen gewähren sollte. Diese Interpretation gilt freilich mit einiger Sicherheit nur für die Urgestalt von Stonehenge. Die spätere Weiterentwicklung und Verbindung mit der Sonne ist immer noch Gegenstand vieler Spekulationen. Auf den Wänden westeuropäischer Dolmen und Menhire fanden sich Symbole wie das Bild einer strahlenden Sonne. Das verweist darauf, daß der Ahnenkult auch mit anderen religiösen Komplexen verbunden war. Für Stonehenge in seiner zweiten oder dritten Bauphase deuten wichtige Anhaltspunkte auf ein Sonnenheiligtum hin. Die Gesamtanlage ist auf die Sommersonnenwende ausgerichtet: am 21. Juni steigt die Sonne über dem »Heelstein« auf (→ unser Foto, S. 63). Zugleich berichtet die Überlieferung von engen Beziehungen zum Sonnenkult. Die Sage erzählt, daß einst singende Schwäne hier der Sonnengottheit huldigten. Da die frühe keltische Tradition schriftlos war und ausschließlich aus Bodenfunden erhoben werden kann, bleiben alle genaueren Erklärungen über Stonehenge hypothetisch. Die Vielfalt der Spekulationen gebietet Zurückhaltung gegenüber »endgültigen Lösungen«.[3]

C. Nachfolgend findet sich *ein Erzählvorschlag.* Die Skizze beschränkt sich ganz auf das Bauwerk, differenziert aber nicht zwischen Stonehenge I, II und III. Dabei wird der Akzent auf den Arbeitsvorgang gelegt. Indem wir uns die

[1] *Mircea Eliade,* Geschichte der religiösen Ideen. Bd. I (Paris 1976), Freiburg i. Br. 1978, 114.

[2] *Mircea Eliade,* ebd., 115.

[3] Grundlage der obigen Darstellung ist das Kapitel »Megalithe, Tempel, Kultzentren« von *Mircea Eliade,* in: Geschichte der religiösen Ideen, a.a.O., I. 113 ff. Eliade stützt sich seinerseits u. a. auf *R. J. C. Atkinson.* Atkinson war an der Leitung der jüngsten Ausgrabungen in Stonehenge beteiligt. In seiner recht nüchtern auf archäologische Fakten sich beschränkenden Schrift »Was ist Stonehenge?« (H.M.S.O., Swindon/Wilts., 1975) enthält sich Atkinson aber aller Vermutungen über Bedeutung und Funktion der Anlage, außer, daß Stonehenge ein Tempel war, der wahrscheinlich mit einem Sonnenkult zusammenhing.

Anstrengung vor Augen halten, mit der dieses Monument errichtet wurde, wird zugleich die religiöse Haltung konkret, die in diesem Tempel ihren Ausdruck findet:

Vor ungefähr 4000 Jahren lebten bei uns, in England, in Frankreich, in Spanien . . . Menschen, von denen wir fast nichts wissen. Sie kannten keine Schrift, sie lebten in Erd- und Holzhütten, und fast alle Spuren ihres Lebens sind heute ausgelöscht. Ab und zu fand man von ihnen aber kleine Reste: eine Feuerstätte mit Küchenabfällen, Knochen von Tieren, die sie gejagt haben, manchmal Pollenkörner der Pflanzen, die sie gesammelt und angebaut haben, Spuren von Hütten, in denen sie lebten. Zu dieser Zeit waren die Menschen nicht mehr nur Jäger und Fischer, die weit über Land zogen, immer hinter den großen Tieren her. Sie waren an einem Ort seßhaft geworden, weil sie gelernt hatten, ihre Nahrung auf Feldern anzubauen und zu ernten. Besonders wichtige Nachrichten aus dieser Zeit verraten die Werkzeuge und Geräte, mit denen diese Menschen gearbeitet haben. Alle Werkzeuge – Hämmer, Hacken, Keile, Schüppen . . . – waren damals aus Holz oder Stein. Man kannte noch keine Metalle. Darum nennt man diese Zeit, die wir uns hier vorstellen, die (Jung-) Steinzeit (Neolithikum).

Alles, was wir von diesen Menschen wissen, erzählen uns die Spuren, die sie in der Erde zurückgelassen haben. Die Werkzeuge erzählen, wie anstrengend ihre Arbeit war. Man kann selbst eine Steinaxt in die Hand nehmen und damit einen anderen Stein bearbeiten, dann weiß man genau, wieviel Geschick dazu gehört, wieviel Kraft man haben muß und vor allem: wieviel Geduld, denn jede Arbeit war mühsam und ging nur langsam voran. Natürlich erzählen uns auch die Speisereste, die Feuerstellen und Hüttenplätze vom Leben dieser Steinzeitbauern. Aber wer diese selbst waren, wissen wir nicht. Wir kennen nicht ihre Sprache, wissen keinen einzigen Namen, keine einzige Geschichte, keinen einzigen Wunsch, – nein, doch! ihren größten Wunsch kennen wir. Woher, wenn man nicht ein einziges Wort schreiben konnte, wenn alle, alle ohne Gruß und Nachricht ins Grab gegangen sind? Eben daher – aus ihren Gräbern – wissen wir, was sie sich vor allem wünschten.

Man hat nämlich Gräber dieser Menschen gefunden, die uns manches von ihren Träumen und Wünschen und von ihrem Glauben erzählen. Diese Gräber waren aus mächtigen Steinblöcken errichtet. In der älteren Zeit begrub der Mensch seine Toten in Höhlen, falls es dort Höhlen gab, wo er lebte. In der Jungsteinzeit aber begann er, selbst Höhlen zu bauen. Man stellte zwei große, hohe Steine aufrecht hin und legte darüber eine Steinplatte als Deckstein. So entstand ein Steintisch (Dolmen), unter den der Tote gebettet wurde. Mehrere solcher »Steintische« nebeneinander bildeten ein Galeriegrab (Ganggrab), in dem viele Tote bestattet werden konnten. Das Steinbauwerk wurde dann von außen mit Erde überhäuft, so daß sich ein kleiner Hügel bildete, der bald überwachsen war. Für diese Steingräber waren kleine Steine unbrauchbar. Man mußte möglichst große Steine suchen, sogenannte Megalithen (megas = groß; lithos = Stein) oder Findlinge. Sie waren 20 bis 40 Tonnen schwer. Da bedurfte es großer Mühe und sehr vieler Menschen, diese Findlinge weither zu holen. Gewiß konnten sich das nur mächtige Sippen leisten.

Auf diese Weise entstanden Grabräume, die kein Sturm brechen und kein Alter schwächen konnte. Die Menschen verbrachten ihr Leben in Hütten aus

Holz und Stroh, die schnell baufällig wurden und die das Feuer verzehren konnte. Als Tote bezogen sie aber ein Haus, das unzerstörbar war. Es war aus Stein. Dieser Stein ist hart. Er bleibt immer derselbe. Feuer kann ihn nicht verzehren, Kälte und Nässe lassen ihn nicht faulen. Er ist wie er ist. Er wird immer sein. In solche steinernen Häuser der Ewigkeit brachten die Menschen ihre Toten, und weil diese Steingräber immer noch stehen, erzählen sie uns selbst heute noch von dem größten Wunsch dieser Menschen: ewig zu sein, wie die Steine um ihre verwesenden Körper herum.

Von einer ganz besonderen Anlage aus dieser Zeit muß ich euch mehr erzählen. Sie steht auf einer großen Ebene in England und ist ein kreisrunder Bau, von dem in eurem Religionsbuch ein Teil zu sehen ist: auf mächtigen hohen Steinsäulen liegen schwere Deckplatten, das Ganze zu einem Kreis geschlossen, der 30 Meter weit ist.

Der Steinring wird von dreißig aufrecht stehenden Blockpfeilern gebildet. Es sind Sandsteinblöcke, die aus einer Entfernung von 30 km geholt werden mußten. (Das ist so weit wie . . .) Diese Blöcke sind über 4 m hoch. Jeder von ihnen wiegt rund 25 Tonnen (= 500 Zentner = 500 Sack Kartoffeln oder Zement oder . . .), der schwerste sogar rund 50 Tonnen. Weil es hier keine Flüsse gibt, über die man solche Lasten transportieren könnte, mußte jeder Stein einzeln über Land gezogen werden. Anfangs ist das Gelände noch eben oder fällt sogar ein wenig ab. Aber dann kommt das Tal von Pewsey, das damals dichter Wald war, so daß man wohl zuerst einen Weg hindurchschlagen, glätten und auch befestigen mußte. Die Steine wurden zum Transport auf hölzerne Schlitten gebunden mit Seilen aus Kuhhaar oder geflochtenen Lederriemen. Diese »Schlitten« liefen auf Rollen, Rundhölzern, also Baumstämmen, die immer wieder neu vor ihm ausgelegt wurden. Sechs Männer sind nötig, um ein einziges Rundholz zu tragen. Natürlich bewegen sich diese Rollen gar nicht, wenn der Weg nicht aufgeräumt ist. Man mußte ihn auch glätten. Baumstümpfe und Steinbrocken entfernen, damit die ungeheure Last vom Fleck gezogen werden konnte. Das schwierigste Stück war der Redhorn-Hügel. Dort führt ein steiler Hang zur Hochebene von Salisbury hinauf, auf der der Bauplatz »Stonehenge« liegt. Man hat errechnet, daß mindestens tausend Männer helfen mußten, um den schwersten Stein diesen Hang hochzuziehen.[1]

Dreißigmal mußte ein solcher Transport bewältigt werden. Hinzu kamen die zehn noch größeren Blöcke für den inneren, hufeisenförmigen Ring und schließlich die mächtigen Decksteine. Das gab insgesamt wenigstens 75 Schlittenlasten.[2]

[1] Der große Menhir von Locmariaquer (Département Morbihan, Bretagne) wiegt ca. 348 t. Um ihn auf hölzerne Rollen zu legen, müssen 300 Männer an 40 Hebebalken arbeiten. 1750 Männer oder 250 Ochsen sind nötig, um ihn zu rollen. Eine leichte Steigung von 2% könnte nur von 2100 Männern oder 300 Ochsen bewältigt werden. Alle Kräfte müssen dabei genau aufeinander abgestimmt werden.

[2] Die aus einer früheren Bauperiode stammenden »Blausteine« wurden aus Wales – größtenteils auf dem Wasserweg – herbeigeschafft. Etwa 80 (gegenüber den Sarsen-Sandsteinen kleinere) Blausteine wurden befördert; ihr Gesamtgewicht belief sich auf über 100 Tonnen. Die Länge des mutmaßlichen Land-Wasser-Landweges von Prembookshire bis Stonehenge beträgt ca. 390 km. (R. J. C. Atkinson, a.a.O.)

An Ort und Stelle angekommen, hob man für jeden Pfeilerstein eine Grube aus. An der Seite des Steins wurde diese Grube abgeschrägt, so daß eine schiefe Ebene entstand. Die Gegenseite der Grube wurde mit Pfählen befestigt. Jetzt wurde der Stein auf Rollen an die Grube so herangeführt, daß er auf der vordersten Rolle wie eine Wippe fast balancierte. Mit Hebeln drückte man ihn dann hoch, so daß er in das Loch rutschte. Nun mußte er zentimeterweise mit Hebeln hochgehoben und mmer neu abgestützt werden, bis er schließlich aufrecht stand und mit Steinen und Erde in seiner Grube befestigt wurde.

Nachdem der Block sicher stand, wurde die Oberkante begradigt, so daß alle Pfeilersteine die gleiche Höhe hatten. Nur ein Zapfen blieb stehen, der später in ein Loch des Decksteines griff und das Gefüge fest verband. Aber wie konnte man die tonnenschweren Decksteine auf die Pfeiler legen? Es gab doch keine Kräne, um sie hochzuziehen, und Menschen waren in noch so großer Zahl viel zu schwach, einen solchen Stein auch nur um Millimeter zu lupfen. Man mußte eine Rampe aufschütten, einen Erdwall, der mit Baumstämmen und Steinen immer höher geschichtet wurde. Mit langen Hebeln wurde der Deckstein an einer Seite gehoben, mit Holz unterlegt und befestigt, dann das gleiche an der anderen Seite, dann wieder links, wieder rechts, so daß der Deckstein auf seinem Unterbau immer höher wuchs, bis er in vier Meter Höhe vorsichtig auf die Pfeilerblöcke geschoben und über den Zapfen abgesenkt werden konnte. Danach wurde alles wieder abgeräumt, um nebenan beim Aufsetzen des nächsten Decksteins neu verwendet zu werden.

Doch warum um alles in der Welt haben die Menschen vor viertausend Jahren solch ungeheure Arbeit auf sich genommen? Ähnlich wie die Dome des Mittelalters wurde auch Stonehenge über Generationen erbaut. Es war ein religiöses Zentrum für das ganze Land, so wie für die Christenheit Rom oder Jerusalem. Wir wissen nicht, welche Gebete in der Frühe des längsten Tages im Jahr, wenn die Sonne im Nordosten über der Ebene von Stonehenge aufgeht, gesprochen wurden. Wir kennen keine Lieder und keine Opfer. Aber gewiß bedeutete der große Steinring die ganze Welt. Hier war jetzt die Mitte des Alls, das Haus der Welt. Wer hier stand, stand am heiligsten Platz dieser Menschen. Und gewiß galt die Sonne ihnen als göttlich. Sie verehrten ihren Aufgang und ihr Licht als Zeichen des Lebens. So wie die Sonne über dem Welthaus von Stonehenge aufgeht, nun schon seit Jahrtausenden, so sollen die Toten auferstehen zu einem neuen Leben. Vielleicht hat dieser Glaube den Bauern der späten Steinzeit selbst die härteste Arbeit und sogar das Unmöglich-scheinende leicht gemacht.

A. Eine Gottesvorstellung im Symbol der Sonne begann in Ägypten nicht erst mit Echnaton. Die ägyptische Religion kannte den *Einen,* neben dem die anderen Gottheiten in den Schatten treten, aber sie hat ihn – abgesehen von Echnatons Versuch – niemals zum Einzigen erhoben. Als Thutmosis III. (1501–1441) mit seiner Politik eine kosmopolitische Kultur eröffnete, wurde Amon-Re zu einem Weltgott. Ägypten tolerierte damals zahlreiche fremde Gottheiten und assimilierte sie unter alten Namen. Die Vorrangstellung Amons erleichterte diesen Prozeß, insbesondere die Einsetzung des Sonnengottes in den obersten Rang, denn mit der Sonnentheologie waren universalistische Tendenzen der Politik und Kultur verbunden.

Aber schon viel früher, nämlich unter dem Einfluß der Sonnenpriester von Heliopolis (»Sonnenstadt«) erreichte der Sonnenkult in der V. Dynastie (2900–2270) große Bedeutung. Die Könige führten ihre Abstammung auf Re, den Sonnengott, zurück, der als Tagesgestirn, als Himmelsschöpfer, im Bild des Horus-Falken gepriesen wird. Dann verlischt der Glanz der Sonne, um unter den Thutmosiden eine neue, jetzt universalistische Bedeutung zu erringen. Tempel und Pyramiden wurden durch den Pharao auf die Sonne ausgerichtet. Von Thutmosis III. heißt es: »Er spannte den Strick über Amon, prächtig am Horizont«, was bedeuten soll, daß der Tempel nach Amon, der aufgehenden Sonne, ausgerichtet wurde. Auch die an ihren Spitzen vergoldeten Obelisken dienten der Sonnenverehrung: noch bevor sich das Gestirn über den Horizont erhob, sollten sich seine ersten Strahlen an der pyramidenförmig gebildeten Spitze brechen und als funkelndes Strahlenbündel ein Vorausbote der göttlichen Lichtgestalt sein.

Auch nach Echnaton bleibt die Sonne Symbol göttlicher Fülle. Der in den Felsen geschlagene (und wegen des Assuan-Stausees verlagerte) Tempel von Abu Simbel war nach der Sonne geortet. Ein 63 Meter langer Schacht führte in die Tiefe, in dessen dunklem Grund der König – umgeben von Himmels- und Sonnengottheiten – thront. Nur zweimal im Jahr, am Tage der Frühlings- und Herbstgleiche, tauchten die Gestalten für wenige Minuten in das Licht der im Osten aufgehenden Sonne.

Die Götter Ägyptens – in erster Linie Amon Re – teilten durch die Priesterschaft ihre Ratschläge, die nicht nur Ratschläge waren, mit. Der Hohepriester Amons gewann so hohe Autorität. Er stand rangmäßig gleich unter dem Pharao. Konkurrenz- und Machtprobleme waren spannungsreich in dieser Konstellation angelegt. Was die Geschichtsschreibung später die »Revolution von Amarna« nennt, nämlich die Erhebung Atons, der Sonnenscheibe, zum alleinigen höchsten Gott, hat *auch* eine Ursache in dem Wunsch des Pharao Amenhotep (Amenophis) IV., sich von der Vorherrschaft des Hohenpriesters zu befreien.

B. Wir begegnen in Amenophis IV. (1375–1350) einem Reformator, der die alte Götterwelt Ägyptens verachtet und sich zur Anbetung eines Gottes Aton, der sich in der Sonne offenbart, bekennt. »Es gibt nur einen Gott«, ist des Pharao Botschaft, »denn dieser Gott heißt Aton, die Sonne, die einzig ist und alles erhält.« Als diese neue Lehre bei der etablierten Priesterschaft auf Feindschaft stößt, bricht der König mit dem Religionszentrum Theben und gründet 500 km entfernt eine neue Stadt Achetaton (Horizont bzw. Lichtland der Sonnenscheibe). Dem bisherigen Hohenpriester hatte er bereits die Güterverwaltung und damit eine Quelle seiner Macht entzogen. Auch seinen Namen Amenhotep (Amun ist zufrieden) änderte er in Echnaton (Der dem Aton dient). Als die priesterliche Ablehnung seiner theologischen Revolution immer härter wurde, brach Echnaton mit einem Bildersturm, der in der Religionsgeschichte seinesgleichen sucht, den Widerstand des traditionellen Glaubens. Die Beamten Echnatons durchzogen die Tempel Thebens und kratzten die Namen der alten Götter aus, der König ließ die Priesterschulen schließen und verbot die Darstellung der alten Götter, da der wahre Gott keine Gestalt besitze und nur in der von Strahlen umwobenen Sonnenscheibe sich offenbare.

In Achetaton wurde unterdessen fieberhaft gebaut. Bereits im 5. und 6. Regierungsjahr verließ der König Theben und zog in die neue Residenzstadt. Gegen Ende seiner Regierungszeit dehnte sich die Stadt etwa 6 km am Nil entlang aus. Paläste und Verwaltungsbauten waren errichtet und natürlich ein weitläufiger Tempel mit zahlreichen Säulengängen und Höfen. Im Unterschied zu den alten Tempeln war der neue Aton-Tempel aber ohne Dach: Aton sollte mit seiner Lichtfülle ungehindert hineinschauen und in vollem Glanz Anbetung erfahren.

Die Revolte Echnatons und seiner schönen Gemahlin Nofretete, ohne die er in den entscheidenden Jahren nirgendwo auftritt, richtet sich aber nicht pauschal gegen die überlieferte Religion, sondern vorzugsweise gegen den Amun-Kult. Es ist erstaunlich, wie radikal die Reform sich trotz jahrtausendealter Traditionen durchsetzte. »Als ich auf den Thron kam«, berichtete wenige Jahre später der Nachfolger Tutanchamun, »waren die Tempel von Elephantine im Süden bis zum Delta im Norden verlassen, die Kapellen zugefallen, Götterwohnungen waren, als ob sie nie gewesen wären, ihre Häuser waren Spazierwege geworden. Die alten Götter wandten unserem Land den Rücken zu.«

Aton wurde als Sonnenscheibe dargestellt, dessen Strahlen in Hände ausgehen, die das Lebenssymbol (*anch*) den Verehrern reichen (Religionsbuch S. 65). Das Wesentliche der neuen Theologie findet sich in den zwei Hymnen an Aton, den einzig erhaltenen, die zweifellos zum Schönsten gehören, was die ägyptische Religion hervorgebracht hat.

»Dein Aufleuchten ist schön am Rande des Himmels,
Du lebender Aton, der zuerst lebte!
Wenn du dich erhebst am östlichen Rande des Himmels,
So erfüllst du jedes Land mit deiner Schönheit.
Denn du bist schön, groß und funkelnd,
Du bist hoch über der Erde:
Deine Strahlen umarmen die Länder, ja alles,
Was du gemacht hast . . .
Du bist Re, (. . .) Du fesselst sie durch deine Liebe.
Obwohl du fern bist, sind deine Strahlen doch auf Erden.
Obwohl du hochdroben bist,
Sind deine Fußstapfen der Tag!«[1]

[1] Auszüge aus dem Großen Aton-Hymnus siehe: *Hubertus Halbfas*, Das Menschenhaus, a.a.O., 213 f, und ders., Das Welthaus, a.a.O., Nr. 45.

Aton ist es, der Tag und Nacht, die ganze Schöpfung mit Mensch und Tier geschaffen hat. »Die Welt besteht durch dich!« – »Er ist der einzige Gott, außer dem es keinen anderen gibt.« Man möchte meinen, daß sich in dieser Formel der Monotheismus des Echnaton scharf artikuliert. Dennoch wurde dieselbe Wendung schon tausend Jahre früher auf Amun und auf Re angewandt. Sie ist charakteristisch für einen Glauben, den Eric Hornung unter den Titel »Der Eine und die Vielen« stellte.[1] Echnaton aber reklamiert diesen Aton exklusiv für sich: »Du bist in meinem Herzen, und kein anderer kennt dich außer deinem Sohn (d. h. Echnaton), den du in deine Pläne und in deine Kraft eingeweiht hast.« Die Gebete der Gläubigen, d. h. der offizielle Kult der Hofbeamten, waren nicht an Aton, sondern an Echnaton gerichtet, der ja selbst als »der Sohn« göttliche Verehrung genoß. Eliade meint, mit diesem Umstand das fast unmittelbare Verschwinden der Aton-Verehrung nach Echnatons Tod erklären zu können. »Letztlich blieb die Atonverehrung nur auf die königliche Familie und die Höflinge beschränkt.«[2]

Eine kritische Wertung Echnatons ist umstritten. Politisch beging er zweifellos viele Fehler. Sein religiöser Fanatismus bezeichnet zugleich seine Schwächen. Unbestritten aber ist – positiv gewendet – Echnatons monotheistischer Eifer. In seinem Sarg fand sich ein Gebet, in dem es heißt:

> »Ich werde atmen den sanften Hauch deines Mundes.
> Tag für Tag werde ich deine Schönheit betrachten . . .
> Reich mir deine Hände, in denen dein Geist liegt,
> damit ich dich empfange und durch ihn lebe.
> Rufe meinen Namen die ganze Ewigkeit hindurch:
> nie wird dein Anruf ungehört verhallen!«

Auch nach dreitausend Jahren ist dieses Gebet noch von bewegender Kraft.[3]

C. Der folgende *Erzählvorschlag* konzentriert sich auf die Person Echnatons und seine Familie. Religionsgeschichtliche und politische Hintergründe werden nicht berücksichtigt. Da mit diesem Erzählvorschlag lediglich eine Perspektive konkretisiert werden soll, die der Lehrer hier ausführlicher, dort knapper für seine Klasse ausgestalten kann, ist es ihm auch freigestellt, aus den obigen Informationen (→ A und B) Einzelaspekte zu berücksichtigen. In jedem Fall bedarf unser Erzählvorschlag der persönlichen Aneignung. Zusätzliche Hilfen bieten die unter D stehenden Materialien:

Ich will euch wieder aus einer alten Zeit erzählen. Heute gehen unsere Gedanken nach Ägypten. Das ist ein großes altes Land, auf das die Sonne heiß herniederbrennt. Riesige Wüsten gibt es da, voller Sand und Steine, aber ohne Bäume, Sträucher und grünes Gras. Doch ein großer Fluß fließt durch dieses Land. Er kommt von weither, aus einem hochgelegenen Bergland. Wenn dort der Schnee schmilzt, führt der große Fluß Hochwasser, er tritt über seine Ufer und überschwemmt einen breiten Felderstreifen rechts und links. Wenn dann das Wasser wieder fällt und in das alte Flußbett zurückkehrt, bleibt schwarze fruchtbare Schlammerde zurück, in die man Getreide säen und viele Kräuter

[1] *Eric Hornung*, Der Eine und die Vielen. Ägyptische Gottesvorstellungen. Darmstadt ^{2}1973.
[2] *Mircea Eliade*, Geschichte der religiösen Ideen. a.a.O., I, 108.
[3] *Mircea Eliade*, ebd., 107.

pflanzen kann. Unter der heißen Sonne ergibt das sehr reiche Ernten, sogar mehrere hintereinander im gleichen Jahr. Wegen der schwarzen Erde nannten die Menschen dort ihr Land »Keme«, die »Schwarze«; der große Fluß, der diese Fruchtbarkeit immer wieder neu herbeiführt, heißt Nil. Es gab aber noch einen zweiten Namen für das Land: »Die beiden Ufer«. Das ist gut verständlich, denn in den Wüsten ringsum kann niemand leben, die Menschen wohnten einzig im Niltal. Nur dort gab es Städte und Dörfer, etwas höher gelegen als die Felder, damit die Nilüberschwemmung sie nicht erreichte.

Jedes Jahr, wenn der schwarze Schlamm, der das Land so fruchtbar und reich machte, daß hier kaum eine Hungersnot entstand, neu über die Felder geschwemmt wurde, dann wurden auch die alten Grenzen verwischt. Darum mußten nach jeder Überschwemmung die Felder neu vermessen und aufgeteilt werden. Um nicht immerfort darüber Zank und Streit zu führen, war ein starker König wichtig, der dies durch seine Beamten regelte. Aber die reiche Ernte mußte auch eingebracht, gemessen und gerecht verteilt werden. Das machte den König sehr stark. Er sorgte für Ordnung und Frieden im Land der beiden Ufer.

»Keme«, die »Schwarze« (erst die Griechen nannten dieses Land Aigyptos, Ägypten), ist eines der ältesten Länder dieser Erde. Alte Sagen erzählen aus Zeiten, die sechstausend Jahre zurückliegen. Seitdem Ägypten von Königen regiert wird, kennt man durch alle Jahrtausende die Namen dieser Herrscher. Man nannte den König auch *Pharao,* das heißt »Großes Haus«. Alle Ägypter sahen im Pharao eine (!) Erscheinung der höchsten Gottheit. Man nannte ihn darum auch den Sohn des Höchsten Gottes.[1] Von einem dieser machtvollen Könige will ich euch erzählen.

Als er geboren wurde, bekam er den Namen Amenophis, das heißt »(Der Gott) Amun ist zufrieden«. Sein Vater hieß auch so, als der dritte König in Ägypten, der diesen Namen trug. Der kleine Amenophis wurde mit großer Sorgfalt erzogen. Ein junger Prinz muß vieles lernen. Darum bestellte der König auch die besten Lehrer des Landes für seine Kinder. Die berühmtesten von ihnen arbeiteten im Lebenshaus, das sich beim Tempel des Götterkönigs Amun befand. Hier wurden die Geschichten aller Götter gesammelt, geheimes und seltenes Wissen stand in alten Schriftrollen, sämtliche Wissenschaften wurden hier gelehrt. Darum arbeiteten Priester, Ärzte, Baumeister und Schreiber gemeinsam im Lebenshaus.

Natürlich wurde der junge Prinz auch mit zur Jagd genommen; dann fuhr er auf dem ersten Wagen, der von zwei Pferden gezogen wurde. Zwischen den Ohren trugen die Pferde einen Federschmuck und auf ihren Rücken lagen golddurchwirkte Decken. In den Dörfern, durch die sie kamen, warfen sich die Bauern zu Boden und grüßten die königliche Gesellschaft.

Amenophis verlebte seine Kindheit und Jugend in einem Palast, den sein Vater in der Hauptstadt des Reiches, der alten Tempelstadt Theben errichtet hat-

[1] Im Alten Reich gilt der Pharao als Inkarnation des Falkengottes Horus (eine solare Hochgottheit). Seit der 5. Dynastie wird Horus verdrängt vom Sonnengott Re. Die Theologie von Heliopolis setzt Re mit dem alten Lokalgott Atum gleich und erklärt den Pharao zum Sohn des Re-Atum. Im Mittleren Reich wird Re zu einer universalistischen Gottheit. Oberster Staatsgott in der Weltmacht des Neuen Reiches ist Amun-Re. Der Pharao gilt jetzt als Sohn dieses Gottes.

te. Aber noch bevor er erwachsen war, bestieg er wahrscheinlich schon als 13/14jähriger – heute ginge er noch ins 8. Schuljahr – den Königsthron. Vermutlich hat ihm seine Mutter Teje anfangs geholfen. Bald nach seiner Krönung wird er aber auch geheiratet haben. Seine Frau war älter als er, jedoch höchstens 19 Jahre. Als der Vater noch lebte, hatte er für seinen Sohn in einem fernen Land diese Frau erbeten. Der Fürst war bereit, seine schöne Tochter nach Ägypten zu senden, aber er verlangte viel Gold für sie. Als die Prinzessin in Theben eintraf, brachte sie dreihundert Männer und Frauen in ihrer Dienerschaft mit. In Ägypten bekam sie einen neuen Namen. Man nannte sie Nofretete, das heißt »die Schöne ist gekommen«.

Tatsächlich war die junge Königin sehr schön. Es gibt viele Bilder von ihr, vor allen Dingen aber eine farbige Büste (die man 1912 unversehrt in Amarna fand), von der die Menschen sagen, es sei das schönste Frauenbild aus der ägyptischen Geschichte. Nofretete erhielt den Titel »Große Königliche Gemahlin«.

Anfangs lebten Amenophis und Nofretete im väterlichen Palast in Theben. Hier in Theben standen riesige Tempel des Hauptgottes Amun-Re. Ihr Hoherpriester war nach dem Pharao der ranghöchste Würdenträger des Landes. Er war sehr mächtig und reich; manchmal konnte der Hohepriester des Amun-Re mehr durchsetzen als selbst der König. Gewiß haben sich Amenophis und Nofretete oft darüber geärgert.

Eines Tages beschlossen beide gemeinsam, nicht länger in Theben zu bleiben. Zwar war hier seit über tausend Jahren der Mittelpunkt des Reiches, aber zugleich auch das Heiligtum des Amun-Re. Diese Gottheit wurde in vielen Gestalten verehrt, etwa in Menschengestalt mit einem Falkenkopf und einer krönenden Sonnenscheibe. Wahrscheinlich hat Amenophis oft über diese Götterbilder nachgedacht und sie unpassend gefunden. Wenige Jahre, nachdem er König geworden war, wandte er sich von der Religion seines Reiches ab und begann, einen neuen Glauben zu lehren. In Theben, der Tempelstadt, störte alles. Auf Schritt und Tritt begegnete man den Bildern des Amun-Re. So also gab der Pharao den Befehl, 500 km nilabwärts eine neue Stadt zu erbauen, die ganz allein seinem Gott gehören sollte, den er verehrte. Dieser Gott hieß Aton, und nur die Sonne war sein Bild. Der König wollte auch nicht länger Amenophis heißen, denn das bedeutet »(Der Gott) Amun ist zufrieden«. Er gab sich den neuen Namen Echnaton, das heißt »dem Aton gefällig«.

Die Stadt aber, die nun zwischen Nil und Wüste erbaut werden sollte, bekam den Namen Achetaton, »Lichtland der Sonnenscheibe«.

Nun entstand der größte Stadtbauplatz, den die Welt bis dahin gesehen hatte. Man staunt selbst heute noch, wie es möglich war, eine Stadt, die Hauptstadt eines Weltreiches sein sollte, in wenigen Jahren am Wüstenrand zu errichten. Wege, Straßen, Hafenanlagen und Felder mußten angelegt werden. Palastbauten und Tempel entstanden in so kurzer Zeit, daß die königliche Familie schon im 5. oder 6. Regierungsjahr (wahrscheinlich im Januar 1360 v. Chr.) auf einem goldenen zweirädrigen Wagen Theben verließ und nach Achetaton zog. Als sie dort ankamen, opferten sie auf einem Altar Brot, Bier, Rinder, Kälber, Vögel, Früchte, Weihrauch, Wein und kühles Wasser. Dabei lagen die Beamten und Generale vor dem Pharao auf dem Bauch, während Echnaton zu ihnen sprach:

»Seht, Aton hat diese Stadt Achetaton gewünscht. Sie soll ein Denkmal sein für ihn in alle Ewigkeit . . . Ich werde Achetaton bauen für Aton, meinen Vater, an diesen Ort.

Und die Königin soll nicht zu mir sagen: ›Sieh doch, es gäbe einen schöneren Ort für Achetaton an einer anderen Stelle . . .‹ Wenn ich in einer Stadt nördlich, südlich, westlich oder östlich sterbe in Millionen von Jahren, bringe und begrabe man mich in Achetaton. Wenn die Große Königliche Gemahlin Nofretete in einer Stadt im Norden, Süden, Westen oder Osten in Millionen Jahren stirbt, so bringe und begrabe man sie in Achetaton . . .«

Der Tempel von Achetaton war groß angelegt; wenn man um ihn herumgehen wollte, brauchte man fast eine halbe Stunde (Umfang: zwei Kilometer). Er umfaßte verschiedene Gebäude und Höfe. Das Mittelheiligtum aber war ohne Dach. Alle ägyptischen Tempel waren bisher mit Dach gebaut worden. In den Tempeln war es dunkel und kühl. Dieser Tempel des Sonnengottes aber sollte zum Himmel hin offen sein. Die Sonnenscheibe sollte bis in den entferntesten Winkel strahlen.

Wenn der König in Begleitung seiner Gemahlin, seiner Töchter und des ganzen Hofstaates zum Gottesdienst in der Frühe den Tempel betrat, trug er die Doppelkrone von Unter- und Oberägypten, (→ Abbildung, S. 65) von der zwei Bänder über seine Schultern herabhingen. Auch die Königin trug eine blaue Krone, wie keine ägyptische Königin zuvor. Echnaton trat vor das Bild der Sonnenscheibe, Nofretete hinter ihm, und erhob ein Gefäß mit einer Opferspende. Die kleinen Prinzessinnen schwenkten dazu voll Freude eine Rassel. Inzwischen tauchte die Sonne den Tempel in strahlendes Licht. Vor dem König lagen auf zwei Opfertischen Wasserrosen, deren Blüten sich mit dem neuen Tag öffneten und sich nun ebenfalls dem Sonnenauge Atons zuwandten.

Nachdem der Pharao und seine Gemahlin ihre Gaben niedergelegt hatten, sprach der König das große Gebet zu Aton. Niemand sonst durfte diese Worte sprechen:

»Du bist in meinem Herzen.
Kein anderer ist, der dich kennt,
außer deinem Sohn Echnaton.
Du hast ihn eingeweiht in deine Pläne und in deine Kraft . . .
Seit du die Erde gegründet,
hast du sie aufgerichtet für deinen Sohn,
der aus dir selbst hervorging,
den Herrn der Länder (. . .)
dessen Leben lang ist,
und für die große königliche Gemahlin.«

Während der König betete, standen alle hohen Würdenträger tief gebückt. Kein anderer durfte ein solches Gebet sprechen. Kein anderer durfte direkt zu Aton beten. Die Minister, der Oberpriester, der Wesir, die höchsten Wedelträger, die Generale, die Hofleute, die Schreiber, Palastwächter und Wagenlenker – alle anderen Menschen – verehrten den Pharao als Gott.

In den Häusern und Beträumen der Hofbeamten gab es darum auch keine Gottesbilder mehr. Als Altarbild war nun eine Darstellung der königlichen Familie verbreitet, wie ihr es im Religionsbuch auf Seite 65 seht.

In der Mitte über dem Königspaar sendet die Sonne ihre Lebensstrahlen aus. Alle Strahlen enden in einer Hand, die dem König, der Königin und den drei Kindern das Lebenszeichen (anch-Hieroglyphe) vor die atmende Nase halten. Im unteren Teil der Sonne ist ein Zeichen (Uräus = Schlange) zu sehen, das der Pharao auch in seiner Krone trägt. Es soll die Zusammengehörigkeit von Gott und König deutlich machen. Auf diesem Altarbild haben Echnaton und Nofretete drei Kinder. Es sind Töchter (Sie heißen Meritaton = »Geliebte Atons«, Maketaton = »Atons Schützling« und Anchesenpaton = »Die durch Aton Lebende«.) Später wurden dem Königspaar nochmals drei Töchter geboren. Echnaton trägt seine älteste Tochter Meritaton auf den Armen und küßt sie; Maketaton sitzt auf dem Schoß ihrer Mutter, während die jüngste Prinzessen Anchesenpaton die Mutter streichelt. Das Bild dieser glücklichen Familie sollte den Menschen in Achetaton zeigen, wie sehr Aton dieses Leben schützt und segnet.

D. Die Geschlossenheit dieses Erzählvorschlags möchte nicht dazu verleiten, das Ganze monologisch vorzutragen. Es bieten sich fortwährend Anlässe, Einzelheiten im Gespräch zu erklären und zu ergänzen. Insbesondere ist das Altarrelief ein Anlaß, von hier aus die Aton-Religion zusammenfassend zu bedenken. Der Umstand, daß es eins von vielen Altarbildern ist, macht die Distanz zwischen Aton/Echnaton und dem übrigen Volk (am Hofe) deutlich.

Wer sich tiefer in die hier dargestellte Religionswelt einarbeiten will, sei auf folgende Bücher hingewiesen:

Philipp Vandenberg, Nofretete, Echnaton und ihre Zeit. (1976), Knaur-Taschenbuch 1981.

Hans Baumann, Die Welt der Pharaonen. (1964) Ravensburger Taschenbuch 1970.

Edgar B. Pusch, Schen-nufe und Hotepi. Ein archäologisches Kinderbuch (1979). Verlag Philipp von Zabern, Mainz (Dieses Buch entstand als Einführung in die Ägyptologie für Kinder anläßlich der Ausstellung »Götter und Pharaonen« im Roemer- und Pelizaeus-Museum in Hildesheim).

Der Sonnenwagen von Trundholm und das christliche Mysterium der Sonne S. 66

A. Auf der letzten Seite unseres Religionskapitels findet sich eine bildliche Gegenüberstellung, die auf das Christentum als Erbe der älteren Religionen verweist.

Im oberen Teil der Seite ist der Sonnenwagen von Trundholm abgebildet. Dieser wurde im Nordwesten Seelands (Dänemark) im Gebiet von Odsherred bei Nyköbing in einem Moor gefunden. Die Landschaft dort ist seit rund zehntausend Jahren besiedelt, seit fünftausend Jahren wird sie kultiviert. Schon vor mehreren tausend Jahren haben hier die Lebenden ihre Toten in großen Steingräbern bestattet. Grabstätten sind darum die eindrucksvollsten Zeugen der Bronzezeit (1500–500 V.Chr.), aus der es fast keine Häuserreste gibt, wohl aber an die 50000 Gräber (in Dänemark insgesamt).

Aus dieser Zeit stammt auch der Sonnenwagen, eine vergoldete Bronzearbeit. Es existiert keine zusätzliche Überlieferung, die uns die Darstellung deuten könnte. Vom Glauben und religiösen Leben dieser Frühzeit ist – außer den schweigenden Steingräbern – nichts bekannt. Doch geben diese Gräber gerade in ihrem Schweigen noch einen bruchstückhaften Kommentar zum Sonnenwagen. Die dänischen Grabhügel der Bronzezeit liegen nämlich entweder zu zweit oder in Gruppen von sieben beisammen, immer an erhöhten Stellen. »Unten im Grab lag der Tote mit den Opfergaben, konzentrische Findlinge schützten ihn, ein Grassodenhügel deckte die Grabstelle ab. Sie hatte Bedeutung – so wenigstens vermutet man – auch für die Lebenden. Die haben sich dort wohl zur Sonnenverehrung versammelt, denn die Gräber sind ja immer so angelegt, daß man von ihrem Plateau den Sonnenaufgang früher erleben konnte als in der Umgebung.«[1] Noch bevor die aufgehende Sonne das Land beschien, sollten ihre Strahlen die Gräber erreichen. Licht und Dunkelheit, Leben und Tod werden hier aufeinander bezogen; die Sonne erscheint als Symbol eines Glaubens, der über den Tod hinausweist.

Der bronzene Sonnenwagen, dreitausend Jahre alt, wirkt für unser heutiges Formempfinden eigenartig elegant und modern. Die Sonnenscheibe ist goldplattiert. Die Idee des Sonnen*wagens* ist nicht allein der germanischen Anschauung eigen; auch Griechen und Römer kennen den Wagen des Helios, während es im ägyptischen Vorstellungsbereich eine Barke ist, auf der die Sonnenscheibe abends in den dunklen Himmelsozean eintaucht, um morgens wieder neu zu erstehen. In der zoroastrischen Religion ist die Sonnenscheibe (als Gottessymbol) geflügelt; die Barke des ägyptischen Re wurde gezogen, die Bewegung der germanischen Sonne wird durch ein Pferd symbolisiert, das freilich selbst auf Rädern steht. Welchen Mythos dieser Sonnenwagen einmal verkörperte, ist uns heute unbekannt. Jedenfalls erzählt er von einem Glauben, der in dem auf- und niedergehenden Tagesgestirn eine göttliche Wirklichkeit erkannte, die über die eigene Existenz hinauswies.

Statt des Wagens mit der vergoldeten Sonne zeigt die Abbildung darunter Christus auf einem Esel reitend. Es ist dies ein sogenannter Palmesel, wie er früher vor allem im süddeutschen Raum am Palmsonntag in der Prozession mitgeführt wurde. Die religionsgeschichtliche Forschung glaubt, hier ein Beispiel vor sich zu haben, wie im Christentum das Urerlebnis der Sonne und vorchristliche mythische Traditionen christologisch umgedeutet werden: das in Christus erschienene Licht der Welt löst die germanische Sonnenscheibe ab.

B. Die christliche Auseinandersetzung mit dem vorchristlichen Sonnenkult wurde im eigentlichen Sinne im antiken Kulturraum geleistet. Die spätere Christianisierung der Germanen konnte sich nach Jahrhunderten eine Umwandlung alter Kulte leisten, nachdem die geistige Auseinandersetzung mit dem antiken Sonnenkult erfolgreich stattgefunden hatte und mit einem relativ stabilen christlichen Selbstbewußtsein abgeschlossen worden war.

Zunächst aber bedeutet die Begegnung der Kirche mit dem antiken Sonnengott kämpferische Auseinandersetzung. »Nichts liegt so klar zutage, vor allem in den Schriften der Apologeten des zweiten Jahrhunderts, als die Ablehnung jeglicher Sonnenverehrung durch die Christen. Die Entthronung des Helios ist mithin eine entschlossene, brüske Korrektur aller stoisch pantheistischen oder platonisch-mystischen Sonnenverehrung zum transzendenten Monotheismus hin. Nur diese grundsätzliche, geistesklare Distanz wird es der Kirche über-

[1] *Reinhold Dey,* Dänemark. Land zwischen den Meeren, Köln 1978, 10.

haupt möglich machen, den entthronten Helios wieder heimzuholen.«[1] Als der Platoniker Celsus den frühen Christen vorwarf, für sie seien Sonne (Helios) und Mond (Selene) nur ein »verächtliches Nichts«, entgegnete ihm Origenes: Wenn wir Christen von Helios und Selene sagen, sie seien nur Geschöpfe, »so wollen wir diese herrlichen Werke Gottes nicht verachten noch auch mit Anaxagoras behaupten, Sonne und Mond und Sterne seien nur ›feurige Klumpen‹; wir sprechen so, weil wir wissen, daß die unaussprechliche Erhabenheit und Hoheit Gottes und seines Eingeborenen Sohnes alles andere übertrifft. Aber wir sind auch davon überzeugt, daß Helios und Selene dem allmächtigen Gott durch seinen Eingeborenen Sohn ihre Gebete darbringen.«[2]

Früh also beginnen die Umdeutungen des antiken Sonnenkultes, der seinen römischen Höhepunkt erst im Lauf des dritten Jahrhunderts gewann. In dieser Zeit entwickelte er unter kaiserlicher Führung eine glanzvolle Gestalt und wurde geradezu Reichsreligion. Im gleichen Rhythmus vollzog sich auch die christliche Auseinandersetzung mit dem römischen Sonnendienst. »Das Ergebnis dieser Entwicklung ist die Existenz und die liturgische Gestalt des Weihnachtsfestes vom 25. Dezember, das heute noch christliche und unchristliche Herzen bezaubert.«[3] Nahezu symbolhaft notiert dieses Zusammentreffen von Kirche und Sonnenkult der sogenannte Chronograph vom Jahre 354:

> »Am achten Tag vor den Kalenden des Januar:
> Fest der unbesiegten Sonne.
> Am achten Tag vor den Kalenden des Januar
> ist Christus geboren in Bethlehem
> im Lande Juda.«[4]

Wenig später mag es gewesen sein, daß ein lateinisches Traktat die Beziehung zwischen der Wintersonnenwende und der Geburt Christi interpretiert:

> »Sie nennen (diesen Tag) aber auch ›Geburtstag der Unbesiegten Sonne‹. Wahrlich, wer ist so unbesiegt wie unser Herr, der den Tod niederwarf und besiegte? Und wenn sie diesen Tag den ›Geburtstag des Sol‹ heißen: Er ist die Sonne der Gerechtigkeit, von dem der Prophet Malachias gesagt hat: Aufgehen wird euch Gottesfürchtigen sein Name als Sonne der Gerechtigkeit, und Heil ist unter seinen Flügeln.«[5]

Dennoch erlischt die alte Sonnenfrömmigkeit nicht auf einmal. Papst Leo (440–461) sah noch zu seiner Zeit Anlaß, in einer Weihnachtspredigt seine Christen zu rügen, denen »diese unsere Festfeier nicht sowohl wegen der Geburt Christi als vielmehr wegen des Aufgangs der neuen Sonne ehrwürdig ist«. Er tadelt einen Brauch, dem sie immer noch folgen: »Bevor sie nämlich die Basilika des heiligen Apostels Petrus betreten, steigen sie die Stufen hinan, wenden dort ihren Körper nach der aufgehenden Sonne, und mit gesenktem Nakken verbeugen sie sich zur Ehre der glänzenden Scheibe.«[6]

Aus späterer Zeit stammt noch ein syrisches Zeugnis, das davon berichtet,

[1] *Hugo Rahner,* a.a.O., 92.
[2] *Origenes,* Gegen Celsus, V, 11; zit.n. *Hugo Rahner,* a.a.O., 95.
[3] *Hugo Rahner,* a.a.O., 134.
[4] Zit.n. *Hugo Rahner,* a.a.O., 134.
[5] Ebd., 135.
[6] *Leo,* In Nativitate Domini, 7,4. Sermo 27; zit.n. *Hugo Rahner,* a.a.O., 138.

warum man das Geburtsfest Christi vom 6. Januar, wie zunächst gefeiert, auf den 25. Dezember verlegt hat:

»Die Ursache (...) war, so sagt man, folgende: Die Heiden pflegten nämlich am 25. Dezember das Fest des Geburtstags der Sonne zu feiern und zu Ehren des Tages Feuer anzuzünden. Zu diesen Riten luden sie sogar das Christenvolk ein. Da nun die Lehrer der Kirche wahrnahmen, daß sich auch Christen zur Teilnahme verleiten ließen, beschlossen sie, am gleichen Tage das Fest der wahren Geburt zu begehen, am 6. Januar aber ließen sie fortan Epiphanie feiern. Und diesen Brauch haben sie bis heute bewahrt, zusammen mit der Sitte, Feuer anzuzünden.«[1]

In der Folgezeit gewinnt der christliche Gedanke so eindeutig die Oberhand, daß sich die Dinge nun geradezu umkehren: das »Volk« ist nun christlich und die verbliebenen wenigen Heiden scheinen ihre Deutung des Festtages den Christen zu verdanken, so daß Bischof Maximus von Turin in der Mitte des 5. Jahrhunderts seine Weihnachtshomilie so beginnen kann:

»Gut wahrlich pflegt das Volk diesen heiligen Geburtstag des Herrn ›Sol novus‹ (= neue Sonne) zu nennen. Und es weiß dies mit so viel Nachdruck zu behaupten, daß auch Juden und Heiden sich in dieser Beziehung zusammenfinden. Halten wir das bereitwillig fest. Denn mit dem Aufgang des Heilands erneut sich nicht nur das Heil für das ganze Menschengeschlecht, sondern es erneut sich auch der helle Glanz der Sonne.«[2]

Damit ist die Schwelle zum Mittelalter erreicht. »Die Kirche gibt in ihrer Weihnachtsliturgie die konsekrierte Liebe der Antike zur Sonne weiter an die Völker des Nordens.«[3] Seitdem gelten die neu entstehenden Sonnenhymnen und -gesänge Christus, »der Sonne der Gerechtigkeit«, der die Nacht »im Glanz des wahren Lichtes erstrahlen macht«.[4]

C. Im Erbe der antiken und nordischen Sonnenkulte ist das Christentum nicht unkreativ geblieben. Wie neben der Weihnachtssonne auch die Ostersonne und der Sonntag ihre theologische Deutung fanden, ist an anderer Stelle beschrieben (→ S. 423 ff).

Mit den Schülern können wir weiteren symbolischen Gestaltungen des christlichen Sonnenmysteriums nachgehen: Auf Seite 33 des Religionsbuches finden sie das Relief aus der Kirche Santa Maria de Quintanilla de las Vinas in Burgos. Die Orientierung des Kirchengebäudes nach Osten steht ebenfalls im Erbe der uralten Sonnenmythentradition. Die christliche Kunst malt die Sonne hinter dem Gekreuzigten oder als Lichtaureole in der sogenannten Maiestas Domini (→ S. 236). Auch der »Heiligenschein« weist auf die Sonne zurück. Ein anderes großes christliches Sonnenzeichen ist die Sonnenmonstranz und die Sonnenglorie um barocke Altäre. Als wohl vollkommenste Darstellung der Sonne gilt das große Rundfenster meist gotischer Kathedralen, das die Mitte der Eingangsseite beherrscht. Natürlich haben auch weihnachtliche wie österliche Lichtbräuche eine innere Beziehung zur Sonne. In zahlreichen Kirchenliedern wird die Sonnensymbolik ebenfalls aufgenommen und meist christologisch entfaltet.

[1] Ebd., 139.
[2] Ebd.
[3] *Hugo Rahner*, a.a.O., 139 f.
[4] Oratio, Missa in nocte. Nativitas Domini.

D. Die Seite 66 unseres Religionsbuches ist so konzipiert, daß die Entsprechung der beiden Wagen ins Auge fällt. Dennoch ist der Sinn dieser Gegenüberstellung nicht unmittelbar einsichtig. Die Schüler können dem »Rätsel« aber selbst nachspüren, indem sie zu Seite 33 zurückblättern, zugleich aber auch die vorweggehörten Berichte von Stonehenge und über Echnaton bedenken.

Im Anschluß an diesen Unterricht ist evtl. eine Beschäftigung mit dem äußeren wie dem inneren Titelbild des Religionsbuches (→ S. 461 f) sinnvoll.

*

Gertrud von Le Fort, Ich war heimlich in den Tempeln ihrer Götter

Ich habe noch Blumen aus der Wildnis im Arme,
ich habe noch Tau in meinen Haaren aus
Tälern der Menschenfrühe,
Ich habe noch Gebete, denen die Flur lauscht,
ich weiß noch, wie man die Gewitter
fromm macht und die Wasser segnet.
Ich trage noch im Schoße die Geheimnisse der Wüste,
ich habe noch auf meinem Haupt
das edle Gespinst grauer Denker
Denn ich bin Mutter aller Kinder dieser Erde:
was schmähst du mich, Welt, daß ich groß
sein darf wie mein himmlischer Vater?
Siehe, in mir knien Völker, die lange dahin sind,
und aus meiner Seele leuchten nach dem
Ew'gen viele Heiden!
Ich war heimlich in den Tempeln ihrer Götter, ich
war dunkel in den Sprüchen aller ihrer Weisen.
Ich war auf den Türmen ihrer Sternsucher, ich
war bei den einsamen Frauen, auf die der
Geist fiel.
Ich war die Sehnsucht aller Zeiten, ich war das
Licht aller Zeiten, ich bin die Fülle der Zeiten.
Ich bin ihr großes Zusammen, ich bin ihr ewiges
Einig.
Ich bin die Straße aller ihrer Straßen: auf mir
ziehen die Jahrtausende zu Gott!

Aus: Hymnen an die Kirche (1924); Heiligkeit der Kirche.

Symbolverständnis: Sonne, Brot und Wasser

Was heißt Symboldidaktik?

An dieser Stelle ist die Notwendigkeit einer Erschließung des symbolischen Sinns unserer Schüler nicht neu zu begründen (→ I, 255–262). Auch weiterführende symboldidaktische Studien haben anderswo ihren Ort.[1] Angemessen erscheint aber ein Hinweis auf die Ganzheitlichkeit unterrichtlichen Umgangs mit dem Symbol.

Symbole wollen nicht gewußt, Symbole wollen erfahren werden. Ein guter Didaktiker lehnt deshalb Unterricht »über« Symbole ab; er inszeniert den Umgang mit Symbolen. Das Symbol ist im eigentlichen Sinne kein Unterrichts-»thema«, es ist eine vom Empirischen zum Metaempirischen hinüberschreitende Dimension, die statt dem direkten Zugriff eher dem indirekten Weg offensteht. Das Ausgesparte, zwischen den Zeilen Gesagte, das dem Schweigen Anvertraute, im Hintergrund einer Geschichte Geahnte, in der Poesie eines Textes Geliebte, im Spiel Erlebte . . . eröffnet mehr als die gewollte Methode den Zugang zur symbolischen Wirklichkeit. Es mehren sich die Zeichen, daß die Religionspädagogik beider Konfessionen dem Symbol wachsende Beachtung schenkt. Zugleich steht zu befürchten, daß die mediale Vermarktung und die verbale Präparation zu »Unterrichtseinheiten«, die sich als erprobte »Instant«-Ware empfehlen, sozusagen als Fünf-Minuten-Schnellgerichte, in wenigen Jahren den Überdruß gegen Wort und Sache zu provozieren verstehen, so daß man heute schon auf Abstand gehen möchte. Auch aus diesem Grunde bietet unser Lehrerhandbuch keine Fertigwaren. Wer das, was ansteht, nicht zuerst für sich selbst wissen, im eigenen Umgang wägen und schmecken will, um es dann der individuellen Art gemäß mit in die Schule zu nehmen, soll lieber überhaupt nicht mit diesem Buch arbeiten und zumal der symbolischen Lebensdimension fernbleiben, die sich jedem Nur-Erklären widersetzt.

Was heißt dann Symboldidaktik? Es ist primär kein verbal-erklärender Weg, sondern ein ganzheitlicher Prozeß, der Schweigen und Handeln, Erzählen und Spielen, Arbeiten und Feiern, Text, Bild und Musik umgreift. Die schulpädagogische Basis dieser Konzeption erwächst in der Grundschule aus einem Geflecht verschiedenartiger Elemente. Dazu gehören:

- ein flexibler Wochenarbeitsplan
- die Freie Arbeit
- die Einrichtung des Klassenraumes als Lebens- und Arbeitsbereich
- die Gestaltung des Schullebens in Fest und Feier
- die Vermittlung grundlegender Fertigkeiten in Kursen
- die Überwindung einer einseitigen Lehrbuch-Schule durch eigengefertigte Arbeitsmittel
- eine Einbeziehung außerschulischer Lernorte
- die Mitarbeit der Eltern.

[1] *Hubertus Halbfas,* Das dritte Auge, a.a.O., 84–141.

Diese Aspekte zusammen genommen ergeben ein Schulprogramm, das nicht mehr »problem-« und nicht »themenorientiert« ist, vielmehr die Kinder *in* der Schule tätig leben läßt. Es ist die Voraussetzung für den Unterricht, der mehr als Stoffhuberei betreiben will. Eine Fachdidaktik, die sich alleine aus den Prämissen der eigenen Wissenschaft deduziert, ohne sich insgesamt auf ein schulpädagogisches Denken und Handeln zu stützen, bleibt allemale Papier. Darum kann es auch keinen Religionsunterricht, der wesentlich über Lektionsstoffe hinausführt, geben, wenn er nicht im regen Wechselbezug zum »Leben und Lernen in der Schule« steht.[1]

Dem Kundigen wird es einleuchten, daß man bei keiner Sache aus der Einseitigkeit des gewohnten »Durchnehmens« herauskommt, solange die »schulpädagogische Infrastruktur« fehlt. Was will man anders als über Brot *reden,* wenn die Klasse keine Partner- und Gruppenarbeit kennt, so daß sie selbst Brot backen, erfahrene Geschichten im freien Text verarbeiten, im Bild deuten kann? Wenn sie im Klassenraum keinen gemeinsamen Tisch zu decken versteht, weil die Umgangsformen und die formvermittelnden »Kleinigkeiten« (Decke, Blumen, Kerzen, Schmuck . . .) fehlen? Dies gilt natürlich für jedes Symbol. Man muß das *Licht* und die *Finsternis* erfahren, die *Sonne* in Erzählungen und Liedern feiern, durch *Türen* ein- und ausgehen, sie suchen, öffnen, schließen, anschauen, spielen, imaginieren . . . ; *Brot* muß man selbst herstellen, es schmecken und in Gemeinsamkeit genießen; um zu wissen was *Wasser* ist, sollte man den Durst kennen, die Erschöpfung der Hitze, die Quelle, den Bach, Tümpel, Teich und See, den Fluß und das Meer . . . Alle Symbole sind erfahrungsbezogen, verlangen nach ihrer Betrachtung in der Stille ebenso wie nach Geschichten, die von weit her kommen und vergessene Geheimnisse mitteilen, und nicht zuletzt nach Formen handelnden Umgangs. Symboldidaktik bedeutet deshalb einen kooperativen, meditierenden, handelnden, narrativen Unterricht, der »Themen« in Bezüge stellt – mit der Tendenz zu einer fachübergreifenden Weite.

[1] Die Lehrerhandbücher 3 und 4 erweitern den oben aufgezeigten schulpädagogischen Rahmen.

Symbol: Sonne

Die Erde ist ein Kind der Sonne und der Mensch ein Kind der Erde: also sind wir alle Sonnenkinder. Keine der Gewalten und Gestalten der Natur wirkt so tief ins Herz unseres ganzen Daseins wie das mächtig strahlende Tagesgestirn. Ohne Rechnung verschenkt es seine Gaben, neidlos wie alles wahrhaft Große. Und so steht jeder von uns zu ihm in einem persönlichen Verhältnis, von der ersten Stunde an, da er dieses »Licht der Welt« erblickte.

Sonne und Leben

Alles auf Erden ist sonnengeboren und sonnenbestimmt, ein jedes in seiner besonderen Art. Der ganze Planet ebenso wie seine Geschwister Venus, Jupiter und Saturn, haben sich aus den gleichen Gasmassen wie die Sonne entwickelt. Unsere Erde ist nicht viel jünger als das Muttergestirn, und dieses steht mit seinen fünf Milliarden Jahren selbst noch in voller Jugendblüte.

Stammt alle irdische Materie aus jener Ursonne, so regiert das jetzige Gestirn unübersehbar viele Vorgänge auf der Erde selbst. Es weht kein Hauch, flüstert kein Schilf, es rast aber auch kein Orkan, flutet keine Welle, noch springen die Brunnen, noch schwatzt sich ein Bächlein durch die Wiesen ohne Sonnenkräfte. Es keimt kein Gras und reift kein Korn, kein Blumenkelch öffnet sich, es blühen weder Baum noch Strauch; kein Käfer kriecht und kein Eichhorn jagt von Ast zu Ast ohne Sonnenhilfe. Das Chlorophyll, der grüne Farbstoff in den Pflanzen, schafft unter Verwertung des Lichtes aus Kohlensäure und Wasser Stärke und Sauerstoff. Ohne diese beiden könnte kein tierisches, kein menschliches Wesen leben. Dem täglichen Brot, der Handvoll Reis gilt die schlichteste Bitte; ohne die dienenden Pflanzen, ohne das Licht der Sonne bliebe sie unerfüllt. Es gäbe kein Licht und keinen Schatten, der Himmel wäre weder blau noch die Rose rot, kein Maler setzte sich an den Teich, um sein Farbenspiel mit dem Pinsel zu bannen.

Dem staunenden Blick eröffnen sich immer weitergreifende Zusammenhänge. Holz, Kohle und Erdöl bewahren in sich Sonnenenergien, die am Herd, am Kaminfeuer, im Schiffsofen, im Automotor wieder frei werden. Die kleinste Tranlampe strahlt aus, was ihr Brennstoff einst einfing. Über alle Zonen hin badet sich der Mensch in den Sonnenfluten, läßt ihre Heilkräfte in seine Räume scheinen und streckt seine Glieder wohlig in die kosmische Wärme.

Der entkleidete Helios

Mit einer aus den Kenntnissen seiner Zeit fast unbegreiflichen visionären Kraft behauptete Anaximandros (ca. 610–ca. 547), ein Schüler des Thales aus Milet, »daß die Erde im Weltraum schwebe, und zwar in der Mitte der Welt«. Nichts mehr von der flachen Scheibe, doch dachte er die Erde noch nicht als Kugel, sondern eher in Gestalt einer Trommel. Der Erfinder des Rades ist uns so unbekannt wie der erste Bezwinger und Zähmer des Feuers – Anaximandros aber mochte wirklich der erste sein, der unverlierbar vom Schweben unserer Erde im Weltraum sprach.

Eine wahre Bestürzung erregte dann im Athen des Perikles der Ausspruch des Anaxagoras (500/496–428): »Die Sonne ist ein glühender Klumpen und größer als der Peloponnes. Auch trägt der Mond Bewohner und gibt es dort Berge und Täler.« Eine solche Behauptung mußte als grobe Gotteslästerung wirken. Wie? Statt des Gottes Helios soll da morgens ein heißer Stein hochfahren, größer als die südliche Halbinsel Griechenlands? Der arge Provokant konnte sich dem gegen ihn angestrengten Prozeß nur durch schnelle Flucht entziehen. Aber der Bann war nun auch hier gebrochen, der Logos der Forschung verdrängte unaufhaltsam den Mythos des Glaubens.

Wahrscheinlich haben Pythagoras und seine Schüler die Kugelgestalt der Gestirne alleine schon aus mathematischen und religiösen Gründen gefordert, bevor ein Erfahrungsmoment es verlangte. Ihnen galt als der vollkommenste denkbare Körper nur die Kugel, wie für die vollkommenste Figur allein der Kreis. Das strömte über Platon weit hinaus ins abendländische Denken. Noch Kopernikus hält zäh am Kreise fest und erst Johannes Kepler bricht dann 1609 mit dieser bleischwer hemmenden Tradition, um die Marsbahn richtig zu erklären. Er erst führt die befremdlich unantike Ellipse ein, in der sich alle Planeten bewegen.

Wie groß mochten nun aber Sonne und Erde sein? Heraklit, der Weise von Ephesos, meinte um 500 v. Chr. mit entwaffnender Naivität, die Sonne sei gerade so breit, wie sie uns erscheine, sie messe eben die Breite eines Fußes. Aber Aristarch von Samos (ca. 310–230) meinte bereits, das Volumen der Sonne sei dreihundertmal größer als dasjenige der Erde. Heute wissen wir indessen, daß erst 1.3 Millionen Erdkugeln den gigantischen Gasball der Sonne auszufüllen vermögen. Das Wunderkind Aristarch berechnete auch die Sonnen- und Mondentfernung und rechnete damit die Größe dieser Körper aus. Nun blieben sie für immer aus den Wolken vertrieben.

Die Sonne ist ein glühender Gasball, der fast ganz aus Wasserstoff und Helium besteht. Sie leuchtet mit einem Feuer, das wir erst bei den explodierenden Atombomben kennenlernten. Die nähere Erforschung der Sonnenoberfläche brachte eine Überraschung nach der anderen: Man hatte das helle Weltauge zunächst für eine makellose Scheibe gehalten, die ersten Fernrohre zeigten bereits eine körnige Struktur. Die einzelnen »Körnchen« sind Gebiete von der Größe Frankreichs, kochende Gasfelder, die sich im Laufe von Minuten wieder völlig verändern. Außerdem sind die berühmten Sonnenflecken zu sehen, auch sie wandelbar und gelegentlich mit einem Durchmesser von mehr als 300 000 Kilometern. Interessant bleibt ihr gehäuftes Auftreten in Perioden von elf Jahren. Diese Zyklen sind sogar in den Jahresringen der Bäume feststellbar, doch bleibt zur Erklärung hier noch manches strittig. Eine weitere imposante Erscheinung bilden die Protuberanzen: riesige Gasspritzer, die bis über eine halbe Million Kilometer weit in den Raum hinausjagen und wieder zurückbiegen.

Am Wandern der Sonnenflecken ließ sich die Eigendrehung der Sonne erkennen: sie kreist in rund 25 Tagen einmal um ihre eigene Achse und zwar wie die Erde und alle Planeten im Gegenuhrzeigersinn von Westen nach Osten. Nach ihrer Körpermitte nimmt ihre Hitze zu und erreicht im Sonnenbauch gegen 15 Millionen Grad. Dort herrscht auch ein Druck von 100 Milliarden Atmosphären. Entsprechend nimmt die Dichte der Sonnengase zu und gewinnt das Siebenfache der Dichte von Gold. Dort können die Atome nur noch mit zerquetschten Elektronenhüllen existieren. Bisher ist kein Dante erschienen, der uns das Ungeheuerliche dieser Höllenhitze in irgendeine Anschauung übersetzte.

Und doch spendet dieser brodelnde Atomofen seit Jahrmillionen für unsere Erde lauter Segen, Licht und Wärme in rechnerisch wohl darstellbaren, für das Erleben wieder gänzlich unfaßlichen Ausmaßen. Er sendet diese Energien Tag und Nacht kugelstrahlenförmig in den Raum, und wir auf Erden erhalten davon das uns so willkommene Portiönchen, nämlich etwas weniger als ein zweimilliardenstel Teil der Gesamtsonnenstrahlung. Ohne diese wäre unser Planet wüst und leer.

Tag und Nacht, Sommer und Winter

Der Tag beginnt mit dem »Aufgehen« der Sonne, wenn sich die Erde ihr nach Osten entgegendreht, die Nacht mit ihrem »Untergang«, wenn sie sich wieder von ihr wegwendet. Beide Zeiträume werden durch die Dämmerungen eingeleitet. Nur in den Gegenden des Äquators sind Tag und Nacht stets gleich lang, auf der übrigen Erde geschieht dies allein am 21. März und am 23. September, den Äquinoktien oder Tagnachtgleichen. Sonst aber wechseln die Verhältnisse überall durch die Jahreszeiten hin und gestalten sich am Nord- und Südpol überaus merkwürdig. Dort nämlich geht die Sonne für die Hälfte des Jahres überhaupt nicht auf und schraubt sich dafür während der anderen Hälfte bis zum 21./22. Juni auf eine Höhe von 23 ½° über den Horizont, über dem sie ein halbes Jahr verbleibt. Das ist der faszinierende Wechsel von Polarnacht und Mitternachtssonne.

Unserem Augenschein nach wandert die Sonne, darum mußte sie für die Vorstellung vergangener Zeiten am Himmel hochsteigen und abends wieder »im Meer« versinken. Irgendwie hatte sie dann nächtens »unten durch« zu schwimmen, um am nächsten Morgen neu gebadet nur um so schöner zu scheinen (→ S. 89). Für unser heutiges Wissen aber steht die Sonne praktisch still. Nur weil die Erde sich ihr entgegendreht, steigt sie täuschenderweise über unseren Häupten hoch. Wir können es uns selbst und den Kindern leicht demonstrieren: Eine Kerze auf dem Tisch stellt die Sonne dar, um die wir einen mit einer Stricknadel durchstoßenen Apfel führen. Dieser »Erd-Apfel« rotiert nun im Gegenuhrzeigersinn um sich selbst und um die Sonne. Die Eigendrehung der Erde schafft den Wechsel von Tag und Nacht, die Fahrt um die Sonne den Ablauf des Jahres in 365 Tag-Nachtwechseln. Halten wir den Apfel mit seiner die Erdachse vertretenden Stricknadel so zur Sonne, daß die Achse senkrecht zur Erdbahn und damit parallel zur Kerze steht, so dauerten für jeden Ort auf Erden das ganze Jahr hindurch Tag und Nacht gleich lang. Einen Wechsel der Jahreszeiten könnte es nicht geben. An *beiden* Polen aber stünde die immerwährende Mitternachtssonne: sie umkreiste langsam den Horizont und würde nie unter diesen sinken.

Das alles ändert sich, wenn wir die Erdachse um den berühmten Winkel von 23½ Grad schief stellen. Er ist der Grund vieler Verständnisschwierigkeiten.

Einmal ist dieser Winkel die Ursache für die wechselnden Tag- und Nachtlängen. Die Tage währen im Winter deshalb kurz, weil die Sonne einen kürzeren Bogen am Himmel beschreibt als im Sommer. Nun sind die Jahreszeiten aber offensichtlich an diese Veränderungen der Tageszeiten gebunden: Tag und Jahr erscheinen unlösbar ineinander verwoben.

Nach der Lehre des Johannes Kepler bildet die Jahrbahn der Erde eine Ellipse. In Schema-Zeichnungen wird diese Linie oft als kräftiges Oval gezeichnet. Tatsächlich nähert sie sich aber eher einem Kreis, wenngleich nicht ohne Entfernungsdifferenzen. Und zwar befindet sich unser Planet um die Sommersonnenwende der Sonne um volle fünf Millionen Kilometer ferner als um Weihnachten. Das widerlegt die verbreitete aber falsche Erklärung der Jahreszeiten, wonach eben dann Sommer herrsche, wenn wir der Wärmespenderin am nächsten stehen, so wie auch ein Feuer desto mehr wärmt, je näher wir uns bei ihm aufhalten. In Wahrheit ist es gerade umgekehrt. Leuchtet die Sonne hoch über unseren Häuptern, dann stoßen auch ihre Licht- und Wärmestrahlen fast senkrecht durch die Erdatmosphäre. So verhält es sich im Sommer. Zu Weihnachten aber kreist sie näher dem Horizonte, da müssen ihre Strahlen einen längeren Weg durch die Lufthülle wandern, um zu uns zu gelangen.

Wir legen ein gläsernes Desserttellerchen auf den Tisch und denken uns selbst in der Mitte darunter. Von oben erreicht uns das Licht müheloser als von den gebogenen Schalenseiten her. Darum verlieren die elektromagnetischen Wellen der Sonne wintersweile beim seitlichen Einfall viel von ihrer Kraft und vermögen die Luft weder direkt noch vom Boden aus sonderlich zu erwärmen. So nimmt die Kühle zu, bis die Schneekristalle aus der wasserhaltigen Atmosphäre fallen.

Noch ein anderer Vergleich kann hier helfen: Wir denken uns auf eine Wanderung querfeldein. Wir wollen einen gepflügten Acker überqueren. Auf geraden Wegen ging es gut voran. Nun aber wird es mühsam: wir stolpern, ermüden und geraten aus der Ordnung. Je breiter sich der Acker weitet, desto mehr ermatten wir. Nun aber wandert das Licht der Sonne mühelos durch den leeren Weltenraum. Für ihre Strahlen wird erst die Erdatmosphäre zum gepflügten Acker, indem sie ihre Kraft dadurch verlieren, daß sie teils in Wärme verwandelt werden. Die absorbierende Macht der Lufthülle ist um Weihnachten so stark, daß es nicht ins Gewicht fällt, wenn unser Planet um diese Zeit der Sonne um volle fünf Millionen Kilometer näher steht als im Hochsommer.[1]

Sonnen-Folklore

In der religionsgeschichtlichen und volkskundlichen Forschung herrschte lange Zeit die Ansicht, alle heutigen Volksüberlieferungen über die Sonne wären Beispiele einer jahrhunderte- oder sogar jahrtausendealten Kontinuität. Die meisten Feuer- und Lichtbräuche und zahlreiche unverstandene Motive unserer Märchen hätten ihre Wurzeln in einer archaischen Sonnenverehrung. Ja, es gab (und gibt?) eine Forschungsrichtung, die jeden Mythos letztlich auf die unaufhörlichen Kämpfe zwischen Sonne und Mond, Licht und Finsternis, Sommer

[1] Alle vorstehenden Ausführungen nach *Walter Robert Corti,* Die Sonne. Hrsg.: Migros-Genossenschaftsbund. Zürich 1961.

und Winter, Tag und Nacht zurückführen wollte. Das moderne, von seinen Ursprüngen entfremdete Bewußtsein habe diese solaren, lunaren und astralen Zusammenhänge zwar vergessen, aber sie steckten selbst in solchen Märchen wie Rotkäppchen und Aschenputtel. Die neuere Forschung hält es dagegen für unmöglich, aus heutigem Material auf ältere Glaubensschichten zu schließen oder gar einen Anschluß an vorgeschichtliche Religionen zu finden. Gegenwärtig gilt etwa folgende Position: »Sicher war es falsch, alle mythologischen Vorstellungen grundsätzlich auf Sonne, Mond und Sterne zurückführen zu wollen, doch wäre auch der Umschlag ins Gegenteil ebenso verkehrt . . . Die Aussagen über die Sonne im deutschen Glauben und Brauch ergeben kein systematisches Bild und schon gar kein sonnenzentrales Weltbild. Es zeigt sich ein scheinbar beziehungsloses Nebeneinander von volkstümlichen Anschauungen ganz verschiedenen Inhalts und Ursprungs, die kaum in einen inneren Zusammenhang zu bringen sind.« (Lutz Röhrich).[1]

Die Sonne in Mythen und Märchen

Leo Frobenius, (1873–1939), jener Forscher, mit dessen Sammlungen Afrika für uns zu sprechen begann, meinte, das mythologische Material seiner Zeit überblickend, es gebe keine größere Völkergruppe, aus deren Bereich nicht einmal die Nachricht gekommen wäre: »Sie halten Sonne und Mond für zwei sich Liebende«. Im Erzählgut der Völker wechseln zwei verschiedene Geschlechtsauffassungen, einmal ist der Mond, ein anderesmal die Sonne der Gatte. Wenn in den außereuropäischen Traditionen von Sonne und Mond als einem Ehepaar die Rede ist, gilt in der Regel der Mond als die Frau, die Sonne als der Mann. In Europa ist die Sonne in den romanischen Sprachen sowie im Griechischen männlich.

Nahezu alle Mythen erzählen von der Erschaffung der Sonne. Die Azteken wissen von vier Weltzeitaltern, die je durch große Katastrophen ihr Ende fanden; für die Errichtung des fünften, gegenwärtigen Weltzeitalters bedurfte es eines göttlichen Selbstopfers, damit die Sonne erneut am Himmel leuchtet. Nach Genesis 1 geschah die Erschaffung der Sonne erst am vierten Tag. Merkwürdigerweise gab es schon vor ihr das Licht und eine grüne Erde mit Pflanzen und Früchte tragenden Bäumen. Eine ähnliche Trennung zwischen Licht und Sonne begegnet auch in anderen Mythologien. So etwa in einer Mythe »vom Ursprung allen Lebens« der Alaska-Eskimos. »Ein Baum stand neben dem anderen, und viele Kräuter und Blumen wuchsen zwischen den Bäumen«; dann wurde der Mensch erschaffen. »Aber es war dunkel auf der Erde, die Augen konnten nichts sehen. Wollte man gehen, mußte man sich mit den Ohren vorantasten oder sich nach dem richten, was die Ohren hören konnten. Alles war Schall.« Wie dieser Finsternis abzuhelfen war, wußte »Vater Rabe«, die mythische Schöpfergestalt, auch nicht. Darum bat er den Sperling: »Du weißt vielleicht mehr als ich. Fliege in die Welt hinaus und suche etwas, das die Erde erleuchten kann, so daß die Menschen einander sehen können.« Tatsächlich hilft

[1] *Lutz Röhrich*, Sonnen-Folklore, in: *Joseph Jobé* (Hrsg.), Die Sonne. Licht und Leben, Freiburg/Basel/Wien 1975, 89–130.

der Sperling und bringt das Licht in die Welt. »Da wurde das Leben neu und groß für sie alle . . . Alle Freuden kamen zu den Menschen . . .«

Innerhalb des Märchens begegnen eine Fülle von Sonnenbezügen. Verbreitet ist der Typ der Suchwanderung, auf welcher der Held auch zur Sonne, zum Mond und zu den Sternen kommt und diese um Auskunft bittet, weil sie alles gesehen haben (»Die sieben Raben«, KHM 25; »Das singende springende Löweneckerchen« KHM 88). In einem anderen Märchentyp steht »das Schloß der goldenen Sonne« als Symbol höchsten Lebens, das aber nur ein Mensch erreichen kann, der bereit ist »sein Leben daran zu wagen« (»Die Kristallkugel«, KHM 297 [→ I, 171]). Wiederum verschieden davon ist jene Kategorie, die in ihrer vordergründigen Eindeutigkeit auf wohl tiefere mythische Bezüge verweist, in denen Sonne und Mond die eigentlichen Akteure sind, wie etwa Goldmarie und Pechmarie in »Frau Holle« (KHM 24).[1] Insgesamt mischen sich in den Märchen die Sonnenbezüge außerordentlich bunt, so daß es schwer fällt, immer zu entwirren, was mythisch-religiöser Herkunft ist, was anderweitige Symbolfunktion hat und was lediglich metaphorisch gemeint ist (wie etwa die Rückfrage bei Sonne und Mond, die »alles gesehen« haben).

Die Sonne in der Legende

Im Bereich der christlich frommen Legende wird die Sonne durchweg zum Helfer des Heiligen. Am meisten verbreitet ist hier das Motiv, Gegenstände an einem Sonnenstrahl aufhängen zu können. So hängt die heilige Notburga ihre Sichel, der heilige Goar seinen Mantel an einem Sonnenstrahl auf. Besonders gern thematisiert die Volkslegende aber die klerikale Elle, mit der oft ausgesprochene Hinterwäldler, Köhler und eigensinnige Einsiedler gemessen und der pastoralen Regie unterworfen werden sollen, wie etwa die folgende Legende aus dem Kanton Wallis:

> Im Lötschental lebte vor Zeiten ein frommer braver Bauer. Der war aber auch ein Sonderling und machte nichts wie andere Leute. Im Winter kam er nie zur Kirche, sondern diente Gott nach seiner Art, indem er sagte, er habe die Messe, ohne daß er so weit gehe. Der Pfarrer aber verlangte von ihm, er solle seine Christenpflicht wie jeder andere erfüllen. Nach mehrmaliger Aufforderung erschien er eines schönen Morgens in der Kirche und trat in die Sakristei zum Pfarrer und sprach: »Ich komme, weil Sie es so haben wollen. Aber erlauben Sie, daß ich meinen Hut aufhänge.« Und damit hängte er seinen Hut an einen Sonnenstrahl, der durch das Kirchenfenster hereinfiel, mitten in die Luft, und der Hut blieb hängen. Wie der Pfarrer das sah, da stand er auf und ließ den frommen Mann ziehen, denn er merkte wohl, daß er von einem höheren Geiste geführt wurde.

Die Sonne im Volksbrauchtum

So oft etwas geschmückt werden soll – Wiegen und Betten, Türen und Tore, Truhen und Schränke, Grußbriefe und Glückwünsche – allerorten begegnet die Sonne als Symbol des Lebens und der Freude. Auch Vorstellungen und Verhaltensweisen sind von der Sonne mitbestimmt und vor allem zahlreiche Volks-

[1] *Eugen Drewermann* deutet dieses Märchen: Frau Holle. Olten 1983.

bräuche. Lutz Röhrich belegt, daß in verschiedenen Landschaften Mitteleuropas noch bis in unser Jahrhundert ein brauchtumsmäßiges Begrüßen der Sonne üblich war. Auf der jugoslawischen Adria-Insel Korçula (Röhrich formuliert im Präsens:) schlägt man bei Sonnenaufgang ein Kreuz, kniet nieder und begrüßt die Sonne dreimal mit folgendem Gebet:

»Sei mir willkommen, trautester Bruder,
Flammende Sonne, zu Gutem seist du angelangt
und in Besserem mögst du mich verlassen.«

Besonders in den Alpentälern war das Begrüßen der *neuen* Sonne nach der Wintersonnenwende weit verbreitet: Im Unterengadin gingen die Leute an dem Frühlingstag, da die Sonne wieder auf ihr Gebiet zu scheinen begann, der Sonne mit Kuchen entgegen. In Giarsun stieg man auf den nächsten Hügel, um die Sonne zu begrüßen. Weil die rechtsseitigen Dörfer des Livinentales im Tessin erst vom Ende Januar an von der Sonne beschienen werden, feierte man dieses Ereignis mit Gottesdienst und guten Mahlzeiten. In Südtirol stellte man der neuen Sonne Speisen (Milch) vors Fenster, »damit man sich vor der nui'n Sunne net zu schamen braucht«. Wenn um Lichtmeß in Parthenen, Vorarlberg, die Sonne erstmals wieder die Stuben erreichte, wurde sie von den auf dem Fußboden knienden Kindern mit dem Spruch begrüßt

»Sei gegüßt, heiliger Gloribot,
wo du herkommst vom liaba Gott!
Erleuchte uns am jüngsten Tag,
wie du uns leuchtest am heutigen Tag.«

Einen heiligen Gloribot gibt es natürlich nicht im Kalender; gemeint ist die Sonne als Bote der Glorie. Wollte man alle Bräuche, die der wiederkehrenden Sonne gewidmet sind, hier aufzählen, wäre eine lange Liste quer durch Europas Länder fällig. An dieser Stelle mögen die genannten Beispiele[1] genügen.

Natürlich zieht sich das Sonnenbrauchtum weiterhin durchs Jahr. Einen besonderen Höhepunkt findet es zur Sommersonnenwende mit den Johannisfeuern, die in manchen – zumal nordischen – Landschaften immer noch angezündet werden. Die Johannisnacht ist in der Vorstellung der Alten mit besonders großer Zaubermacht erfüllt gewesen, weil nun die Sonne am höchsten steht. Im Feuerbrauch ist der ehemalige Abwehrzauber noch präsent: wer durch das Johannisfeuer springt, reinigt sich von Krankheit und überwindet Unheil. In dieser Nacht, so erzählen Märchen und Sagen, öffnen sich die Berge, hört man verwunschene Glocken läuten, kann man die Sprache der Tiere verstehen, ein verzaubertes Mädchen erlösen, die geheimnisvolle Wünschelrute finden; – den Liebenden wird auf jeden Fall geholfen.

Ein englischer Nachbarschaftsbrauch zum Johannistag lohnt auch die heutige Wertschätzung: Jeder, der im letzten Jahr neu zugezogen ist, muß am Abend des Johannistages alle Nachbarn auf offener Straße bewirten. Er stellt einen Tisch mit Brot, Wurst, Käse und Getränken vor die Tür, und wen er bislang in der neuen Umgebung noch nicht kennengelernt hat, dessen Bekanntschaft kann er bestimmt in dieser Nacht machen.

[1] Zit.n. *Lutz Röhrich,* in: *Joseph Jobé,* a.a.O., 89–130.

Die Sonne der Kinder

»Es ist merkwürdig«, meint Andreas Iten, der der Sonne in der Kinderzeichnung nachgegangen ist,[1] »daß die Sonne nur während einigen Jahren eine bedeutende Rolle im Leben des Kindes spielt.« Es ist die Phase etwa von 5. bis zum 10. Lebensjahr, in der die Sonne auf Kinderzeichnungen personifiziert auftritt, ohne daß ein äußerer Einfluß vorliegen muß. Sobald sich aber die kindliche Hauptphase zur Vorpubertät hin wandelt, bleibt die Sonne in der Kinderzeit zurück.

Nicht jede Sonne, die auf Kinderbildern aufgeht, hat symbolische Bedeutung. Oft ist sie lediglich Requisit, das den Himmelsraum des Zeichenblattes füllen hilft und dient ästhetischen oder auch nur realistischen Bedürfnissen. Wahrscheinlich müssen die meisten Sonnen auf Kinderbildern als bloßes Schema gedeutet werden, das der Konvention und Routine unterliegt.

Ganz anders jene Sonnen, die affektiv besetzt sind; diese dürfen als echte Symbole interpretiert werden. Eine symbolische Aussage – in der Zeichnung, im Spiel, im Phantasiewunsch, im Traum – ist dem kindlichen Ich selbst nicht begreifbar. Sie steht für unbewußte Vorgänge und bezeichnet Beziehungen, deren Bedingungen das Kind nicht durchschaut. Im Symbol kommt das unterschwellig Wirksame, das nur Geahnte, Gefürchtete und nicht Zugelassene, Entbehrte und sehnlichst Gewünschte zum Ausdruck. Um sich ausdrücken zu können, bedarf das Kind elementarer Wirklichkeiten wie Sonne, Wasser, Feuer, Haus, Berg, Baum und Tier. Solche Symbole erlauben seiner Seele, das noch nicht Bewußte aber psychisch Wirksame auszudrücken, um es so verarbeiten zu lernen. Wir wissen ja, daß in den Bildern der Seele sich eine Welt artikuliert, die von Konflikten, Bedürfnissen und Ängsten bedrängt ist; was das Kind nicht verbal sagen kann, sagt es in seinen Zeichnungen und Phantasien. Die Symbolsprache der Kinder ist darum für Eltern und Lehrer immer von vorrangiger Bedeutung.

Das Bezugsgefüge, in dem ein Kind heranwächst, ist für Heranwachsende zunächst noch undurchschaubar, um so mehr, je stärker dieses soziale System diffus und enttäuschend erlebt wird. Wenn etwa Vater und Mutter der erwarteten Linie von Führung und Pflege nicht folgen, wird ein Kind bisweilen gezwungen, einen solch enttäuschenden Menschen innerlich abzulehnen. Geschähe dies bewußt und offen, würden die Konflikte von beiden Seiten her nur noch verschärft. So äußert sich das Kind in Symbolen, die es selbst nicht rational versteht, und die meist auch Eltern und Lehrern verschlossen bleiben. Die symbolische Sprache zielt nicht in erster Linie auf andere, die hier verstehen sollten, sondern auf die eigene Bewältigung des inneren Konfliktes. Das Symbol schafft offenbar eine befreiende Ordnung. Nur so ist es zu verstehen, warum symbolische Gestaltungen unbewußter Vorgänge oder der Nachvollzug von Symbolen, die durch Bilder und Geschichten an das Kind herangetragen werden, eine therapeutische Wirkung haben.

In unseren religionsgeschichtlichen Überlegungen haben wir bereits die Ambivalenz des Sonnensymbols kennengelernt. Dem Sonnenlied Echnatons steht der aztekische Huitzilopochtli gegenüber. Ähnlich erscheint die Sonne in der

[1] *Andreas Iten,* Die Sonne in der Kinderzeichnung und ihre psychologische Bedeutung. Zug 1974.

Kinderzeichnung nicht als nur-gütiges Wesen. So wie die Sonne wärmen und verbrennen kann, vermag sie Ausdruck der Freude und Lebenslust als auch der Aggressivität und Vernichtung zu sein. »Die Sonne ist geeignet, den sichtbaren Gott dieser Welt darzustellen, das heißt die treibende Kraft unserer eigenen Seele, die wir Libido nennen, und deren Wesen es ist, Nützliches und Schädliches, Gutes und Böses hervorgehen zu lassen.«[1]

Immer zeigt sich, daß die Sonne Personen und Beziehungen des Zeichners zu ihnen symbolisiert. Andreas Iten resümiert seine Untersuchungen so: »Alle Gefühle der Zuneigung und Abneigung spiegeln sich in den Sonnengesichtern wider. Es kommen in ihnen Wünsche, Hoffnungen und Ängste zum Ausdruck. Einmal repräsentiert die Sonne die Eltern des Kindes oder die Großeltern, ein anderes Mal ist sie die Verbindung einer ganzen Familienatmosphäre, dann wieder kann sie sinnbildlich das kritisierende und kommentierende Ich des Zeichners selbst sein.«[2]

Im Sonnenbildnis können also die vielen Gesichter faßbar werden, die ein Kind umgeben, und deren launenhafte Doppeldeutigkeit angstvoll zu irritieren vermag. Aber wenn diese Gesichter »in Verbindung mit der Sonne gesehen werden, so ist das böse Gesicht doch vom Menschen abgelöst und damit in seiner Wirksamkeit eingeschränkt«. Die gleiche Funktion kann natürlich auch anderen Symbolen zukommen. Doch kommt die Sonnengestalt dem inneren Bedürfnis in besonderer Weise entgegen. Auch das Material der Religionsgeschichte ist dafür Beleg. Als leuchtende runde Scheibe ist die Sonne geeignet, ebenso wie der Bedrohung auch dem Vertrauen und Lachen Ausdruck zu geben:

> »Sünnili, Sünnili, chumm au wider.
> Schatte, Schatte, leg di nider.
> Sünnili, Sünnili, zeig di,
> Wülki, Wülki, flieh.
> Großmächtige Sunne, wie schön gohst abe,
> O chönnt er der au dis Guld abschabe.«[3]

Sonnenrätsel

Ein Codex aus dem 10. Jahrhundert verrätselt den Schnee als einen Vogel ohne Federn, der von der Sonne – als mundlose Frau gedacht – aufgegessen wird. In der Übersetzung von Andreas Hausler ist das Rätsel über das ganze deutsche Sprachgebiet hin zu finden:

> Flog Vogel federlos
> auf Baum blattlos
> kam Frau mundlos
> und fraß Vogel federlos
> vom Baum blattlos.

[1] *Carl Gustav Jung,* Symbole der Wandlung. Olten 1971, 201.
[2] *Andreas Iten,* a.a.O., 53.
[3] Schweizerisches Kinderlied (gekürzt), zit.n. *Lutz Röhrich,* a.a.O., 106.

Sonne und Wind als mächtige Feinde des Eises meint das folgende Rätsel:

Es geht eine Brücke über den Bach,
Sie ist gewirkt in einer Nacht,
Kein König hat das je erdacht.
Kommen zwei die Brücke brechen,
Kein Wort nicht sprechen,
Den einen sah man, hört' ihn nicht,
Den andern hört' man, sah ihn nicht.

Verschiedene Eigenschaften der Sonne meinen die folgenden Rätsel. Mal ist ihre Feuerhitze gemeint, mal ihre Lautlosigkeit, ihr Durchdringungsvermögen, ihre Leuchtkraft:

Binnen blank und buten blank,
löppt de ganze Welt lang.

Was geht durch Hecken und Zäune und raschelt nicht?

Es schlüpft durch die Dornstauden und rauscht nicht.

Geht eine Frau im Holz herum
stößt kein einzig's Hälmlein um.

Es geht durchs Fenster und schneidt't sich nicht.

Was geht durch Dornen und sticht sich nicht?

Es geht ums Haus herum, sieht in alle Fenster hinein.

Wat brennt rund üm't Huus un brennt doch nicks an?

Ich verschloß meine Tür
und finde doch einen Dieb im Haus.

Wie sehr du auch zusperrst,
der Dieb ist doch drinnen.

Watt löppt dörch de ganze Welt
un hett doch keen Been?

Es geht unaufhörlich, ohne eine Spur zu hinterlassen.

Es geht über Wasser und wird nicht naß.

Die Sonnenuhr

Je perfekter die Zeitmaschinen geworden sind, um so größeren Reiz üben auf uns die Sonnenuhren aus. Es gibt nicht mehr viele. Ihre Geschichte übergreift vier Jahrtausende, nach 1800 entstand kaum noch eine.

Von niemandem aufgezogen, von keiner Energie getrieben, gehen die Sonnenuhren lautlos und sprechen doch zu jedermann von der Zeit, von ihrer Vergänglichkeit und Kostbarkeit für den Menschen. Bleibt die Sonne verborgen, versagt auch die Sonnenuhr die Auskunft. Gleichwie alles Leben auf dieser Erde sich ganz dem Tagesgestirn verdankt, erlischt die Sonnenuhr ohne den leuchtenden Schein.

Minuten, Sekunden gar zeigt keine Sonnenuhr an. Sie messen den Tag in menschlichen Maßen, treiben nicht an, geizen nicht mit dem Augenblick. Die

»Unruhe« der mechanischen Uhr, die Hektik des unaufhörlich eilenden Sekundenzeigers, die lärmende Aufdringlichkeit der Viertelstundenschläge, die Diktatur über alle Tagesbewegungen ist ihr fremd. Sie läßt sich auch nicht bestechen, fügt weder eine Stunde hinzu, noch gibt sie eine im voraus. Selbst wenn alle Uhren Europas eine andere Wahrheit behaupten, noch die bescheidenste Sonnenuhr ist unerweichlich und besteht auf der wahren Zeit.

Die Sonnenuhr ist der älteste Zeitmesser. So wie ein Baum seinen Schatten wirft, ihn abnehmen und wachsen läßt, markiert er Tages- und auch Jahreszeiten. Vielleicht dienten die Steinsetzungen der Megalith-Kulturen schon als Sonnenuhr, war Stonehenge (→ S. 425) selbst eine riesige Sonnen- und Jahreszeitenuhr. In Ägypten dienten die Schattenfinger der Obelisken als Zeitanzeiger; daneben gab es kleine tragbare Sonnenuhren. In der Bibel ist vom Schatten auf Treppenstufen die Rede; im übrigen wurde die Zeit nach »Fuß« gemessen.

Auch die Mönche des Mittelalters ordneten die Gebetszeiten nach der Sonnenuhr. Ihre Teilstriche zwischen den Stundenangaben genügten für die Gebetsordnung. Für trübe Tage gab es Wasser- oder Sanduhren. Maßgeblich für die klösterliche Zeitmessung war ein Werk Bedas »des Ehrwürdigen« (→ S. 381), das zur Grundlage vieler späterer Sonnenuhren wurde. Die alte Einstellung des Menschen zur Sonnenuhr gibt wie kein anderer Text ein Gedicht von Conrad Ferdinand Meyer (1824–1898) wieder:

> Wir malten eine Sonnenuhr zum Spaß,
> Als ich in Fuldas Klosterschule saß:
> Ringsum ein Spruch, gedankentief und fein.
> Und schlagend mußte er ersonnen sein.
>
> Der Abbas sprach: »Zwei Worte sind gegönnt,
> Ihr Schüler sucht und eifert, ob ihr's könnt!«
> Hell, träumend ging ich um, mich mied der Schlaf,
> Bis mich mit Blitzes Schlag das rechte traf.
>
> »Ultima latet«, Stund um Stunde zeigt
> Die Uhr, die noch die letzte mir verschweigt.
> Der Abbas sprach: »Das hast du klug gemacht.
> Es ist antik, und christlich ist's erdacht.«
>
> Manch Kränzlein hab' ich später noch erjagt,
> Wie dieses erste hat mir keins behagt;
> Denn Süß'res gibt es auf der Erde nicht,
> Als ersten Ruhmes zartes Morgenlicht.

Wenn es im zweiten Schuljahr darum geht, daß auch die letzten Kinder die Uhr lesen lernen, kann es für alle eine besonders schöne Erfahrung werden, – sofern der Klassenraum ost- bis südwärts gerichtet ist – selbst eine Sonnenuhr an der geeigneten Wand zu entwerfen. Dazu gibt es viele schöne Ideen, und die unten genannte Literatur macht die Ausführung reizvoll und leicht. Wir können die Zeitstriche fest auf die Wand zeichnen, können dafür aber auch einen großen Karton oder eine hölzerne Tafel nehmen. Bildliche Gestaltungsmöglichkeiten werden die Kinder bei der ihnen sympathischen Sonnenthematik leicht entwickeln. Natürlich gehört auch ein Sinnspruch hinzu. Er hilft im fragenden Blick auf die Sonnenuhr der eigenen Vergänglichkeit inne zu werden.

Sonnenuhrsprüche

Ohne Sonne bin icht nichts
Und ohne Gott vermagst du nichts

Von diesen eine ist die deine
Ex his una tibi

Gleich wie die Stunde, so flieht das Leben
Ut hora sic fugit vita.

Schweigend rede ich
Silens loquor

Was ich hier zufüge, ziehe ich dem Leben ab
Quod addo, detraho vitae.

Die Sonne scheint allen
Sol lucet omnibus

Literaturhinweis:

Heiner Sadler, Sonne, Zeit und Ewigkeit. Alte Sonnenuhren. (Die bibliophilen Taschenbücher, Nr. 376), Dortmund 1983. Der Band zeigt 65 alte Sonnenuhren aus verschiedenen Zeiten und Ländern Europas. Das Nachwort erzählt von Geschichte und Sinn der Sonnenuhr.

Stepan Zavrel, Die verlorene Sonne S. 67–70

A. Der Grieche Prokopios berichtet (um 550 n. Chr.) in seiner Geschichte der Gotenkriege vom fernen Thule (hier: Nordskandinavien), daß dort die Sonne im Sommer 40 Tage nicht untergeht, dafür aber im Winter auch 40 Tage nicht zu sehen ist. »Deshalb erfaßt in dieser ganzen Dunkelzeit eine Niedergeschlagenheit die dort wohnenden Menschen, so daß sie keine Lust haben, einander zu besuchen ... Wenn nun 35 dieser langen Nächte vergangen sind – nach dem Lauf der Sterne und des Mondes berechnet – werden einige Leute auf die Spitze der Berge entsandt. Wenn sie von den Gipfeln aus einen Schimmer der Sonne sehen konnten, brachten sie die Botschaft den Talbewohnern, daß sich ihnen die Sonne in fünf Tagen zeigen werde. Da feierten sie in Massen das Fest der frohen Botschaft, trotzdem es noch finster war. Dies ist das größte Fest der Bewohner von Thule.«

B. Stepan Zavrels Erzählung »Die verlorene Sonne« assoziiert einen mythischen Hintergrund, wie jenen aus dem Lande Thule oder die vielen Begrüßungsbräuche, über die auf Seite 453 berichtet wurde. Insgesamt arbeitet seine Geschichte mit Elementen mythischer Denkweise, etwa daß man hier ein Feuer auf dem Berge entfacht, um der Sonne zu zeigen, wo sie am nächsten Morgen emporsteigen soll ..., um sie zu rufen und zu ehren ..., um sie herbeizulokken. Aber diese Mytheme sind nicht naiv, sondern bewußt eingesetzt, denn die Menschen, die – wie es heißt – »einst in den Wäldern« lebten, haben sie längst verlassen und sich »Häuser aus Stein und Mörtel gebaut, erst kleine, dann größere, dann noch größere und noch größere – eines neben dem anderen und immer dichter zusammengedrängt«. Die Geschichte des Turmbaus von Babel umgreift dieser Satz, von ihren Anfängen bis zur selbstzerstörerischen Grenze unserer Tage. So ist denn auch alles, was darauf folgt, zunächst ein Ausdruck der babylonischen Fortschrittsnaivität: die Zerstörung der Natur, hier an der Verfinsterung des Himmels und dem symbolischen Verlust der Sonne paradigmatisch aufgewiesen, wird zunächst mit hybrider Gleichgültigkeit hingenommen. Man lebt ja inzwischen unabhängig von der Natur in einer selbst konstruierten Welt mit eigener Wärme und künstlichem Licht, das ganz dem Willen gehorcht, so daß die erloschene Sonne »nicht sehr beeindruckte«. »In den Häusern war es wärmer, und die Leute freuten sich, daß sie es viel bequemer hatten . . . Lieber bauten sie an ihren Städten weiter.«

Bei soviel Weltvergessenheit und Selbstentfremdung fällt es auch niemandem auf, daß der Zerstörungsprozeß immer weiter geht – bis, ja bis schließlich Kälte und Dunkelheit sich tödlich über die Megapolis legen. »Jetzt erkannten die Leute, was sie verloren hatten.« Aber: »Alle waren ratlos.«

Ihr Wissen und Können, mit dem die eigene Welt konstruiert worden war, nutzte nun nichts mehr. So finden sie auch keinen Ausweg, nur jenen bescheidenen Erinnerungszipfel an vergangenes Brauchtum, das neu beschworen wird. Zwar rührt die Hoffnung dieser Menschen, die ihre Welt zerstört haben, durch ein mächtiges Feuer die Sonne wieder locken zu können. Doch zeigt sich, daß es ein halbherziger Versuch ist, der gleich wieder verworfen wird, nachdem er zu keinem Erfolg führte. Diese Menschen denken so sehr in kausalen Schlüssen, daß ihnen das »Feuer«, das hier angezündet wird, lediglich Mittel zum Zweck ist. »Das haben wir uns gedacht«, sagten sie nach dem ersten Versuch, »mit einem Feuer kann man die Sonne auch nicht herbeilocken« und gingen nach Hause. Selbst die wenigen, die noch eine zweite Nacht daransetzten, gaben danach endgültig auf.

»In der dritten Nacht blieb ganz allein ein Mädchen auf dem Berg.« Die Männer und Macher sind längst abgetreten, die Erwachsenen insgesamt mit ihrem gebrochenen Verhältnis zur Natur und mit ihrem gebrochenen Glauben verschwunden. Zurück blieb »ein Mädchen«, das nichts mehr mit eigener Tüchtigkeit und Berechnung bewegt, sondern nur noch durch das eigene Herz: »es glaubte noch immer«; »es wachte sorgsam«; »es schaute beharrlich in die Dunkelheit hinaus«. Dieses Kind wußte, daß die Welt nur dann wieder in Ordnung kommt, wenn es *sich selbst* ganz dafür einsetzt, mit allen Fähigkeiten und Sinnen und wenigstens »drei Nächte lang«, das heißt, ohne Ermüdung und Resignation. Darum ist auch im Folgenden nicht mehr von den Erwachsenen die Rede. Es wird erzählt, daß die Kinder sich freuen und der Sonne entgegengehen, aus der Stadt hinaus, wo es grünt, und wo sie spielen können. So leuchtend ihre Blumensträuße aber auch sind, mit denen sie zurückkehren, das Erbe ihrer Eltern blieb ihnen erhalten, mit all den Zerstörungen, die eine Mißachtung der Natur über Generationen hin gehäuft hat: die Häuser waren weiterhin grau, an den Bäumen hingen nur ein paar traurige Blüten, über der Stadt verschlang noch immer dichter Qualm das Sonnenlicht. »Nun haben wir sie von neuem verloren«, sagen die Kinder niedergeschlagen, »aber so kann es nicht weitergehen! Wir müssen die Sonne retten. Wir können nicht leben ohne sie!«

C. In ihrem mythischen Gewande ist diese Erzählung eine eindrucksvolle Parabel zur heutigen Umweltproblematik. Die Sonne steht darin für alles, was

Mensch, Baum und Tier am Leben und in der Lebensfreude erhält. Inzwischen wissen wir ja, wie sehr die Lebensgrundlagen bedroht sind: die Luft ist vergiftet, der Regen fällt mit hohen Schadstoffanteilen, der Wald stirbt, (auf der anderen Erdhälfte wird er bedenkenlos dem momentanen Profit geopfert), das Wasser ist voller Nitrate und Gifte, Seen kippen um, Fische treiben bäuchlings flußabwärts, erste Belastungsspuren zeigt bereits das Grundwasser, der äußeren Erdatmosphäre droht Zerstörung durch Treibgase, regional vergiften Schwermetall-Spuren ganze Weide- und Feldflächen, Straßenbänder zwängen das Land in immer engere Raster, die Reservate für sensible Pflanzen und Tiere werden kleiner, immer lauter und belasteter, die Vernichtung wichtiger Biotope wird um kurzfristiger Ziele willen hingenommen, der Verbrauch unersetzlicher Ressourcen geht ungebremst weiter, als sei die Solidarität der Generationen kein Thema . . . All diese Stichworte stehen für riesige, noch unbewältigte ökologische Problembereiche, wobei der atomaren Bedrohung, die aus dieser Erde endgültig ein verlorenes Land machen könnte, nicht einmal gedacht ist.

Wir müssen, wenn wir Zavrels Erzählung besprechen, keineswegs die ganze Breite heutiger ökologischer Notstände bewußt machen. Es genügt der Rückbezug auf Verhältnisse, die den Kindern in ihrer Umwelt bereits begegnen und deren Bedrohung ihnen durch alles, was Eltern erzählen, Medien berichten, der Augenschein lehrt, selbst bereits deutlich geworden ist. Das Identifikationsangebot mit dem Mädchen der Geschichte, sowie allen Kindern, hilft ihnen dabei, sich heute nicht als Zuschauer unbeteiligt zu sehen, sondern nach den eigenen Möglichkeiten zu fragen, was Kinder tun können, um »die Sonne« und ein frohes Leben auf dieser Erde zu retten.

Hier, im zweiten Schuljahr, darf es bei diesen noch allgemeinen Überlegungen bleiben, die eine erste Aufmerksamkeit, ein später sich aktivierendes Interesse vorbereiten sollen. Wer jetzt schon mehr mit seiner Klasse tun möchte, sei auf das vierte Schuljahr verwiesen, Im Rahmen des Lernfeldes »Schöpfung« entfalten Schüler- und Lehrerbuch dort ausführlich die ökologische Verantwortung des Menschen und die Möglichkeiten der Kinder, in diese Verantwortung hineinzuwachsen.

D. Stepan Zavrels Erzählung »Die verlorene Sonne« erschien erstmals 1973 als Kinderbuch. (Nord-Süd-Verlag, Taschenbuch-Ausgabe 1976). Die archaisch-mythische Form dieser Geschichte erlaubt bereits ein Vorlesen im Kindergarten, beläßt der Geschichte aber zugleich ihre Gültigkeit für jedes spätere Lebensalter. Sofern man nur im Religionsunterricht auf sie zurückgreifen kann, ist eine breitere Aufnahme von Umweltproblemen natürlich nicht möglich. Doch selbst bei Zeitknappheit verbietet es sich, diese Erzählung ohne Aktualisierung ihres Problemhorizonts zu lesen. Man kann »die verlorene Sonne« nicht interpretieren, ohne die vielen Verluste deutlich zu machen, die unsere Lebensweise heute auslöst. Die Frage nach dem »einfachen Leben« ist darin eingeschlossen.

Auf die zahlreichen Querverbindungen, die von hier zum Kapitel »Schöpfung: Mensch und Tier«, sowie zum Lernbereich »Pflanzen und Tiere im Klassenraum« bestehen, sei verwiesen, insbesondere auf S. 452 f.

Die Sonne im Religionsbuch für das zweite Schuljahr

In gewisser Weise führt unsere Frage nach der Sonne im Religionsbuch zu der eher grundsätzlichen Reflexion über *die Sonne in der Kunst.* Eine Durchsicht der folgenden Zwischentitel zeigt ja bereits, welcher Bogen gespannt wurde, welche Zeiten und Werke Beachtung fanden. Diese Zusammenschau hier kann unter verschiedenen Interessen zu Rate gezogen werden: Einmal vermittelt sie dem Lehrer einen Durchblick, der innere Beziehungen und Querverbindungen im Religionsbuch aufzeigt. Das ist wichtig, damit die Arbeit am Detail die durchgehende Perspektive nicht verliert. Zum Zweiten erlaubt unser Weg auch ein Nachgehen – in dieser oder veränderter Ordnung – mit den Schülern. Von der Titelseite bis zu Masereels Sonnenträumen können die Kinder immer wieder neuen Sonnen, neuen Geschichten, neuen Bedeutungen begegnen. Diese Möglichkeit einer Sonnen-Synopse empfiehlt sich jedenfalls gegen Schuljahrsende, wenn die einzelnen Bilder bekannt sind; in einer vergleichenden Abfolge werden sie jetzt beziehungsreicher wahrgenommen, erfährt die frühere Begegnung eine Vertiefung und bewußtere Aufarbeitung. Schließlich erlaubt unsere Zusammenschau auch ein punktuelles Befragen. Bevor es um synoptische Interessen geht, muß ja das Einzelbild genau angeschaut werden. Dies kann nie lange und sorgsam genug geschehen. Zu beachten ist, daß unsere folgende Übersicht das Kapitel »Die Sonne in den Religionen« nicht einbezieht.

Die Sonne des Titelbildes (Relindis Agethen)

A. Bekannt ist, daß die Titelvignetten und Titelbilder der einzelnen Kapitel meistens eine kleine Summe der folgenden Seiten anzeigen, so daß sie zwar einen wesentlichen Akzent der jeweiligen Thematik verdeutlichen, in ihrer zusammenfassenden Aussagedichte oft aber besser gegen Ende der Unterrichtsfolge ihren didaktischen Ort finden. Dies ist auch für alle Titelbilder der Religions*bücher* der Fall. Sie sind nicht nur schmückende Beigaben, sondern symbolische Sammellinsen, die verschiedene Perspektiven der Bücher vereinen. Außerdem ist zu beachten, daß das Bild des Außentitels und jenes des Innentitels in einem beziehungsreichen Verhältnis zueinander stehen. Stets dient als Innentitel eine kunstgeschichtlich bekannte Graphik, deren Motiv auf dem äußeren Bucheinband eine didaktische Variation erfährt, die kennzeichnend für eine wichtige Linie des jeweiligen Buches ist. (→ Vgl. I, 197)

B. Innentitel des Religionsbuches für das zweite Schuljahr ist die graphische Wiedergabe des romanischen Sonnenreliefs aus der Jakobuskirche in Tübingen (→ S. 462). Mit dieser Darstellung korrespondiert die große leuchtende Sonne auf dem Buchdeckel in einem Figurenreigen, der bedeutsame Gestalten des Gottes- und des Jesus-Kapitels erneut vor Augen stellt.

Auf der rechten Bildseite beeindruckt zunächst die ernste Gestalt Noachs aus Chagalls Gemälde. (→ S. 179) Er ist von den gleichen Tieren begleitet wie auf dem Arche-Bild und entläßt in eben dergleichen Weise die Taube aus seiner Hand. Jedoch fehlt das Interieur der Arche, zumal das Fenster. Hier soll die Taube ins Licht, in die Sonne fliegen, also den Weg in jene göttliche Dimension finden, von der unser Buch vorzugsweise im Symbol der Sonne erzählt. Die Gegenfigur zu Noach ist der Harlekin oder Narr auf der linken Bildseite. Wir kennen ihn von allen Bildern des Jesus-Kapitels. Dort steht er – wie im Lehrerhandbuch I, 163–167 erschlossen, – als eine Christus-Imago, deren Ort außerhalb der guten Gesellschaft ist, meist an der Seite jener, deren Leben bedroht und mißachtet wird. (Vgl. zur Deutung des Narren auch die Interpretationen in Band I, 163–167). Unterhalb des Harlekins kehrt die Taube wieder. Diesmal trägt sie einen Zweig vom Ölbaum im Schnabel und verweist damit auf die Friedenshoffnung, die seit dem noachitischen Bund zwischen Gott und der Erde die Menschen bewegt, heute mehr denn je. In der Bildmitte aber, beide Arme hoch zur Sonne gereckt, um sie zu begrüßen und sich sehnend nach ihr auszustrecken: ein Kind. Es verkörpert alle Lichtsehnsucht der Menschen, alles Verlangen nach jener Quelle, der das Leben, der Frieden, die Freiheit und das Glück entspringen. Die im Religionsbuch von Stepan Zavrel erzählte Geschichte »Die verlorene Sonne« findet hier ihren neuen Ausdruck. Zugleich verkörpert das Kind jenen archaischen Gebetsgestus, den das Tübinger Sonnensymbol vom Innentitel des Buches darstellt.

C. Wann immer der Religionsunterricht das Titelbild thematisiert, es wird nicht ohne ein Suchen und Betrachten der Einzelmotive im Buch vor sich gehen. Dies mag bereits anfänglich, beim ersten gemeinsamen Durchblättern des neuen Religionsbuches der Fall sein; gewiß sollte es aber auch gegen Schuljahrsende in einer Phase des Memorierens und der Vertiefung geschehen. Man wird feststellen, daß der Weg durch das ganze Religionsbuch führt, durch alle Licht-, Sonnen- und Regenbogenbilder- und hinein ins menschliche Herz, das erst Ruhe findet, wenn es den Sonnenglanz der Ewigkeit schaut.

Die Sonnensymbolik des Innentitels

A. An der Außenwand des ältesten Bauwerks der Stadt Tübingen, der Jakobuskirche, befanden sich bis 1975 drei mit konzentrischen Kreisen versehene Ornamentsteine, die durch starke Verwitterung von der Zerstörung bedroht waren und deshalb heute in eine Nische des ehemaligen Nordportales überführt wurden. Diese Steine stammen nicht aus demselben Material wie die übrige Kirche. Sie können wesentlich älter sein als die etwa aus dem Anfang des 13. Jahrhunderts stammende Jakobuskirche. Man glaubt, daß diese rätselhaften Darstellungen auf früh- oder gar vorchristliche Zeit zurückgehen. Die geäußerte Vermutung, daß es sich um die Darstellung von Sonnenumläufen handle, wurde jedoch widerlegt, als man die getrennt eingemauerten Stücke zu einer Gesamtfigur zusammenfügte, wie sie unsere Rekonstruktionszeichnung zeigt.

B. Die Deutung dieser ungewöhnlichen Darstellung ist ungeklärt. In der abendländischen Kunstgeschichte ist eine vergleichbare Symbolik nicht bekannt. Zweifellos aber handelt es sich um eine kultische Darstellung. Der die Renovierung der Jakobuskirche leitende Architekt Albrecht F. K. Schmidt interpretiert: »Mir scheint die Mehrschichtigkeit des Menschenlebens dargestellt zu sein, dessen Einheit aus Leib, Seele und Geist uns nicht nur aus der christlichen, sondern aus allen Religionen bekannt ist und auf die auch von der modernen Psychologie wieder hingewiesen wird. Mit diesen weit über Tübingen hinaus bekannten Steinen besitzt die Jakobuskirche ein einmaliges, vielleicht uraltes, sicher aber sehr modernes Dokument der Menschheitsgeschichte.«[1]

Die jüngste Zusammenfügung der über Jahrhunderte getrennt bewahrten Steine läßt erkennen, daß die drei »Scheiben« oder »Sonnen« an einem etwa 11 cm starken »Stamm« sitzen. Der Stamm verbindet die drei Sonnen miteinander. Die untere Scheibe zählt vier konzentrische Kreise, die mittlere, mehr ovale Scheibe kennt drei Kreisringe, desgleichen der am besten erhaltene »Kopf«, den unser Buch als Innentitel zeigt. Hier rahmen die angewinkelten Arme – in der alten Gebetsgebärde einer Orantefigur erhoben – das Zentralsymbol.

Die nähere Deutung der Symbolik ist solange unmöglich, als ihr Alter und kultureller Kontext ungeklärt bleiben. Es läßt sich ja nicht einmal eine vor- oder frühchristlich-romanische Herkunft feststellen. Darum müssen auch alle definitiven Aussagen, die diese Steine als Sonnen interpretieren, mit Vorbehalten versehen werden, wenngleich die eindrucksvolle Gestaltung diese Interpretation nahelegt.

C. Das historische Rätsel der Tübinger Ornamentsteine können wir als Lehrer nicht überspringen, doch muß es uns auch nicht blockieren. Es handelt sich hier um eine Symbolsprache, die archetypische Dispositionen anspricht, ohne daß wir sie begrifflich benennen könnten. Verweist die Armstellung auf einen Gebets- und Sehnsuchtsgestus, während der dreifach gegliederte »Kopf« bereits eine göttliche Dimension anzeigt? Erscheint der Mensch hier »sonnenförmig« und reckt sich gerade deswegen nach der einen Sonne aus? Wir müssen nichts hineindeuten, was der Befund offen läßt. Auch in ihrer Stummheit reden diese Steine zu uns, wenngleich ihre Sprache sich an die unbewußten Sensibilitäten unserer Existenz wendet.

D. Der Tübinger Sonnenstein – trotz aller Fragen nehmen wir ihn so – ist in seiner schweigenden Entzogenheit ein lohnendes Objekt für Stille-Übungen. Symbolik dieser Art wäre auch durch Einordnung und Benennung niemals erschlossen. Sie entspringt einer noch urtümlichen archaischen Sprache, die sich zu keiner Zeit dem verbalen Diskurs gefügt hat, sondern nur dem dritten Auge, dem inneren Blick, der »nicht siebenmal, sondern siebzig mal siebenmal« in ruhender Besinnung darauf weilt.

Die mystische Sonne

Zwischen dem archaischen Sonnensymbol aus Tübingen und der mystischen Lichtvision der Hildegard von Bingen bestehen formale Analogien. Beide Male entfaltet sich die Sonne in konzentrischen Kreisen, die die innere Bewegung, den Prozeß zwischen Zentrum und Peripherie andeuten. Aber die visionäre Lichtgestalt ist ruhiger, weil in sich geschlossen. Hier heben sich keine Arme

[1] In einer Schrift der Jakobus-Kirchengemeinde zur Erneuerung der Kirche 1975.

von außen, greifen keine Hände nach oben. Inmitten der göttlichen Sonne steht »der Mensch«, als Mann und Frau in einem, als Christus für alle, von der Gottheit umflossen, von deren Ruhe erfüllt. Wer hier steht, hat seinen Stand, bedarf nicht mehr des Weges, sondern ist im Ziel. Diese Sonne nimmt in sich auf, teilt ihre Mitte mit dem Menschen – obwohl von »teilen« eigentlich nicht gesprochen werden darf; zusammenfallende Mitten werden nicht geteilt, sie sind identisch.

Diese Sonne ist die unio mystica, in der Gott und Mensch miteinander verschmelzen, ohne ihre unendliche Unterscheidbarkeit zu verlieren. Meister Ekkehart vergleicht die menschliche Einheit mit Gott mit dem Wassertropfen, der in einen Ozean fällt und mit diesem gleich wird. Dennoch ist der Ozean nicht dem Wassertropfen gleich. »So wird die Seele göttlich, Gott aber wird nicht die Seele.« Unbeschadet dessen ist in der unio mystica »die Seele in Gott, wie Gott in ihr«.

Die Sonnen Altdorfers und Grünewalds

A. Naturalistisch betrachtet ist es unmöglich, die am Himmel strahlende Sonne gemalt darzustellen, sie also auf Papier, Leinwand, Tafel oder Mauer mit Pinsel und Farbe zu bannen, weil sie ein unablässig explodierender Glutherd ist. Selbst das Blattgold der mittelalterlichen Buchmaler bleibt unzulänglich. Darum verwundert es nicht, daß die Maler oder Bildhauer rund um die Welt sich mit symbolischen Reduktionen begnügen, indem sie sich auf Kreisform und Farbe beschränken. Selbst Raffael und Michelangelo konnten trotz ihres überragenden Genius die Sonne nur als rötliche Scheibe malen. Sogar ein so sonnenbesessener Künstler wie van Gogh begnügt sich eher mit dem symbolischen Schema, als daß er eine realistische Darstellung versuchte.

B. Es gab nur wenige Maler, die die Sonne als Himmelserscheinung zu malen versuchten. Der erste, und in seinen Jahrhunderten wohl der einzige, ist Albrecht Altdorfer (1480–1538) mit seinem berühmten Gemälde »Die Alexanderschlacht«. Dieses Bild von 1529 ist ein Auftragswerk des Herzogs von Bayern. Es nimmt im Gesamtschaffen Altdorfers einen hervorragenden Platz ein, von dem Kunsthistoriker meinen, es sei eine »wirkliche Kühnheit in der bildenden Kunst«, genauso wagemutig wie die Entdeckungsreisen der großen zeitgenössischen Seefahrer (Otto Benesch). Neben der »Alexanderschlacht« entstand in Altdorfers Werk nichts Vergleichbares zum Lob der Sonne.

Wieso zum Lob der Sonne? Schildert das Gemälde nicht ein unendliches Heeresgetümmel inmitten einer grandiosen Landschaft? Das ist gewissermaßen der irdische Schauplatz. Darüber aber entfaltet sich der himmlische Schauplatz mit einem phantastischen Gepränge: »Hoch über den Gipfeln öffnet sich ein Himmel wie eine Höhle mit geballten Wolkenwänden, dunkel nach außen, aber rot und feuriggelb nach innen, bis hinein in das weißglühende Innerste dieser Grotte, wo die Sonne strahlt; das Gestirn sendet Lichtpfeile aus, und die ausgedehnten Wasserflächen darunter werfen den Glanz zurück. In dieser übersinnlichen Komposition zielt alles auf den Triumph der Sonne ab . . .«[1]

[1] *Arnold Kohler*, Sänger der Sonne, in: *Joseph Jobé* (Hrsg.), Die Sonne, a.a.O., 286.

C. Wahrscheinlich gingen beim Lesen dieser Zeilen die Gedanken fragend darüber hinaus: Was soll Altdorfers »Alexanderschlacht« in diesem Zusammenhang? Sie kommt im Religionsbuch doch gar nicht vor! Nun, zunächst rechtfertigt sich unser Hinweis von der Sache her. Nach der archaischen Plastik und der mittelalterlichen Illumination ist Altdorfers Sonne schon ein so neues und bedeutsames Ereignis, daß sich ein Seitenblick lohnt. Sodann aber sei auf das Osterbild im Religionsbuch für das erste Schuljahr zurückverwiesen. Über dem leuchtenden Gesicht des auferstandenen Christus, wie Grünewald ihn malte, strahlt die Altdorfer'sche Sonne.

Dieser Meister Matthias Grünewald (1460/70–1528) rechtfertigt noch einen weiteren Hinweis, da auch er hinter dem Kopf des auferstandenen Christus eine Sonne aufstrahlen läßt, die ebenfalls alle bisherigen Darstellungsgrenzen überschreitet. Zwar ist jeder Heiligenschein ein Sonnensymbol, diese große, aus den Farben des Regenbogens polychrom gemalte Sonne hat aber neben Grünewald kein anderer gemalt. Das Gelb im Zentrum des Gestirns ist so intensiv, daß der Kopf Christi von der Lichtstrahlung beinahe aufgesaugt wird – den Übergang von der Gestalt in die Gestaltlosigkeit andeutend.

Von beiden Bildern, Altdorfers »Alexanderschlacht« und Grünewalds »Auferstehung« macht die Ostercollage Relindis Agethens nur Anleihen. Die Schüler werden dem originalen Grünewald im Religionsbuch für das vierte Schuljahr begegnen. Wenn sie den Sonnenchristus auf Seite 33 des vorliegenden Religionsbuchs aber betrachten, lohnt sich ein Zurückblättern zum vergangenen Jahr, um die Beziehung des österlichen Christus zur Licht- und Sonnensymbolik tiefer zu begreifen.

Die Sonnen des Vincent van Gogh

Im Februar 1890 erlebte Vincent van Gogh das Erscheinen eines ersten Aufsatzes über seine Kunst. Der Kritiker Albert Aurier schrieb im »Mercure de France« einen Artikel, in dem er fragt: »Wie ließe sich dieses leidenschaftliche Besessensein von der Sonnenscheibe erklären, die er so gerne in der lodernden Glut seines Himmels erstrahlen läßt, und zugleich seine Leidenschaft für jene andere Sonne, für dieses Pflanzengestirn, die prächtige Sonnenblume, die er, wie von einer Zwangsvorstellung getrieben, unermüdlich wiederholt – wie ließe sich das alles erklären, wollte man abstreiten, daß irgendeine verschwommene leuchtende Sonnenmythe ihm dauernd Sinn und Gedanken erfüllte?«[1]

Wir haben diesen sonnentrunkenen van Gogh bereits im Vorjahr mit zwei bedeutsamen Bildern kennengelernt. Trotz ihrer ausführlichen Interpretation (→ I, 275–283) wollen wir noch einmal darauf zurückkommen und anschließend die beiden neuen Bilder van Goghs im zweiten Band besprechen. Dabei soll van Goghs Sonnenekstase, wie sie allein die Biographie verrät, stets bewußt bleiben. Schon geographisch bewegte sich sein Leben immer mehr der Sonne zu: Holland – Paris – die Provence, aber zugleich orientierten sich seine Bilder stets intensiver an der Sonne, ob sie nun gegenständlich sichtbar wird oder nur ihr Licht über alles ergießt. Zwei Jahre vor seinem Tod, beginnt 1888 in Arles

[1] *Vincent van Gogh,* Von Feuer zu Feuer. Sein Leben von ihm selbst berichtet. Hrsg. u. bearbeitet von *Hans Walter Bähr.* München ²1970, 308.

der sogenannte Zyklus seiner Sonnensymphonie, die in der Irrenanstalt von St. Rémy (Mai 1889 bis Mai 1890) weiterklingt und van Gogh eine wundersame Freude »durch die Eisenstäbe« vermittelt.

Die Ernte (1889) (→ I, 277–280)

Über einem wolkenlosen, vom goldenen Sonnenlicht erfüllten Himmel, strahlt das Gestirn eine flimmernde Hitze über das reife Kornfeld aus. Die Erde speichert und reflektiert diese Glut. Im tiefen Goldgelb des Weizens ist nicht allein der Sonnenschein dieses einen Erntetages, sondern Wärme und Licht eines ganzen Jahres gegenwärtig. Die Sonne als der Vater irdischer Fruchtbarkeit. Inmitten dieses Segens kämpft der Mensch, um die reiche, wogende Ernte einzubringen. Wie sehr van Gogh dieses Bild religiös verstand, bezeugt seine Bemerkung in einem Brief an den Bruder: »Ich sehe darin das Bild des Todes in dem Sinn, daß die Menschheit das Korn ist, das man mäht . . . Aber in diesem Tod liegt nichts Trauriges, es geschieht im vollen Licht, mit einer Sonne, die alles mit Licht und überreichem Gold überstrahlt.« Dieser Hinweis läßt das Bild nicht mehr naturalistisch deuten sondern als ein mystisches Gleichnis: Die göttliche Sonne läßt uns wachsen und reifen; je reifer die Ernte wird, um so tiefer steht sie im Tod, der ihre Erfüllung ist. Aber auch: je reifer die Ernte ist, um so mehr Sonne hat sie in sich aufgenommen, um so ähnlicher wird sie dem goldenen Gestirn.

Die Sternennacht (1889) (→ I, 280–283)

Das ungewöhnliche Bild der kreisenden Himmelswelten ist eine Vision, in der die Sterne große, im Weltall schwebende und pulsierende Sonnen geworden sind; eine Nacht von vibrierenden Lichtern durchzogen, riesigen Spiralwirbeln aus Feuer und Glanz, »eine Nacht des Mysteriums, in der unsere goldene Sonne auftaucht, vereinigt mit einem Mond, der sie zwar bedeckt, aber keineswegs verdunkelt und selbst teilhat an dem allumfassenden Leuchten: ein Bild der Ewigkeit.«[1]

Für van Gogh wie für Plato bedeutete das Licht immer auch das Gute. »Es ist eine Tatsache«, schreibt Vincent, »daß das Gute im Leben einem hoch über uns schwebendem Licht gleicht, so daß es ganz natürlich erscheint, wenn man es nicht erreicht . . . Wenn aber das Licht das Symbol des Guten, Schönen und Wahren ist, dann kann die eigentliche Lichtquelle – die Sonne – nur Gott selbst sein.«

Der Sämann S. 60

»Blaßorangefarbene Sonnenuntergänge lassen das Gelände bläulich erscheinen«, schreibt van Gogh im März 1888, nachdem er kurz zuvor in die Provence nach Arles gekommen ist. Im Juni dann: »Hier die Skizze eines Sämanns: großes gepflügtes Feld mit Ackerschollen. Großenteils ausgesprochen violett . . . Der Himmel chromgelb, fast ebenso hell wie die Sonne selbst, welche Chromgelb 1 mit ein wenig Weiß ist, während der Rest des Himmels Chromgelb 1 und

[1] *Arnold Kohler*, a.a.O., 292.

2 gemischt ist. Sehr gelb also. Die Bluse des Sämanns ist blau und seine Hose weiß. Leinwand im Format fünfundzwanzig.«[1]

Die Beschreibung zeigt, daß es sich nicht um den berühmt gewordenen »Sämann« handelt. Dieser entstand im Oktober 1886 in Arles, im Format 40 × 32 cm. Der Text zeigt aber auch, daß bestimmte Bildmotive ihre Vorgeschichte haben, daß sie van Gogh, lange bevor sie gemalt wurden, begleiteten und innerlich beschäftigten.

B. Ein dunkler Mann schreitet im Gegenlicht über den Acker. Um die Schulter trägt er in einem Tuch, das die Linke nach vorne offen hält, sein Saatgut; die rechte Hand schwenkt er gerade in einer sich öffnenden Geste über das Feld. Über ihm, kaum den Horizont berührend, eine riesige Sonne aus konzentrischen Pinselstrichen auf einem grüngelbfarbenen Himmel. Flach liegt das Land ihr zu Füßen: erdig der Acker mit Lichttupfern im Widerschein des Sonnenballs. Blauviolett die ferneren Felder. Der ausschreitenden Bewegung des Sämanns »fällt« ein Baum entgegen, der alt und vielfach verstümmelt mit spärlichen Trieben und Zweigen sich als Zeuge verwundeten Lebens in den Weg stellt. Vielleicht sah sich van Gogh in beiden, im Sämann wie in diesem schiefen, vielfach beschnittenen Baum: »Ich weiß nicht, wie man diesen Zustand nennen mag, vom Tod getroffen sein und von der Unsterblichkeit. Die Karre, die man zieht, das muß irgendwelchen Leuten nützen, die man nicht kennt . . . Und wir, die wir so dastehen, daß wir nur noch auf unseren Glauben angewiesen sind, so nahe wie nie am Tode, wir spüren trotzdem fest, daß diese Sache größer ist als wir und von längerer Dauer als unser Leben.

Wir fühlen nicht gerade, daß wir sterben, aber wir spüren bitter wirklich, wie wenig wir sind und daß wir, um ein Glied in der Kette der Künstler zu sein, einen harten Preis zahlen mit unserem Blut, unserer Jugend, unserer Freiheit, deren wir niemals froh wurden, ebenso wenig wie ein Droschkengaul, der einen Wagen voll Leute zieht, die in den Frühling fahren, um sich zu freuen.«[2] Das wehmütige Lebensgefühl dieser Zeilen findet in dem verwundeten, dem Boden sich zuneigenden Baum und dem in die Gegenrichtung ausschreitenden Sämann eine tiefsinnige Entsprechung. »Nicht jedes Leben kann sich gerade und unverletzt entwickeln«, erzählt der Baum. »Trotzdem muß der Acker bestellt, der Samen ausgestreut, die Hoffnung und Treue über den Tag hinaus realisiert werden!« sagt der gesichtslose Sämann, der jedermann sein kann. Machtvoll in seinem Rücken aber steht die Sonnenscheibe und verweist auf ein Leben, das beides umschließt: Saat und Ernte, Hoffnung und Trauer, Untergang und Auferstehung.

C. Van Goghs »Sämann« hat in unserem Religionsbuch einen thematischen Ort, der primär von Aussaat und Hoffnung bestimmt ist. In dieser Einbindung leuchtet über dem Sämann die Ostersonne, die »es uns erlaubt, eine gewisse heitere Gelassenheit zu bewahren« in der Hoffnung auf ein verändertes Dasein, »das vielleicht nicht merkwürdiger und überraschender ist als die Verwandlung der Raupe in den Schmetterling.«

[1] *Vincent van Gogh,* a.a.O., 179.
[2] *Vincent van Gogh,* a.a.O., 169.

In anderer Beziehung ist dies ein Gegenstück zu »Die Ernte«, wie van Gogh es selbst ebenfalls sah. Wir können beide Bilder zusammenstellen und vergleichen. Gemeinsam ist ihnen die Sonne, einmal tief am Himmel, wie schwebend die Erde berührend, dann das hoch vom Himmel herabstrahlende Lichtgestirn, das vibrierende Hitze ausstrahlt.

D. Die unterrichtliche Betrachtung geht sehr einfach vom Gegenständlichen aus: Ein Bauer sät. Wie macht er das? Er schreitet über das Feld. Man muß ganz ruhig und gleichmäßig gehen, wenn man Getreide sät. Warum? Damit das Saatkorn ebenso gleichmäßig in den Acker fällt, nirgendwo doppelt ausgestreut wird, nirgendwo leere Flächen läßt. Solange der Bauer mit der Hand und einem wiegenden Gang das Korn säte, betrachtete er dies als ein heiliges Tun, das andächtig und gesammelt verrichtet werden wollte. Seltsam, daß auf diesem Feld ein alter Baum steht! Gibt es das sonst auch? Was ist das für ein Baum? Wovon erzählt er? Kann man ihm sein Schicksal ansehen? Aber er ist noch nicht verdorrt, doch färbt der Herbst seine Blätter rot, und bald fallen sie nieder – auf die frische Saat. Hat der Baum etwas mit dem Sämann zu tun? Sie haben beide verschiedene, gegensätzliche Richtungen . . .

Die Felder liegen flach und weit unter dem Himmel. Ganz rechts in der Ferne ein Haus. Der Bauer hat viel Arbeit, wenn er solche Flächen das Jahr hindurch bestellen muß. Wenn dies ein Leben lang geschieht, kann er leicht das Schicksal des Baumes erleiden: Mühe und Schweiß drücken ihn langsam zu Boden, irgendwann ist er erschöpft und wird dann selbst als ein Samenkorn in den Acker gelegt.

Was aber ist mit den Farben? Ein grüner Himmel, blaue Felder, gelbe Tupfer auf braundunklem Grund? Es sind nicht die Farben der Dinge selbst, sondern das Spiel des Sonnenlichtes, das der ganzen Welt einen Hauch der Erwartung neuen Lebens mitteilt – auch wenn, wie das Herbstlaub zeigt, zuvor noch die Starre des Winters alles überziehen wird.

Und die Sonne? Alles Licht auf diesem Bild ist ihr Licht, die Saat ist ihre Frucht, und die Hoffnung auf neues Brot gilt ihrer erweckenden Macht. Wir wollten das Bild für einige Minuten schweigend ansehen und die Sonne betrachten . . .

Sonne mit Weizenfeld und Sämann S. 67

A. Die aufgehende Sonne über einem Weizenfeld und das Motiv des Sämanns begegnen im Werk Vincent van Goghs mehrfach. Das vorliegende Bild »Weizenfeld« (Zaaier) ist vom Juni 1888 (80,5 × 64 cm; Rijksmuseum Kröller-Müller, Otterlo). Im gleichen Motiv existieren noch zwei Rohrfederzeichnungen, ebenfalls im Juni 1888 in Arles entstanden, und zwei Briefskizzen, sowie ein ähnliches Gemälde, das in der Werkkatalogausgabe (de la Faille) jedoch als unecht zurückgewiesen wird.

B. Die demonstrative Symbolbedeutung dieses Sonnenbildes ist unübersehbar. In der Mitte erhebt sie sich über dem Horizont, taucht den Himmel mit ihren Strahlen in ein klares Gold, ohne irgendwelche Trübungen des neuen Tages zu dulden. Vor ihr breitet sich, das Bild von Rand zu Rand ausmessend, ein

Weizenfeld, in dem sich die segnende Kraft der Sonne sammelt (→ I, 278). Ein leerer Acker, dreiviertel des Bildes ausfüllend, liegt noch im Gegenlicht. Blaue Schatten des furchigen Landes bewirken einen eigenartigen Kontrast zur leuchtenden Pracht des aufgehenden Gestirns. Über den Acker schreitet geraden Gangs ein Sämann, mit ausgestreckter Rechten neuen Samen in den Acker streuend. Krähen besorgen sich hinter ihm ihr Futter.

Realistisch geurteilt ist das Nebeneinander des reifen Weizenfeldes und des tätigen Sämanns widersprüchlich. Wenn im französischen Süden der Weizen vor der Ernte steht, dürfte ein unbestellter Acker daneben unwahrscheinlich sein. Oder wurde hier bereits einmal geerntet? Jedenfalls verweist solche Überlegung auf die symbolische Dimension des Bildes: Aussaat und Reifung, das Licht des neuen Tages und die Hoffnungsgestalt des Sämanns, die überwältigende Macht der Sonne und der Lebenswille dieser Erde kommen hier zusammen: ein »kultisches« Bild.

C. Den meisten heutigen Kindern ist die Naturerfahrung des van Gogh'schen Gemäldes fremd: nur sehr wenige werden schon einmal einen Sonnenaufgang erlebt haben, kaum jemand findet Gelegenheit, noch einen Sämann zu sehen, der in rhythmisch wiegendem Gang über den Acker schreitet. Aber mit welch strahlender Siegesgröße die Sonne sich hier in einen goldenen Himmel erhebt, mit welcher Erwartung ein neuer Tag und neues Leben ihren Ausgang nehmen, das können Kinder dem Bild unmittelbar ablesen.

D. Zu Stepan Zavrels Erzählung »Die verlorene Sonne« (→ S. 458) steht unser Bild in einem eigenartigen Gegensatz. Dort die durch Naturverachtung und Selbstvergessenheit zerstörte Ordnung, ein verschmutzter, vom Smog verfinsterter Himmel, hier die strahlende Klarheit des Tagesgestirns, ein Bild des Lebens und der Hoffnung. Es sei empfohlen, *nach* der Beschäftigung mit der Erzählung van Goghs Gemälde anzuschauen. Dabei kann es hilfreich sein, die Interpretationen zu van Goghs Erntebild und zumal die Hinweise auf seine sich nur indirekt darstellende Religiösität erneut zu beachten (→ I, 275–280).

Die Gottessonne Chagalls

In der religiösen Symbolik Chagalls kommt der Sonne eine besondere Bedeutung zu. Auf seinen Radierungen zur Bibel haben wir sie als einzig verwendetes Gottessymbol kennengelernt. Angesichts der christlichen Ikonographie, die nach anfänglicher Zurückhaltung eine variable Breite anthropomorpher Gottesbilder entfaltet hat, ist die chagallsche Zurückhaltung und Beschränkung auf das Sonnensymbol bemerkenswert. Gegenüber der jüdischen Tradition, die vom Verbot des Gottesbildes bestimmt ist und keine Ansätze für Kompromisse kennt, ist Chagalls Unbekümmertheit, die göttliche Dimension als Sonne mit dem Jahwe-Namen zu malen, erstaunlich. Die orthodoxe Strenge bezüglich des zweiten Gebotes und der Umgehung des Jahwe-Namens dürfte mit diesen Bibelbildern eigene Probleme verbinden. Für eine christliche Religionsdidaktik sind Chagalls Sonnen aber die behutsamste und symbolisch wohlangemessene Form, die göttliche Unzugänglichkeit bildlich auszudrücken.

Wir begegnen auf dem Schöpfungsbild der Gottessonne am oberen Bildrand, in ihrer vollen Gestalt über das Bild hinausweisend: ihr Licht liegt auf dem Geschehen, auch wenn ringsum das Dunkel herrscht (→ S. 224). Das zweite Bild verweist auf die göttliche Gegenwart durch die große Lichtaureole, die Noachs Opfer strahlend umgibt (→ S. 230). Dem dritten Bild, so könnte man meinen, fehlt die Sonne, doch ist der Regenbogen ja ihr Widerschein, die wunderbare Zerlegung ihres Lichtes in den Wolken. Wo der Regenbogen erscheint, leuchtet auch die Sonne; wo die Schöpfung in ihrer Schönheit fasziniert, lobt sie zugleich ihren Schöpfer. »Wie die Krümmung des Regenbogens eingesetzt wird, ist nicht unbedacht (. . .). Sie nähert sich einem vollkommenen Halbkreis an und bildet mit Noachs geneigtem Körper fast einen genauen Kreis, ein Abbild des Einvernehmens zwischen dem Menschen und der Gottheit, ein Symbol der wiedergefundenen Harmonie zwischen dem Schöpfer und dem Geschöpf.«[1] (→ S. 233) Das vierte Bild läßt über dem brennenden Busch die Gottessonne erstrahlen, in jenen dreifach-konzentrischen Kreisen, wie wir sie so eindrucksvoll vom Tübinger Sonnenstein schon kennen. Die Dynamik des Geschehens kommt in diesem Lichtsymbol zum Ausdruck; eine Verbindung mit der dreifaltigen Sonne der Hildegard von Bingen ist nicht abwegig (→ S. 240). Schließlich zeigt das letzte Bild die strahlende Gottessonne mit dem »leeren« Namen (→ S. 248). Es lohnt sich ein Vergleich mit dem ersten Bild: auf beiden Radierungen die Gottessonne oben; beidemale der Engel; beidemale der Mensch. Die Dunkelheit, die auf dem ersten Bild außen herrscht, hat jetzt der Mensch in sich. Er ist zum Leben erwacht, erlebt und gestaltet Geschichte, erfährt das Glück und das Grauen, fragt nach dem Wohin und Wozu und verliert mitunter die Gewißheit, im göttlichen Lichte zu leben.

Chagall hat noch viele andere Sonnen gemalt, rotierende Sonnen der Liebenden, »Die Sonne von Paris«, Tagessonnen und Nachtsonnen. Am meisten beeindruckend ist vielleicht die große Sonne der Ursprungsenergie, die in den Himmel der Schöpfung geworfene Feuerkugel. Ihr Kreisen umgreift den heilsgeschichtlichen Reigen und reißt die ganze Komposition mit sich (»Die Erschaffung des Menschen« 1956/58. Öl auf Leinwand; MBMC 1).

In einem Gebet aber artikuliert Marc Chagall sich selbst:

»Ich bin Dein Sohn,
der mühsam auf Erden geht.
Du hast mir die Hände gefüllt
mit Farben, mit Pinseln.
Ich weiß nicht, wie ich Dich malen soll.

Muß ich die Erde malen, den Himmel, mein Herz?
Die Städte in Flammen, die Menschen, die fliehen?
Meine Augen voll Tränen?
Wohin muß ich fliehen, zu wem gehen?

Der, der das Leben gibt,
Der, der den Tod schickt,
vielleicht wird er zulassen,
daß sein Licht durch mein Bild dringt.[2]

[1] *Pierre Provoyeur,* Marc Chagall – Bilder zur Bibel. Stuttgart/Zürich 1983, 120.

[2] *Marc Chagall,* Tu m'as rempli les mains, in: ders., Poèmes. Genf 1975. Übertragung aus dem Französischen von Vera Kast, unveröffentlicht.

A. Frans Masereel wurde 1889 in Blankenberghe an der belgischen Küste geboren. Jugend und Studienzeit verbrachte er in Gent. 1916 verließ er Belgien mit der festen Absicht, etwas gegen den Krieg zu unternehmen. Vielleicht ist er jener Künstler, der seitdem in zahllosen Arbeiten am meisten bekämpfte, was immer den Krieg verharmlost oder als »letztes Mittel« fordert. Mit Romain Rolland und anderen Schriftstellern verbündete er sich in Gent zu dieser Friedensarbeit. Nach dem Ersten Weltkrieg lebte Masereel in Frankreich. Als im Zweiten Weltkrieg in Paris seine Wohnung zerstört wurde, zog er in den unbesetzten Süden. Nach dem Zweiten Weltkrieg wirkte er zeitweilig als Kunsterzieher in Saarbrücken. Masereel starb 1972 in Avignon.

Frans Masereel gilt als der große Erneuerer des Holzschnitts im 20. Jahrhundert. Er liebte den Holzschnitt, weil er ohne Aufwand und ohne Qualitätseinbuße in Massenauflagen vervielfältigt werden kann und damit jeder ästhetischen Exklusivität vorgreift. In Volksausgaben zu billigsten Preisen wollte Masereel mit Bildromanen, Einzelholzschnitten, Flugblättern und Plakaten in die breite Öffentlichkeit wirken. »Er ist ein Holzschneider«, schreibt Thomas Mann über ihn in der Einleitung zum ›Stundenbuch‹. »Er übt dies alte, edle, fromme deutsche Meisterhandwerk, dessen Überlieferung über Lukas von Leiden und Albrecht Dürer, über die Nürnberger Weltchronik und die lateinische Armenbibel hoch ins Mittelalter hinaufreicht, – diese konservative Kunst, primitiv von Material, altväterisch von Technik, zu welcher noch heute, wie vor fünfhundert Jahren, außer dem Genie nichts weiter gehört, als ein Brettchen von Birnbaumholz und ein Messerchen.« Thomas Mann erwähnt auch das Engagement, aus dem Masereel zeitlebens tätig war: »Der Krieg hat eine geistige Figur, ein Organ des öffentlichen Gewissens aus ihm gemacht.« Eine solch moralische Instanz ist Masereel bis zu seinem Tode geblieben.

Frans Masereel und sein künstlerisches Werk wurden zu seinen Lebzeiten vielseitig geehrt. Als er 1964 in Düsseldorf zusammen mit Ernst Bloch den Kulturpreis des Deutschen Gewerkschaftsbundes erhielt, charakterisierte ihn Bloch so: »Er zeichnete das Gezeichnete in der jetzigen Welt so dicht wie wenige. . . . Diese Art Graphik stößt und rebelliert gegen die Schranken im selben Akt, womit sie sie ebenso überschreitet, und sie überschreitet sie hell, indem sie finster gegen sie stößt.«

B. Zwischen 1919 und 1931 schuf Masereel eine Reihe von »Bildromanen«, die ohne jeden Text allein mit den Mitteln des Holzschnitts umfassende Geschichten erzählen. Die bekanntesten dieser Bildromane sind »Mein Stundenbuch« (Genf 1919); »Die Sonne« (Genf 1919); »Geschichte ohne Worte« (Genf 1920); »Idee. Ihre Geburt. Ihr Leben. Ihr Tod« (Paris 1920); »Das Werk« (Paris 1928). In einem Rückblick 1965 sagte Frans Masereel zu seinem Schaffen: »In meiner Arbeit habe ich mich hauptsächlich von meinen eigenen Lebenserfahrungen leiten lassen, sie waren für mich die eigentliche Quelle, aus der ich unermüdlich Formen und Farben wie Ideen und Themen geschöpft habe.« Masereels Bildergeschichten sind einfach, aber nicht anspruchslos. Er schuf sie, um sich international verständlich machen zu können. Er wollte sich damit bewußt an »jedermann«, der mit den Augen lieber sieht als liest, wenden. Gewiß aber hat sein heutiger Herausgeber, Theo Pinkus, recht, wenn er diese Bildergeschichten nicht als Vorstufe oder Schlüssel zur Lektüre oder gar als Barriere gegen sie gelten läßt, sondern als Kunst und Literatur in einem wertet.

Frans Masereels Bildroman »Die Sonne« ist eine Folge von dreiundsechzig Holzschnitten. Er erzählt die Geschichte eines Menschen, der von der Sonne besessen ist. Er sitzt vor dem offenen Fenster an der Arbeit, da geht das Gestirn übergroß und strahlend über den Türmen der Stadt auf. Während nun der Mann eine abenteuerliche Jagd nach der Sonne beginnt, bleibt er auf seinem Stuhl, versinkt in Schlaf, steigt hinab in sich selbst und erlebt »im Traum« die endlosen Wege seines Suchens, Begehrens, notvollen, drängenden Verlangens nach der »Sonne«. Traum ist hier die Dimension der seelischen Wahrheit, der existentiellen Sprache, der absoluten Betroffenheit. So beginnt der Mann seine Verfolgung der unerreichbaren Sonne: er fällt auf die Straße, zeigt der Menge die hoch hinter Häuserschluchten versteckte Sonne, steigt ihr nach auf die Dächer, klettert auf Kirchtürme und Kräne, will sie erreichen über Fabrikschlote, wagt sich vor auf Felsklippen, sucht sie im Bücherlabyrinth der Bibliotheken, unter dem Rock einer Frau, im Schnapsglas wie im Rummel. Sie erscheint ihm hinter dem Gekreuzigten – er klettert zu ihm hoch; er läuft einsame Wege hinter ihr her, während alle anderen Menschen kopfschüttelnd stehen bleiben und ihn als übergeschnappt empfinden; er versucht mit dem Schirm der Sonne nachzufliegen, predigt sie vor tauben Ohren, stürzt ihr vom Mast eines Seglers entgegen, sucht ihren Widerschein in der Meerestiefe, startet mit dem Flugzeug, sie zu erreichen und stürzt zurück in die Tiefe, entzündet ihr ein Feuer der Verehrung, läuft schließlich an ihren eigenen Strahlen ihr entgegen – und fällt verbrannt zurück ... Ein großartiger moderner Sonnenmythos, tief und fromm wie eine heilige Geschichte, anrührend als die innere Biographie eines gottsuchenden Menschen. Denn das ist gar keine Frage, daß hier die Geschichte des homo religiosus erzählt wird, der auf Wegen und Irrwegen, im Guten wie im Bösen letzthin doch nur jenes Licht sucht, das ganz ausfüllt und glücklich macht.

C. Von den insgesamt 63 Bildern hat unser Religionsbuch acht Holzschnitte ausgewählt, deren Thematik keiner näheren Beschreibung bedarf, abgesehen vom letzten Bild. Hier ist der auf allen Lebenswegen die Sonne suchende Mensch endlich im Ziel seiner Sehnsucht angelangt – und verbrennt. Läßt sich diese Sicht bei einer Deutung der Sonne als Gottessymbol aufrecht erhalten? Oder ist eine solche Geschichte nicht eher enttäuschend, etwa weil damit die Absurdität aller früheren Mühen klargestellt wird? In Masereels Bildgeschichte geht es aber noch drei Bilder weiter: der Mann fällt brennend auf die Erde zurück und erwacht aus seiner Innenwelt. Während die Sonne weiterhin zum Fenster hineinscheint, wendet er sich dem Betrachter zu und tippt sich selbst vor den Kopf: »Wie kann man nur so blöd sein«, mag das heißen, »die Sonne erreichen zu wollen?«

Nun ist es natürlich nirgendwo festgelegt, daß Masereel im ekstatischen Sonnenverlangen dieses Menschen jenes unruhige Herz meint, das nach dem heiligen Augustinus erst in Gott selbst Ruhe findet. Freilich ist diese Interpretation ebensowenig verwehrt. Man mag der Sonne noch andere Namen geben, letztlich werden es Vertretungen für jene Dimension sein, die unsere Tradition

Gott nennt. Also bleibt das Problem, warum der Mann, am Ziel angelangt, brennend zurückprallt?

Gewiß ist hier Masereel nicht theologischen Fragen nachgegangen. Für ihn symbolisierte die Sonne das Absolute, das der Mensch, wo er geht und steht, letztlich sucht. Er wußte aber auch, daß keine Situation *dieses* Lebens die Absolutheit des Glücks, das heißt dessen Endgültigkeit, schenkt. Insofern verweist das Bild darauf, daß Gott in seiner Gottheit dem Menschen in dieser Lebenszeit vorenthalten bleibt. – Zum andern gibt es zu denken, daß jener Mensch, wie es scheint, alles aus sich heraus tut, als könnte man durch Eifer und Energie sich schließlich auch den Weg zu Gott und die Gemeinschaft mit ihm »erarbeiten«. Wollte man so die Bildgeschichte lesen, würde deutlich, daß der Mensch durch Wille und Tat der Gottheit nicht teilhaft werden kann. – Andererseits bleibt einzuwenden, daß das Verhältnis von Natur und Gnade nicht in dieser Spaltung gedacht werden muß, daß in allem Verlangen, Suchen und Streben immer auch schon Gnade liegt, so daß sich hier kein actus purus nurmenschlichen »Gemächtes« (Karl Barth) vollzieht. In dieser Sicht, würde ich interpretieren, *muß* der Mensch am Ziel seiner Lebensreise verbrennen, alles, was dem göttlichen Feuer entgegensteht, *muß* aufgegeben werden, damit der Mensch nunmehr von der Gottheit, vom Lichte her lebe. Daß Masereels Bildgeschichte auf die Erde zurückführt, darf für unsere Konzeption im Religionsbuch außer acht bleiben. Als Autor hat mich die letztgenannte Überlegung geleitet, und meinerseits fällt es nicht schwer, den in der Sonne brennenden Menschen als Symbol jenes Prozesses zu sehen, in dem sich die unio mystica vollzieht.

D. Die Überschrift, die wir den beiden Masereel-Seiten gegeben haben, formuliert den methodischen Ansatz des Unterrichts: Bilder, die Geschichten erzählen. Die Schüler müssen nichts von Masereel wissen, bedürfen keiner weiteren Kenntnisse der 63 Holzschnitte. Wenn ihnen die Sonne in den mannigfachen Bezugnahmen des voraufgegangenen Religionsunterrichts in ihrer symbolischen Deutung zugänglich geworden ist, können sie auch Geschichten zu jedem einzelnen Bild entwickeln. Die Holzschnittfolge wird dann – methodisch gesehen – eine Möglichkeit zur Vertiefung und selbständigen Verarbeitung des Symbolverständnisses. Daß viele Kinder im Grundschulalter dennoch fortwährend die symbolische und die reale Ebene verwechseln oder ineinssetzen, sollte uns Lehrer nicht irritieren. Die Wirkung der Symbole ist einerseits nicht an kognitive Erkenntnisgrenzen gebunden, andererseits handelt es sich im Erfassen der religiösen Dimension um einen Lernprozeß, der Beständigkeit über Jahre hin verlangt.

Symbol: Brot

Das heilige Brot

Eine schlesische Sage erzählt, ein Hütejunge habe mit der Peitsche auf sein Brot eingeschlagen, weil er es trocken essen sollte. Dabei habe er gerufen: »Brot, gib mir Butter!« Augenblicklich sei er darauf in einen Stein verwandelt worden. – Vom gleichen Typus gibt es Sagen aus vielen Landschaften. Sie alle tabuisieren das Brot: man darf es nicht schlagen, nicht einmal zu Boden fallen lassen; wenn dieses Mißgeschick dennoch passiert, muß er das Brot trotzdem essen, ja, er muß es sogar küssen. Nicht einmal verdorbenes Brot darf man fortwerfen; man kann eine Brotsuppe daraus machen. Selbst verschimmeltes Brot soll gegessen werden; der Volksglaube schreibt ihm deswegen eine besonders kräftigende Wirkung zu.

Kein anderes Nahrungsmittel als das Brot wird sonst im Hause gesegnet. Zumindest war dieser Brauch über Jahrhunderte bis in unsere Zeit in vielen Gegenden, zumal katholischen, üblich. Bevor der Laib Brot angeschnitten wird, macht man mit Daumen oder Messer ein Kreuzzeichen darüber. Manchmal werden solche Kreuze auch schon in die Laibe eingebacken.

Die Heiligung des Brotes reicht über das Christentum hinaus. Brot und Wein hatten bereits im vorchristlichen Altertum ihre eigenen Götter. Sie sind Inbegriff für Lebensspeise und Lebenstrank und bildeten schon in Babylonien, später in den eleusinischen Mysterien und im Mithraskult die Elemente eines kultischen Mahles. Auch im Umgang mit dem Brot war Ehrfurcht geboten. Die einende und friedensstiftende Kraft des Brotes, das von *einem* Tisch genommen wird, ist Thema nordgermanischer Erzählungen (→ Religionsbuch für das dritte Schuljahr). In der christlichen Kirche ist das Brot geheiligt, »weil es uns erinnert an einen, der selbst Brot war und immer noch Brot ist für den Hunger der Menschen« (→ Religionsbuch 2, S. 75).

In der Gebetsbitte »unser tägliches Brot gib uns heute« steht das Brot für alles, was der Mensch zum Leben braucht. Es umgreift die Grundnahrung schlechthin, zugleich aber auch den Frieden mit all seinen Konstitutiven, die ein menschliches Leben erlauben. Das Teilen des täglichen Brotes mit den Armen war über Jahrtausende die elementare Praxis der Sozialfürsorge. Das Brot und die Kanne sind die üblichen Kennzeichen der Heiligen, nicht nur für Elisabeth von Thüringen sind sie zum festen Attribut geworden. Die Maria Aegyptiaca etwa, die kompromißlose Büßerin, wird häufig mit drei Broten in der Hand abgebildet, weil sie ihr siebenundvierzig Jahre lang reichten, um sich in der Wüste zu ernähren. Als Schutzpatrone der Bäcker werden der heilige Honoratus und Albert von Lüttich häufig mit Brot dargestellt. Den Heiligen Antonius, Paulus und Meinrad bringt ein Rabe oder ein Engel Brot, analog zu 1 Könige 17,4, wo Jahwe zu Elia spricht: »Aus dem Bache kannst du trinken, und den Raben habe ich geboten, dich zu speisen.« Ähnlich wird vom heiligen Rochus erzählt, daß ein Engel seine Wunden pflegte und ein Hund ihm täglich ein Brot brachte, nachdem er an der Pest erkrankt war. Andersherum wird es von Sankt Gallus erzählt: Der Heilige befahl einst einem Bären, der nachts an sein Lagerfeuer kam, Brennholz herbeizuschaffen; der Bär gehorchte und erhielt als Belohnung ein Brot.

Im Typ der Elisabeth von Thüringen bildet die christliche Tradition noch viele andere Heilige ab: so die heilige Verena (z. B. im Chorgestühl des Ulmer Münsters), die heilige Oda; die selige Adelindis; die heilige Elisabeth von Portugal; die heilige Notburga ... Bei männlichen Heiligen begegnet das Brot-Attribut weniger oft. Am bekanntesten ist es beim heiligen Nikolaus von Myra (→ Religionsbuch I, 28). Die Legende von dem Kornwunder, mit der er seine Stadt vor dem Hunger bewahrte, charakterisiert seine Sorge um »das tägliche Brot« besonders schön (→ I, 127 f). Genannt werden kann noch eine Reihe fremder Namen, deren Geschichten hier nicht Platz finden. – Edmund, König der Ostangeln, König Ludwig der Heilige von Frankreich, Justus von Volterra, Hugo von Grenoble (»Bey vorfallender Theuerung waren weder der Bischöffliche Ring an seinem Finger noch die Kelch in der Kirchen sicher: Alles muste zu gelt gemacht und den Armen umbs Brot zukommen«). Ähnliches wird über Odilo von Cluny, Berthold von Garsten und Eberhard, Abt zu Biburg erzählt ... allemale ist das Brot Symbol des sozialen Engagements, der mitmenschlichen Solidarität und Hilfe. In der Parole »Brot für die Welt« lebt die Verantwortlichkeit für alle, die hungern, fort.

Als man Heu und Sägemehl aß – Hungersnöte, einst und heute

Erwachsene jener Generation, die im letzten Krieg den Hunger noch am eigenen Leib erfahren haben, zucken zusammen, wenn sie erleben, wie achtlos heute das Brot in vielen Familien behandelt wird. Ihnen und unserer Zeit insgesamt tut es gut, ihren Blick nicht vom Hunger der Menschen abzuwenden, wie sie ihn je erlitten, wie sie ihn heute erleiden.

Wir könnten hier von erschütternden Hungersnöten berichten, die ihr Echo über Jahrhunderte nicht verloren haben. Um nicht nur Jahreszahlen zu nennen, sei an jene Katastrophe erinnert, die 1816/17 ganz Europa heimsuchte. Die Erinnerung an diese Notzeit lebt noch in Berichten und Erzählungen fort und hat auch in jüngster Zeit Dokumentationen gefunden, die dem Schulunterricht reiche Informationen erschließen.[1]

Eine Reihe unglücklicher Umstände hat zu der großen Hungersnot geführt, wie solche Katastrophen ihr Ausmaß ja meistens durch das Zusammentreffen mehrerer Ursachen gewinnen. Aus Herbolzheim an der Jagst wird beispielsweise berichtet, daß 1801, 1805 und 1808 französisches Militär einquartiert war, 1813 kamen Husaren, 1815 russische Truppen, 1818 folgten bayerische Kompagnien. Sie alle mußten aus dem Lande zusätzlich verköstigt werden und waren, wie es 1814 aus Crailsheim verlautet, »unersättlich im Essen und Trinken«.

[1] *Dorothee Bayer,* O gib mir Brot. Die Hungerjahre 1816 und 1817 in Württemberg und Baden. Schriftenreihe des Deutschen Brotmuseums e. V. Ulm 1966.

Ein eindrucksvolles Dokument aus jener Zeit sind die Aufzeichnungen eines Mannes aus Laichlingen auf der Schwäbischen Alb:[1]

»Im Märzen (1816) hat es angefangen, da haben meine Kinder zum erstenmal nach Brot geschrien und wir hatten schier keins. Derweil im 1814er und 1815er Jahr alles schlecht geraten war. Und ist hernachmals alles so teuer geworden, als man es nimmer hat verzahlen mögen. Die Bretzgen und Kreuzerwecken waren am Palmtag so klein, daß eines vom Heilbecken, der ihrer noch gemacht hat, wohl hat mehrere auf einmal essen können, ohne satt zu sein, wie sonsten von zweien oder dreien der Brote. Das machte, 1815 war ein ganz mageres Jahr. Die Kuhbauern haben kaum ihr Essen geschnitten und auch die Gäulbauern haben nichts oder nicht allzuviel übrig. Man sagte: das nächste Jahr darf besser kommen, und ietz ist schon im Märzen die Teuerung da und der Hunger. Und das Wetter sieht in diesem Frühling nicht aus nach einem guten Jahr. Schon im Jänner, mehr aber noch im Hornung, ist es heiß gewesen als an mannichen Tagen im ferndigen Sommer nicht. Es donnerten im Märzen Wetter am Himmel als sonst um Jakobi. Weilen nur ietz das Mehl so rar und schier nicht zu bekommen ist, tut mein Weib Kleie ins Brot und Erdbirn, gerieben. Im Märzen hat es nach der ersten Mondsveränderung anheben mit Regnen und hat hernach geregnet als an der Sündflut, also daß überall das Wasser ist gestanden im Ort . . . So ein Wetter haben wir jetzt im Frühling, da man aussäen sollte, und wir hoffen doch auf einen guten Sommer. Daß uns Gott helfe!«

Die schlechte Witterung jener Jahre machte aus der allgemeinen Armut bitteres Elend. Seit 1811 war ein Regensommer nach dem anderen gefolgt. Die Ernten waren kümmerlich. Wein und Getreide, die Sonne brauchen, gediehen nicht. Auf den Feldern faulten Korn und Gras. Kälte kam hinzu, aus dem Regen wurde immer wieder Schnee. Die Ernte verzögerte sich um Wochen und geriet vielerorts wieder unter den neuen Schnee. Hinzu kam eine Mäuseplage, die auf den Feldern die geringen nassen Erträge nochmals dezimierte. Mitte September erst konnte man im Unterland mit der Kornernte beginnen, auf der Alb war es vor Michaelis (29. September) nicht möglich. Noch Mitte November versuchte man dort, den Hafer unterm Schnee hervorzuholen. Eindringlich schildert der Älbler aus Laichlingen die erlittene Not:

»Am 2ten Aprillen sind die Bäume verknällt vor lauter Kälte. Auf den Hülen (Dorfweihern) hat das Eis getragen; hernach sind wieder die Bäume zersprungen, dieweilen sie schon im Saften gewesen, als die Kälte einfiel, und somit sind sie bis ins Innerste hinein zu Eis gefroren. Am 12ten hat es anfangen zu regnen und hat in einem fort geregnet wie mit Kübeln geschüttet. Hat wollen gar nimmer aufhören, also daß man die Saat-Arbeiten auf dem Feld nicht hat bestellen können, und das hat gedauert bis zum 20ten Aprillen, und an Jörgentag (23. April) haben die Bauern noch nicht einmal die Gerste oder den Sommerroggen und den Weizen samt dem Haber ansäen können, dieweil die Felder vom vielen Regen so aufgeweicht waren, daß man nicht hinein konnte. Am 27ten ist hernach ein Wind eingefallen, welcher etwas abgetrocknet hat. Und dann kamen zwei helle Täg, als reine Frühlingstage, und man sahe nun den ganzen Osterösch gewimmelt voll von Leuten, Fuhrwerk an Fuhrwerk zog jetzt in den Suppinger Ösch und ins Gälgle, die Felder zu bestellen. Aber im Mai ist es hernach gleich wieder kalt geworden und gefroren, wovon die Leute sofort sagten: das bedeutet nichts Gutes; denn es geht ein altes Bauernwort: Am 1ten Maien Wind aus Ost bedeutet schlechtes Jahr. Es wurde so kalt, daß die Schäfer an diesem Tag eingefahren sind. Wir haben zweimal des Tages den Ofen geheizt

[1] Alle folgenden Zitate: Blätter des Schwäbischen Albvereins, 28. Jahrgang, 1916, 210–212: »Aufzeichnungen eines Älblers über die Teuerungs- und Hungerjahre 1816/17, mitgeteilt von C. A. Schnerring, Kirchheim u. T.«, zit.n. *Dorothee Bayer*, a.a.O., 14–52.

und so ist es geblieben bis nach den Wetterheiligen. Am 18ten Mai bis zum 30ten ist es hernach so kalt gewesen, wie sonst im Hornung. Überall sind die Hülen überfroren und aus den Brunnen konnte man kein Wasser schöpfen, so dicke Eisdecken hatten sie. Alles ängstigt sich ab, und wenn zwei einander begegnen, jammern sie über das schlechte Wetter und haben Angst von wegen der Ernte . . .

An Johanni (24. Juni) sind die Samen noch so nieder, daß sie einem kaum bis über die Knöchel gehen . . . Alle Tage läuten wirklich die Glocken. Es sterben viele Leute. Namentlich Alte und Kinder nimmt es arg; denn es ist so ungesundes Wetter mit Husten und Hitzkrankheiten, . . . Besonders Kinder unter 6 Jahren sterben viel. Größere haben den Keuchhusten, und viele auch den blauen Husten. Meine sind gottlob verschont geblieben, aber der Hunger plagt sie, was ärger ist, als eine Krankheit . . . Die vielen Krankheiten kommen auch von der so teuren Kost. Die Bäume haben heuer nicht getrieben und die Wälder sehen ietz so rot fast wie im Herbst. Alles sorgt sich ab. Das Korn ist schon wieder gestiegen im Preis . . . Im Kohlhau wachsen die Ochsenzungen. Die graben ietz die Leute aus und essen sie; dabei gibt es noch Streit. Man hat uns Brennesselgemüs zu Brei gemahlen angeraten und das essen wir nun schon ein paar mal zu einem Bissen Brot. Es ist auch ganz gut, nur werden bald keine Brennessel mehr da sein, weil jetzt alles in die Brennesseln geht . . . Der Geislinger Bot hat heimbracht, daß im Rheinland ein großes Elend sei . . . In Ennabeuren hat sich der . . . einen Tod angetan, die Leute sagen, er sei vor Hunger übergeschnappt.

Am 10ten Julyus hat es ein erschreckliches Hagelwetter gegeben. Der Himmel war durch Stunden hindurch ein Feuer und die Felder sahen bald aus wie mitten im Winter. Noch lange nach dem Hagel konnte man die Steine (Hagelkörner) auf Haufen zusammenkehren, wie mitten im Winter sah die Landschaft aus. Überall jammern die Leute. Um Bartelmai (24. August) sollte bei uns die Ernte sein; sie ist aber heuer noch lange nicht. Alles hungert. Man hört: sogar die reichen Bauern auf der Ulmer und auf der Blaubeurer Alb müssen schon darben und schnarrmaulen (hungern). Arme und Reiche nagen am Hungertuch.«

Die Not war damals größer als wir uns heute ausmalen können, denn weitaus mehr als für uns bildeten Brot und Speisen aus Getreidemehl die Ernährungsgrundlage. Der Brotverbrauch ist in den letzten 150 Jahren von 300 kg auf 75 pro Kopf abgesunken. Ebenso drastisch sank der Kartoffelbedarf. Noch zu Beginn des 19. Jahrhunderts machten Brot und Kartoffeln 90 Prozent der Nahrungsgrundmittel aus. Fleisch und Fett spielten nur eine geringe Rolle; Gemüse und Obst fielen statistisch in dieser Zeit überhaupt noch nicht ins Gewicht. Welch katastrophale Wirkungen in diesen Verhältnissen Mißernte und Teuerung bringen, ist leicht einsehbar. Zieht man vom regulären Speisezettel Kartoffeln und Backwaren ab, dann bleibt nicht viel übrig. Darum berichten aus jener Zeit auch immer wieder die hungernden Menschen, wie erfinderisch man sein muß, um den Brotteig zu strecken. Da liest man von »Gemüse aus Gras, Klee und Wurzeln«, von Wicken und Taubengesämig, Brennesseln, Vogelbeeren und Holzmehl. Aus Heublumen, Kleie und Rüben, aus abgesottenem Biermalz (Treber), gemahlenem Stroh, aus Baumrinde und Sägespänen wurde Brot gebacken. Man versuchte es auch mit Traubenlaub und Johannisbeerblättern.

»Ein Häfele Milch kostet jetzt auch seine 2 Kreuzer«, notiert der Laichinger Chronist. »Meine essen Rübschnitz und Kohlraben dazu; auch macht mein Weib des Morgens einen guten Sud von Heublumen mit Waldmeister und Erdbeerblätter, so sie im Sommer gesammelt hat und getrocknet. Wir sind nun froh daran, ist doch etwas Warmes in den Magen . . .

Um den Christtag ist eine große Not. Einen Kleienbrei nimmt man für ein Festessen. Man hört von Westerheim, daß die Leute ins Wurzelgraben gehen. Unterm Schnee tun sie herfür, um Gemüs daraus zu kochen . . .«

Bereits im Frühjahr und Frühsommer 1816, als die neue Mißernte noch nicht absehbar war, zogen Händler durchs Land und kauften Korn auf, wo immer sie es noch bekommen konnten. So geriet nicht allein die Stadtbevölkerung, sondern auch die Bauernschaft in Abhängigkeit von den Kornhändlern.

»Viele Händler gehen um von Buttenhausen und der Abraham kauft alles Getreide zusammen. Sie zahlen gut, und wer etwas hat, der kommt zu einem schönen Stück Geld. Auch in Suppingen und Sontheim kaufen sie auf, desgleichen auf der genzen Alb sind sie mit dem Kornhandel beschäftigt und führen ganze Fuhren fort. Sie treiben nichts als den Preis in die Höhe.«

Schlimm wurde es, als wahre Wucherpreise verlangt wurden. Martin Luthers Schrift »An die, so da Wucher treiben und doch Christen seyn wollen«, wurde in Nürnberg neu aufgelegt und von dort aus verbreitet. In der Bevölkerung wuchs der Zorn gegen die Kornwucherer; Spott- und Schimpflieder über sie gingen von Mund zu Mund. Aber erst neue, strenge Gesetze für den Kornhandel und die Ernte von 1817 holten die normalen Verhältnisse zurück.

Eine Hungersnot ähnlicher Härte hat es seitdem bei uns in Europa nicht mehr gegeben; wenngleich auch die Nahrungsknappheit der späten Kriegsjahre und Nachkriegszeit viele der heute älteren Mitmenschen den Hunger lehrte. Aber der Kampf gegen den Hunger wurde nicht gewonnen, sondern nur verlagert. Die Länder, in denen heute gehungert wird, und wo die Menschen immer noch millionenfach an ihrer Unterernährung sterben, werden uns immer wieder durch die Medien und die kirchlichen Hilfswerke vorgestellt. »Noch sterben täglich durchschnittlich 30000 Menschen an den Folgen von Unterernährung und Hunger.«

Brot-Sagen

Die Wertschätzung des Brotes als heilige Gabe, die das Leben erhält, die aber auch zur Solidarität verpflichtet, spiegelt sich – oft im negativen Aspekt – in zahlreichen Sagen und Legenden. Sehr schön ist die Geschichte, die Jacobus de Voragine in seiner Legenda aurea erzählt:

»Da war ein reicher und mächtiger Zöllner in der Stadt, Petrus mit Namen, der war gar unbarmherzig gegen die Armen, und wer von ihnen an seine Tür klopfte, der ward mit Schelten davongejagt; von dem hatte noch keiner ein Almosen empfangen. Da sprach einer von den Bettlern ›Was wollt ihr mir geben, so ich diesem Kargen noch heute ein Almosen abgewinne?‹« Der Bettler setzte sich vor die Tür des geizigen Peters und wartete. Als dieser zu seinem Hause kam, »sah er sich um nach einem Stein, damit er ihn würfe; da fand er keinen. Allweil trug sein Knecht einen Korb Weizenbrote in sein Haus; da riß er ein Brot aus dem Korb und warf es auf den Armen in großem Grimm. Der hob es schnell auf und lief damit zu seinen Gesellen«. Zwei Tage später wurde der Zöllner todkrank. »Da träumte ihm, er stünde vor Gericht, und etliche Mohren legten alle seine Sünden auf die eine Schale der Waage; auf der anderen stunden Etliche in weißen Kleidern, die waren gar betrübt, denn sie hatten nichts auf die Waagschale zu legen. Endlich sprach einer ›Wir finden wahrlich nichts anderes, denn dies Weizenbrot, das er vor zwei Tagen

Christo gab wider seinen Willen.‹ Sie legten es auf die Waage: da stunden die Schalen gleich.«[1]

Mit dieser frommen Wertschätzung des Brotes wetteifert eine vorchristliche germanische Sage aus der Tradition um König Magnus, der wir hier jedoch nicht vorgreifen, weil sie im Religionsbuch für das dritte Schuljahr im Kontext zur Eucharistie große Bedeutung gewinnt. – Einen ganz anderen Typus verkörpern jene Sagen, die von Mißachtung und Mißbrauch des Brotes erzählen. Sie wollen abschreckende Beispiele zeigen und warnen, ähnlich frevelhaft mit dem Brot umzugehen:

Frau Hütt

In uralten Zeiten lebte im Tirolerland eine mächtige Riesenkönigin, Frau Hütt genannt, und wohnte auf den Gebirgen über Innsbruck, die jetzt grau und kahl sind, aber damals voll Wälder, reicher Äcker und grüner Wiesen waren. Auf eine Zeit kam ihr kleiner Sohn heim, weinte und jammerte, Schlamm bedeckte ihm Gesicht und Hände, dazu sah sein Kleid schwarz aus wie ein Köhlerkittel. Er hatte sich eine Tanne zum Stekkenpferd abknicken wollen, weil der Baum aber am Rande eines Morastes stand, so war das Erdreich unter ihm gewichen und er bis zum Haupt in den Moder gesunken, doch hatte er sich noch glücklich herausgeholfen. Frau Hütt tröstete ihn, versprach ihm ein neues schönes Röcklein und rief einen Diener, der sollte weiche Brosamen nehmen und ihm damit Gesicht und Hände reinigen. Kaum aber hatte dieser angefangen, mit der heiligen Gottesgabe also sündlich umzugehen, so zog ein schweres, schwarzes Gewitter daher, das den Himmel ganz zudeckte, und ein entsetzlicher Donner schlug ein. Als es wieder sich aufgehellt, da waren die reichen Kornäcker, grünen Wiesen und Wälder und die Wohnung der Frau Hütt verschwunden, und überall war nur eine Wüste mit zerstreuten Steinen, wo kein Grashalm mehr wachsen konnte, in der Mitte aber stand Frau Hütt, die Riesenkönigin, versteinert und wird so stehen bis zum Jüngsten Tag.

Der Erdfall bei Hochstädt

Im brandenburgischen Amt Klettenberg gegen den Unterharz, unfern des Dorfs Hochstädt, sieht man einen See und einen Erdfall, von dem die Einwohner folgende Sage haben: In vorigen Zeiten sei an der Stelle des Sees eine Grasweide gewesen. Da hüteten etliche Pferdejungen ihr Vieh, und als die andern sahen, daß einer unter ihnen Weißbrot aß, bekamen sie auch Lust, davon zu genießen, und forderten es dem Jungen ab. Dieser wollte ihnen aber nicht mitteilen, denn er bedürfe es zur Stillung seines eigenen Hungers. Darüber erzürnten sie, fluchten ihren Herrn, daß sie ihnen bloß gemeines schwarz hausbacken Brot gäben, warfen ihr Brot frevelhaft zur Erde, traten's mit Füßen und geißelten's mit ihren Peitschen. Alsbald kam Blut aus dem Brot geflossen, da erschraken die Knechte, wußten nicht, wohin sich wenden; der unschuldige aber (den, wie einige hinzufügen, ein alter, unbekannter, dazukommender Mann gewarnt haben soll) schwang sich zu Pferd und entfloh dem Verderben. Zu spät wollten die andern nachfolgen, sie konnten nicht mehr von der Stelle, und plötzlich ging der ganze Platz unter. Die bösen Buben samt ihren Pferden wurden tief in die Erde verschlungen, und nichts von ihnen kam je wieder ans Tageslicht. Andere erzählen anders. Auch sollen aus dem See Pflanzen mit Blättern wie Hufeisen wachsen.

[1] Die Legenda aurea des Jacobus de Voragine. Aus dem Lateinischen übersetzt von *Richard Benz*. Heidelberg [4]1963, 160 f.

Die Brotschuhe

Einer Bürgersfrau war ihr junges Kind gestorben, das ihr Augapfel war, und wußte gar nicht genug, was sie ihm noch Liebes und Gutes antun sollte, eh es unter die Erde käme und sie's nimmermehr sehen würde. Und wie sie's nun im Sarg auf das beste putzte und kleidete, so deuchten ihr die Schühlein doch nicht gut genug und nahm das weißeste Mehl, was sie hatte, machte einen Teig und buk dem Kind welche von Brot. In diesen Schuhen wurde das Kind begraben, allein es ließ der Mutter nicht Rast noch Ruh, sondern erschien ihr jammervoll, bis sein Sarg wieder ausgegraben wurde und die Schühlein aus Brot von den Füßen genommen und andere ordentliche angezogen waren. Von da an stillte es sich.

Die folgende Sage erzählt ebenfalls davon, welch schwere Strafen den erwarten, der in unwürdiger Weise mit dem Brot umgeht. So naiv die Vorstellungswelt vom Kausalnexus zwischen Frevel und Strafe auch ist, so entfernt die Phantasie und Moral dieser Geschichte scheinen mögen, in bestürzender Weise wirkt sie andererseits aktuell, als wenn die aus Gründen der »Marktraison« vernichteten Lebensmittel hier eine »sagenhafte« Version ihrer Vernichtung fänden:

Der Frauensand

Die vermögendste aller Insassen der Stadt Stavoren war eine sichere Jungfrau, deren Namen man nicht mehr nennt. Stolz auf ihr Geld und Gut, hart gegen die Menschen, strebte sie bloß, ihre Schätze immer noch zu vermehren. Flüche und gotteslästerliche Reden hörte man viel aus ihrem Munde. Auch die übrigen Bürger dieser unmäßig reichen Stadt, zu deren Zeit man Amsterdam noch nicht nannte und Rotterdam ein kleines Dorf war, hatten den Weg der Tugend verlassen.

Eines Tags rief die Jungfrau ihren Schiffsmeister und befahl ihm auszufahren und eine Ladung des Edelsten und Besten mitzubringen, was auf der Welt wäre. Vergebens forderte der Seemann, gewohnt an pünktliche und bestimmte Aufträge, nähere Weisung; die Jungfrau bestand zornig auf ihrem Wort und hieß ihn alsbald in die See stechen. Der Schiffsmeister fuhr unschlüssig und unsicher ab, er wußte nicht, wie er dem Geheiß seiner Frau, deren bösen, strengen Sinn er wohl kannte, nachkommen möchte und überlegte hin und her, was zu tun. Endlich dachte er: Ich will ihr eine Ladung des köstlichsten Weizen bringen, was ist Schöners und Edlers zu finden auf Erden als dies herrliche Korn, dessen kein Mensch entbehren kann? Also steuerte er nach Danzig, befrachtete sein Schiff mit ausgesuchtem Weizen und kehrte alsdann, immer noch unruhig und furchtsam vor dem Ausgang, wieder in seine Heimat zurück. »Wie, Schiffsmeister«, rief ihm die Jungfrau entgegen, »du bist schon hier? Ich glaubte dich an der Küste von Afrika, um Gold und Elfenbein zu handeln, laß sehen, was du geladen hast.« Zögernd, denn an ihren Reden sah er schon, wie wenig sein Einkauf ihr behagen würde, antwortete er: »Meine Frau, ich führe Euch zu dem köstlichsten Weizen, der auf dem ganzen Erdreich mag gefunden werden.« – »Weizen«, sprach sie, »so elendes Zeug bringst du mir?« – »Ich dachte, das wäre so elend nicht, was uns unser tägliches und gesundes Brot gibt.« – »Ich will dir zeigen, wie verächtlich mir deine Ladung ist; von welcher Seite ist das Schiff geladen?« – »Von der rechten Seite (Stuurboordszyde)«, sprach der Schiffsmeister. – »Wohlan, so befehl ich dir, daß du zur Stunde die ganze Ladung auf der linken Seite (Backboord) in die See schüttest; ich komme selbst hin und sehe, ob mein Befehl erfüllt worden.«

Der Seemann zauderte, einen Befehl auszuführen, der sich so greulich an der Gabe Gottes versündigte, und berief in Eile alle armen und dürftigen Leute aus der Stadt an die Stelle, wo das Schiff lag, durch deren Anblick er seine Herrin zu bewegen hoffte. Sie kam und frug: »Wie ist mein Befehl ausgerichtet?« Da fiel eine Schar von Armen auf die Knie vor ihr und baten, daß sie ihnen das Korn austeilen möchte, lieber als es vom Meer verschlingen zu lassen. Aber das Herz der Jungfrau war hart wie Stein, und sie erneuerte den Befehl, die ganze Ladung schleunig über Bord zu werfen. Da bezwang sich der Schiffsmeister länger nicht und rief laut: »Nein, diese Bosheit kann Gott nicht ungerächt lassen, wenn es wahr ist, daß der Himmel das Gute lohnt und das Böse straft; ein Tag wird kommen, wo Ihr gerne die edlen Körner, die Ihr so verspielt, eins nach dem andern auflesen möchtet, Euren Hunger damit zu stillen!« – »Wie«, rief sie mit höllischem Gelächter, »ich soll dürftig werden können? Ich soll in Armut und Brotmangel fallen? So wahr dies geschieht, so wahr sollen auch meine Augen diesen Ring wieder erblicken, den ich hier in die Tiefe der See werfe.« Bei diesem Wort zog sie einen kostbaren Ring vom Finger und warf ihn in die Wellen. Die ganze Ladung des Schiffes und aller Weizen, der darauf war, wurde also in die See ausgeschüttet.

Was geschieht? Einige Tage darauf ging die Magd dieser Frauen zu Markt, kaufte einen Schellfisch und wollte ihn in der Küche zurichten; als sie ihn aufschnitt, fand sie darin einen kostbaren Ring und zeigte ihn ihrer Frauen. Wie ihn die Meisterin sah, erkannte sie ihn sogleich für ihren Ring, den sie neulich ins Meer geworfen hatte, erbleichte und fühlte die Vorboten der Strafe in ihrem Gewissen. Wie groß war aber ihr Schrecken, als in demselben Augenblick die Botschaft eintraf, ihre ganze, aus Morgenland kommende Flotte wäre gestrandet! Wenige Tage darauf kam die neue Zeitung von untergegangenen Schiffen, worauf sie noch reiche Ladungen hatte. Ein anderes Schiff raubten die Mohren und Türken; der Fall einiger Kaufhäuser, worin sie verwickelt war, vollendete bald ihr Unglück, und kaum war ein Jahr verflossen, so erfüllte sich die schreckliche Drohung des Schiffsmeisters in allen Stücken. Arm und von keinem betrauert, von vielen verhöhnt, sank sie je länger, je mehr in Not und Elend, hungrig bettelte sie Brot vor den Türen und bekam oft keinen Bissen, endlich verkümmerte sie und starb verzweifelnd.

Der Weizen aber, der in das Meer geschüttet worden war, sproß und wuchs das folgende Jahr, doch trug er taube Ähren. Niemand achtete das Warnungszeichen, allein die Ruchlosigkeit von Stavoren nahm von Jahr zu Jahr überhand, da zog Gott der Herr seine schirmende Hand ab von der bösen Stadt. Auf eine Zeit schöpfte man Hering und Butt aus dem Ziehbrunnen, und in der Nacht öffnete sich die See und verschlang mehr als drei Viertel der Stadt in rauschender Flut. Noch beinah jedes Jahr versinken einige Hütten der Insassen, und es ist seit der Zeit kein Segen und kein wohlhabender Mann in Stavoren zu finden. Noch immer wächst jährlich an derselben Stelle ein Gras aus dem Wasser, das kein Kräuterkenner kennt, das keine Blüte trägt und sonst nirgends mehr auf Erden gefunden wird. Der Halm treibt lang und hoch, die Ähre gleicht der Weizenähre, ist aber taub und ohne Körner. Die Sandbank, worauf es grünt, liegt entlangs der Stadt Stavoren und trägt keinen andern Namen als den des Frauensands.

In eine andere Richtung weisen die Sagen, welche die Hartherzigkeit satter Menschen geißeln, die nicht bereit sind, ihr Brot mit den Hungernden zu teilen. Diese Sagen sind in allen Landschaften verbreitet. Gemeinsam ist ihnen das Motiv, daß das verweigerte Brot zu Stein wird und nun auch den Reichen nicht mehr satt macht. Die Sagen vom Brot, das zu Stein wird, stehen in Analogie zu den uns schon bekannten Sagen vom Herzen, das zu Stein wird oder gegen einen Stein getauscht wird. (→ I, 130):

Brot zu Stein geworden

Man hat an vielen Orten, namentlich in Westfalen, die Sagen, daß zur Zeit großer Teuerung eine hartherzige Schwester ihre arme Schwester, die für sich und ihre Kindlein um Brot gebeten, mit den Worten abgewiesen: »Und wenn ich Brot hätte, wollte ich, daß es zu Stein würde!« worauf sich ihr Brotvorrat alsbald in Stein verwandelt. Zu Leiden in

Holland hebt man in der großen Peterskirche ein solches Steinbrot auf und zeigt es den Leuten zur Bewährung der Geschichte.

Im Jahr 1579 hatte ein Dortmunder Bäcker in der Hungersnot viel Korn aufgekauft und freute sich, damit recht zu wuchern. Als er aber mitten in diesem Geschäft war, ist ihm sein Brot im ganzen Hause eines Tages zu Stein worden und, wie er einen Laib ergriffen und mit dem Messer aufschneiden wollen, Blut daraus geflossen. Darüber hat er sich alsbald in seiner Kammer erhängt.

Zur Zeit einer großen Teuerung ging ein armes Weib, ein Kind auf dem Arm, eins neben sich herlaufend und nach Brot laut schreiend, durch eine Straße der Stadt Danzig. Da begegnete ihr ein Mönch aus dem Kloster Oliva, den sie flehentlich um ein bißchen Brot für ihre Kinder bat. Der Mönch aber sagte: »Ich habe keines.« Die Frau sprach: »Ach, ich sehe, daß Ihr in Euerm Busen Brot stecken habt.« – »Ei, das ist nur ein Stein, die Hunde damit zu werfen«, antwortete der Mönch und ging fort. Nach einer Weile wollte er sein Brot holen und essen, aber er fand, daß es sich wirklich in Stein verwandelt hatte. Er erschrak, bekannte seine Sünde und gab den Stein ab, der noch jetzt in der Klosterkirche dort hängt.

Wie köstlich sind Wasser und Brot!
Didaktische Überlegungen

Kann man mit Worten wohl die Wertschätzung und Heiligung des Brotes erwirken? Mit räsonnierenden Worten wohl nicht und auch schwerlich mit moralisierenden Appellen, die mit dem Stereotyp »Wir früher . . .« eingeleitet werden. Ganz anders werden erzählende Worte angenommen. Das ihnen eigene Zeugnis erlaubt eine Eindrücklichkeit, von der sich Kinder ergreifen und in ihren eigenen Wertungen auch mitbestimmen lassen. Darum bleibt die summarische Sentenz nutzlos, die narrative Vermittlung menschlicher Erfahrungen um Hunger und Brot aber kann nachhaltig die eigene Lebensorientierung bestimmen.

Die Geschichte alter Hungersnöte in unserem Land und der Bericht über das Hungerelend heute in der Dritten Welt darf Grundschulkindern nicht vorenthalten werden. Dankbarkeit für das eigene Essen, Haltung im Umgang mit Speise und Trank, Bereitschaft zum Genuß der »einfachen« Gaben statt raffinierter Delikatessen oder gar schädlicher Schnuckereien . . . dies alles ist kaum möglich ohne den Horizont des Ernstes, unter den uns der fortbestehende Hunger rückt – mit allem, was wir essen und mit der Art, wie wir es essen.

Ein eigener, positiver Erfahrungszugang, der den Schülern Ehrfurcht vor Essen und Trinken vermitteln kann, ist es, mit ihnen selber Brot zu backen (→ S. 106). Aber auch die Aufmerksamkeit, die dem täglichen Schulbrot zukommt und die gemeinsame Sorge, daß nichts achtlos liegen bleibt oder gar mit Füßen getreten wird, formt die innere Gesinnung der Kinder nachhaltig. Ein zusätzliches Wort ist der leer gegessene Teller wert. Kinder füllen sich manchmal mehr auf als sie essen können; oder es überkommt sie eine launische Ungeduld, so daß sie nicht zuende essen möchten, was sie angefangen haben. Das kann beim Apfelessen so sein, aber natürlich immer wieder auch am Familientisch. Mansche Eltern erlauben hier Launenhaftigkeit und Achtlosigkeit aus Trägheit. Ob wir den Kindern deutlich machen können, daß sich das Tischgebet erst in der Zucht, mit der wir essen und trinken, beglaubigt?

Die folgenden Hinweise und Materialien wollen die genannten Intentionen erreichen helfen. Wir widmen bereits im zweiten Schuljahr dem Brot so große Aufmerksamkeit, weil diese anthropologische Basis bereitet sein muß, wenn im Jahr darauf vom gemeinsamen Mahl, dem Mahl Jesu und dem Mahl der Kirche die Rede sein soll. Das »Sakrament Brot« umgreift beides: *physis* und *pneuma*, jedoch nicht zusammengesetzt, sondern als sich wechselseitig durchdringende Einheit. Alle theologisch »richtigen« Worte bleiben hohl, wenn die Heiligkeit des Brotes nicht im Umgang mit dem Brot zum Ausdruck kommt.

Astrid Lindgren: Das Brot, das Hunger stillt; die Quelle, die Durst löscht S. 73/74

A. Die kleine Episode von Nonnos Großmutter und den Kindern ist ein Ausschnitt aus dem mythischen Kinderroman von Astrid Lindgren, »Mio, mein Mio« (1954). Astrid Lindgren bedarf hier als Kinderbuchautorin keiner Vorstellung, ihre Geschichte »Mio, mein Mio« keiner Inhaltsangabe und -analyse, weil der gewählte Auszug für sich selbst steht und auf Erläuterungen aus dem Kontext verzichten kann. (Nonno, seiner Großmutter und seinen Freunden sind wir freilich schon auf Seite 47 im Religionsbuch begegnet.)

B. Der Wert dieser kleinen Episode liegt in der lobenden Beachtung, die hier die elementaren Lebensgaben, Brot und Wasser, finden. Ihr didaktischer Sinn ist es, das einfache Geschehen bewußt zu machen, damit dessen Köstlichkeit erlebt werden kann. Die Szene ist symmetrisch aufgebaut:

»Es war braunes, knusperiges Brot, und es war so gutes Brot, wie ich es noch nie in meinem Leben gegessen hatte.
›Oh, wie schmeckt es gut‹, sagte ich zu Nonno. ›Was ist das für Brot?‹
›Ich weiß nicht, ob es besonderes Brot ist‹, sagte Nonno. ›Wir nennen es das Brot, das Hunger stillt.‹«

Im gleichen Erzählschema wird vom Wasser gesprochen:

»Es war so kühles und gutes Wasser, wie ich es noch nie in meinem Leben getrunken hatte.
›Oh, wie war das gut‹, sagte ich zu Nonno. ›Was ist das für eine Quelle?‹
›Ich weiß nicht, ob es eine besondere Quelle ist‹, sagte Nonno. ›Wir nennen sie die Quelle, die Durst löscht.‹«

Beidemale folgt diesem Diagog dann die Sorge für die Tiere: »Das Pferd Miramis bekam auch von dem guten Brot« heißt es, und beim zweiten Mal: »Wir gaben ihm Wasser zu trinken und tränkten auch die Lämmer und Schafe.«

In dieser Gliederung stellt sich eine eindringliche, in sich geschlossene Szene dar, die in ihrer schlichten Sprache das Lob des Brotes und des Wassers erzählt und in die Dankbarkeit für diese guten Gaben die Sorge für die Tiere einbezieht.

C. Das Wasser und das Brot, von dem hier die Rede ist, ist »nichts besonderes«, aber es ist »das Brot, das Hunger stillt«, »die Quelle, die Durst löscht«. Wie einzigartig diese Dinge dennoch sind, wird auf der folgenden Seite 74 erzählt. Mio und sein Freund Jum-Jum sind in Not geraten, Hunger und Durst wühlen in ihnen.

»Ich mußte etwas essen. Irgend etwas, ganz gleich was, wenn man es nur essen konnte. Am meisten sehnte ich mich nach dem Brot, das Hunger stillt, aber ich wußte, ich würde es nicht mehr essen. Durstig war ich auch und sehnte mich nach Wasser aus der Quelle, die Durst löscht, aber ich wußte, ich würde es nie mehr trinken . . . Oh, wenn ich doch etwas essen könnte – irgend etwas!«

Galten schon vorher Brot und Wasser als köstlich, so steigert sich nun ihre Wertschätzung über alles andere. Dieser Hunger und dieser Durst machen selbst solche Speisen begehrenswert, die man vorher mißachtete.

D. Es gibt noch einen weiteren Text, der ähnlich fromm über die Größe der einfachen Dinge spricht. Es ist der Disput zwischen Franz von Assisi und Bruder Masseo angesichts »eines breiten, schönen Steins«, auf den sie ihr Brot legten und »einer schönen Quelle«, die daneben entsprang (→ S. 393). Wenn wir die Seite 73 im Religionsbuch lesen, sollten wir vom gedeckten Tisch des heiligen Franz ebenfalls erzählen. Das Gewicht der Worte vom »Brot, das Hunger stillt« wird umso mehr empfunden, je eindringlicher die Schüler *vorher* von hungernden Menschen gehört haben. Unsere Informationen über die Hungerjahre 1816/17 können ihnen narrativ entfaltet werden, aber auch aktuelle Berichte aus den Hungerzonen der Dritten Welt drängen sich auf.

Käthe Kollwitz: Hungernde Kinder S. 74

A. Käthe Kollwitz wurde 1867 in Königsberg geboren. Wie ihre Eltern und Geschwister stand sie zunächst ganz unter dem Einfluß der starken Persönlichkeit ihres Großvaters, der als Gründer der ersten freireligiösen Gemeinde West-Preußens im Widerstand gegen die herrschende philosophische und religiöse Orthodoxie lebte. Ihr Vater Karl Schmidt war aktives Mitglied der damals in Bürgerkreisen mißachteten Sozialdemokratie. Durch ihn wurde Käthe Kollwitz früh vertraut mit der deutschen Klassik, mit der marxistischen Literatur und den noch verfemten Bahnbrechern des Realismus (Ibsen, Zola, Hauptmann). Vor allem war Goethe ihr bevorzugter Dichter. »Goethe hat früh bei mir Wurzeln gefaßt. Ich habe ihn mein ganzes Leben lang nicht mehr gelassen.«

Das Ende des 19. Jahrhunderts noch ganz ungewöhnliche Privileg, als Frau studieren zu dürfen, verdankte sie der Bildung und Offenheit ihres Elternhauses. Nach Abschluß ihrer Studien in Berlin und München heiratete Käthe Schmidt den Arzt Karl Kollwitz, der im Norden Berlins in einem ausgesprochenen Armenviertel tätig war. Anfänglich wählte sie als Thema für ihre Kunst »fast nur das Arbeiterleben«, weil ihr diese Motive »einfach und bedingungslos das gaben, was ich als schön empfand. (. . .) Nur dies will ich noch betonen, daß anfänglich in sehr geringem Maß Mitleid, Mitempfinden mich zur Darstellung des proletarischen Lebens zog . . . Erst viel später, als ich, besonders durch meinen Mann, die Schwere und Tragik der proletarischen Lebenstiefe kennenlernte, als ich Frauen kennenlernte, die beistandsuchend zu meinem Mann und nebenbei auch zu mir kamen, erfaßte mich mit ganzer Schärfe das Schicksal des Proletariats und aller seiner Nebenerscheinungen (. . .), ihre immer wiederholte

Darstellung öffnete mir ein Ventil oder eine Möglichkeit, das Leben zu ertragen.«

Das Ehepaar Kollwitz bezieht eine Wohnung im übervölkerten Arbeiterviertel »Prenzlauer Berg«. Wer hier leben muß, heißt es, »steht mit einem Fuß im Lumpenproletariat«: Arbeitslose (1925 sind es fast 25.000, nur in diesem Bezirk), Kriegskrüppel, Verwahrloste, Obdachlose, Kranke. Am schlimmsten aber sind die Kinder dran: Mitte der zwanziger Jahre haben 15 Prozent der Neugeborenen ledige Mütter, etwa jedes 25. Kind kommt tot zur Welt; tuberkulöse Kinder gibt es allerorten; die Sozialeinrichtungen des Bezirks sind völlig unzureichend. Solche Angaben sagen natürlich noch nichts vom konkreten Elend selbst, dem physischen und psychischen Leiden der Kinder, der Gewalt, der sie zuhause und draußen ausgesetzt sind, der sittlichen Verrohung, die sie in ihrer Hilflosigkeit erleiden.

Während in den Tagebüchern der Käthe Kollwitz die private Lebenssituation dominiert, ihre Gedanken um die eigenen Kinder, den Mann, die Freunde kreisen, kehrt sich in ihrem künstlerischen Schaffen das Verhältnis um: hier geht es um das Leid der Schwächsten, um Kinderschicksale, Arbeiterfrauen, vielerlei Notlagen. Ihre Bilder erzählen von Hunger und Krankheit, von Kindersterblichkeit, Verelendung, Wohnungsnot und all den Verrohungen, die daraus entstehen.[1]

»Freilich eine Kunst in dem Sinne wie die Schmidt-Rottluff'sche ist meine nicht«, hat Käthe Kollwitz einmal über ihre Arbeit gesagt. »Ich will wirken in dieser Zeit, in der die Menschen so ratlos und hilfsbedürftig sind.« Not, Sterben und Aufruhr sind darum die Grundthemen ihrer Bilder. Bürgerliche Frömmigkeit und opiatischer Trost ist ihrer Religiosität fern. Eher kommt im Schaffen der Käthe Kollwitz die auf Lessing und Kant fußende Frömmigkeit ihres Großvaters Julius Rupp wieder zum Vorschein, dem christlicher Glaube »ein Glaube der Mündigen« war, weniger dogmatische Konfession als Verpflichtung zum Tun der Liebe.

B. Die Lithographie »Deutschlands Kinder hungern« (43 x 29 cm; 1924) ist als Plakat entworfen worden. Die immer noch nachwirkenden Kriegsfolgen, Arbeitslosigkeit und Inflation bewirkten gerade in den miserablen Wohnverhältnissen der städtischen Unterschicht, zumal in Berlin am »Prenzlauer Berg«, katastrophale Lebensbedingungen für Kinder. In vielen Arbeiterfamilien war es nicht möglich, den Kindern ein warmes Essen auf den Tisch zu bringen, der geringe Verdienst reichte dazu nicht aus. Nachfragen bei Schulleitern ergaben damals, daß Tausende von Schulkindern nüchtern zur Schule kamen, davon viele kein Mittagessen zu erwarten hatten, andere kein Abendbrot. »Zahlreiche Kinder, auch im zartesten Alter, nie einen Tropfen Milch, als Schulfrühstück trokkenes Brot, oder als Aufstrich gequetschte Kartoffen, kein Fleisch und kein Fett, Kinder vielfach ohne Hemd und warme Kleidungsstücke zur Schule, Betten und Bettwäsche fehlen oft, in unbezogenen Betten oft drei bis vier Kinder oder zusammen mit Erwachsenen, häufig auch Zusammenschlafen der Kinder

[1] Vgl. *Jula Dech*, »Saatfrüchte sollen nicht vermahlen werden«. Das Bild des Kindes im Werk von Käthe Kollwitz, in: Die gesellschaftliche Wirklichkeit der Kinder in der Bildenden Kunst. (Staatl. Kunsthalle Berlin, Dez. 1979–Febr. 1980). Elefanten-Press. Berlin 1980, 241–269.

mit lungenkranken Eltern oder Geschwistern, nicht selten ferner Schlafen auf dem schmutzigen Boden ohne Betten, schwere sittliche Gefahren, Not erstickt oft jedes Gefühl für Ordnung.«[1] Das ist – in der stammelnden Sprachlosigkeit des Telegrammstils – der Hintergrund dieser Kinderszene. Wer sich die Szenerie im Detail vergegenwärtigen will, findet sie in den »Milljöh«-Zeichnungen und Photographien Heinrich Zilles aus dem Berlin der gleichen Jahre.

C. Es ist nicht unangemessen, die um Essen bettelnden Kinder aus den Notzeiten der zwanziger Jahre verstehen zu wollen, jedoch ist die Lithographie in ihrem Ausdruck so allgemeingültig, daß sie zugleich für die Kinder und Menschen jeder heutigen Hungersituation gelten kann.

Querverbindungen bestehen zum Religionsbuch für das erste Schuljahr: »Elisabeth verteilt Lebensmittel an die Armen« (→ I, 116–119) und innerhalb des vorliegenden Bandes zu S. 113 f: »Der Platz der Freundlichkeit«.

Wilhelm Willms: Das Brot des Lebens

A. Über den Autor Wilhelm Willms vgl. I, 109 f.

B. Der Text »Wir ehren das Brot« bedarf keiner paraphrasierenden Interpretation; er spricht aus sich selbst. Er faßt Aspekte zusammen, die voraufgehend bereits näher entfaltet wurden, aber er vertieft zugleich: »Wir ehren das Brot, weil wir es teilen können . . .« Und besonders: »Wir ehren das Brot, weil es uns erinnert / an einen, der selbst Brot war / und immer noch Brot ist . . .«

C. Ähnlich wie zum Pfingsttext als Sprechspiel (→ S. 412 f) ausgeführt, sollte das vorliegende Gedicht nicht be-sprochen werden: schrittweise erarbeitet, sorgfältig in eine sinnvolle Lautgestalt gebracht, gewinnt es dann aus sich heraus eindrucksvolle Intensität, in der sich zugleich die mehrschichtige Symbolik des Brotes den Kindern erschließt. Die Einteilung des Textes in Sprechrollen kann unterschiedlich geschehen: Möglich ist, den stets wiederkehrenden Vers »Wir ehren das Brot« einem guten Sprecher zu übertragen, der aber nicht schablonenhaft deklamieren darf, sondern Variation und Steigerung anstreben soll. Die »Weil«-Aussagen können dann von der ganzen Klasse gelesen werden. Denkbar ist auch, die »Weil«-Aussagen thematisch auf Gruppen zu verteilen und alleine den letzten Vers »Auch wir / können Brot sein« gemeinsam mit allen zu sprechen.

D. Auch die beigefügte Illustration »Brot« von Relindis Agethen bedarf keiner näheren Besprechung. Es lohnt sich, im Religionsbuch auf Seite 12 noch einmal den irischen Fischer anzuschauen, bzw. erst im Zusammenhang mit dem Thema »Brot« diese Seiten 12 bis 14 für den Unterricht aufzunehmen. Wenn wir in der Klasse selbst Brot backen, kann das ehrfürchtige Staunen, mit dem der hungernde Mann das gefundene Brot in seinen Händen hält und das realistisch gezeichnete Brot, von dem Scheibe um Scheibe geschnitten wird, das Brot den Kindern zu besonderer Bewußtheit bringen.

[1] *Hans Ostwald*, Sittengeschichte der Inflation. Berlin 1931, 194.

Symbol: Wasser

Wasser und Leben: Naturwissenschaftliche Aspekte

Das Leben ist wirklich im Wasser entstanden. Dort begann der lange Weg der Entwicklung, der von einzelligen Pflanzen und Tieren bis zum Menschen führt, der zu zwei Dritteln aus Wasser besteht. Schon vor der Geburt verbringt der Mensch einige Zeit im Wasser, nämlich in der Fruchtblase im Mutterleib. Wasser fließt durch den Menschen bis er stirbt. Er kann mehrere Wochen ohne Nahrung leben, aber ohne Wasser kann ein Mensch höchstens zehn Tage existieren. Es gibt Bakterien, die ohne Sauerstoff gedeihen, doch weder sie noch andere Lebewesen kommen ohne Wasser aus. Wasser überwindet alle Hindernisse, um in die lebenden Zellen von Pflanzen und Tieren einzudringen. Es überwindet die Schwerkraft und steigt in die höchsten Bäume, um Nahrungsstoffe selbst in die obersten Zweige zu bringen.

Das Wasser der Erde war bereits vorhanden, als sie Gestalt gewann, noch bevor die heutige Atmosphäre entstand. Nach einer verbreiteten Theorie hat dieser Umstand zur Entwicklung des Lebens auf der Erde geführt. Heute absorbiert der Sauerstoff in der Atmosphäre einen großen Teil der ultravioletten Strahlung der Sonne, aber vor Ewigkeiten traf dieser energiereiche Teil des Sonnenspektrums ununterbrochen auf die Urmeere. In deren Wasser waren erhebliche Mengen von Ammoniak, Methan und Kohlendioxyd enthalten – und damit alle Elemente, die für die Entstehung des Lebens notwendig waren.

Die Entstehung des Lebens aus dem Wasser spiegelt sich noch heute in allem pflanzlichen und tierischen Leben wieder. Die einfachsten einzelligen Lebewesen sind vom Wasser umgeben und durchdrungen. Wasser dringt durch die Zellwände ein und aus, führt Nahrung und Sauerstoff mit und schafft die Abfallstoffe fort. In den höheren Formen des Lebens herrscht das gleiche Prinzip, nur der Ablauf ist komplizierter.

Mit wenigen Ausnahmen gewinnen die Pflanzen ihre Nahrung aus Wasser und Luft. Um am Leben zu bleiben, müssen sie wie Pipelines funktionieren: Wasser aus dem Boden holen, es zu den Zellen transportieren und das, was zuviel ist, an die Luft abgeben. Der Mechanismus dieses großzügigen Wasserumsatzes ist noch nicht völlig erforscht. Die Bewegung des Wassers in bestimmten Pflanzen – zum Beispiel in sehr hohen Bäumen – gibt der Biologie eines ihrer heikelsten Rätsel auf. Soweit der Vorgang jedoch bekannt ist, spricht er wiederum für die Ungewöhnlichkeit des Wassers.

Der menschliche Körper erhält sein Wasser aus verschiedenen Quellen. Nur etwa 47 Prozent nehmen wir durch Trinken auf. Allein 14 Prozent des täglichen Bedarfs werden vom Körper selbst hergestellt: als Nebenprodukt des chemischen Prozesses der Zellatmung. Weitere 39 Prozent beschafft sich der Körper aus dem, was wir »feste Nahrung« nennen. Die meisten Nahrungsittel enthalten mindestens so viel Wasser wie die menschlichen Zellen. Eine Tomate zum Beispiel besteht zu 94 Prozent aus Wasser, Fleisch zu 50 bis 70 Prozent und Brot zu 35 Prozent.

Das Wasser verläßt den Körper etwa zu 15 Prozent mit dem Atem; zu weiteren 20 Prozent (bei großer Hitze bis zu 33 Prozent) durch Transpiration; der Rest wird direkt ausgeschieden. Die Verhältniszahlen können variieren, doch die Gesamtmenge der Ausscheidung hält sich stets innerhalb enger Grenzen. Sie fällt nur selten unter etwa zwei Liter pro Tag, unabhängig davon, ob der menschliche Körper gerade viel oder wenig Wasser enthält. Um zu überleben, muß der Mensch diesen Wasserverlust ständig ausgleichen, indem er täglich im Durchschnitt etwa zweieinhalb bis drei Liter Wasser zu sich nimmt, weder viel mehr noch viel weniger. Der Mensch kann nicht im Wasser, aber auch nicht allzuweit vom Wasser entfernt leben.

Das Unvermögen des Menschen, seinen Wasserverbrauch zu begrenzen oder seine Flüssigkeitsabgabe zu vermindern, das heißt seine vollständige Abhängigkeit von regelmäßiger Wasserzufuhr, wird ihm erst richtig klar, wenn er sich in die Wüste wagt. 1965 stieß eine ägyptische Wüstenpatrouille bei einer Routinefahrt auf die Leichen von fünf Touristen, die in der sengenden Sonne lagen. Die Toten hatten ein exaktes Protokoll hinterlassen. Es handelte sich um Deutsche, die in Ägypten lebten. Am ersten Sonnabend im Juni waren sie in zwei Volkswagen von Kairo zu einem Besuch der römischen Tempelruinen in der Oase Siwa aufgebrochen, die 480 Kilometer von Kairo entfernt in der lybischen Wüste liegt. Hinter Al Alamein wandten sie sich südwärts in die weglose Wüste. Irgendwann am Sonntag blieb zuerst die Limousine, dann der Kombiwagen im Sand stecken. Zu dieser Zeit hatten die Reisenden sieben Liter Wasser und fünf große Dosen Mangosaft bei sich.

Hätten die Wüstenreisenden jeden möglichen Trick angewandt, um ihre Transpiration zu vermindern – hätten sie sich zugedeckt und sich etwas Schatten geschaffen, wären sie ruhig in der Nähe ihrer Wagen geblieben –, sie hätten vielleicht noch leben können, als die Patrouille sie fand. Törichterweise jedoch, vielleicht durch die Hitze von 60 Grad zum Wahnsinn getrieben, zogen sie sich bis auf ihre Badebekleidung aus und trotteten los, um Hilfe zu finden. In weniger als zwei Tagen waren sie tot, ihre Körper vollständig ausgetrocknet. Sie mißachteten den Wassertropfen, an dem das Leben hängt und machten damit die Katastrophe unvermeidlich.[1]

Wassersymbolik: Religionswissenschaftliche Aspekte

Die symbolische Qualität des Wassers liegt in seiner Lebensbedeutung beschlossen. »Soll man eine zusammenfassende Formel geben«, sagt Mircea Eliade, »so könnte man sagen: das Wasser symbolisiert die Summe der Möglichkeiten. Es ist *fons et origo* (Quell und Ursprung), die Mutter von allem, was existieren kann.« Die alten religiösen Überlieferungen haben von dieser Bedeutung des Wassers ein genaues Wissen. »Wasser, du bist die Quelle jeden Dinges und jeder Existenz«, sagt eine vedische Überlieferung. Wasser wird als Urgrund der ganzen Welt gesehen, als Substanz der Vegetation, als Elixier der Unsterblichkeit. »Daß uns die Wasser Wohlbefinden bringen!« betet der vedische Priester. »Die Wasser sind die wahren Heiler; sie verjagen und heilen alle Krankheiten!« lehrt der Atharva Veda, Jahrtausende vor Sebastian Kneipp.

[1] *Luna B. Leopold/Kenneth S. Davis,* Wasser. (New York 1966) Reinbek bei Hamburg 1970, 101–123.

»Prinzip des Undifferenzierten und Virtuellen, Basis jeder kosmischen Erscheinung, Sammelbecken aller Keime, symbolisieren die Wasser die Ursubstanz, aus der alle Formen entspringen und in die sie zurückkehren (. . .). Sie waren am Anfang und kommen wieder am Ende jedes historischen oder kosmischen Kreislaufs; sie werden immer sein – aber nie allein, denn sie sind keimfähig, sie enhalten in ihrer ungebrochenen Einheit die Möglichkeiten zu allen Formen. Dieselbe Funktion haben die Wasser in der Kosmogonie, im Mythos, im Ritual, in der Ikonographie, wie immer die Struktur des kulturellen Zusammenhangs sei: sie sind *vor* jeder Form und sie tragen jede Form. Eintauchen ins Wasser symbolisiert die Rückbildung ins Vormale, die gänzliche Neuwerdung, Neugeburt, denn das Untertauchen bedeutet ein Auflösen der Formen, eine Reintegration im undifferenzierten Sein der Präexistenz; und das Auftauchen aus dem Wasser wiederholt den kosmogonischen Akt der Formwerdung. Berührung mit dem Wasser ist immer auch Regeneration; einerseits weil der Auflösung eine ›Neugeburt‹ folgt, andererseits, weil das Untertauchen fruchtbar macht und die Lebens- und Zeugungskraft steigert. Durch einen Initiationsritus macht das Wasser ›neugeboren‹, durch ein magisches Ritual heilt es, und durch das Totenritual sichert es die Wiedergeburt *post mortem.* Es faßt alle Möglichkeiten in sich und wird ein Symbol des Lebens.«[1]

Die symbolischen Bedeutungsaspekte des Wassers aufzuzeigen, läuft Gefahr, in Bruchstücke zu zerlegen, was der Mythos als Einheit denkt. Ein Symbol umfaßt stets vielfache Realitäten, einen Zusammenhang aller Bedeutungen, die nur dem profanen, analytisch trennenden Verstand zerlegbar sind. Darum hängen die folgenden Bedeutungsbereiche des Wassers eng zusammen und erlauben nur eine gedankliche Abhebung voneinander.

Wasserkosmogonien. Wasser als Ursubstanz

Die Überlieferung von den Urwassern, aus denen die Welten entstanden, ist in den Kosmogonien (Weltentstehungslehren) vieler Völker enthalten. »Im Anfang schuf Gott den Himmel und die Erde. Die Erde aber war wüst und öde, Finsternis lag auf der Urflut, und der Geist Gottes schwebte über den Wassern.« Die biblische Kosmogonie geht aus von einem chaotischen Urzustand der Erde. Das Tohuwabohu des Anfangs ist gestaltlos, eine von Finsternis überlagerte Urflut, ein Chaosmeer, das abgründig ist.

Die babylonische Kosmogonie kannte gleichfalls das Wasserchaos. Hier sind im Anfang *apsu,* der Süßwasserozean, und *tiamat,* das von Ungeheuern bewohnte salzige und bittere Meer noch ungeschieden: »Als die Himmel in der Höhe noch keinen Namen hatten und hienieden die Erde noch keinen Namen hatte, als der Ur-Apsu, der sie (die Erde) erzeugen sollte, als Mummu, als Tiamat, ihre Mutter, noch ihre Wasser ineinander mischten . . .« so beginnt das Gedicht von der Schöpfung, Enuma Elish. In indischen Schöpfungsmythen steigt Vishnu in die Tiefe der Urwasser hinab und zieht die Erde aus dem Abgrund hervor. So unterschiedlich die Kosmogonien im einzelnen sein mögen, gemeinsam ist ihnen das Mythem des Wassers als Allmutter, der diese Erde und alles Leben das sie trägt, entstammen.

Abstammung aus dem Wasser (Hylogenese)

Verwandt mit der Idee, daß alle Lebensmöglichkeiten im Wasser ihren Quell und Ursprung finden, sind die weltweiten Mythen und Sagen, nach de-

[1] *Mircea Eliade,* Die Religionen und das Heilige, a.a.O., 217 f.

nen die Menschen aus dem Wasser stammen. An der Südküste Javas erzählt man von einem »Meer der Kinder«; ein brasilianischer Volksstamm weiß von einer Urzeit, in der sich noch alle im Wasser befanden; nordasiatische Völker kennen eine »Wassermutter«, an die sich die Frauen wenden, um Kinder zu bekommen; tatarische Frauen knien bei Unfruchtbarkeit an einem Teich nieder und beten. Die bei uns in der Vergangenheit mißbrauchte Geschichte vom Storch, der die Kinder aus einem Teich holt, gehört in den gleichen Kontext. Die vielen »Kinderbrunnen«, »Kinderteiche«, »Bubenquellen«, wie »Child's Well« in Oxford, haben die gleiche Grundidee, nach der die absolute Lebensrealität, an der alle Lebewesen teilhaben, im Wasser konzentriert ist.

Das Lebenswasser

Als Quell und Ursprung des Lebens wird das Wasser zum magischen und medizinischen Elixier für Gesunde und Kranke. Es heilt, verjüngt und gibt ewiges Leben. Das »Wasser des Lebens«, die »Jungbrunnen«, das »lebendige Wasser« sind symbolische Namen für die Anschauung, daß im Wasser Leben, Heilkraft und Ewigkeit gefunden werden können. Jedoch sprudelt dieses Lebenswasser nicht gleich hinterm Haus. Man findet es nur an einem Ort jenseits der geläufigen Straßen, und nicht jeder kann es auf jede Weise erreichen. »Dreimal sieben Tagereisen von hier im Lande Hind ist es zu finden. Doch wer immer aufbricht, die Dinge zu suchen, begehre ohne Begehrlichkeit.«[1] Auch die beiden ältesten Söhne, die aufbrachen, um das Wasser des Lebens für ihren alten Vater zu suchen, müssen erfahren, daß sich für sie bereits der Weg versperrt, als sie dem Zwerg am Wege hochnäsige Abfuhr erteilen.[2]

An der Symbolik des Lebenswassers partizipieren auch alle heiligen und heilenden Wasser, die der Volksbrauch bis zum heutigen Tage kennt und benutzt. Die Zahl der heilenden Quellen und Flüsse in Europa ist groß. Wohl in jeder Landschaft gibt es – meist mit Wallfahrtsorten verbundene – Wasser, denen man wunderwirkende Kraft beimißt. Oft nimmt man Wasser aus diesen Quellen mit nach Hause, um es bei Krankheiten oder auch prophylaktisch anzuwenden. Das »Lourdes-Wasser« demonstriert, wie allgemein-religiöse Topoi auch im christlichen Bereich wirksam sind.

Quelle oder Fluß symbolisieren Leben und Dauer. Fließendes Wasser ist »lebendig«, vermittelt darum auch die Gaben des Lebens. Wasserkulte, die an bestimmte Orte gebunden sind, haben meistens trotz wechselnder Religionen eine erstaunliche Kontinuität. »Keine Umwälzung hat sie aufheben können; getragen von der Verehrung des Volkes sind sie schließlich, nach fruchtlosen Verfolgungen im Mittelalter, sogar vom Christentum geduldet worden. Die Reaktion beginnt im 4. Jh. mit Cyrill von Jerusalem; kirchliche Verbote wiederholen sich vom 2. Konzil von Arles an, also von 443 oder 452, bis zum Konzil von Trier 1227 unaufhörlich. Zahlreiche Apologien, Bischofsbriefe und andere Texte sind aus der Zeit des Kampfes gegen die Wasserkulte erhalten. Die Kontinuität

[1] Der schreiende Berg. Nach einem Märchen aus Tausendundeiner Nacht, in: *Hubertus Halbfas,* Der Sprung in den Brunnen, a.a.O., 46–51.

[2] *Brüder Grimm,* Das Wasser des Lebens, KHM Nr. 97.

der Kulte kann sich manchmal von unserer Zeit bis ins Neolithikum zurückerstrecken.«[2]

Das Sintflutsymbol

Sintflutüberlieferungen gibt es in allen Kontinenten[3] und unabhängig voneinander. Fast immer sind sie mit der Idee der Reinigung verbunden; die Sintflut beendet eine Weltzeit und begründet ein neues Zeitalter mit neuen Menschen. Wegen ihrer Sünden kommt die Sintflut über die Menschheit, richtet sie aber nirgendwo vollständig zugrunde, sondern regeneriert die Überlebenden. Auf den ersten Blick scheinen die Sintfluttraditionen nur den negativen Aspekt des Wassers zu kennen: das verschlingende, in Abgrund und Tod hineinholende Moment; doch bedeuten diese Mythen zugleich immer auch den Neuanfang, also die Auferstehung im Untergang. Darin bilden die Sintflutgeschichten zugleich die Symbolik des Eintauchens und der Taufe ab.

Der Symbolismus des Eintauchens. Die Taufe

Die religiöse Funktion des Wassers ist immer dieselbe: im Wasser löst sich alles auf, jede Gestalt wird desintegriert, jede »Geschichte« aufgehoben. Was vor dem Eintauchen noch real war, ist nachher aufgehoben. Auf der individuellen Ebene symbolisiert das Eintauchen den Tod, auf kosmischer Ebene die universale Katastrophe, die Sintflut. Das Wasser hat in seiner auflösenden Wirkung die Kraft, zu reinigen, neu zu schaffen und wieder zu gebären, denn wer im Wasser untertaucht, »stirbt«, und wenn er dem Wasser entsteigt, ist er ohne Sünden in einem »neuen Leben«.

Dieser »unvordenklich alte und allgemeine« Symbolismus des Untertauchens (Eliade) lebt in der christlichen Taufe, durch neue Bedeutung bereichert, fort. »Glückbringendes Mysterium unseres Wassers«, so beginnt Tertullian seine Schrift über die Taufe. Präziser formuliert in einem knappen Satz bereits hundert Jahre früher der Barnabasbrief: »Glückselig, die auf das Kreuz hoffend ins Wasser hinabgestiegen sind.« Die Symbolik der christlichen Taufe verweist auf den geschichtlichen Tod Jesu. Diese Zusammenschau der Tauf- und der Kreuzestheologie erfolgt bereits bei Paulus: »Wißt ihr nicht, daß wir alle, die wir auf Christus Jesus getauft worden sind, in seinen Tod eingetaucht wurden? Durch die Taufe sind wir mit ihm in den Tod begraben, aber wie Christus durch die Herrlichkeit des Vaters von den Toten auferstanden ist, so sollen auch wir in einem neuen Leben wandeln« (Röm 6,3.4). Die Taufe ist also nur darum ein »Mysterium des ewigen Lebens«, weil in ihr die Kraft des Kreuzes wirksam wird. »Was ist das Wasser ohne das Kreuz Christi? Ein gewöhnliches Element!« sagt Ambrosius. Und Augustinus: »Mit dem Zeichen des Kreuzes wird das Wasser des Taufquells konsekriert.« So ist die Taufe »das Mysterium vom Holz im Wasser« (Hugo Rahner). Dementsprechend stellt die christliche Kunst das Kreuz oft mitten in den Jordanfluß. Das Kreuz gibt dem Taufwasser seine lebenspendende Kraft; das Kreuz ist der Lebensbaum, und so wie in östli-

[2] *Mircea Eliade,* a.a.O., 231.
[3] Vgl. *Hubertus Halbfas,* Das Welthaus, a.a.O., Nr. 77–80.

chen Liturgien der Taufbrunnen oft einfach »Jordan« heißt, so taucht man bei der Taufwasserweihe ein Kreuz ins Wasser, um zu bedeuten, was schon das Kreuz im Jordan sagen will.

Ein Streit um antike Einflüsse und Entlehnungen, wie er lange um die Taufe geführt wurde, ist unergiebig, denn einerseits sind solche Symbole archetypisch und universell, andererseits gibt die christliche Theologie dem Taufsymbolismus jenen einzigartigen christologischen Bezug, der das Geschehen auf eine neue Ebene stellt.

Ambivalenzen

Der grundlegend ambivalente Charakter elementarer Symbole wurde früher schon betont (→ I, 314). Für das Wasser kommt diese Ambivalenz in den Aspekten »Lebenswasser« und »Sintflut« zum Ausdruck, wenngleich jeder Aspekt erneut in sich ambivalent ist, wie gezeigt wurde. Unabhängig vom Symbolismus des Eintauchens, verweist Wasser auch auf Gefahr, Not, Abgrund, Untergang und Tod, und zwar keineswegs nur in den Sintflut-Überlieferungen. Auch in den Geschichten Mt 8, 23–27: »Die Stillung des Seesturmes« und Mt 14, 22–36: »Jesus wandelt über das Wasser« hat der See Gennesaret das Bedeutungsspektrum Gefahr, Abgrund, Grabesschlund, Tod. Die Gewalt Jesu über Wind und Wellen, sein Gang über das Wasser symbolisiert hingegen den Sieg über das Grab. Eine didaktisch eingehende Erschließung dieses Spektrums findet sich im Lehrerhandbuch 3 (→ Die Stillung des Seesturmes).

Seelische Wandlungsprozesse

Nicht zufällig ist es, daß besonders die seelischen Prozesse des Menschen von Dichtern und Künstlern mit dem Bild des Wassers gekennzeichnet werden. Ein schönes Beispiel dafür ist Goethes »Gesang der Geister über dem Wasser«:

> Des Menschen Seele
> Gleicht dem Wasser:
> Vom Himmel kommt es,
> zum Himmel steigt es,
> Und wieder nieder
> zur Erde muß es,
> Ewig wechselnd . . .

Aber auch in Träumen, in denen sich Krisen und Wandlungen äußern, spielt oft das Wasser eine bedeutsame Rolle. Es kann bestehende Gefährdungen bezeichnen, zugleich den Hinweis auf Versinken und Ertrinken geben, das heißt auf eine vorübergehende Einbeziehung in das Gestaltlose, der dann aber doch eine Wiedergeburt, eine neue Existenz folgen kann. »Das Wasser bleibt immer ein virtueller, keimhafter und ›latenter‹ Zustand. Alles, was *Form* ist, manifestiert sich außerhalb des Wassers, sich von ihm ablösend. Was allerdings vom Wasser losgelöst und Form geworden ist, untersteht dem Gesetz der Zeit und des Lebens; es kennt Grenzen, Geschichte, es ist ein Teil im großen Werden, verdirbt und entleert seine Substanz, wenn es sich nicht durch periodisches Untertauchen im Wasser erneuert.«[1]

[1] *Mircea Eliade,* Die Religionen und das Heilige, a.a.O., 246.

Wasser im Religionsunterricht

Eine Beschäftigung mit der symbolischen Bedeutung des Wassers erfolgt im zweiten Schuljahr als anfängliche Grundlegung. Die weiterführenden Bände ergänzen und vertiefen das Thema. Das nachfolgend ausgebreitete Materialspektrum erlaubt es, Erfahrungen und Deutungen des Wassers von verschiedenen Querverbindungen des Jahreslehrplans her aufzugreifen.

Umgang mit Wasser

Die Freude der Kinder am Wasser ist bekannt. Wo sich ihnen Wasser bietet, finden sie immer neue Ideen, mit Wasser zu spielen und zu hantieren, oft in andächtiger Versunkenheit. Der Klassenraum ist schwerlich geeignet, den Kindern hier größere Freiheit im Umgang mit Wasser anzubieten. Doch gibt es manchmal auf dem Schulhof oder in freier Landschaft Möglichkeiten, insbesondere, wenn man nach ihnen ausschaut.

Mit den Händen kann man Wasser schöpfen und trinken. Man kann sie unter laufendes Wasser halten oder in stehendes Wasser tauchen und die frische Kühle bewußt erleben. Wasser entspannt auch. »Laß einmal Wasser über deine Hände laufen«, riet die Eutonie-Lehrerin einem Kind, das sich während des Unterrichts wegen häuslicher Belastungen verkrampft zeigte. Man kann mit den Händen im Wasser rühren, mit der Handfläche auf das Wasser patschen und spritzen, im Wasser Hände und Arme baden.

Mit den Füßen kann man vorsichtig durch das Wasser waten oder auch heftig stapfen. Auf einer feuchten Wiese ist es schön, durch den frischen Tau zu *laufen.* Alles fördert die Durchblutung und macht gute Laune.

Mit den Augen können wir Wasser beobachten und über seine Farbe rätseln: Im Trinkglas erscheint Wasser farblos. Wenn die Sonne auf eine Wasseroberfläche scheint, glänzt es silbern. Wie aber ist das Wasser im See und im Meer? Blau oder grün? Wie malen die Maler Wasser? (→ Religionsbuch S. 38; 76). Bei Kokoschka (»Venedig. Boote an der Dogana«) ist es grün; bei Claude Monet schimmert es blau zwischen den Seerosen (»Der Seerosenteich«); Georges Seurat (»Badeplatz vom Asmère«) malt Wasser blaugrau mit silbernen Lichtreflexen ... Manchmal wird Wasser dunkel, sogar schwarz gemalt, manchmal silbern und sogar golden! Wir sollten zu einem Bach, Fluß oder See gehen und das Wasser im Farbenspiel mit Sonne, Wind und Wolken anschauen. Wir zeigen den Kindern auch den Spiegeleffekt des Wassers: Eine Tafel wird rasch zum Spiegel, wenn wir sie mit dem Schwamm naß machen. Unser eigenes Spiegelbild können wir auf der Wasseroberfläche erkennen. In einem ruhigen Brunnen spiegelt sich das Wolkenbild.

Welch schöne Bewegungen entstehen, wenn ein Stein ins Wasser geworfen wird. Wenn die Wellen vom Rand zurücklaufen, gibt es interessante Überlagerungen.

Mit den Ohren ist es faszinierend, dem Wasser zu lauschen: Wie hört sich tropfendes Wasser an? Es kommt darauf an, auf welchen Untergrund es tropft. Besonders laut ist es, wenn Wasser in einen leeren Blecheimer tropft. Fließendes Wasser kann ebenfalls verschiedene Geräusche machen. Könnt ihr einem Bach zuhören? Welche Geräusche macht der Regen? Ganz behutsam kann man sie mit Fingerkuppen und Handflächen nachmachen.

Einige Komponisten haben ihre Wassereindrücke in Musik umgesetzt. Das Stück »Aquarium« aus dem »Karneval der Tiere« von Camille Saint-Saens erkennen die Kinder als Wassermusik; die Glissandi des Glockenspiels deuten sie oft als Luftblasen, die im Wasser aufsteigen. Weitere Musikstücke, in denen Wasser musikalisch dargestellt wird, sind:

Edvard Grieg, Bächlein (aus op. 62)
Claude Debussy, Reflets dans l'eau (aus: Images I)
Franz Liszt, Wasserspiele der Villa d'Este
Maurice Ravel, Jeux d'eau.

Mit dem Orff'schen Instrumentarium und anderen selbstgebastelten Instrumenten können die Kinder auch selbst eine Wassermusik komponieren (→ Lehrerhandbuch 4). Leichtes, zartes Klopfen, das langsam stärker und dichter wird, läßt sich schon mit den Fingern auf dem Tisch erzeugen; Klänge auf Stabspielen, Holz- und Fellinstrumenten sind ebenfalls möglich. Wenn wir Wasser unterschiedlich dosiert in Gläser (oder Flaschen) füllen, bekommen wir ein Wasser-Xylophon, auf dem sich musizieren läßt. Man kann die Gläser nach dem Glockenspiel stimmen. Je voller das Glas, desto tiefer ist der Ton.

Regen. Regen kann man sehen, man hört ihn, spürt ihn auf der Haut, kann die regenfeuchte Luft fast riechen. Nach dem Regen sind Straßen und Plätze voller Pfützen, durch die Kinder mit ihren Gummistiefeln am liebsten stapfen. »Wir gehen in Regenkleidung in den Regen hinaus und versuchen, die Regentropfen mit der Hand zu fangen. Wir schauen, ob der Regen auf das Pflaster nur tröpfelt oder ob es gießt oder schüttet. Die Kinder stellen Einmachgläser in den Regen und schauen nach einiger Zeit, wieviel Wasser sich im Glas befindet. Meist meinen sie, das Glas müßte eigentlich voller sein.« Ein Gespräch über den Regen und Regenkleidung, über die Freude am Regen und den Überdruß, gehört auch zum Thema. Regenlieder, Regengedichte und Regengeschichten können hinzukommen.

Das Aquarium. Wichtige Erfahrungen mit dem Wasser gewinnen die Kinder über das Aquarium. Wir haben davon an anderer Stelle gesprochen, doch sollte der Rückbezug auf die Pflege des Wassers, Sauerstoffversorgung, Sand, Steine, Pflanzen und Tiere im Aquarium beim Thema Wasser nicht fehlen (→ S. 69f).

Literaturhinweis:

Ein brauchbares Werkbuch für den Elementar- und frühen Primarbereich ist im Don Bosco Verlag erschienen: *Bruno Horst Bull/Wolfgang Löscher/Christa Pilger-Feiler* (Hrsg.), Sand und Wasser, Spiele-Geschichten-Reime-Bilder. München 1979. Voranstehende Anregungen und die folgenden Verse von B. H. Bull stützen sich auf dieses Buch.

Texte und Geschichten

Am Tag des Wassers

Der Tag des Wassers beginnt um acht,
da werden die Hälse saubergemacht,
die Ohren gewaschen, die Füße geschrubbt,
da wird geduscht und herumgehuppt:
Am Tag des Wassers muß das so sein;
da hilft kein Schrei'n!

Am Tag des Wassers zieh'n wir zum Bach,
der gluckert und plätschert. Das Rinnsal ist flach
und fließt über Steine und Kies zu Tal,
wir bauen Dämme und Wasserfall.
Am Tag des Wassers muß das so sein,
denn fließen ist fein!

Und wie hört der Tag des Wassers auf?
Ein zünftiger Regen nimmt seinen Lauf.
Es plätschert vom Himmel, die Erde wird naß.
Da freu'n sich die Bäume, da freut sich das Gras.
Am Tage des Wassers muß das so sein;
da nieseln sich Städte und Dörfer ein.
So ab und an ist Regen fein!

Bruno Horst Bull

Der Regen

Es regnet fest auf Baum und Strauch, tripp, tropp!
Auf Weg und Wiesen regnet's auch, tripp, tropp!
Es regnet in die Regenpfütze,
ach, wozu ist der Regen nütze?
Tripp-tropp, tripp-tropp, tripp-tropp!

Der Regen, das sei dir gesagt, tripp, tropp,
kommt meistens schnell und ungefragt, tripp-tropp!
Doch würd' es keinen Regen geben,
dann könnte nichts auf Erden leben.
Tripp-tropp, tripp-tropp, tripp-tropp!

Dann wär' die Wiese nicht mehr grün, tripp, tropp!
Dann würden keine Blumen blühn, tripp, tropp!
Drum muß es regnen, merk dir das!
Und du wirst naß, wem schadet das?
Tripp-tropp, tripp-tropp, tripp-tropp!

Bruno Horst Bull

Dieses lautmalende Gedicht gibt den Kindern Gelegenheit, über die Geräusche, die der Regen verursacht, nachzudenken. Sie können auch versuchen, Regengeräusche zu imitieren, z. B. durch leichtes Händeklatschen oder mit Erbsen, die auf eine Trommel fallen.

Die folgenden Wörter sagen, was der Regen alles kann: Er kann nicht nur regnen, sondern auch tröpfeln, drippeln, nässen, feuchten, nieseln, spritzen, träufeln, rinnen, plätschern, platschen, pladdern, gießen, schütten, strömen, triefen, planschen, knallen und sogar peitschen.

Wasser-Märchen

Das Wasser kommt in den Grimm'schen Märchen in unterschiedlicher Bedeutung vor. Es steht meistens nicht im Vordergrund der Handlung, sondern verdeutlicht nur einen ihrer Aspekte.

In »Das Wasser des Lebens« (KHM Nr. 97) geht es zentral um die Symbolik des Quells, der heilt und verjüngt. Die gesamte Handlung ist auf dieses Lebenswasser bezogen. Die davor sich tummelnden Hindernisse zeigen, daß nicht jeder den Zutritt gewinnen kann.

In »Die Nixe im Teich« (KHM 191) spiegelt sich die in Sagen vielfach geschilderte Dämonie des Wassers, die gibt und nimmt. (Vgl. auch KHM 79: »Die Wassernixe«) Den Aspekt des verschlingenden Wassers schildert auch das von Stepan Zavrel erzählte tschechische Volksmärchen »Vodnik« (Nord-Süd-Taschenbuch [2]1978).

Das Märchen »Der Teufel mit den drei goldenen Haaren« (KHM 29) ist komplex, doch immer wieder von Wasser-Motiven durchzogen: kaum geboren wird das Glückskind bereits dem *tiefen Wasser* ausgeliefert, aber sein *Schiffchen* geht nicht unter (vgl. Ex. 2, 3–9); Müllersleute retten sein Leben. Beim nächsten Mal beschwört *ein Gewitter* die entscheidende Lebenswende herauf. Um sein Königtum zu behalten, führt ihn sein Weg zum Teufel an einem *Marktbrunnen* vorbei, der versiegt ist, an einem Baum, der nicht mehr treibt und schließlich zu einem *großen Wasser*, über das ihn ein geheimnisvoller Fährmann rudert.

In einigen Märchen dominiert das *Brunnen*-Symbol; wir sprachen ausführlich davon (→ S. 89ff). Zu ergänzen sind: »Der Froschkönig oder der eiserne Heinrich« (KHM 1); »Die Gänsehirtin am Brunnen« (KHM 179); »Der Eisenhans« (KHM 136). Von einem Bach, der Durst löscht, an dem sich aber auch das Schicksal wendet, ist in »Die Gänsemagd« (KHM 89) die Rede; die Ungeheuerlichkeit und Allmacht des Meeres findet in »Von dem Fischer und syner Fru« (KHM 19) Ausdruck.

Literaturhinweis:

Eine preiswerte Sammlung von *Wasser-Geschichten* liegt vor in: »Das Wasser des Lebens. Märchen und Sagen vom Wasser« (Prag 1981) Dausien, Hanau o. J. – Neben einigen deutschen Traditionen werden Märchen und Sagen aus aller Welt hier vereint; eine brauchbare Sammlung, die das Spektrum der Wassersymbolik gut veranschaulicht.

Wassersagen haben die Brüder Grimm in ihrer Sammlung »Deutsche Sagen« (1816/18) unter den Nummern 51 bis 67 zusammengestellt. Daneben enthält wohl jede weitere Ausgabe regionaler Sagentradtition eine ergänzende Palette weiterer Wassergeschichten. Ein breites Spektrum Wassersagen bietet auch die Sammlung »Deutsche Volkssagen« von *Leander Petzoldt,* (C. H. Beck), München [2]1978.

Biblische Wasser-Geschichten

Die zahlreichen Bezüge der Bibel zur Wassersymbolik sind hier nicht aufzuzählen. Genannt werden nur wenige Geschichten, die bereits im zweiten Schuljahr erzählt und bedacht werden können:

Vornean steht die *Sintflut*-Erzählung. Auf sie findet sich in unserem Buch mehrfach Bezug genommen (→ S. 176 ff).

Die den Kindern vielleicht liebste Wassergeschichte erzählt das *Jonabuch.* Wasser und Fisch symbolisieren hier den Todesschlund, das Grab, den Untergang. Darum konnte das Jona-Motiv auch den Tod und die Auferstehung Jesu anzeigen, denn ebenso wie Grab ist das Meer auch Urwasser oder Urmutter, die neues Leben aus ihrem Schoß entläßt.

Auch die Überlieferung von dem *wasserspendenden Felsen* (Exodus 17, 1–7, und Num. 20, 1–13) ist in ihrer symbolischen Dimension immer wieder bedenkenswert. Nach einer rabbinischen Legende zieht dieser wasserspendende Felsen mit dem Volk von Ort zu Ort durch die Wüste: alles, was man zum Leben benötigt, ist verläßliche Gabe Jahwes, Zeichen seiner Gegenwart. Letztlich ist Gott selbst »Wasser aus dem Felsen« (Jer. 2,13).

Unter den Evangelien ragt das *Johannesevangelium* mit seiner Wasser-Metaphorik besonders hervor. Hier wird der wasserspendende Fels auf Jesus bezogen: »Wer durstig ist, komme zu mir und trinke! Wer an mich glaubt, dem gilt, was die Schrift gesagt hat: Aus seinem Innern werden Ströme lebendigen Wassers fließen« (Joh 7,37 f).

Die Wundererzählungen von der Stillung des Seesturmes und vom Wandel Jesu auf dem Meere gehören zu den bedeutenden Wasser-Geschichten des Neuen Testaments; wir stellen sie in unserem Curriculum jedoch für später zurück.

Bedenkenswert ist wohl noch, wie mit der Wasser-Symbolik die Bibel eröffnet (Gen 1,2) und beschlossen wird. Offenbarung 22,1 f, 17 heißt es: »Dann zeigte er mir einen Strom mit dem ›Wasser des Lebens‹, klar wie Kristall, der vom Throne Gottes und des Lammes ausging . . . Auf beiden Seiten standen Bäume des Lebens, die zwölf Früchte tragen, indem sie jeden Monat ihre Frucht bringen; und die Blätter der Bäume dienen zur Heilung der Völker . . . Und der Geist und die Braut sagen: Komm! Und wer es hört, der sage: Komm! Und wer dürstet, der komme; wer will, der nehme Wasser des Lebens umsonst!«

Sprachverständnis: Metaphern

Der Kurs »Sprachverständnis« begann im ersten Schuljahr mit einer Metaphorik des Sehens (→ I, 214–252). Neben einer grundlegenden Einführung (→ I, 233–241), auf die hier zurückverwiesen werden muß, wurden gleichzeitig metaphorische Redensarten im Anschluß an die Symbolfelder Licht, Herz und Tür genannt, die Gelegenheit bieten, mehr *nebenher*, ohne eigentliche Thematisierung, den Sinn vorbewußt für bildhaften Ausdruck zu schulen.

Im zweiten Schuljahr verbleiben wir bei metaphorischen Sprachformen, um diese Form der analogen Rede dann im folgenden Jahr zum Gleichnis hin zu erweitern. Dafür sind die Pieter Breughels faszinierendem Bild »Die niederländischen Sprichwörter« entnommenen kleinen Bildgeschichten ein vermittelnder Übergang. Wir setzen damit einen bewußten Gegenakzent zu den reichlich qualitätslosen karikaturistischen Darstellungen einer banalen Alltagsmetaphorik, von der schwerlich eine sprachlich bildende Kraft ausgeht. Man mag die schnodderigen Metaphern der Umgangssprache im Unterricht zur Verdeutlichung der Metapher mit Recht heranziehen, um sie freilich gleich auch wieder fallen zu lassen. Ins Religionsbuch gehören Formen eines zwar volkstümlichen aber gediegenen Niveaus, dessen Affinitäten zur biblischen Sprache diese Beispiele auch didaktisch rechtfertigen. Bevor wir uns den einzelnen Ausschnitten aus Breughels Bild zuwenden, soll zunächst das Werk als Ganzes vorgestellt werden.

Pieter Breughel: Die niederländischen Sprichwörter S. 77–79

A. Zu Leben und Werk Pieter Breughels vgl. I, 213 f.

In Carel van Manders »Schilder-Boeck« (1604) wird berichtet, Pieter Breughel habe zusammen mit dem Nürnberger Kaufmann Hans Franckert oft Kirchweihen und Bauernhochzeiten besucht. Sie hätten, als Bauern gekleidet, den Brautleuten Geschenke überreicht und auch entfernte Verwandtschaftsverhältnisse vorgegeben. Ihr Interesse sei es gewesen, zu den üppigen bäuerlichen Festessen eingeladen zu werden, bei denen es immer hoch her ging, und bei denen sich Pieter Breughel an der derben und saftigen Redeweise der Leute erfreut habe. Das große Gemälde »Die niederländischen Sprichwörter«[1] spiegelt in seinen mehr als einhundert bildlichen Redensarten diese Freude Breughels an der plastischen Sprache des Volkes. Die gleiche Vorliebe Breughels zeigt sich auch in jener weiteren Reihe flämischer Redewendungen, die er auf zwölf Holzteller malte. Die Themen und ihre bildliche Darstellung sind zum Teil dieselben wie auf dem großen Sprichwörterbild (Museum Mayer van den Bergh, Antwerpen). Noch zu Lebzeiten Breughels wurden alle zwölf Teller auf einer Eichenholztafel vereint, vom Maler datiert (1558) und signiert. Der Vorzug

[1] Spreekwoordenschilderij, 1559, Öl auf Eichenholz. 163 x 117 cm. Gemäldegalerie Staatl. Museen Preussischer Kulturbesitz, Berlin.

dieser Tellerbilder ist es, daß ein jedes auf der Tafel im Wortlaut des Sprichwortes erläutert wird. Damit werden Beispiele für die Deutung des großen Gemäldes gegeben, deren Einzelmotive nicht in jedem Fall eindeutig einer heute noch erreichbaren Redensart zugeordnet werden können.

Anspielungen auf volkstümliche Redewendungen begegnen auch auf anderen Bildern Pieter Breughels. Jenes meisterhafte »Gleichnis von den Blinden«, das wir bereits im Religionsbuch für das erste Schuljahr abbildeten, ist dafür ein weiterer Hinweis. (→ I, 214–217)

B. Im Schaffen Breughels bezeichnet das Jahr 1559 einen deutlichen Einschnitt. Es entstanden die »Spreckwoordenschilderij« und »Der Streit zwischen Fasten und Fastnacht« (Kunsthistorisches Museum Wien). Diese ersten großen Werke kennzeichnen den Beginn einer fruchtbaren Arbeitsphase, die bis zu Breughels Tod nicht mehr abriß und seinen Ruhm begründete.

Die Sprache besaß zur Zeit Breughels einen größeren Schatz an bildhaften Wendungen und sprichwörtlichen Redensarten als heute. Es ist anzunehmen, daß die Schleifung aller regionalen Besonderheiten, die mediale Welteinheitskultur und die Zerstörung des inneren Bildsinns durch die äußere optische Überflutung auch weiterhin unsere Sprache verflachen wird. Abstraktes Denken und das Schriftdeutsch der Konferenzen und Vereinsreden werden die Entsinnlichung der Sprache auch in Zukunft fördern. Zu Breughels Zeiten jedenfalls sprach der gemeine Mann noch mit Saft und bildhafter Kraft. Die im 15. und 16. Jahrhundert entstandenen berühmten Sprichwortsammlungen des Erasmus von Rotterdam, Johannes Agricola, Sebastian Franck, Eucharius Eyering belegen diesen Sprachreichtum.

Kurz vor Vollendung des Sprichwörterbildes hat Breughel in einer Zeichnung den »Elck«, den sprichwörtlichen Vertreter des Jedermann, dargestellt, der mit brennender Laterne zwischen Gerätschaften des täglichen Lebens verzweifelt irgend etwas zu suchen scheint. In der Beischrift des nach der Zeichnung gefertigten Stiches heißt es: »Überall auf der Welt sucht jeder sich selbst, und in allen Dingen will er sich selbst finden. Fast niemand kennt sich selbst; wer das erkennt, wird große Wunder sehen.« Diese Überzeugung, daß es – wenn auch selten realisiert – möglich ist, seine menschliche Natur zu erkennen, bildet zugleich auch einen wichtigen Schlüssel für das Verständnis des Sprichwörterbildes.

Genau genommen, sind es nicht nur Sprichwörter, die sich hier ein Stelldichein geben, sondern auch sprichwörtliche Redensarten und metaphorische Sentenzen. Sie fügen sich hier in eine Szene, die sehr realen ländlichen Charakter zeigt: Ein Dorf, das an einem Fluß nahe dem Meer liegt, bildet mit seinen Häusern, Scheunen, Höfen und Plätzen den Schauplatz des Geschehens. Ein verwirrendes Neben- und Durcheinander bestimmt den ersten Eindruck. Pieter Breughel war ein Spezialist für solche Darstellungen, die man »Wimmelbilder« nennt. (Neben dem Sprichwörterbild hat er beispielsweise auch alle ihm bekannten Kinderspiele auf einem Gemälde vereinigt; auch seine Bilder biblischer Szenen verwirren zunächst durch unüberschaubare Figurenfülle.) Dennoch ist dieses Gewimmel nicht zufällig, sondern sorgfältig in der Komposition aufeinander abgestimmt. Da unser Buch das Bild nicht vollständig zeigt, ist eine detaillierte Beschreibung der über hundert Figuren und Geschehnisse hier unnötig. Zusammenfassend aber soll gesagt werden, daß der bedächtige Gang durch das ganze Bild diese Sprichwörter als Ausdruck menschlicher Torheit und Schwäche inmitten einer gottesfernen Welt erfährt. Die Menschen sind hier wohl als typische Vertreter einzelner Stände, nicht aber als Individuen charakterisiert. Obgleich eine jede einzelne Gestalt in Kleidung, Haartracht, Kopfbedeckung und Schmuck, aber auch das architektonische und gegenständliche Ambiente jeden Historiker wegen der genauen Kulturinformationen über das 16. Jahrhundert erfreut, hat die Thematik selbst ihre aktuelle Herausforderung nicht eingebüßt. Alle hier gezeigten menschlichen Schwächen sind nicht wie die damalige Mode und Lebensart vergangen; diese Komposition der einst gängigen Redensarten hat auch heute kaum etwas von ihrer Gültigkeit verloren und kann den Betrachter mit sich selbst konfrontieren.

C. Breughel stellte flämische Sprichwörter dar. Bisweilen sind sie mit deutschen Wendungen identisch oder verwandt, manchmal aber auch unverständlich geworden. Das liegt einerseits an veränderten Lebensumständen, andererseits daran, daß die Bildhaftigkeit der Sprache hin und wieder neu erlernt werden muß. Wir sagten ja schon, je mehr Bilder uns von außen überfluten, um so mehr schwindet der innere und sprachliche Bildsinn. Bisweilen spielt auch der eingetretene Bedeutungswandel eine Rolle.

Ein solcher Bedeutungswandel mag seinerseits ein Anstoß für Breughels Bild gewesen sein, denn die Schwelle vom Mittelalter zur Neuzeit bedeutete offenbar für viele Sprachformen den Übergang von der konkret-gegenständlichen zur metaphorischen Auffassung. »In einem neuen sprachlichen Bewußtwerden empfand man nun plötzlich, daß viele Redewendungen der älteren Zeit nicht mehr ›wirklich‹ aufzufassen waren, sondern nur noch ›bildlich‹, das heißt, erst jetzt wurden sie zu eigentlichen Redensarten, die nach ihrem Ursprung nicht mehr voll verstanden, sondern nur noch als sprachliche Bilder weitergeschleppt wurden und als Bilder auch gemalt werden konnten. Vor und nach Breughel hat die Bildlichkeit des sprachlichen Ausdrucks die Maler und Graphiker immer wieder verlockt, diese Bildlichkeit der Sprache auch ins Bild umzusetzen. Das war aber erst möglich, als die Sprachbildlichkeit schon bildlich (metaphorisch) aufgefaßt und nicht mehr realiter verstanden wurde.«[1]

D. Von den insgesamt 115 festgestellten Sprichwörtern aus Breughels Gemälde haben wir sechs Szenen ausgewählt, an denen das metaphorische Verständnis der Schüler weiter geübt werden kann. Dabei bezieht sich die Redensart »Beim Kranich zu Gast sein« auf eine Fabel; der Überstieg von der Metapher zum Gleichnis, der im Religionsbuch für das dritte Schuljahr geleistet werden soll, wird hiermit bereits vorentworfen. Es sei deshalb empfohlen, diese Buchseite erst im Anschluß an die folgenden Übungen zu erarbeiten.

Die fünf anderen Bildausschnitte haben einen unterschiedlichen Schwierigkeitsgrad. Die meisten veranschaulichten Redensarten sind in gleicher oder verwandter Form auch heute noch geläufig. Die zugrundeliegenden Verhaltensweisen werden jedoch allen Kindern aus eigener Erfahrung leicht einsichtig (bis auf: »Die Perlen vor die Säue werfen«).

[1] *Lutz Röhrich,* Lexikon der sprichwörtlichen Redensarten. a.a.O., 22.

Die großen Fische fressen die kleinen

Seit Jahrtausenden wird diese Erfahrung in immer wieder neuen Fabeln und Gleichnissen erzählt: Die Mächtigen und Reichen leben auf Kosten der Unterdrückten und Armen. Wer dies aber den »großen Fischen« sagen will, muß seine Rede verfremden: um nicht den gemeinten Menschen direkt zu benennen, tritt statt seiner eine andere Gestalt, meist ein Tier, in die Rolle ein. Das erlaubt zunächst Distanz, das Urteil wird nicht gleich durch Affekte getrübt, wie etwa im folgenden Fall:

Und der Herr sandte den Propheten Nathan zu David. Als er bei ihm eintrat, sprach er zu ihm:

»Es waren zwei Männer in derselben Stadt, der eine reich, der andere arm. Der Reiche hatte sehr viele Schafe und Rinder, aber der Arme hatte nichts als ein einziges kleines Schäflein, das er sich gekauft hatte, und er zog es auf, und es ward bei ihm zugleich mit seinen Kindern groß. Es aß von seinem Bissen und trank aus seinem Becher und schlief an seinem Busen, und er hielt es wie ein Kind.

Da kam einst zu dem reichen Mann ein Gast. Weil es ihn nun reute, von seinen Schafen oder Rindern eins zu nehmen, um es dem Wanderer herzurichten, der zu ihm gekommen war, nahm er das Lamm des armen Mannes und richtete es dem Manne zu, der zu ihm gekommen war.«

Da entbrannte der Zorn Davids heftig wider den Mann, und er sprach zu Nathan: »So wahr der Herr lebt, der Mann, der das getan hat, ist ein Kind des Todes! Das Lamm soll er vierfach ersetzen, weil er das getan und kein Erbarmen bewiesen hat.«

Da sprach Nathan zu David: »Du bist der Mann!« (2 Sam 12, 1–7).

Die Erfahrung, daß die kleinen Fische von den großen gefressen werden, macht auch »Swimmy«, von dem Leo Lionny eine Geschichte erzählt, die Kinder schon im Vorschulalter verstehen können:

Irgendwo in einer Ecke des Meeres lebte einmal ein Schwarm kleiner, glücklicher Fische. Sie waren alle rot. Nur einer von ihnen war schwarz. Schwarz wie die Schale der Miesmuschel. Aber nicht nur in der Farbe unterschied er sich von seinen Schwestern und Brüdern: Er schwamm auch schneller. Sein Name war Swimmy.

Eines Tages kam ein Thunfisch in diese Ecke des Meeres gebraust, ein schneller, grimmiger, überaus hungriger Bursche. Der verschlang alle kleinen roten Fische mit einem einzigen Maulaufreißen. Nur ein Fisch entkam ihm. Das war Swimmy.

Erschrocken, traurig und einsam wedelte der kleine Swimmy hinaus ins große, große Meer.

Nun ist das Meer aber voller wunderbarer Geschöpfe, die Swimmy in seiner heimatlichen Meeresecke nie gesehen hatte. Als der große Ozean ihm Wunder um Wunder vorführte, wurde er bald wieder so munter wie ein Fisch im Wasser (Und ein Fisch im Wasser war er ja; wenn auch nur ein kleiner.). Zuerst sah Swimmy die Meduse, die Qualle. Er fand sie wunderbar. Sie sah aus, als wäre sie aus Glas, und sie schillerte in allen Farben des Regenbogens. Dann sah Swimmy eine Art lebenden Schaufelbagger. Das war ein Hummer. Gleich darauf schwammen sehr seltsame Fische an ihm vorbei, leise und gleichmäßig, als ob sie von unsichtbaren Fäden gezogen würden. Dem kleinen munteren Swimmy waren sie ein bißchen unheimlich. Bald aber war Swimmy wieder heiter. Er durchschwamm einen prächtigen Märchenwald. Einen Wald aus Meeresalgen, die auf bonbonbunten Felsen wuchsen. Swimmy kam aus dem Staunen nicht heraus. Jetzt nämlich begegnete er einem Aal, der ihm unendlich lang erschien. Als Swimmy endlich wild wedelnd am Kopf das Aales angekommen war, konnte er sich schon nicht mehr an die Schwanzspitze erinnern. Ein Wunder schloß sich an das andere an. Das nächste waren die See-

Anemonen. Sie schwangen in der Strömung sanft hin und her, wie rosa Palmen, vom Wind bewegt.

Dann jedoch glaubte Swimmy seinen Augen nicht zu trauen: Er sah einen Schwarm kleiner roter Fische. Hätte er nicht gewußt, daß sein eigener Schwarm verschlungen und verschwunden war: Er hätte die Fische für seine Schwestern und Brüder gehalten. »Kommt mit ins große Meer!« rief er ihnen munter zu. »Ich will euch viele Wunder zeigen!« »Geht nicht!« antworteten die kleinen Fische ängstlich. »Dort würden uns die großen Fische fressen! Wir müssen uns im sicheren Felsenschatten halten.«

Die Antwort der kleinen roten Fische machte Swimmy nachdenklich. Er fand es traurig, daß der Schwarm sich nie hinaus ins offene Meer trauen durfte. »Da muß man sich etwas ausdenken!« dachte er. Und er dachte nach. Er überlegte und überlegte und überlegte. Und endlich hatte er einen Einfall. »Ich habs!« rief er fröhlich. »Laßt uns etwas ausprobieren!«

Da Swimmy den kleinen roten Fischen gefiel, befolgten sie seine Anweisungen: Sie bildeten einen Schwarm in einer ganz bestimmten Form. Jedes Fischchen bekam dazu seinen Platz zugewiesen.

Als der Schwarm diese bestimmte Form angenommen hatte, da war aus vielen kleinen roten Fischen ein großer Fisch geworden, ein Fisch aus Fischen, ein Riesenfisch. Es fehlte dem Fisch nur das Auge. Also sagte Swimmy: »Ich spiele das Auge!« Dann schwamm er als kleines schwarzes Auge im Schwarm mit.

Jetzt traute der Schwarm sich endlich hinaus ins offene Meer, hinaus in die große Welt der Wunder. Niemand wagte mehr, sie zu belästigen. Im Gegenteil: Selbst die größten Fische nahmen vor dem Schwarm Reißaus. Und so schwimmen viele kleine rote Fische, getarnt als Riesenfisch, immer noch glücklich durch das Meer, und Swimmy fühlt sich in seiner Rolle als wachsames Auge sehr, sehr wohl.[1]

Rosen (Perlen) vor die Säue werfen

Diese Redensart ist biblischen Ursprungs:

Matthäus 7,6	Thomasevangelium
Gebt nicht das Heilige den Hunden und werft nicht eure Perlen vor die Schweine, damit sie sie nicht zertreten mit ihren Füßen und, umgewandt, euch zerreißen	Jesus sprach: Gebt nicht das Heilige den Hunden, damit es nicht auf den Misthaufen geworfen wird. Werft nicht die Perlen den Säuen hin, damit sie es nicht . . .[2]

Die sprichwörtliche Wendung »Man soll die Perlen nicht vor die Säue werfen« ist schon vor der Luther-Bibel im Deutschen geläufig, so etwa in einer altbayerischen Predigtsammlung aus dem 12. Jahrhundert: »man sol diu mergriezer (Perlen) vur diu swîn niht giezzen«. Die neuhochdeutsche Fassung ist von 1513 bezeugt: »Men sal de perlen nicht vor die swyne werpen«. Die englische (to throw pearls before swine) und französische Wendung (donner des perles aux porcs) ist analog der deutschen Redensart, nur niederländisch heißt es: »rozen voor de varkens strooien«. Hier liegt wahrscheinlich eine Verwechslung von lat. *margarita* = Perle mit französisch marguerite = Gänseblümchen (Margarita) vor. Dementsprechend zeigen alle niederländischen Darstellungen nicht Perlen, sondern Blumen, die den Schweinen vorgeworfen werden. In der Sache

[1] *Leo Lionni*, Swimmy. Deutsch von *James Krüss*. Gertraud Middelhauve Verlag, Köln 1964, [3]1982.
[2] Das Satzende fehlt im Urtext.

ist diese Metapher Kindern entfernter als alle übrigen. Aber man kann ihnen Situationen erzählen, auf die sie zutrifft:

Ein Lehrer kannte eine schöne Geschichte, die er sehr gerne hatte. Er hatte sie bereits als Kind erzählt bekommen. Seitdem war ihm diese Geschichte in seinen Jugendjahren, als er Student war und als junger Lehrer in der Schule immer wieder begegnet. Er hatte sie oft bedacht und immer wieder einen neuen tieferen Sinn in ihr entdeckt. Eines Tages glaubte er, nun seien seine Schüler alt genug, daß er ihnen diese Geschichte erzählen dürfe. Er hoffte, sie würden sich darüber freuen und sie vielleicht genauso oft bedenken und erinnern, wie er es getan hatte und immer noch tat. Darum empfand er diese Geschichte auch wie ein Geschenk, das er seinen Schülern damit machen wollte. Aber wie groß war seine Enttäuschung, daß die Kinder gar keinen Wert darauf legten, die einen lachten, die anderen schwätzten, wieder andere hörten zwar zu, blieben aber gelangweilt und ungerührt; einer der Schüler zog die Erzählung sogar ins Lächerliche und äffte die Worte des Lehrers nach. Da wurde der Lehrer traurig und dachte ...

Wer die Milch verschüttet, kann nicht alles wieder aufkratzen

Daß die verschüttete Milch nicht wieder in Tasse oder Kanne eingesammelt werden kann, wissen die Kinder; allzu oft ist ihnen dieses Mißgeschick passiert. Ob sie auch von sich die übertragene Bedeutung des Sprichwortes erfassen? Man kann nicht jeden Schaden wieder vollständig heilen ... Ein gesprochenes Wort, gar ein böses oder falsches, kann man nicht zurückholen; sowenig wie die Milch läßt es sich wieder zusammenkratzen ...

Er will mit dem Kopf durch die Wand

Das wollen Kinder im Trotz hin und wieder. Vielleicht haben sie dann auch schon diese Redensart kennengelernt. Erwachsene wollen aber nicht minder oft mit dem Kopf durch die Wand: trotz unüberwindlicher Schwierigkeiten wollen sie ihren Willen durchsetzen.

Breughels Bild verweist noch auf weitere Redensarten. In seiner rechten Hand hält dieser Mann ein Messer, mit dem er sich ins Bein schneidet: *sich ins eigene Fleisch schneiden* heißt, sich selbst Schaden zufügen. Ähnlich wird die Redensart »sich in den Finger schneiden« gebraucht.

Über seinem weißen Kittel trägt unser Mann einen Wams, der metallisch glänzt – einen Harnisch. Das verweist auf eine Redensart, für die uns heute die Anschauungsgrundlage entzogen ist: *in Harnisch geraten* heißt ursprünglich, kampfbereit zu sein; denn wer im Harnisch ist, ist gerüstet und bereit zum Waffengang. In übertragener Bedeutung gerät jemand in Harnisch, wenn er zornig wird. Natürlich kann man auch einen anderen »in den Harnisch jagen«, das heißt, ihn zornig und aggressiv machen.

Rätselhaft ist, daß der Mann rechts einen Schuh trägt, links aber barfuß geht. Ob dahinter ein heute unbekanntes Sprichwort steht wie: »Mit einem Schuh kommt man nicht weit«? Es würde zu dieser unbedachten Gestalt wohl nicht passen. (Auch der Verband am rechten Knie wird auf eine sprichtwörtliche Redensart verweisen, die wir heute nicht mehr kennen.)

Das Geld (mit vollen Händen) ins Wasser werfen

Dies ist die niederländische Version: »het es geld in het water geworpen«: es vergeuden, unnütz es verschwenden. Im Deutschen heißt es: Das Geld zum Fenster hinaus werfen; französisch: jetter l'argent à poignées; bei den Slowenen heißt es: das Geld in die Drau werfen.

Breughel zeigt einen offensichtlich reichen Mann, der sich durch seine vornehme Kleidung deutlich von allen bäuerlichen Gestalten des übrigen Bildes abhebt. Mit beiden Händen wirft er sein Geld ins Wasser. So geht manch einer mit dem Geld um und verschwendet es für nichts und wieder nichts.

Beim Kranich zu Gast sein

A. Die Redensart »beim Kranich zu Gast sein« kommt im Deutschen nicht oft vor. Vielleicht hing sie immer an der Kenntnis jener antiken Fabel, die ursprünglich wohl Äsop erzählt, die in ihrer heutigen Gestalt aber auf den lateinischen Fabeldichter der frühen Kaiserzeit, Phaedrus, zurückgeht. Weil die Geschichte als Verstehenshintergrund unentbehrlich ist, haben wir Bild und Text im Religionsbuch zusammengestellt. Wechselseitig erläutert sich beides sehr gut.

B. Die Redensart und Breughels Bild thematisieren den letzten Teil der Fabel. Doch wird zunächst von der Respektlosigkeit des Fuchses erzählt: Der Fuchs lädt den Kranich zum Essen ein und setzt ihm auf einem flachen Teller Suppe vor, die der Kranich wegen seines langen spitzen Schnabels gar nicht zu sich nehmen kann. Daraufhin revanchiert sich der Kranich, indem er die lekkersten Fleischbrocken in einem Krug mit engem Hals serviert, als er den Fuchs bei sich zu Gast hat. Da kann nun diesmal der Fuchs nicht zulangen, während der Kranich auf seine Kosten kommt. Seitdem heißt es, wenn jemand Gäste schlecht bewirtet, ihnen wenig oder nichts zu essen anbietet, man sei beim Kranich zu Gast gewesen.

Das Bild zeigt die Situation der Revanche. Der Fuchs, mit umgelegter Serviette, sitzt am Tisch des Kranichs. Zwar wurde ein flacher Teller gedeckt, doch blieb er leer, während sich der Kranich die Fleischbrocken aus dem Krug mit dem langen Halse holt. Die konventionellen Artigkeiten stimmen: der Tisch wurde mit einem weißen Leinenläufer geschmückt, ein Mundtuch hinzugelegt, der flache Teller nicht vergessen, hinter diesen Gesittungsformen aber lauert der Eigennutz, mit dem einer den anderen hereinlegt.

C. Unter Breughels niederländischen Sprichwörtern erweitert sich alleine das Wort vom »Gast beim Kranich« zu einer eigenständigen Geschichte. Die Fabel ist eine Form der Gleichniserzählung. Reinhard Dithmar hat gezeigt, daß Fabel und Parabel zusammen mit dem Gleichnis »drei Namen für eine Sprachform« sind. In der didaktischen Konzeption unseres Unterrichtswerkes leistet deswegen die Fabel von Fuchs und Kranich eine Brückenfunktion zwischen sprichwörtlicher Redensart (bzw. Sprichwort) und Gleichnis. Unsere Einübung in metaphorische Sprache dient damit auch einer Grundlegung des Gleichnisverständnisses, das im Religionsbuch für das dritte Schuljahr thematisiert wird. Was zur Gleichniserschließung in der Grundschule beachtet werden muß, findet sich dort systematisch dargestellt. Es enthebt uns hier der breiteren Information.

Zum Verständnis der Fabel ist keine Fähigkeit zur Abstraktion notwendig, denn aus der Geschichte soll mitnichten ein allgemeiner Lehrsatz abgeleitet werden, vielmehr soll die Geschichte in ihrer bildhaften Anschaulichkeit vor Augen stehen. Es gilt nicht, die konkrete Fabel gegen eine abstrakte Erkenntnis einzutauschen, sondern *in* der Fabel ein Verhalten zu erkennen, mit dem man eigene Erfahrung verbinden kann. Unterrichtlich stellt sich deshalb die Aufgabe, mit den Schülern zu überlegen, ob wir ähnliche Situationen kennen oder uns vorstellen können. Dabei ist zunächst damit zu rechnen, daß die Gleichnishaftigkeit der Fabel den meisten Kindern erst allmählich aufgeht. Gegen Ende des zweiten Schuljahres dürfen wir uns damit begnügen, die Kinder darauf hinzuweisen, daß diese Fabel natürlich keine Tiergeschichte ist, sondern eine Erzählung, die davon berichtet, wie Menschen sich untereinander verhalten können.

D. Jede Fabel enthält einen dramatischen Kern. Es entspricht darum dem Wesen der Gattung, wenn wir ihre Disposition zum Dramatischen didaktisch nutzen und die Fabel im Unterricht ins Spiel umsetzen.

Um den Kranich mit seinem langen Schnabel anzudeuten, genügt es, eine spitze Tüte vor den Mund zu binden. Da die Fabel nur Handlung und keinen Dialog kennt, kann sie pantomimisch besonders genüßlich ausgestaltet werden. Wer überhaupt mit Kindern spielt, weiß allerdings, wie verkürzt und karg diese oft mit komplexen Szenen fertig werden. Darum bietet sich ein dialogfreies Stück als besonders geeignet an, um der Mimik und der Geste das Augenmerk zu schenken. Je mehr die Kinder sich mühen, mit galanten Umgangsformen einen freundlichen Gastgeber zu mimen, umso deutlicher merken sie, daß die glatte Form nicht das warme Herz ersetzt.

Natürlich können wir die Fabel auch in einer uns gemäßen Weise aktualisieren. Beispielsweise weiß Frau Fuchs, daß Herr Kranich keine Erbsensuppe mag und Herr Kranich weiß, daß Frau Fuchs sich vor einem Fischgericht ekelt, und dennoch servieren sie gerade jene Speisen, die dem Gast unangenehm sind. Wenn man ähnliche Szenen für das Wechselverhältnis von Kindern und Erwachsenen spielen will, werden unsere Schüler sehr schnell ohne weitere Interpretation den Sinn der Fabel erfassen.

Die Sprache der Bibel S. 80

A. Die letzte Seite unseres Sprachkapitels bietet einige Übertragungen der an Breughels Bildworten gewonnenen Erfahrung an: nun sollen biblische Metaphern bedacht und gedeutet werden.

B. In den ersten Beispielen greifen wir auf eine Bildthematik zurück, die unseren Schülern bereits durch das Vorjahr und den bisherigen Unterrichtsgang vertraut ist. »Gott ist mein Licht« (Ps. 26,1) kann als die Grundmetapher angesehen werden, von der unsere Didaktik des Gottesverständnisses ihren Ausgang nahm (→ I, 263 ff). Um diese Einsicht zu memorieren, lohnt es sich, erneut die Licht- und Sonnensymbolik beider Religionsbücher in Bild und Text anzuschauen. Die Gegenüberstellung der »dunklen Schlucht«, durch die mein Lebensweg führen kann, ist den Kindern weniger vertraut, aber doch nicht fremd. Die Chagall-Radierungen von Seite 23 (»Der Schlaf«) und Seite 31 (»Die Sonne«) veranschaulichen in unterschiedlicher Weise »die dunkle Schlucht«. Dabei variieren die Strophen des begleitenden Liedes (»Ich fühl mich getragen . . .« und: »doch hör nur die Botschaft . . .«) das Vertrauen des Psalmwortes »Ich fürchte kein Unheil: Gott ist bei mir«.

Unbekannt ist demgegenüber die Hirtenmetapher. Sie verbindet ihrerseits mit den vertrauten Bildern vom »Wasser des Lebens« (→ S. 490) und vom gedeckten Tisch (→ S. 393). Der »übervolle Becher« ist da nur eine Verdoppelung der schon gegebenen Anschauung. Da wir Metaphern grundsätzlich nicht auflösen wollen, also das konkrete Bild nie in allgemeine Bedeutung eintauschen, sondern das Bild mit Situationen eigener Erfahrung aufladen, kommt es bei der Hirtenmetapher darauf an, sie durch Umschreibung des Hirteseins zunächst inhaltlich aufzufüllen. Die Verantwortung, die Umsicht, die Treue des Hirten werden durch erzählende, möglichst konkretisierende Details den Kindern anschaulich.

Die letzte Textgruppe stellt die berühmten Jesaja-Worte vor, die in der heutigen Friedensdiskussion eine so unerhörte Aktualität gewonnen haben (Jes. 2,4). Die Erarbeitung dieser Metaphorik bedarf an dieser Stelle keiner Anregung. Sie gelingt aus der wachen Teilnahme am politischen Geschehen der Gegenwart und einem eigenen christlichen Engagement.

Mit der umrahmenden Picasso-Graphik wird in anderer Weise Bezug genommen auf die Friedenssymbolik. Bekannt ist ja, über wieviele Jahrzehnte hinweg Picasso seine Tauben gemalt, gezeichnet und modelliert hat. Es ist die Taube aus Noachs Arche, die uns hier begegnet und die uns seitdem als Hoffnungsbote lieb ist: nachdem Noach sie erneut ausgesandt hatte, kehrte sie »um die Abendzeit zu ihm zurück, und siehe da! sie trug ein frisches Ölblatt in ihrem Schnabel« (Gen 8,11). Wir sind dieser Taube bereits in Chagalls Gemälde auf Seite 17 begegnet und finden sie ebenfalls auf dem Titelbild des Religionsbuches (→ S. 461 f).

C. Mit den auf Seite 80 vorgestellten biblischen Metaphern sollen lediglich Beispiele gegeben sein. Wer die Psalmen oder die Propheten liest, wird einer endlosen Zahl immer neuer Bildworte begegnen. Jene sprichwörtlichen Wendungen, die ein Bild voll zur Geltung bringen, so daß sogar jede Anwendung fehlen kann, wie z. B. in Mt 5,14: die auf dem Berge liegende Stadt kann nicht verborgen bleiben, oder in Mk 2,17: nicht die Gesunden brauchen den Arzt, sondern die Kranken, auch Lk 12,34: wo dein Schatz ist, da ist auch dein Herz, sind Kindern leicht verständlich. »Sprichwörter sind aber vielseitig anwendbar, zucken gleichsam mit den Achseln, lassen offen, was zu tun ist, und erweisen sich so eigentlich als Metaphern, die ihre volle Schärfe immer erst durch die konkrete Anwendung gewinnen.«[1] Gewiß ist Mk 2,17 (nicht die Gesunden, sondern die Kranken brauchen den Arzt) eine Binsenwahrheit; sie wird erst dadurch interessant, daß man mit ihr spielen kann. Erst die jeweilige Anwendungssituation gibt dem Bildwort seine Treffsicherheit. Wir vermitteln deswe-

[1] *Ernst Fuchs,* Hermeneutik. Tübingen [4]1970, 215.

gen ein umso besseres Verständnis der biblischen Metapher, je genauer wir sie mit aktuellen Situationen verbinden. Das mag beim Wort von den Schwertern, die in Pflugscharen umgeschmiedet werden sollten, derzeit leicht gelingen; für die anderen Beispiele ist die Situation nicht ebenso beständig da. Hier wird die Bibel nur zur Hilfe, wenn ihr Wort dauerhaft bereitsteht, so daß es Leben durch das Leben selbst erfährt.

D. »Das Lernen an der Bibel vollzieht sich nicht nur über dem aufgeschlagenen Buch. Es gibt ganz andere Situationen, in denen die biblischen Texte zu uns reden, uns trösten und ermutigen oder uns warnen und überführen. . . . Ähnliche Erfahrungen kann man mit Gedichten machen: Auch ihre Sprache redet vom Papier aus nur sehr verhalten; erst wenn wir sie mitnehmen zu den Stationen unseres täglichen Erlebens, blüht ihre Sprache auf und kann sich entfalten und läßt uns Neues wahrnehmen und zugleich selbst Sprache dafür finden. Dies alles kann freilich nur unter einer ganz bestimmten Voraussetzung geschehen: Die Worte der Bibel können wie die eines Gedichtes nur dann anders als vom Papier aus zu uns reden, wenn wir sie im Kopf mit uns herumtragen, in alttestamentlicher Sprache: ›in deinem Munde und in deinem Herzen‹. So ist, wenn das Lernen an der Bibel nicht auf das Lesen beschränkt bleiben soll, noch ein anderes Lernen als Voraussetzung dafür notwendig, ein Einprägen der biblischen Worte und Bilder, ein ›learning by heart‹, das freilich sinnlos bliebe, wenn es nur ein ›Auswendig‹-Lernen wäre. Es ist bezeichnend, daß das Memorieren im Judentum bis heute so hoch geschätzt wird . . . Das Memorieren ist die Brücke, die den biblischen Text mit dem täglichen Leben unmittelbar verbindet. Das Judentum ist auf diesem Wege vor der Gefahr bewahrt geblieben, in der Konzentration auf das eine Buch zu einer Buchreligion zu werden.«[1]

[1] *Ingo Baldermann,* Die Bibel – Buch des Lernens. Grundzüge biblischer Didaktik. Göttingen 1980, 18.

Bibelverständnis: Gottesdienst in Israel

Nachdem wir im ersten Schuljahr das Alltagsleben im ländlichen Israel auf zwölf Seiten nahezu wortlos thematisierten, im Lehrerhandbuch aber detailliert Arbeitsleben, Wohn- und Lebensformen, Handel und Gewerbe, Familienleben, Gastfreundschaft und Sozialfürsorge beschrieben haben (→ I, 335–359), liegt nun der Schwerpunkt auf dem kultischen Bereich. Der Hintergrund vieler biblischer Texte wird damit anschaulich. Im Religionsbuch für das dritte Schuljahr folgt dann ein grundlegendes Sachwissen zur Bibel, die in ihren Überlieferungsformen und auch als Gegenstand israelitisch-jüdischer Bildung Thema des weitergeführten Lernbereichs ist.

Die Kritik am Religionsbuch für das 1. Schuljahr hat verschiedentlich moniert, daß unser Lernbereich »Bibelverständnis« als eigener Lehrgang entwickelt, nicht aber einzelnen biblischen Geschichten zugeordnet wurde. »Lehrgänge zum Bibelverständnis«, hieß es, »werden doch erst interessant und bedeutungsvoll im Zusammenhang mit Erzählungen der Bibel.« Den Bezug zu biblischen Texten will unser das Grundschulwerk durchziehender Lernbereich keineswegs aufgeben. So oft einzelne Texte kultur- oder religionsgeschichtliches Sachwissen einfordern, stehen die thematischen Folgen unserer Bücher zur Verfügung. Schüler wie Lehrer haben dann Gelegenheit, jene Aspekte, die durch den betreffenden Text berührt werden, näherhin zu verfolgen. Es ist aber eine Kritik lediglich des ersten Augenscheins zu glauben, Bibeltext und Bibelwissen ließen sich so integrieren, daß ein eigenständiger Sachbereich überflüssig würde. Dies kann nur mit subjektiven Auswahl- und Zuordnungskriterien geschehen, die oft die Textbasis und noch häufiger die Textintention überschreiten, wenn nicht sogar überfremden. Wer es nicht glaubt, mag für sich selbst den Versuch unternehmen. In jedem Fall aber wird die Fortsetzung unseres Lehrgangs bis zum vierten Schuljahr diese, aber auch einen Armvoll sonstiger Kritik als voreilig erweisen. Bei der ständig wechselnden Textauswahl der regional unterschiedlichen und immer wieder neu experimentierenden Bibel-Curricula bleibt für ein Unterrichtswerk, das sich nicht auf Gedeih und Verderb an eine bisweilen recht zufällige Lehrplanversion binden will, kein anderer Weg, als eine vielseitig verwendbare und wechselnden Anschauungen am wenigsten unterworfene Lösung zu suchen.

Das Gebet S. 82

Die Bücher der Bibel umspannen einen Zeitraum von tausend Jahren, in allen wird immer auch vom Gebet gesprochen, aber eine Entwicklungslinie läßt sich dennoch nicht aufzeigen. Die Grundformen und Inhalte sind von Anfang an da und bleiben auch nach der Zerstörung des Tempels und der Zerstreuung des Volkes beständig. Es ist jedoch zu beobachten, daß die Gebete seit der Exilszeit umfangreicher werden. Neben dem kultischen Gebet, das für wiederholten Gebrauch bestimmt ist und darum in festen Formeln vorliegt, gab es immer auch das freiformulierte Gebet, das oft der Lebenssituation spontan entspringt und an jedem beliebigen profanen Ort verrichtet werden kann.

Die biblischen Schriften lassen verschiedene Gebetsgebärden erkennen. Oft betet der Mensch wie vor einem menschlichen Herrscher auf den Knien, wobei das Angesicht den Boden berührt: ein Gestus absoluter Unterwerfung (Gen. 24, 26; Ex 34,8; Ps 5,8). Das Gebet ist aber nicht an diese Haltung gebunden; es kann auch kniend wie stehend (1 Kg 8,22; 1 Sam 1,26; Jer 18,20) gebetet werden. Dabei werden die Hände ausgebreitet und die Handflächen gegen den Himmel oder das Heiligtum gerichtet (Ex 9, 29.33; 1 Kön 8,22; Ps. 28,2) – ursprünglich der Gestus der Schutzflehenden. Eingeschlossen in diese Haltung ist zugleich die Gebetsrichtung. Der Beter wendet sich dorthin, wo er Jahwe in besonderer Weise anwesend glaubt. Daß man außerhalb Jerusalems in Richtung auf die heilige Stadt hin betet, ist eine Entwicklung, die 2 Chron 6,34 erstmals bezeugt wird. Auf bestimmte Gebetszeiten und festgelegte Gebetsverpflichtungen wird im Alten Testament noch keinen Wert gelegt. Erst Dan 6, 11.14 erwähnt ein dreimaliges tägliches Gebet. Als selbstverständlich galt wohl das laut gesprochene Gebet, während das still verrichtete Gebet ungewöhnlich war und auffallend wirkte, wie 1 Sam 1,12 ff berichtet: Als Hanna »lange vor dem Herrn betete, während Eli auf ihren Mund acht hatte – Hanna redete nämlich bei sich selbst; nur ihre Lippen bewegten sich, ihre Stimme aber hörte man nicht –, da meinte Eli, sie sei betrunken . . .«

Da mit der Zerstörung des ersten Tempels 586 v. Chr. der kultische Gottesdienst zeitweilig ausfiel, gewann in dieser Zeit das Gebet besondere Bedeutung für Israel. Die folgenden Katastrophen haben diese Entwicklung weiter gefördert. Seit Jeremia bildete sich insbesondere eine individuelle Frömmigkeit. Zur Zeit Jesu betete man im eigenen Hause morgens, mittags und abends; an Fest- und Feiertagen noch zusätzlich zu anderen Zeiten. Vermutlich haben sich die täglichen Gebetszeiten an die Tempelopferzeiten angeschlossen.

Durch schriftgelehrte Kommentare zur Tora entstand der Brauch der *Gebetsriemen* (tefillim). Damit wird in einer wörtlich genommenen Weise ausgeführt, was Ex 13,16 (Dt 6,8) gesagt war: »Das soll dir wie ein Zeichen auf der Hand und wie ein Merkzeichen auf der Stirn sein; denn mit starker Hand hat uns der Herr aus Ägypten herausgeführt.« Wenn sich die Familie zum Gebet versammelt, legt der Vater seine Gebetskleidung an: einen Riemen wickelt er um die linke Hand bis zum Oberarm und zwar so, daß die Kapsel an der Innenseite des Oberarms – zum Herzen hin zu liegen kommt; der andere Riemen wird um den Kopf gelegt mit der Kapsel an der Stirn. Dadurch wird die Bestimmung von Dt 11,18 wörtlich erfüllt: »Und ihr sollt diese meine Worte bewahren auf eurem Herzen . . . und sie sollen zum Zeichen sein zwischen euren Augen.« In den Kapseln liegen zwei zusammengerollte Zettel. Auf jedem von ihnen stehen Schriftworte. Diese Worte sind dem frommen Juden so bedeutsam, daß er sie nie vergessen will und durch das äußere Tun sich täglich neu innerlich aneignen will. Der eine »Denk-Zettel« lautet: »Höre, Israel, der Herr unser Gott ist einzig«; der andere Denk-Zettel sagt: »Du sollst den Herrn deinen Gott, lieben von ganzem Herzen, von ganzer Seele und mit allen deinen Kräften!« Alle Tagesgebete beginnen mit diesen Worten.

In Qumran gefundene Gebetsriemen weichen von der später bekannten Norm etwas ab. Die rabbinische Literatur gibt sehr genaue Bestimmungen für die Anfertigung der Kapseln, die Länge der Riemen und für den Umfang der Texte in den Kapseln. Jesus beschuldigte einige Fromme seiner Zeit, ihre Gebetsriemen besonders breit zu machen, um sich damit vor den übrigen Juden hervorzuheben (Mt 23,5).

Beim Morgengebet legt der Jude den *Gebetsmantel* (tallit) um, ein großes, weißes, quadratisches Tuch mit schwarzem Randstreifen und je einer Quaste an den Ecken. Auch Tote werden in den Tallit gebettet, doch reißt man eine der Quasten vorher ab: »So geborgen ist der Mensch im Schatten der Flügel Gottes.«

Jüdische Gebetshaltung

Es ist oft gesagt worden, daß es keine jüdische Theologie gibt, wie man von einer christlichen Theologie sprechen kann. Sofern man diese Feststellung als Einwand meint, antwortet der Jude: »Aber es gibt jüdische Glaubenslehren, und was wichtiger ist: es gibt jüdisches Glaubensleben. Will man es richtig auffassen, muß man dorthin gehen, wo es sich ausspricht: im Gebet. Das Gebet, das Israel betet – Texte, die durch Jahrtausende kaum Veränderung erfuhren –, ist die Quelle jüdischen Glaubenslebens.«[1]

Die frühe Christenheit ist ganz aus der jüdischen Gebetswelt und der synagogalen Gottesdienstordnung erwachsen. Jesus betete als Jude. Sein »Vater unser« ist Ausdruck jüdischer Frömmigkeit, und bis heute kann es Satz für Satz von einem Juden gesprochen werden, ohne daß dieser andere Worte als jene seiner eigenen Glaubenswelt spräche. Dennoch sieht die Christenheit in diesem »Gebet des Herrn« ein »breviarium totius evangelii« (Tertullian) während man die Abba-Anrede als »breviarium breviarii« bezeichnete (Lohmeyer), in der die Christengemeinde das entscheidend Neue erkennt.

> *Die Beter*
>
> Ein frommer Mann stand da und betete. Da kam eine Schlange, kroch über die Füße des Andächtigen, und der unterbrach sein Gebet nicht. Seine Schüler fragten ihn: Herr, bist du es nicht gewahr geworden, daß eine Schlange dich berührt hat? Der Fromme erwiderte: Unheil komme über mich, wenn ich etwas gemerkt habe.
>
> Ein Mann stand da und betete. Da ging der König an ihm vorüber, er aber betete weiter. Als der Mann sein Gebet beendet hatte, sagte der König zu ihm: Man sagt von Euch, daß ihr demütig seid; vielleicht müßte man Euch aber hochmütig nennen. Darauf erwiderte der Mann: Säße ich daheim, und eilte ich, sobald ich dich erblickte, dir nicht entgegen, so dürftest du mir zürnen. Nun aber verrichte ich mein Gebet, und unser Gesetz sagt: Wer sich zum Beten hingestellt hat – mag auch der König an ihm vorbeigehen und nach seinem Wohlergehen fragen, er darf ihm nicht antworten; mag ihn auch eine Schlange in die Ferse beißen, er darf das Gebet nicht unterbrechen.
>
> Als der König das vernahm, wurde er versöhnt und entließ den Mann im Frieden.[2]

[1] *Hans Joachim Schoeps.* Jüdische Geisteswelt. Zeugnisse aus zwei Jahrtausenden. Darmstadt/Genf o.J., 15.

[2] Nach: Der Born Judas. Legenden, Märchen und Erzählungen. Gesammelt von *Micha Josef bin Gorion.* Herausgegeben und mit einem Nachwort von *Emanuel bin Gorion.* Wiesbaden 1959, 153.

Die Menora S. 81

Menora (hebräisch) heißt Leuchter. Ursprünglich ist damit das Gestell oder der Ständer für eine oder mehrere Öllampen gemeint. Um die Leuchtkraft der kleinen Tonlämpchen (→ I, 358) zu erhöhen, stellte man sie auf einen Ständer (2 Kön 4,10; Mt 5,15); beides zusammen – Öllampe und Ständer – heißt Menora. Die Priesterschrift beschreibt Ex 25, 31–40 bereits einen Leuchter im heiligen Zelt der Wüstenzeit, der mit seinen sechs Armen und dem Schaft an einen Lebensbaum erinnert. Vom gleichen Typ war die Menora des Tempels, in der die Lebensbaum-Symbolik ebenfalls eine Rolle spielte, aber zugleich auch eine Lichtsymbolik, denn die Menora sollte Gott als lebenspendendes Licht darstellen. Hier im Tempel brannten die Lampen des Leuchters nur des Nachts (Ex 27,20; 2 Chr 13,11); zur Zeit des Josephus (37–100 n. Chr.) brannten jedoch drei der sieben Lampen auch am Tage.

Nach der Zerstörung des Tempels wanderte der Leuchter in die Synagoge, wo er meistens den Toraschrein flankierte. Gleichzeitig begegnet die Menora auf Grabtafeln als Symbol des göttlichen, ewigen Lebens. Zur Zeit des frühen Christentums wurde sie zum konfessionellen Kennzeichen jüdischer Zugehörigkeit gegenüber dem Christusmonogramm, das beispielsweise die christlichen Sarkophage kennzeichnete. In der weiteren Entwicklung ist die Menora zum Symbol des Judentums schlechthin geworden, so daß es der heutige Staat Israel auch für das eigene Staatswappen wählte. Die Einfachheit und Prägnanz der Menora, die die elementare Lebensbaum- und Lichtsymbolik assoziiert, verleiht ihr jene Kraft, die durch die Jahrtausende führt und die jüdische Gemeinde versammelt.

Die im Religionsbuch abgebildete Menora stammt als Fragment aus der Synagoge von Sardis, der Hauptstadt des einstigen Lydien (in der heutigen West-Türkei, 90 km von der Ägäis entfernt). Sie ist in einer bemerkenswert sorgfältigen Weise aus Marmor gearbeitet und trägt als einzig erhaltene Schrift den Namen Socrates. Da in der Synagoge noch über 80 weitere Inschriften erhalten geblieben sind, die über Gemeindemitglieder und Stifter informieren, könnte auch dieser Socrates der Stifter des kostbaren Leuchters gewesen sein. Josef Schelbert hat in seiner Wiedergabe des antiken Fragments die Kontur der vollständigen Menora rekonstruiert. Die Spannweite des äußeren Leuchterarmes betrug ehedem etwas mehr als einen Meter. Mit der Wahl einer zerstörten und nur in Umrissen rekonstruierten Menora als Titelvignette wollen wir darauf hinweisen, daß der jüdischen Religion und allen Juden durch die Zeiten vernichtende Gewalt angetan wurde; daß vieles dabei verloren ging und daß auch unser Wissen, das sich auf den folgenden Seiten über Tempel und Synagoge äußert, ähnlich fragmentarisch ist, so daß einige Auffüllungsversuche zwar unvermeidlich sind, aber auch ähnlich »offen« bleiben müssen, wie die ergänzten Konturen der zerbrochenen Menora.

Der Sabbat S. 83

Das Wort *schabbát,* das im Hebräischen »ruhen« bedeutet, begegnet im Akkadischen (= Sprache der altsemitischen Einwohner Babylons; Babylonisch und Assyrisch sind Dialekte davon) als *schabátu.* »Es bedeutete in den ältesten

Zeiten den 15. Monatstag, und als Verb meint es ›vollständig machen, auf seine rechte Größe bringen‹ o. ä. In der Zeit Hammurabis (um 1750–1686) bezeichnete er den Vollmondtermin. Der erste, der siebte und der 15. Tag des Mondlaufs waren Freudentage; der erste wegen des neuen Mondes; der 15. wegen des vollen Mondes und der siebte – als Fest geringerer Größe –, weil der Mond die Hälfte seines Aufstiegs zur Fülle erreicht hatte. Der 21. Tag, an dem die Hälfte des abnehmenden Mondes erreicht war, ist im Kalender Babylons nicht erwähnt; der 28. Tag dagegen wurde als Trauertag und als Tag der Nachtruhe (des Mondes) begangen.«[1]

In der Folgezeit wandelte sich der Bedeutungsgehalt des Wortes *schabátu.* Die Urbedeutung als »Tag, der auf die rechte Größe bringt«, verschiebt sich zu einer Tabuisierung als »böser Tag«. Damit war gemeint, daß es gefährlich sei, an diesem Tag bestimmte Dinge zu verrichten: »Der König darf an diesem Tage kein Fleisch essen, das auf Kohlen gekocht ist und kein Brot, das unter der Asche gebacken ist; er darf das Hemd seines Leibes nicht wechseln . . . kein Opfer darbringen, nicht im Wagen fahren und keinen Befehl geben . . . Der Arzt darf die Hand nicht an den Kranken legen. Der Tag ist für die Ausführung eines Vorhabens nicht geeignet.«[2]

Die Entwicklung zur Sieben-Tage-Woche war in Babylon im 16. Jahrhundert beendet. Die mannigfachen Verbindungen der wandernden Aramäer mit Babylon, über die wir nichts Näheres wissen, haben sie diese Zeiteinteilung mitmachen lassen, – über welche Stämme und Traditionen auch immer die Brücke zur hebräisch-israelitischen Gesamtheit geschlagen wurde. Dieses Wissen erklärt uns lediglich den siebten Tag als Sabbat, nicht aber das chrakteristische Wesen dieses Tages in Israel, der ja nicht zur Beruhigung des göttlichen Zornes, sondern als Freuden- und Ruhetag zur Ehre Gottes gefeiert wurde. Man weiß heute, daß der Sabbat vor dem Exil eine geringere Bedeutung hatte als nachher. Es gab ihn aber, und auch das Gebot, ihn zu feiern. Vielleicht reicht die Vorschrift des Dekalogs tatsächlich bis in die ägyptische Zeit zurück. In jedem Fall aber wurde während des babylonischen Exils die Notwendigkeit empfunden, das Heiligungsgebot des Sabbats mit größerem Nachdruck einzuschärfen, möglicherweise um die religiöse Eigenart gegenüber der fremden Kultur zu bewahren. Die priesterschriftliche Lehre (Gen 1, 1–2,4) komponiert deswegen das Schöpfungsgeschehen in die Sieben-Tage-Woche, wobei jetzt der siebte Tag als Ruhetag Gottes in den Uranfängen verankert und für alle Weltzeiten geheiligt wird (→ Lehrerhandbuch III und IV). Damit gewinnt der jüdische Schabbat einen Heiligungs- und Freudenmythos, der ihn scharf von dem babylonischen *schapáttum* abgrenzt.

In der Folgezeit entwickelt sich dann jene priesterliche und kultische Sabbatordnung, die in ihren genauen und detailliert kommentierten Vorschriften bis zum Tage das orthodoxe Judentum bestimmt. Am Sabbat ist seitdem alle Arbeit und selbst das Lichtanzünden verboten. Darum wird das Sabbatlicht bereits am Vorabend angezündet und erst am Ende des Ruhetags gelöscht. Dabei eignet dem Sabbatgesetz keineswegs ein »konfessioneller«, sondern ein gesamtkreatürlicher Zug, denn nicht alleine Juden, sondern auch Fremde, Sklaven und

[1] *Heinrich A. Mertens,* Handbuch der Bibelkunde. Düsseldorf 1966, 288. [2]1984, 642.
[2] Zit.n. *Heinrich A. Mertens,* ebd.

selbst die Haustiere aller Art bleiben vom Joch der Arbeit befreit. Wenn Israel der Welt nur dieses eine Geschenk, den siebten Tag als Ruhetag, gemacht hätte, es wäre mehr als der Beitrag manch anderen Volkes zu einem menschenwürdigen Leben.

Dem Sabbat vorauf geht der Rüsttag (Erew); da werden Haus oder Wohnung geputzt und festlich hergerichtet. Alle Mahlzeiten werden vorgekocht und warmgestellt. Am Nachmittag badet man und zieht die Sabbatkleider an. Die Hausfrau deckt den Tisch mit einem Tuch, legt zwei Weißbrote darauf, stellt Wein, einen Becher und die Sabbatlichte hinzu, die schon jetzt entzündet werden. Der Synagogengottesdienst beginnt mit dem tatsächlichen Sonnenuntergang, also früh am Nachmittag im Winter und entsprechend spät im Sommer. Mit ihm hält die »Sabbatbraut« oder »Königin Schabbat« ihren Einzug. In biblischen Zeiten wie auch heute beginnt der Sabbat (und jedes andere Fest) stets am Abend »mit dem matten Aufleuchten der ersten Sterne in der Dämmerung«, wie der Talmud sagt. Schon Gen 1 berechnet den Tag von Abend zu Abend: »Und es ward Abend und es ward Morgen, ein Tag.« Die Zählung des Tages von Abend zu Abend war übrigens auch bei Griechen und Römern üblich und bestimmt heute noch die liturgische Ordnung der Kirche.

Nach dem Gottesdienst grüßt der heimkehrende Vater seine Familie mit »Gut Schabbes« und segnet die Kinder mit Handauflegen. Über den Becher Wein spricht er den Sabbatsegen (Kiddusch) und nimmt damit die Sabbatweihe in seinem Hause vor. Dann beginnt das bewußt festlich gestaltete Familienmahl. Am Sabbat selbst findet in der Synagoge ein weiterer Gottesdienst statt. Doch wenn die jüdische Familie auch weitab wohnt – in Diasporaverhältnissen, wie schon vor über zweitausend Jahren – der Sabbat konstituiert sich in der Familie und ist in dieser Ordnung wohl immer die stärkste Kraft des Judentums in aller sonstigen »Zerstreuung«. Man beschäftigt sich an diesem Tag mit der Schrift, besucht einander, kümmert sich um Kranke und Leidtragende und findet in der selbstverständlichen Muße auch zu sich selbst. Mit Beginn der Dämmerung geht der Sabbat zu Ende. Nach dem Abendgebet wünscht man einander »Gut Woch«.

Der Tempel S. 84–85

Jerusalem und sein Tempel haben nicht immer jene zentrale Bedeutung gehabt, welche die religiöse Symbolik und die Sehnsucht des Volkes über Jahrhunderte damit verbanden. Die Stämme Israels lebten bereits seit Generationen im Lande, ohne daß die »Stadt der Jebusiter« ihnen gehörte, noch daß sie eine Wertschätzung damit verbunden hätten. Als dann David König wurde (1012–972), residierte er zunächst siebeneinhalb Jahre in Hebron (2 Sam 2,11; 5,5a). Hebron bildete den natürlichen Mittelpunkt des Staates Juda, von dem aus aber nicht dauerhaft auch der Staat Israel mitregiert werden konnte. In Hebron war es in erster Linie der König von Juda, von dem die Stämme in Israel sich nicht gern regieren lassen wollten, als vielmehr von jenem David, den sie – obwohl er König von Juda war – auch zu ihrem König gewählt hatten. Andererseits konnte David nicht eine israelitische Stadt zum Reichsmittelpunkt machen, wie etwa das zentral gelegene Sichem, denn das hätten ihm seine judäischen Landsleute kaum verziehen. Also wählte er mit sicherem Blick für die

Realitäten eine Stadt, die weder zu Juda noch zu Israel gehörte, sondern auf neutralem Boden zwischen beiden Staaten lag. Es war die von den seit Generationen ins Land gedrungenen hebräischen Stämmen noch nicht eroberte Stadt Jerusalem, welche von den älteren kanaanäischen Landesbewohnern, den Jebusitern, bewohnt war. David eroberte diese Stadt mit seiner Söldnertruppe (2 Sam 5, 6–9), also quasi mit seinem Privatheer, und machte sie als »Stadt Davids« zu seinem Regierungssitz. Jerusalem wurde weder dem Staat Juda noch dem Staat Israel angegliedert, sondern blieb ein Stadtstaat; und David war nun nicht allein König von Juda *und* König von Israel, sondern in Personalunion *auch noch* Stadtkönig von Jerusalem als Rechtsnachfolger des bisherigen jebusitischen Stadtkönigs.

Damals hat David dann das gemeinsame alte Heiligtum der Stämme, die Lade, in seine neue Hauptstadt überführt und hier nach einer Zeit der Vergessenheit wieder zu Ehren gebracht (2 Sam 6, 1–19). Mit diesem klugen Entscheid gab er dem Stämmeverband eine gemeinsame heilige Mitte. »In der Tat beruht die weltgeschichtliche Stellung von Jerusalem seither gerade auf diesem Akt. Er hat die Lade vermutlich im Heiligtum der Stadt aufgestellt . . . Das alte israelitische Heiligtum stand nun an dem kanaanäischen Kultort einer kanaanäischen Stadt, die jetzt allerdings die Königstadt Davids war, die aber bis dahin keinerlei israelitische Tradition aufzuweisen hatte . . . Die israelitischen Stämme haben nun das Heiligtum von Jerusalem als ihren sakralen Mittelpunkt verehrt. Der ›Berg Zion‹ – das war der Name der Kuppe, die die Kultstätte von Jerusalem trug – wurde ein Begriff in der religiösen Sprache Israels.«[1]

David hat sich im wesentlichen noch mit dem alten, engen Jerusalem begnügt. Das wurde anders, als ihm Salomo als König folgte (972–932) und einen ganz neuen Stadtteil mit Palastbauten und dem königlichen Heiligtum hinzufügte, die wenigstens so ausladend waren wie die alte Stadt bisher und diese weit überragten. Der Tempel war ein für die damalige Zeit höchst prachtvolles Bauwerk im phönizisch-syrischen Stil mit Hilfe fremder Architekten und Handwerker errichtet, das zwischen Ägypten und Babylon an Glanz und Ansehen ohne Vergleich war. Nach 1 Kön 6–8 lag der Tempel im Norden Jerusalems, unmittelbar neben dem Königspalast, von Höfen umgeben. Im innersten Hof stand der Brandopferaltar unter freiem Himmel. Von hier aus kam man durch eine Vorhalle in ein Langhaus, an dessen westlichem Ende, wohl durch einen Vorhang abgetrennt, das Allerheiligste war, der Raum für die Lade Gottes, die man als sichtbares Fundament für den unsichtbaren Thron und die darauf unsichtbar sitzende Gottheit verstand. Dies war das »Haus Gottes«, und der Prophet Jesaja berichtet (6, 1–4), wie er in einer machtvollen Vision, »den Herrn auf einem hohen und erhabenen Throne sitzen« sah: »seine Säume füllten den Tempel, Saraphe standen über ihm . . . und einer rief dem anderen zu und sprach: Heilig, heilig, heilig ist der Herr der Heerscharen! Die ganze Erde ist seiner Herrlichkeit voll . . .«

Dieser eindrucksvolle Jerusalemer Tempel war anfänglich freilich nicht der einzige im Lande; er hat die anderen Heiligtümer auch nicht verdrängt, zumal er ja königlicher Tempel war, sozusagen die »Hauskirche« der Dynastie Davids. Aber die Dynastie zerbrach gleich nach Salomo. Was David in Personal-

[1] *Martin Noth,* Geschichte Israels, Göttingen 1950, 176.

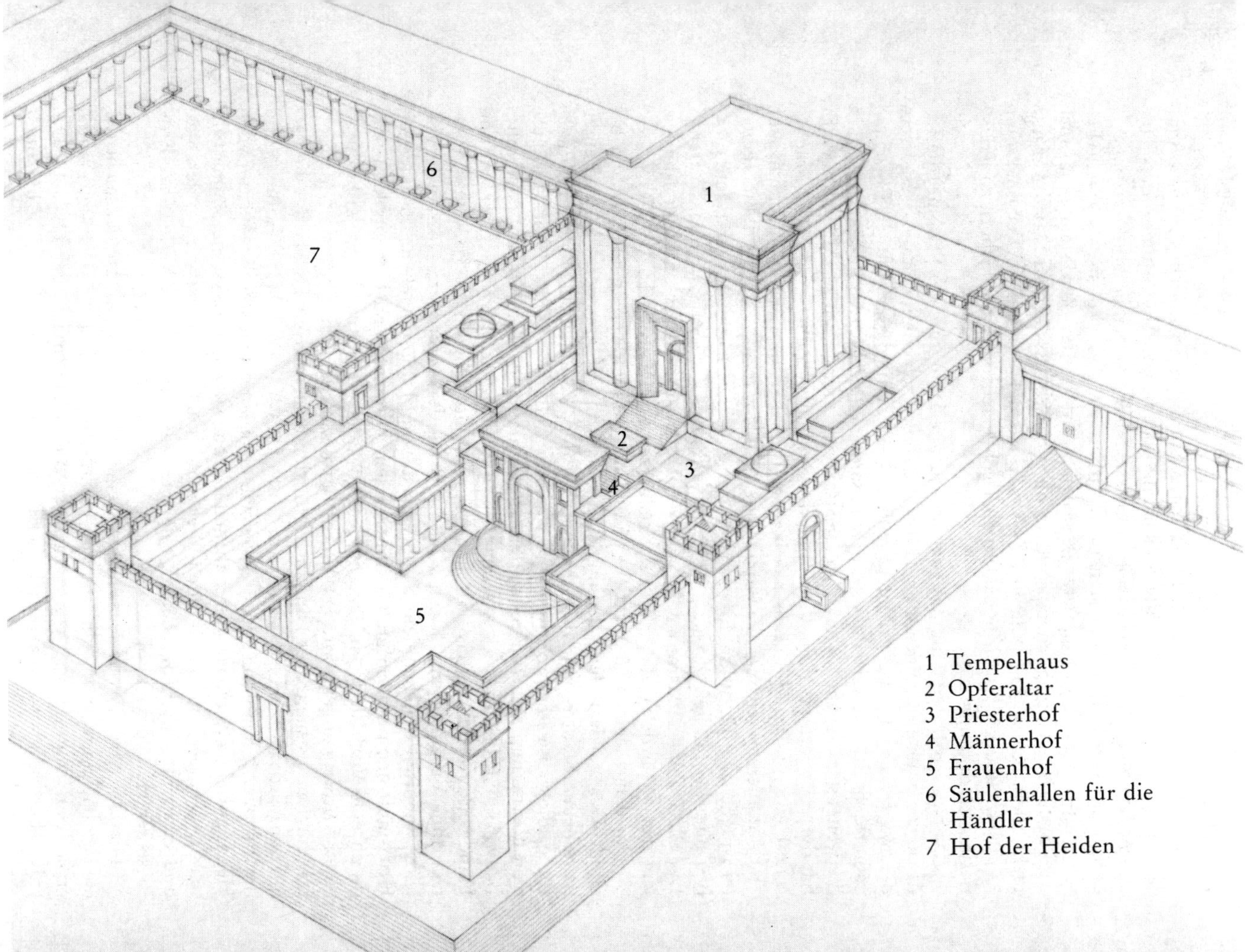

1 Tempelhaus
2 Opferaltar
3 Priesterhof
4 Männerhof
5 Frauenhof
6 Säulenhallen für die Händler
7 Hof der Heiden

union vereint und Salomo noch mühsam zusammengehalten hatte, fiel schon 922 wieder in ein Nordreich Israel mit zehn Stämmen und ein Südreich Juda mit zwei Stämmen auseinander. Die in Jerusalem residierenden Könige herrschten nach 922 nur noch über den judäischen Süden. Zweihundert Jahre später endete die Geschichte des Nordreiches 722 durch assyrische Unterwerfung und Deportation. Wiederum hundert Jahre später proklamierte König Josia von Juda (638–608) den Tempel zu Jerusalem zum einzig legitimen Gottesheiligtum des Landes und ließ alle anderen zerstören. Das geschah 622 v. Chr. Seitdem ist Jerusalem mit seinem Tempel das einzige Zentrum des Glaubens in Israel. Freilich sollte der salomonische Tempel nicht mehr lange überdauern. Im Jahre 586 zerstörten ihn die Truppen Nebukadnezars II. von Babylon und entführten die gesamte Priesterschaft und Bildungsschicht ins Exil. Damit war auch der Staat Juda am Ende.

538 eroberte Cyrus von Persien Babylon und gestattete einem Teil der Verbannten die Heimkehr und Wiedererrichtung des Tempels. Zwischen 520 und 516 wurde an dem Nachfolgebau gearbeitet. Zeit und Mittel erlaubten nur eine bescheidene Lösung, über die wenig bekannt ist, die jedoch nie die Erinnerung an die Pracht des salomonischen Tempels auslöschen konnte. Dieser Tempel der Armut stand jedoch fast ein halbes Jahrtausend, bis in die Zeit Herodes des Großen, der etwa zwanzig Jahre vor Jesu Geburt den zweiten Tempel einreißen ließ und durch eine glanzvolle, riesige Tempelanlage ersetzte. Durch mächtige Aufschüttungen und eine imposante Umfassungsmauer von beträchtlicher Höhe erweiterte er den Tempelplatz (den sogenannten »Vorhof der Heiden«) und schuf damit jenen großen heiligen Bezirk, der das eigentliche Heiligtum umgab (→ Pos. 6/7). Die heutige »Klagemauer« ist ein Teilstück dieser herodianischen Tempelplatzmauer. Ihre Quadersteine sind von enormer Größe; einer von ihnen ist 11 m lang, 1 m hoch und 3 m dick. Herodes ließ auch das eigentliche Heiligtum nach der Anlage des salomonischen Tempels neu errichten. Flavius Josephus hat den Tempel so genau beschrieben, daß sich darauf alle Rekonstruktionsversuche stützen. Das bekannte Modell im Garten des Holyland-Hotels wie auch unsere Rekonstruktionszeichnung von Josef Schelbert stützen sich auf dessen Informationen. Ob diese Modelle in allen Details zuverlässig sind, darf jedoch bezweifelt werden. Einzelheiten sind weiterhin unbekannt oder zumindest fraglich. Wir sagten schon, daß der herodianische oder dritte Tempel sich der alten salomonischen Konzeption verpflichtet fühlte. Davon unterschied sich freilich das Allerheiligste. Im Dunkel dieses Raumes stand nicht mehr die Lade, sie fiel der Zerstörung von 586 zum Opfer. Im zweiten und dritten Tempel blieb das Allerheiligste leer – was der bildlosen, durch keine Gegenständlichkeit repräsentierbaren Gottheit vielleicht noch eher entsprach als alle kultische Symbolik. Nur einmal im Jahr, am Großen Versöhnungstag, durfte der Hohepriester diesen Raum der Vorbehaltenheit betreten.

Wer heute von antiken Tempeln liest, geht meistens gedankenlos über die Worte Opfer, Opferaltar, Opfergabe und Opferpriester hinweg und macht sich keine Vorstellung von der Realistik dieser Opferpraxis. Gewiß gab es im Tempel Gebete, Gesänge, Prozessionen, auch Zonen des Lehrgesprächs und der Schriftlesung. Aber die eigentliche Mitte war doch die Darbringung der Opfer, von Tieropfern zumal. Auf dem Brandopferaltar (Pos. 2) wurden Rinder, Schafe, Ziegen . . . vollständig verbrannt. Neben solchen Brandopfern gab es sogenannte Schlachtopfer: das Blut des Tieres sprengte man für Gott an einen Altar, die Priester bekamen einen genau festgelegten Anteil an Fleisch und Fett, den Rest verzehrte der Opfernde gemeinsam mit den Seinen in einem kultischen Mahl an heiliger Stätte. Es gab mehrere Formen solcher Schlachtopfer und genau zu beachtende Verhaltensvorschriften. Gemeinsam war ihnen die Idee, sozusagen in Gottes Gegenwart und mit Gott zusammen zu essen, zu trinken und zu feiern. »Man kann sich das heute kaum noch vorstellen: Hekatomben von Tieren sind im Laufe der Jahrhunderte im Tempel zu Jerusalem geschlachtet worden, besonders an den großen Jahresfesten; das Blut floß in Strömen, und an den Geruch – vor allem im heißen, palästinischen Sommer – mag man gar nicht denken. Es war eine Gestalt des Gottesdienstes, die uns fremd ist und die auch dem Judentum zunehmend fremd wurde. Fremd wurden auch die Vorstellungen, die damit ursprünglich verbunden waren: daß Gott, der Schöpfer des Himmels und der Erde, Fleisch, Fett und Blut, auch Früchte des Feldes und des Gartens zu sich nehme ... Es kam hinzu, daß sich schon die Propheten kritisch zum Opferkult geäußert hatten: ›An Liebe habe ich Wohlgefallen, nicht an Schlachtopfern, an Gotteserkenntnis mehr als an Brandopfern!‹ (Hos 6,6). So rückte der Tempel nach seiner Zerstörung 70 n. Chr. durch Titus immer mehr an den Rand des religiösen Bewußtseins der Juden: als kostbare Erinnerung und – vielfach gewandelt – als Symbol und Gleichnis lebt er fort bis zum heutigen Tage.«[1]

Die Synagoge S. 86

Nach der Zerstörung des Tempels wurde der synagogale Gottesdienst das einigende Band für die in alle Welt zerstreute Judenheit. Die priesterlich-hierarchische Funktion im Opferkult hatte ein Ende, die uralten Priestersippen verloren sich im Gang der Geschichte. »Es ist eine der religionsgeschichtlich unvergleichbaren Leistungen Israels, daß es notbedingt die Kategorie des Heiligen in Form eines sakramental-gegenständlichen Opfervollzuges mit einer ungegenständlichen prophetisch-liturgischen auszuwechseln vermocht hat. Damit treten als Phasen seiner Geistesgeschichte die beiden Erscheinungsweisen des Religiösen zutage: die sakramental-priesterliche und die wortdynamisch-prophetische und damit die Pole des Heiligen überhaupt.«[2]

Eine solche Feststellung könnte die Meinung stützen, die Synagoge habe sich an Stelle des Tempels entwickelt. Dagegen spricht aber das Vorkommen der Synagoge in der Zeit des zweiten und dritten Tempels, also in Jahrhunderten, in denen der Tempel bestand, während die Synagoge daneben ihre eigene Entwicklung nahm. Somit läßt sich die Synagoge keinesfalls als Alternative zum Tempel erklären, gewiß aber als eine Institution, die als die wahrscheinlich revolutionärste Entwicklung in der Geschichte des alten Judentums angesehen werden muß. Die Synagoge repräsentiert ein völlig neues Konzept religiösen Lebens, wie es bis dahin keine Religion der Antike kannte. Gottesdienst wird hier nicht mehr auf eine kleine Gruppe von Priestern und deren Helfer beschränkt, während das Volk vor den Toren des Opferhofes ausgeschlossen

[1] *Herbert Donner,* Der Tempel in Jerusalem (Unveröffentlichtes Manuskript).
[2] *Hans-Joachim Gamm,* Judentumskunde. Eine Einführung. München 1966, 40.

bleibt. Die Ämter in der Synagoge waren zugänglich für alle (Männer), und sämtliche Zeremonien vollzogen sich vor den Augen der Teilnehmer. Die Form des Gottesdienstes wurde gleichsam demokratisiert. Gebet und Schriftauslegung traten an die Stelle des Opfers. Während es der eigenen Anschauung gemäß – spätestens seit Josias – nur *einen* Tempel geben konnte und dieser seinen Ort nur in Jerusalem hatte, konnten Synagogen überall errichtet werden, in kleinen wie in großen Städten, außerhalb wie innerhalb der Mauern, in der Diaspora ebenso gut wie in Israel. So ermöglichte die Synagoge einen »offiziellen« und regulären jüdischen Gottesdienst in jedem Winkel der jüdischen Welt. Damit war die Synagoge bahnbrechend für ein allgemeines Verständnis des Gottesdienstes in der weiteren Religionsgeschichte. Daß Kirchen wie Moscheen in den späteren Jahrhunderten überall dort gebaut werden konnten, wo Gläubige zusammen lebten, ist das Verdienst der Synagoge.

Trotz dieser kaum zu überschätzenden Bedeutung der Synagoge ist deren Ursprung und frühe Geschichte in Dunkel gehüllt. Es ist unbekannt, wo und wann sich diese Institution herausbildete. Zu den frühesten schriftlichen Quellen, die Synagogen in Palästina erwähnen, gehören die Evangelien; die ältesten archäologischen Funde hier sind die Synagogen in den herodianischen Festungsbauten von Masada und Herodium sowie die erst nach dem Jom-Kippur-Krieg von 1967 entdeckte Synagoge von Gamla (→ S. 524). Synagogen der jüdischen Diaspora sind hingegen früher bezeugt. In Ägypten blieb eine Synagogen-Inschrift aus dem dritten und zweiten Jahrhundert v. Chr. erhalten, und ein Gebäude, das allgemein als Synagoge angesehen wird und aus dem ersten Jahrhundert v. Chr. stammt, wurde in Delos gefunden. Angesichts der wenigen Anhaltspunkte, schwanken die Hypothesen über die Entstehungsgeschichte beträchtlich. Überwiegend herrscht heute die Ansicht, daß die Entwicklung der Synagoge im Gefolge der ersten Zerstörung des Tempels von 586 vor sich ging, sei es schon während des Babylonischen Exils, sei es bald danach. Die Synagoge erscheint aber erst in literarischen Quellen, nachdem sie über Jahrhunderte ihre volle Gestalt als eine gemeindliche Institution gefunden hat, die seitdem eine zentrale Rolle im jüdischen Leben spielte und zugleich das Rückgrat allen Überlebens in einer zweitausendjährigen Zerstörung war.

So entwickelte sich für etwa ein halbes Jahrtausend die Synagoge parallel zum Tempel. Sie diente den religiösen wie sozialen Bedürfnissen der Juden, verdrängte oder minderte jedoch zu keiner Zeit dieser Periode den Tempel als kultischen Mittelpunkt der Religion. Die Funktionen von Synagoge und Tempel waren komplementär, nicht einander ausschließend. Wenn Priester einzelner Ortschaften nach Jerusalem wallfahrteten, um am Tempelkult teilzunehmen, so trafen sich ihre Gemeinden zu besonderen Gottesdiensten währenddessen in der örtlichen Synagoge (Ta'amit 4, 2–3).[1]

Ein volkstümliches Mißverständnis, das oft auch ein naiver Religionsunterricht fördert, vergleicht Synagogen mit Kirchen. Umso größer mag dann das Erstaunen sein, wenn man tatsächliches jüdisches Leben in Synagogen kennenlernt, das sich so auffallend von jenem oft steifen und gezwungenen Verhalten unterscheidet, das zumal deutsche Kirchgänger an den Tag legen. Synagogen

[1] Vgl. zum Ganzen: *Lee J. Levine,* Ancient Synagogues – A Historical introduction, in ders.: Ancient Synagogues Revealed. The Israel Explorations Society, Jerusalem 1981, 1–10.

sind nicht jüdische »Kirchen«, sondern seit ihrer Entstehung *Gemeindehäuser*, soziale Zentren im weitesten Sinne. In erster Linie dienten und dienen sie natürlich dem Gottesdienst. Daneben sind sie Schulen, sowohl Kinderschulen, in denen diese Lesen und Schreiben lernen und eine profunde Bibelkenntnis erhalten (→ Religionsbuch und Lehrerhandbuch 3), als auch eine Stätte schriftgelehrter Disputation und biblischer Erwachsenenbildung. Natürlich dienten Synagogen zugleich der Gemeindeverwaltung: hier wurden Gelder zur Sozialfürsorge gesammelt und verteilt, die Tempelsteuer für Jerusalem eingezogen, politische Versammlungen fanden ebenfalls statt, Gerichtssitzungen, die Regelung von privatrechtlichen Dingen. Durchreisende Fremde hatten in der Synagoge eine Herberge, in Alexandrien sogar einen Arbeitsnachweis. Oft waren auch Wohnräume für Synagogendiener oder -vorsteher angegliedert.

Die Synagoge ist also kein eigentlicher Sakralraum. Sie erhält ihre Würde durch den Gottesdienst, der darin stattfindet, der aber auch in jedem anderen Raum möglich ist. Zumal in der Diaspora war die Synagoge die seelische Heimat der Juden, jene Stätte, an der er sich auch in der Fremde zu Hause fühlte. Die Sprache des Gottesdienstes ist Hebräisch, obwohl dies schon zur Zeit Jesu nicht mehr Umgangs- sondern nur noch Kultsprache war: Umgangsprache war Aramäisch. Prinzipiell hatte (und hat, zumindest wenn eine Gemeinde keinen Rabbiner besitzt) jeder die Möglichkeit, als Vorbeter zu fungieren und den Gottesdienst zu leiten; die Gemeinde ist durch Responsorien und Bibellesung beteiligt. Aus dieser synagogalen Tradition ist auch die christliche Liturgie hervorgegangen. Der aus Gebet und Schriftlesung bestehende Gottesdienst der Kirche steht im Erbe der Synagoge. Dem Verlesen biblischer Schriften in der Synagoge folgten stets auch Erläuterungen, die ein vertieftes Verständnis der Texte für jedermann anstrebten. Diese synagogale Belehrung hat »zum erstenmal in der Weltgeschichte heilige Schriften zum Gemeingut eines ganzen Volkes bis in seine ungelehrten Teile hinein gemacht und hat dadurch die weitesten Schichten dieses Volkes zu kultureller Betätigung angeleitet.«[1]

Die Synagoge von Gamla S. 86–87

Sowohl in der wissenschaftlichen Fachliteratur wie im religionspädagogischen Schrifttum wurde bisher immer die Synagoge von Kapernaum als zeitgeschichtliches Anschauungsmodell für eine galiläische Synagoge vorgestellt. Abgesehen davon, daß dieses Modell allerwege begegnet und in manchen Büchern auch eher »verbraucht« erscheint, ist ein Rückgriff auf die Rekonstruktion der Synagoge von Kapernaum heute nicht mehr möglich. Nach neuesten Forschungen stammt diese Synagoge erst aus der Zeit um 390 bis 450 n. Chr.[2] Doch selbst wenn eine so späte Datierung bestritten wird,[3] weil stilistische und historische Gründe Bedenken erregen, kommt als früheste Bauzeit das späte zweite

[1] Jüdisches Lexikon. Ein enzyklopädisches Handbuch des jüdischen Wissens in vier Bänden. Hrsg. von *G. Herlitz* und *B. Kirschner.* Berlin 1927 ff Bd. II, 1230.

[2] *S. Loffreda* OFM, The Late Chronology of the Synagogue of Capernaum, in: L. J. Levine, a.a.O., 52–56.

[3] Vgl. *G. Foerster,* Notes on Recent Excavations at Capernaum; ebd. 57–59; *M. Avi-Yonah,* Some Comments on the Capernaum Excavations, ebd. 60–62.

oder dritte Jahrhundert n. Chr. in Frage. *Diese* Synagoge von Kapernaum hat Jesus also nie sehen und betreten können.

Neuerdings richtet sich die fachliche Aufmerksamkeit auf eine Synagoge, die zum Städtchen Gamla gehörte, von dem Josephus zwar eine Ortsbeschreibung gab und von dem dennoch Spuren und Wissen erloschen schienen. Erst im Gefolge des Jom-Kippur-Krieges von 1967 wurde mit Hilfe der Angaben des Josephus der im Krieg gegen die Römer 67 n. Chr. zerstörte und völlig untergegangene Ort wieder entdeckt und ausgegraben. Gamla liegt, nach Josephus Worten, »auf der anderen Seite des Sees (von Galiläa) . . . und gehört zur (Landschaft) Gaulanitis (Golan)«. Da diese Stadt auf ihre Gebirgslage vertraute[1] und sich im Bar-Kochba-Aufstand Rom nicht unterwarf, wurde sie belagert und im November 67 gestürmt. Wie in Masada überlebten nur zwei Frauen den Untergang.[2]

Vor den Ausgrabungen in Gamla waren lediglich zwei Synagogen aus der Zeit vor dem Abriß des zweiten Tempels durch Herodes (→ S. 522) bekannt. Beide Bauwerke gehörten zu herodianischen Anlagen, eins zur Festung Masada, das andere zu Herodium; die Synagogen wurden während des ersten jüdischen Aufstands in ursprünglich profanen Räumen eingerichtet. Der einzige architektonische Ausdruck ihrer neuen synagogalen Funktion ist die Ausstattung mit Steinbänken entlang der Wände. Wegen dieses eher bescheidenen Befundes, der seiner Improvisation wegen auch keine Schlüsse auf Ausstattung und Funktion der alten Synagogen zur Zeit des zweiten Tempels zuläßt, gewinnt die Entdeckung der Synagoge von Gamla größte Bedeutung. Sie ist das einzige Bauwerk, das noch aus der Zeit des zweiten Tempels stammt und das von Anfang an als Synagoge geplant und eingerichtet wurde. Kein anderes Bauwerk aus dieser Periode blieb erhalten, so daß wir alleine am Modell der Synagoge von Gamla jene frühen Versammlungsräume studieren können, in denen sich Jesus nach dem Zeugnis der Evangelien so oft aufgehalten hat. Die Datierung des Alters dieser Synagoge schwankt. Während sie einerseits – gestützt auf Münzenfunde – in die Zeit zwischen 63–40 v. Chr. eingeordnet wird, taxieren andere das Bauwerk erst für die Jahre zwischen 23 v. Chr. und 40 n. Chr.

Die Synagoge lag am östlichen Ende der Stadt, direkt an die Stadtmauer gelehnt. In ihrer Längsachse war sie von Nordost nach Südwest orientiert. Obwohl auf diese Weise das Gebäude mit seinen beiden Eingängen nach Jerusalem gerichtet war, scheint dies kaum religiöse Gründe gehabt zu haben, denn die Architekten hatten aufgrund der Lage keine andere Wahl für die Ausrichtung des Bauwerks und die Anlage der Portale. Der Gesamtraum der Synagoge hatte die Maße 19,60 x 15,10 m. Vier Säulenreihen umgrenzten ein inneres Feld (13,40 x 9,30 m), so daß zu allen Seiten ein Umgang entstand, der höher gelegen und mit dem Innenbereich durch steinerne Stufen verbunden war. Der Fußboden des inneren Feldes war ungepflastert, bestand also aus nackter Erde, allem Anschein nach war dies der Originalzustand und nicht das Resultat der Zerstörung. Demgegenüber war der höher gelegene Umgang mit einem Steinpflaster ausgelegt. Dies verwundert zunächst, kam doch zweifellos dem Mittelfeld eine zentrale Bedeutung zu, während die Bereiche hinter der Säulenab-

[1] Gamla (aramäisch: gamla) heißt »Kamel«, weil die Bergsilhouette über dem Ort dem Kamelrücken mit der Senke zwischen zwei Höckern gleicht.

[2] *Flavius Josephus,* Der jüdische Krieg, IV, 1 ff.

grenzung auf dieses Zentrum ausgerichtet waren. Wieso dann eine solche unterschiedliche Behandlung und Bewertung des Bodens? Nackte Erde im Zentrum, Steinpflaster außen herum! Was war der Grund?

Eine erste Antwort gibt der zeitgenössische Baubefund. Soweit hier die herodianischen Bauwerke von Masada und Jericho und besonders die öffentlichen wie privaten Häuser in Jerusalem zum Vergleich herangezogen werden können, zeigt sich, daß *gerade die bedeutendsten Zonen* eines Gebäudes keinen steinernen, sondern *einen gestampften Fußboden aus Erde* hatten. Steinbeläge waren Straßen und Haushöfen vorbehalten, während in den Wohnräumen Matten oder Webteppiche auf dem erdenen Grund lagen. Natürlich sind solche Textilien nicht erhalten geblieben. Steinböden erweisen sich aber in keinem Fall als Kennzeichen besonderer Bedeutung von Räumen. Man findet sie ausschließlich dort, wo Regen und Wettereinflüsse sowie ein reger Fußgängerverkehr nach festem Grund verlangt; *in* den Häusern dagegen so gut wie nicht. Die Kleiderwäsche und was sonst immer mit Wasser zusammenhing, wurde im gepflasterten Haushof erledigt.

Dies scheint nun auch die Raumfunktion der Synagoge von Gamla zu erklären: Die Gemeinde hielt sich dort in den Bereichen außerhalb des Säulenviertels auf; deswegen waren diese Flächen gepflastert. Das Mittelfeld des Raumes hingegen dürfte mit farbfrohen Webteppichen ausgelegt gewesen sein, die einen Hauch Glanz und Schönheit ausstrahlten. Demnach war vermutlich nur Synagogenfunktionären, Priestern und einigen wichtigen Gemeindemitgliedern gestattet, dieses Zentrum zu betreten. Allerdings gab es in Gamla in Höhe der dritten Säule (von Nordost gezählt) einen steinbelegten Streifen im Mittelfeld. Wahrscheinlich war dies die Basis eines Podiums, Tisches oder Pultes, auf dem die Tora zur Schriftlesung niedergelegt wurde, so daß die Torarollen zum Gottesdienst jeweils aus ihrem Aufbewahrungsort, einer Nische neben der nordwestlichen Ecke der Synagoge, in die Mitte der Halle gebracht wurden.

Die Trennung des Synagogenraumes in zwei verschiedene Funktionsebenen wird auch durch die Position der beiden Eingänge unterstrichen. Der Haupteingang mit einer Breite von 1,50 m lag in der Mitte der süd-westlichen Seite, mit seiner Schwelle in gleicher Ebene mit dem Innenraum der Synagoge. Der andere Eingang war niedriger und enger (90 cm breit), jedoch mit einer einen Meter höher gelegenen Schwelle als der Haupteingang, und führte auf das steingeflieste, umlaufende Podest, das wir als den Aufenthaltsraum der Gemeinde vermuten. Ein dritter, etwas versteckter Seiteneingang lag diagonal gegenüber in der südöstlichen Ecke der Synagoge. Eine steinerne Treppe führte zunächst zu dieser Tür hinab und dann eine weitere Treppe hinunter zu einer tiefer gelegenen südlichen Terrasse. Auf diese Weise war für ein reibungsloses Kommen und Gehen auch größerer Menschenmengen gesorgt. Hinweise auf Sonderbereiche für Frauen erbrachte die Ausgrabung von Gamla nicht.

Die Synagoge von Gamla war mit verschiedenen architektonischen Ornamenten reich geschmückt. Wichtigste Symbole sind eine Rosette sowie eine Dattelpalme, beides häufige Motive jüdischer Kunst aus der Periode des zweiten Tempels[1]. Die Kapitelle der Säulen waren in einem hellenistisch-dorischen

[1] Mit der »Second Temple period« bezeichnet die Archäologie die nachexilische Zeit bis zur Zerstörung des Tempels 70 n. Chr., also den herodianischen (dritten) Tempelbau einschließend.

Stil gehalten, dem klassischen Modell nicht unähnlich. Gleiche Säulen und Kapitelle gruben die Franziskaner bei Magdala an der Westküste des Sees Gennesaret aus. Die Synagoge besaß keine umlaufende Empore, wie sie später bei den Synagogen des galiläischen Typs im 3. Jahrhundert vorkommen.

Resümierend läßt sich sagen, daß die aus der Periode des Zweiten Tempels allein bekannten Synagogen von Gamla, Masada und Herodium zwei fundamentale architektonische Merkmale aufweisen: erstens ist der größere Teil des umgebenden Raumes mit Sitzbänken besetzt; zweitens: die Bänke befinden sich parallel zu allen vier Außenwänden der Synagoge und rahmen so die architektonische und rituelle Mitte des Raumes ein. In späteren Synagogen verlagert sich das architektonische und liturgische Zentrum jeweils zu einer der Stirnseiten des Raumes, verbleibt also nicht mehr in der Raummitte wie in den Bauten vor 70 n. Chr. Aus diesem Grunde finden sich die Sitzplätze der Gemeinde nur noch an zwei oder drei Seiten der Synagoge, oder sie werden in einem Halbkreis rings um das Kultgeschehen angeordnet. Während in der späteren Konzeption also der kultische Vorgang eine Heraushebung aus der Gemeindeversammlung erfährt, ist für die älteren Synagogen das wichtigste Element die Gemeinde selbst, die sich zum Gottesdienst versammelt, den Schriftlesungen lauscht und am Gebet teilnimmt.[1] Wir haben der Beschreibung der Synagoge von Gamla detaillierende Sorgfalt gewidmet, weil sie jenen Synagogen-Typ repräsentiert, der zur Zeit Jesu im Lande vorkam. Gleichzeitig erschloß uns der archäologische Befund auch wichtige Funktionen der Synagoge, so daß wir uns nun ein genaueres Bild vom Leben in diesen (insgesamt dunklen, aber auch angenehm kühlen) Hallen machen können.

Auf Seite 88 zeigen wir in der Zeichnung das heutige Ausgrabungsfeld des Synagogengeländes von Gamla, ostwärts gesehen. An der Stirnwand (links im Bild) grenzte ehedem die Stadtmauer an. Geradeaus, also nach Osten hin, fällt der Berg talabwärts.

Ein rekonstruiertes Modell der Synagoge (von Josef Schelbert) sehen wir unterhalb der Zeichnung. Grundriß und Maße sind so aufeinander abgestimmt, daß die Schüler selbst mit geringem Vorstellungsvermögen das Ruinenfeld »lesen« lernen können. Sie finden die architektonische Grundstruktur der Synagoge in Modell und Zeichnung so übereinanderliegend, daß es keiner Mühe bedarf, um einzelne Elemente der Ruine im Rekonstruktionsmodell senkrecht darunter sich vor Augen zu führen. Wir haben dieses Modell angefertigt, weil es gegenüber sonstigen Möglichkeiten die größte Anschaulichkeit besitzt. Gleichzeitig verdeutlicht die Gegenüberstellung von Ausgrabungsfeld und Rekonstruktion den hypothetischen Charakter unseres Wissens.

[1] Zum Ganzen: *Z. Ma'oz,* The Synagogue of Gamla and the Typology of Second-Temple Synagogues, in: *L. J. Levine,* a.a.O., 35–41. Ma'oz hebt den Unterschied zu den »Galiläischen« Synagogen des 2. bis 4. Jahrhunderts scharf hervor:

»In our opinion, no architectural connection exists between the two groups of buildings. The ›Galilean‹ synagogues represent a different and new ideological, religious and architectural conception. Their characteristic features are expressed in the symmetrical facade lavishly decorated on the exterior, a two story-interior, a central area enclosed by porticos and galleries, and the emphasis on the internal facade wall facing Jerusalem by installation of the Torah-shrine and the orientation of the seats towards this architectural focus point. All these elements are lacking in the synagogues of the earlier period, in which the relative importance of the seats stands in sharp contrast to their insignificance in the vast monumental hall of the ›Galilean‹ synagogues.« Ebd., 41.

Einen Schritt weiter führt der noch weit mehr hypothetische Veranschaulichungsversuch der Zeichnung auf Seite 86/87. Der hier gezeigte Innenraum entspricht den architektonischen Merkmalen der zerstörten Synagoge von Gamla. Bezüglich der Fenster und des Lichteinfalls gibt es höchstens Vermutungen; in jedem Fall darf man nur mit sehr kleinen und wenigen Fenstern rechnen. Unsere Zeichnung verzichtet auf eigene Setzungen und gibt keine Rechenschaft über die Herkunft des Lichtes. Der im Innenfeld der Synagoge gefundene Steinstreifen wird hier als Lesetisch für die Torarollen rekonstruiert.

Die dargestellte Szene zeigt keine gottesdienstliche Situation. Gedacht ist vielmehr an informelle Lehrgespräche, wie sie einem Lese- und Gebetsgottesdienst voraufgehen oder folgen konnten und wie sie hinter den in den Evangelien oft geschilderten Disputationen Jesu mit Schriftgelehrten vorgestellt werden können. Für die Kleidung der Männer gibt es keine historisch beglaubigte Vorlage. Der Mantel als Obergewand ist in Israel unter assyrischem Einfluß aufgekommen. Er bestand aus einem großen Tuch aus grobem Garn, das über die Schultern geworfen wurde und seitlich Öffnungen für die Arme hatte. Der Mantel durfte nicht gepfändet werden, da er nachts als Decke diente. Bei der Arbeit wurde er abgelegt. Unter dem Mantel trugen die Vornehmen ein besonderes Oberkleid. Im übrigen hat vor allem die Oberschicht oft ausländische Kleidung bevorzugt, auch in griechischer und römischer Zeit.

Als Kopfbedeckung benutzte man schon in älterer Zeit ein Stirnband, auch eine Kappe oder ein im Nacken herabhängendes Tuch. Beim Gottesdienst verhüllte sich jeder mit Kopftuch oder Mantel (Ex 3,6; 1 Kön 19,13). Noch heute setzen Juden zum Gebet eine Kopfbedeckung auf oder überdecken sich mit dem Gebetsmantel (→ S. 595).